国家“十三五”重点图书

当代经济学系列丛书
Contemporary Economics Series
主编 陈昕

宏观经济学
现代观点

[美] 罗伯特·J. 巴罗 著
沈志彦 陈利贤 译

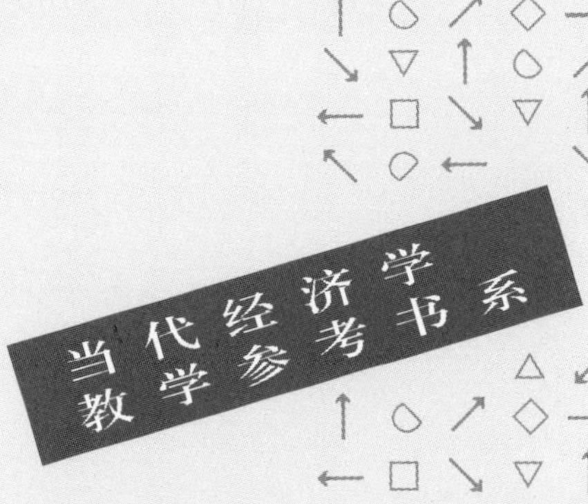

格致出版社
上海三联书店
上海人民出版社

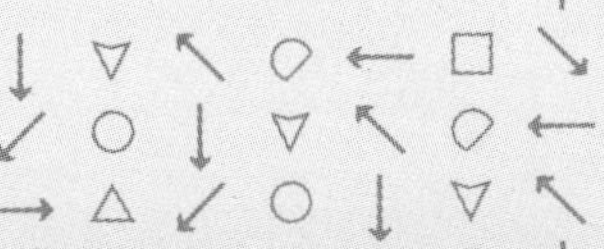

主编的话

上世纪80年代，为了全面地、系统地反映当代经济学的全貌及其进程，总结与挖掘当代经济学已有的和潜在的成果，展示当代经济学新的发展方向，我们决定出版"当代经济学系列丛书"。

"当代经济学系列丛书"是大型的、高层次的、综合性的经济学术理论丛书。它包括三个子系列：(1)当代经济学文库；(2)当代经济学译库；(3)当代经济学教学参考书系。本丛书在学科领域方面，不仅着眼于各传统经济学科的新成果，更注重经济学前沿学科、边缘学科和综合学科的新成就；在选题的采择上，广泛联系海内外学者，努力开掘学术功力深厚、思想新颖独到、作品水平拔尖的著作。"文库"力求达到中国经济学界当前的最高水平；"译库"翻译当代经济学的名人名著；"教学参考书系"主要出版国内外著名高等院校最新的经济学通用教材。

20多年过去了，本丛书先后出版了200多种著作，在很大程度上推动了中国经济学的现代化和国际标准化。这主要体现在两个方面：一是从研究范围、研究内容、研究方法、分析技术等方面完成了中国经济学从传统向现代的转轨；二是培养了整整一代青年经济学人，如今他们大都成长为中国第一线的经济学家，活跃在国内外的学术舞台上。

为了进一步推动中国经济学的发展，我们将继续引进翻译出版国际上经济学的最新研究成果，加强中国经济学家与世界各国经济学家之间的交流；同时，我们更鼓励中国经济学家创建自己的理论体系，在自主的理论框架内消化和吸收世界上最优秀的理论成果，并把它放到中国经济改革发展的实践中进行筛选和检验，进而寻找属于中国的又面向未来世界的经济制度和经济理论，使中国经济学真正立足于世界经济学之林。

我们渴望经济学家支持我们的追求；我们和经济学家一起瞻望中国经济学的未来。

陈昕

2014年1月1日

序 言

成熟的理论和统一的方法

宏观经济学和微观经济学是经济学的两大支柱。然而在大学本科的课程中，这两大支柱之间还存在一条广阔的鸿沟。微观经济学课程的材料比较容易，但是基本上与研究生课程的内容和经济学家们在研究中采用的方法相一致。相比之下，宏观经济学的课程常常很少同研究生课程或学术研究有相似之处。大学本科的宏观经济学教科书和课程似乎常常牺牲真正的经济学内容以换取轻松活泼的表达方式，它们常常紧密联系流行报刊上的话题，但在学术上并不具有令人深思的挑战性。但是牺牲扎实的经济学知识以吸引学生的兴趣并非是必要的做法——成熟的理论结合生动的例子也能够写得清楚明白，轻松易懂。

我对宏观经济学教科书状况的不满促使我在1984年写出我自己的第一本中级宏观经济学教科书。该书先后出了五版，我想它有一个积极的作用——直接地，也是间接地影响了这门课程的各个竞争者的教材的内容和方法。然而在过去的二十年里，宏观经济学的理论和证据有了巨大的进展，在我早先的著作中，这些研究成果有许多被遗漏了。我也认为，在用清晰易懂、引人入胜的方式阐述严肃的宏观经济学内容方面，我的能力也在与时俱进。于是我决定全力以赴投入这本新的著作——《宏观经济学：现代观点》。

除了更正确地阐述当前宏观经济思想的现状外，

本教科书还提供了大多数宏观经济书中所缺乏的一种统一的方法。在将长期理论的讨论转向短期理论的讨论时，本书旨在以一种自然的、综合的和简洁的方式阐述一些建立在相互依赖基础上的短期和长期的模型，而不是重新提供一个全新的模型。所有这些论述都没有忽略长期经济与短期经济之间的这种差别。同样，我也把凯恩斯的关于粘性价格的思想作为一种新思想，引入到一个协调地建立在基本均衡模型结构上的模型中。

组织结构

长期增长

我现在从长期宏观经济学——即长期经济增长的决定因素——开始阐述。自20世纪80年代后期以来，在这一领域中的理论研究和实证分析方面都取得了巨大的进展。幸运的是，现在有可能以一种容易掌握的有趣味的方式将这些重要的结果传达给大学本科生了。事实上，学生们能够理解现有的结果(第3—5章)，而无须首先掌握微观经济学基础的具体细节(第6章和第7章)。及早考虑这些具有重要政策含义的结果，有助于讲清楚宏观经济学的作用和实用性。

均衡经济周期模型

一个完整的微观经济学框架对作出令人满意的关于经济波动的分析来说更为重要。因此，我将第6章和第7章的微观经济学基础应用到第8章和第9章的均衡经济周期模型的阐述中。这一模型将实际经济周期模型一般化了，这已成为20世纪80年代中期以来宏观经济学研究的中心。我认为，建立模型，比在我早先著作中的处理要更加清晰透明、更有实证基础。第10—14章将均衡模型扩大运用到货币和通货膨胀以及政府部门(支出、税收、转移支付和公债)。这几章关于政府的内容始终被认为是我的教科书的长处。而我认为这一特点仍然适用。

不完全的信息和粘性价格

下一部分集中论述货币和实际经济之间的相互作用。第15章将均衡经济周期模型扩大到考虑在理性预期的背景下关于价格的不完全的信息。对这一模型的阐述远超过我以前的著作。第16章介绍了凯恩斯的关于粘性价格和粘性工资的思想，重点论述新凯恩斯模型，这是自20世纪80年代中期以来另一个重大的发展。这一模型认为，与其说是完全竞争者，不如说是生产者，一般会设定代表生产成本加成的价格。更重要的是，这些价格并不作频繁的调整以应对变化的环境。第15章和第16章一起补充阐述了均衡经济周期模型，以考虑到来自货币政策的显著的实际影响。

开放经济

最后，第 17 章和第 18 章将均衡模型扩展到一个开放经济。我首先论述一个纯粹的实际情景，在其中，本国和外国使用一种共同货币。一个重要的课题是经常项目赤字，美国近几年来极为关注的问题。第 18 章引进不同的货币，并考虑到汇率的确定。这里的一个重要问题——与今天关于中国货币的争论密切相关——是关于固定汇率与浮动汇率的相对优点和缺点。

致谢

在本书的写作过程中，许多热心的教授不吝宝贵时间，慷慨作出评议，以使本书得到改进。对于以下各位的建议和帮助，在此表示衷心的感谢。

詹姆斯·阿亚克波(James Ahiakpor)加利福尼亚州立大学
弗朗西斯·阿金(Francis Ahking)康涅狄格大学
戴维·阿肖尔(David Aschauer)贝茨学院
贾维德·阿施拉夫(Javed Ashraf)西佛罗里达大学
斯科特·贝尔(Scott Bair)克莱姆森大学
尤西利斯·巴尔德拉斯(Ulysses Balderas)萨姆休斯敦州立大学
克利斯托弗·鲍姆(Christopher Baum)波士顿学院
詹姆斯·布特基维茨(James Butkiewicz)特拉维夫大学
马可·凯奇蒂(Marco Cagetti)弗吉尼亚大学
鲍伯·卡特利特(Rob Catlett)恩波里亚国立大学
巴伦·查普曼(Byron Chapman)佐治亚大学
阿马雷希·达斯(Amaresh Das)图兰大学
A. 爱德华·戴(A. Edward Day)得克萨斯大学，达拉斯
丹尼斯·德布里希特(Dennis Debrecht)卡罗尔学院
拉里·夫(Larry Fu)伊里诺伊学院
迈克尔·古德(Michael Goode)北卡罗来纳大学，夏洛特
戴维·戈登(David Gordon)克莱姆森大学
约翰·格雷瑟(John Grether)诺思伍德大学
戴维·海克斯(Daid Hakes)北艾奥瓦大学
戴维·阿梅斯(David Hammes)夏威夷大学，希洛
乔·哈斯拉格(Joe Haslag)密苏里大学
彼得·黑斯(Peter Hess)戴维森学院

珍妮·海伊(Jeanne Hey)黎巴嫩学院
威廉·霍勒斯(William Horace)锡拉丘斯大学
丹尼斯·詹森(Dennis Jansen)得克萨斯农机大学
布赖斯·卡纳戈(Bryce Kanago)北艾奥瓦大学
曼弗莱德·基尔(Manfred Keil)克莱尔蒙特麦克纳学院
道格·金尼尔(Doug Kinnear)科罗拉多州立大学
托德·克诺普(Todd Knoop)康奈尔学院
罗伯特·克罗尔(Robert Krol)加利福尼亚州立大学
保罗·劳(Paul Lau)香港大学
乔舒亚·卢尔(Joshua Lewer)西得克萨斯农机大学
托尼·利马(Tony Lima)加利福尼亚州立大学
明·罗(Ming Lo)圣克劳德州立大学
普拉卡什·洛加尼(Prakash Loungani)乔治城大学
保罗·马森(Paul Mason)北佛罗里达大学
斯塔尔·麦克马伦(B. Starr McMullen)俄勒冈州立大学
斯蒂芬·莫雷尔(Stephen O. Morrell)巴里大学
约翰·纳德(John Nader)大峡谷州立大学
尼克·诺布尔(Nick Noble)迈阿密俄亥俄大学
法罗克·努尔泽德(Farrokh Nourzad)马凯特大学
萨尔瓦多·奥蒂格拉(Salvador Ortigueira)康奈尔大学
克里斯托弗·奥特鲁克(Christopher Otruk)弗吉尼亚大学
斯蒂芬·帕伦特(Stephen Parente)伊里诺伊大学，香潘
彼得·佩德罗尼(Peter Pedroni)威廉姆斯学院
贾尚卡尔·拉曼(Jaishankar Raman)瓦尔帕莱索大学
威廉·里德(William R. Reed)肯塔基大学
伯纳德·罗斯(Bernard Rose)俄克拉何马大学
埃斯特万·罗西-汉斯贝格(Esteban Rossi-Hansberg)普林斯顿大学
维廉·塞弗里德(William Seyfried)温斯洛普大学
默哈马德·沙夫(Mohamad Shaaf)中俄克拉何马大学
尼科勒·辛普森(Nicole Simpson)科尔盖特大学
罗德尼·史密斯(Rodney Smith)明尼苏达大学
约翰·斯蒂弗(John Stiver)康涅狄格大学
杰克·斯特劳斯(Jack Strauss)圣路易斯大学
马克·斯特拉兹奇(Mark Strazicich)阿巴拉契亚州立大学
詹姆斯·斯沃福特(James Swofford)南亚拉巴马大学
马克·托马(Mark Toma)肯塔基大学
戴维·托格森(David Torgerson)USDA 经济研究所

多斯·图拉波(Dosse Toulaboe)海斯堡州立大学

弗雷德·泰勒(Fred Tyler)马里斯特学院

比贾恩·瓦西恩(Bijan Vasign)昂布里利德尔航空大学

克里斯琴·齐默尔曼(Christian Zimmerman)康涅狄格大学

作者自述

我出生于纽约市，后来移居洛杉矶，我在那里读的高中。我在加州理工学院学习物理学，上过理查德·费曼的课，之后我转到哈佛研究生院攻读经济学。改学经济学对我来说是件大事。在布朗大学、芝加哥大学和罗切斯特大学工作了一段时间后，我在1987年回到哈佛大学担任教授。我目前是斯坦福大学胡佛研究所的高级研究员和国民经济研究所的研究助理。我是哈佛大学《经济学季刊》的合作编辑，最近担任了西部经济学会的主席和美国经济学会的副主席。这几年来我多次访问中国，我现在是北京中央财经大学的中国经济管理学院的名誉院长。我的研究领域集中在宏观经济学和经济增长，但最近与我妻子雷切尔合作，研究宗教经济学。我也正在研究罕见的自然灾害，例如大萧条、世界大战、疫病流行和自然灾害对经济的影响。除了学术研究之外，我也很乐于写通俗的文章，1998年至2006年我作为专栏作家为《商业周刊》工作，1991年至1998年间我又担任《华尔街日报》的撰稿编辑。我最近的著作包括 *Economic Growth*（第二版，与 *Xavier Sala-i-Martin* 合著，令人惊诧的是他一度担任过著名的巴塞罗那足球队代理队长），*Nothing Is Sacred: Economic Ideas for the New Millennium*, *Determinants of Economic Growth* 和 *Getting It Right: Markets and Choices in a Free Society*，上述著作全由麻省理工学院出版社出版。

罗伯特·J. 巴罗

简明目录

第四部分　货币和价格

第五部分　政府部门

第六部分　货币与经济周期

第七部分　国际宏观经济学

目 录

第五部分 政府部门

第六部分 货币与经济周期

第七部分 国际宏观经济学

第一部分　导　　论

▶1 思考宏观经济学

宏观经济学研究的是一个国家的全面的或总的经济运行情况。我们研究以**国内生产总值(GDP)**衡量的一个国家的总的商品和服务的产值是如何决定的。我们将国内生产总值分解成各个重要组成部分并进而分析它们:消费、总投资(私人部门购买的新的资本货物——设备和建筑物)、政府采购的商品和服务,以及商品和服务的净出口。我们还要考察**就业**(有工作者)和**失业**(无工作而正在寻找工作的人)的总量。

这些项目涉及商品或劳动的数量。我们也对与这些数量相对应的价格感兴趣。例如,我们考察在一个国家中生产的商品和服务的美元价格。当我们在考察一个典型的或平均的价格时,我们指的是**一般物价水平**。我们也研究**工资率**,它是劳动的美元价格;研究**租赁价格**,它是支付给使用资本货物的美元价格;研究**利率**,它决定了借款的成本和贷款的收益。当我们考察一个以上国家的经济时,我们可以研究**汇率**,这是从一种形式的货币(例如欧元)转换成另一种货币(例如美元)的比率。

我们将建立一个经济模型,这将使我们能够研究各种数量和价格是如何决定的。我们可以利用这个模型去观察数量和价格如何对技术进步、政府政策和其他变量作出反应。例如,我们将考察货币政策,它涉及货币数量的确定和利率的设定。我们还将研究财政政策,它描述了政府的支出、税收和财政赤字。

整个国家的经济运行状况关系到每个人,因为它影响到收入、工作前景和物价。因此了解宏观经济是如何运行的对我们来说十分重要,而对政府决策者来说尤为重要。不幸的是,宏观经济学并不是一门已确定的科学领域。虽然在许多问题上人们已取得了一致意见,诸如长期经济增长的某些决定因素,但是有许多问题仍然存在争议,例如经济波动的根源和货币政策的短期效应。本书的主要目的是传递人们已经获得的宏观经济学知识,也指出我们还没有充分理解的领域。

1.1 美国历史上的产出、失业和价格

为了了解这个课题的概况,我们可以考察一下美国某些主要宏观经济变量的

历史记录。图 1.1 显示了 1869 年至 2005 年的商品和服务的总产出或产值(开始日期由现有数据确定)。我们对总产出的量度是**实际国内生产总值**(GDP)①。这一概念表示以基年(我们的例子中是 2000 年)衡量的数量。第 2 章将考察**国民收入核算**,从而为计量**实际 GDP** 提供概念性的具体细节。

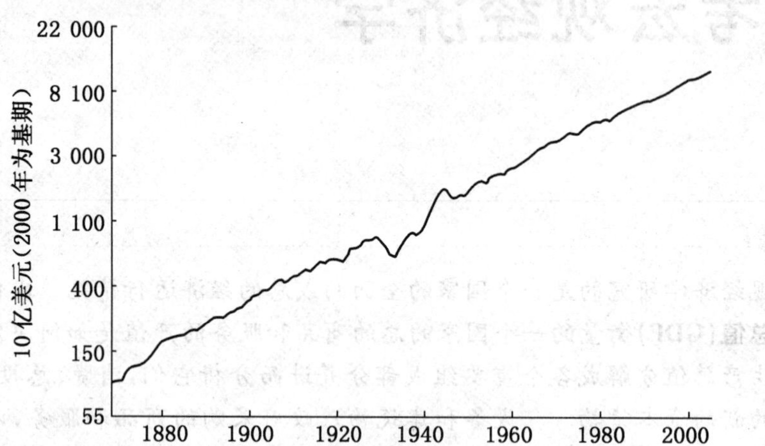

注:本图按比例标尺(对数)显示了实际国内生产总值。1929 年以前的数据为实际国民生产总值(GNP)。单位是 10 亿美元(以 2000 年为基期)。

资料来源:1929 年以后的数据来自美国经济分析局(http://www.bea.gov)。1869 至 1928 年数值基于 Christina Romer(1988,1989)。

图 1.1　美国的实际国内生产总值,1869—2005 年

图 1.1 中的实际 GDP 的向上移动的总趋势反映了美国经济的长期增长。图 1.2 描绘了 1870—2005 年每年的实际 GDP 的增长率。计算 t 年增长率的一个简单的方法是将 t 年和 $t-1$ 年之间的实际 GDP 水平的差额,$Y_t - Y_{t-1}$,除以 $t-1$ 年的实际 GDP 水平 Y_{t-1}:

$$t\text{ 年的实际 GDP 增长率} = (Y_t - Y_{t-1})/Y_{t-1}$$

如果再乘以 100%,我们就能得到以百分比表示的每年实际 GDP 的增长率。

1870 年至 2005 年的实际 GDP 的年平均增长率是 3.5%。这一增长率意味着图 1.1 显示的实际 GDP 水平从 1869 年到 2005 年扩大了 121 倍。如果我们再除以人口数以确定人均实际 GDP,便可得出每年平均人均增长率为 2.0%。这一比率等于每年 3.5%的实际 GDP 增长率减去每年 1.5%的人口增长率。每年平均 2.0%的人均实际 GDP 增长率意味着从 1869 年到 2005 年人均实际 GDP 增加了 16 倍。

图 1.2 显示年与年之间的实际 GDP 的增长率有相当大的变动,大致围绕着

① 图 1.1 采用了一种比例标尺,这样纵坐标上的每个单位就与 GDP 的相同百分比变化相对应。由于现有的数据,1929 年以前的数字指的是实际国民生产总值(GNP)。我们将在第 2 章讨论 GDP 和 GNP 之间的关系。

3.5%的平均数上下波动，这些变化称之为**经济波动**，或有时候叫做**经济周期**。①当实际 GDP 下降或跌到低谷时，经济就处于**衰退期**。当实际 GDP 增加并向高点或顶点移动时，经济就处于**景气期**，或称经济扩张。

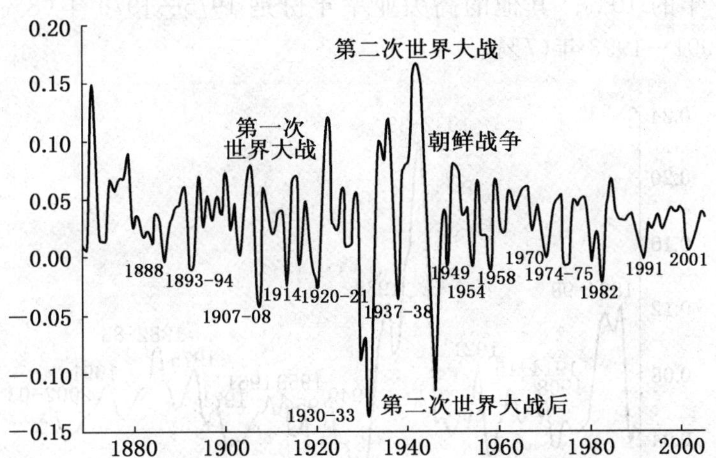

注：本图显示了实际 GDP 的年增长率(1929 年以前是实际 GNP)。该增长率从图 1.1 显示的实际 GDP(或实际 GNP)的数值计算而得。除了大战期间，因为这些年是衰退期间，这些时期经济增长率较低。

图 1.2　美国的实际国内生产总值增长率，1870—2005 年

图 1.2 中标出的日期与自 1870 年以来美国几次重大的衰退相符合。划分衰退期有许多方法。在本图中，我们将经济低增长的年份标为衰退年份。在第 8 章中，我们将用一种更复杂的方法来划分衰退期。然而大多数的划分都与图 1.2 显示的方法相同。

请注意图 1.2 中 1930—1933 年的**大萧条期**，在此期间的四年里实际 GDP 每年下降达 8%。第二次世界大战以前的几次重大衰退发生在 1893—1894 年、1907—1908 年、1914 年、1920—1921 年和 1937—1938 年。在战后时期，几次主要的衰退发生在 1958 年、1914—1975 年和 1980—1982 年。

至于经济景气，首先请注意第一次与第二次世界大战之间和朝鲜战争期间的高经济增长率。第二次世界大战以前持续的高经济增长的和平时期是 1875—1880 年、1896—1906 年，20 世纪 20 年代的大部分时间以及 1933—1940 年大萧条之后的复苏期(除 1937—1938 年的衰退之外)。二战以后，持续的高经济增长期出现在 1961—1971 年(除 1970 年短暂的衰退外)，1983—1989 年和 1992—2000 年。

另一种判定衰退期和景气期的方法是考察**失业率**——没有工作而在寻找工作的人的比率。图 1.3 显示了 1890—2005 年每年的失业率。平均失业率是 6.3%，而中位数更低——5.5%。在衰退期间，失业率一般上升到高于中位数的水平。极

① “经济周期”这个术语可能会产生误导，因为它是指一个比在数据中实际出现的更经常性的经济活动上下波动的格局。

端的例子是大萧条，在此期间，1932 年失业率曾高达 22%。同样值得注意的是二战之前的时期，1931—1935 年的平均失业率是 18%，1938—1939 年是 12%，1894—1898 年是 11%，1921—1922 年是 8%。而战后时期，最高的失业率是 1982—1983 年的 10%。其他的高失业率年份是 1975—1976 年(8%)，1958 年、1961 年和 1991—1993 年(7%)。

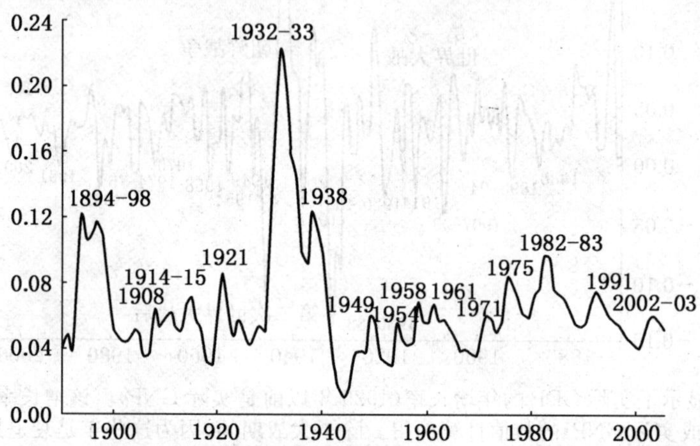

资料来源：1929 年以来的数据来自劳工统计局(http://www.bls.gov)；1890—1928 年的数值根据 Christina Romer(1986, Table9)。对 1933—1943 年的数值作了调整，将联邦紧急工作人员划分为就业者，如 Michael Darby(1976)的文章所讨论的。

图 1.3　美国的失业率，1890—2005 年

图 1.2 和图 1.3 显示了美国经济在两次世界大战期间和 30 年代的动荡。但是假定我们抽去这些极端的时期，并且将二战后的时期与一战前的时期进行比较。那么从数据中我们可以得出的一个重要信息是：这两个时期之间存在着相似性。

从 1948 年到 2005 年，实际国内生产总值的年平均增长率为 3.4%，与此相比，1870—1914 年的年均增长率是 3.8%，1890—1914 年为 3.4%。1948—2005 年的平均失业率是 5.6%，1890—1914 年为 6.4%。经济波动的幅度——就实际 GDP 的增长率或失业率的变化情况而言——一战前比二战后只是稍微大了一点①。在 1869—2005 年这 136 年期间，经济当然发生了巨大的变化——包括政府发挥了更大的作用，农业在 GDP 中的份额不断缩小，以及经济制度的巨大变化。然而，美国的数据并未揭示经济波动激烈程度的重大变化或平均经济增长率的变化。

图 1.4 显示了美国 1869—2005 年之间物价水平的演变情况。该图将物价水平测定为消除 GDP 通胀因素的平减指数(我们将在第 2 章讨论这一价格指数的具体问题)。就眼前来说，重要的一点是 GDP 平减指数是一个宽泛的指数，相当于进入国内生产总值所有项目的价格。

① 关于这两个时期的实际 GDP 和失业率的详细比较，见 Christina Romer(1986, 1988, 1989)。

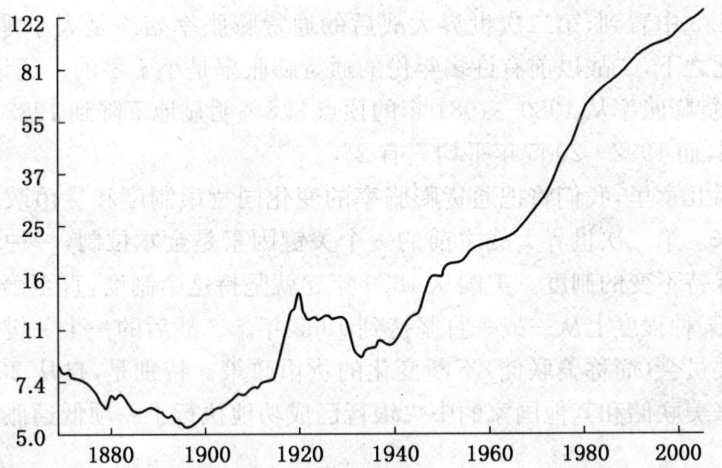

注：本图显示 GDP(1929 年以前是 GNP)的价格平减指数。数字按(对数)比例尺表示，将 2000 年的数值定为 100。资料来源是图 1.1 中的 GDP。

图 1.4　美国的物价水平，1869—2005 年

一个令人瞩目的现象是自二战以来物价水平持续地上涨。这与战前物价水平有涨有降、上下波动的情况形成对比。在早先的历史上有几段较长的时期——1869—1892 年和 1920—1933 年——物价水平是持续地下降的。

图 1.5 显示了 1870—2005 年的年**通货膨胀率**。年通货膨胀率被计算为如图 1.4 所示的物价水平的年增长率。计算 t 年的通货膨胀率的一个简单的方法是取 t 年和 $t-1$ 年之间物价水平的差额，即 $P_t - P_{t-1}$，除以 $t-1$ 年的物价水平 P_{t-1}，得到：

$$t\text{ 年的通货膨胀率} = (P_t - P_{t-1})/P_{t-1}$$

如果再乘以 100%，我们就得到年通货膨胀率的百分比。

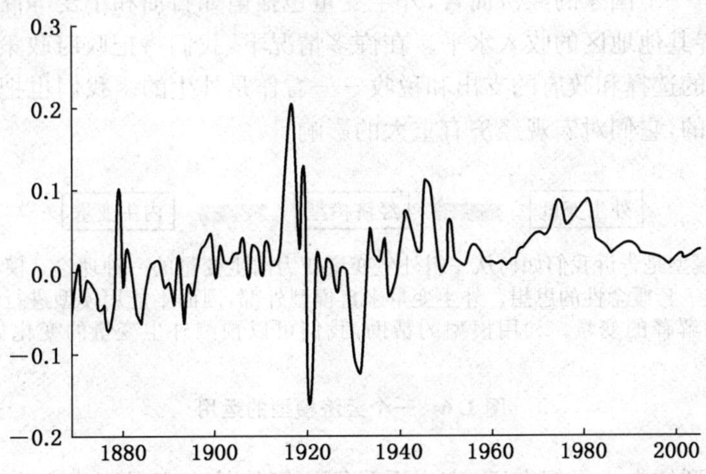

注：本图显示了基于 GDP 平减指数的年通货膨胀率(1929 年以前为 GNP)。通货膨胀率是图 1.4 显示的物价水平年增长率。

图 1.5　美国的通货膨胀率，1870—2005 年

从图 1.5 中看到，第二次世界大战后的通货膨胀率始终是大于零的，除 1949 年外。相比之下，二战以前有许多年份的通货膨胀率是小于零的。还请注意，在战后时期，通货膨胀率从 1980—1981 年的顶点 8.8%明显地下降到 1983—2005 年的平均 2.5%，而 1992—2005 年平均只有 2%。

在以后几章里，我们将把通货膨胀率的变化同货币制度和货币政策变化的特点联系起来。第二次世界大战之前的一个关键因素是**金本位制**，一种黄金的美元价格几乎保持不变的制度。美国从 1879 年起就坚持这个制度，直至第一次世界大战，并且在某种程度上从一战一直坚持到 1933 年。二战后的一个关键因素是美国联邦储备委员会（简称美联储）不断变化的货币政策。特别是，自从 20 世纪 80 年代中期以来美联储和其他国家的中央银行已成功地执行了一项低通胀率和稳定的政策。

1.2 经济模型

如上面提到的，我们需要了解一些主要宏观经济变量（例如实际国内生产总值和一般物价水平）的决定因素。为了完成这个任务，我们需要构建一个宏观经济模型。一个模型可以是一组方程或图形或一套概念性的思想。本书中我们将利用所有这些工具——有些是方程，但是更常见的是图形和思想。

一个经济模型要研究两种变量：内生变量和外生变量。**内生变量**是那些要用模型去解释的变量。例如，在我们的宏观经济模型中内生变量包括实际 GDP、投资、就业、一般物价水平、工资率和利率。

外生变量是那些被一个模型看作是给定的并且并不试图去解释的变量。外生变量的一个简单的例子是气候（至少在不考虑气候影响经济的模型中）。在许多情况下，就单单一个国家的经济而言，外生变量包括诸如石油和小麦等商品的世界价格，以及世界其他地区的收入水平。在许多情况下，我们将把政府政策——例如关于货币政策的选择和政府的支出和税收——看作是外生的。我们也把战争与和平看作是外生的，它们对宏观经济有重大的影响。

外生变量 → 经济模型 → 内生变量

注：一个模型是告诉我们如何从一组外生变量变为内生变量的一种理论。模型可以是一组方程或图形或一套概念性的思想。外生变量来自模型外部，因而不能用模型进行解释。内生变量是模型试图解释的变量。利用模型的帮助，我们可以预测外生变量的变化如何影响内生变量。

图 1.6 一个经济模型的运用

一个模型的中心思想在于，它告诉我们如何从外生变量变为内生变量；图 1.6 显示了这一过程。我们将图中左边方块中所表明的这组外生变量看作是给定的。该模型告诉我们这些外生变量如何变为图中右边方块中所显示的这组内生变量。

因此,我们可以利用这个模型预测外生变量的变化如何影响内生变量。

在宏观经济学中,我们对宏观经济——即整个经济体——的各种变量(例如实际 GDP)的决定因素感兴趣。然而要构建一个有用的宏观经济模型,我们发现在研究个别家庭和企业的行为的微观经济学方法的基础上建立此模型是很有帮助的。这种微观经济学的研究方法调查个人有关消费多少、储蓄多少和干多少工作等等的决定。然后我们可以把这些个人的选择加总,以构建一个宏观经济模型。这一以微观经济分析为基础的方法称之为**微观经济学基础**。

1.2.1 一个简单的例子:咖啡市场

为了说明关于模型和市场的总的思想,我们可以考察一个单一产品如咖啡的市场。我们的分析集中在经济学家们使用的三种主要工具上:需求曲线、供给曲线和市场出清条件(需求数量和供给数量相等)。

个人决定购买多少咖啡——即咖啡需求的数量。影响这一需求的因素包括个人收入、咖啡的价格 P_c,以及一种替代品的价格,比方说茶叶的价格 P_T。由于每个人是咖啡和茶叶市场的可以忽略的一部分,这意味着,每个人都可以忽略他(或她)的咖啡和茶叶的消费对价格 P_c 和 P_T 的影响。就是说,每个人都是**价格的接受者**;他或她只是简单地决定按给定的价格 P_c 和 P_T 购买多少咖啡和茶叶。经济学家们采用**完全竞争**这个术语来描述这样一个市场,在其中有许许多多买者和卖者,以至于没有一个个人可以明显地影响价格。

一个家庭的理性行为决定了每个家庭需求的咖啡数量将随收入的增加而增加,随咖啡价格 P_c 的上升而减少,并且随着替代品的价格 P_T 的上升而增加。这些结果对于个别家庭来说就是微观经济分析的例子。当我们将所有的家庭加总时,我们将咖啡的总的需求量确定为是总收入(用 Y 表示)与价格 P_c 和 P_T 的一个函数。通过画出一条市场**需求曲线**,我们可以把咖啡价格 P_c 对咖啡需求的总量的影响分离出来。这条曲线表明咖啡的总需求量 Q_c^d 是 P_c 的一个函数。

图 1.7 显示了咖啡的市场需求曲线。如我们已经提到的,咖啡价格 P_c 的下降,使咖啡的需求量 Q_c^d 增加。然而,回忆一下,需求曲线适用于总收入的数值 Y 和茶叶价格 P_T 给定时的情况。如果 Y 上升,在咖啡价格 P_c 给定时,咖啡的需求量 Q_c^d 增加。因此,在图 1.7 中显示,需求曲线向右移动。如果茶叶价格 P_T 下降,在咖啡价格 P_c 给定时,咖啡需求量 Q_c^d 下降。因此,需求曲线向左移动。

我们也必须考察个别的咖啡生产商如何决定在市场上出售多少咖啡——即有多少咖啡供应。影响咖啡供给的因素包括咖啡的价格 P_c 和生产额外咖啡的成本。如我们在需求分析中那样,我们假设,咖啡的供应商也是价格 P_c 的接受者。这一假设可能会受到质疑,因为有些咖啡生产商实力雄厚,也许应当考虑到他们的行动对 P_c 的影响。然而将模型扩大到考虑这一影响也许并不能改变我们对咖啡市场的基本分析。

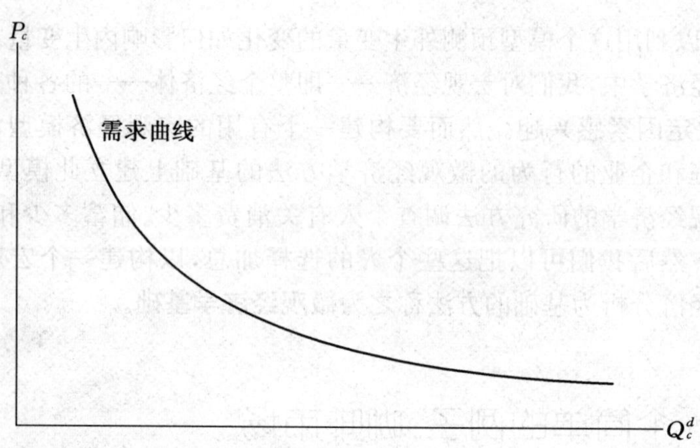

注：市场的需求曲线显示，咖啡的需求总量Q_c^d是咖啡价格P_c的一个函数。P_c的下降会增加Q_c^d。需求曲线适用于总收入Y和茶叶价格P_T给定时的情况。如果Y上升，在咖啡价格P_c给定时，咖啡需求量Q_c^d上升。因此，在图中，需求曲线向右移动。如果P_T下降，在咖啡价格P_c给定时，咖啡需求量Q_c^d下降。因此，需求曲线向左移动。

图 1.7　咖啡的需求曲线

个别生产商的理性行为决定了咖啡的供应量会随咖啡价格P_c的上升而增加，随生产额外咖啡的成本上升而减少。例如，坏天气毁坏了巴西的部分咖啡作物就会提高咖啡的生产成本，从而减少巴西的咖啡供应量。个别生产商的这些结果就是微观经济分析的例子。

当我们将所有的生产商加总时，我们就能确定咖啡供给的总量。一个结果是P_c的上升增加了咖啡的供给总量Q_c^s。供给总量也取决于咖啡生产地区，例如巴西和哥伦比亚的气候状况。

扩展模型

需求曲线和供给曲线是函数

咖啡的市场需求可以写成这样一个函数：

$$Q_c^d = D(P_c, Y, P_T)$$

函数$D(\cdot)$根据需求的三个决定因素(P_c, Y, P_t)的任何具体规定的数值决定咖啡的需求量Q_c^d。我们假定函数$D(\cdot)$具有这样的性质：咖啡的需求量Q_c^d随咖啡价格P_c的上升而减少，随收入Y的上升而增加，以及随茶叶价格P_T的上升而增加。图1.7描绘了Q_c^d针对其他需求决定因素Y和P_T的给定值与P_c的关系的图形。区分图1.7显示的需求曲线$D(\cdot)$与在给定价格P_c（以及在给定Y和P_T）下的需求数量Q_c^d是很重要的，需求曲线指的是需求数量与价格之间的整个函数关系，$D(\cdot)$，而需求数量Q_c^d指的是需求曲线上的某一点。

咖啡的市场供给也是一个函数，可以写成：

$$Q_c^s = S(P_c, \text{气候})$$

我们假设函数 $S(\cdot)$ 有这样的性质：供给的数量 Q_c^s 随价格上升而增加，随生产咖啡地区的气候改善而增加。图 1.8 描绘了给定的气候条件下针对 P_c 的供给数量 Q_c^s 的图形。记住下面一点很重要：供给曲线 $S(\cdot)$ 是指供给量与价格之间的总的函数关系，而供给数量 Q_c^s 指的是供给曲线上的一个点。

如我们在需求的分析中那样，我们可以通过画一条市场**供给曲线**将咖啡价格 P_c 对咖啡的总供给量的影响分离出来。如图 1.8 所示，这条曲线表明咖啡的总供给量 Q_c^s 是咖啡价格 P_c 的一个函数。如我们早已提到的，P_c 的上升使 Q_c^s 也上升。这条供给曲线适用于生产咖啡的成本条件特别是生产咖啡地区的气候条件给定的情况。如果坏天气毁坏了巴西的部分咖啡作物，对于给定的咖啡价格 P_c，咖啡的市场供应量就会减少。因此，在图 1.8 中供给曲线向左移动。

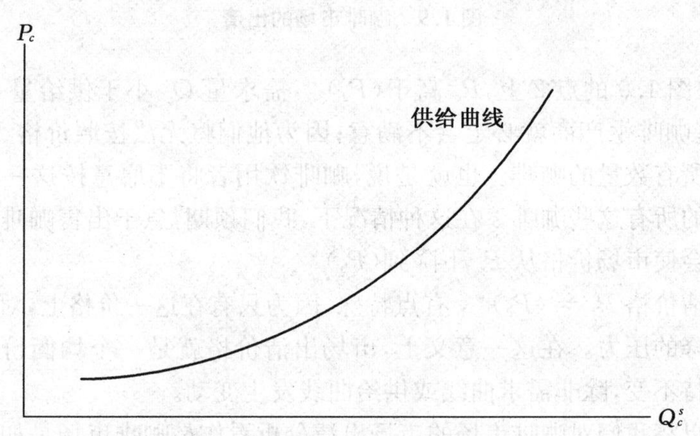

注：市场的供给曲线显示，咖啡的总供给量 Q_c^s 是咖啡价格 P_c 的一个函数。P_c 的上升使 Q_c^s 也上升。供给曲线适用于影响咖啡生产成本的条件给定时的情况。例如，巴西咖啡作物的歉收会减少价格 P_c 给定时的咖啡的总供给量。因此供给曲线向左移动。

图 1.8　咖啡的供给曲线

图 1.9 显示了咖啡市场的出清情况。我们假设对咖啡价格 P_c 作出调整，以使供给的数量 Q_c^s 等于需求的数量 Q_c^d。图 1.9 显示了这一出清市场的价格的数值 $(P_c)^*$。相应的出清市场的咖啡数量应该是 $(Q_c)^*$。

为何我们假设要将咖啡价格 P_c 调整到出清市场的数值 $(P_c)^*$？因为对任何其他价格来说，供给的数量与需求的数量是不相等的。例如，在图 1.9 中，在点 1 上，P_c 小于 $(P_c)^*$，需求量 Q_c^d 将大于供给量 Q_c^s。在那种情况下，就必定会有一些饮用咖啡的人得不到满足；他们再也无法按照价格 P_c 买到他们所需数量的咖啡。

即咖啡供应商将不再愿意按这一低价提供足够的咖啡去满足所有人希望购买的数量。在这种情况下，我们就会想到，那些渴望得到咖啡的需求者之间的竞争就会将咖啡的市场价格从 P_c 抬升到 $(P_c)^*$。

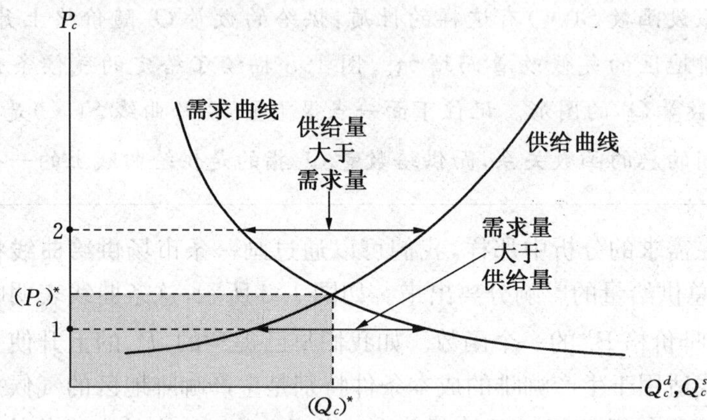

注：咖啡市场在价格为 $(P_c)^*$ 和数量为 $(Q_c)^*$ 时出清。在这一点上，咖啡的供给量等于需求量。

图 1.9　咖啡市场的出清

相反，在图 1.9 的点 2 上，P_c 高于 $(P_c)^*$，需求量 Q_c^d 小于供给量 Q_c^s。在这种情况下，有些咖啡生产商就必定会不满意；因为他们将无法按照价格 P_c 出售他们想要出售的所有数量的咖啡。也就是说，咖啡饮用者将不愿意按这一高价购买生产商所提供的所有这些咖啡。在这种情况下，我们预期，急于出售咖啡的供应商之间的竞争就会使市场价格从 P_c 下降到 $(P_c)^*$。

市场出清价格 $P_c=(P_c)^*$，有点特殊，因为只有在这一价格上，对咖啡价格没有上升或下降的压力。在这一意义上，市场出清价格就是一个**均衡价格**。这一价格趋向于保持不变，除非需求曲线或供给曲线发生变动。

我们可以将我们对咖啡市场的市场出清分析看作是咖啡市场是如何运行的一个模型。模型中的两个内生变量是咖啡的价格 P_c 和数量 Q_c。我们可以利用图 1.9中的市场出清分析去搞清楚外生变量的变化如何影响模型中的内生变量。外生变量是使咖啡的需要求曲线和供给曲线发生变化的外部力量。对需求来说，我们所指的两个外生变量是：收入 Y 和茶叶价格 P_T。①对供给而言，我们提到的外生变量是咖啡生产地区（例如巴西）的气候条件。

图 1.10 显示了需求的增加如何影响咖啡市场。需求的增加可能反映出收入 Y 的增加或茶叶价格 P_T 的上升。我们用需求曲线的向右移动代表需求的增加，即

① 从包括茶叶市场和整个经济体在内的更广泛的观点来看，茶叶价格 P_T 和收入也是内生变量。这一更广泛的分析称之为一般均衡理论，即它考虑所有市场同时出清的条件。限于对一个单一市场（例如咖啡市场）的分析，则是一个局部均衡分析的例子。在本例中，我们评估咖啡市场的出清，同时将其他市场的结果看作是给定的。

消费者要想按任何给定的价格 P_c 买更多的咖啡。我们从图中看到，市场出清价格从 $(P_c)^*$ 上升到 $(P_c)^{*\prime}$，市场出清数量从 $(Q_c)^*$ 增加到 $(Q_c)^{*\prime}$。因此，我们的咖啡市场模型预测，Y 或 P_T 的增加提高了 P_c 和 Q_c。像图 1.6 一样，该模型告诉我们外生变量的变化如何影响内生变量。

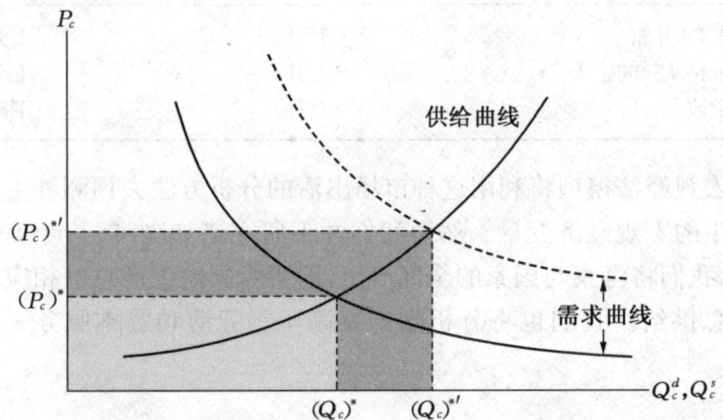

注：在图 1.9 中，咖啡市场在价格为 $(P_c)^*$ 和数量为 $(Q_c)^*$ 时出清。收入 Y 的增加或茶叶价格 P_T 的上涨使咖啡的需求增加。因此，需求曲线从实线向右移动到虚线。咖啡的市场出清价格上升到 $(P_c)^{*\prime}$，咖啡的市场出清数量增加到 $(Q_c)^{*\prime}$。

图 1.10　需求增加对咖啡市场的影响

图 1.11 显示了供给的减少如何影响咖啡市场。供给的减少可能反映了咖啡生产地区例如巴西和哥伦比亚糟糕的气候条件。我们用供给曲线的向左移动代表供给的减少。那就是，生产商想按任何给定的价格 P_c 出售较少的咖啡。我们从图中看到，市场出清价格从 $(P_c)^*$ 上升到 $(P_c)^{*\prime}$，而市场出清数量从 $(Q_c)^*$ 减少到 $(Q_c)^{*\prime}$。因此，我们的咖啡市场模型预测，咖啡歉收提高了价格 P_c，减少了数量 Q_c。

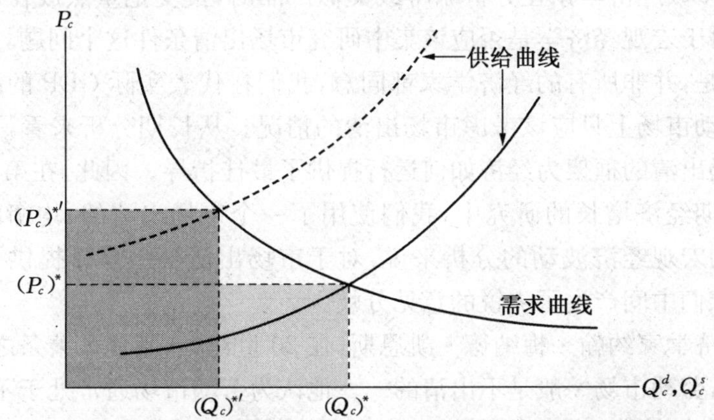

注：在图 1.9 中，咖啡市场在价格为 $(P_c)^*$ 和数量为 $(Q_c)^*$ 时出清。巴西咖啡的歉收减少了咖啡的供给。因此，供给曲线从实线向左移动到虚线。咖啡的市场出清价格上升到 $(P_c)^{*\prime}$，咖啡的市场出清数量下降到 $(Q_c)^{*\prime}$。

图 1.11　供给减少对咖啡市场的影响

表 1.1 归纳了咖啡市场出清模型的结果。如图 1.6 所示，该模型告诉我们外生变量的变化如何影响内生变量。

表 1.1　外生变量的变化对咖啡市场的内生变量的影响

外生变量的变化	对 P_c 的影响	对 Q_c 的影响
收入 Y 的增加	上升	上升
茶叶价格 P_T 的上升	上升	上升
咖啡歉收	上升	下降

我们的宏观经济模型将利用这种市场出清的分析方法去预测外生变量的变化如何影响内生的宏观经济变量。然而我们并不研究诸如咖啡、茶叶等等一系列的商品。相反，我们将考察与国家的全部产出，即实际国内生产总值相应的综合商品的总需求与总供给。我们也将分析生产要素——劳动和资本服务——的需求和供给。

1.2.2　浮动价格与粘性价格

当我们研究咖啡市场时，我们集中研究了市场出清条件。因此，当外生变量发生变化时，我们把我们的预测建立在这一变化如何改变市场出清的价格和数量上。成为这一分析的基础的假设是咖啡价格会迅速地调整以出清咖啡市场——即使需求的数量等于供给的数量。我们观察到，如果咖啡价格不同于它的市场出清的价值，无论是咖啡的需求者还是供给者都不可能得到满足，即不可能按既定的价格买到或出售咖啡。因此，咖啡价格始终存在着调整的压力，把它调整到出清市场的价值——市场出清价格是唯一的均衡价格。

虽然大多数经济学家在分析咖啡或类似产品时，接受把重点放在市场出清价格上，但是对于宏观经济学是否应该集中研究市场出清条件这个问题，意见就不统一了。特别是，并非所有的经济学家都同意，我们在代表实际 GDP 的综合商品的市场上或劳动市场上只应该考虑市场出清的情况。从长期分析来看，一致同意的看法是，市场出清的框架为经济如何运行提供了最佳指导。因此，在第 3—5 章中，在我们对长期经济增长的研究中，我们使用了一个市场出清的、均衡的方法。然而，对短期的宏观经济波动的分析来说，对于市场出清模型是否提供了有用的见解，经济学家们中间产生了尖锐的意见分歧。

著名经济学家约翰·梅纳德·凯恩斯，在 20 世纪 30 年代大萧条之后不久，写文章论证道，劳动市场一般是不出清的——他认为劳动市场通常处于**不均衡**状态，据此，他认为劳动的需求量与供给量之间始终存在着差异。特别是，他论证说，工资率是粘性的，并且只作缓慢的调整，以便使劳动的需求量和供给量达到相等。最近，有些宏观经济学家进而强调了有些商品市场处于不均衡状态的趋势，这种分析方法叫做**新凯恩斯模型**，该模型论证说，有些商品的价格也是粘性的，并且只是缓慢地变动，以使商品的需求量等于供给量。

其他经济学家论证说，一个依赖于市场出清条件的均衡分析的方法为我们研究短期经济波动提供了最佳的洞察角度。这一研究方法将大多数经济学家应用于研究长期经济增长的同样的方法论应用于短期波动。在短期内，工资和价格被看成是充分浮动的，这样，一个有用的宏观经济分析就可以集中于研究市场出清的情况。如我们在对咖啡市场的分析中那样（见表 1.1 的总结），然后我们可以集中力量研究外生变量如何影响市场出清的数量和价格。

有一点似乎是清楚的，除非将价格浮动和市场出清模型作为一个基准，否则我们是不可能理解或评价粘性价格模型的。毕竟，宏观经济学家们一致认为，经济始终是在向市场出清状态接近的——这就是为什么这一背景经常被用于研究长期经济增长。一个合理的推断是，不管对短期内粘性价格的显著性的最终判定是什么，利用一个市场出清模型来开始宏观经济的分析是最佳的途径。

在第 6—10 章中我们将着手论述经济波动的市场出清模型。我们将这一模型称作均衡的经济周期模型（比实际经济周期模型更广泛的术语，它经常出现在经济学文献中）。在第 11 章，我们将把这个模型扩大到考虑通货膨胀问题，并且在第 12—14 章，扩大到考察政府支出、税收和财政赤字。第 15 章考察有关价格和工资的错误认识，但继续采用市场出清的框架。我们只在第 16 章准备评估粘性工资和价格，它们是凯恩斯模型和新凯恩斯模型的标志。

重要术语和概念

景气 boom
经济周期（商业周期）business cycle
需求曲线 demand curve
非均衡 disequilibrium
经济波动 economic fluctuation
就业 employment
内生变量 endogenous variable
均衡 equilibrium
汇率 exchange rate
外生变量 exogenous variable
一般物价水平 general price level
金本位 gold standard
大萧条 Great Depression
国内生产总值(GDP) gross domestic product
通货膨胀率（通胀率）inflation rate

利率 interest rate
微观经济基础 microeconomic foundations
国民收入核算 national-income accounting
新凯恩斯模型 new Keynesian model
完全竞争 perfect competition
价格接受者 price taker
实际 GDP real GDP
实际国内生产总值 real GDP
衰退 recession
租赁价格 rental price
供给曲线 supply price
失业 unemployment
失业率 unemployment rate
工资率 wage rate

国民收入核算：国内生产总值和物价水平

在第1章，我们使用了国内生产总值和物价水平这些术语，但没有对它们准确地下过定义。现在，通过考察国民收入核算，我们来充分阐述这些术语的含义。在建立国民收入账户的过程中提出了许多挑战性的问题。然而，出于某些目的，我们只论述一些基本概念。

2.1 名义 GDP 和实际 GDP

我们首先谈谈国内生产总值(或简称 GDP)，**名义 GDP** 衡量一个经济体(国家)在一段特定的时间内，比方说一年内，生产的所有商品和服务的美元(或欧元)价值。例如在 2005 年，美国的名义 GDP 为 12.5 万亿美元，名义 GDP 是一个**流动变量**：它测量在每单位时间(例如1年)内生产的商品的美元金额。

现在一步步考察名义 GDP 的定义。"名义的"这一词意味着在一年内生产的商品是用美元(或用另一种货币单位例如欧元)计量的。对大多数商品和服务——铅笔、汽车、理发等——来说，它们的美元价值是由这些商品和服务在市场上出售的价格决定的。

有些商品和服务，包括许多由政府提供的服务，并不在市场上交易。例如，政府不会将它的国防服务，司法体系和警察治安出售给他人。这些服务项目是按它们的名义生产成本进入名义 GDP 的。这样的处理是成问题的，因为这等于是假设政府雇员的劳动生产率在一段时间内不会有变化。然而，在缺乏市场价格的情况下，哪一种替代的计算方法更准确就不太清楚了。

另一个项目，即房东居住自己的房子，是作为一个估计数进入 GDP 的，该估计数是如果房东将他的房产在市场上出租给其他人会取得多少租金。这一金额称之为房东自住房屋的**估算的租金收入**。从概念上讲，这一方法应该同样适用于耐用消费品，例如家庭用汽车、家具和家用电器。然而这一方法现在已不采用；这就是说，GDP 并不包括花在耐用消费品上的估计的租金收入。[①]对政府拥有的财产，在国民收入账户中，估算的租金收入等于估计的折旧。这种假设是有麻烦的，但是再一次重申，还没有一个明显的可取的替代方法。

名义 GDP 包括一段特定时间内(例如一年内)生产的商品和服务的价值，懂得这一点是很重要的。那就是说，GDP 计量的是当前的生产。例如，如果一个汽车制造商在 2007 年生产和出售一辆新汽车，这辆汽车的全部价值计入 2007 年的 GDP 中。然而如果有人在 2007 年出售一辆 2006 年产的旧汽车，这个销售额就不计入 2007 年的 GDP。

名义国内生产总值可能会产生误导，因为它既取决于总的物价水平，也取决于实际生产的商品数量。表 2.1 说明了这个问题。考虑一个简单的经济体，它只生产奶油和高尔夫球两种产品。表中显示了 2006 年和 2007 年这两种商品假设的数量和价格。在 2006 年，该经济体生产了 50 磅奶油，每磅卖 2 美元。因此，2006 年奶油的产出值是 100 美元。2006 年该经济体还生产了 400 只高尔夫球，每只定价 1 美元，高尔夫球的产出值是 400 美元。因此该经济体 2006 年的名义 GDP 是奶油和高尔夫球产出的总和：100 ＋ 400 ＝ 500 美元。

表 2.1　名义 GDP 和实际 GDP 的计算：一个简单例子

	2006a	2006b	2007a	2007b
价格				
奶油	每磅 2 美元	每磅 2 美元	每磅 3 美元	每磅 1.5 美元
高尔夫球	每球 1 美元	每球 1 美元	每球 1.1 美元	每球 0.89 美元
数量				
奶油	50 磅	50 磅	40 磅	70 磅
高尔夫球	400 只	400 只	391 只	500 只
名义市场价值				
奶油	100	100	120	105
高尔夫球	400	400	430	445
名义 GDP	500	500	550	550
2006—2007 年平均价格				
奶油	每磅 2.5 美元	每磅 1.75 美元	每磅 2.5 美元	每磅 1.75 美元
高尔夫球	每球 1.05 美元	每球 0.945 美元	每球 1.05 美元	每球 0.945 美元
按 2006—2007 年平均价格计算的市场价值				
奶油	125.0	87.5	100	122.5
高尔夫球	420.0	378.0	410.6	472.5
总数	545.0	465.5	510.6	595.0
2005 年比率	1.0	1.0	0.937	1.278
链式加权的实际 GDP，2006 年为基年				
	500.0	500.0	468.5	639.0
隐含的 GDP 平减指数，2006 年为基年				
	100	100	117	86

① 企业拥有的资本(例如工厂和机器)为企业生产的商品和服务作出贡献。因此产出的市场价值早已包括企业资本的租金收入。据此理由，没有必要将企业资本的估算的租金收入包括在 GDP 的计量内。

标着 2007a 和 2007b 的栏目显示了 2007 年两种产品的数量和价格的两种可能性。在情况 a 中，两种产品的价格都上升——奶油提高到每磅 3 美元，每只高尔夫球涨价到 1.1 美元。在情况 b 中，两者的价格都下降——奶油每磅 1.5 美元，每只高尔夫球为 0.89 美元。在情况 a 中，两种产品的产量都下降——奶油下降到 40 磅，高尔夫球降到 391 只。在情况 b 中，两种产品的产量都上升——奶油增加到 70 磅，高尔夫球增加到 500 只。

我们假设这样的数字，那么，在这两种情况下，2007 年的名义 GDP 是相同的。在情况 a 中，奶油的名义 GDP 是 120 美元，高尔夫球的名义 GDP 为 430 美元，加起来为 550 美元。在情况 b 中，奶油的名义 GDP 为 105 美元，高尔夫球的名义 GDP 为 445 美元，加总也是 550 美元。然而，观察两种商品的产量，情况 b 要大于情况 a。因此对 2007 年的实际 GDP 作任何合理的测量都会显示情况 b 要比情况 a 有更高的价值。因此这种名义 GDP 相等的现象会误导大家。名义 GDP 相等可能会掩盖生产层面上的极其巨大的差别。

2.1.1 计算实际 GDP

经济学家们通过构建实际 GDP 的衡量方法，解决了物价水平不断变化的问题。直到最近，计算实际 GDP 的最通用的方法是将每年每种商品的产出数量乘以该商品在基年（比方说 2000 年）的价格。然后将这些乘数的结果相加，就得出该经济体总的实际 GDP。由此获得的总数就称为“以 2000 年美元计量的 GDP”（如果把 2000 年作为基年的话）。或者，有时候，把这结果称作**不变美元的 GDP**，因为我们采用了不随时间而变动的价格（即基年 2000 年的价格）。与此相对照，名义 GDP 有时候被叫做**现值美元的 GDP**，因为这种 GDP 的计算方法采用了每种商品当年的价格。

由于基年的价格（比方说 2000 年）不随时间而变动，刚才描述的方法为随时间变化的总的生产水平提供了一种合理的计量方法，即它提供了一种计量实际 GDP 的合理的方法。然而，该方法的一个缺点是，它倚重于各种商品的产出，而这些产出是根据它们在基年（2000 年）的价格计算出来的。例如，假设一台个人电脑在 2000 年时的价格要高于一张长沙发。按此方法计算，2007 年生产的每一台电脑（假设与 2000 年生产的质量一样）对 2007 年的 GDP 的贡献要大于每一张沙发的贡献，尽管现在的电脑要比长沙发便宜许多。更普遍的情况是，由于商品的相对价格发生变化，随着时间的推移，基年的权数变得不太重要。经济分析局（BEA，美国商务部的一个机构）的对策是频繁地更改基年。然而，一种更精确的解决方法叫做链式加权法，它是在 20 世纪 90 年代中期开始采用的，以便对实际 GDP 作出更精确的计量。由此得到的变量叫做**链式加权的实际 GDP**。这种链式加权的衡量方法是已在媒体上公布的，我们将在本书中利用这种方法来衡量实际 GDP。

为说明链式加权法如何运用，我们可以再次利用表 2.1 中为一个简单的经济体假设的数据。该方法从计算两个相邻年份——2006 和 2007 年——每种商品的平均价格开始。例如，在情况 a 中，2006 和 2007 年奶油的平均价格为每磅 2.5 美元。在情况 b 中，为每磅 1.75 美元。

每一年——表中为 2006 和 2007 年——每种商品生产的数量乘以两个相邻年份的平均价格。例如，在例子 2006a 中，当我们用 2006 和 2007 年的平均价格计算时，2006 年生产的奶油的价值是 125 美元，而不是我们用 2006 年的较低价格计算的 100 美元。在 2007a 例中，当按平均价格计算时，2007 年生产的奶油的价值是 100 美元，而不是按 2007 年采用的较高价格计算的 120 美元。

利用这些平均价格数，我们将每年生产的商品的价值加总，就得到如表 2.1 中显示的总数。例如在 2006 年的 a 例中，总的美元值是 545 美元，而不是用 2006 年价格计算的 500 美元。对 2007 年来说，a 例中，生产的总的美元价值是 510.60 美元，而不是按 2007 年价格计算的 550 美元。

接下去，我们要计算每一个总量对 2006 年的总量的比率。因此，适用于 2006 年的这两种情况(a 和 b)的比率都是 1.0。对 2007 年来说，在情况 a 中的比率是 0.937，在 b 中，是 1.278。

为得到以 2006 年为基年的链式加权的实际 GDP，我们将刚才计算得到的比率乘以 2006 年的名义 GDP(500 美元)。因此，以 2006 年为基年的 2006 年的链式加权的实际 GDP，就与名义 GDP 相同——500 美元(情况 a 和 b)。而对 2007 年来说，以 2006 年为基年的链式加权的实际 GDP 在情况 a 中为 468.5 美元，在情况 b 中为 639.0 美元。因此，虽然在两种情况中，2007 年的名义 GDP 相同，但在情况 b 中，链式加权的实际 GDP 明显高得多。这一结果是合理的，因为奶油和高尔夫球的产量在情况 b 中都要高于 a。

我们可以继续用同样的方法处理其他的年份。例如，当我们得到 2008 年的数据时，我们可以计算 2008 年的产出值与 2007 年产出值的比率。这些比率与表 2.1 中计算的将 2007 年与 2006 年比较得到的比率相类似。然后我们要以 2006 年为基年表示 2008 年的结果，这样，所有的链式加权的数值都适用于相同的基年。我们将 2008 年对 2007 年的比率与 2007 年对 2006 年的比率相乘。这就使我们得到 2008 年的数值对 2006 年数值的比率。最后，我们将最后得到的比率乘以 2006 年的名义 GDP，就得到以 2006 年为基年的 2008 年的链式加权的 GDP。这一过程叫做“链式连接”。如果我们将这个过程从这一年转到下一年，最终我们就能得到一个用单一基年表示的链式加权的实际 GDP 的时间序列。

在表 2.1 中，用于计算链式加权的实际 GDP 的基年是 2006 年。然而，美国经济分析局在 2000 年初实际采用的基年是 2000 年。就链式加权方法而言，选择哪一年作为基年是无关紧要的。我们选用某一年作为基年只是为了保证每年的实际 GDP 是可比较的。(两年的链式加权的实际 GDP，比方说 2006 和 2007 年之间的比率，选择任何基年，都是相同的。)

我们可以利用对实际 GDP 的这个结果去建立一个总的物价水平的指数。在

表 2.1 中，2006 年是基年，我们可以把 2006 年总的物价水平看作是“100”。这个数字是任意决定的；它只是作为一个可以同其他年份的物价水平联系起来的可比较的头寸。

对 2007 年的情况 a 来说，名义 GDP 是 550 美元，以 2006 年为基年的链式加权的实际 GDP 为 468.5 美元。我们可以设想有一个隐含的物价水平将美元——550 美元的名义 GDP——转换成一个实际价值：468.5 美元的实际 GDP。

$$(\text{名义 GDP})/(\text{隐含的物价水平}) = \text{实际 GDP}$$

如果我们重新安排方程中的各个项，我们得到：

$$\text{隐含的物价水平} = (\text{名义 GDP})/(\text{实际 GDP})$$

例如，对于表 2.1 中的 2007 年的情况 a，我们得到：

$$\text{隐含的物价水平} = (550/468.5) = 1.17$$

对比之下，对于 2007 年的情况 b，我们得到：

$$\text{隐含的物价水平} = (550/639.0) = 0.86$$

数字 1.17 和 0.86 并不像绝对量度那样代表着任何意义。然而，当与以相似的方法计算出来的其他年份的物价水平相比较时，它们就有意义了。如已经提到的，通常的做法是将基年（在我们的例子中，基年是 2006 年）的物价指数定为 100。当与这个基数相比时，2007 年情况 a 中的物价水平是 $1.17 \times 100 = 117$，而情况 b 的物价水平是 $0.86 \times 100 = 86$。这些数值显示在表 2.1 上。这些价格指数通常被称为**隐含的 GDP 平减指数**（以 2006 年为基年）。也就是说，这些数值是人们隐含地用来将名义 GDP 转换为实际 GDP 的数值（也以 2006 年为基年）。

2.1.2 实际 GDP 作为福利的量度

虽然实际 GDP 揭示了关于一个国家的总的经济业绩的大量信息，但它不是一个衡量福利的完美的量值。从福利的角度看实际 GDP 还有如下一些缺点：

- 总的实际 GDP 没有考虑到收入分配的变化。
- 所计算的实际 GDP 不包括大多数非市场商品。这些不包括在内的商品包括“地下经济”中的合法和非法的交易，以及人们在自己家里所从事的服务，例如一个人在家里照顾自己的孩子，这种服务就不包括在实际 GDP 之中。但是如果这个人雇用某个人到他家里照顾孩子，或者把孩子送到幼托中心，这种服务就应包括在实际 GDP 之中。
- 实际 GDP 不包含休闲时间的价值。
- 衡量实际 GDP 时并没考虑到环境损害，例如空气和水质污染，除非这种污染达到影响产出的市场价值的程度。

尽管有这些缺点，实际 GDP 还是告诉我们许多关于一个国家的生活水准如何随时间变化的信息。它还让我们能够对生活水准作跨国家的比较。此外，衡量实际 GDP 能帮助我们理解短期经济波动和长期经济发展。

2.2 用不同观点看待 GDP——支出、收入和生产

我们可以用三种不同的方法去考虑国内生产总值或 GDP。首先，我们可以考察家庭、企业、政府和外国居民花在本国生产的商品和服务上的支出。其次，我们可以计算本国在商品和服务的生产中挣得的收入——雇员的工资报酬，租金收入，公司利润等等。最后，我们可以计量国内各个行业——农业、制造业、批发零售业等——生产的商品和服务的国内产值。很重要的一点是所有这三种方法。最终得到的结果——名义 GDP 的总额和实际 GDP 的总额——都是相等的。为了说明这一点，我们依次阐述每一种方法，首先从分析支出的构成着手。

2.2.1 用支出法计算 GDP

国民账户根据商品或服务的购买者将 GDP 划分为四个部分。这四个部分是家庭、企业、政府和外国居民。表 2.2 显示了 2005 年这一分解的具体内容。第一栏列出的是 2005 年现值美元的数值，第二栏显示的是每个数值占名义 GDP 的百分比。第三栏显示的是以基年 2000 年的美元值计量的链式加权的实际美元。2005 年的 12.49 万亿美元的名义 GDP 相当于 2000 年的 11.13 万亿美元。如果我们对其他年份作这些计算，我们可以作跨年度的比较，观察 GDP 如何随时间而变化。

1. 个人消费支出

家庭出于消费目的而购买商品和服务叫做**个人消费支出**。这一变量像 GDP 一样，是一个流量的概念。因此名义消费支出的单位是每年多少美元。这一部分的支出通常占了 GDP 的一大半以上。表 2.2 显示，2005 年的 8.75 万亿美元的名义个人消费支出占 12.49 万亿美元 GDP 的 70%。

表 2.2　美国 2005 年国内生产总值的支出组成部分

支出类型	万亿美元	占名义 GDP 的%	链式加权的 2000 年美元（单位：万亿）
国内生产总值	**12.49**	**100.0**	**11.13**
个人消费支出	**8.75**	**70**	**7.86**
耐用消费品	1.03	8.2	1.14
非耐用消费品	2.56	20.5	2.30
服务	5.15	41.3	4.44

（续表）

支出类型	万亿美元	占名义 GDP 的%	链式加权的 2000 年美元（单位:万亿）
国内私人总投资	**2.10**	**16.9**	**1.92**
固定投资	2.09	16.7	1.90
非住宅投资	1.33	10.7	1.29
住宅投资	0.76	6.1	0.60
企业存货的变化	0.02	0.0	0.20
政府采购*	**2.36**	**18.9**	**1.99**
联邦	0.88	7.0	0.74
州和地方	1.49	11.9	1.25
商品和服务的净出口	**−0.73**	**−5.8**	**−0.63**
出口	1.30	10.4	1.20
进口	2.03	16.2	1.83

注：* 表示在国民账户中这一类别相当于政府消费和投资。国民账户这一类别包括政府资本存量的折旧。

资料来源：经济分析局(http:/www.bea.gov)。

国民账户将人们购买的消费品区分为两类：一类是很快就用完的商品，例如牙膏和各种服务；另一类是可持续很长时间的商品，例如汽车和家具。前者称之为**非耐用消费品和服务**，后者称之为**耐用消费品**。一个重要的观点是耐用消费品会在一段较长时间里产生服务的流量。例如，一辆汽车可以被车主使用许多年，或者出售或出租给另一个驾车人。因此，购买耐用消费品可以被看作是一种投资。表2.2显示了个人消费支出在耐用消费品、非耐用消费品和服务之间的划分。2005 年，美国在耐用消费品上的名义支出是 1.03 万亿美元，占个人消费支出名义总量的 12%。

表 2.2 的第三栏报告了以链式加权的 2000 年美元计量的 GDP 的各组成部分。例如，2005 年 8.75 万亿美元的名义个人消费支出相当于 2000 年的 7.86 万亿美元。如果我们把这一计算方法应用于其他年份，我们就能计算出一段时间里实际个人消费支出的变化，或 GDP 的其他实际组成部分的变化。然而在比较给定年份的实际个人消费支出与同一年份的实际 GDP 水平方面还存在一些困难。如已经提到的，在 2005 年，名义个人消费支出占名义 GDP 的比率是 70%。然而，实际个人消费支出与实际 GDP 的比较还要取决于恰好选哪一年为基年。理由是实际个人消费支出与实际 GDP 的比较取决于基年（比方说 2000 年）与比较年（比方说 2005 年）之间发生的相对价格的变化。特别是，该结果取决于个人消费支出中包含的各个项目价格的变化与进入 GDP 的其他项目的价格相比较。

2. 国内私人总投资

国内生产总值的第二个大类是**国内私人总投资**。投资像个人消费支出一样，是一个流动变量，用每年多少美元计量。国内私人总投资的“固定”部分包括国内企业购买新的资本货物，例如厂房和机器设备。这些资本货物是耐用品，在许多年里，将作为投入物投入生产。事实上，在国民账户中，个人购买的一座新住房——它也许最终被考虑作为耐用消费品使用——被算作是固定的企业投资的一部分，而不是作为个人消费支出。

国内私人总投资是固定投资和企业的商品**存货**的净变化的总和。2005 年，这一存货净变化的金额相当之小，只有 200 亿美元。总的名义国内私人总投资是 2.1 万亿美元，占名义 GDP 的 17%。

有关国民收入核算的一个常见错误的原因是由于花在新的实物资本上的支出被称作“投资”。这一术语与日常会话中使用的投资的概念有所区别。在日常会话中，投资指的是金融资产在股票、债券、不动产等等之间的分配。当经济学家们提到一个企业的投资时，他们指的是企业购买新的资本货物，例如厂房或机器。

有关投资的另一个重要方面是**折旧**。资本货物的存量表现为以工厂、机器等为形式存在的资本货物的数量。因此资本存量是一种用商品数量计量的**存货变量**。由于资本货物在一段时间后会磨损或贬值，因此总投资中的一部分仅仅用来替代已被贬值的旧资本。折旧是一个流动变量——资本货物每年损耗的美元值。折旧是可以与 GDP 和国内私人总投资进行比较的。

国内私人总投资与折旧之间的差额——叫做**国内私人净投资**——是实物资本货物存量的价值的净变化。GDP 包括国内私人总投资。如果我们用净投资(通过减去折旧)替代这一总投资，则 GDP 与折旧之间的这一差额就叫做**国内生产净值**(**NDP**，又译国内净产值)。NDP 是一个有用的概念，因为它计量扣除了为更新被磨损的或贬值的资本货物所需要支出的 GDP 的净值。

3. 政府采购的商品和服务

国内生产总值的第二个组成部分是政府采购的商品和服务①。这一类别包括消费支出(例如军人和公立学校教师的工资薪金)，以及公共投资(例如购买新的办公楼)。很重要的一点是：政府部门包括所有各级政府，不管是联邦政府还是州政府或地方政府。另一点是政府对商品和服务的购买不包括转移支付，例如支付给享受社会保险的退休者和福利救助接受者的钱。这些转移支付不代表对当前生产的商品和服务的支付。因此这些开支不出现在 GDP 中。2005 年，政府采购的商品和服务的名义值总额为 2.36 万亿美元，占名义 GDP 的 19%。

4. 出口和进口

本国生产的有些商品和服务是出口给外国用户的。这些**出口**的商品和服务

---

① 国民账户把这一类别称之为“政府消费和投资”。政府消费包括现有政府资本的租金收入的估计值。然而，如已经提到过的，这个假设是，这一租金收入与政府资本存量的折旧的估计值相符合。因此，在国民收入账户中，“政府消费和投资”将政府资本的折旧加在“政府采购的商品和服务”上。

的价值必须加在国内的购买额上，以计算该国国内生产的总的价值(GDP)。外国居民也将他们生产的商品和服务输入到本国——供本国的家庭、企业和政府使用。这些**进口**的商品和服务的价值必须从本国的购买额中减去，以计算本国的总产值(GDP)。因此这一对外国的进出口部分在GDP中作为净出口出现：即外国居民在本国产品上的支出(出口)与本国居民在外国产品上的支出(进口)之间的差额。净出口可以是大于0或小于0。表2.2显示，在2005年，净名义出口值为－0.73万亿美元，或占名义GDP的－5.8%。这净出口部分可具体分解为1.30万亿美元的出口(占GDP的10.4%)减去2.03万亿美元的进口(占GDP的16.2%)。

经济学家们通常采用一种忽略净出口的理论模型。然后将此模型应用于一个**封闭经济**，这种经济与世界其他地区没有任何贸易联系。相反，一个通过贸易与世界其他地区保持联系的经济叫做**开放经济**。采用一个封闭经济模型的理由如下：

- 它简化了分析。
- 至少就美国而言，与GDP相比，进口额与出口额小得微不足道，以至于忽略国际贸易也不会产生多大的误差。这一点在1950年理所当然是有说服力的，当时，进出口各占美国GDP的4%。然而，在2005年就不那么令人信服了，2005年，出口已占美国GDP的10%，进口占GDP的16%。
- 实际上，现在整个世界是一个封闭的经济了，所以我们要采用封闭经济的分析方法去评估整个世界经济。

我们采用封闭经济的传统方法来研究宏观经济学直到第17章，之后，我们再来研究一下国际贸易。

2.2.2 用收入法计算GDP

考察GDP的另一种方法是利用各种生产要素挣得的收入。这一概念叫做**国民收入**。要搞清楚生产和收入之间的关系，我们可以设想一个只有两家企业的封闭经济。一家是面粉厂，它只利用劳动力生产面粉。另一家是面包房，它利用面粉和劳动力生产面包。面包是唯一的最终产品。面粉是唯一的中间产品——它完全被用于生产最终产品——面包。注意：为了简化问题，我们忽略了资本投入，例如厂房和机器。

这两家企业的损益表见表2.3。这一经济体的名义GDP是最终产品即面包的价值，为600美元。这一金额也是面包房的收入。损益表显示面包房的成本和利润可分解为面粉350美元，劳动力(面包房的工人)200美元，利润50美元(归面包房所有)。对面粉厂来说，350美元的收入中250美元归劳动力(面粉厂的工人)，100美元是面粉厂的利润。国民收入等于总的劳动收入450美元加总的利润150美元，共600美元。因此在这个简单的经济体中，国民收入等于GDP。

表 2.3　计算国民收入的假设的数据

收入类型	金额(美元)	成本或利润的类型	金额(美元)
		面包房(生产最终产品)	
面包销售	600	劳动	200
		面粉	350
		利润	50
		总成本与利润	600
		面粉厂(生产中间产品)	
面粉销售	350	劳动	250
		利润	100
		总成本与利润	350

注意，GDP 计算了最终产品面包的价值 600 美元，但没有分开计算面粉的价值，350 美元。面粉已被完全用在面包的生产中——也就是说，600 美元的面包销售额中已经计入了中间产品面粉的成本 350 美元。如果我们再把 350 美元的面粉的出售价加在 600 美元的面包出售价上，我们就会重复计算中间产品面粉的价值。换句话说，面包房的**附加值**只有 250 美元——600 美元的销售价减去为购面粉支付的 350 美元。面粉厂的附加值是整整 350 美元，因为我们假设面粉厂不使用中间产品。因此我们将面粉厂的附加值 350 美元与面包房的 250 美元附加值加在一起，就得到 600 美元的 GDP 了。因此，GDP 等于所有各部门的附加值的总和。在这个简单的经济体中，国民收入等于 GDP，于是，也就等于所有各部门的附加值之和了。

表 2.4 显示了 2005 年美国国民收入的分类。总的名义国民收入是 10.90 万亿美元。虽然计算国民收入的方法在概念上与表 2.3 中相同，但是美国经济还包括额外的收入形式。美国国民收入中最大的一块是员工的工资报酬——7.13 万亿美元，或占国民收入的 65%。这一构成与表 2.3 中的劳动收入相似。

表 2.4　美国 2005 年的国民收入，按类别分

收入类别	万亿美元	占国民收入%
国民收入	**10.90**	**100.0**
员工工资	7.13	65.3
业主收入	0.94	8.6
个人租金收入	0.07	0.7
公司利润	1.35	12.4
净利息	0.50	4.6
对生产的税收	0.90	8.3
减去：补贴	(0.06)	(0.5)
企业转移支付	0.08	0.7
政府企业盈余	(0.01)	0.0

资料来源：经济分析局(http://www.bea.gov)。

在表2.4中，美国国民收入中的有些部分代表了从资本获得的收入。这些数值不在表2.3中出现是因为我们并不考虑面包房和面粉厂各自拥有的、为生产商品作出贡献的资本设备，例如机器。在美国的国民账户中，来自资本的收入类别包括个人租金收入、公司利润和净利息。总额为1.92万亿美元的资本收入占国民收入的18%。

美国2005年的国民收入中还包括0.94万亿美元的业主收入（占国民收入的9%）。这项收入是自我雇佣的个体户，包括未组成公司的企业业主的报酬。这一收入代表了一种支付给劳动和资本的混合收入。如何将它分解成劳动和资本的报酬则不太清楚。虽然经济学家们已经作出了估计。

对生产的税收——销售税、消费税和增值税（VAT）[①]——被包括在商品的市场价格内。因此，这些对生产的税收计入GDP。它们是根据产出的市场价值计算出来的。这些税收收入也是政府收入的一部分——因此这些税收作为政府部门的收入进入国民收入。而由政府支付给生产者的补贴等于负的生产税收。所以，补贴是带着负号计入国民收入的。2005年，对生产的税收总额减去补贴是0.85万亿美元，占国民收入的8%。[②]

1. 国内生产总值和国民收入之间的差异

在表2.3的简化的经济体中，国内生产总值与国民收入是相等的。实际上，国内生产总值GDP和国民收入之间存在的差异反映了两个主要项目：涉及世界其他地区的收入支付和资本存量的折旧。我们依次论述这两个项目。

美国的GDP是在美国国内生产的商品和服务的价值。美国的国民收入是美国国内的各个部门得到的收入。国内生产总值和国民收入之间存在差异的一个根源是美国居民从世界其他地区得到的收入。主要项目是美国居民拥有的国外的资本（资产）收入。第二个部分是在国外工作的美国居民的劳动收入。2005年，这一"来自国外的要素收入"的总额是0.51万亿美元，如表2.5所示。与这个"来自国外的美国要素收入"相对应的部分是美国向国外生产要素的支付。它们是向位于美国的但是被外国居民拥有的资本和在美国工作的外国居民支付的。在2005年这些向世界其他地区支付的总额是0.47万亿美元。**来自国外的净要素收入**是美国从世界其他地区获得的收入与美国向世界其他地区支付的收入之间的差额：0.51万亿美元减去0.47万亿美元，即0.04万亿美元。将这一金额加到12.49万亿美元的GDP之上，就得到12.52万亿美元的**国民生产总值（GNP）**，如表2.5所示。GNP给出了美国生产要素的总收入，不管它们是在美国还是在国外。

美国国内生产总值的一部分包括在美国的固定资产的折旧。这一折旧并不显示为生产要素的收入。特别是，折旧是要从企业总收入中减掉的，以计算公司利润或业主的利润。如果我们从GNP中减去1.57万亿美元的估计的折旧额，我们就

---

① 增值税在许多国家很重要，但是在美国不存在增值税。

② 美国2005年的国民收入还包括两个较小的部分：企业向家庭和政府的净转移支付（0.08万亿美元，或占国民收入的1%）和政府企业的盈余（接近0）。

得到2005年的国民生产净值(NNP)为10.95万亿美元。除了统计上的差异(2005年为-0.04万亿美元),NNP相当于国民收入。因此,表2.5显示了我们是如何得到10.90万亿美元的国民收入的过程。这是我们在前面表2.4中看到的数字。

表2.5　2005年美国GDP与收入之间的关系

产品或收入的分类	万亿美元
国内生产总值(GDP)	**12.49**
加:来自世界其他地区的收入	0.51
减:付给世界其他地区的收入	(0.47)
等于:国民生产总值(GNP)	12.52
减:资本存量的折旧	(1.57)
等于:国民生产净值(NNP)	10.95
减:统计误差	(0.04)
等于:国民收入	10.90
减:公司利润、生产税收、社会保险金净利息、企业转移支付、政府企业盈余	(3.64)
加:个人资产收入、个人转移支付	2.98
等于:个人收入	10.25
减:个人税收	(1.21)
善于:个人可支配收入	9.04

资料来源:经济分析局(http://www.bea.gov)。

2. 个人收入和个人可支配收入

我们也可以计算家庭直接得到的收入,这一概念称之为**个人收入**。从国民收入到个人收入的计算路径涉及一系列的调整。首先,公司利润的一部分被作为红利股息支付给家庭。利润的另一部分叫做*留存收益*。其次,个人收入不包括缴给政府社会保险计划的保险费。因为个人并没有作为收入直接收到这些缴款额。其他调整包括转移支付和政府企业的盈余。表2.5列出了各个项目。2005年的10.25万亿美元的个人收入正好比国民收入少了0.65万亿美元。

我们也可以计算家庭在支付了个人税收后剩下的收入。这些税包括个人所得税和财产税。有些其他税收(对生产的征税和社会保险的缴款)已经在计算个人收入时扣除。缴税后的个人收入称之为**个人可支配收入**。2005年,美国的个人税收是1.21万亿美元。从10.25万亿美元的个人收入中扣去这笔税款后就得到9.04万亿美元的个人可支配收入,如表2.5所示。

2.2.3　用产值法计算GDP

我们也可以按照产生收入的生产部门来分解国民收入。表2.6显示了美国2005年国民收入的这一分解。

2005 年的 10.89 万亿美元[①]的国民收入可分解为由国内各行业生产的收入10.86万亿美元和来自世界其他地区的收入 0.03 万亿美元。最后一项是来自国外的净要素收入。对国内各行业来说，其中的 9.56 万亿美元，或占国民收入的 88%，来自私人部门；1.30 万亿美元，或国民收入的 12%，来自政府部门(联邦、州和地方政府)。

表 2.6 显示了 9.56 万亿美元的私人企业的收入可划分成 14 个部门。最大的部分 19%来自金融、保险和不动产业；16%来自专业和商业服务业；14%来自制造业，10%来自教育、保健和社会援助；9%来自零售业；7%来自批发业；6%来自建筑业；4%来自艺术娱乐业、旅馆饮食业；4%来自信息业，3%来自交通运输业。注意，农业和采矿业加起来只构成国民总收入的 2.5%。

表 2.6　2005 年美国按部门分解的国民收入

生产部门	万亿美元	占国民收入%
国民收入	10.89	100.0
来自国外的净要素收入	0.03	0.3
国内工业	10.86	99.7
政府	1.30	12.0
私人工业	9.56	87.7
		占私人国民收入%
农、林、渔、猎业	0.08	0.8
采矿业	0.16	1.7
公用事业	0.18	1.9
建筑业	0.61	6.4
制造业	1.34	14.0
批发业	0.68	7.2
零售业	0.84	8.8
运输、仓储业	0.32	3.3
信息业	0.39	4.1
金融、保险、不动产、租赁业	1.86	19.4
专业和商业服务业	1.48	15.5
教育、卫生、社会援助	0.95	9.9
艺术、娱乐、旅馆饮食业	0.40	4.2
其他私人部门	0.26	2.9

资料来源：经济分析局。

2.2.4　季节性调整

美国和其他大多数国家的 GDP 及其组成部分的数据是按季度提供的。这些数据能使我们按季度的频率研究经济波动。然而，这种原始数据的一个问题是，由于季

① 由于对折旧的不同处理方法，这一总量稍微不同于表 2.4 和 2.5 显示的 10.90 万亿美元的国民收入。

节的因素，它们包含着幅度很大的变化。在一年内，美国实际 GDP 上升的典型模式是在第四季度达到顶峰(10 月—12 月)。然后在第二年的第一季度(1 月—3 月)，实际 GDP 通常会明显地下降。接着从第二季度起开始反弹，直到第四季度。

实际 GDP 和其他宏观经济变量的季节性波动反映了气候和假日的影响(特别是圣诞节期间和夏季度假期间)。出于多种目的，我们要利用国民账户的数据去研究经济波动，这些波动反映了除通常的季节性因素以外的各种因素。为此，美国经济分析局对实际 GDP 及其组成部分的数据进行调整，以便滤去典型的季节性变动的因素。以这种方式调整的数据叫做**经季节性调整的数据**。新闻媒体中报道的并被用于宏观经济分析的国民账户信息就是以这种经季节性调整数据的形式出现的。在本书中我们也是利用经季节性调整的数据来分析经济波动。

季节性调整的数据是适用于在新闻媒体中每个月的报道、并被用于宏观经济分析的变量。这些变量包括就业和失业、工资收入、工业产量、零售额以及消费者价格指数。①在本书中，当我们讨论这些每月变动的变量时，我们也指的是经季节性调整的数据。

用数字说话

美国各州的州生产总值

我们已经集中论述了美国总的 GDP。我们也可以在美国 50 个州的每个州内和哥伦比亚特区内将 GDP 分解为各部门生产的金额。州生产的总产出的价值称之为州生产总值(GSP)。表 2.7 显示了美国 2004 年的 11.7 万亿美元的 GDP 如何按州分解的。②加利福尼亚的产值占了美国 GDP 的 13.3%，纽约提供了 7.7%，得克萨斯贡献了 7.6%，佛罗里达占了 5.7%。在贡献较低的那头，佛蒙特州、北达科他州、怀俄明州、蒙大拿州和南达科他州，各自都只提供了美国 GDP 的 0.2%。

表 2.7　2004 年美国各州的州生产总值

州	州生产总值(10 亿美元)	占美国总量的%	州	州生产总值(10 亿美元)	占美国总量的%
美国	11 666	100.0	密苏里	203	1.7
亚拉巴马	140	1.2	蒙大拿	27	0.2
阿拉斯加	34	0.3	内布拉斯加	68	0.6

① 消费者价格指数的季节性变化最终被证明是很小的，但其他变量随季节的变化是很可观的。季节性变化在各种利率下是不可察觉的，而这些变量不是按季节调整的。

② 美国各州的州生产总值的总和 11.67 万亿美元，略少于美国 2004 年的 GDP11.73 万亿美元，这是因为全国的 GDP 包括了驻在国外的政府雇员的工资和军事基础设施存量的折旧(所以不包括在任何州内)。

（续表）

州	州生产总值（10亿美元）	占美国总量的%	州	州生产总值（10亿美元）	占美国总量的%
亚利桑那	200	1.7	内华达	100	0.9
阿肯色	81	0.7	新罕布什尔	52	0.4
加利福尼亚	551	13.3	新泽西	416	3.6
科罗拉多	200	1.7	新墨西哥	61	0.5
康涅狄格	86	1.6	纽约	897	7.7
特拉华	54	0.5	北卡罗来纳	336	2.9
哥伦比亚特区	77	0.6	北达科他	23	0.2
佛罗里达	599	5.3	俄亥俄	420	3.6
佐治亚	343	2.9	俄克拉荷马	108	0.9
夏威夷	50	0.4	俄勒冈	128	1.1
爱达荷	44	0.4	宾夕法尼亚	468	4.0
伊利诺伊	522	4.5	罗得岛	42	0.4
印第安纳	228	2.0	南卡罗来纳	136	1.2
衣阿华	111	1.0	南达科他	29	0.2
堪萨斯	99	0.8	田纳西	218	1.9
肯塔基	136	1.2	得克萨斯	884	7.6
路易斯安那	153	1.3	犹他	83	0.7
缅因	43	0.4	佛蒙特	22	0.2
马里兰	228	2.0	弗吉尼亚	329	2.8
马萨诸塞	318	2.7	华盛顿	262	2.2
密歇根	372	3.2	西弗吉尼亚	49	0.4
明尼苏达	224	1.9	威斯康星	212	1.8
密西西比	76	0.7	怀俄明	24	0.2

注：* 总量少于 2004 年 GDP 的 117 340 亿美元，这是因为 GDP 包括了驻国外的政府雇员的工资和军事基本设施存量的折旧。

资料来源：经济分析局（http://www.bea.gov）。

2.3 价格

我们已经讨论了链式加权的实际 GDP 的计算如何产生了一个隐含的 GDP 的价格平减指数。由此产生的序列数给了我们一个计算总的物价指数的理想的量度。也就是说，我们得到了一种与国内生产的商品和服务的总的市场篮子相匹配的价格指数。我们可以用这一方法去得到 GDP 各组成部分的隐含的价格平减指数。例如，我们可以得到一个个人消费支出的平减指数，一个国内私人总投资的平减指数，等等。①

① 然而对政府采购的商品和服务的平减指数并不十分有用。由于大多数政府的产出是不在市场上出售的，这一价格平减指数反映了关于提供公共服务的成本的武断假设。其主要的假设是：政府雇员的劳动生产率并不会随时间而变化。

除了这些隐含的价格平减指数外，我们还有美国劳工统计局直接计算的含义广泛的价格指数。最重要的例子是**消费者价格指数（CPI）**，和**生产者价格指数（PPI）**，后者又叫做**批发价格指数**。

主要的消费者价格指数来自每个月和每两个月一次对 87 个城市地区的商品和服务价格的调查。数据基本上是从 23 000 个零售和服务单位的大致80 000 个项目上采集来的。消费者价格指数也包括了有关租金的数据，它来自对 50 000 名业主或承租人的调查。该指数受到城市消费者的极大关注，关注它的人估计占到美国总人口的 87%。消费者价格指数是个人消费价格的一种加权平均数。这里，目前的权数反映了 1993—1995 年间从对 3 万多个个人和家庭的消费者支出调查中得到的支出份额。这些权数每个月之间是固定的，一直到作出新的调查为止①。

2006 年计算的消费者价格指数（CPI）将 1982—1984 年的月平均价格定义为等于 100。因此，2006 年 199.8 的 CPI，意味着从 1983 年年中到 2006 年 3 月，平均价格上升了 99.8%。物价水平的这一累计性的上升相当于自 1983 年中以来的 23 年里物价水平每年平均上涨 3.1%。相比之下，在同一时间段里，从隐含的 GDP 平减指数计算得到的年通货膨胀率是 2.5%。如下面的专栏中所要讨论的，较高的 CPI 上涨率——每年 0.6%——也许反映了一种因长期维持 CPI 市场篮子的固定权数而产生的上升压力。

回到现实

消费者价格指数问题

消费者价格指数引起了众多的注意，因为它每月提供了有关一大篮子家庭购买的商品和服务的市场价格的信息。引起注意的部分原因是由于有些公共和私人合同将它们的名义支付额同消费者价格指数挂上了钩。例如，按社会保障计划支付的补助、美国财政部对通胀保值债券的支付，以及美国个人所得税的税级都自动地对 CPI 的变化作出调整。

许多经济学家认为，所报道的 CPI 的上升夸大了通货膨胀，因而，社会保障金和其他支付的自动调整的幅度太大，以至于无法使实际项目的开支保持固定。自然，这一评估是有争议的，因为对指数的任何修正都会对实际转移支付、实际税款的征收等等产生明显的后果。CPI 的变化严重地夸大了通货膨

① 根据上一年（例如 1993—1995 年）商品的重要性对个人消费价格加权的消费者价格指数，称之为拉斯贝耶斯（Laspeyeres）价格指数。相反，根据当年商品的重要性对价格加权的价格指数称之为帕许价格（Paasche）指数。旧式的隐含的 GDP 平减指数，是根据前面基年的价格对当前的支出加权，结果证明是一种帕许价格指数。然而，隐含的 GDP 平减指数的当代形式是链式加权连接的指数，在这种指数中，权数随每次的观察而有效地变化。生产者价格指数是拉斯贝耶斯价格指数又一个例子。

胀这一思想在1996年由美国总统的消费者价格指数委员会表达了出来(见Michael Boskin等,1966)。该委员会的结论是:被CPI的增长率所夸大的通货膨胀率平均每年超过1个百分点。

通货膨胀被夸大的一个原因是所谓的替代偏误。这个观点是,供给条件的变化使各种商品和服务的相对价格发生变化,而家庭通过将支出转向已变得相对便宜的商品和服务来作出反应。然而由于CPI的权数在一个长的时间段内是固定的,计算CPI的公式仅以较大的滞后对购买模式的变化作出反应。特别是,CPI未能给予较便宜的商品和服务以不断上升的权数,而这些项目在典型的家庭支出中已变得越来越重要。通过采用前面描述的用于计算隐含的GDP平减指数的链式加权法,这个问题在概念上是很容易解决的。这一平减指数不受替代偏误的影响,因为这些权数几乎不断地随时间而变化。

劳工统计局已构建了一个用链式加权法计量从1999年12月起的CPI的方法。这一序列数显示从1999年到2004年4月每年的通货膨胀率为2.45%,与此相比,在同一时期内,标准的CPI为每年2.84%。在同时期内从隐含的GDP平减指数(链式加权的指数)计算得到的通货膨胀率是每年2.41%——接近于链式加权CPI。这些比较表明,标准CPI中的替代偏误导致通货膨胀率的夸大每年大约为0.4%。

另一个更加令人挑战的问题——它既适用于隐含的GDP平减指数,也适用于CPI——涉及质量的变化。尽管我们试图测量质量的改进,这些变化往往被低估。因此,有些被记录为通货膨胀的价格的上升实际上应该被看作花更多的钱以得到质量更好的产品。因此对质量改进的全面核算会降低通货膨胀率。对诸如汽车、计算机、住房和电视机等产品已有某些改进的测量方法。在医疗领域,也提出了一些衡量质量变化的有趣的建议,在医疗领域,挽救生命或提高生活质量的许多技术进步往往被挂上通货膨胀的标记。

一种不同类型的质量改进涉及与沃尔玛及其他大型超市相联系的零售革命。由于分配和销售的效率大大提高,消费者们能以比传统的销售渠道提供的更低的价格获得商品。然而,劳工统计局的惯例并不将低价的沃尔玛的商品对高价的替代产品的替代算作是价格的下降。

另一个问题是,各种价格指数并不考虑由于新产品的推出而引起的物价水平的实际下降。例如,当个人电脑、DVD播放机唾手可得时,家庭在给定的美元收入下生活得更加快乐——尽管新产品在一开始价格很“昂贵”。同样的观点也适用于新发明的处方药,尽管这些新药的价格一开始很“高”。这些实用的新产品的出现提高了家庭的实际收入,或者相应地降低了实际物价水平。因此,对新产品作恰当的核算将会降低平均通货膨胀率。如果恰当地考虑到新产品的作用,国家的实际经济增长看起来似乎也会更强劲一些。

生产者价格指数(PPI)的计算方法在概念上与消费者价格指数的计算方法相似。然而,生产者价格指数并不包括服务,并且主要包括作为原材料和半成品的商品。每个月,PPI 调查从大约 3 万家企业中收集大约 10 万件产品的价格。生产者价格指数的一个缺点是概念太狭窄,以至于无法反映一个国家的一般物价水平。

重要术语和概念

链式加权的实际 GDP chain-weighted real GDP
封闭经济 closed economy
耐用消费品 consumer durables
非耐用消费品和服务 consumer nondurables and services
消费者价格指数(CPI) consumer price index
折旧 depreciation
个人可支配收入 disposable personal income
出口 exports
流动变量 flow variable
不变美元的 GDP GDP in constant dollars
现值美元的 GDP GDP in current dollars
国民生产总值(GNP) gross national product
国内私人总投资 gross private domestic investment
州生产总值(GSP) gross state product
隐含的 GDP 平减指数 implicit GDP deflator
进口 imports
估算的租金收入 imputed rental income
存货 inventories
国民收入 national income
国内生产净值(NDP) net domestic product
净出口 net exports
来自国外的净要素收入 net factor income from abroad
国内私人净投资 net private domestic investment
名义 GDP nominal GDP
开放经济 open economy
个人消费支出 personal consumption expenditure
个人收入 personal income
生产者价格指数 producer price index
经季节性调整的数据 seasonally adjusted data

存货变量 stock variable
附加值，增加值 value added
批发价格指数 wholesale price index

问题和讨论

A. 复习题

1. 对“隐含的价格平减指数”下定义。这一概念来自何处？它如何将名义 GDP 与实际 GDP 联系起来？隐含的价格平减指数如何区别于消费者价格指数(CPI)？
2. 从支出、收入和生产的角度来讨论关于 GDP 的各种可供选择的观点。这些方法的基本差别是什么？为什么它们加总后都得到相同的 GDP 总量？
3. 对名义 GDP 与实际 GDP 下定义。它们是流量还是存量的概念？解释名义 GDP 与实际 GDP 之间的区别为什么很重要？

B. 讨论题

4. 表 2.5 显示了 2005 年美国的 GDP 和收入之间的关系。为任何一个欧洲国家复制这样一张表。
5. 从福利的观点来看实际 GDP 有些什么缺点？为修正对 GDP 的计算方法以便对福利作出更恰当的度量，你有什么切实可行的建议？

第二部分　经济增长

▶3

经济增长导论

2000年，美国的人均实际国内生产总值或实际GDP，为34 800美元（以2000年的美元计算）。如此高的人均产出意味着一般的美国居民享受着很高的生活水准，这里指的是所消费的商品和服务的数量和质量水平。大多数家庭拥有自己的住房，至少有一辆汽车，几台电视机，至少是高中毕业，并且通常受过大学教育，医疗卫生水平很高，使得人均预期寿命接近80岁。大多数欧洲国家——包括英国、德国、法国和意大利——以及其他少数地区，如加拿大、澳大利亚、新西兰、日本、新加坡和中国香港，也享受着几乎同样高的生活水准。

其他大多数国家居民的生活在2000年几乎没有什么改善。例如，墨西哥的人均实际GDP是9 100美元，印度2 600美元，非洲人口最多的国家尼日利亚是740美元。[①]较低的人均GDP意味着较低的生活水准。墨西哥一般的居民买得起食品、拥有住房和基本的医疗保障，但其可获得的消费品的范围和质量达不到大多数美国人享有的水平。尤其严重的是，普通的尼日利亚人还得为吃饭和住房问题操心，人口的预期寿命不到50岁。

实际人均GDP较低的国家如何才能赶上去，过上与美国和其他富裕国家所享受的高水平生活呢？唯一的答案是在一段较长的时期内——比如20年或40年——实现**高经济增长率**，即人均实际GDP增长的速度较快。为了说明这一点，表3.1显示了根据中国在2000—2020年的人均实际GDP的增长率，到2020年时中国将取得的人均实际GDP水平。中国的年增长率为10%——这是20年来取得的空前成就——到2020年时它的人均实际GDP将接近30 000美元，几乎是美国2000年的水平。况且，由于美国的人均实际GDP仍有可能继续增长，即使中国按10%的速率增长，到2020年，中国的人均实际GDP仍然远远落后于美国的水平。更糟的是，如果中国的人均实际GDP只按每年2%增长，到2020年，其人均实际GDP水平可能只有5 800美元，只及美国2000年水平的17%。因此经济增长率上的差距，如果持续20年或更长的话，按人均实际GDP水平衡量，就会在生活水准

① 这些GDP数字对跨国家的购买力差异作出了调整。该数据来自Alan Hesto，Robert Summers和Bettina Aten(2002)。

方面产生巨大差距。

表 3.1 经济增长和中国在 2020 年时的人均实际 GDP*

2000—2020 年的人均实际 GDP 增长率	2020 年的人均实际 GDP(2000 年美元)
每年 2%	5 820
每年 5%	10 600
每年 10%	28 800

注：* 中国 2000 年时的人均实际 GDP 为 3 900 美元。我们以此开始计算 2020 年的人均实际 GDP 水平。先算出 2000 年的人均实际 GDP 的自然对数：lg(3 900) = 8.269。然后，将年数 20 乘以增长率——例如 0.02，如果年增长率是 2%：20 × 0.02 = 0.40。将此结果加上 8.269 得到 8.669。然后取 8.669 的指数就得到答案 5 820。

持续经济增长的好处适用于所有国家，而不仅仅是中国。因此，一个普遍性的问题是：为了提高经济增长率，我们——或我们的政府——能做些什么？这个问题的重要性促使经济学家罗伯特·卢卡斯(Robert Lucas，1988，p. 5)考虑：印度政府有没有可能采取某种行动促使印度的经济像印度尼西亚或埃及那样增长？如果有，是什么，具体是什么？如果没有，是印度人的什么性格造成这样的现状？包含在这些问题中的人类福利的重要性简直让人们束手无策：一旦人们开始考虑这些问题，就很难考虑任何其他问题了。[①]类似这些问题强调了政府要制定促进经济增长的政策。这一挑战促使我们在本章以及接下去的两章深入研究这个问题。

我们通过列出有关经济增长的重要事实来开始我们的论述。首先是 1960 年以来许多国家的经济状况，其次是美国和其他富裕国家一个多世纪的增长数据，这些观察数据引出我们需要理解的模式，以制定出促进经济增长的政策。作为理解经济增长的一种方法，我们构建了一个经济增长模型，叫做“索洛模型”。在第 4 章和第 5 章，我们扩展了这个模型，并且考察这些扩展如何将经济增长模式与卢卡斯的政策挑战联系起来。

3.1 有关经济增长的事实

3.1.1 全世界的经济增长，1960—2000 年

我们开始研究经济增长问题，首先对众多国家的生活水准——以人均实际 GDP 判定——进行比较。这一比较使我们一眼就看出哪个国家富，哪个国家穷。

① 当卢卡斯在 20 世纪 80 年代中期说这些话时，印度在相当长时间里一直比埃及和印度尼西亚的增长慢得多。从 1960 到 1980 年，埃及的人均实际 GDP 增长率为每年 2.5%，印度尼西亚为 3.5%，而印度是 1.6%。然而，从 1980 到 2000 年，印度设法在经济增长率上超过了上述两国：埃及的人均实际 GDP 增长率为每年 2.7%，印度尼西亚为 3.3%，而印度是 3.8%。因此印度政府也许满足了卢卡斯的挑战。

在图 3.1 中，横坐标标出了人均实际 GDP(2000 年的美元)，而纵坐标显示了标着各自人均实际 GDP 水平的国家的数目。该图适用于拥有数据的 151 个国家和地区。一些代表性的国家用一柱形表示。

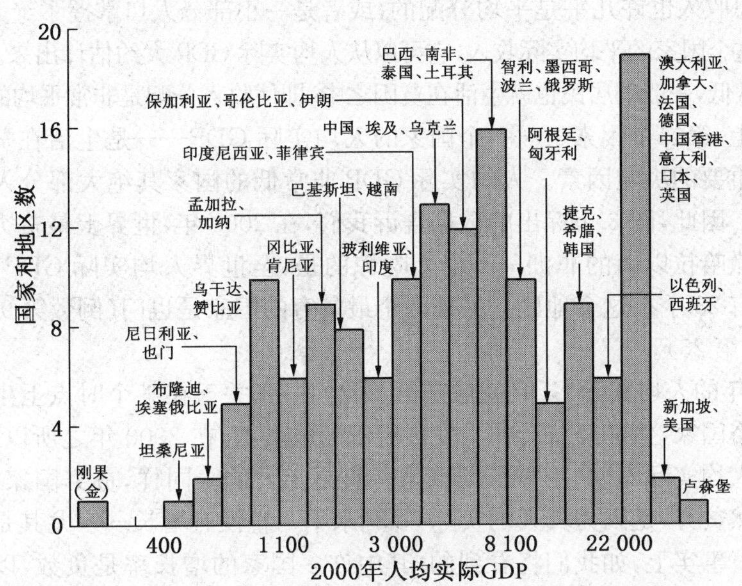

注：本图显示 2000 年时 151 个国家和地区的人均实际 GDP 的分布情况。横坐标标的是 2000 年的美元，并用比例尺表示，一些代表性国家被标以人均实际 GDP 的幅度。

图 3.1　2000 年人均实际 GDP 的世界分布

2000 年美国的人均实际 GDP 为 34 800 美元，但仍只是当年世界上第二个最富的国家——位居第一的是卢森堡，一个非常小的国家，它的人均实际 GDP 是 45 900美元。说得更广一些，富国排行榜的头几把交椅长期被富国俱乐部——即众所周知的“经济合作与发展组织”(OECD)——的成员所把持。这一精英集团包括大多数西欧国家、美国、加拿大、澳大利亚、新西兰和日本。总的来说，2000 年世界最富的 25 个经济体中，有 20 个是经济合作与发展组织的成员。其他 5 个是新加坡(排名第三)、中国香港(排名第六)、中国澳门(第 14 位)、塞浦路斯(第 23 位)和中国台湾(第 25 位)。

图 3.1 显示的世界最贫穷的国家是刚果(金)，一个撒哈拉以南的非洲国家，2000 年的人均实际 GDP 仅为 238 美元。因此 2000 年，世界最富国家(卢森堡)的人均实际 GDP 为最穷国家的 193 倍。如果我们排除卢森堡——因为国度太小——而代之以同美国相比，我们看到，美国的人均实际 GDP 是刚果(金)的 146 倍。

经济学家们用**贫困**这个词来描述很低的生活水准。一个生活在贫困中的个人或家庭是很难买得起基本生活必需品的——食品、衣服、房子和医疗保健——而汽车和电视机可能只是个梦想而已。贫穷反映了个人和家庭的实际收入很低。按照一些国际组织如联合国和世界银行采用的定义，在 2000 年，如果一个人的年收入低于 570 美元(按 1996 年价格)，他(她)就算生活在贫困之中。每年 570 美元的数值是对20世纪80年代设定的出名的贫穷标准的一个适度的修正。80年代的标准把每人每天1美元的收入视为贫困线。

一个国家生活在贫困中的人数取决于两个因素。一是这个国家收入分配的方式；例如，总收入也许几乎是平均分配的，或者是一小部分人口掌握了绝大部分的收入。二是这个国家的平均实际收入，它可以从人均实际GDP大约估计出来。如果这个平均数非常低，一般的居民也就生活在贫困之中，即使收入分配是非常平均的。

事实上，第二个因素——一个国家的人均实际GDP——是生活在贫困中的人口数的最重要的决定因素。人均实际GDP非常低的国家其绝大部分人口生活在贫困之中。因此，图3.1标出的数据告诉我们，在2000年，世界上最贫穷的国家绝大部分在撒哈拉以南的非洲——令人吃惊的是，全世界人均实际GDP最低的25个国家中有23个在这个地区。另外两个最贫穷的国家是也门(倒数第9)和塔吉克斯坦(倒数第25)。

2000年的人均实际GDP就像是给予我们一张关于在某个时点上生活水准的快照。富裕国家，例如经济合作与发展组织的成员国，在2000年之所以富裕，是因为它们的人均实际GDP水平长期以来一直是上升的。同样，贫穷国家在2000年之所以仍然贫穷，是因为其人均实际GDP水平一直没有增长——尤其是撒哈拉以南的非洲。事实上，如我们将看到的，其中许多国家的增长率是负数，以至于一段时间后，人均实际GDP下降。

为了计量经济增长，我们必须将2000年的人均实际GDP水平与前几年的人均实际GDP水平进行比较。通过图3.2显示的40年前即1960年的人均实际GDP，我们开始进行这项比较。图3.2与图3.1相似。横坐标仍然显示人均实际

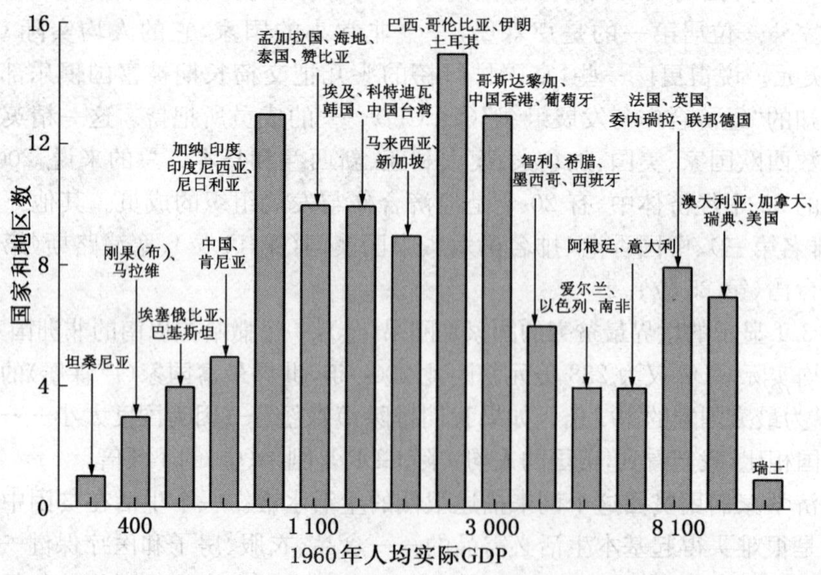

注：本图显示1960年时113个国家和地区人均实际GDP的分布状况。横坐标是2000年的美元并用比例尺表示。一些代表性国家被标以人均实际GDP的幅度。

图3.2　1960年世界人均实际GDP的分布

GDP，仍然使用2000年的美元计量。纵坐标显示1960年时每一档人均实际GDP的国家和地区的数目。可提供1960年数据的国家和地区的总数只有113个。

1960年，瑞士的人均实际GDP居世界第一，为15 600美元，而美国仍屈居第二，为12 800美元。排名前25位的国家和地区主要是经济合作与发展组织(OECD)的长期成员国——最富裕的25个国家和地区中再一次有20个是OECD的成员。与2000年不同的是，1960年时没有一个亚洲国家列入前25名。有几个拉丁美洲国家名列其中(阿根廷、乌拉圭和委内瑞拉)，但到2000年，没有一个拉美国家仍留在前25名的集团之中了。以色列和南非在1960年时也属于这个集团，但到2000年时，也不在其中了(2000年时以色列的人均GDP排名第27，南非名列第55)。

排名在人均实际GDP低端的撒哈拉以南的非洲国家在1960年时的数目要少于2000年。1960年最贫穷的国家是坦桑尼亚，人均实际GDP为400美元，但是在人均实际GDP最低的25个国家中"只有"19个在撒哈拉以南的非洲。1960年时最穷的25个国家中有5个在亚洲——巴基斯坦、中国、尼泊尔、印度和印度尼西亚。人均GDP最低的25个国家中的另一个成员是罗马尼亚(排名倒数第25)。这6个非洲以外的国家在以后的40多年里发展足够迅速，离开了人均实际GDP最低国家的行列。事实上，从1960年到2000年亚洲国家的高增长和撒哈拉以南非洲的低增长是2000年世界生活水准发生变化的主要原因。在下一节，我们要讨论这些发展如何影响世界的贫困状况。

1960年，最富国家(瑞士)的人均实际GDP是最穷国家(坦桑尼亚)的39倍。这一差距要低于2000年。2000年，美国的人均实际GDP是刚果(金)的146倍。

如果我们比较每个国家在1960年和2000年时的人均实际GDP水平，我们就能计算出这40年里该国的人均实际GDP的增长率。①图3.3显示了具有必要数据的112个国家和地区的增长率的分布情况。该图的结构与图3.1和图3.2相似。现在横坐标表示1960年至2000年的人均实际GDP的增长率，而纵坐标显示每一档增长率的国家和地区数。

1960—2000年，112个国家和地区的人均实际GDP的平均增长率是每年1.8%。增长最快的是中国台湾，增长率为6.4%。说得更广泛一些，从1960年到2000年，在快速增长的国家和地区中，有许多——12个增长最快的经济体中的8个——是在东亚地区。除了中国台湾，排在前面20名的东亚地区的经济体是新加坡、韩国、中国香港、泰国、中国内地、日本(它的迅速发展主要是在20世纪70年代早期)、马来西亚和印度尼西亚。有些OECD长期成员国也在增长最快的20名之列：爱尔兰、葡萄牙、西班牙和卢森堡。列入增长最快的20名的其他成员还有博茨瓦纳(撒哈拉以南非洲最有成就的国家)、塞浦路斯、巴巴多斯、毛里求斯、罗马尼

① 计算1960—2000年的人均实际GDP增长率的最简单的方法是计算(1/40)×log(2000年人均实际GDP/1960年人均实际GDP)，这里log是自然对数。

亚、佛得角和刚果(布)。

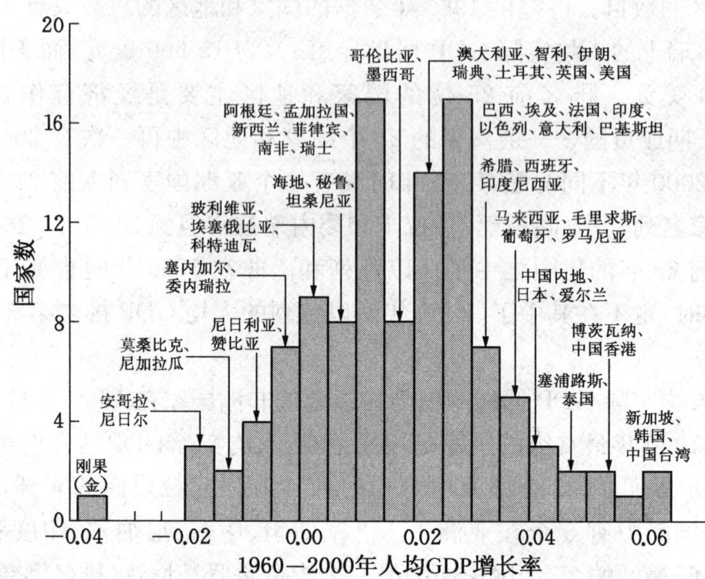

注：本图显示了1960年到2000年112个国家和地区的人均实际GDP增长率的分布情况，一些代表性国家和地区被标以增长率的幅度。未加权的平均增长率是每年1.8%。

图3.3　世界人均实际GDP增长率的分布，1960—2000年

在世界经济的底端，从1960年到2000年，经济增长状况最糟的20个国家中有18个在撒哈拉以南的非洲。非洲以外的两个增长较慢的国家是尼加拉瓜(−1.2%)和委内瑞拉(−0.5%)。在18个非洲国家中，有15个是负增长，其中刚果(金)最糟糕(每年−3.6%)。因此，2000年时人均实际GDP的低水平的原因部分是由于这一地区的这些国家在1960年一开始就很糟糕(这些国家大多数大约是在这个时期独立的)。更有甚者，从1960年到2000年，它们的景况以人均实际GDP的增长衡量非常之糟。2000年最贫穷的国家——尤其是撒哈拉以南的非洲——之所以贫穷，主要是因为从1960年起它们的增长率就非常之低或者是负数。因此，更进一步，我们必须懂得这些国家为什么不能以较高的速度增长。

我们也已经知道，从1960年到2000年，东亚地区的增长极其迅速。这种强劲的增长势头使东亚的一些国家和地区的人均实际GDP从1960年的低水平提升到2000年较高的水平。要理解这一变化，我们必须了解为什么这些国家的增长率如此之高。

要正确评估OECD国家在2000年时的较高的人均实际GDP水平，我们必须考察一下1960年前的数据。即这些国家在2000年时之所以富裕，部分原因是因为它们在1960—2000年期间经济有所增长，但是，更重要的是，是因为它们在1960年时已经富裕。为对这些目前富裕的国家的长期发展有一个感性认识，我们将在本章的第三节考察美国和其他OECD国家的历史数据。

3.1.2 世界贫困和收入不平等

我们提到过贫困指的是最低的可接受的实际收入水平，例如，世界银行的1天1美元的生活标准(实际上相当于以1996年美元计量的570美元/年)。**不平等**这一术语常常与贫困一词交替使用，但实际上其含义完全不同。不平等描述了某一时点上在一国之内或全世界个人之间收入分配不平等的状况。对不平等程度的一种常用量度是：分配中收入最低的五分之一人口所得到的收入占一国收入的份额。如果收入是平均分配的，这个数字应当是20%，这个数字距离20%的差额越大，收入分配不平等的程度越大。同样，我们也可以考察分配中属于收入高端的五分之一人口得到的收入占一国收入的份额。这一份额超过20%的部分越大，收入不平等的程度越严重。

事实上，收入分配是非常不平等的——就73个国家1990年的数据而论，收入最低的五分之一人口所得的收入平均只占一国总收入的6.6%，而收入最高的五分之一人口的收入却要占到总收入的45%。在美国，这两端所占的份额分别是6.5%和39%(大约与收入最低的五分之一人口的平均不平等程度相等，但要低于收入最高的五分之一人口的平均不平等程度)，英国的数据是7.8%和41%(不平等程度在底端要小于美国，而在顶端稍微高一点)。加拿大的数据是9.4%和28%(该国的不平等程度相对较小)，巴西的这两端的数据是4.4%和60%(是一个收入分配非常不平等的国家)。

在给定的人均收入下，收入分配的不平等程度决定了低于每天1美元的贫困线的人口的比例。除非平均实际收入极其低下，不平等程度越大意味着低于贫困线的人口的比例越大。然而当平均实际收入变化时，例如，当人均实际GDP增加时——不平等和贫困的状况会有所不同。

要理解个中原因，假设每个人实际收入都翻了一番。在这种情况下，不平等程度不会发生变化——例如，如果收入最低的五分之一人口最初的分配只占总收入的6%，在每个人的收入都增加一倍后，他们的收入仍然只占6%。相比之下，如果每个人的收入都翻了一番，贫困人数就会明显下降——因为会有较多人的实际收入超过每天1美元的标准。如果我们认为，一个人的福利水平依赖于他(她)的实际收入，而不是取决于与其他人收入相比较的相对收入，那么贫困程度就是一种比不平等更有意义的衡量福利的量度。

泽维尔·萨拉-马丁(Xavier Sala-i-Matin，2006)的论证显示，经济增长导致了1970—2000年世界贫困人口的大幅度下降。低于1天1美元(相当于按1996年价格计算的570美元/年)的贫困线标准的人口估计数从1970年的7亿(占该年全世界人口的20%)，下降到2000年的3.98亿(或占该年全世界人口的7%)。①

① 生活在贫困中的人口的比例被称作贫困率，而生活在贫困中的人口数被称作贫困人口。从1970年到2000年贫困率的下降非常显著，以至于世界贫困人口明显减少，尽管世界人口大量增加。

图 3.4 显示了这些变化是如何发生的。图 3.4(a)描述了 1970 年世界人口的收入分布。横坐标按比例尺画出的是实际收入，纵坐标显示全世界各档收入水平的人数。标着 1 美元/天的垂直线表示与 1 天 1 美元的贫困线标准相当的收入水平。考察上面那条曲线下面的区域以及 1 美元线左边的区域，便是全世界人口中每天收入在 1 美元以下的部分。我们将这一区域与曲线下面的整个区域相比，得出的结果是 1970 年贫困人口占全世界人口的 20%。

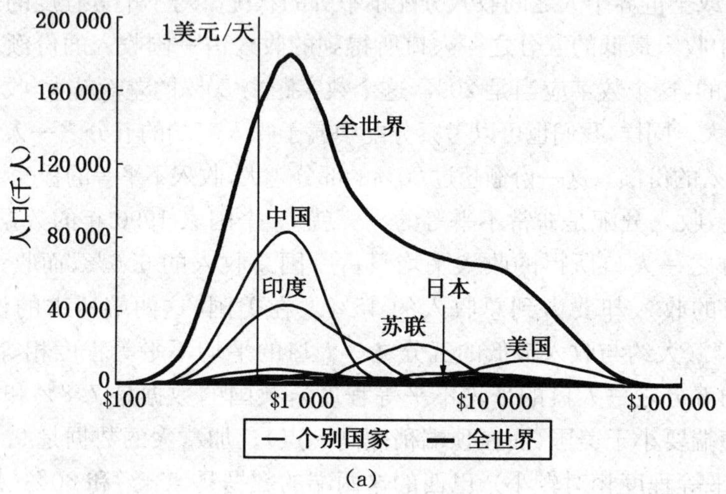

(a)

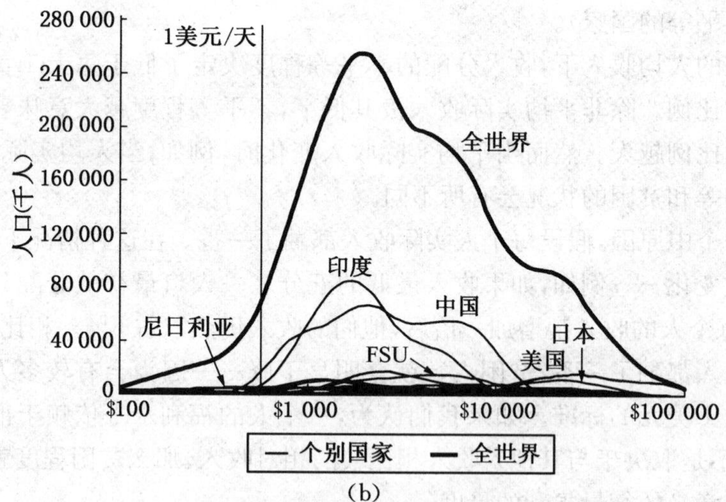

(b)

注：图 3.4(a)是表示 1970 年的情况，图 3.4(b)是表示 2000 年的情况。在每种情况中，横坐标按比例标出的是以 1985 年的美元计算的实际收入。就两图中上部的那条曲线来说，纵坐标显示全世界各档收入水平的人数。标着 1 美元/天的垂直线表示与 1 天 1 美元(1996 年价格表示的每年 570 美元)的贫困线标准相当的年实际收入。几个大国的收入分布线分别画出。FSU 表示前苏联。图 3.4(a)中尼日利亚被隐藏在亚洲国家下面。两图上端的曲线显示的是世界人口数，是所有各个国家人口数的纵向相加。然而只有少数国家可在图中看到。

资料来源：这些图来自泽维尔·萨拉-马丁(Xavier Sala-i-Matin，2006)。

图 3.4　(a)1970 年时的全世界收入分布；(b)2000 年时的全世界收入分布

1970年到2000年的世界经济增长导致图3.4(a)向图3.4(b)移动。注意整个收入分布向右移动,因为有更大比例的世界人口获得了更高的实际收入。因此,世界人口中收入低于每天1美元的贫困线的人数在2000年比1970年大大减少了。2000年贫困人口的百分比是7%,而1970年是20%。贫困率的大幅度下降显示了由于经济增长这三十年全世界取得的巨大进步。

该图也显示出从1970年到2000年世界几个最大的国家的进展如何。就解决贫困问题来说,中国和印度发生的变化最大,2000年这两个国家占世界人口的近40%。1970年,中国和印度以及其他亚洲国家的许多居民是在1天1美元的贫困线以下——亚洲的贫困人口占世界贫困人口总数的80%。然而,图3.4(a)和图3.4(b)显示,从1970年至2000年,中国和印度(还有印度尼西亚,另一个亚洲大国)的收入分布曲线显著地向右移动。这一变化反映了亚洲强劲的经济增长势头,特别是中国自20世纪70年代后期和印度自80年代中期以来经济发展迅速。因此,到2000年,亚洲只占世界贫困人口总数的19%了。

我们也知道,最近几十年里,撒哈拉以南非洲经历了非常低迷的经济增长,其结果是,贫困人口剧增。1970年,撒哈拉以南非洲的贫困人口只占世界贫困人口的3%,然而到2000年,这一地区占贫困人口总数的74%。因此,作为亚洲的主要问题的贫困问题变成了非洲的一个主要问题。

就世界的不平等而言,结果要更复杂得多。我们可以考虑两方面的变化:首先是国内的不平等,其次是跨国之间的不平等。从1970年到2000年,几个大国国内的不平等增加了,其中包括美国、英国和中国。然而,萨拉-马丁证明说,一些国家国内的这些变化对整个世界人与人之间的不平等只有微不足道的影响。

第二个因素是跨国家之间平均收入的离散。我们从图3.1和3.2知道,最高的人均实际GDP(集中在OECD国家)与最低的人均实际GDP(主要是撒哈拉以南非洲)之间的比率从1960年至2000年有所上升。然而由于世界不平等主要涉及的是人口的数量而不是国家的数目,因此我们必须给较大的国家予以更多的权重。较大的国家,特别是中国和印度,这两个国家的收入变化比较小国家的收入变化影响要大得多。由于中国和印度在1970年时平均实际收入非常之低,它们在1970—2000年期间强劲的经济增长对于减少世界收入分配的不平等作出了重大贡献。事实证明这一力量支配着其他力量,并导致1970年至2000年世界收入不平等的标准量度下降。

3.1.3 美国和其他富裕国家的长期增长

我们提到过,美国和其他OECD国家近几年来较高的人均实际GDP的主要原因是这些国家在1960年时就已经有很高的人均实际GDP。因此,要理解美国的繁荣,我们必须采取一种从1960年前就开始的长期的观点。

如果我们回顾一个多世纪以前的情况,我们发现,美国的人均实际GDP在1869年(我们可以获得可靠数据的第一个年份)是2 311美元(以2000年的美元衡量）。因而，2005 年的 37 600 美元的人均实际 GDP 是 1869 年的 16 倍。因此，在典型的个人收入增加 16 倍的情况下，人均实际 GDP 的增长使生活水准产生了巨大的差别。不像 1869 年，在 2005 年，典型的美国家庭不仅拥有一套舒适的住宅，充足的食品和衣服，而且拥有许多在 1869 年时甚至不可设想的东西：汽车、电视机、电话、个人电脑和互联网。而且，与 136 年以前相比，教育水平大大提高了，预期寿命也大大延长了。生活在城市里的人口的比例也大大增加。

从 1869 年到 2005 年，美国的人均实际 GDP 的平均增长率为每年 2.0%。这一增长率看起来似乎并不那么显眼——它只比图 3.3 所显示的 1960—2000 年间 112 个国家的平均增长率 1.8%稍高一点点。况且，美国的长期增长率较之东亚地区在 1960—2000 年期间达到的每年 6%的增长率远远小得多。然而，美国的每年 2%的增长率——当它持续如此长的时间时——就足以使它在 2005 年成为世界上第二富裕的国家。

如果自 1869 年以来美国的人均实际 GDP 平均增长率远低于或高于 2%，美国人在 2005 年的生活水准就会有天壤之别。如果增长率为每年 1%，2005 年的人均实际 GDP 将只有 9 004 美元，只是 1869 年的 4 倍。在这种情况下，一般的美国家庭将只能获得过得去的食品和医疗保健，但不可能有舒适的住房和漂亮的汽车，会缺少各种赏心悦目的消费品，也不会有那么高的教育水平。另一种情况是，如果增长率是 3%，那么到 2005 年，美国的人均实际 GDP 就将是 136 700 美元，是 1869 年水平的 59 倍。136 700 美元的人均实际 GDP 意味着一般家庭将拥有一座豪华的住宅，两辆漂亮的汽车，子女能上昂贵的私立学校和享受私人保健服务，等等。

类似的计算也适用于其他 OECD 国家，其中许多国家现在几乎同美国一样富裕。这些国家之所以实现富裕，也是因为它们的人均实际 GDP 在很长时间里按每年大约 2%的不那么惊人的速度增长。

虽然这些国家在一个多世纪里人均实际 GDP 的平均增长率为大约每年 2%，但在这段时间里增长率不是固定不变的。要了解这一点，请考察表 3.2，它显示了包括美国在内的 17 个 OECD 国家的增长率。该表显示了 17 个国家在从 1820 年到 2000 年的以每 20 年为一段的各个时期里人均实际 GDP 增长率未加权的平均数。在整个 180 年里的平均增长率是每年 1.8%，并且没有明显的趋势。然而自 1940 年以来，平均增长率略有提高，为每年 2.4%。

表 3.2 OECD 国家的长期经济增长

时　　期	人均实际 GDP 增长率(每年%)	国家数
1820—1840 年	1.2	10
1840—1860 年	2.1	10
1860—1880 年	1.3	14
1880—1900 年	1.4	17
1900—1920 年	0.8	17
1920—1940 年	1.8	17

(续表)

时　期	人均实际 GDP 增长率(每年%)	国家数
1940—1960 年	2.4	17
1960—1980 年	3.1	17
1980—2000 年	1.8	17

注:数据摘自安格斯·麦迪逊(A. Maddison, 2003)。这 17 个国家包括澳大利亚、奥地利、比利时、加拿大、丹麦、芬兰、法国、德国、意大利、日本、荷兰、新西兰、挪威、瑞典、瑞士、英国和美国。增长率都是这些国家现有数据的未加权的平均数。

人均实际 GDP 的年增长率从 1960—1980 年的 3.1%下降到 1980—2000 年的 1.8%,这一下降有时称之为**生产率减速**。即生产率的量度——诸如人均产出和每个工人的产出——在 1980—2000 年期间没有像前 20 年那样增长得那么快。然而 1980—2000 年的每年 1.8%的增长率等于自 1820 年以来的平均增长率。因此,1960—1980 年(实际情况是 1950—1960 年)的高增长率也许是个例外。对表 3.2 中的数字的一个合理的猜测是,未来的人均实际 GDP 的增长率多多少少会接近于每年 2%的平均数。

3.1.4　世界经济增长的模式

在考察数据时,我们观察到经济增长的某些重要的模式。首先,有些国家和地区,例如东亚地区,从 1960 年到 2000 年增长非常迅速,从而在 40 多年时间里,大大地提高了它们的人均实际 GDP 水平。其次,在相同的这段时间里,其他国家——特别是撒哈拉以南非洲——增长率很低,或者甚至是负增长,结果造成到 2000 年人均实际 GDP 水平还很低。第三,美国和其他 OECD 国家在 2000 年享有较高的人均实际 GDP 水平,其中主要原因是一个多世纪以来它们按照适度的增长率——大约为每年 2%——平稳地增长。

这些观察结果提出了一些我们将要回答的有关经济增长的问题。

- 什么因素造成了有些国家在某些时期里(例如 1960 年到 2000 年)增长较快而有些国家增长缓慢?特别是,为什么东亚地区的经济境况要比撒哈拉以南非洲国家的境况好得多?
- 诸如美国和其他 OECD 成员国一百多年来如何将人均实际 GDP 的增长率维持在每年 2%的水平上?
- 要提高人均实际 GDP 的增长率,政策制定者们能做些什么?

这些问题的答案可能有助于为提高未来几代的生活水准作出巨大的贡献。我们下面要研究的有关经济增长的理论将使我们更接近于找到这些答案。

3.2　经济增长理论

现在我们要建立一个经济增长模型以帮助理解从国际数据中发现的某些经济

增长模式。我们首先从考察生产函数着手，它告诉我们商品和服务是怎样生产的。

3.2.1 生产函数

我们首先考察一个国家的技术和各种生产要素——或要素的投入——如何决定它的用实际 GDP 衡量的商品和服务的产出，开始我们对经济增长的理论研究。产出与技术，以及与要素投入的数量之间的关系叫做**生产函数**。

我们将建立一个只有两种要素投入的简化的模型：**资本存量** K 和劳动 L。在这一模型中，资本表现为实物的形式，例如企业使用的机器和建筑物。一个更完整的模型包括**人力资本**，它体现了教育和培训对提高工人技能的作用，以及医疗保健、营养和卫生条件对工人健康的作用。在我们简化的模型中，劳动的投入量 L 是一个具有标准素质和努力程度的劳动力每年的工作小时数。也就是我们设想，在某一时点每个工人都有相同的技能。为方便起见，我们通常指 L 为**劳动力**，或工人的人数——如果我们设想每个劳动者每年有固定的工作小时数，这些假设是令人满意的。

我们利用符号 A 代表**技术水平**。对于给定数量的要素投入 K 和 L，A 的增加会提高产出。即一个技术上比较先进的国家有较高水平的总体**生产率**。对于给定数量的要素投入，较高的生产率意味着较高的产出。

用数学表述，我们将生产函数写成：

关键方程（生产函数）

$$Y = A \cdot F(K,\ L) \tag{3.1}$$

观察产出 Y 如何对生产函数中的变量——技术水平 A，资本 K 和劳动 L 的数量——作出反应的一种方法是改变三个变量中的一个而保持其他两个不变。考察这个方程，我们看到，Y 与 A 成正比例。因此，如果 A 增加一倍，而 K 和 L 不变，则 Y 也增加一倍。

对于给定的技术水平 A，生产函数 $F(K,\ L)$ 决定了额外增加一单位资本 K 和劳动 L 如何影响产出 Y。我们假设，每一种要素在边际上都是有生产效率的。因此，对于给定的 A 和 L，K 的增加——即处在边际上的 K 的上升——会提高产出 Y。同样，对于给定的 A 和 K，L 的增加也会提高 Y。

由 K 的少量增加而引起的 Y 的变化叫做**资本的边际产品**，我们将它缩写为 MPK。MPK 告诉我们当 K 增加一个单位而 A 和 L 保持不变时，产出 Y 上升多少。而由 L 的少量增加引起的 Y 的相应的变化被称为**劳动的边际产品**，或 MPL。MPL 告诉我们，当 L 增加一个单位而 A 和 K 不变时，产出 Y 会上升多少。我们假设，这两个边际产品（MPK 和 MPL）大于 0。

图 3.5 显示产出 Y 如何对资本投入 K 的增加作出反应。该图来自方程（3.1）的生产函数 $A \cdot F(K,\ L)$，该图的特点是我们保持 A 和 L 的数值不变。因此，该图显示当 A 和 L 不变时 K 的增加如何影响 Y。

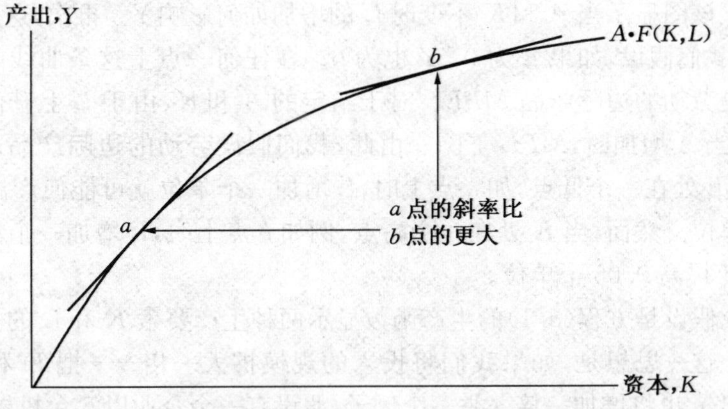

注:本曲线显示资本的投入 K 对产出 Y 的影响。我们让技术水平 A 和劳动投入 L 的数量保持不变。因此,这条曲线在任何一点上的斜率就是资本的边际产品 MPK。由于资本的边际产品递减,当 K 上升时,曲线的斜率就变得越来越平坦。因此,a 点的斜率大于 b 点。

图 3.5 资本投入的生产函数

在图 3.5 中,曲线经过原点,因为我们假设,如果资本存量 K 为 0,那么产出 Y 也为 0。在任何一点上这一曲线的斜率就是资本的边际产品——即 K 的少量变化引起的 Y 的变化。由于我们假设了这一边际产品 MPK 始终大于 0,曲线的斜率自始至终是正的。我们还假设,当 K 上升时,这一斜率会变平缓。曲线之所以有这一形状,是因为我们假设在 A 和 L 给定的情况下当 K 上升时,MPK 下降。这一性质称之为**资本的边际产品递减**。举一个例子,在图中,当 K 处在一个低点,如 a 点上时,K 增加一个单位就可能使产出 Y 每年提高 0.1 个单位。然而当 K 处在高点,例如 b 点上时,K 增加一个单位也许只能使 Y 每年提高 0.05 个单位。

图 3.6 显示了产出 Y 作为劳动投入 L 的一个函数的相应的图像,该图也是来自方程(3.1)的生产函数 $A \cdot F(K, L)$。现在,该图的特点是我们让 A 和 K 的值

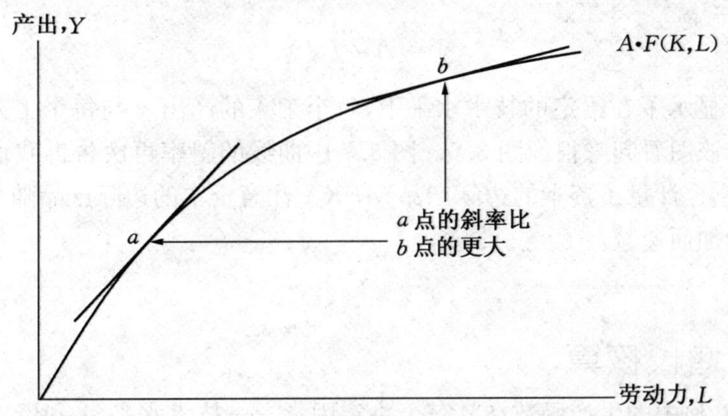

注:本曲线显示劳动的投入 L 对产出 Y 的影响。我们让技术水平 A 和资本投入 K 的数量保持不变。因此,这条曲线在任何一点上的斜率就是劳动的边际产品 MPL。由于劳动的边际产品递减,当 L 上升时,曲线的斜率就变得越来越平坦。因此,a 点的斜率大于 b 点。

图 3.6 劳动投入的生产函数

保持不变。该图显示当A和K不变时L的增加如何影响Y。再次，这条曲线经过原点，因为我们假设，如果L为0，Y也为0。在任何一点上这条曲线的始终正向的斜率就是劳动的边际产品MPL。对于给定的A和K，由于L上升而使曲线扁平化表明，当A增加时，MPL下降。由此，我们假设**劳动的边际产品递减**。例如在图中，当L处在一个低点，如a点上时，L增加一个单位就可能使产出Y每年提高0.1个单位。然而，当K处在一个高点，例如b点上时，L增加一个单位也许只能使Y每年提高0.05个单位。

另一个假设是方程(3.1)的生产函数显示两种生产要素K和L的投入的**规模报酬不变**。这一思想是，如果我们将投入的规模扩大一倍——把K和L增加一倍——产出Y也将增加一倍。举一个例子，假设有一个企业以5台机器(K=5)和5个工人(L=5)起家。企业的技术水平A是给定的，并且能够生产出一定的产出Y，比方说每年100台小装置。现在，假设K和L都翻了一番，所以企业的$K=10$台机器，$L=10$个工人。技术A与以前相同。我们的假设是，企业有了两倍的机器和两倍的工人以及相同的技术水平，企业就能生产出两倍的产出，即现在Y是每年200台小装置。

更普遍的情况是，如果生产函数显示出规模报酬不变，两种生产要素(K和L的投入)按任何正数成倍地增加，就会导致产出Y按同样数目成倍地增加。因此，如果我们在方程中将K和L乘以数量$1/L$，我们也将Y乘以$1/L$，得到：

$$Y/L = A \cdot F(K/L,\ L/L)$$

右边的数值L/L等于1(一个常数)，因而可以被忽略。通过以这种方式表示生产函数，我们可以看到，每个工人的产出Y/L，仅仅取决于技术水平A和每个工人的资本数量K/L。通过定义$y \equiv Y/L$为每个工人的产出，和$k \equiv K/L$为每个工人的资本，我们可以更清楚地显示出这一特征，然后，定义一个新函数f，将y与k联系起来：

$$y = A \cdot f(k) \tag{3.2}$$

图3.7显示了在给定的技术水平下，每个工人的产出y与每个工人的资本数量k的图。该图看起来很像图3.5。图3.7中曲线的斜率再次告诉我们资本对产出的影响；它也计量了资本的边际产品MPK。注意资本的边际产品随每个工人的资本k的增加而递减。

3.2.2 增长核算

方程(3.1)中的生产函数在其三个决定因素——技术水平A和资本与劳动的数量K和L——的数值给定的情况下，决定某个时点的产出水平或实际GDP水平Y。然而，生产函数也是我们研究经济增长的出发点。为利用生产函数研究经济增长，我们利用一种叫做**增长核算**的方法来考察Y的增长如何取决于A，K和L的

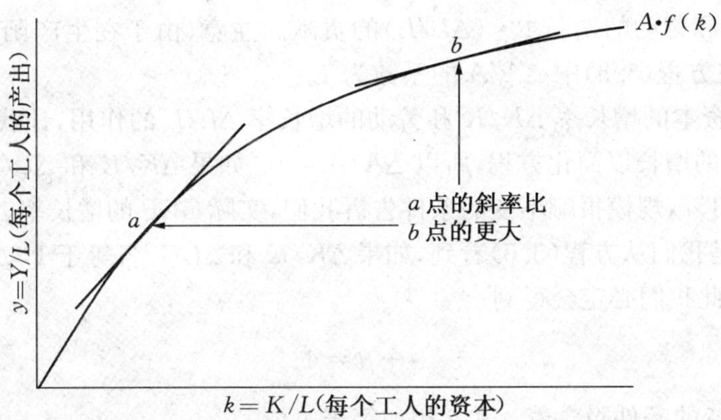

注：这一显示生产函数的方法说明了每个工人的产出 $y=Y/L$ 与每个工人的资本 $k=K/L$ 的关系。我们让技术水平 A 保持不变。在任何一点上的曲线的斜率就是资本的边际产品 MPK。当 K 上升时，由于资本的边际产品递减，这一斜率会变得较平坦。因此，a 点的斜率大于 b 点。

图 3.7　每个工人的产出与每个工人的资本

增长。生产函数表示的是 Y 的水平与 A，K 和 L 的水平之间的关系，而增长核算则表示 Y 的增长率与 A，K 和 L 的增长率之间的关系。

在开始分析增长核算之前，令 ΔY 代表一段时间内——比方说一年内——Y 的变化。（符号 Δ，表示一个变量的变化。）Y 一年的增长率可表示为 $\Delta Y/Y$。例如，如果一年的 $Y=100$，$\Delta Y=1$，增长率就是 $\Delta Y/Y=1\%$ 每年。类似地，如果我们利用 ΔA，ΔK 和 ΔL 代表技术、资本和劳动的变化，每种要素的增长率就分别为 $\Delta A/A$，$\Delta K/K$ 和 $\Delta L/L$。

我们接下去的任务是要精确地解释 $\Delta A/A$，$\Delta K/K$ 和 $\Delta L/L$ 如何对实际 GDP 的增长率 $\Delta Y/Y$ 作出贡献。首先从技术的贡献谈起。我们从生产函数看到：

$$Y = A \cdot F(K, L)$$

如果 K 和 L 保持不变，Y 应当按与 A 相同的增长率增长。例如，如果每年的 $\Delta A/A=1\%$，而 K 和 L 不变，那么 $\Delta Y/Y$ 也等于每年 1%。即使 K 和 L 也在变化，方程(3.1)告诉我们，A 的较高的增长率也会帮助提高 Y 的增长率。在资本和劳动的增长率（$\Delta K/K$ 和 $\Delta L/L$）给定的情况下，如果每年的 $\Delta A/A$ 高于 1%，那么 $\Delta Y/Y$ 也高于 1%。

现在来考察资本和劳动的增长对实际 GDP 增长的贡献。我们知道，当 $\Delta K/K$ 和 $\Delta L/L$ 增加时，$\Delta Y/Y$ 也会增加。如要说得更精确一些，我们假设资本的增长对实际 GDP 增长的贡献由 $\alpha \cdot (\Delta K/K)$ 决定，这里 α 大于 0。同样，我们假设劳动的增长对实际 GDP 增长的贡献由 $\beta \cdot (\Delta L/L)$ 给出，这里 β 也大于 0。在这种情况下，我们可以看到实际 GDP 的增长率由下面的方程式给出：

$$\Delta Y/Y = \Delta A/A + \alpha \cdot (\Delta K/K) + \beta \cdot (\Delta L/L) \tag{3.3}$$

也就是说，实际 GDP 的增长率 $\Delta Y/Y$ 等于技术的增长率 $\Delta A/A$ 加上资本的增长

$\alpha \cdot (\Delta K/K)$和劳动的增长 $\beta \cdot (\Delta L/L)$的贡献。注意：由于在生产函数中 Y 与 A 成正比，故在方程(3.3)中 $\Delta A/A$ 的系数为 1。

要考察资本的增长率 $\Delta K/K$ 和劳动的增长率 $\Delta L/L$ 的作用，让我们暂时忽略一下技术 A 的增长以简化方程，所以 $\Delta A/A = 0$。如果 $\Delta K/K$ 和 $\Delta L/L$ 相同，比方说都是每年 1%，规模报酬不变的条件告诉我们，实际 GDP 的增长率 $\Delta Y/Y$ 也将等于 1%。但是我们从方程(3.3)看到，如果 $\Delta K/K$ 和 $\Delta L/L$ 各等于 1，$\Delta Y/Y$ 必定等于 $\alpha+\beta$。由此我们必定会得到

$$\alpha+\beta=1$$

规模报酬不变的条件隐含着 α 和 β 相加等于 1。

由于系数 α 和 β 相加等于 1，并且每个系数都大于 0，因此我们可以知道 α 和 β 各小于 1。也就是说，系数满足：

$$0<\alpha<1$$
$$0<\beta<1$$

注意，如果每年的 $\Delta K/K=1\%$ 而 $\Delta L/L=0$，对 $\Delta Y/Y$ 的作用则由方程(3.3)中的系数 α 决定。因此，如果 K 增长而 L 保持固定，则 Y 按低于 K 的增长率增长(因为 $\alpha<1$)。同样，如果每年 $\Delta L/L=1\%$ 而 $\Delta K/K=0$，对 $\Delta Y/Y$ 的作用则由方程(3.3)中的系数 β 给定，因此，如果 L 增长而 L 不变，则 Y 按低于 L 的增长率增长(因为 $\beta<1$)。

从第 2 章我们得知，如果我们忽略来自世界其他地区的收入的净流动——经济体的实际总收入等于实际 GDP(Y)减去资本存量的折旧。如果资本折旧较小，本章的附录Ⅰ显示系数 α 近似于资本收入占经济体的实际总收入的份额。例如，如果 $\alpha=1/3$ ——对资本收入份额的一个通常假设的数值——那么每年 1% 的资本增长率 $\Delta K/K$ 将对实际 GDP 的增长率 $\Delta Y/Y$ 作出(1/3)%的贡献。

同样，按照本章附录Ⅰ探讨的条件，β 接近于劳动收入占经济体的实际总收入的份额。例如，如果 $\beta=2/3$ ——对劳动收入份额的一个通常假设的数值——那么每年 1% 的劳动增长率 $\Delta L/L$ 将对实际 GDP 的增长率 $\Delta Y/Y$ 作出(2/3)%的贡献。

把 α 和 β 解释为实际总收入中资本和劳动的份额符合我们的结论，即 $\alpha+\beta=1$。也就是，

$$\text{资本收入的份额}+\text{劳动收入的份额}=1$$
$$\alpha+\beta=1$$

因此对资本和劳动的支付几乎耗尽经济体的所有实际收入。

我们可以整理方程条件 $\alpha+\beta=1$，用 $1-\alpha$ 替代方程(3.3)右边的 β，得到：

关键方程(增长核算公式)

$$\Delta Y/Y=\Delta A/A+\alpha \cdot (\Delta K/K)+(1-\alpha) \cdot (\Delta L/L) \tag{3.4}$$

方程(3.4)是说,我们可以将实际 GDP 的增长率 $\Delta Y/Y$ 分解为技术的增长率 $\Delta A/A$,资本和劳动的加权平均增长率,$\alpha\cdot(\Delta K/K)$和$(1-\alpha)\cdot(\Delta L/L)$。资本增长率得到的权数为 α(相当于资本的收入份额),劳动增长率得到的权数为 $1-\alpha$(相当于劳动的收入份额)。

现在我们通过假设系数 α——我们把它解释为资本的收入份额——是固定的,以简化计算。即我们假设,当经济增长时这一系数不变。收入份额的不变性在真实世界中并不始终适用,但对美国和许多其他国家来说,作为一个合理的近似数,它确实适用。在本章的附录Ⅲ,我们将证明 α 的不变性对通常假设的生产函数的形式 $A\cdot F(K, L)$是成立的。

3.2.3 索洛增长模型

我们从方程(3.4)知道了增长核算,即实际 GDP 的增长率 $\Delta Y/Y$ 取决于技术的增长率 $\Delta A/A$,资本和劳动的加权平均增长率 $\Delta K/K$ 和 $\Delta L/L$。从把增长核算提高到经济增长理论,我们必须解释技术、资本和劳动的增长率。我们通过构建索洛增长模型开始做这种解释。

索洛增长模型做了几个简化的假设。首先,劳动投入 L 等于劳动力,这是指正在从事工作的人数。就是说,模型没有把失业考虑在内——劳动投入等于劳动力,所有的人都是有工作的。然而,一个重要的假设是,失业率是固定的,并非必定为0。例如,如果 96%的劳动力始终是被雇用的,劳动投入就始终是劳动力的一个固定的乘数,并且按与劳动力相同的增长率增长。

劳动力 L 与人口之间的关系为:

$$\text{劳动力 } L=(\text{劳动力} / \text{人口})\cdot\text{人口}$$

劳动力对人口的比率叫做**劳动力参与率**。近几年,美国的劳动力参与率已接近二分之一。例如,2006 年 3 月,民用部门劳动力(15 060 万)和现役军人(140 万)加起来的总数占美国总人口的 51%。[①]索洛模型的第二个假设是劳动力参与率不会随时间推移而变动。在这种情况下,上述方程告诉我们劳动投入 L 的增长率等于人口的增长率。

第三,该模型假设政府的作用可以忽略,所以这里没有税收、公共支出、政府债务,或货币。

第四,模型假设了一个封闭的经济;即没有商品和服务或者金融资产的国际贸易。

现在我们开始对索洛模型进行分析,再次考察增长核算方程:

---

① 劳工统计局(BS)的计算得出了劳动力参与率的一个不同的数值——民用部门劳动力对民用非机构性人口的比率,后者是指不服现役和不在诸如监狱这类机构内的人口(16 岁或 16 岁以上)。按这方法定义,劳动力参与率在 2006 年 3 月为 66%(=156.6/228.0)。

$$\Delta Y/Y = \Delta A/A + \alpha \cdot (\Delta K/K) + (1-\alpha) \cdot (\Delta L/L)$$

我们一开始集中研究两种要素投入 K 和 L 的增长，并且忽略技术水平 A 的变化，即我们假设 $\Delta A/A = 0$。在这种情况下，增长核算方程简化为：

$$\Delta Y/Y = \alpha \cdot (\Delta K/K) + (1-\alpha) \cdot (\Delta L/L) \tag{3.5}$$

回到现实

索洛增长模型的理论渊源

索洛模型是由美国麻省理工学院经济学家罗伯特·索洛(Robert Solow)在20世纪50年代建立的。这一研究终于使他在1987年因“对经济增长的理论所作出的贡献”而荣获诺贝尔经济学奖。索洛模型在20世纪60年代得到了扩展，特别是通过戴维·卡斯(David Cass，1965年)和佳林·库普曼斯(Tjalling Koopmans，1965)的工作，并且以**新古典增长模型**而闻名。索洛模型及它在60年代的扩展模型实际上早在20年代已被数学家弗兰克·拉姆齐(Frank Ramsey)在理论上预见到。因此这一增长模型通常被叫做拉姆齐模型。不幸的是，拉姆齐的出色工作因他在1930年的去世而中断，去世时年仅26岁。

因此，按照索洛模型的这一说法，实际GDP的增长率 $\Delta Y/Y$ 是资本增长率 $\Delta K/K$ 和劳动增长率 $\Delta L/L$ 的加权平均数。

我们会发现集中研究每个工人的实际GDP，即 $y = Y/L$，而不是实际GDP水平 Y 是很有用的。如果 Y 是固定的，L 的增长意味着随着时间的推移，y 将会下降。例如，Y 固定，工人人数按每年1%增长，这就意味着人均GDP即 y 每年下降1%。更普遍的情况是，我们会得到以下公式：

$$\Delta y/y = \Delta Y/Y - \Delta L/L \tag{3.6}$$

每个工人的实际GDP增长率 = 实际GDP增长率 − 劳动增长率

利用同样的推理，每个工人的资本增长率 $\Delta k/k$ 少于总的资本增长率 $\Delta K/K$，相差数额为工人人数的增长率：

$$\Delta k/k = \Delta K/K - \Delta L/L \tag{3.7}$$

每个工人的资本增长率 = 资本增长率 − 劳动增长率

因此对于给定的 $\Delta K/K$，一个较高的 $\Delta L/L$ 意味着随着时间的推移，每个工人使用的资本会减少。

如果我们重新安排方程(3.5)右边的项，我们得到：

$$\Delta Y/Y = \alpha \cdot (\Delta K/K) - \alpha \cdot (\Delta L/L) + \Delta L/L$$

然后，如果我们把 $\Delta L/L$ 从右边移到左边，并且把右边包含 α 的两个项加以合并，得到：

$$\Delta Y/Y - \Delta L/L = \alpha \cdot (\Delta K/K - \Delta L/L)$$

我们从方程(3.6)看到，左边是每个工人的实际 GDP 的增长率 $\Delta y/y$，并且从方程(3.7)看到，右边的插入项是每个工人的资本增长率 $\Delta k/k$。因此，主要结果是，每个工人的实际 GDP 增长率取决于每个工人的资本增长率：

$$\Delta y/y = \alpha \cdot (\Delta k/k) \tag{3.8}$$

我们从方程(3.8)看到，要分析每个工人的实际 GDP 增长率 $\Delta y/y$，我们只需要确定每个工人的资本增长率 $\Delta k/k$。而且，我们从方程(3.7)看到，$\Delta k/k$ 是资本增长率 $\Delta K/K$ 与劳动增长率 $\Delta L/L$ 之差。下面，我们首先评估 $\Delta K/K$，然后转到 $\Delta L/L$。

1. 资本存量的增长率

资本存量的变化 ΔK 取决于经济体的**储蓄**，储蓄是没有被消费掉的收入。在第 7 章我们的分析中，我们将通过考察个人家庭的最优选择来分析储蓄行为。然而，我们这里利用索洛的假设将此分析简化了。索洛的假设是每个家庭将它的实际收入按固定的比例 s 划分给储蓄，将 $1-s$ 划分给消费 C。

就整个经济体来说，我们从第 2 章对国民收入核算的研究中知道，国民收入等于国内生产净值(NDP)，它等于 GDP 减去资本存量的折旧。在我们的模型中，国民收入中有些是劳动收入，它归工人所有；有些是资本收入，落入资本的所有者之手。然而，所有的收入最终必定流向家庭，一部分家庭担当工人的角色，一部分家庭充当资本所有者(或企业所有者)的角色。我们假设，储蓄仅仅取决于家庭的总收入，而不取决于这笔总收入如何在劳动收入和资本收入之间划分。

折旧的产生是由于资本存量随时间推移而损耗。建筑物需要维修，机器会磨损，车辆需要更新部件。我们通过假设各种形式的资本按相同的固定的速率 δ 损耗，以一种简单的方式掌握折旧率。流量 δK 是资本每年折旧或消耗的数量。实际上，δ 的数值取决于建筑物或机器的类型，但是一个合理的平均数是每年 5%。例如，如果资本存量 K 是 100 台机器，折旧率 δ 是每年 5%，折旧就是每年 5 台机器。

一个经济体的实际国民收入等于实际 NDP，而实际 NDP 等于实际 GDP(Y)减去折旧 δK。从现在起，我们将国民收入简称为收入。如果家庭将所有收入中 s 部分储蓄起来，该经济体的总实际储蓄就是：

$$\text{实际储蓄} = s \cdot (Y - \delta K)$$

$$\text{实际储蓄} = \text{储蓄率} \cdot \text{实际收入}$$

由于家庭的实际收入 $Y-\delta K$，或者流向消费 C，或者成为实际储蓄 $s\cdot(Y-\delta K)$，我们也可以把方程写成：

$$Y - \delta K = C + s \cdot (Y - \delta K) \tag{3.9}$$

$$\text{实际收入} = \text{消费} + \text{实际储蓄}$$

在一个没有政府部门的封闭的经济中，实际 GDP(Y)必定要么被消费掉，要么被用于投资。也就是说，所生产的商品和服务仅用于两个目的：消费和用于资本货物的支出或**总投资** I。由此，我们得到：

$$Y = C + I$$

$$\text{实际 GDP} = \text{消费} + \text{总投资}$$

如果我们从方程两边减去折旧，则得到：

$$Y - \delta K = C + (I - \delta K) \tag{3.10}$$

$$\text{实际 NDP} = \text{消费} + \text{净投资}$$

注意方程右边，我们已经把**净投资**定义为总投资 I 减去为弥补现有资本的折旧所需要的那部分投资 δK。

方程(3.9)和方程(3.10)的左边有相同变量(因为实际国民收入等于实际国内生产净值)，因此，这两个方程的右边必定相等：

$$C + s \cdot (Y - \delta K) = C + (I - \delta K)$$

如果我们删去方程两边的变量 C，我们就得到关于实际储蓄和净投资之间的一个重要等式：

$$s \cdot (Y - \delta K) = I - \delta K \tag{3.11}$$

$$\text{实际储蓄} = \text{净投资}$$

资本存量的变化等于总投资 I——新的资本货物的购买——减去现有资本的折旧：

$$\Delta K = 1 - \delta K$$

$$\text{资本存量的变化} = \text{总投资} - \text{折旧}$$

$$\text{资本存量的变化} = \text{净投资}$$

由于从方程(3.11)得知净投资等于实际储蓄，我们也可以得到：

$$\Delta K = s \cdot (Y - \delta K) \tag{3.12}$$

$$\text{资本存量的变化} = \text{实际储蓄}$$

如果我们把方程(3.12)两边都除以 K，我们就得到我们一直在寻求的资本存量增长率的公式：

$$\Delta K / K = s \cdot Y / K - s\delta \tag{3.13}$$

$\Delta K / K$ 的这一结果是决定每个工人的资本增长率所需要的两个条件之一：

$$\Delta k / k = \Delta K / K - \Delta L / L$$

现在我们转到第二个条件——劳动增长率 $\Delta L/L$。

2. 劳动增长率

在我们以上的假设给定的情况下(劳动力参与率不变和失业率不变),劳动增长率 $\Delta L/L$ 等于人口增长率。因此我们现在考察一下**人口增长**。

人口增长因国家和时间的不同而不同。几十年来,美国的人口增长率一直是每年大约1%。许多西欧国家的人口增长率从20世纪60年代的大约每年1%下降到2000年的0左右。在中国和印度,人口增长率从20世纪60年代每年2%以上下降到目前的每年1%到1.5%之间。许多低收入国家的人口增长率仍然在每年2%以上。然而,随着时间的推移,全世界的人口增长率已经呈现出下降的趋势。

在本模型中,我们假设人口按固定的速率(用 n 表示)增长,这里 n 是正数($n>0$)。这里我们并不试图解释模型内的人口增长率;即我们假设 n 是外生的。我们假设初始年份(用0年)的劳动力数量为 $L(0)$,如图3.8所示。于是劳动 L 的增长率 $\Delta L/L$ 等于外生的人口增长率 n:

$$\Delta L/L = n \tag{3.14}$$

由于 n 是固定不变的,图3.8显示 L 的时间路径是一条直线(纵坐标使用一种比例尺)。

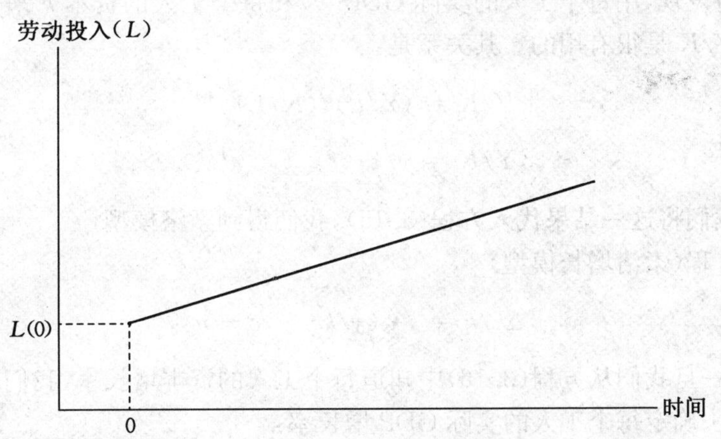

注:劳动投入 L 开始于时间0,即 $L(0)$。然后劳动投入随人口的不变速率 n 增长,走的是一条直线。

图3.8 劳动投入的时间路径

3. 每个工人的资本和实际GDP的增长率

我们可以将从方程(3.13)中得到的资本增长率 $\Delta K/K$ 和从方程(3.14)得到的劳动增长率 $\Delta L/L$ 代入方程(3.7),以决定每个工人的资本增长率 $\Delta k/k$。我们得到:

$$\begin{aligned}\Delta k/k &= \Delta K/K - \Delta L/L \\ \Delta k/k &= s\cdot(Y/K) - s\delta - n\end{aligned} \tag{3.15}$$

方程(3.15)是索洛增长模型的一个关键结果。由于这一方程的重要性，我们将考察它的各个项。在方程的左边，每个工人的资本增长率为每年若干个单位。例如，数值为每年 0.02 的 $\Delta k/k$ 意味着每个工人的资本是按每年 2%的速率增长的。

方程(3.15)右边的各个项是每个工人的资本增长率的决定因素。因此，这些项的每一项必定也有带每年的单位。考察一下 $s\cdot(Y/K)$项，它是储蓄率 s 和 Y/K 的乘积。储蓄率 s 纯粹是一个数字——即一个没有时间单位或物品单位的数字。例如，如果 $s=0.2$，就是说家庭将其收入的 20%用于储蓄。Y/K 项——每单位资本的产出——被叫做**资本的平均产品**。Y 的单位——一种流量——是每年多少商品，而 K 的单位——一种存量——是多少商品。因此，资本的平均产品具有带每年的单位：

$$(\text{每年商品})/\text{商品}=\text{每年}$$

由于 s 纯粹是一个数字，因此 $s\cdot(Y/K)$的单位与 Y/K 的单位相同，它们是每年多少单位，就像 $\Delta k/k$ 一样。

方程(3.15)右边的其他项也有带每年的单位。$s\delta$ 项是纯粹的数字 s 和 δ 的乘积，它也带有每年若干的单位。人口增长率 n 也是带有每年若干单位的项。

我们将发现，用每个工人的实际 GDP(y)和每个工人的资本 k 来表示资本的平均产品 Y/K 是很有用的。其关系是：

$$Y/K=(Y/L)/(K/L)\ \text{或}$$

$$Y/K=y/k$$

如果我们将这一结果代入方程(3.15)，我们得到索洛模型：

关键方程(索洛增长模型)

$$\Delta k/k=s\cdot(y/k)-s\delta-n \tag{3.16}$$

最后，一旦我们从方程(3.16)中知道每个工人的资本增长率，我们就可以利用方程(3.8)去确定每个工人的实际 GDP 增长率：

$$\begin{aligned}\Delta y/y&=\alpha\cdot(\Delta k/k)\\ \Delta y/y&=\alpha\cdot[s\cdot(y/k)-s\delta-n]\end{aligned} \tag{3.17}$$

如果资本份额的系数 α 是固定的，我们可以方便地从方程(3.16)的每个工人的资本增长率 $\Delta k/k$，得到方程(3.17)的每个工人的实际 GDP 的增长率 $\Delta y/y$。由于工人的数目按与人口相同的速率 n 增长，所以 $\Delta y/y$ 也等于人均实际 GDP 增长率。

4. 过渡和稳态

索洛增长模型的关键是决定每个工人的资本增长率 $\Delta k/k$ 的方程(3.16)。该方程显示 $\Delta k/k$ 取决于储蓄率 s、折旧率 δ、人口增长率 n 和资本的平均产品 y/k。

我们已经假设 s、δ 和 n 是常数。因此，$\Delta k/k$ 随时间变动的唯一原因是资本的平均产品 y/k 的变化。我们现在考察这一平均产品如何取决于每个工人的资本 k。这样，我们将发现，k 随时间变化导致 y/k 的变化，从而导致 $\Delta k/k$ 的变化。

我们前面考察了资本的边际产品 MPK，它是实际 GDP 的变化 ΔY 与资本的变化 ΔK 的比率。从几何图形上看，这一边际产品是由生产函数的斜率给出的，如图 3.7 所示。在图 3.9 中我们复制了这一图形。在这一新图形中，我们把资本的平均产品 y/k 计算为 y（纵坐标上变量）与 k（横坐标上的变量）之比。这一比率等于从原点到生产函数的直线的斜率。图 3.9 显示了两条这样的虚直线，一条是从原点到 a 点，另一条是从原点到 b 点。一条直线与每个工人的资本 k_a 相对应，另一条与每个工人的更多的资本 k_b 相对应。该图显示资本的平均产品 y/k 随着每个工人的资本 k 的增加（例如从 k_a 增加到 k_b）而下降。这一**资本的平均产品递减**与我们前面讨论过的资本的边际产品递减类似。

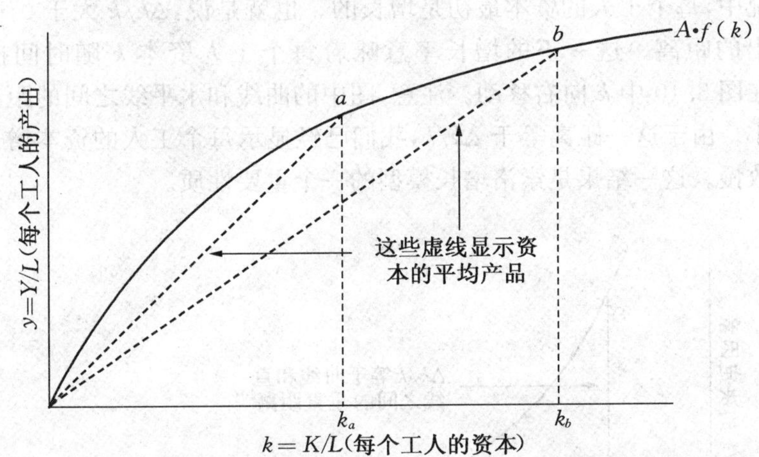

注：本图显示每个工人的产出 $y=Y/L$，与每个工人的资本 $k=K/L$ 的生产函数。从原点出发到生产函数的直线的斜率给出了与 k 值相关的资本的平均产品 y/k。当 k 上升时，在技术水平 A 给定的情况下，资本的平均产品下降。例如，从原点出发到 a 点的虚线的斜率大于从原点到 b 点的虚线的斜率。因此，生产函数显示出资本的平均产品递减。

图 3.9　资本的平均产品

我们可以通过描绘方程右边的各个项对每个工人的资本 k，用图解法显示出方程(3.16)如何决定每个工人的资本增长率 $\Delta k/k$。在右边的第一项 $s\cdot(y/k)$ 中，可以推导出：当 k 增加时，资本的平均产品 y/k 下降。因此，曲线 $s\cdot(y/k)$ 对于 k 是向下倾斜的，如图 3.10 所示。

方程(3.16)右边余下的两项可以被写成 $-(s\delta+n)$。$s\delta+n$ 项在图 3.10 中被描述成一条水平线。由于 $(s\delta+n)$ 在方程(3.16)中带负号，我们不得不从[给出 $s\cdot(y/k)$]曲线的位置上沿着这条水平线减去这个高度，以确定 $\Delta k/k$。

要研究每个工人的资本增长率 $\Delta k/k$ 如何随时间推移而变化，我们必须知道经济体最初拥有的——也就是在年份 0——每个工人的资本。经济体开始时拥有以机器和建筑物为形式的积累的资本存量。我们把这一初始存量用 $K(0)$ 表示。由于初始的劳动为 $L(0)$，所以每个工人初始的资本量是

$$k(0)=K(0)/L(0)$$

回顾每个工人的生产函数的形式为：

$$y=A\cdot f(k)$$

每个工人的实际 GDP 的初始水平由下式给出：

$$y(0)=Y(0)/L(0)$$

$$y(0)=A\cdot f[k(0)]$$

在图 3.10 中，每个工人的资本增长率 $\Delta k/k$ 是曲线 $s\cdot(y/k)$ 和水平线 $s\delta+n$ 之间的垂直距离[见方程(3.16)]。我们假设，当 $k=k(0)$ 时，曲线位于直线上面。在这种情况中，每个工人的资本最初是增长的。也就是说，$\Delta k/k$ 大于 0，并且等于用箭头标出的距离。这一正的增长率意味着每个工人资本 k 随时间推移而增加——即在图 3.10 中 k 向右移动。注意，图中的曲线和水平线之间的距离随时间推移而缩小。由于这一距离等于 $\Delta k/k$，我们已经显示每个工人的资本增长率随时间推移而放慢。这一结果是索洛增长模型的一个重要性质。

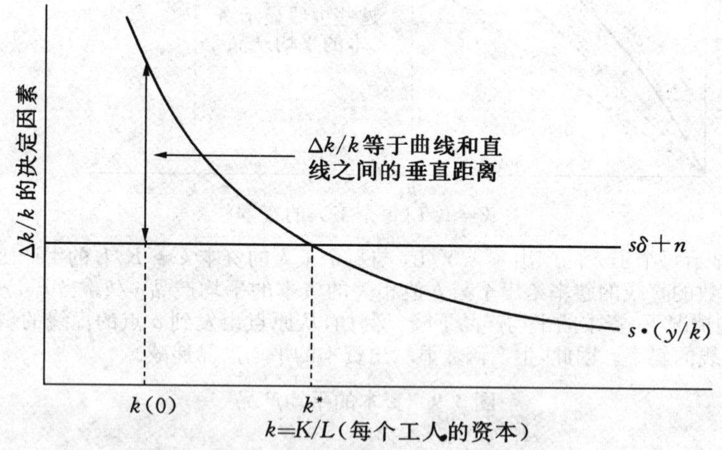

注：技术水平 A 是固定的。图上画出了从方程(3.16)的右边得出的每个工人的资本增长率 $\Delta k/k$ 的两个决定因素：$\Delta k/k$ 等于负斜率的曲线 $s\cdot(y/k)$ 和水平直线 $s\delta+n$ 之间的垂直距离。在稳态情况下，$k=k^*$，曲线与直线相交，$\Delta k/k=0$。每个工人的初始资本 $k(0)$ 被假设为小于 k^*。因此，当 $k=k(0)$ 时，$\Delta k/k$ 大于 0，并且等于箭头显示的垂直距离。

图 3.10　索洛模型中每个工人的资本增长率的确定

最终，每个工人的资本 k 的增加消除了图 3.10 中曲线 $s\cdot(y/k)$ 和直线 $s\delta+n$ 之间的差距。当 k 向横坐标上的 k^* 接近时，这个差距接近于 0。当 $k=k^*$ 时，$\Delta k/k$ 等于 0。因此，k 不再向右移动——因为 $\Delta k/k=0$，k 在 k^* 上保持固定。鉴于这个原因，我们把 k^* 称作**稳态**时的每个工人的资本。在稳态情况下，每个工人的

相应的实际 GDP 由方程(3.2)中的每个工人的生产函数给出：

$$y^* = f(k^*)$$

这些结果告诉我们每个工人的资本 k 走一条从其初始值 $k(0)$ 到其稳态 k^* 的过渡路径。图 3.11 的曲线显示了这一过渡路径。注意 k 从 $k(0)$ 出发，随时间推移而上升，最终接近 k^*。

回顾一下，描述每个工人的资本增长率的公式是：

$$\Delta k/k = s \cdot (y/k) - s\delta - n$$

在稳态中，$\Delta k/k$ 等于 0。因此，在稳态中方程(3.16)的右边也必定为 0：

$$s \cdot (y^*/k^*) - s\delta - n = 0$$

如果我们将 n 项移到方程的右边，把左边含 s 的项组合起来并且两边乘以 k^*，我们得到：

$$s \cdot (y^* - \delta k^*) = nk^*$$

每个工人的稳态储蓄 = 为每个新工人提供的稳态资本

方程左边是处于稳态的每个工人的储蓄。右边是向每个新工人提供的稳态资本。回顾一下，k^* 是每个工人的稳态的资本量。为产生必要的新资本每个工人所需要的投资是 k^* 乘以劳动力的增长率 n。因此方程右边每个工人的稳态投资 nk^* 等于方程左边每个工人的稳态储蓄。

做点数学

我们已经看到图 3.10 如何决定每个工人的稳态资本 k^*。我们也可以用代数方法确定 k^*。如果我们在方程(3.16)中设定 $\Delta k/k = 0$，方程的右边必定为 0，所以

$$s \cdot (y^*/k^*) - s\delta - n = 0$$

如果我们对本方程进行移项，并除以 s，我们发现稳态的资本的平均产品是：

$$y^*/k^* = \delta + n/s \tag{3.18}$$

如果我们利用方程(3.2)用 $A \cdot f(k^*)$ 代替 y^*，我们发现每个工人的稳态资本 k^* 必定满足：

$$A \cdot f(k^*)/k^* = \delta + n/s \tag{3.19}$$

在我们进一步研究索洛模型时，k 的这一代数结果在下一章中很有用。

在索洛的增长模型中，我们的分析允许我们把经济增长过程分成两个阶段来

考虑。在第一阶段，从每个工人的初始资本 $k(0)$ 达到它的稳态值 k^* 有一个过渡。这个过渡在图 3.11 中用曲线表示。在这过渡期间，每个工人的资本增长率 $\Delta k/k$ 大于 0 但逐渐下降到接近于 0。在第二阶段，经济体处于或接近于稳态，在图 3.11 中用虚直线表示。在这一阶段，$\Delta k/k = 0$。

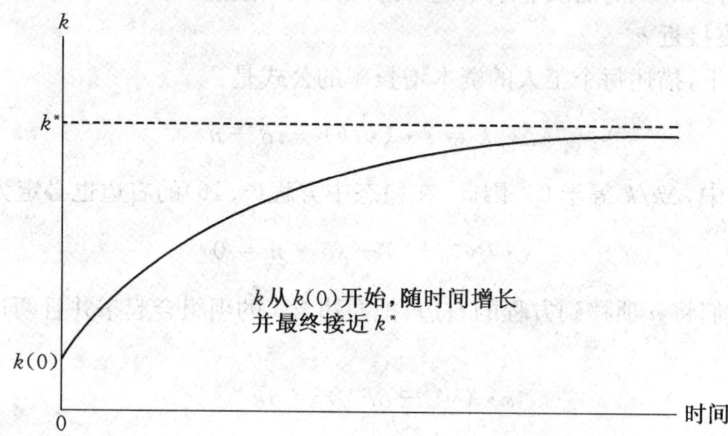

注：在图中，每个工人的资本 k 从 $k(0)$ 开始随时间推移而上升。K 的增长率随时间推移而放慢，而 k 逐渐地接近于它的稳态值 k^*。从 $k(0)$ 到 k^* 的过渡路径由曲线表示。虚线表示其稳态值 k^*。

图 3.11　每个工人的资本的过渡路径

我们的目的是要确定每个工人（和人均）实际 GDP 的增长率 $\Delta y/y$ 如何随时间推移而变化。我们现在可以达到这一目的了，因为 $\Delta y/y$ 等于每个工人的资本增长率 $\Delta k/k$ 乘以 α，我们假设 α 是常数（$0 < \alpha < 1$）：

$$\Delta y/y = \alpha \cdot (\Delta k/k)$$

因此，如果我们让 $\Delta k/k$ 乘以 α，我们关于 $\Delta k/k$ 所说的一切也适用于 $\Delta y/y$。特别是，从每个工人的初始资本 $k(0)$ 点出发，如图 3.10 所示，我们得到这一结果：$\Delta y/y$ 一开始是正的，然后，当每个工人的资本 k 和每个工人的实际 GDP（即 y）上升时，$\Delta y/y$ 就下降了。最终，当 k 达到其稳态值 k^* 时，$\Delta y/y$ 下降到 0［由于当 $\Delta k/k = 0$ 时，方程（3.8）暗含着 $\Delta y/y = 0$］。在稳态时，每个工人的实际 GDP（y），等于其稳态值 y^*。

在图 3.11 中，我们可以把过渡看作既适用于每个工人的实际 GDP（y），也适用于每个工人的资本（k），即曲线也描述从每个工人的初始实际 GDP 即 $y(0)$，到它的稳态值 y^* 的过渡。

小　　结

我们通过观察增长对生活水准的重要性来开始对经济增长的研究。现在我们已经构建了索洛增长模型，并且准备通过对它的研究来了解经济变量如何影响增长。现我们着手将此模型用于下一章的研究。

重要术语和概念

资本的平均产品 average product of capital
资本存量 capital stock
规模报酬不变 constant returns to scale
资本的平均产品递减 diminishing average product of capital
资本的边际产品递减 diminishing marginal product of capital
劳动的边际产品递减 diminishing marginal product of labor
总投资 gross investment
增长核算 growth accounting
人力资本 human capital
不平等 inequality
劳动力 labor force
劳动力参与率 labor-force participation rate
资本的边际产品 marginal product of capital(MPK)
劳动的边际产品 marginal product of labor(MPL)
新古典增长模型 neoclassical growth model
净投资 net investment
人口增长 population growth
贫困 poverty
生产函数 production function
生产率 productivity
生产率下降 productivity slowdown
拉姆齐模型 Ramsey model
经济增长率 rate of economic growth
储蓄 saving
索洛增长模型 Solow growth model
生活水准 standard of living
稳态 steady state
技术水平 technology level
过渡路径 transition path

问题和讨论

A. 复习题

1. 解释为什么每个工人的资本 k 的增加会削减每个工人的资本的增长率 $\Delta k/k$。这一结果如何取决于资本的生产率递减？
2. 正的储蓄率($s>0$)意味着每个工人的产出 y 和每个工人的资本 k 在长期内是增长的吗？请解释。
3. 什么是生产函数？它以什么方式代表了一种要素投入和产出水平之间的关系？
4. 正的储蓄率($s>0$)意味着每个工人的资本 k 随着时间推移而增加吗？通过方程(3.16)进行解释。
5. 解释资本的边际产品和平均产品的概念。这两者之间的区别是什么？资本的平均产品始终大于资本的边际产品吗？

B. 讨论题

6. 无资本生产率递减的增长

   假设生产函数为 $Y=AK$(所谓的 AK 模型)。

   a. 在方程(3.16)中，确定每个工人的资本增长率 $\Delta k/k$ 的条件是什么？在图 3.10 中曲线 $s\cdot(y/k)$像什么形状？

   b. 每个工人的资本增长率 $\Delta k/k$ 和产出增长率 $\Delta y/y$ 是什么？这些增长率大于 0 吗？这些增长率在过渡期间会下降吗？

   c. 讨论如何将你的结果与资本的生产率递减联系起来。生产率递减并不适用是否有一定道理？

7. 有柯布—道格拉斯生产函数的增长

   假设生产函数取柯布—道格拉斯生产函数的形式。讨论：

   $Y=A\cdot F(K,L)=AK^{\alpha}K^{1-\alpha}$，这里 $0<\alpha<1$。

   a. 在稳态中，由方程(3.16)给出 $\Delta k/k=0$。利用这一条件，结合生产函数的形式，得到每个工人的稳态资本 k^* 和稳态产出 y^* 的公式。

   b. 令 $c=C/L$ 为每个工人的消费。什么是每个工人的稳态消费 c^*？

   c. 利用方程(3.16)得出每个工人的资本增长率 $\Delta k/k$ 的一个公式。你能证明在过渡时期当 k 上升时，$\Delta k/k$ 下降吗？在过渡时期每个工人的产出增长率 $\Delta y/y$ 发生了什么情况？

8. 规模报酬不变

   我们已经假设生产函数 $A\cdot F(K,L)$显示出规模报酬不变。就是说，如果我们将投入 K 和 L 乘以任何一个正数，我们就能把产出 Y 增加相同的倍数。请证明这一条件隐含着这样的意思：我们可以把生产函数写成方程(3.2)的形式：

$$y=A\cdot f(k)$$

这里 $y=Y/L$ 和 $k=K/L$。

9. 每个工人的稳态资本的确定

考察由方程(3.10)决定的每个工人的稳态资本 k^*。k^* 如何受下列情况的影响?

a. 储蓄率 s 的增加。

b. 技术水平 A 的提高。

c. 折旧率 δ 的提高。

d. 人口增长率 n 的上升。

10. 柯布—道格拉斯生产函数

本章附录中讨论的柯布—道格拉斯生产函数给出下式:

$$Y=AK^{\alpha}L^{1-\alpha}$$

这里 $0<\alpha<1$。

a. 确定 A, K 和 L。

b. Y 与 A 成正比例是什么意思?

c. 资本(或劳动)的边际产品 $MPK(MPL)$ 大于 0 是什么意思? 证明在柯布—道格拉斯生产函数中边际产品是正值。

d. 资本(或劳动)的边际产品 $MPK(MPL)$ 逐渐减少是什么意思? 证明在柯布—道格拉斯生产函数中边际产品递减。

e. 柯布—道格拉斯生产函数满足规模报酬不变的特点吗? 解释你的答案。

附录

本附录分成三部分。部分Ⅰ提供了由方程(3.4)给出的从形式上推导得到的增长核算方程。部分Ⅱ显示如何应用增长核算方程去分析生产率的增长。部分Ⅲ讨论了生产函数的一种常见形式,即柯布—道格拉斯生产函数。

Ⅰ:增长核算方程

增长核算方程为:

$$\Delta Y/Y=\Delta A/A+\alpha\cdot(\Delta K/K)+(1-\alpha)\cdot(\Delta L/L) \qquad (3.4)$$

我们在这里更正式地推导这一方程,并得出一个求系数 α 的公式。

生产函数是:

$$Y=A\cdot F(K,L) \qquad (3.1)$$

本方程的形式告诉我们,对于给定的 K 和 L,技术的增长率 $\Delta A/A$ 每年提高 1%,就使实际 GDP 的增长率 $\Delta Y/Y$ 每年提高 1%。这解释了为什么 $\Delta A/A$ 项的变化如它在方程(3.4)中的那样。

现在考察当 A 和 L 保持固定时，K 的变化的作用。如果 K 增加的数量为 ΔK，而 A 和 L 不变，实际 GDP 的增加等于 ΔK 乘以资本的边际产品 MPK：

$$\Delta Y = MPK \cdot \Delta K$$

要得到 Y 的增长率，两边除以 Y：

$$\Delta Y/Y = (MPK/Y) \cdot \Delta K$$

然后，如果我们在上式的右边乘以和除以 K，我们得到：

$$\Delta Y/Y = (MPK \cdot K/Y) \cdot (\Delta K/K)$$

当 K 在增加而 A 和 L 保持固定时，这一结果决定了 $\Delta Y/Y$。更一般地说，它告诉我们 $\Delta K/K$ 对 $\Delta Y/Y$ 的贡献，即使 A 和 L 也在变化。就是说，要得到 $\Delta K/K$ 对 $\Delta Y/Y$ 的贡献，就将 $\Delta K/K$ 乘以 $(MPK \cdot K)/Y$ 项。因此，在方程(3.4)中，我们必须有由下式给出的系数 α：

$$\alpha = (MPK \cdot K)/Y \tag{3.20}$$

在一个竞争性的经济中，资本的边际产品 MPK 等于每单位资本支付的实际租赁价格。(我们将在第 6 章研究这一结果)。在那种情况下，$MPK \cdot K$ 项等于支付给每单位资本的金额 MPK 乘以资本的数量 K，因而等于向资本支付的总的实际金额。因此，α 由下式给出：

$$\alpha = (MPK \cdot K)/Y$$

$$\alpha = (\text{支付给资本的实际租金})/(\text{实际 GDP})$$

如果资本存量的折旧为 0，实际支付的租金将等于经济体的总的实际收入(即实际国民收入)。在本例中，方程(3.20)意味着，α 等于收入中资本的份额。更一般地说，要计算实际收入，必须从实际的租金收入和实际 GDP 中减去资本存量的折旧。在本例中，收入中资本的份额小于 α。不管怎样，由于支付给资本的实际租金必定小于实际 GDP，我们得到 $0 < \alpha < 1$。

我们现在考察劳动投入的增加对实际 GDP 增长的贡献。如果 L 增加 ΔL 的数量，而 A 和 K 固定不变，实际 GDP 的增加就等于 ΔL 乘以劳动的边际产品：

$$\Delta Y = MPL \cdot \Delta L$$

如果我们将两边除以 Y，得到：

$$\Delta Y/Y = (MPL/Y) \cdot \Delta L$$

然后，如果我们在方程右边乘以和除以 L，我们得到：

$$\Delta Y/Y = [(MPL \cdot L)/Y] \cdot (\Delta L/L)$$

从而，为了得到 $\Delta L/L$ 对 $\Delta Y/Y$ 的贡献，我们必须让 $\Delta L/L$ 乘以 $(MPL \cdot L)/Y$ 项。

因此，在方程(3.4)中，我们必定得到：

$$1-\alpha=(MPL\cdot L)/Y \tag{3.21}$$

在一个竞争性的经济中，劳动的边际产品 MPL 等于实际工资率。(我们将在第6章研究这一结果。)因此，$MPL\cdot L$ 等于给每单位劳动支付的金额 MPL 乘以劳动量 L，从而等于付给劳动的总的实际工资。如果资本的折旧为0，实际GDP(Y)将等于实际总收入。在这种情况下，方程(3.21)意味着 $1-\alpha$ 等于收入中劳动的份额。更一般地，由于实际总收入小于 Y，收入中劳动的份额将大于 $1-\alpha$。

Ⅱ:索洛剩余

我们都知道技术增长率 $\Delta A/A$ 对实际GDP的增长率 $\Delta Y/Y$ 有所贡献。由于技术水平不是直接可以观察到的，我们需要某种方法从国民账户的数据中去测量它。一个常用的方法是重新整理方程(3.4)的增长核算公式，我们得到：

$$\Delta A/A=\Delta Y/Y-\alpha\cdot(\Delta K/K)-(1-\alpha)\cdot(\Delta L/L) \tag{3.22}$$

A 的增长率 = 实际GDP的增长率 − 资本和劳动的贡献

方程右边的这些项可以从国民账户的数据中计算出来。因此，我们可以利用这一方程去测量左边的项，它等于技术增长率 $\Delta A/A$。

方程(3.4)和方程(3.22)中的 $\Delta A/A$ 项通常叫做**全要素生产率增长**，或 **TFP增长**。这一概念来自罗伯特·索洛(Solow, 1957)，因此通常也被称作**索洛剩余**。这一术语的产生如方程(3.22)显示，在计算了实际GDP的增长率 $\Delta Y/Y$，并从中减去不断变化的要素投入——资本为 $\alpha\cdot(\Delta K/K)$，劳动为 $(1-\alpha)\cdot(\Delta L/L)$——对增长的贡献，我们就可以把 $\Delta A/A$ 计算成一种剩余值。经济学家计算了各个国家和各个时期的这些剩余值。

Ⅲ:柯布—道格拉斯生产函数

我们在对索洛模型的分析中假设：α 是不变的(如果折旧可以忽略不计，α 等于收入中资本的份额)。也就是说，α 并不随每个工人的资本 k 的变化而变化。我们可以显示这一假设对于特定形式的生产函数有效：

$$\begin{aligned} Y&=A\cdot F(K,L)\\ Y&=AK^{\alpha}L^{1-\alpha}\end{aligned} \tag{3.23}$$

在这一式子中，常数 α 是资本 K 的指数，而 $1-\alpha$ 作为劳动 L 的指数。我们假设 α 是一个分数，所以 $0<\alpha<1$。生产函数的这一形式已被经济学家们在许多理论研究和实证研究中所运用。

方程(3.23)的这个函数叫做**柯布—道格拉斯生产函数**，是以美国经济学家兼美国参议员保罗·道格拉斯(Paul Douglas)以及与他合作的数学家柯布(Cobb)的名字命名的。很容易证明柯布—道格拉斯生产函数满足规模报酬不变的法则。(将 K 和 L 各乘以 2,看看 Y 会发生什么。)就每个工人的实际 GDP 和资本(y 和 k)而言,柯布—道格拉斯生产函数为:

$$\begin{aligned} y &= Y/L \\ &= AK^{\alpha}L^{1-\alpha} \cdot (1/L) \\ &= AK^{\alpha}L^{1-\alpha} \cdot L^{-1} \\ &= AK^{\alpha}L^{-\alpha} \\ &= A \cdot (K/L)\alpha \\ y &= Ak^{\alpha} \end{aligned} \tag{3.24}$$

我们可以利用微积分证明,方程(3.23)中柯布—道格拉斯生产函数中出现的指数 α 满足方程(3.20):

$$\alpha = (MPK \cdot K)/Y \tag{3.20}$$

要证实这一结果,记住:MPK 是 K 的变化对 Y 的影响,而 A 和 L 保持固定不变。如果我们对于给定的 A 和 L,求 $Y = AK^{\alpha}L^{1-\alpha}$ 的关于 K 的导数,我们得到:

$$\begin{aligned} MPK &= \mathrm{d}Y/\mathrm{d}k \\ &= \alpha AK^{\alpha-1}L^{1-\alpha} \\ &= \alpha AK^{\alpha}K^{-1}L^{1-\alpha} \\ &= \alpha AK^{\alpha}L^{1-\alpha} \cdot (1/K) \\ &= \alpha \cdot (Y/K) \end{aligned}$$

于是,我们得到:

$$\begin{aligned} (MPK \cdot K)/Y &= [\alpha \cdot (Y/K) \cdot K]/Y \\ &= \alpha \end{aligned}$$

如方程(3.20)所示。

▶4

运用索洛增长模型

既然我们已经建立了索洛增长模型，我们就可以通过观察在短期和长期内各种经济变化如何影响增长，来将此模型付诸应用。我们首先研究储蓄率、技术水平、劳动投入水平和人口增长率的变化。然后，我们探讨趋同问题，即贫穷国家如何追赶富裕国家的趋势。

我们在索洛模型中发现，每个工人的资本增长率 $\Delta k/k$ 是由方程(3.16)给出的。我们在这里重复这一方程：

$$\Delta k/k = s \cdot (y/k) - s\delta - n \tag{4.1}$$

这里 k 是每个工人的资本，y 是每个工人的实际国内生产总值(GDP)，y/k 是资本的平均产品，s 是储蓄率，δ 是折旧率，n 是人口增长率。我们假设，右边的每一项都是不变的，除了 y/k 项。我们发现，在向稳态的过渡中，k 的上升导致 y/k 的下降，从而，导致 $\Delta k/k$ 的下降。在稳态情况下，k 是不变的，因此 y/k 也是不变的，从而 $\Delta k/k$ 保持不变并且等于 0。

每个工人的生产函数由方程(3.2)给出。我们这里重复一下这一方程：

$$y = A \cdot f(k) \tag{4.2}$$

如果我们将方程(4.2)的 y 代入方程(4.1)，我们得到一个修正形式的索洛的基本方程：

$$\Delta k/k = sA \cdot f(k)/k - s\delta - n \tag{4.3}$$

到目前为止，我们假设，储蓄率 s、技术水平 A 和人口增长率 n 是固定的。现在我们要考虑 s、A 和 n 的变化。我们也要考察劳动投入水平 L 的变化。我们分析了这些变化对索洛模型的两个阶段的影响。这些变化对向稳态的过渡有什么影响？以及对稳态有什么影响？我们可以认为第一部分代表了短期影响，第二部分代表了长期影响。

4.1 储蓄率的变化

储蓄率 s 上的差别如何影响到经济增长？作为储蓄率差别的一个例子，我们可以比较两种类型的国家：一类是其居民通常有高储蓄率的国家，例如新加坡、韩国和其他东亚国家和地区，另一类是其居民的储蓄率通常很低的国家，例如撒哈拉以南非洲的大多数国家和一些拉丁美洲国家。储蓄率上的差别有些是出于政府的政策，而有些是源于文化上的差异。重要的一点是储蓄率因社会不同而不同，随时间推移而变化

图 4.1 将图 3.9 的索洛模型扩大到考虑两种储蓄率 s_1 和 s_2，这里 s_2 大于 s_1。每一种储蓄率决定一条不同的 $s\cdot(y/k)$ 曲线——s_2 的曲线位于 s_1 的曲线之上。记住，每个工人的资本增长率 $\Delta k/k$ 等于 $s\cdot(y/k)$ 曲线和 $s\delta+n$ 水平线之间的垂直距离。现在这条水平线也有两个位置，一个对应 s_1，另一个对应 s_2。然而，水平线的移动结果证明是很小的。因此，我们可以从图 4.1 中看到，当储蓄率为 s_2 而不是 s_1 时，在 k（每个工人的资本）的任何水平上，每个工人有更高的资本增长率 $\Delta k/k$。① 具体地将，当储蓄率为 s_2 而不是 s_1 时，在 $k(0)$ 位置上，$\Delta k/k$ 更大。（我们已经假设对于两种储蓄率，$\Delta k/k$ 总是大于 0。）

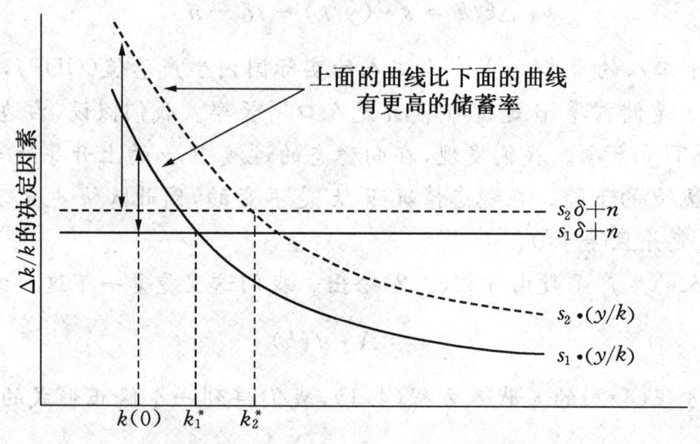

注：本图来源于图 3.9。图中两条 $s\cdot(y/k)$ 曲线对应储蓄率 s_1 和 s_2，这里 s_2 大于 s_1。同样，两条 $s\delta+n$ 水平线也对应储蓄率 s_1 和 s_2。当储蓄率较高时，在 k 的任何水平上每个工人有更高的资本增长率 $\Delta k/k$。例如，在 $k(0)$ 上，当储蓄率为 s_1 时，$\Delta k/k$ 等于右边箭头表示的垂直距离。当储蓄率为 s_2 时，$\Delta k/k$ 等于左边箭头表示的垂直距离。在稳态时，不管储蓄率如何，$\Delta k/k$ 为 0。较高的储蓄率产生较高的每个工人的稳态资本；即 k_2^* 大于 k_1^*。

图 4.1　索洛模型中储蓄率上升的影响

① 只要 $y/k>\delta$，也就是说，只要每个工人的实际 GDP 大于每个工人的折旧，曲线 $s\cdot(y/k)$ 的上升，大于 $s\delta+n$ 水平线的上升。因此，我们只需要确信国内生产净值大于 0，就有以上结果。本例肯定也是这样。

做点数学

根据方程(3.19)给出的条件我们能够用代数方法确定每个工人的稳态资本 k^*。我们在这里重复这一结果：

$$A \cdot f(k^*)/k^* = \delta + n/s \quad (4.4)$$

s 的增加降低了方程右边的值，因此左边的值也必须下降，而这一下降只能通过减少资本的平均产品 $A \cdot f(k^*)/k^*$ 才可能实现。从方程(3.8)我们知道，如果它是固定的，资本的平均产品的下降要求每个工人的资本 k 有所增加。因此 s 的增加提高了 k^*。

对于任何一个储蓄率，当每个工人的 k 上升到超过 $k(0)$ 时，每个工人的资本增长率 $\Delta k/k$ 就会下降。在图 4.1 中，当储蓄率是 s_1 时，当 k 达到稳态值 k_1^* 的情况下，$\Delta k/k$ 接近 0。然而，在 k_1^* 点，如果储蓄率更高——例如，如果它等于 s_2，$\Delta k/k$ 仍将大于 0。如果储蓄率是 s_2，每个工人的资本 k 会上升到超过 k_1^*，直到它达到更高的稳态值 k_2^* 为止。由于每个工人的资本更高，我们也知道当储蓄率为 s_2 时，每个工人的实际 GDP 会更大，即 $y_2^* > y_1^*$。

总结一下，在短期内，储蓄率的增加提高了每个工人的资本增长率。这一增长率在向稳态过渡期间仍保持较高的数值 。在长期内，每个工人的资本增长率对于任何储蓄率来说都是相同的——等于 0。在长期或稳态情况下，更高的储蓄率导致每个工人有更高的稳态资本 k^*，而达到稳态时的增长率保持不变(它仍然为 0)。

索洛模型的一个重要的扩展——20 世纪 60 年代中期由戴维・卡斯(1965 年)和恰林・库普曼斯(1965 年)作出——是允许家庭选择储蓄率 s。为研究这一选择，我们需要对家庭在不同的时点上如何决定消费进行微观经济学的分析。我们将这一分析放到第 7 章。

4.2 技术水平的变化

到目前为止，我们一直假设技术水平 A 是固定不变的。在现实情况中，技术是随时间的推移和地点的不同而变化的。有关技术随时间推移而进步的例子，我们可以想到的有电力、汽车、计算机和因特网的使用。就地点的不同而言，我们可以想到发达国家中的企业，例如美国和西欧的企业，它们比贫困国家的企业拥有更先进的技术。要评估技术差异的影响，我们首先考察索洛模型中由技术水平 A 的变化带来的影响。

再次利用每个工人的资本增长率的公式：

$$\Delta k/k = sA \cdot f(k)/k - s\delta - n$$

这里 $A \cdot f(k)/k$ 是资本的平均产品，即 y/k。注意：较高的 A 意味着 y/k 在 k 给

定时更高。

图 4.2 比较了两种技术水平 A_1 和 A_2，这里 A_2 大于 A_1。每种技术水平对应着一条不同的曲线 $s\cdot(y/k)=sA\cdot f(k)/k$。有较高技术水平 A_2 的那条曲线位于另一条之上。注意：这两条曲线的位置与图 4.1 中的相似。因此，我们对 A 的变化的影响的分析类似于对 s 变化的影响的分析。

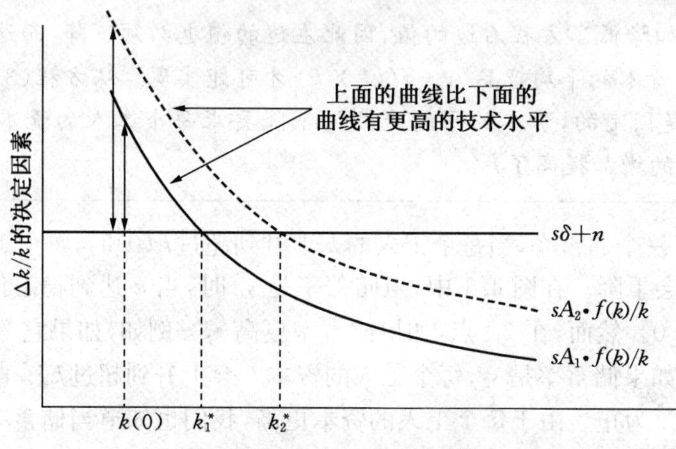

注：本图也来源于图 3.9。两条曲线 $s\cdot(y/k)=sA\cdot f(k)/k$ 对应于技术水平 A_1 和 A_2，这里 A_2 大于 A_1。当技术水平提高时，在任何 k 的水平上每个工人的资本增长率 $\Delta k/k$ 也会提高。例如在 $k(0)$ 上，当技术水平为 A_1 时，$\Delta k/k$ 等于右边箭头所示的垂直距离。当技术水平为 A_2 时，$\Delta k/k$ 等于左边箭头所示的垂直距离。在稳态情况下，$\Delta k/k$ 为 0，不管技术水平如何。更高的技术水平产生每个工人更高的稳态资本，即 k_2^* 大于 k_1^*。

图 4.2　索洛模型中技术水平的提高的影响

扩展模型

索洛模型中的消费

回顾一下实际收入等于实际国内生产净值，即 $Y-\delta K$，它等于消费 C 加上储蓄 $s\cdot(Y-\delta K)$。因此，根据每个工人的收入数量，我们得到：

$$y-\delta k=c+s\cdot(y-\delta k)$$

这里 c 是每个工人的消费。储蓄率 s 的上升意味着，对于给定的 $y-\delta k$，c 必定下降。然而，由于在长期内较高的储蓄导致较高的实际 GDP，长期内消费也许会上升。这里我们考察索洛模型关于在长期内储蓄对消费影响的说法。

我们发现，储蓄率 s 的上升提高了每个工人的稳态资本和实际 GDP，即 k^* 和 y^*。每个工人的实际 GDP 的提高导致个人实际收入的增加。然而，人们关心的是他们的消费，而不是他们的收入本身。因此我们需要知道储蓄率的上升如何影响每个人的稳态消费。每个人的消费由下式给出：

$$每个人的消费 = (每个工人的消费) \times (工人/人口)$$

工人占人口的比率就是劳动力参与率,我们假设它是个常数。因此,人均消费始终随着每个工人的消费 c 而变动。这一结果意味着我们可以集中注意人均消费的情况。

由于消费等于未被储蓄的实际收入,而处于稳态的每个工人的储蓄是 $s \cdot (y^* - \delta k^*)$,我们得到:

$$c^* = y^* - \delta k^* - s \cdot (y^* - \delta k^*) \quad (4.5)$$

这里 c^* 是 c 的稳态值。我们也从第 3 章得知,每个工人的稳态储蓄足以为新工人提供可使用的资本:

$$s \cdot (y^* - \delta k^*) = nk^*$$

因此我们可以用 nk^* 替代方程右边的 $s \cdot (y^* - \delta k^*)$:

$$c^* = y^* - \delta k^* - nk^* \quad (4.6)$$

我们知道储蓄率 s 的上升会使 k^* 提高,c^* 的变化从方程(4.6)得到,如

$$\Delta c^* = \Delta y^* - (\delta + n) \cdot \Delta k^*$$

通过注意到 Δy^* 必定等于 Δk^* 乘以资本的边际产品 MPK,我们可以计算出 Δy^*:

$$\Delta y^* = MPK \cdot \Delta k^*$$

因此,如果我们用 $MPK \cdot \Delta k^*$ 代替 Δy^*。我们得知 c^* 的变化由下式给出:

$$\Delta c^* = MPK \cdot \Delta k^* - (\delta + n) \cdot \Delta k^* \quad (4.7)$$

$$\Delta c^* = (MPK - \delta - n) \cdot \Delta k^*$$

我们从方程(4.7)看到,如果 MPK 大于 $\delta + n$, Δc^* 就大于 0。$MPK - \delta$ 部分是资本的净边际产品——也就是,资本的边际产品减去折旧。这一项给出了追加资本的投资回报率。因此,方程(4.7)说明了每个工人的稳态资本 k^* 的增加提高了每个工人的稳态消费水平 c^*,只要资本的收益率($MPK - \delta$)大于人口增长率 n。资本收益率的典型的估计数是10%左右,而人口增长率大约为 0%—2%。因此在通常情况下,Δc^* 大于 0。

储蓄率 s 对每个工人的稳态消费 c^*,从而对每个个人的稳态消费的积极影响,并不必然意味着一般个人通过储蓄会生活得更好。为了取得每个工人的更高稳态资本 k^*,家庭必须在走向稳态的过渡期间进行更多的储蓄。因此,在过渡期间每个人的消费水平不得不加以削减。因此,这里存在着一个权衡抉择——短期内减少个人消费和个人在长期内享受更多的消费。不管一个人生活得较好还是较差,首先取决于在长期内他享受了多少消费,在短期内失去了多少消费;其次取决于人们对于推迟消费有多少耐心。

做点数学

我们可以从以前利用过的条件用代数方法推导出 A 对 k^* 的作用。

$$A \cdot (k^*)/k^* = \delta + n/s$$

A 的上升并不影响方程的右边。因此，每个工人的稳态资本 k^* 必须根据方程左边作出调整，以便使稳态资本的平均产品 $A \cdot f(k^*)/k^*$ 保持不变。由于 A 的上升提高了资本的平均产品，k^* 必定以减少平均产品的方式作出变化。如我们从图 3.8 所知，资本的平均产品的减少需要有 k^* 的增加。因此，A 的上升正是提高了 k^*。

在图 4.2 中，在每个工人的初始资本 $k(0)$ 上，具有较高技术水平 A_2 的每个工人的资本增长率 $\Delta k/k$ 高于技术水平较低的 A_1 的资本增长率。在这两种情况中，$\Delta k/k$ 随时间推移而下降。对于较低的技术水平来说，当每个工人的 k 达到稳态值 k_1^* 时，$\Delta k/k$ 下降到 0。对于较高的技术水平来说，k 上升到超出 k_1^* 达到更高的稳态值 k_2^*。因此，在过渡时期，A 的上升导致更高的 $\Delta k/k$。在长期内，$\Delta k/k$ 仍将下降到 0，但是每个工人的稳态资本 k^* 会更高，即 k_2^* 大于 k_1^*。

技术水平 A 的上升提高了每个工人的稳态实际 GDP，$y^* = A \cdot f(k^*)$。这出于两个原因。首先，对于每个工人给定的资本 k，A 的上升提高了每个工人的实际 GDP，即 y。其次，当 A 更高时，每个工人的稳态资本 k^* 也更高。从两方面考虑，A 的上升提高了 y^*。

总结一下，在短期内，技术水平 A 的上升提高了每个工人的资本增长率和实际 GDP 的增长率。这些增长率在向稳态的过渡期间仍然保持较高的水平。在长期内，对于任何技术水平来说，每个工人的资本增长率和实际 GDP 的增长率是相同的——等于 0。在长期内或在稳态情况下，一个较高的技术水平导致每个工人有更高稳态资本和实际 GDP——k^* 和 y^*，而不会导致增长率的变化（它们仍然为 0）。

4.3 劳动投入和人口增长率的变化

我们可以考察劳动投入 L 的两种类型的变化。首先，L 的变化可以发生在某个时点上，这是由于劳动力规模突然发生变动。其次，人口增长率的变化可以影响劳动投入的长期的时间路径。我们首先论述 L 的一时变化。

4.3.1 劳动投入的变化

劳动投入 L 的变化，可以来自劳动力的变化。例如，由于疾病瘟疫流行，劳动力可能会急剧地下降。一个极端的例子是 14 世纪中叶的腺鼠疫的流行，即黑死病，据估计，当时欧洲大约有 20%的人口死于这次鼠疫。由于非洲日益严峻的艾滋病蔓延，生命的潜在损失也许可以与前者相提并论。而最近禽流感也引起了许多人的关心。在这些例子中，最初实物资本并没有什么变化，每个工人的初始资本 $k(0)=K(0)/L(0)$，由于 $L(0)$ 的下降而上升。

战时的伤亡是劳动力减少的另一个原因。然而，由于战争往往也会破坏实物资本，因此它对每个工人的资本的影响取决于具体情况。移民也可能使劳动力发生变化。一个例子是 1980 年有 10 万古巴海上难民，大多数逃到美国迈阿密。另一个例子是 20 世纪 70 年代中期曾经居住在非洲殖民地的葡萄牙公民大量地回到葡萄牙。当这些殖民地独立时，许多居民回到葡萄牙，而这种人口回流使葡萄牙国内人口增加了 10%。最后一个例子是，在 20 世纪 90 年代，大约有 100 万俄罗斯犹太人移居以色列，占到以色列 1990 年人口的将近 20%。

图 4.3 显示了劳动投入 L 的路径，它从 $L(0)$ 开始，然后按固定的速率 n 增长。在图 4.3 中，我们假设，劳动投入的初始水平从 $L(0)$ 上升到 $L(0)'$，而 n 没有变化。因此我们考虑，劳动的投入水平 L 每年是按正比例增长的。由于资本的初始存量 $K(0)$ 不变，$L(0)$ 的上升使每个工人的初始资本—— $k(0)=K(0)/L(0)$ ——减少。

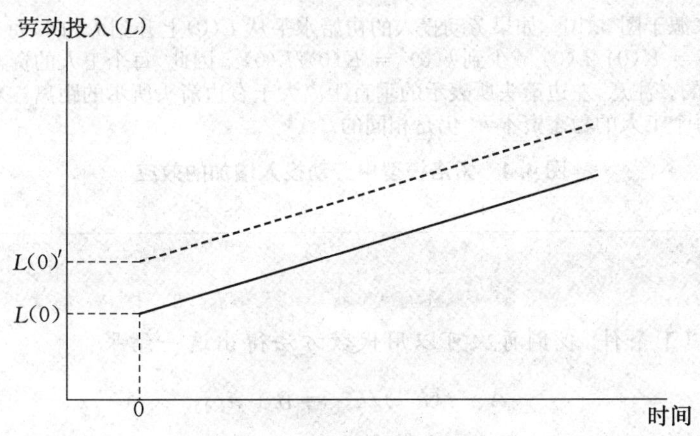

注：在 0 年，劳动投入从 $L(0)$ 猛升至 $L(0)'$，人口增长率没有变化。

图 4.3　劳动投入水平的增加

图 4.4 考察了劳动投入水平增加的影响。劳动的初始水平从 $L(0)$ 上升到 $L(0)'$，使每个工人的初始资本 $k(0)$ 减少到 $k(0)'$。然而关键的一点是，曲线 $s\cdot(y/k)$ 和水平线 $s\delta+n$ 不变。$k(0)$ 的减少提高了初始的资本平均产品 y/k，从而导致 k 沿着不变的曲线达到更高的 $s\cdot(y/k)$。结果，每个工人的资本增长率 $\Delta k/k$ 一开始就上升。我们可以从图 4.3 看到这一结果，由于在 $k(0)'$ 点曲线 $s\cdot(y/k)$ 和水平线 $s\delta+n$ 之间的垂直距离（左边箭头所示）大于在 $k(0)$ 点（右边箭头所示）的垂直距离。在向稳态过渡期间，资本增长率 $\Delta k/k$ 仍然较高。然而，$\Delta k/k$ 仍然向着其长期值 0 下降。而且，不管劳动投入从 $L(0)$ 还是 $L(0)'$ 开始，每个工人的稳态资本 k^* 是相同的。因此，如果 $L(0)'$ 是 $L(0)$ 的两倍，则资本 K 的长期水平也是原来的

两倍(所以每个工人的资本相同)。由于 k^* 是不变的,我们也可以得出,每个工人的实际 GDP(y^*),也是不变的。在长期内,具有两倍劳动力的经济体也就具有两倍多的实际国内生产总值 Y。

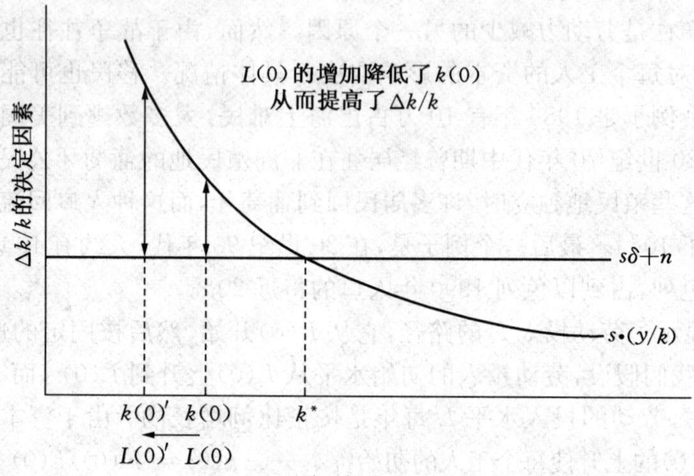

注:本图来源于图 3.10。如果劳动投入的初始水平从 $L(0)$ 上升到 $L(0)'$,每个工人的初始资本则从 $k(0)=K(0)/L(0)$ 减少到 $k(0)'=K(0)/L(0)'$。因此,每个工人的资本增长率 $\Delta k/k$ 一开始是上升的。注意,左边箭头所表示的垂直距离大于右边箭头所示的距离。对于 $L(0)$ 的不同数值来说,每个工人的稳态资本 k^* 仍是相同的。

图 4.4 索洛模型中劳动投入增加的效应

做点数学

利用以下条件,我们再次可以用代数方法得出这一结果:

$$A \cdot f(k^*)/k^* = \delta + n/s$$

注意:A、s、n 和 δ 是常数,而劳动的投入水平 L 不进入方程。因此,当 L 改变时,每个工人的稳态资本 k^* 不变。

总结一下,在短期内,劳动投入 $L(0)$ 的增加提高了每个工人的资本增长率和实际 GDP 的增长率。这些增长率在向稳态过渡期间仍然较高。在长期内,每个工人的资本增长率和实际 GDP 的增长率对于任何劳动投入水平 $L(0)$ 来说,都是相同的——等于 0。而且,每个工人的稳态资本和实际 GDP,即 k^* 和 y^* 对于任何 L 是相同的。因此,在长期内,一个有翻倍劳动投入的经济体具有翻倍的资本和实际 GDP。

4.3.2 人口增长率的变化

图 4.5 显示人口增长率从 n 到 n' 的增加。我们现在假设初始人口,从而劳动

投入水平 $L(0)$不变。因而，每个工人的初始资本 $k(0)$也不变。

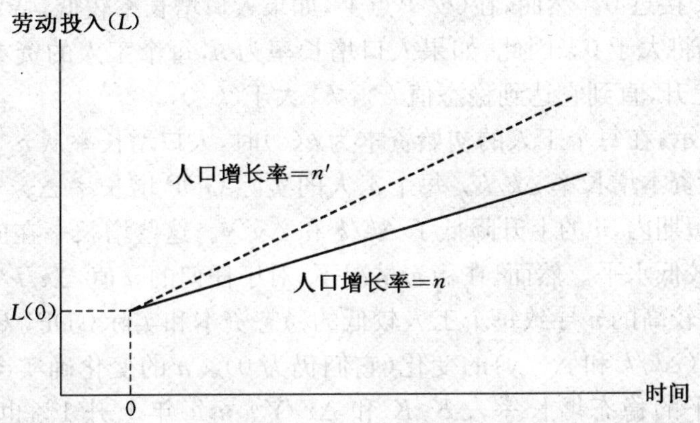

注：人口增长率在 0 年从 n 上升到 n'。劳动投入的初始水平 $L(0)$不变。

图 4.5　人口增长率的上升

在图 4.6 中，较高的人口增长率与较高的水平线 $s\delta+n$ 相对应。记住，每个工人的资本增长率 $\Delta k/k$ 等于曲线 $s\cdot(y/k)$和直线 $s\delta+n$ 之间的垂直距离。因此，当人口增长率为 n'而不是 n 时，不管每个工人的资本 k 如何，$\Delta k/k$ 都是较低的。我们可以从每个工人的资本增长率的公式看到这一结果。

$$\Delta k/k = sA\cdot f(k)/k - s\delta - n$$

给定的 k，n 越高，则 $\Delta k/k$ 越低。当 n 上升时，$\Delta k/k$ 下降的原因是较大部分的储蓄被用于向不断增加的劳动力提供工作中所使用的资本了。

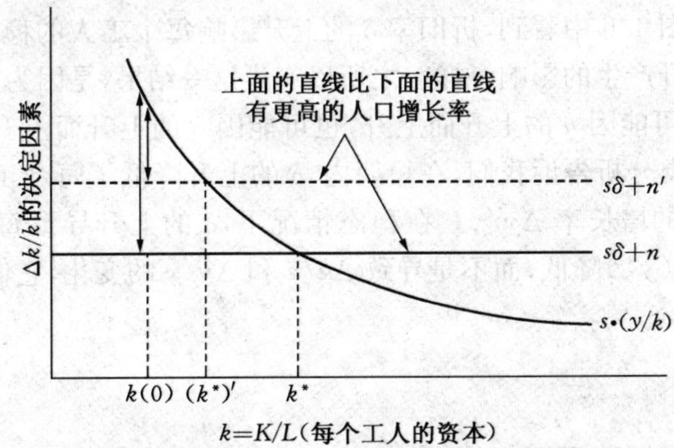

注：本图来源于图 3.10。人口增长率从 n 上升到 n'将水平线从 $s\delta+n$ 抬高到 $s\delta+n'$。当人口增长率上升时，在 k 的任何水平上，每个工人的资本增长率 $\Delta k/k$ 下降。例如，在 $k(0)$上，当人口增长率为 n 时，$\Delta k/k$ 等于左边箭头表示的垂直距离。而当人口增长率为 n'时，$\Delta k/k$ 等于右边箭头表示的垂直距离。在稳态情况下，$\Delta k/k$ 等于 0，不管人口增长率如何。较高的人口增长率产生每个工人的较低的稳态资本，即$(k^*)'$小于 k^*。

图 4.6　索洛模型中人口增长率上升的效应

在图 4.6 中，无论两种人口增长率中的哪一种，当每个工人的资本上升到超过

$k(0)$时，每个工人的资本增长率 $\Delta k/k$ 趋向下降。当人口增长率为 n'，k 达到稳态值 k^* 时，$\Delta k/k$ 接近 0。然而，在$(k^*)'$点上，如果人口增长率较低，特别是如果它等于 n，$\Delta k/k$ 仍将大于 0。因此，如果人口增长率为 n，每个工人的资本上升到超过$(k^*)'$——k 上升，直到它达到稳态值 k^*，k^* 大于$(k^*)'$。

图 4.6 显示，在每个工人的初始资本为 $k(0)$时，人口增长率从 n 上升到 n' 降低了每个工人的资本增长率 $\Delta k/k$。每个工人的实际 GDP 增长率 $\Delta y/y$ 也相应地下降。因此，在短期内，n 的上升降低了 $\Delta k/k$ 和 $\Delta y/y$。这些增长率在向稳态过渡期间，仍然保持较低水平。然而，在稳态情况下，对于任何的 n 值，$\Delta k/k$ 和 $\Delta y/y$ 都为 0。也就是说，较高的 n 导致每个工人较低的稳态资本和实际 GDP，k^* 和 y^*，而不是导致增长率($\Delta k/k$ 和 $\Delta y/y$)的变化(它们仍为 0)。n 的变化确实会影响资本和实际 GDP 水平的稳态增长率，$\Delta K/K$ 和 $\Delta Y/Y$。n 每年上升 1%也使 $\Delta K/K$ 和 $\Delta Y/Y$ 的稳态值每年上升 1%。

做点数学

如往常一样，我们也可以从下面的方程用代数方法发现 n 对 k^* 的影响：

$$A \cdot f(k^*)/k^* = \delta + n/s$$

n 的上升提高了方程右边的数值。因此，方程左边的资本的稳态平均产品 $A \cdot f(k^*)/k^* = y^*/k^*$ 不得不上升。由于资本的平均产品递减，这种变化要求 k^* 减少。因此，如我们已经看到的，n 的上升使 k^* 减少。

我们可以从图 4.6 中看到，折旧率 δ 的上升影响每个工人的稳态资本，就像人口增长率 n 的上升产生的影响一样。之所以产生这一结果，是因为方程(4.3)含有 $s\delta + n$ 项，该项既可能因 n 的上升而上升，也可能因 δ 的上升而上升。我们对 n 的上升所做的这一类分析告诉我们，在短期内，δ 的上升降低了每个工人的资本增长率 $\Delta k/k$ 和 GDP 的增长率 $\Delta y/y$。在稳态情况下，δ 的上升导致每个工人的资本(k^*)和实际 GDP(y^*)降低，而不是导致 $\Delta k/k$ 和 $\Delta y/y$ 的变化，它们仍然为 0。①

4.4 趋同

有关经济增长的最重要的问题之一是贫困国家是否趋向于趋同，或者是否能追赶上富裕国家。像非洲这些低收入国家有一种系统的追赶富裕的 OECD 国家的趋势吗？我们首先观察一下索洛模型关于**趋同**的说法，再来回答这个问题。然后我们将考察有关趋同的事实如何与索洛模型相匹配。

① 一个区别是 n 的上升提高了资本和实际 GDP 水平的稳态增长率，$(\Delta K/K)^*$ 和$(\Delta Y/Y^*)$，而 δ 的上升不影响这些稳态增长率。

4.4.1 索洛模型中的趋同

要研究趋同,我们把注意力集中在每个工人的资本 k 的变迁上,即关注它从初始值 $k(0)$ 上升至稳态值 k^* 的过程。在图 3.11 中,我们看到,k^* 在过渡期间对 k 起着像一个目标或一块磁铁的作用。因此,我们关于趋同的分析的一个重要部分涉及 k^* 的确定。我们已经研究了 k^* 如何取决于储蓄率 s,技术水平 A,人口增长率 n,折旧率 δ 和劳动投入的初始水平 $L(0)$。我们可以用 k^* 的一个函数的形式总结这一结果:

$$k^* = k^*[\underset{(+)}{s}, \underset{(+)}{A}, \underset{(-)}{n}, \underset{(-)}{\delta}, \underset{(0)}{L(0)}] \tag{4.8}$$

每个变量下面的符号表示对 k^* 的作用。因此方程(4.8)表明 k^* 随 s 和 A 的上升而上升,随 n, δ 的上升而下降,但不取决于用 $L(0)$ 表示的劳动投入的水平。表4.1 总结了这些结果。

表 4.1 各种变量对每个工人的稳态资本 k^* 的影响

变量的增加	对 k^* 的影响
储蓄率 s	增加
技术水平 A	增加
折旧率 δ	减少
人口增长率 n	减少
劳动力水平 $L(0)$	无影响

注:右边一栏显示左边一栏中的各个变量的增加对资本与劳动的稳态比率 k^* 的影响。这些结果出自方程(4.7)。

为了将索洛模型应用于趋同,我们必须考虑不止一个经济体。在作这一扩展时,我们假设各个经济体是相互独立的。具体地讲,它们之间不进行商品和服务或金融资产的国际贸易。换句话说,我们仍然考虑每个经济体是封闭的。

现在考虑有两个经济体 1 和 2。并假设开始时它们的每个工人的资本分别是 $k(0)_1$ 和 $k(0)_2$。假设每个经济体有相同的生产函数 $y = A \cdot f(k)$。因此,从每个工人拥有更多的资本 $k(0)$ 和实际 GDP $y(0)$ 的意义上讲,经济体 2 一开始就更先进。对于表 4.1 所列的 k^* 的决定因素,设想每一个经济体都有同样的数值,所以每个工人都有同样的稳态资本 k^*。

扩展模型

内生的人口增长

我们的分析将人口增长率 n 看作是外生的——是由模型外部的因素决定的。然而,自从托马斯·马尔萨斯(T. Malthus, 1798)的著作发表以来,经济学家们曾经认为,人口增长会对各种经济变量作出反应。马尔萨斯是英国的一位经济学家。他在1798年发表了《人口论》。他认为人均实际收入的增加会提高人口的增长率，这是由于人均寿命的延长——主要是通过营养的改善和医疗卫生条件的改善。马尔萨斯相信，另一种影响是较高的收入会鼓励高生育率。他认为，只要人均实际收入超过维持生存的水平，出生率就会上升。维持生存的水平是指支付生活基本必需品所需要的钱。

我们可以把马尔萨斯的关于人口增长的思想结合进索洛模型。对于给定的人口增长率n，经济体达到了每个工人的稳态资本k^*和每个工人的相应的实际NDP水平，$y^* = f(k^*) - \delta k^*$，它等于每个工人的实际国民收入。于是人均实际收入是

$$\text{实际人均收入} = (\text{每个工人的 NDP}) \times (\text{工人} / \text{人口})$$

方程右边这最后一项是劳动力参与率，我们假定它是固定的。

当每人的家庭实际收入上升到超过维持生存的水平时，马尔萨斯认为人口增长率将会上升。图4.6显示了人口增长率上升的影响；这一变化降低了每个工人的稳态资本和实际GDP。根据马尔萨斯的观点，这一过程将继续下去，直至每个人的稳态实际收入下降到维持生存的水平。

马尔萨斯关于人均实际收入与预期寿命长短之间关系的观点是合乎情理的。跨国家比较的数据表明，较高的人均实际GDP与出生时较高的预期寿命密切相关。①然而，马尔萨斯关于生育率的观点似乎不合实际。至少根据从1960年以后的跨国家比较的数据，较高的人均实际GDP与较低的生育率伴随出现。②事实上，这种较高的人均实际GDP与较低的人口增长率伴随出现的情形符合现实情况，尽管人均实际GDP较高的国家的预期寿命很长。

我们可以修正索洛模型而将马尔萨斯的思想——即人口增长是内生的——包括进去。然而，与马尔萨斯的观点相反，我们应当假设人均实际GDP——以及每个工人的资本k——对人口增长率n会有一种负效应。

每个工人的资本增长率的条件是

$$\Delta k/k = sA \cdot f(k)/k - s\delta - n$$

在向稳态的过渡期间，k的上升减少了资本的平均产品y/k，从而降低了每个工人的资本增长率$\Delta k/k$。现在，我们得到，k的上升也降低了n。这一变化提高了$\Delta k/k$，从而抵消了因资本的平均产品减少的影响。因此，不断下降的人口增长率是使富裕社会的每个工人的资本和实际GDP能够长期持续增长的一个原因。

---

① 尽管这一关系颇有启发性，但它并不证明较高的人均实际收入会导致较长的预期寿命而不是相反情况的因果关系。事实上，双向的因果关系似乎都很重要。

② 这一关系并不证明较高的人均实际收入会导致较低的生育率而不是相反情况的因果关系。事实上，这种相反的效应是由索洛模型预测到的。或许是出于文化上的原因，如果一个社会选择高生育率和人口增长，索洛模型就预测其每个工人的稳态实际GDP较低。实际上，双向的因果关系似乎都很重要。

我们在图 4.7 中要证明这一情况，该图改编自图 3.10。这两个经济体之间的唯一区别是一个开始于 $k(0)_1$，另一个开始于 $k(0)_2$。因此，k 的过渡路径中的差别仅取决于这些初始值。图 4.7 显示曲线 $s\cdot(y/k)$ 与水平线 $s\delta+n$ 之间的垂直距离在$k(0)_1$点要大于 $k(0)_2$ 点。也就是用左边箭头表示的距离大于右边箭头表示的距离。因此，一开始经济体 1 的每个工人的资本增长率 $\Delta k/k$ 高于经济体 2。由于经济体 1 的 k 以更快的速率增长，它的 k 的水平随时间推移向经济体 2 的水平趋同。

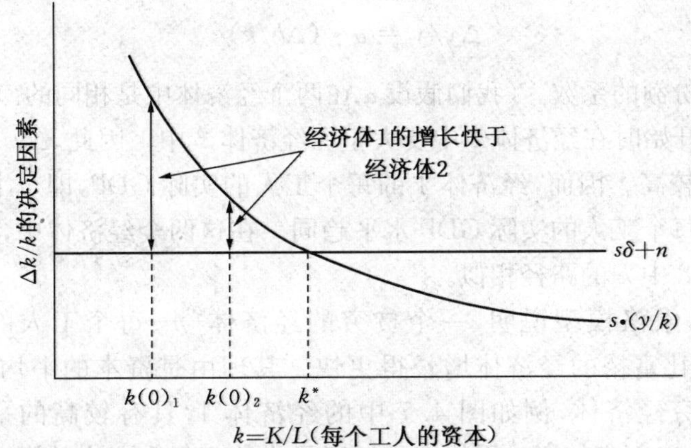

注：经济体 1 开始时每个工人的资本低于经济体 2—— $k(0)_1 < k(0)_2$。经济体 1 一开始增长较快，因为在 $k(0)_1$ 点的曲线 $s\cdot(y/k)$ 与水平线 $s\delta+n$ 之间的垂直距离大于在 $k(0)_2$ 的垂直距离。也就是说，左边箭头表示的距离大于右边箭头表示的距离。因此，经济体 1 中的每个工人的资本 k_1 随着时间推移向经济体 2 的 k_2 趋同。

图 4.7 索洛模型中的趋同

图 4.8 显示了经济体 1 和经济体 2 的每个工人的资本 k 的过渡路径。注意 $k(0)_1$小于 $k(0)_2$，但是 k_1 逐渐接近 k_2。（与此同时，k_1 和 k_2 逐渐接近 k^*。）因此，就 k 的大小水平而言，是经济体 1 向经济体 2 趋同。

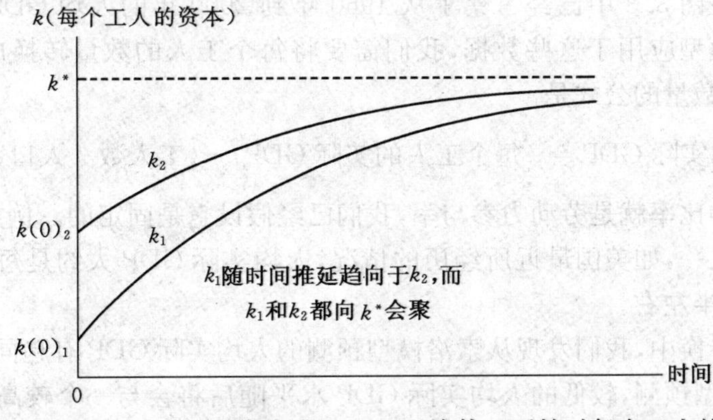

注：经济体 1 开始时每个工人的资本为 $k(0)_1$，经济体 2 开始时每个工人的资本为 $k(0)_2$。这里 $k(0)_1$ 小于 $k(0)_2$。这两个经济体的每个工人具有相同的稳态资本 k^*，图中用虚线表示。在每一个经济体中，k 随时间推移而上升到k^*。然而，经济体 1 的 k 增长得更快，因为 $k(0)_1$ 小于 $k(0)_2$。因此，k_1 随时间推移向 k_2 趋同。

图 4.8 两个经济体的趋同和过渡路径

我们可以用每个工人的实际 GDP,即 y,来表示这些结果:每个工人的资本 k 是由下面的生产函数决定的:

$$y = A \cdot f(k)$$

由于经济体 1 开始时每个工人的资本 $k(0)$ 较低,它的每个工人的实际 GDP 开始时必定也较低——$y(0)_1$ 小于 $y(0)_2$。每个工人的实际 GDP 的增长率与方程(3.8)中的每个工人的资本增长率相联系,这里我们重复一下:

$$\Delta y/y = \alpha \cdot (\Delta k/k) \tag{4.9}$$

这里 α 是资本份额的系数。(我们假设 α 在两个经济体中是相同的。)我们在图 4.7 中显示,$\Delta k/k$ 开始时在经济体 1 中要大于在经济体 2 中。因此,$\Delta y/y$ 开始时在经济体 1 里也是较高。因而,经济体 1 的每个工人的实际 GDP,即 y,随着时间推移向经济体 2 的每个工人的实际 GDP 水平趋同。在这两个经济体中,y 的过渡路径看起来同图 4.8 中 k 的路径相似。

总结一下,索洛模型说明,一个贫穷的经济体——每个工人的资本和实际 GDP 很低——比富裕的经济体增长得更快。其理由是资本的平均产品(y/k)递减。即一个贫穷经济体,例如图 4.7 中的经济体 1,具有较高的平均资本产品(y/k)的优势。这一高的资本平均产品解释了为什么每个工人的资本和实际 GDP 的增长率要比一开始较发达的经济,即经济体 2 更高。因此,索洛模型预测,较贫穷的国家会随着时间推移向以每个工人的资本和实际 GDP 水平衡量的更富裕的国家趋同。

4.4.2 关于趋同的事实

有关趋同的这些预测的主要问题是它们与一组范围较广的国家的实际证据相矛盾。我们在图 3.3 中已经考察了从 1960 年到 2000 年的人均 GDP 的增长率。为了将索洛模型应用于这些数据,我们需要将每个工人的数量转换成人均数量。人均 GDP 的数量的公式是

人均实际 GDP = (每个工人的实际 GDP) · (工人数 / 人口数)

工人占人口的比率就是劳动力参与率,我们已经假设它是固定的。例如,如果这个比率为二分之一,如美国最近所经历的情况,人均实际 GDP 大约是每个工人的实际 GDP 的一半左右。

在这一转换中,我们发现从索洛模型预测的人均实际 GDP 有趋同的趋势。具体地讲,该模型预测,较低的人均实际 GDP 水平随后将会与一个较高的人均实际 GDP 增长率相匹配。

图 4.9 利用了图 3.3 中各国的数据根据 1960 年时的人均 GDP 水平画出了 1960 年到 2000 年的人均实际 GDP 的增长率。如果索洛模型关于趋同的预测是正确的,我们就会发现人均实际 GDP 水平低的国家与高的增长率相匹配,而人均

实际 GDP 水平高的国家与低的增长率匹配。但事实相反，在数据中很难看出有这种格局——如果有的话，只是增长率随着人均实际 GDP 水平的上升有稍微上升的趋势。

图 4.9 包括的国家样本非常广泛；它包括了世界上最富裕和最贫困的国家。如果我们把观察局限于具有比较相似的经济和社会特征的国家，索洛模型关于趋同的预测就能更完满地符合这一数据。图 4.10 与图 4.9 相同，除了样本限于 18 个发达的 OECD 国家。就这一有限的样本而言，1960 年的较低的人均 GDP 水平平均来说确实与 1960 年至 2000 年的较高的增长率相符合。这一格局特别反映了 OECD 中最初一些较穷的国家——如希腊、爱尔兰、葡萄牙和西班牙——追赶上富裕国家的情况。

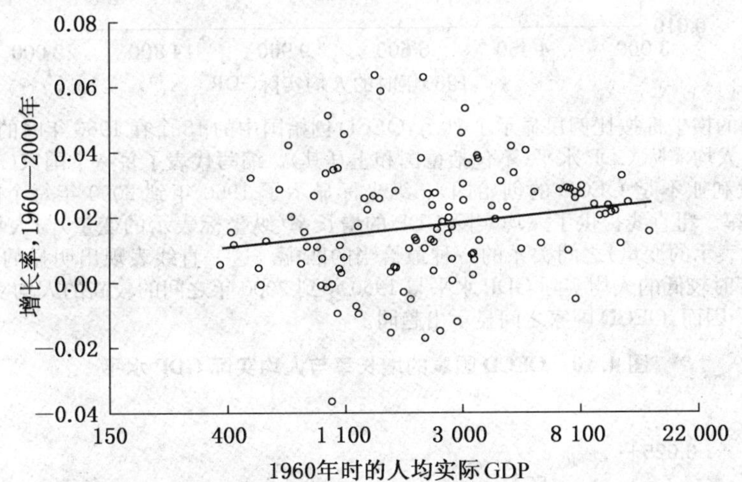

注：横坐标以比例尺显示了 112 个国家在 1960 年时的人均实际 GDP(用 2000 年的美元计算)。纵坐标显示了每个国家从 1960 年到 2000 年人均实际 GDP 的增长率。粗直线提供了人均实际 GDP 增长率(纵坐标上的变量)与人均实际 GDP 水平(横坐标表示的量)之间关系的一种最恰当的配合。虽然这一直线向上倾斜，但其斜率——从统计的意义上讲——只是稍微偏离一点 0。因此，增长率基本上与人均实际 GDP 水平无关。因而这组范围很广的国家并不显示出趋同。

图 4.9　一组范围很广的国家的增长率与人均实际 GDP 水平

图 4.11 显示了一组更加同质的经济体——美国的各个州——的更加清晰的趋同的格局。该图根据 1880 年的人均个人收入水平画出了美国 1880 年到 2000 年的人均个人收入的平均增长率①。该图显示了一个明显的趋势，即自 1880 年之后的 120 年间原先比较贫穷的州的增长快于原先比较富裕的州。这一趋同的趋势不仅反映在南方各州的复兴时期——这些州在南北战争(1861—1865 年)被击败而受到重创。这种趋同格局也适用于美国东北部、南部、中西部和西部地区，如果我们考察一下这四个地区中的任何一个的经济绩效的话。研究者们已经发现其结

① 我们采用个人收入因为我们没有自 1880 年以来美国各州州生产总值的数据。

果类似于图 4.10 中某些其他发达国家的地区。

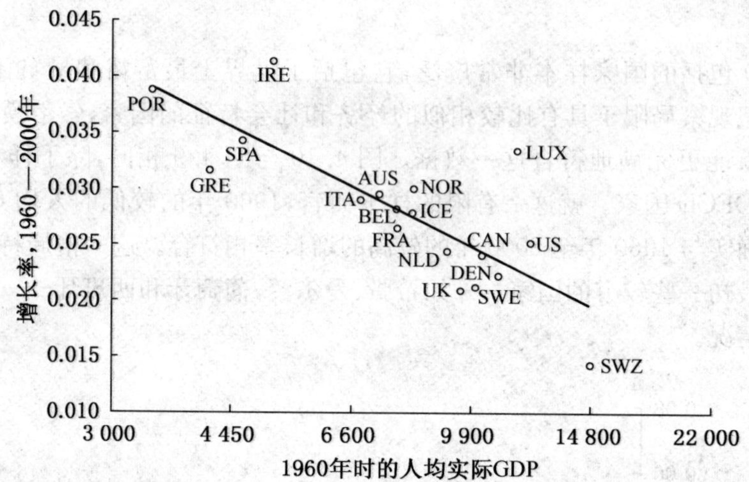

注:本图的横坐标按比例尺显示了 20 个 OECD 创始国中的 18 个在 1960 年时的(用 2000 年的美元计算)人均实际 GDP 水平(不包括德国和土耳其)。缩写代表了每一个国家(AUS 表示奥地利,因澳大利亚不是 OECD 的创始国)。纵坐标显示了 1960 年到 2000 年每个国家的人均 GDP 的增长率。粗直线提供了人均实际 GDP 的增长率(纵坐标表示的变量)与人均实际 GDP 水平(横坐标表示的变量)之间关系的一种最恰当的匹配。这一直线表现出明显的负斜率——因此,1960 年时较低的人均实际 GDP 水平与 1960 年到 2000 年之间的较高的人均实际 GDP 增长率相匹配。因而,OECD 国家之间显示出趋同。

图 4.10 OECD 国家的增长率与人均实际 GDP 水平

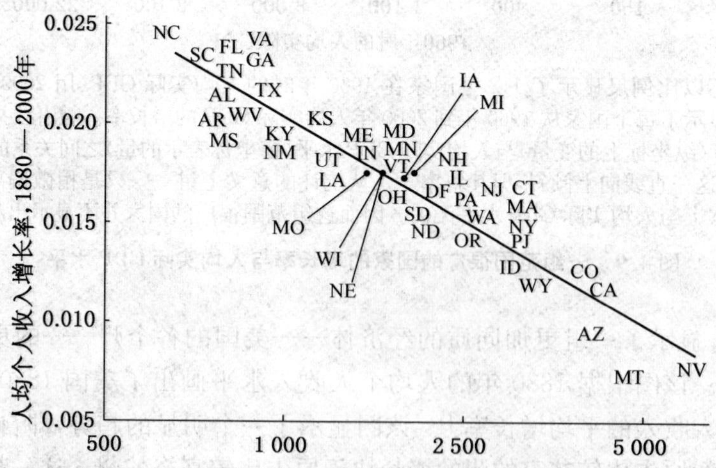

注:横坐标按比例尺显示了美国 47 个州的人均实际个人收入(按 1982—1984 年的美元计算)。两个字母的缩写代表各个州(不包括阿拉斯加、哥伦比亚特区、夏威夷和俄克拉何马)。纵坐标显示 1880—2000 年美国各州的人均个人收入的增长率。这条粗直线代表了人均收入增长率(纵坐标上的变量)和人均收入水平(横坐标上的变量)之间的最佳配合。该直线呈现明显的负斜率——因此,1880 年较低的人均收入水平与 1880 年到 2000 年较高的人均收入增长率相配合。因此美国各州显示出趋同。

图 4.11 1880—2000 年美国各州的增长率与人均收入水平

图 4.9 至图 4.11 告诉我们，相似的经济体往往会出现趋同，而极不相同的国家在人均实际 GDP 水平与其增长率之间往往不存在任何关系。因此。趋同的格局在一个发达国家的各地区之间显示得最突出(见图 4.11)，其次最突出的是一组富裕国家之间(见图 4.10)，而最不明显的是——事实上是不存在的——包括全世界所有国家的样本(图 4.9)。

4.4.3 索洛模型中的有条件趋同

索洛模型关于趋同的预测似乎解释了相似经济体的增长格局，但当我们考察一组极不相同的经济体时，它似乎又不适用了。这些结论是否意味着这个模型有缺陷？我们能否作些变化来改进它的预测？

为了找到这一缺陷并设法纠正它，让我们重新考察一下索洛模型。一个关键的假设是，对所有的经济体来说，每个工人的稳态资本 k^* 的决定因素都是相同的。这一假设对相似的经济体来说是合理的，但对于具有截然不同的经济、政治和社会特点的一大批国家的样本来说就不太合理。特别是，该假设对于图 4.9 中考虑的世界样本更行不通了。要解释这组样本没有趋同的原因，我们必须考虑稳态资本 k^* 之间的差别。

假定对于方程(4.7)中和表 4.1 中 k^* 的有些决定因素各国之间有所差别，例如，k^* 可以因为储蓄率 s、技术水平 A 和人口增长率 n 的不同而有所变化①。图 4.12 是对图 4.7 的修正，以显示储蓄率上的差别如何影响趋同。经济体 1 的储蓄率为 s_1，而经济体 2 有更高的储蓄率 s_2。如我们在图 4.7 中所假设的，经济体 1 的每个工人的初始资本较低；即 $k(0)_1 < k(0)_2$。记住每个工人的资本增长率 $\Delta k/k$ 等于曲线 $s \cdot (y/k)$ 和直线 $s\delta + n$ 之间的垂直距离。我们从图 4.12 中看到，对于经济体 1 或经济体 2 来说，曲线 $s \cdot (y/k)$ 和直线 $s\delta + n$ 之间的初始距离是否更大是不确定的。每个工人的初始资本 $k(0)$ 越低，往往使经济体 1 的距离越大。在图中，这两个因素基本上是平衡的，所以这两个经济体的 $\Delta k/k$ 大致是相同的。就是说，左边箭头表示的距离与右边箭头表示的相似。因此，较贫穷的国家，即经济体 1 并不必然向较富裕的国家，即经济体 2 趋同。

要得到图 4.12 中的结果，我们必须假设，初始资本 $k(0)$ 较低的经济体——经济体 1——有一个较低的储蓄率 s。这个假设是合理的，因为储蓄率 s 较低的经济体有较低的每个工人的稳态资本 k^*。在长期内，一个经济体的每个工人的资本 k 将接近于其稳态值 k^*。于是，当我们在任意一天，例如 X 日，考察各国时，储蓄率 s 较低的经济体将有更低的 $k(0)$——经济体 1 的 $k(0)$ 往往比经济体 2 的 $k(0)$ 更低，这种情况是可能的。因此。我们假设的模式——低储蓄率与低 $k(0)$ 相匹

① 国家之间的人口和劳动力水平有很大的差别。但是在模型中，劳动投入水平，用 $L(0)$ 表示，并不影响 k^*。折旧率 δ 在各国之间也许并不会系统地起变化。

配——有可能在实践中适用。

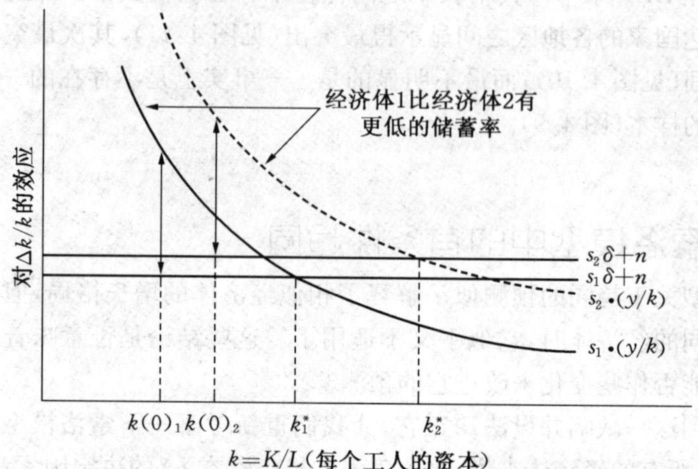

注：如在图 4.7 中一样，经济体 1 在开始时每个工人的资本要比经济体 2 低—— $k(0)_1 < k(0)_2$。然而，我们现在假设经济体 1 的储蓄率也比经济体 2 低，就是说 s_1 小于 s_2，这两个经济体有着相同的技术水平 A 和人口增长率 n。因此 k_1^* 小于 k_2^*。在这种情况下，哪一个经济体一开始会增长得更快一点是不确定的。左边箭头所标的垂直距离有可能大于或小于右边箭头所标的距离。

图 4.12　索洛模型中趋同的失效：储蓄率的差别

如果我们考察每个工人的稳态资本 k^* 的差别的其他原因，我们也可以得到类似的结果。假定这两个经济体具有相同的储蓄率，但是经济体 1 的技术水平 A 低于经济体 2。在这种情况下，这两条 $s \cdot (y/k)$ 曲线看起来还是像图 4.12 所示。[①]因此对经济体 1 或经济体 2 来说，曲线 $s \cdot (y/k)$ 和直线 $s\delta+n$ 之间的垂直距离是否会变得更大再次无法确定。每个工人的资本 $k(0)$ 较低，往往会使经济体 1 的这一垂直距离变大，但是较低的技术水平 A 却趋向于使经济体 1 的这一距离变小。如前一样，这两种力量大致平衡，以至于两个经济体的 $\Delta k/k$ 差不多相同，这种情况是可能的。因此，较贫穷的国家，经济体 1，不需要向较富裕的国家——经济体 2——趋同。

要得到这一结论，我们还得假设，每个工人的初始资本 $k(0)$ 较低的国家——经济体 1——技术水平 A 也较低。这一假设是合乎情理的，因为技术水平 A 较低的经济体其每个工人的稳态资本 k^* 也较低。因此，当我们在初始日考察这两个经济体时，经济体 1 的 $k(0)$ 将小于经济体 2，这种情况再一次是有可能的。

如果我们考察人口增长率方面的差别，这些结论同样适用。在图 4.13 中，这两个经济体有着相同的储蓄率 s 和技术水平 A，但是经济体 1 有更高的人口增长率 n。因此，经济体 1 的水平线 $s\delta+n$ 位置更高。这里，经济体 1 或经济体 2 的曲线 $s \cdot (y/k)$ 和直线 $s\delta+n$ 之间的垂直距离是否变得更大又一次无法确定。对经济

① 在这种情况中，不像在图 4.12 中，两个国家的 $s\delta+n$ 这条直线是相同的。

体 1 来说，每个工人较低的资本 $k(0)$ 往往使经济体 1 的这一距离变得更大，但是较高的人口增长率 n 又会使经济体 1 的这一距离缩小。如我们在其他情况中说到的，这两种力量大致平衡，以至于这两个经济体的 $\Delta k/k$ 几乎相同——左边箭头所标的距离与右边箭头所标的距离相似，这种情况是可能的。因此，经济体 1 再一次不需要向经济体 2 趋同。

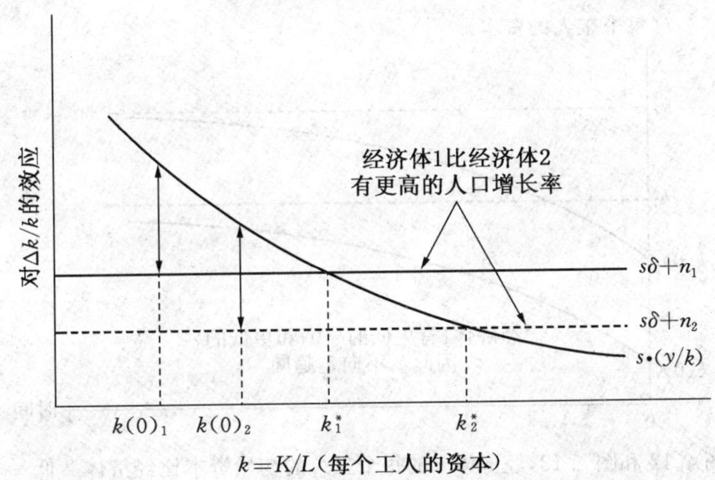

注：如图 4.12，经济体 1 开始时每个工人的资本低于经济体 2——即 $k(0)_1 < k(0)_2$ 现在这两个经济体有相同的储蓄率 s，技术水平 A，但是经济体 1 有更高的人口增长率 n，即 $n_1 > n_2$。因此，如图 4.12 那样，$k_1^* < k_2^*$。再一次难以确定，哪一个经济体一开始增长得更快一些。左边箭头所标的垂直距离有可能大于或小于右边箭头所标的距离。

图 4.13　索洛模型中趋同的失效：人口增长率方面的差别

要得到这一结果，我们必须假设每个工人的初始资本 $k(0)$ 较低的国家——经济体 1——有较高的人口增长率 n。这一假设有道理，因为有较高 n 的经济体其每个工人的稳态资本 k^* 较低。因此，当我们在初始时间考察这两个经济体时，经济体 1 的 $k(0)$ 将低于经济体 2，这是有可能的。

现在，我们从上面三种情况来概括这些结论。在每一种情况中，经济体 1 有如下特点：较低的储蓄率 s，较低的技术水平 A，较高的人口增长率 n。这些特点导致每个工人有更低的稳态资本 k^*。对于每个工人的给定的初始资本 $k(0)$，这三个特点中的每一个都趋向于使经济体 1 的初始增长率低于经济体 2 的初始增长率。我们在图 4.12 和图 4.13 中已看到这些结果。在给定的 $k(0)$ 点上，如果 s 或 A 较低，或者 n 较高，曲线 $s\cdot(y/k)$ 和直线 $s\delta+n$ 之间的垂直距离就较小。

由于经济体 1 的 k^* 较低，它的每个工人的初始资本 $k(0)$ 也有可能较低。而较低的 $k(0)$ 趋向于使经济体 1 比经济体 2 增长得更快——图 4.7 显示出来的趋同力量。经济体 1 是否总体上增长得比经济体 2 更快或更慢取决于两种力量的较量。较低的 $k(0)$ 促使经济体 1 更快地增长，但是较低的 k^* 又造成经济体 1 较慢地增长。这两种力量大致上平衡，以至于这两个经济体以相同的速率增长，这是完全可能的。也就是说，我们不一定发现趋同。

图 4.14 显示了这两个经济体的每个工人的资本 k 的过渡路径。我们假设经济体 1 开始时每个工人的资本较少——$k(0)_1 < k(0)_2$，而且每个工人的稳态资本也较少——$k_1^* < k_2^*$。本图显示了每个经济体的每个工人的资本向自己的稳态水平趋同的情况——k_1 向 k_1^*，k_2 向 k_2^* 趋同。然而，由于 $k_1^* < k_2^*$，k_1 并不向 k_2 趋同。

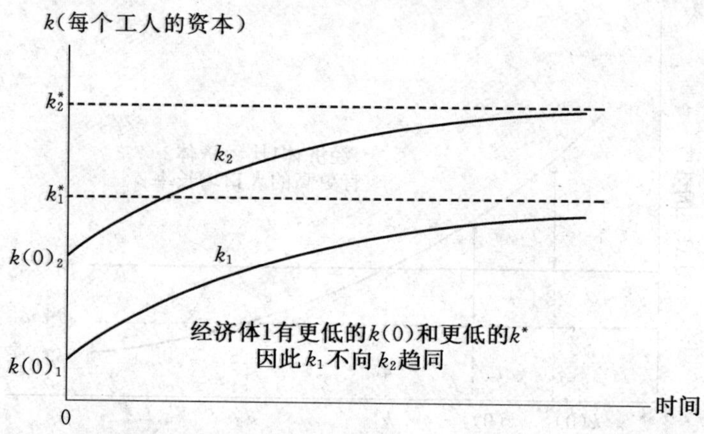

注：如同图 4.12 和图 4.13，经济体 1 的每个工人的初始资本比经济体 2 低——即 $k(0)_1 < k(0)_2$，而且每个工人的稳态资本也比较低——即 k_1^*（下虚线）$< k_2^*$（上虚线）。每个工人的资本随时间推移向它自己的稳态值趋同：k_1（下曲线）向 k_1^* 趋同；而 k_2（上曲线）向 k_2^* 趋同。然而，由于 k_1^* 小于 k_2^*，k_1 并不向 k_2 趋同。

图 4.14　两个经济体的趋同失效和过渡路径

我们可以把有关每个工人的资本增长率的研究结果总结为以下方程：关键方程（索洛模型中的有条件趋同）：

$$\Delta k/k = \varphi[\underset{(-)}{k(0)},\ \underset{(+)}{k^*}] \qquad (4.10)$$

每个工人的资本增长率 = 每个工人的初始资本和稳态资本的函数

函数 φ 表示 $\Delta k/k$ 如何取决于每个工人的初始资本 $k(0)$ 和稳态资本 k^*。$k(0)$ 下面的负号意指，对于给定的 k^*，$k(0)$ 的减少会提高 $\Delta k/k$。k^* 下面的正号意指，对于给定的 $k(0)$，k^* 的上升提高了 $\Delta k/k$。

我们可以从每个工人的资本增长率方程的角度来解释方程（4.10）的各种效应：

$$\Delta k/k = sA \cdot f(k)/k - s\delta - n$$

方程（4.10）中 $k(0)$ 的负效应是对方程（4.3）中的资本的较低的初始平均产品 $A \cdot f(k)/k$ 作出的反应。方程（4.10）中 k^* 的正效应是对方程（4.3）中的较高的储蓄率 s、较高的技术水平 A 或较低的人口增长率 n 作出的反应。

方程（4.10）的一个重要结果是：$k(0)$ 对增长率 $\Delta k/k$ 的负效应只在有条件的情

况下成立——即在 k^* 是给定的情况下。这种情况称之为有条件的趋同:较低的 $k(0)$ 预期有较高的 $\Delta k/k$,但要取决于 k^*。与之成对照,较低的 $k(0)$ 提高 $\Delta k/k$ 而不带任何条件的情况叫做**绝对趋同**。

回顾一下,从图 4.9 中我们没有看到一大群国家之间存在绝对趋同的现象。从方程(4.10),我们看到我们可以利用索洛模型来解释在这一组各不相同的国家中不存在趋同的原因。假定有些国家储蓄率低、技术水平低或者人口增长率高,因此它们的每个工人的稳态资本 k^* 也低。在长期内,每个工人的资本 k 将接近于 k^*。因此,当我们在初始时间(比方说 1960 年)考察时,我们往往会发现低的 $k(0)$ 值与低的 k^* 值相匹配。低的 $k(0)$ 值使每个工人的资本增长率 $\Delta k/k$ 提高,而低的 k^* 值则使 $\Delta k/k$ 降低。因此,这一数据也许可以显示出 $k(0)$ 和 $\Delta k/k$ 之间的微妙关系。这一情况是与我们在图 4.9 中发现的增长率和人均实际 GDP 的情况相符合的。

4.5 简评索洛模型

当我们最初考察趋同问题时,我们在图 4.9 中看到,对于一大群国家来说不存在绝对趋同,这是索洛模型的一个缺陷。然后我们发现,将这个模型扩大到考察有条件的趋同时,解释了这个明显的缺陷。我们将在下一章中证明,有条件的趋同使我们理解了世界经济增长的许多其他特点。

虽然索洛模型有许多优点,我们也应该清楚这个模型还有哪些是无法解释的。最重要的一点是它无法解释在长期内人均实际 GDP 是如何增长的——例如美国和其他发达国家一个多世纪来每年大约 2%的增长率是怎么达到的。在索洛模型中,每个工人的资本——从而每个工人和每个人的 GDP——在长期内是固定不变的。因此,下一章的目的是扩展模型以解释长期经济增长。

重要术语和概念

绝对趋同 absolute convergence

有条件趋同 conditional convergence

趋同 convergence

维持生存的水平 subsistence level

问题和讨论

A. 复习题

1. 就 112 个国家而言,1960 年到 2000 年的人均实际 GDP 增长率与 1960 年时的实际 GDP 水平关系甚少。这个结论同索洛的经济增长模型有冲突吗？如何将这个问题与有条件趋同的概念联系起来？

2. “趋同”这个术语是什么意思？绝对趋同与有条件趋同有什么区别？
3. 如果劳动投入的初始水平 $L(0)$ 增加了一倍，稳态的资本存量 K^* 会不会也翻一倍，为什么？就是说图 4.4 意味着每个工人的稳态资本 k^* 是不变的。这一结果如何取决于生产函数中的规模报酬不变定律？
4. 长期内人口的增长($n>0$)会导致产出的增长吗？它会导致长期内每个工人的产出增长吗？

B. 讨论题

5. 人口增长率的变化

假定人口增长率 n 可以随着经济的发展而变化。

a. 再次给出每个工人的资本 k 增长率的方程，当 n 不是固定不变时，这个方程还有效吗？

$$\Delta k/k = s\cdot(y/k) - s\delta - n$$

b. 假定当经济发展时，n 下降；也就是说，富裕国家的人口增长率要比贫穷国家的低。这一走势如何影响关于趋同的结果？

c. 相反，如果假定随着经济的发展 n 上升，即富裕国家比贫穷国家有更高的人口增长率。这一行为如何影响关于趋同的结果？

d. 上面哪一种情况更合情理——b 还是 c？请解释。特别注意马尔萨斯关于内生人口增长的观点。

6. 储蓄率的变化

假定储蓄率 s 会随着经济发展而变化。

a. 给出每个工人的资本增长率的方程。当 s 不是固定不变时，这个方程还有效吗？

$$\Delta k/k = s\cdot(y/k) - s\delta - n$$

b. 假定经济发展时 s 上升，即富国比穷国有更高的储蓄率。这一行为如何影响关于趋同的结果？

c. 相反，假定 s 随经济发展而下降，即富国的储蓄率比穷国的更低。这一行为如何影响关于趋同的结果？

d. 上面哪一种情况更合乎情理，b 还是 c？请解释。

附录

趋同的速度

我们这里评估在索洛模型中趋同发生得有多么快。图 4.15 从复制图 3.10 的结构开始。水平线仍在 $s\delta+n$ 位置上，而每个工人的资本位于 $k(0)$。储蓄曲线由曲线 $s\cdot(y/k)^{\mathrm{I}}$ 表示。每个工人的资本增长率 $\Delta k/k$ 等于曲线 $s\cdot(y/k)$ 和直线 $s\delta+n$ 之间的垂直距离。

如前面强调的，索洛模型中趋同的根源是资本的平均产品（y/k）递减。回顾这一平均产品由下式给出：

$$y/k = A\cdot f(k)/k$$

当 k 上升时，资本平均产品下降的趋势是 $s\cdot(y/k)^{\mathrm{I}}$ 曲线向下倾斜的原因。曲线的斜率决定了趋同发生得有多么迅速，而这一斜率取决于函数的形式 $f(k)/k$。

要理解 $s\cdot(y/k)$ 曲线斜率的作用，图 4.15 包括了第二条储蓄曲线 $s\cdot(y/k)^{\mathrm{II}}$。与第一条曲线作比较，第二条曲线有相同的储蓄率 s，技术水平 A，但不同的函数形式 $f(k)/k$。这种不同的形式意味着曲线Ⅱ的 k 和 y/k 之间的关系不同于曲线Ⅰ的这种关系。具体地将，在任何 k 值上，第二条曲线不像第一条曲线那样倾斜得这么厉害。也就是，在第二条曲线的情况中，资本 k 的平均产品 y/k 不像在第一条曲线情况中那样迅速地递减。

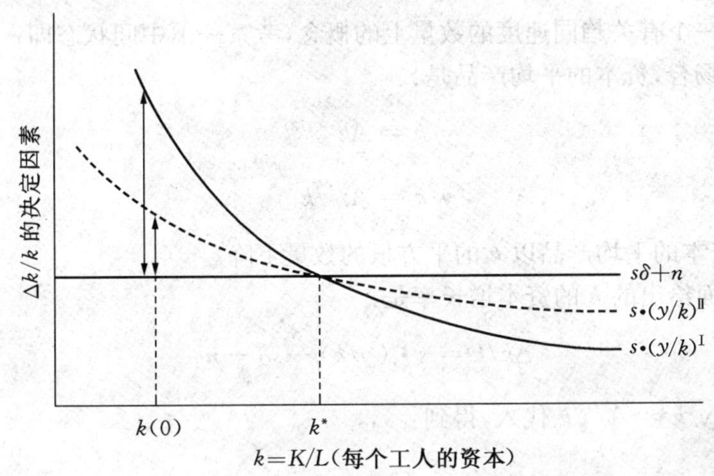

注：本图是对图 4.4 的修正。第一条储蓄曲线 $s\cdot(y/k)^{\mathrm{I}}$ 与前面的一样。第二条储蓄曲线 $s\cdot(y/k)^{\mathrm{II}}$ 并不像第一条曲线那样向下倾斜得那么厉害。其原因是在第二种情况中，资本的平均产品 y/k 递减得不那么迅速。在 $k(0)$ 点，第一种情况的曲线 $s\cdot(y/k)^{\mathrm{I}}$ 和直线 $s\delta+n$ 之间的垂直距离（左边箭头）要大于第二种情况（右边箭头）。因此，在第一种情况中，初始 $\Delta k/k$ 更高，向稳态趋同的速度更快。结论是，当 k 的资本平均产品更迅速地递减时，趋同的速度就更快。

图 4.15　决定趋同的速度

为便于比较，我们使本图的两条储蓄曲线与直线 $s\delta+n$ 相交在同一点。这样，在这两种情况中，每个工人的稳态资本 k^* 是相同的。然而在每个工人的初始资本 $k(0)$ 的位置上，第一条储蓄曲线到直线 $s\delta+n$ 之间的垂直距离要大于第二条曲线到直线的垂直距离。在本图中第一种情况的距离用左边的箭头表示，第二种情况的距离用右边的箭头表示。因此在 $k(0)$ 点，第一条储蓄曲线的 $\Delta k/k$ 更高一些。

更高的增长率意味着 k 向它的稳态水平 k^* 趋同更加迅速。由此，我们证明了当 k 的资本平均产品递减得越迅速，趋同的速度就越快。

在技术水平 A 给定的情况下，资本的平均产品 y/k 与 k 之间的关系取决于函数 $f(k)/k$ 的形式。举一个具体的例子，考察一下第 3 章附录介绍的柯布—道格拉斯生产函数，这里 $f(k)=k^{\alpha}$。在这种情况下，资本的平均产品是：

$$\begin{aligned} y/k &= A\cdot f(k)/k \\ &= Ak^{\alpha}/k \\ &= Ak^{\alpha}\cdot k^{-1} \qquad (4.11) \\ &= Ak^{\alpha-1} \\ y/k &= Ak^{-(1-\alpha)} \end{aligned}$$

由于 $0<\alpha<1$，当 k 上升时，资本的平均产品 y/k 就下降。α 的值决定了当 k 上升时 y/k 下降得有多快。如果 α 接近于 1，方程(4.11)说明当 k 上升时，y/k 缓慢地下降。(图 4.15 中曲线Ⅱ就像这种情况。)一般来说，α 越低，当 k 上升时，y/k 的下降越迅速。

要得到一个有关趋同速度的数量上的概念，考察一下中间状态即 $\alpha=0.5$ 的情况。在这一场合，资本的平均产品是：

$$y/k = Ak^{-(1/2)}$$

$$y/k = A/\sqrt{k}$$

也就是说，资本的平均产品以 k 的平方根的数量下降。

记住前面给出的 k 的资本增长率是：

$$\Delta k/k = s\cdot(y/k) - s\delta - n$$

如果我们用 $y/k=A/\sqrt{k}$ 代入，得到：

$$\Delta k/k = sA/\sqrt{k} - s\delta - n \qquad (4.12)$$

如果我们将储蓄率 s、技术水平 A、折旧率 δ、人口增长率 n 和每个工人的初始资本 $k(0)$ 等所有的值具体化，我们就可以利用方程(4.2)计算出 k 的时间路径。由于我们知道 $k(0)$，方程(4.12)决定 k 在下一个时点的值 $k(1)$。然后给定 $k(1)$，我们可以利用该方程去计算 $k(2)$。照这样进行下去，我们就可以在任何时点 t 计算出 $k(t)$ 的值。

表 4.2 显示了 $k(t)$ 的路径的解。这些计算假定每个工人的初始资本 $k(0)$ 为其稳态资本值 k^* 的一半。该表列出了 5 年后、10 年后以及再往后 k/k^* 和 y/y^* 的值。注意，它要花 25 年时间——大约一代人的时间——去消除 k 和 k^* 之间一半的最初的差距。类似于物理学中的放射性衰变，我们可以把向稳态趋同的一半的时间定义为半衰期。由于比率 k/k^* 开始时为 0.5 而趋同过程的半衰期为 25 年。

这个比率在 25 年里达到 0.75,在 50 年里达到 0.875。因此,虽然每个工人的资本 k 向 k^* 趋同,索洛模型预计这个过程要花很长的时间。有关半衰期的同样的数据结果证明适用于将每个工人的实际 GDP(y)调整到它的稳态水平 y^* 的过程。

表 4.2 索洛模型中的过渡路径

年	k/k^*	y/y^*
0	0.50	0.71
5	0.56	0.75
10	0.61	0.78
15	0.66	0.81
20	0.71	0.84
25	0.74	0.86
30	0.78	0.88
35	0.81	0.90
40	0.83	0.91
45	0.86	0.93
50	0.88	0.94

注:本表显示了索洛模型对每个工人的资本 k 和每个工人的实际 GDP(y)的解。这些结果被表示为它们对稳态值的比率:k/k^* 和 y/y^*。k 和 y 的过渡情况可从方程(4.12)中得到,它假设 $y=A\sqrt{k}$。这些计算假设 k/k^* 的开始值为 0.5,并且利用了每年的 $n=0.01$ 和每年的 $\delta=0.05$ 这些数值。而事实证明 s, A 和 $L(0)$这些值并不影响结果。k/k^* 的初始值对趋同的速度也无关紧要。

如果 α 大于 0.5,当 k 上升时,资本的平均产品 y/k 下降得更加缓慢,而向稳态的趋同也不那么迅速。因而,半衰期要超过 25 年。相反,如果 α 小于 0.5,当 k 上升时,y/k 下降得就比较快,而向稳态的趋同也更加迅速。在这种情况下,半衰期将不到 25 年。

对于从索洛模型计算得到的趋同的速度和半衰期已经做了许多有趣的应用。其中之一的应用就是对南北战争(它结束于 1865 年)后的美国的情况的分析。该模型告诉我们,南部邦联失败后的南部各州在个人实际收入方面将会缓慢地向比较富裕的北方各州趋同。(战争使南方各州的人均收入从北方人均收入水平的 80%减少到只有 40%左右。)数量上的预测结果证明很准确,即这个趋同过程几乎花了两代人的时间才差不多完成。

类似的情况还有 1990 年德国的统一。索洛模型预测,民主德国的贫穷的东部地区将向较富裕的西部趋同,但只能是慢慢地来。(1990 年东部的人均 GDP 只有西部人均 GDP 的三分之一。)这种关于人均实际 GDP 的逐渐趋同的预测是符合 1990 年德国的数据的。

有条件趋同和长期经济增长

在前面两章中，我们提出和扩展了索洛经济增长模型。短期分析的最重要的结果是关于向稳态过渡期间的趋同问题。我们将在本章的第一部分显示如何利用这些结果去理解全世界经济增长的模式。

我们在第 4 章结束处看到，索洛模型的主要缺陷是它无法解释长期经济增长。在稳态情况下，每个工人的实际 GDP 增长率为 0。在本章的后半部分，我们将扩展这个模型以分析长期增长。

5.1 实践中的有条件趋同

我们发现索洛模型可以预测每个工人的资本 k 的跨国家之间的趋同。我们用一个有关每个工人的资本增长率 $\Delta k/k$ 的方程式总结了这一结论：

$$\Delta k/k = \varphi[\underset{(-)}{k(0)},\ \underset{(+)}{k^*}]$$

这里 k^* 是 k 的稳态值。对于给定的 k^*，较低的 $k(0)$ 与较高的 $\Delta k/k$ 相匹配。因此，该模型对 k 来说具有一种趋同的性质。趋同是有条件的，这是从它依赖于影响 k^* 的变量的意义上讲的。对于给定的 $k(0)$，k^* 的上升会提高 $\Delta k/k$。

生产函数将每个工人的实际 GDP(y)与每个工人的资本 k 联系了起来：

$$y = A \cdot f(k)$$

我们可以在上面的方程中利用下面的，即方程用 $\Delta y/y$ 代替 $\Delta k/k$，用 $y(0)$ 替代 $k(0)$，用 y^* 替代 k^*，得到：

关键方程(每个工人的实际 GDP 的有条件趋同)

$$\Delta y/y = \varphi[\underset{(-)}{y(0)},\ \underset{(+)}{y^*}] \tag{5.1}$$

每个工人的实际 GDP 增长率 = 每个工人的初始的和稳态的实际 GDP 的函数

方程(5.1)显示索洛模型决定每个工人的实际 GDP 增长率 $\Delta y/y$,作为每个工人的初始实际 GDP$y(0)$和每个工人的稳态实际 GDP(y^*)的一个函数。对于给定的 y^*,$y(0)$的增加会降低 $\Delta y/y$。对于给定的 $y(0)$,y^* 的上升会提高 $\Delta y/y$。这一关系显示了趋同的性质,因为较贫穷的国家有较低的 $y(0)$和较高的增长率 $\Delta y/y$。然而,趋同是有条件的,这是因为它取决于影响稳态状态 y^* 的各个变量。

在第 4 章我们的讨论中,我们集中讨论了影响每个工人的稳态资本(k^*)和实际 GDP(y^*)的三个变量:储蓄率 s、技术水平 A 和人口增长率 n。经济学家们已经扩大了索洛模型以考虑到影响 k^* 和 y^* 的额外变量。我们无须通过具体数据的研究,只要以更广阔的视角来看技术水平 A,就可以理解这些变量的作用。更高的技术水平 A 的重要特点是它提高了生产率;也就是说,在给定的资本和劳动投入的情况下,它使实际 GDP 得到提高。许多严格说来并不是技术性的变量也会影响到一个经济体的生产率。这些其他因素是以类似于 A 的变化的方式影响经济增长的。

举一个例子,生产率取决于市场效率的程度。各个经济体可以通过消除由政府管理带来的限制,通过降低税率,通过促进竞争,或可能通过反托拉斯法的实施,来提高市场效率。

另一个使市场发挥更好作用的方法将在第 17 章讨论,那就是政府允许商品和服务实现跨国界的自由贸易。这种国际性的开放使得各国能够专门生产它们具有天然优势的商品和服务。因而,较大的国际开放度趋向于提高全球的生产率。一个国家的法律和政治制度也会影响到它的生产率。如果政府能更好地实施产权保护,如果司法制度更加平稳顺利地运转,以及官员的腐败现象减少,该国的生产率往往会趋向上升。

5.1.1 近来有关经济增长的决定因素的研究

近来的研究大多集中在利用方程(5.1)给出的有条件趋同的方程上,并把它作为一个框架来分析各个国家经济增长的决定因素。这个想法的目的是测量一组影响一个国家的每个工人的稳态实际 GDP(y^*)的变量。于是方程(5.1)告诉我们两点:首先,如果我们让 y^* 保持固定(通过使影响 y^* 的变量保持固定不变),每个工人的实际 GDP 的增长率 $\Delta y/y$ 应该显示出趋同。即对于给定的 y^*,较低的 $y(0)$应该与较高的 $\Delta y/y$ 匹配。其次,对于给定的 $y(0)$,任何会提高或降低 y^* 的变量应该相应地提高或降低 $\Delta y/y$。实际上,由于计算工人的数目比较困难,大多数研究是通过人均实际 GDP,而不是每个工人的实际 GDP 进行衡量的。

图 5.1 显示了人均实际 GDP 增长率与人均实际 GDP 水平之间关系的经验结果。这些跨国家的数据是一组范围很大的国家的数据,基本上与图 4.9 所标出的

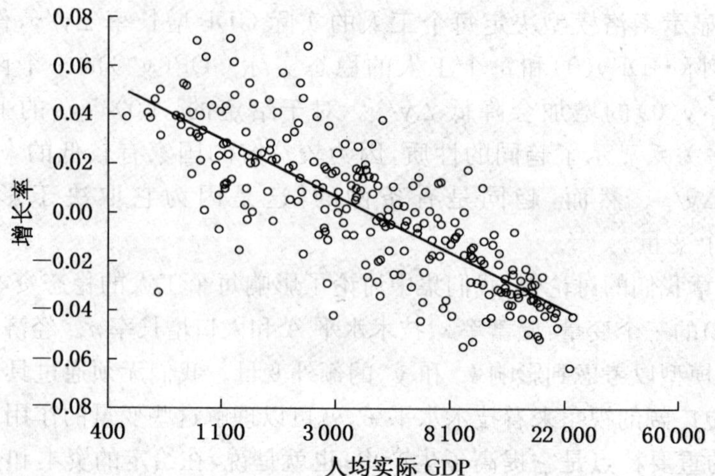

注：横坐标按比例尺显示了各国人均实际 GDP(按 2000 年的美元计算)。该数据包括 1965 年的 71 个国家，1975 年的 85 个国家，1985 年的 82 个国家。(该样本根据可获得的数据——86 个国家至少出现一次。)纵坐标显示各年份相应的人均实际 GDP 的增长率——1965—1975 年，1975—1985 年和 1985—1995 年。每一个增长率都滤去了(并且从而保持了)下面讨论的变量中估计的影响。粗直线提供了人均 GDP 增长率(纵坐标上的变量)和人均实际 GDP 水平(横坐标上的变量)之间关系的最佳配合。该直线呈现明显的负斜率。因此，一旦我们让其他变量保持固定，较低的人均实际 GDP 水平就与较高的人均实际 GDP 的增长率相匹配。这一关系就叫做"有条件趋同"。

图 5.1　增长率与人均实际 GDP 水平：一组大范围国家的有条件趋同

相同①。然而，由于我们让决定每个工人的稳态实际 GDP(y^*)的变量保持固定，本图看起来与图 4.9 有很大的不同。由于其他变量保持固定不变，趋同的模式变得非常清晰——低水平的人均实际 GDP 与人均实际 GDP 的高增长率相匹配。高水平的人均实际 GDP 与低增长率相匹配。

图 5.1 中显示的关系适用于当一连串影响 y^* 的变量保持固定不变时的情形。用来构成本图的具体的变量表如下：

- 储蓄率的量度；
- 普通妇女的生育率(它影响人口增长率)；
- 主观上对维护法制和民主状况的衡量；
- 政府的规模，以政府的消费性采购占 GDP 的份额来衡量；
- 国际开放度，以进出口的数量来衡量；
- 贸易条件的变化(出口商品的价格与进口商品价格的比率)；
- 对教育和卫生事业投资的衡量；

① 一个新的特征是这些数据是 1965—1995 年这三个 10 年期的。1965 年一个国家的人均实际 GDP 是与它的 1965—1975 年的人均实际 GDP 增长率匹配的；1975 年的人均实际 GDP 是与 1975—1985 年的人均实际 GDP 相匹配的，等等。如果数据可以获得，每个国家在图中可出现三次。对比之下，在图 4.9 中，一个国家在 1960 年时的人均 GDP 与它从 1960—2000 年的人均实际 GDP 增长率相匹配。因此，每个国家在图中只出现一次。

- 平均通货膨胀率,它是宏观经济政策的一个指标。

我们考察这些变量的一个理由是要分离有条件趋同,如图 5.1 所显示的那样。然而同样重要的是,我们知道了列表中的这些变量如何影响经济增长。研究表明,人均实际 GDP 增长率的上升是与对高储蓄率、低生育率、维护较好的法律制度、较少的政府消费支出、较大的国际开放度、贸易条件的改善、对教育的大量投入和质量提高、较好的卫生条件,以及较低的通货膨胀率等相对应的。民主的影响不那么明显——如果一个国家一开始是一个极权主义的政权,民主的增加似乎有利于经济增长。然而,当这个国家的民主达到半开放状态时(近年来印度尼西亚、土耳其和几个拉丁美洲国家就有这种特点),进一步的民主化似乎会使经济增长下降。

自 20 世纪 90 年代初期以来,对经济增长的决定因素的研究一直很活跃。这一研究曾提出了许多额外的影响经济增长的变量。这些被研究的变量包括银行业和金融市场的规模,收入不平等的程度,政府官员腐败的程度,殖民地和法律根源的作用,以及宗教参与的深度和信仰的作用。在下面"回到现实"的专栏文章中,我们将考察两个变量:减免债务和外国援助。

这些经验性的结果增强了我们对于经济增长的决定因素的理解。一则,经济学家们仅仅分离了一些影响增长的变量。问题部分地与数据有关——例如,我们很难对政府在管理和税收方面的扭曲进行量化,或者对法律和政治制度的各个方面进行度量。另一个问题是有许许多多变量影响经济增长,要以有限的可获得的数据将所有这些影响分离出来,几乎是不可能的。而且,要确证一个变量——例如法制的维护或对教育和卫生的投入水平——是否影响经济增长或者受增长的影响,通常是很困难的。实际上,因果关系的双向作用通常很重要。

回到现实

一位摇滚歌星对减免债务和外国援助的看法

1999 年夏天,我遇见了 U2 摇滚乐队的主要歌手博诺(Bono)。博诺要讨论"福音 2000 年"(Jubilee 2000)活动。这是一项全球性活动,旨在取消全世界最贫穷的国家的国际债务。我告诉他,我是不可能成为支持这个活动的候选人的。博诺说这恰恰是为什么他要同我讨论的原因。他要看到一个认真思考的经济学家是否可能被这项活动的完美无缺所说服。特别是,他对一个全球性的福利计划不感兴趣,而是要想把推动债务减免作为一种推行健全的经济政策和促进经济增长的一种手段。他甚至说减免债务将以该国承诺将这笔减免的钱用于生产性投资为条件。

我因听到一个摇滚歌星有这样的议论而感到惊讶。然而,我再次重申,这种承诺是无法实施的,而减免债务并不是贫穷国家放在首位的促进经济增长的十项政策之一。对这些国家而言,更重要的是让法律和政治制度很好地发挥作用,开放国内和国际市场,加大对教育和卫生的投入,以及制定完善的宏观经济政策。我提到了流行歌曲“金钱无用(Money is nothing)”(Dire Straits的歌)，并且说用它正好来形容一个国家免费获得金钱的诸多方法。这些方法包括减免债务，拖欠债务，外国援助，以及诸如石油等自然资源。经验表明，所有这些以免费形式得到的钱往往会降低经济增长。我还论证说，如果一个国家因老老实实地偿付外债和履行其他合同而获得声誉，将会鼓励增长。

博诺同意说，一个国家履行其债务是很重要的，特别是那些出自合理的商业交易的债务。然而，博诺争辩说，非洲国家和其他贫穷国家的大部分国际债务产生于世界银行和其他国际组织，以及诸如像美国这些捐赠国所设计的糟糕的计划。许多这些贷款被用来贿赂独裁者。他们把这些钱用于个人发财致富。他指出，这些债务永远也不用还。博诺说这次“福音2000年”活动是一次性的，因而它不鼓励拖欠新产生的债务。(我这里有一点疑惑，因为《圣经》说福音活动每50年举行一次。)

最后，我没有被说服而相信把减免债务置于贫穷国家促进增长的十项政策之首。但是由于我所听到的言论比我预计的要好，我很高兴当时提出了两个有节制的支持“福音2000年”活动的意见。

回顾起来，我的反应也太多了。威廉·伊斯特利(W. Easterly)在2001年时令人信服地论证说，沉重的外债对贫穷国家来说已不是一个新问题，而减免债务作为救助办法既不是一种新方法也不起什么作用。伊斯特利指出，二十多年了我们一直在试图免除债务，但很少获得像“福音2000年”活动所承诺的那种结果。他也提到了这些国家对免除债务所作出的主要反应是再借新的债务，且大多数用于非生产性的项目。没有证据表明，过去的债务减免活动有助于这些国家的穷人，但他们正是博诺打算帮助的对象。所以，人们怎么能够预期新的减免债务的做法会发挥更好的作用?

虽然我怀疑博诺的建议的效果，然而，自从我们在1999年夏天会过面之后，博诺取得了不少成就。他开展的运动使他接触到许多世界级的领导人，其中包括克林顿总统、教皇保罗二世(据说他还试图戴博诺的著名的太阳眼镜)。博诺游说了无数的政界人士和经济学家，劝他们参与他的事业和他的伟大的任务，并且在2000年11月通过了减免4.35亿美元债务的法案。

由于我十分尊敬博诺，我希望我能够相信这次以及今后的减免债务的计划能帮助刺激经济增长。但是经济分析使我无法相信这些事实。我怀疑，如果博诺掉转方向，将他的游说才能用于宣传对经济增长其他更有重大作用的思想，情况将会怎样?我想到的有财产权、法律规则、自由市场和小规模的政府。我还很高兴把对教育和卫生的投入也包括在内。当然这只是个理想。

5.1.2 有条件趋同的例子

如果我们考察一下历史，我就会发现有条件趋同的例子。在第二次世界大战结束期，许多国家的经济被彻底摧毁。城市被夷为平地，工厂被轰炸，农地被用作战场。到 1946 年日本、德国、法国和其他欧洲国家的实物资本遭受了大幅度的破坏。人力资本也急剧地减少，但实物资本的损失更为巨大。在我们的模型中，这些事件造成了每个工人的较低的初始资本值 $k(0)$ 和实际 GDP $y(0)$。但是这些国家也具有有利于迅速恢复经济的特点——其中包括以教育和卫生投入为形式的强大的人力资本和鼓励市场竞争和贸易的完善的法律政治传统。我们可以把这些有利的条件表示为较大的每个工人的稳态资本和实际 GDP（k^* 和 y^*）。因而，方程(5.1)总结的有条件趋同预计，在第二次世界大战后这些国家将具有较高的人均实际 GDP 增长率。这一预计符合事实。

有条件趋同的另一个例子是，20 世纪 60 年代，东亚的许多国家和地区，如韩国和中国台湾也很贫穷，因而，每个工人的资本和实际 GDP（$k(0)$ 和 $y(0)$）的值也低。然而，这些国家和地区有较完善的法制，令人满意的教育和卫生计划以及对国际贸易有相对高的开放度。它们的稳态值（k^* 和 y^*）较高。因此，我们预计从 1960 年到 2000 年它们的人均实际 GDP 会有高增长率。

在 20 世纪 60 年代，撒哈拉以南的非洲国家一般也很贫穷；就是说，每个工人的资本和实际 GDP[$k(0)$ 和 $y(0)$]的值也很低。因此从绝对趋同的观点来看，我们预计非洲也应该有较高的人均实际 GDP 增长率——但事实是，从 1960 年到 2000 年撒哈拉以南的非洲是世界上增长率最低的地区。有条件趋同的观点可以解释这一结果的原因，因为这些非洲国家的法律和政治制度的运作很糟糕，教育和卫生计划的管理很差，人口增长率很高，政府极其腐败。因此它们的稳态值（k^* 和 y^*）较低，故撒哈拉以南这些非洲国家的经济无法增长。

我们从这些例子中看到，有条件趋同的观点能让我们理解有关经济增长的许多明显不相似的历史。这观点帮助我们理解了二战后富裕国家的人均实际 GDP 的增长率和 1960 年到 2000 年东亚地区和撒哈拉以南非洲国家的增长率。总的来说，有条件趋同的思想帮助我们解释了自 1960 年以来一大批国家所经历的增长幅度各不相同的原因。

5.2 长期经济增长

到目前为止，索洛模型还没有解释每个工人的资本和实际 GDP（k 和 y）在长期内如何增长。在该模型中，这些变量在长期内被固定在它们的稳态值（k^* 和 y^*）上。因此，这个模型并没有解释在一百多年里美国和其他富裕国家的人均实际 GDP 为什么按每年 2%左右的速度增长。

我们现在要考察索洛模型的几种扩展模型，它们解释了每个工人的资本和实际 GDP（k 和 y）的长期增长。我们首先研究当 k 上升时，资本的平均产品 y/k 不递减的模型。然后我们再考虑从技术水平 A 持续增长意义上讲的技术进步。我们首先考察这样一个模型，在其中技术进步是以刚才假设的方式取得的——即 A 是以外生方式增长的。然后我们再考察技术进步可在模型内部解释的理论——即内生增长模型。我们也将考察技术扩散的模型，在此模型中，一个国家的技术进步 A 是通过模仿其他国家的先进技术而取得的。

5.2.1 资本的平均产品不变模型

资本的平均产品（y/k）递减在索洛模型的向稳态过渡中起着重要作用。由于每个工人的资本 k 增加，y/k 的下降降低了每个工人的资本增长率 $\Delta k/k$。最后，经济体接近一种稳态，在稳态下，k 达到一个固定值 k^*，即 $\Delta k/k=0$。这种对过渡的概述指出，如果当 k 上升时 y/k 不下降，结果就会不同。因此，我们现在考察一个修正的模型，在该模型中，当 k 上升时 y/k 没有变化。我们特别感兴趣的是这种修正是否能够解释每个工人的资本和实际 GDP 的长期增长。

记住，在索洛模型中，每个工人的资本 k 的增长率是由下式给出的：

$$\Delta k/k = s\cdot(y/k) - s\delta - n \tag{4.1}$$

现在我们要重新考虑我们的这一假设，即当 k 上升时，资本的平均产品 y/k 下降。如果我们狭义地解释资本——例如把它解释为机器和建筑物——这种平均产品递减是有道理的。如果一个企业不断地增加它的机器和建筑物而不增添任何工人，我们就可以预期资本的边际产品和平均产品下降。事实上，如果不增加劳动投入，我们就会预期资本的边际产品最终接近于 0。如果没有人去操作额外的机器，该机器就没有边际产品。

另一种观点是我们应该更广义地解释资本，把以教育、在职训练和健康卫生投入等为形式的人力资本包括进去。人力资本是富有生产力的，而这种资本的数量是可以通过投资得到增加的。因此，人力资本类似于机器和建筑物。我们也许还可以进一步把**基础设施资本**包括在内，这种资本通常由政府掌握，用于提供诸如交通、电力和供水等服务。

如果我们从这种广义的角度来看待资本，资本的边际产品和平均产品随每个工人的资本 k 增加而下降的趋势就不那么明显了，或许就不存在。就是说，如果我们不仅把机器和建筑物增加一倍，而且也把人力资本和基础设施资本增加一倍，实际 GDP 大致上可能也增加一倍。这里我们保持不变的，除了技术水平 A，就是新生劳动力 L 的数量。如果新生劳动力并不是生产的关键投入，当资本积累时，资本的边际产品和平均产品不会下降。

要看到这一修正的结果，考察这样一个例子，在其中，资本——广义定义的资本，包括了人力资本和基础设施资本——是投入生产的唯一要素。于是与通常的

生产函数

$$y = A \cdot f(k) \tag{4.2}$$

不同。我们可以得到:

$$y = Ak \tag{5.2}$$

方程(5.2)是方程(4.2)的特殊情况,其中 $f(k) = k$。出于明显的理由,新的模型称之为**AK 模型**。

在 AK 模型中,资本的平均产品是不变的。如果我们将方程(5.2)的两边除以每个工人的资本 k,我们得到:

$$y/k = A \tag{5.3}$$

于是,资本的平均产品等于技术水平 A。(资本的边际产品也等于 A。)如果我们把 $y/k = A$ 代入方程(4.1),我们得到 k 的增长率是:

$$\Delta k/k = sA - s\delta - n \tag{5.4}$$

我们可以利用类似于图 3.9 的图来研究 AK 模型中每个工人的资本增长率 $\Delta k/k$ 是如何决定的。图 5.2 的一个新的特点是 $s \cdot (y/k) = sA$ 项对于 k 而言不是向下倾斜的,相反,它是一条位于 sA 的水平线。位于 $s\delta + n$ 的其他水平线与以前相同。也同前面一样,$\Delta k/k$ 等于两条直线之间的垂直距离。然而现在,当 k 上升时,这一距离是固定不变的而不是递减的。

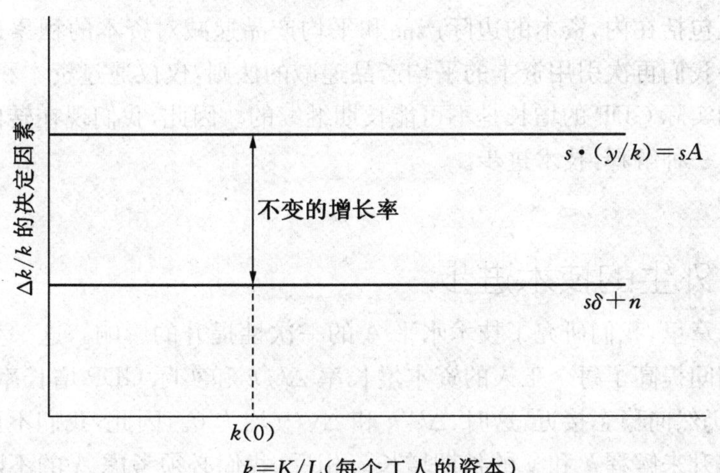

注:本图是图 3.9 的修正图,即考虑资本的平均产品 y/k 不变的情况。在这个 AK 模型中,y/k 等于技术水平 A。因而,$s \cdot (y/k)$ 曲线变成水平线 sA。如果 sA 大于 $s\delta + n$,如本图所示,每个工人的资本增长率 $\Delta k/k$ 是一个正的常数,等于两条水平线之间的垂直距离。这一距离用箭头表示。

图 5.2 资本的平均产品不变的经济增长

从图 5.2 可得出两个重要结论。首先,每个工人的长期资本增长率 $\Delta k/k$ 不是

0 而是大于 0，并且等于 $sA-s\delta-n$，如图 5.2 和方程(5.4)所示。这一增长率之所以大于 0，是因为我们假设 sA 大于 $s\delta+n$。这一条件更有可能维持较高的储蓄率 s 和技术水平 A，以及较低的人口增长率 n 和折旧率 δ。①

如果 sA 大于 $s\delta+n$，如图 5.2 中所假设的，每个工人的资本 k 将永远按 $sA-s\delta-n$ 的速率继续增长。而且，由于 $y=Ak$，每个工人的实际 GDP(即 y)将永远按相同的速率增长。在这种情况中，较高的储蓄率 s 或较高的技术水平 A 提高了每个工人的长期资本增长率 $\Delta k/k$ 和实际 GDP 增长率 $\Delta y/y$。相反，较高的人口增长率 n 或较高的折旧率 δ 则会降低 $\Delta k/k$ 和 $\Delta y/y$ 的长期值。对比之下，在标准的索洛模型中，$\Delta k/k$ 和 $\Delta y/y$ 在稳态情况下等于 0，并且不取决于 s，A，δ 和 n。出现这种不同结果的原因是标准的模型假设资本的平均产品(y/k)递减。

从图 5.2 和方程(5.4)得出的第二个重要结论是模型中不存在趋同。当每个工人的资本 k 和实际 GDP y 上升时，每个工人的资本增长率和实际 GDP 增长率($\Delta k/k$ 和 $\Delta y/y$)不发生变化。k 和 y 较低的贫困国家并不趋向于比富裕国家增长得更快。

经济学家们已经提出了一些更加复杂的模型，在这些模型中资本的平均产品并不随资本的积累而变化。有些模型对人力资本与非人力资本作了区分，并把产生人力资本的教育部门考虑在内。然而这些模型大多都有两个基本的缺点。首先，趋同预期的缺失是一个问题，因为我们确实在跨国家的数据中观察到有条件的趋同。因此我们不可能对不能预测有条件趋同的增长模型表示满意。其次，经济学家们的一个共同的观点是：即使从广义上对资本作出解释，即把人力资本和基础设施资本也包括在内，资本的边际产品和平均产品递减对资本的积累最终都是适用的。如果我们再次引用资本的平均产品递减的法则，仅仅通过资本积累，每个工人的资本和实际 GDP 的增长是不可能长期继续的。因此，我们现在转向对长期经济增长的另一种解释：技术进步。

5.2.2 外生的技术进步

在第 4 章里，我们研究了技术水平 A 的一次性提升的影响。这一变化在向稳态的过渡期间提高了每个工人的资本增长率 $\Delta k/k$ 和实际 GDP 增长率 $\Delta y/y$。然而，经济体仍然向稳态接近，这时，$\Delta k/k$ 和 $\Delta y/y$ 均为 0。因此，我们不可能仅从 A 的一次性提升来解释 k 和 y 的长期增长。相反，我们必须考虑 A 的不断提升。这种技术的不断改进的过程叫做**技术进步**。

索洛确实将他的增长模型扩大到把技术进步考虑在内，但是他并没有试图去解释这种进步的根源。他只是假设会出现技术进步，然后考察了它对经济增长的影响。换句话说，他假设**外生的技术进步**——技术的改进并不能够在模型内得到

---

① 我们假设 $A>\delta$；否则，实际国内生产净值要小于 0 了。

解释。如果大多数技术进步是靠运气获得的——具体地说如果这些进步并不较多地依赖于企业(包括非营利机构,如大学)、劳动者和政府的有目的的努力,这种处理方式是合乎情理的。在这一节,我们遵循索洛的做法,假设技术水平 A 按不变的速率 g 外生地增长的。

$$\Delta A/A = g$$

在后面一节中,我们讨论技术的**内生增长理论**,该理论试图从模型内部解释技术进步的速率。

1. 稳态增长率

再次提一下第3章得出的增长核算方程:

$$\Delta Y/Y = \Delta A/A + \alpha \cdot (\Delta K/K) + (1-\alpha) \cdot (\Delta L/L) \tag{3.3}$$

这里 Y 是实际 GDP, K 是资本存量,L 是劳动投入。如果我们将 $\Delta A/A = g$ 和人口增长率 $\Delta L/L = n$ 代入方程,我们得到:

$$\Delta Y/Y = g + \alpha \cdot (\Delta K/K) + (1-\alpha) \cdot n \tag{5.5}$$

记住,每个工人的实际 GDP 增长率 $\Delta y/y$ 由下式给出:

$$\Delta y/y = \Delta Y/Y - \Delta L/L \tag{3.6}$$

所以,由于 $\Delta L/L = n$, 得出

$$\Delta y/y = \Delta Y/Y - n \tag{5.6}$$

如果我们在方程(5.6)中利用方程(5.5)替代 $\Delta Y/Y$ 项,我们得到:

$$\begin{aligned}\Delta y/y &= g + \alpha \cdot (\Delta K/K) + (1-\alpha) \cdot n - n \\ &= g + \alpha \cdot (\Delta K/K) + n - \alpha n - n \\ &= g + \alpha \cdot (\Delta K/K - n)\end{aligned}$$

每个工人的资本增长率 $\Delta k/k$ 由下式给出

$$\Delta k/k = \Delta K/K - \Delta L/L \tag{3.7}$$

所以,由于 $\Delta L/L = n$,

$$\Delta k/k = \Delta K/K - n \tag{5.7}$$

如果我们在求 $\Delta y/y$ 的公式中,用 $\Delta k/k$ 替代 $\Delta K/K - n$,我们得到:

$$\Delta y/y = g + \alpha \cdot (\Delta k/k) \tag{5.8}$$

因此,由于技术进步 g 和每个工人的资本增长率 $\Delta k/k$,每个工人的实际 GDP 增长。

在索洛模型中,每个工人的资本增长率 $\Delta k/k$ 仍由下式决定

$$\Delta k/k = sA \cdot f(k)/k - s\delta - n \tag{4.3}$$

如果我们用此 $\Delta k/k$ 的表达式代入方程(5.8),我们得到:

关键方程(带有技术进步的每个工人的实际 GDP 增长率)

$$\Delta y/y = g + \alpha \cdot [sA \cdot f(k)/k - s\delta - n] \tag{5.9}$$

在我们前面的分析中,A 是固定的,k 的增加导致资本的平均产品减少,$y/k = A \cdot f(k)/k$。因此,在长期内,经济体接近于稳态。在此状态下,资本的平均产品很低,以至于在方程(4.3)中,$\Delta k/k$ 等于 0。于是,由于 $g = 0$,$\Delta y/y$ 在方程(5.8)和(5.9)中也等于 0。

现在的差别是,对于给定的 k 来说,A 的每一次上升都会提高资本的平均产品,$y/k = A \cdot f(k)/k$,因而,不断增加的 k 对 y/k 的负效应就被不断上升的 A 的正效应所抵消。经济体将趋向于这两种力量平衡的情况。就是说,k 将在长期内按不变的速率增长,而 y/k 将不变。我们称这种情况为**稳态增长**。

资本的平均产品 y/k 在稳态增长期间不变,分子 y 必定按与分母 k 相同的速率增长。因此,我们得到:

$$(\Delta y/y)^* = (\Delta k/k)^* \tag{5.10}$$

这里的 * 号表示数值处于稳态增长状态。

我们从方程(5.10)知道每个工人的资本和实际 GDP(k 和 y)在稳态增长中按相同的速率增长。现在我们要确定稳态增长率。方程(5.8)意味着,在稳态增长中:

$$(\Delta y/y)^* = g + \alpha \cdot (\Delta k/k)^* \tag{5.11}$$

利用方程(5.10),我们可以用 $(\Delta y/y)^*$ 替代方程右边的 $(\Delta k/k)^*$,得到:

$$(\Delta y/y)^* = g + \alpha \cdot (\Delta y/y)^*$$

如果我们将 $\alpha \cdot (\Delta y/y)^*$ 项从方程右边移到左边,我们得到:

$$(\Delta y/y)^* - \alpha \cdot (\Delta y/y)^* = g$$

这意味着,在我们将左边的两项组合以后,得到

$$(1-\alpha) \cdot (\Delta y/y)^* = g$$

如果,我们把两边都除以 $1-\alpha$,就得到每个工人的实际 GDP 的稳态增长率:

关键方程(带技术进步的稳态增长率):

$$(\Delta y/y)^* = g/(1-\alpha) \tag{5.12}$$

由于 $0 < \alpha < 1$,方程(5.12)告诉我们,每个工人的实际 GDP 的稳态增长率 $(\Delta y/y)^*$ 大于技术进步率 g。如果 $\alpha = 1/2$,我们得到:

$$(\Delta y/y)^* = 2g$$

因此,当 $\alpha = 1/2$ 时,$(\Delta y/y)^*$ 是技术进步率 g 的两倍。每个工人的实际 GDP 的稳态增长率 $(\Delta y/y)^*$ 大于 g 的原因是每个工人的资本的稳态增长率 $(\Delta k/k)^*$ 大于 0,

这一增长率加上 g 决定了$(\Delta y/y)^*$——见方程(5.11)。事实上，我们从方程(5.10)知道，在稳态增长中，k 和 y 的增长率是相同的。

$$(\Delta k/k)^* = (\Delta y/y)^*$$

因此，方程(5.12)意味着：

$$(\Delta k/k)^* = g/(1-\alpha) \tag{5.13}$$

从方程(5.12)和(5.13)得到的重要结论是：在技术进步的速率为 $\Delta A/A = g$ 时，外生的技术进步导致每个工人的资本和实际 GDP(k 和 y)按 $g/(1-\alpha)$的速率长期增长。当 k 上升时，技术的进步抵消了资本的平均产品 y/k 下降的趋势，从而有 k 和 y 的长期增长。

从我们在第 3 章的讨论中记得，1869—2005 年美国的人均实际 GDP 增长率平均每年保持在 2%左右。同样的长期人均实际 GDP 增长率也适用于其他发达国家。为了在索洛模型内部解释这种长期增长的现象，我们需要考察该模型对稳态增长的预期。

由于在模型中劳动力参与率是不变的，人均实际 GDP 的增长率等于每个工人的实际 GDP 增长率。因此，要得到每年 2%左右的人均实际 GDP 的长期增长率，我们需要得到每个工人的实际 GDP 的稳态增长率，它等于方程(5.12)中的 $g/(1-\alpha)$，大约为每年 2%。如果我们把 α 看作是资本收入的份额，并且利用介于 1/3 和 1/2 之间的数值 α，所要求的 g 的数值就略高于 1%。换句话说，如果技术外生地按大约 1%的速率进步，索洛模型的关于人均实际 GDP 长期增长率的预计就与在美国和其他发达国家观察到的长期增长率相匹配。

2. 稳态储蓄

现在，我们考察技术进步如何影响稳态储蓄。再次说一下每个工人的资本增长率为 $\Delta k/k$。

$$\Delta k/k = s\cdot(y/k) - s\delta - n \tag{4.1}$$

在稳态增长中，我们可以用方程(5.13)中的 $g/(1-\alpha)$替代 $\Delta k/k$，得到：

$$g/(1-\alpha) = s\cdot(y/k) - s\delta - n$$

然后我们可以移项整理得到：

$$s\cdot[(y/k) - \delta] = n + g/(1-\alpha)$$

如果通过两边都乘以 k，我们就确定了稳态增长中的每个工人的储蓄：

$$s\cdot(y - \delta k) = nk + [g/(1-\alpha)]\cdot k \tag{5.14}$$

当 $g = 0$ 时，每个工人的稳态储蓄等于 nk 时，这是为不断增加的劳动力提供使用资本所需要的储蓄量。当 g 大于 0 时，稳态储蓄也包括$[g/(1-\alpha)]\cdot k$ 项。由于 $g/(1-\alpha)$等于每个工人的稳态资本增长率，$\Delta k/k$[方程(5.13)]，该项就成为：

$$[g/(1-\alpha)] \cdot k = (\Delta k/k) \cdot k$$
$$= \Delta k$$

因此，该项就是在稳态时，为了给每个工人提供不断增加的资本所需的每个工人的储蓄。

3. 过渡路径和趋同

在图 3.11 中，我们分析了在没有技术进步的索洛模型中每个工人的资本 k 的过渡路径。我们发现 k 逐渐地接近于它的稳态值 k^*。因此，k^* 是 k 正在接近的目标值。具有外生技术进步的模型仍然有一个 k 的过渡路径。然而，我们必须把 k^* 看作为一个移动的目标，而不是一个固定点。就是说，k^* 随着时间推移沿着一条稳态的路径移动。

在稳态增长中，方程(5.13)表明，每个工人的资本按 $(\Delta k/k)^* = g/(1-\alpha)$ 的速率上升。因此，每个工人的资本在稳态中随时间推移而变化——它按照 $g/(1-\alpha)$ 的速率增长。我们现在定义 k^* 为沿着稳态路径的每个时点 k 所取的值。我们只是需要记住当 g 大于 0 时，k^* 随着时间推移而上升。

再次提一下，每个工人的资本 k 是从某个初始值 $k(0)$ 开始的。该模型仍然有一个过渡，在过渡中，k 从 $k(0)$ 移动到其稳态路径。然而，我们必须重新表示稳态路径，不是用一个固定点，而是用图 5.3 中标有 k^* 的虚直线表示。这条直线有正的斜率，因为每个工人的资本在稳态中增长。图 5.3 显示 k 从 $k(0)$ 开始，沿着曲线随时间推移而上升，而逐渐地接近它的移动目标 k^*。

沿着稳态路径，$k = k^*$ 按 $g/(1-\alpha)$ 的速率增长[方程(5.13)]。因而，为了使 k 接近 k^*，如图 5.3 所示，k 的增长率 $\Delta k/k$ 必须大于 k^* 的增长率 $g/(1-\alpha)$。不然，k 在过渡期间不可能赶上其移动目标 k^*。

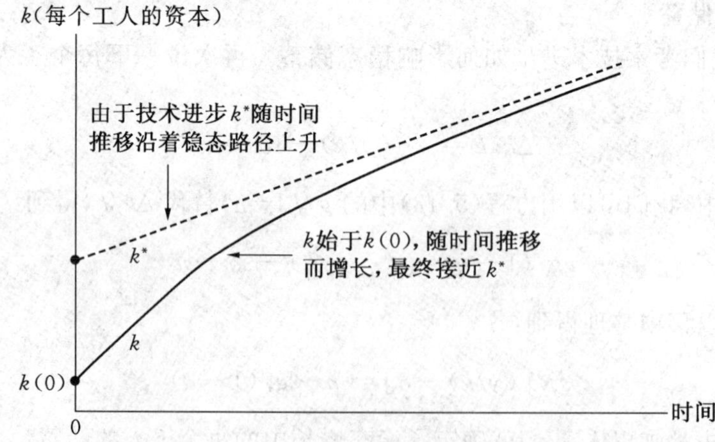

注：在具有 g 速率的技术进步的索洛模型中，每个工人的资本的稳态水平 k^* 是不固定的；k^* 随着时间推移沿着由虚直线表示的稳态路径上升。[由于我们在纵坐标上采用一种正比例的标尺，直线意味着 k^* 沿着稳态路径按 $g/(1-\alpha)$ 给出的不变的速率增长。]在过渡中，每个工人的资本 k 从 $k(0)$ 开始，随时间推移沿曲线 k 上升，并且逐渐地接近直线 k^*。[我们假设 $k(0)$ 位于 k^* 直线下方。]

图 5.3　在有技术进步的索洛模型中每个工人的资本的过渡路径

k 的过渡性变化的结果再次告诉我们关于跨经济体的趋同。如前所述，趋同取决于不同的经济体是否具有相同或不同的稳态。图 5.4 显示了这样一种情况，在其中，两个经济体具有相同的稳态路径 k^*。经济体 1 开始时的每个工人的资本为 $k(0)_1$，而经济体 2 一开始每个工人就有更高的资本 $k(0)_2$。图 5.4 显示 k_1 和 k_2 向着稳态路径 k^* 汇聚。k_1 也向着 k_2 汇聚。因此，在向稳态路径过渡期间，经济体 1 比经济体 2 有更高的每个工人的资本增长率。换句话说，如果这两个经济体具有相同的稳态路径，绝对趋同成立，而较贫困的经济体[较低的 $k(0)$]有较高的 $\Delta k/k$。这些结果类似于没有技术进步的模型的图 4.8 中见到的结果，在该模型中 $g=0$。

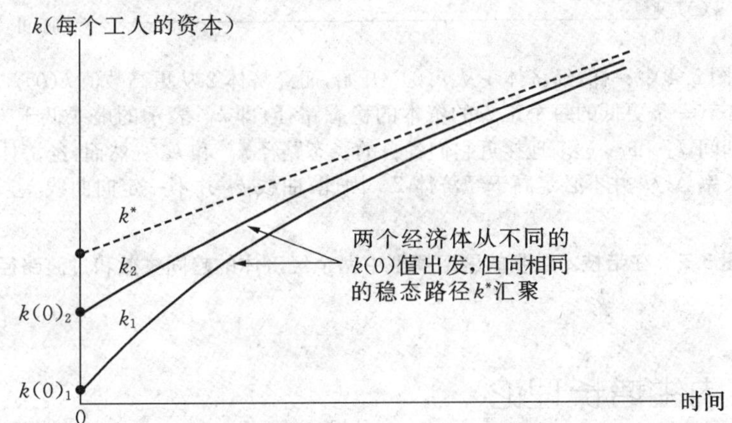

注：如在图 5.3 中一样，每个工人的稳态资本 k^* 随时间推移沿着虚直线表示的稳态路径上升。经济体 1 从 $k(0)_1$ 开始，而经济体 2 从更高的值 $k(0)_2$ 开始。在过渡期间，每个经济体的每个工人的资本 k_1 或 k_2，逐渐地接近共同的稳态路径 k^*。经济体 1(用曲线 k_1 表示)比经济体 2(用曲线 k_2 表示)有更高的每个工人的资本增长率 $\Delta k/k$。因此绝对趋同适用。

图 5.4　在有技术进步的索洛模型中两个经济体的趋同和过渡路径

图 5.5 考察了这样的情况，在其中，两个经济体具有不同的稳态路径 k^*。我们假设经济体 1——具有较低的 $k(0)$——也有较低的 k^*。我们在第 4 章里讨论了当我们在任意时刻，例如在日期 0 观察该经济体时，为什么 k^* 低的经济体往往 k 也低。该图显示每个经济体随着时间推移向着它自己的稳态路径趋同——k_1 趋向 k_1^*，k_2 趋向 k_2^*。由于 $k(0)_1$ 小于 $k(0)_2$，k_1^* 小于 k_2^*，我们无法确证在过渡期间哪一个经济体的每个工人有更高的资本增长率 $\Delta k/k$。较低的 $k(0)$ 趋向于使经济体 1 的 $\Delta k/k$ 更高，而较低的 k^* 却趋向于使经济体 1 的 $\Delta k/k$ 更低。因此，趋同并非是绝对存在的。然而，有条件的趋同仍然适用——如果我们使稳态路径 k^* 保持固定，在过渡期间，较低的 $k(0)$ 导致较高的每个工人的资本增长率 $\Delta k/k$。

我们用每个工人的资本 k 表示关于趋同的所有结果。然而，如果我们利用生产函数 $y=A\cdot f(k)$，这些结果也适用于每个工人的实际 GDP(y)。因此，我们也可以利用图 5.4 和图 5.5 去评估跨经济体的每个工人的实际 GDP 的趋同。

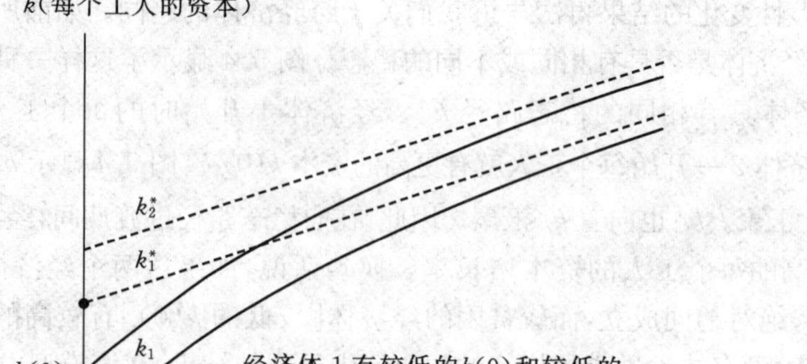

注：如在图 5.4 中一样，经济体 1 从 $k(0)_1$ 开始，而经济体 2 从更高数值 $k(0)_2$ 开始。然而，经济体 1 现在有一条更低的每个工人的资本的稳态路径；即 k_1^* 表示的虚线低于 k_2^* 表示的虚线。在过渡期间，k_1 和 k_2 逐渐地接近它们各自的稳态路径 k_1^* 和 k_2^*。然而，经济体 1 的每个工人的资本增长率 $\Delta k/k$ 并不必定高于经济体 2。因此，曲线 k_1 并不一定向曲线 k_2 趋同。因此，绝对趋同成立。

图 5.5　在带技术进步的索洛模型中两个经济体的趋同失效和过渡路径

5.2.3　内生增长理论

将外生的技术进步包括在模型内使索洛模型与我们在美国和其他发达国家观察到的人均实际 GDP 长期增长率相符合。然而，许多经济学家曾经批评这个模型的这一弥补办法，因为技术进步无法确定来源——模型无法解释。出于这个原因，由保罗・罗默(Paul Romer)为首的一些经济学家在 20 世纪 80 年代末和 90 年代初试图将索洛模型扩大，以用于解释为什么会出现技术进步。由罗默和其他人提出的这些模型叫做内生增长理论，因为，首先，这些模型解释了技术进步率；其次，如在索洛模型中一样，技术进步导致每个工人的实际 GDP 和资本的长期增长。

大多数内生增长模型都集中于探讨**研究与开发**，或简称"研发"(R&D)。成功的研究与开发计划导致新产品、更好的产品或更先进的生产方法的发明和发现。在索洛增长模型中，我们可以把这些研究成果看作是技术水平 A 的上升。然而，与带有外生技术进步的索洛模型恰成对比的是，A 的增长率是由模型解释的。因此，我们可以利用内生增长模型去理解政府政策和其他变量如何影响研发的投资，从而影响技术进步率和人均 GDP 的长期增长率。

技术进步的理论明确地说明了研发的投资与技术进步数量之间的关系，用技术水平 A 的上升来表示。由于研发过程中会有某些新技术的发现，因此研发投资的结果是不确定的。例如，当我们进行新药的试制、计算机的设计，或研制其他独创的产品或工艺时，研究人员并不能预先知道成功与否。在从事基础研究而不是现有产品或现有生产方法的改进时，这种不确定性更大。然而，我们可以一般地说，对研发的投资越大，所导致的技术水平 A 的预期提高便越大。

因此，为了获得按平均值计算更多的技术进步，必须鼓励发明创造者提高研发的成果。对于私人企业来说，鼓励来自于更多的预期利润。政府也许可以通过补贴科研经费来影响研发的利润动机，其中有些科研是由非营利机构，例如大学进行的。政府也可以为某些科研项目，例如国防工业和太空计划，直接与这些机构订立合同。

在许多方面，对研发的投资类似于我们通常熟悉的对实物资本的投资。研发的费用相当于投资支出，而技术水平 A 相当于资本存量 K。然而，技术进步与资本存量的增加有两个重要的区别。一个与报酬递减有关，另一个与产权有关。

一个关键的问题是报酬递减规律是否适用于研发的投资。具体地讲，当技术水平 A 增长时，为了取得 A 的预期的增长，用研发的支出来衡量，它是不是会变得越来越昂贵？如果是这样，研发过程就显示出报酬递减规律，这也许会使通过对研发的投资来维持技术进步和每个工人的实际 GDP 的长期增长变得不可能。如果不是这样，那么也许就有可能通过对研发的投资来维持技术进步和每个工人的实际 GDP 的长期增长。

要理解产权如何使技术区别于资本存量，考虑一下技术水平 A，把它看作是代表一种关于如何使用要素投入 K 和 L 去生产的点子。与此对照，考虑一下把资本存量 K 看作是一台机器或一幢建筑物。如果 A 代表一个点子，所有生产者都可以同时利用这一点子。如果生产者 1 利用该点子创造出产品和服务，生产者 2 也可以利用同样的点子同时生产出其他产品和服务。从实物的意义上讲，一个点子是一种**非竞争商品**——任何数量的生产者都可以同时利用这一点子而不会减少其他人利用该点子的数量。这类非竞争商品有微积分计算中的数学公式、药物的化学方程式、计算机软件的编码和歌曲中的音符。有关非竞争思想的一个要点是，一旦被人们发现，它的效益决定了它将被所有潜在的使用者共享。

资本存量有别于思想存量。如果一家企业使用一台机器生产商品，其他企业实际上就不可能同时使用这同一台机器进行生产。这一性质对劳动投入和大多数其他商品和服务也适用。经济学家们称这些投入品为**竞争商品**。

然而，假定所有的点子一旦被发现就可以免费获得，在这种情况下，追求利润的企业将只把少量的资源投入研发活动。掌握一种思想点子一般需要研发投资，但是如果创造发明的个体得不到回报——便没有利润动机。举一个例子，一种新药的化学公式的发明一般需要投入大量的研发费用。如果这些成功药物的化学公式被广泛地公开，所有厂商都可以免费地使用这些公式，那么这家发明新药的公司就无法回收它的研发费用。然后——如果我们依赖于追求利润的私人企业而不是政府——那么很少会有厂商进行研发，技术进步也就很少出现了。

只有当从事研发的公司能够掌握它们发现的好点子的某些权利时，追求利润的公司才会对研发进行投资。这些权利叫做**知识产权**。在某些领域，行使知识产权涉及专利(一般为 17 年或 20 年)或版权(通常为作者终身加 50 年)。这些法律保护对于药品、软件、图书、音乐和影视作品尤为重要。

许多基础发现是没有专利保护的，法律上对其范围也作出了限制。例如，伊萨克·牛顿在微积分领域的数学发明就没有专利保护，索洛的增长模型也没有产权，亨利·福特的汽车生产装配线也没有独占使用权。举一个更近的例子，丰田汽车公司的适时存货管理的思想也没有知识产权。这一管理理念是指在生产流程中让供应商在正好需要产品的零部件之前把它们送到生产现场，而不是预先把原材料以实物库存在仓库里。其他汽车制造商、戴尔电脑公司和许多其他公司也借用了这一思想以减少它们的库存费用。

在许多情况下，一些作出有专利发明的公司并不寻求专利，有时因为是批准专利的过程代价高昂，更经常的是，因为企业并不想为了获得批准而披露有关信息。这些信息往往有利于竞争对手，尽管专利发明公司被授予了专利权。在缺少正式的专利保护的情况下，掌握知识产权的主要方法是保守秘密和首先进入某个新领域取得领先优势。

保罗·罗默(P. Romer，1990 年)构建了第一个将研发的投资和知识产权同技术进步和经济增长的理论联系起来的模型。在他的模型里，假设发明者保留着对他的(或她的)发明的永久独占权。然而，这一极端形式的知识产权并不一定是罗默的主要结果。他的基本思想是，某种形式的知识产权保证了成功的发明者能因他们的发现而获得报酬。

回到现实

Napster 和 Viagra 的故事

Napster(曾经是拷贝音乐的著名的因特网网站)与限制处方药价格的建议有什么共同之处？这两者都试图降低商品的价格，这些商品现在的生产成本很低，但最初创建和研制的费用都非常昂贵。削减它们的价格今天看来对用户大有好处，并且对整个社会也有好处，但这一点值得商榷。如果人们可以在因特网上基本上不花分文拷贝一张 CD 唱片，人们何不在网站上拷贝和倾听音乐，而要花 10 美元去当地的商店买 CD 呢？如果只要花少量美元就可以生产和销售标准量的 Viagra(中文名“伟哥”)，如果人们能够花 10 美元而不是 100 美元买到此药，为什么人们不去用这种药呢？

问题是这“高价”是对过去曾经付出的代价高昂的努力的回报。音乐公司和艺术家们付出了大量的时间和金钱创作出轰动一时的歌曲，大部分费用都因项目失败而打水漂了。为了补偿这些努力，并鼓励以后的创作，企业必须从其少数成功的项目上获取大量的利润。

盗版是唱片制作商和其他类似产品(如图书、计算机软件和影视作品)的生产商遇到的一个问题。建议限制知识产权的动机反映了版权所有人索取的价格与拷贝和销售的实际成本之间的巨大差距。因特网的发明和计算机技术大大地降低了这些成本。一方面,这些进展是受人欢迎的,因为,它们让这些知识产品广泛地传递到大众那里。另一方面,它的反面就是对知识产权的威胁。这些权利部分涉及公正的问题,从哲学的意义上讲,发明者应当能够控制对他们的发现的使用。但是,更具体地讲,如果知识产权失去保护,并且又没有其他有效的手段对此实施补偿,那么,在将来,音乐、图书、影视和软件方面的杰出作品将大大减少。

情况也许是,因特网使某些领域的知识产权无法实施有效的保护。如果是这样,在有关鼓励未来的创造性方面,我们有可能遇到一些麻烦。然而最佳的政策也许是设法维持某种程度的知识产权,并且 2001 年的针对 Napster 的以因特网为基础的复制功能而起诉的法律案件或许对这一政策的实施有所帮助。

处方药在许多方面与此相似。考察有专利权的药的零售价超过目前的生产成本的一种方法,是比较美国的药价与其他有些国家通行的较低的药价。例如,加拿大出售的许多药品的价格大约只有美国药价的一半。有人下结论说,美国应当采用加拿大的处方药定价政策,或者,就允许较便宜的药品输入美国。一个更合乎情理的观点是,美国通过高药价对新药的研究发明进行鼓励给加拿大、墨西哥和其他小市场提供了经济学家们所说的"搭便车"的机会。搭便车的概念是指让有些人——在这儿是指加拿大和墨西哥——享受到其他人辛勤劳动的成果而无须充分分担成本。具体地讲,这些小国家可以享受到处方药低药价的好处而无须担心对整个市场的影响,进而也无须担心对开发新药的公司的影响。

美国没有机会享受搭便车的好处,因为对处方药来说,它是如此大的一个市场。如果美国跟在加拿大后面,全世界可获得的新药就会减少。因此,对美国来说,它的选择要么是用高价去获得许多有效的新药,要么是以低价去取得很少的新药。这一选择与整个社会密切相关,但是许多人幻想,他们能够按低价得到许多新药。遗憾的是,事实恰恰不是这样。

罗默的模型区分了社会从一项发明中获得的报酬与私人得到的报酬。私人报酬是对发明者的奖励。由于有了知识产权,私人报酬大于 0,但社会报酬往往超过私人报酬。例如,社会从半导体晶体管或微型芯片的发明中得到的好处远远大于作出这些发明的个人和企业获得的报酬。①鉴于这个原因,提供给研发的资源和由此得到的技术进步率从社会的角度来看往往显得太低。这一推理常常被用来证明政府对创造性活动的补助是合理的,特别是对基础研究的资助。然而,政府的补贴

① 理论上讲,私人报酬可以超过社会报酬。这种情况适用于当相互竞争的研究人员力图第一个作出发明而造成资源浪费时,或者适用于当一种改进的产品造成的结果是将垄断利润从老的行业领先者转到新的领先者手中时。然而,很难提供令人信服的实证例子证明这种理论上的可能性。

也会产生问题，包括选择对哪些项目进行补贴的政策问题，以及提高税收以支付这些补贴的必要性。

罗默把技术等同于思想点子，他假设，当技术水平提高时，从产生新思想得到的报酬不会递减。他的理由是潜在的好的思想点子的数量是无限的，所以当更多的事物被发现时，源源不断的思想库是不会枯竭的。因此，作为一种发挥作用的假设，至少我们也许可以假定思想创造的报酬是不变的。这一假设结果证明是与按固定速率的技术进步推动的、每个工人的实际 GDP 的不变的稳态增长率相符合的。也就是说，当技术水平 A 外生地按不变的速率 g 增长时，其结果看起来就像索洛模型中的结果。

在罗默的模型中，研发的投资是由追求利润的企业提供的，技术进步率取决于私人从发明中获得的报酬。这些报酬取决于以下几个因素：

- 如果研发的成本越低，私人从研发的投资得到的回报就越高。这些成本中有些取决于政府的政策。如果政府对研发提供补贴，成本就较低。如果需要花大笔费用以获得政府的批准（例如新药的批准）或满足政府的规章条例，成本就较高。
- 从成功的创造发明中获得的报酬取决于企业获得了多少销售收入或降低了多少生产成本。一个方面是要考虑市场规模，从可以推广发明的扩大的市场中去获利。一个包括国内和国际销售的较大的市场，将鼓励更多的研究与开发。
- 如果对使用一项发明的知识产权更有保障，时间更长，私人的报酬就会更高。在许多情况下，这些权益在国内比在国际上能得到更好的保护。另一个考虑是国内外的竞争对手是否很容易模仿成功的发明产品。模仿越容易，从发明中获得的知识产权收益就越低，从而对研发投资的激励就越小。

这些因素中的任何一个的变化都会影响技术进步率，从而影响经济体的每个工人的实际 GDP 的稳态增长率。这些影响类似于索洛模型中的外生技术进步率 g 的变化。

发达国家花费了大量的资金在研究与开发上。它们拥有世界上大部分的科学家和工程师，并且拥有大部分的专利。（印度是一个例外情况，作为一个穷国，却在计算机软件方面有许多发明）。研究与开发集中在富裕国家的一个原因是这些国家拥有支持研究的辅助资源，其中包括大量的技术熟练的劳动者和实力雄厚的教育机构。富国的庞大的国内市场也是一个重要因素。然而，如果一个小国通过国际贸易与其他市场保持密切联系，并且知识产权在国外也得到尊重，它也能够成功地进行创造发明。例如，瑞典和芬兰已成为药品制造业和通讯业的领先国家。

在本章一开始，我们讨论了关于趋同和经济增长的其他方面的跨国家的实证研究。这些经验性的结论与包括外生技术进步的索洛增长模型非常匹配。到目前为止，根据内生增长模型对跨国家的实证研究做得还较少。然而，可得到的一个结论是，在研究与开发上进行较多投资的国家有更高的人均实际 GDP 增长率。[①]

5.2.4　技术的扩散

就全世界而言，对个人来说提高技术水平 A 的唯一方法是发现或发明某种新的东西。然而，对于个别国家或生产者来说，通过模仿或改制其他人的发明为其所用来提高技术水平 A 以达到发明技术的国家和生产商的水平，也是可能的。例如，彩色电视机是由美国无线电公司成功发明的，但是生产彩电的技术被日本所复制和改进。类似的还有，在美国运转的钢制微型发动机就是在德国和其他国家发明的基础上发展起来的技术。

技术扩散这个术语用于描述一个国家的技术被另一个国家模仿和改制。对低收入国家来说，模仿和改制作为改进生产方法和引进新产品和更好产品的方法，往往要比发明省钱得多。因此，低收入国家往往把力量集中在技术的扩散上，把它作为提高技术水平的途径。

企业也一直利用许多模仿先进技术的方法。一个发达国家的一家跨国公司可以利用外国子公司的先进技术，然后本国的企业家可以从外资企业学到关于产品和生产工艺的技术。技术扩散的这种渠道在中国香港和毛里求斯（非洲东海岸外经济上非常成功的岛国）的纺织工业中显得尤为重要。

有时候技术的转移是通过对国际贸易中交易的产品的观察和分析发生的。例如，某一商品的进口商也许可以通过拆解该商品（即通过所谓"逆向操作"）来推断出此商品是如何生产的。在其他情况下，一家外国公司会将它的生产工艺特许或出售给本国拥有的企业。例如，纽科（Nucor）——美国的第一家钢制微型发动机的生产商——是从一家德国公司购买技术设计图的。还有其他的情况是，本国居民在发达国家的企业或大学工作或学习，并且在回到自己祖国时带回了这些先进技术。

技术扩散是贫穷国家向富裕国家趋同的另一个机制。低收入国家之所以贫穷部分是因为它们缺乏先进技术。因此，这些国家可以通过向发达国家模仿较合适的技术而取得迅速的增长。然而，当模仿取得进展时，有用的但无法复制的技术的供给就减少了，而进一步模仿的成本往往会上升。仿制成本的不断上升有点类似于索洛模型中的资本的平均产品（y/k）递减的情况。因此，仿效国家的增长率趋于下降，而它们的每个工人的实际 GDP 水平与发达国家的水平趋同。

研究显示，当一个发展中国家与发达国家进行大量的国际贸易，且该发展中国家具有较高的教育水平，并且具有运转良好的政治和法律体制时，向该发展中国家的技术扩散就会很迅速。像东亚地区的那些国家所发生的情况。[②]因此，这些特征

---

① 见 David Coe 和 Elhanan Helpman(1995)，关于研发与行业和企业层面的生产率之间的关系的证据见 Zvi Griliches(1998)的著作。

② 例如见 Florence Jaumotte(2000)和 Francesco Caselli 和 Wilbur Coleman(2001)。

帮助解释了自20世纪60年代以来东亚地区高经济增长率的原因。

回到现实

杂交玉米:技术扩散的一个例子

1957年,兹维·格里希斯(Zvi Griliches)发表了有关技术扩散的第一篇研究报告。他调查了杂交玉米技术扩散的情况。其基本思想——将专门选出的玉米品种进行杂交以培育出适合当地条件的品种——早就为20世纪初期的农业科学家们所熟悉。然而,杂交在商业上第一次成功的应用直到20世纪30年代才在美国艾奥瓦州得以实现。然后,研究人员需要时间去培育能够在其他州良好生长的杂交品种。杂交技术在一个新的州被应用的滞后时间取决于必要的精选成本以及谷物收成和市场规模的潜在收益。该技术在一个州内被接受的速度取决于从杂交中获得的经济收益。图5.6显示了各个州引进杂交玉米的时间以及每个州采用新品种的速度。南方各州滞后的一个原因是这些杂交品种需要对艾奥瓦州采用的品种作大量的改进。格里希斯的技术扩散模型在其他行业的应用也可见M. Gort与S. Klepper(1982),以及B. Jovansvic与S. Lach(1997)的著作中。

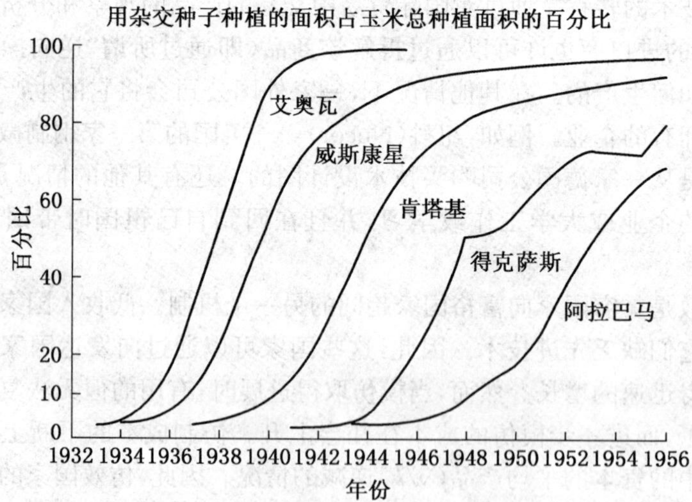

注:杂交玉米的发明开始于20世纪30年代早期美国的艾奥瓦州。这一发明后来扩散到其他以农业生产为主的各个州,如本图所示。每一条曲线表示各个年份用杂交种子种植的面积占玉米总种植面积的百分比。

图5.6 杂交玉米的技术扩散

5.3 关于经济增长我们知道些什么

在第3章里我们开始利用索洛增长模型研究经济增长的问题。在这个模型的第一阶段,每个工人的资本和实际 GDP 从它们的初始水平上升到它们的稳态水平。第二个阶段是稳态阶段。在第 3 章和第 4 章里,每个工人的资本和实际 GDP 在稳态情况下并不增长。然而,在本章中,我们将把导致稳态中的每个工人的资本和实际 GDP 增长的技术进步纳入模型之中。

在第 4 章里,我们利用索洛模型去预测储蓄率、技术水平、劳动力规模和人口增长率的变化的短期和长期的影响。过渡阶段的模型预测了趋同——贫穷国家趋于比富裕国家增长得更快,因而趋于在一段时间后追赶上富裕国家。虽然,这一预计与对一大群国家观察到的事实有冲突。一个修正的概念——有条件趋同——则与数据相吻合。有条件趋同考虑到由储蓄率、技术水平、人口增长率的变化引起的各种稳态的差别。在扩大的模型中,这些差别可以反映其他的变化。包括法律和政治制度、国际贸易的开放程度以及教育和卫生计划的有效性。

在本章中,我们显示了有条件趋同的概念可以解释许多历史上经济增长的模式。我们可以理解为什么有些被战争彻底摧毁的 OECD 国家在第二次世界大战后得到迅速的增长。我们也可以解释为什么从 1960 年到 2000 年大多数东亚国家和地区增长迅速而撒哈拉以南的非洲国家却增长缓慢或根本没有增长。

索洛的基本模型并不能解释人均实际 GDP 的长期增长,这一模式非常符合一个多世纪来美国和其他发达国家的情况。这个模型解释了每年 2%左右的长期人均增长率,如果我们假设外生的技术进步为大约每年 1%。内生的增长模型依赖于作为技术进步根源的研发的投资。这些模型预计知识产权、研发补贴和其他变量如何影响技术进步率,从而影响人均实际 GDP 的长期增长率。

技术扩散是低收入国家据以提高它们的技术水平的主要方法。这种扩散帮助解释了穷国向富国趋同的原因,但是并不能解释全世界的技术进步。

虽然我们了解了许多关于经济增长的知识,但是仍然有许多问题无法解释。例如,经济学家们只是将形成稳定状态下的各个国家差别的某些变量区分出来。在长期的情况下,我们仍然对技术进步的来源心中无数。特别是,我们不能满怀信心地说,影响研发投资的政府政策如何影响一个国家或全世界的长期经济增长。因此,虽然我们学习了许多,但是仍然有许多东西要了解。

重要术语和概念

AK 模型 AK model

版权 copyright

技术扩散 diffusion of technology

内生增长理论 endogenous growth theory

外生技术进步 exogenous technological progress

基础设施 infrastructure capital
非竞争商品 non-rival good
专利 patent
研究与开发 research and development(R&D)
竞争商品 rival good
稳态增长 steady-state growth
技术进步 technological progress

问题和讨论

A. 复习题

1. 从1960年到2000年，大多数撒哈拉以南非洲国家的增长率很低，而东亚地区却以很高的速度增长。有条件趋同的概念如何能够帮助解释这些现象？
2. 假定技术水平 A 外生地按正的速率增长，即 $g>0$。产出水平 Y 会长期增长吗？每个工人的产出 Y/L 会长期增长吗？

B. 讨论题

3. 收入的趋同和离差(困难)

考察一组满足绝对趋同的经济体；即穷国往往比富国增长得更快。

a. 这种趋同的性质意味着，随着时间的推移跨国家之间的人均收入的离差程度——或收入的不平等——会缩小吗？(这个问题同高尔顿的谬论有联系，这是高尔顿应用于人口身高和其他特征的分布的一种思想。如果一对父母的身高高于人口平均数，其子女的身高也往往高于平均数，但要比其父母矮。也就是说，存在着与平均值相逆的现象，即一种与绝对趋同的思想平行的效应。与平均值相逆现象的存在意味着随着时间推移人口中的身高差距分布会缩小吗？答案是否定的，但是请解释为什么。)

b. 在图4.11中，我们发现绝对趋同适用于1880年到2000年美国各州的情况。从1880年到1970年的大部分时间里，美国各州之间的人均收入的离差程度下降了。(除20世纪20年代和30年代外)从1970年到2000年，收入的离差没有大的变化。你能将这些现象与你对问题a的回答联系起来吗？

c. 我们在图4.9中发现，绝对趋同并不适用于1960年到2000年的一组范围广泛的国家。但我们在图5.1中发现有条件趋同确实适用于这些国家。从1960年到2000年，这些国家之间的人均实际GDP的离差程度显示出一种温和的但是持久的上升。你如何解释这一格局？

附录

带有外生技术进步的索洛模型中的稳态路径

我们现在推导带有外生技术进步的索洛模型中的稳态路径 k^*。本附录提供了一种代数推导方法。

每个工人的资本增长率由下式给出：

$$\Delta k/k = s \cdot (y/k) - s\delta - n \tag{4.1}$$

因而，沿着稳态路径，增长率就是：

$$(\Delta k/k)^* = s \cdot (y/k)^* - s\delta - n \tag{5.15}$$

这里，$(y/k)^*$ 表示稳态增长状态中不变的资本平均产品。我们也知道，在稳态增长的情况下 k 按以下速率增长：

$$(\Delta k/k)^* = g/(1-\alpha)$$

因此，如果我们用 $g/(1-\alpha)$ 替代方程(5.15)左边的 $(\Delta k/k)^*$，我们就得到：

$$g/(1-\alpha) = s \cdot (y/k)^* - s\delta - n$$

我们可以移项得到：

$$s \cdot (y/k)^* = s\delta + n + g/(1-\alpha)$$

然后如果我们两边除以 s，我们就得到资本的稳态平均产品的一个公式：

$$(y/k)^* = \delta + (1/s) \cdot [n + g/(1-\alpha)] \tag{5.16}$$

注意，方程右边是固定不变的。因此，这一结果证实了资本的平均产品 (y/k) 在稳态增长中不变。

由于生产函数是：

$$y = A \cdot f(k)$$

我们可以把资本的平均产品 y/k 写成：

$$y/k = A \cdot f(k)/k$$

因此，如果我们把 k^* 定义为在稳态增长期间 k 的随时间变动的值，资本的稳态平均产品就是：

$$(y/k)^* = A \cdot f(k^*)/k^* \tag{5.17}$$

方程(5.16)和(5.17)给出了 $(y/k)^*$ 的两个表达式。因此，方程的两边必定相等：

$$A \cdot f(k^*)/k^* = \delta + (1/s) \cdot [n + g/(1-\alpha)] \tag{5.18}$$

方程右边是固定的，而方程左边的技术水平 A 随时间推移按 g 的速率增长。因此，如果我们规定了生产函数的形式 f，我们可以利用方程(5.18)去决定稳态路径 k^*。

假定生产函数 $f(k)$ 采用柯布—道格拉斯生产函数的形式：

$$y = Ak^{\alpha}$$

我们在第 3 章附录中讨论了这个函数式。在其中：

$$\begin{aligned} A \cdot f(k)/k &= Ak^{\alpha}/k \\ &= Ak^{\alpha}k^{-1} \\ &= Ak^{\alpha-1} \end{aligned}$$

$$A \cdot f(k)/k = Ak^{-(1-\alpha)}$$

于是我们可以在方程(5.18)中代入 $A \cdot f(k^*)^{-(1-\alpha)}$，得到

$$A \cdot (k^*)^{-(1-\alpha)} = \delta + (1/s) \cdot [n + g/(1-\alpha)]$$

如果我们乘以 $(k^*)^{1-\alpha}$ 和 s，除以 $[s\delta + n + g/(1-\alpha)]$ 并且移项，得到：

$$(k^*)^{1-\alpha} = \frac{sA}{[s\delta + n + g/(1-\alpha)]}$$

方程的右边，除了 A，所有的项不随时间而变化。如果 A 是固定的，k^* 也将是固定的，就如在不带有技术进步的索洛模型中那样($g = 0$)。如果 A 按照 g 的速率增长，方程(5.19)意味着 k^* 按 $g/(1-\alpha)$ 的速率增长，与方程(5.13)的结果相符合。

第三部分　经济波动

▶6

市场、价格、供给和需求

人们特别关注国家的经济是在扩张还是在收缩。在经济景气期间，实际 GDP 上升，消费和投资往往比较强劲，就业上升，而失业率下降。相反，在衰退期间，实际 GDP 下降，消费、投资和就业趋于疲软，而失业率上升。在衰退期间，人们发现很难找到好的工作，更多的工人失去工作而不是找到工作。无法保持或找到一份好的工作造成求职者和他们的家庭生活困难。

在本书的这一部分，我们的主要目标是理解这些经济波动——即实际 GDP 在经济景气期间的上升和在衰退期间的下降。这些波动一般适用于相对较短的时期内，例如一两年之内。相比之下，我们在第 3 章到第 5 章对经济增长的研究，则集中于长期的问题:5 年至 10 年或者甚至 20 年到 30 年，或者更长的时间。

为建立一个经济波动模型，我们从研究该模型的微观经济学基础着手。这些基础描述了个别消费者和生产者如何作出选择。在第 6 章，我们将集中研究劳动和资本市场。在第 7 章，我们将把这一分析扩大到消费和储蓄。

微观经济选择的一个例子是关于一个工人打算做多少工作的决定。另一个例子是生产商计划雇用多少工人的决定。在这些决定中，个别工人或生产商接受他所面临的给定的价格。这些价格之一包括实际工资率，这个工资率具体确定了一个工人用一小时的劳动可以购买的商品的数量。

我们的模型的一个关键的假设是，个别工人、消费者和生产商都非常小，以至于无法对价格施加明显的作用。举一个具体的例子——以后我们还要详细地论述——考虑对劳动市场的一个简单的分析。假定在选择供给多少劳动时，每个工人会接受给定的实际工资率。同样，在确定需要多少劳动时，每个生产者也会接受给定的实际工资率。因此，个人关于供给数量和需求数量的选择的决定是按给定的市场价格作出的。经济学家们说，这一假设仅适用于完全竞争的条件下。在完全竞争下，每一个市场参与者都设想他(或她)可以按通行的价格购入或出售所希望的任意数量的东西。特别是，每一个参与者的规模足够小，以至于他(或她)的供给和需求的数量的变化对市场价格的影响是微不足道的。

当我们把各个人的选择加总时，我们就确定了总的函数或市场的供给函数和需求函数。例如，我们决定把劳动的市场供给和市场需求作为实际工资率 w/P 的一个函数；图 6.1 显示了这种情况。劳动的供给总量 L^s 被假设为当 w/P 增加时，它也会上升（沿着 L^s 曲线）。因此，L^s 曲线向上倾斜。劳动的需求总量 L^d 被假设为当 w/P 上升时，它下降（沿着 L^d 曲线）。因此，L^d 曲线向下倾斜。

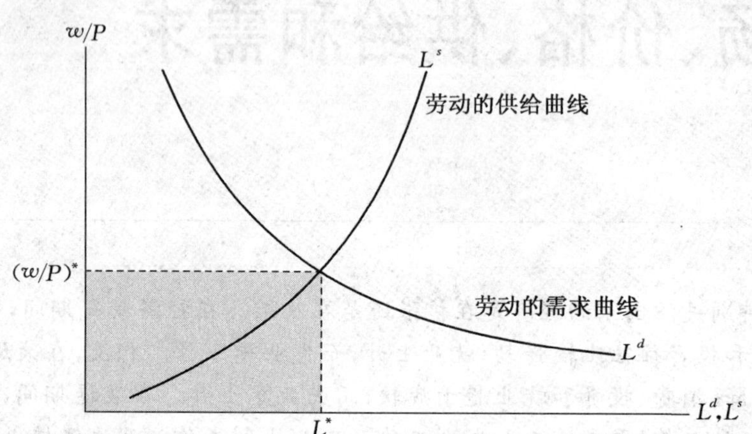

注：本图给出了一个市场——在本例中是劳动市场——是如何出清的一个简单的例子。劳动的需求曲线 L^d 对实际工资率 w/P 是向下倾斜的。劳动的供给曲线 L^s 对 w/P，是向上倾斜的。市场出清处对应于两条曲线的相交处。市场出清的实际工资率是 $(w/P)^*$，而市场出清的劳动量是 L^*。

图 6.1　市场出清的一个例子：劳动市场

一旦我们了解了市场的供给曲线和需求曲线，我们就要考察这些函数如何决定经济中的各种数量和价格。我们的主要方法是依靠**市场出清条件**。作为一个例子，在图 6.1 中，劳动的市场供给和市场需求都取决于实际工资率 w/P。我们的假设是 w/P 可以调整以出清市场——也就是使劳动的供给量与需求量相等。例如，市场出清的实际工资率显示在纵坐标上，其数值为 $(w/P)^*$，而市场出清的劳动量显示在横坐标上，其值为 L^*。

了解了关于市场的这一背景知识，我们现在就开始为我们的宏观经济模型构建微观经济学的基础。我们从具体规定模型中的市场结构开始。

6.1　宏观经济中的市场

我们的宏观经济模型包含若干个进行交易的市场。在这一节，我们描述每个市场中的参与者，并且确定在每个市场上交易的商品和服务。

我们通过假设家庭执行了经济中的所有职能来简化模型。每个家庭经营管理一个家族企业并使用劳动 L 和资本 K，通过生产函数生产出商品 Y，这些我们已在第 3 章介绍过：

$$Y = A \cdot F(K, L)$$

更符合实际的情况是，商品的生产是在一家大公司或一个小企业内进行的。然而，如果我们把这些私人企业包括在我们的模型之中，我们就必须考虑到它们最终必定被家庭所拥有，可能是通过在**股票市场**上交易的股票拥有的。当我们考虑到企业是家庭的一部分时，我们避免了所有权结构上的复杂性。由于我们最终得到同样的宏观经济的结果，这种简化是值得做的。

6.1.1 商品市场

在现实世界中，典型的家庭消费少量的商品，以帮助其在市场上进行生产。通常来说，单个人一般生产一种产品或少数产品，并从这些产品的销售和出卖劳动服务的过程中获得收入。然后，单个人把他的收入花在一系列商品上。如果我们要掌握所有这些商品种类，模型就会变得太复杂。

我们通过设想家庭在**商品市场**上出售他们生产的所有商品以简化模型。然后家庭从这个市场上买回他们所需要的商品。家庭购买商品的一个原因是为了消费。另一个理由是增加资本形式的商品——机器和建筑物——的存量以用于生产。商品的这种利用叫做投资。

6.1.2 劳动市场

家庭在**劳动市场**上提供劳动。为了进行简化，我们从一开始就假设劳动的供给量 L^s 是固定的，即 L。这一假设不影响接下来的分析，并且我们最终将在第 8 章让它发生变化。如在前几章中一样，我们把劳动计量为一种每年多少人工小时的流量。例如，如果一个人每周工作 40 小时，每年 52 周，每年的劳动流量就是 2 080人工小时。

家庭，作为家族企业的经营者，需要从劳动市场雇用数量为 L^d 的劳动。所需的劳动被用作商品生产的一种投入。注意：在我们简化的模型中，每个家庭戴着两顶帽子。当我们戴着第一顶帽子时，家庭供应劳动，从而看起来像是一个雇员，被购买劳动的人所雇用。当戴着第二顶帽子时，家庭需要劳动，从而看起来像是一个雇主，雇用出卖劳动的人。

6.1.3 租赁市场

接下去我们要考虑生产的资本投入。家庭拥有资本存量 K。个别家庭可以通过从商品市场上购买商品增加它的存量，也可以通过在商品市场上出售商品来降低它的存量。我们可以认为这些交易是使用过的资本货物的重新出售。例如，一个家庭可以出售一辆二手汽车或一幢旧房子，它们都是某种形式的资本货物。在我们的模型中，家庭管理着企业，我们也设想家庭也可以出售一台旧机器或整个旧工厂。

资本货物 K 是用商品的单位计量的——例如，汽车的数量或机器的数量。从概念上讲，我们应当区分这种货物的存量与资本服务的流量之间的区别。例如，假定一个家庭拥有一台机器。如果这台机器每天运转 8 小时，每周 5 天，每年 52 周，这台机器每年就使用 2 080 机器小时。我们把这每年 2 080 机器小时——一种流量——作为资本服务的量。这一流量类似于用每年人工小时计量的劳动服务的流量。

我们一开始通过假设每个资本单位——比方说每台机器——每年使用多少固定小时或许是 2 080 小时来简化模型的。在这种情况下，资本服务的流量是资本存量的一个固定的倍数——每台机器代表每年 2 080 机器小时。因此，在本例中，如果我们把资本存量 K 作为生产函数的一种投入，我们将不会遇到任何麻烦，就如我们在方程(3.1)中所做的那样。这一存量实际上代表了资本服务的流量，但是这一流量是资本存量的一个固定的倍数。由于这倍数是一个常数——比方说 2 080——我们就无须把它在生产函数 $F(K, L)$ 中明显地显示出来。

一个家庭虽然拥有某个特定单位的资本——比方说一台机器——但该家庭并不一定使用这资本为自己生产商品。倒不如说，该家庭更有可能把这资本租赁给另一个家庭，后者然后把它作为一种要素投入生产。例如，一个家庭可能把它的一所房子或一辆汽车出租给另一个家庭。在我们的模型中，我们把这一关于租赁的思想扩大到包括机器和工厂的各种类型的资本。

我们将发现这样做比较方便，即设想每个家庭在**租赁市场**上出租所有它拥有的资本。因此，如果一个家庭拥有一台机器，它将该机器提供的所有的资本服务——比方说每年 2 080 机器小时——都用来出租。在现实世界中，我们可能会想到 Hertz 汽车租赁公司拥有汽车并将它们出租给用户的例子。其他实际例子包括像从 Cort 家具公司租赁家具，从 Home Depot 公司租赁家用工具，以及从车辆所有者手中租赁出租车和卡车。我们的模型的一个假设是家庭不会让它们的任何资本闲置，相反，它们要让资本在租赁市场上得到充分利用。

在租赁市场上提供的资本的数量类似于劳动市场上提供或供给的劳动的数量 L^s。因此，我们把租赁市场上提供的资本看作是资本服务的供给 K^s。由于我们假设每个家庭出租它的所有资本，我们得到 $K^s = K$。(更确切地说，我们应该乘以 2 080，将资本存量——机器的数量——转换成资本服务，即每年的机器小时数。但是由于 2 080 是一个常数，我们可以忽略它不计。)关于资本服务的供给是固定的假设类似于我们关于劳动的供给是固定的假设。再次说明，假设不影响分析，而我们将在第 9 章改变我们的关于资本服务的假设。

到目前为止，我们已经假设每个家庭出租所有它拥有的资本。然而，家庭作为家族企业的经营者，也使用资本服务生产商品。为得到这种资本投入，家庭要从租赁市场租借资本。在租赁市场上租借的资本数量类似于从劳动市场上购买的或需求的劳动数量 L^d。因此，我们把在租赁市场上租借的资本看作是对资本服务的需

求 K^d。

注意，我们假设每个家庭出租所有它拥有的资本，$K^s = K$，然后租回数量 K^d 的资本。如果 $K^s > K^d$，我们可以反过来这样设想，家庭保留了它自己拥有的资本中的 K^d 数量的资本，用于生产商品，然后仅把余下的部分($K^s - K^d$)租出去。类似地，如果 $K^s < K^d$，我们可以设想家庭使用了它自己的所有的资本 K^s，用于生产商品，然后，租借额外数量的资本，$K^d - K^s$。按照这些不同的假设，其结果将是相同的。因此，坚持这样的假设，即家庭出租所有它拥有的资本，$K^s = K$，然后租回数量 K^d 的资本用作生产的一种投入，我们将发现这样的假设对分析来说是很方便的。

6.1.4 债券市场

我们要介绍的最后一个市场是家庭在其中借入或借出资金的市场。借入资金的家庭从另一个家庭得到一笔贷款，而借出资金的家庭则向另一个家庭提供贷款。在现实世界中，这种借入和借出的活动一般是通过金融机构，例如银行进行的。然而，如同我们在忽略私人企业时的做法一样，我们通过假设家庭直接进行所有的借入或借出活动来简化模型。

我们假设一个提供贷款的家庭获得一张票据(一种合同的形式)，它规定了有关贷款的各项条件。我们称此票据为债券，而我们称家庭在其中借入或借出资金的市场为**债券市场**。债券的持有人——资金出借者——有权要求借钱者偿还所欠的金额。

6.2 作为交换中介的货币

家庭在商品市场上买入和卖出商品，在劳动市场上购买和出售劳动，在租赁市场上买入和卖出资本服务，在债券市场上买入和卖出债券。我们假设，在所有这些市场上进行的每一项交易都只利用一种单一的**交换中介**的形式。通常来说，一种交换中介是人们持有的一种凭证，人们持有它不是为其本身，而是用它来公平地迅速地交换其他某些东西，诸如商品和服务。在我们的模型中我们称这种交换中介为**货币**。从历史上看，货币曾经有过许多种形式，其中包括贵金属，如黄金和白银，或者有时采用珍珠和贝壳。然而在我们的模型中，我们假设货币就是一张纸。类似于政府发行的一张**纸币**。

货币可以指定一个任意的单位作为面额，诸如 1 美元。例如，一个家庭也许拥有 100 美元的美国货币。美元金额是以**名义值**表示的。因此，100 美元就是这个家庭拥有的以美元或名义单位表示的货币的价值。纸币的一个重要特征是它没有利息。即如果一个家庭拥有 100 美元的货币，并且只是把它放在枕头下，到下周甚至到明年，100 美元仍然是 100 美元(假设他没有丢失)。对比之下，债券会带来利息。

我们用符号 M 表示家庭持有的货币美元的数量。个人持有的货币的总额等于经济中货币的总量。现在我们假设,这一货币总量是固定的。因此,所有家庭持有的货币总量最终必须等于这一常数。

回到现实

共同货币

从历史上看,大多数政府都发行过它们自己的货币。然而,现在有一种建立使用一种**共同货币**(Common Currency)的国家集团的趋势,即由若干个国家一起使用一种单一形式的货币。这种集团叫做**货币联盟**。自 1999—2000 年以来货币联盟最重要的例子是由 12 个西欧国家组成的联盟,即欧盟。它们使用同一种货币,即由欧洲中央银行发行的欧元。这些国家是奥地利、比利时、芬兰、法国、德国、希腊、冰岛、意大利、卢森堡、荷兰、葡萄牙和西班牙。其他几个欧洲国家正在考虑使用欧元,虽然英国、丹麦和瑞典拒绝了这个想法。

一些小国家也曾经组织过货币联盟。如 15 个使用非洲金融共同体法郎(CFA,大多数时间里曾与法国法郎挂钩,现在与欧元挂钩)的非洲国家,和 7 个使用加勒比元(与美元挂钩)的东加勒比货币区的加勒比国家。有人提出了在东北亚(中国、日本和韩国)、南非和西非、波斯湾、中美洲,以及澳大利亚和新西兰建立新的货币联盟的建议。此外,还有一些小国家利用一个大国的货币的情况——例子有巴拿马、厄瓜多尔、百慕大、列支敦士登和圣马力诺。

6.3 市场与价格

在我们的模型中,关键的宏观经济变量是由在各种市场上从事交易的家庭的相互作用决定的。我们现在详细描述每个市场。

6.3.1 商品市场

我们假设有一种单一类型的商品,它可被用于消费或投资。商品市场是各个家庭在其中用商品交换货币的地方。在这个市场里,价格用 P 表示,表示交换一个单位的商品的美元数。我们称 P 为**物价水平**。我们在第 2 章讨论过的消费者价格指数(CPI),是物价水平在现实世界中的对应物。消费者价格指数衡量的是一篮子有代表性的市场商品和服务的美元成本①。换句话说,我们可以考虑一下国内

① 更确切地说,*CPI* 衡量的是特定年份——比方说 2007 年——的市场上一篮子商品的美元成本,相对于基年——比方说 1996 年——的市场上一篮子商品的美元成本。

生产总值的平减指数(GDP 平减指数)，这是一个与经济体的总的商品和服务的生产(实际 GDP)相联系的价格指数。在本模型中，只有一种类型的商品，即物价水平 P 与 CPI 或 GDP 平减指数相对应。现在我们假设没有通货膨胀，通货膨胀表示的是物价水平随时间推移发生的变化。也就是说，我们假设 P 不随时间推移而变化。

记住，家庭以每年 Y 的流量生产商品，这里，Y 是由下面的生产函数给出的。

$$Y = A \cdot F(K, L)$$

由于所有这些商品都在商品市场上出售，变量 Y 也代表每年在商品市场上被购买和出售的商品数量。数量 PY 是每年在商品市场上被买卖的商品的美元价值。

对一个商品的出售者来说，物价水平 P 是他从出售的每一单位的商品中获得的美元数量。与此对照，对一个商品的购买者来说，P 是他为取得的每一单位商品支付的美元数量。由于 P 美元购买 1 个单位的商品，那么，1 美元可购买 $1/P$ 单位商品。因此，表达式 $1/P$ 就是用所买到的商品衡量的 1 美元的价值。同样，M 美元可交换 M/P 单位商品：

$$(M) \cdot (1/P) = M/P$$

数量 M 是用美元数表示的货币价值，而 M/P 表示的是用它所能买到的商品衡量的这一货币的价值。像 M/P 这样的表达式叫**实际项**，即用商品单位表示的项；而像 M 这样的数量是用美元数或**名义项**表示的项。

举一个例子，如果一个家庭拥有 100 美元的货币，而物价水平是 5，该家庭的实际货币价值是

$$100/5 = 20$$

也就是说，该家庭可以用它的 100 美元货币购买 20 单位的商品。因此，100 就是该家庭拥有的货币的美元数或名义值，而 20 是用它所能买到的商品衡量的这一货币的实际价值。换句话说，每一美元的货币可以购买 1/5 单位的商品。因此，这 1/5 单位商品是每一美元的实际价值。

6.3.2 劳动市场

家庭在劳动市场上按美元或名义工资率 w 购买和出售劳动。由于我们以每年工作小时为单位计量劳动 L，工资率 w 的单位便为美元/每工作小时。一个家庭每年支付名义工资额 wL^d 以购买劳动量 L^d，然后利用这些劳动作为一种投入物投入生产。一个出售该数量劳动 L^s 的家庭则得到 wL^s 的名义工资收入。

实际工资率是 w/P。这一实际工资率表示的是劳动的提供者每小时劳动得到的商品的价值，它是由劳动的需求者支付的。例如，如果每小时劳动的美元工资率是 $w = \$10$，而物价水平是 $P = 5$，实际工资率是

$$w/P = 10/5 = 2$$

这一实际工资率——即每个工作小时 2 单位商品——决定了为每小时工作支付的名义工资所能购买的商品的数量。由于人们关心的是它们得到的商品的数量，因此，我们将会发现，家庭决策取决于实际工资率 w/P，而不是名义工资率 w。

6.3.3 租赁市场

在租赁市场上，家庭按美元价格或**名义租赁价格** R 出租资本 K 而获得美元。租赁价格是按每年每单位资本的美元数表示的。例如，如果 $R = 100$ 美元/年，一个家庭每年就能在租赁市场上从出租的每单位资本中（比方说一台机器或一辆汽车）获得 100 美元。

一个租借 K^d 数量的资本的家庭每年要支付数量为 RK^d 的名义金额，然后利用这一资本作为一种投入物投入生产。一个出租 K^s 数量的资本的家庭则每年得到 RK^s 的名义租金收入。

实际租赁价格是 R/P。实际租赁价格是资本的供给者每年从每单位资本获得的、以商品计量的价值，它是由资本的需求者支付的。例如，如果美元的租赁价格是 $R = 100$ 美元，物价水平是 $P = 5$，则实际租赁价格是

$$R/P = 100/5 = 20$$

这一实际租赁价格——每年每单位资本 20 单位商品——给出了一年内用每单位资本支付的租金（100 美元）所能购买的商品数量。再说一次，由于人们关心的是他们得到的商品，我们将发现家庭的决策取决于实际租赁价格 R/P，而不是名义租赁价格 R。

6.3.4 债券市场

我们的模型有一个简单形式的债券市场，在此市场中，各个家庭相互借入和贷出资金。例如，一个家庭也许借钱给另一个要想买一辆汽车、一幢房子、一台机器或一个工厂的家庭。一张债券是一张写明了合同条件的文件。

一张债券可以是一张借据，说明家庭 A 欠该债券的持有人一笔某个数额美元的钱。一开始，借款人是欠家庭 B 这笔钱，B 是预先贷付这笔钱的家庭。然而，我们假设，债券可以在债券市场上出售给另一个家庭，或许是家庭 C，这样，家庭 C 就成了债券的持有者。于是，家庭 A 欠家庭 C 这笔钱。

我们还规定债券的单位，以便借款人向债券的持有人承诺每个单位的债券偿还 1 美元。这 1 美元就是每张债券的**本金**。本金是贷款预付的初始额。

我们设想所有的债券有非常短的**到期日**，所谓到期日是指到这一天，借款人必须偿还本金。我们以此设想来简化模型。在任何时点上，债券的发行者——即借款

者——有权按固定的1美元的本金买回债券。就是说借款者可以通过向债券持有人偿还1美元以清偿贷款。同样，债券的持有人也有权在任何时点将债券还给借款人以换取1美元。也就是说，债券持有人可以通过要回1美元本金而取消贷款。

这些假设是不太符合事实的。例如，就一笔学生贷款来说，贷款者(也许是一家银行)要在未来许多年之后才有可能得到偿还，就是说，到期日是很长的。同样，住房抵押贷款的到期日通常很长，虽然借款者经常有可能随时会偿还本金。尽管现实世界的情况比较复杂，但是我们的到期日很短的假设将很容易抓住关于利率的最重要的特征。

我们假设，只要债券既未被赎回也未被取消，每个单位的债券承诺借款人要向债券的持有人每年支付 i 美元的利息。变量 i 是利息率，这是支付的利息 i 美元对本金1美元的比率。利率可能随时间而变化。

举一个例子，假设一个家庭借了1 000美元，这样其未清偿的本金为1 000美元。假设利率 i 为每年5%。在本例中，每年支付的利息是

$$支付的利息 = 利率 \times 本金$$

$$50\,美元 = 5\% \times 1\,000\,美元$$

对债券的持有者来说，利率 i 决定了他的贷款每年的报酬。对债券的发行者来说，i 决定了他的借款每年支付的成本。

一个复杂的问题是，比方说一个借款者今天拿到1 000美元，并且每年支付50美元利息，把这钱持有到未来。如果物价水平 P 是在不断变化的——就是说如果通货膨胀率不是0——今天的美元与未来的美元在实际价值上就会有差别。因此，当我们在第11章里考虑到通货膨胀时，我们就必须区分利率的两种概念——名义利率和实际利率。然而，现在我们不需要担心这个复杂问题，因为我们假设通货膨胀率为0。

我们通过假设所有债券都是相同的来简化模型，不管发行债券的家庭如何。最重要的是我们忽略了发行者之间在风险上的差别，这种风险是指发行者也许无法支付利息和本金的风险。风险类型之一是拖欠支付利息和偿还贷款，或者干脆销声匿迹。由于我们忽略这些风险，所有债券的利率都是相同的。不然的话，借款者就会要求按最低的利率借入所有的贷款，而贷款者则想要按最高的利率贷出他的所有钱款。由于所有的债券是相同的，只有在所有债券的利率相同的情况下，借款者和贷款者的利率才能达成一致。

让 B 代表一个家庭持有的用美元或名义单位表示的债券的数量。对一个单个的家庭来说，这一金额也许是大于0，或者是小于0。然而，请注意，一个家庭借入若干美元，必定有另一个家庭借出相应数额的美元。因此，贷款者持有的正值的债券总额必定恰好与借款者持有的负的债券总额相符合。因此，当我们将所有的家庭加总时，债券的总量 Bs 必定始终为0。

最后，我们考察债券价格，我们定义一个单位的债券有1美元本金。即每单位

的债券始终可以通过取消贷款从而换回 1 美元。因此，这些债券的名义价格必须始终为每单位 1 美元[①]。然而，供我们分析的重要变量是利率 i。我们可以认为 i 是信贷的成本或价格。较高的利率 i 意味着获得信贷——借款——以必须支付的利息衡量是很昂贵的。在这同时，较高的 i 意味着扩大信贷——贷款——的收益是很高的，因为它产生较高的利息收入流。

6.4 编制预算约束

在上述四个市场上决定的数量和价格将决定家庭的收入。家庭将从管理家族企业、工资、资本服务的租金和利息获得收入。这些收入流是家庭的**资金来源**。家庭利用它们的资金来源购买商品或增加它们的资产——即储蓄。商品和资产的购买是家庭对**资金的使用**。重要的一点是总的资金来源必须等于总的资金使用。这个等式叫做家庭的**预算约束**。我们将在本章中推导预算约束。在第 7 章，我们利用预算约束去理解家庭如何选择消费和储蓄。

6.4.1 收入

首先考虑家庭收入。家庭从四个方面获得收入：来自家族企业的利润，工资收入，租金收入和利息收入。我们依次考察这些收入。

1. 利润

家庭也许从它们的企业经营活动中获取利润——收益超过成本的部分。如果一个家庭使用数量为 L^d 的劳动和数量为 K^d 的资本作为投入物投入生产，所生产的商品数量 Y 由生产函数给出：

$$Y = A \cdot F(K^d, L^d) \tag{6.1}$$

由于所有的商品按物价水平 P 出售，每年从销售得到的名义收入为 PY。

家庭每年为劳动投入支付 wL^d 的名义金额，为资本投入支付 RK^d 的名义金额。家庭从销售得到的收入与购买劳动和资本的支出之间的差额就是每年经营家族企业获得的名义利润。我们用 Π 表示名义利润，它是由下式给出：

$$利润 = 销售收入 - 工资和租金支付$$

$$\Pi = PY - (wL^d + RK^d)$$

如果我们用 $A \cdot F(K^d, L^d)$ 替代 Y，我们得到：

---

① 价格被固定为每单位 1 美元，因为我们正在考察的债券到期日很短。长期债券是借款者向债券持有人承诺在一段时期内支付一种名义付款流（期中支付的是息票，期末支付的是本金），直至到期日。我们可以确定单位，以便借款人在到期日承诺向债券持有人按每单位债券 1 美元支付本金。当利率 i 变化时，这些债券的名义价格将会有所变动。

$$\Pi = PA \cdot F(K^d, L^d) - (wL^d + RK^d) \tag{6.2}$$

这一表达式很有用,因为它显示了利润 Π 如何取决于家庭的企业决策,即资本和劳动投入(K^d 和 L^d)的需求量。

2. 工资收入

如果各个家庭向劳动市场提供 L^s 数量的劳动,他们每年得到 wL^s 的名义工资收入。如已经提到的,我们现在假设劳动供给的数量 L 是固定的。因此,名义工资收入是 wL。

3. 租金收入

如果家庭每年向租赁市场提供 K^s 数量的资本,它们每年得到 RK^s 的名义租金收入。由于家庭向租赁市场提供所有它们可获得的资本 K,所以 $K^s = K$,名义租金收入是 RK。

如同在第 3 章中那样,我们假设资本的折旧率为 δ。因此,每年消耗掉的资本数量为 δK。这些失去的资本的美元价值为每年 $P \cdot \delta K$:

$$\begin{aligned}\text{净名义租金收入} &= \text{名义租金收入} - \text{折旧值} \\ &= RK - \delta PK\end{aligned}$$

我们要计算家庭拥有资本的收益率。要计算这一收益率,我们必须掌握净名义租金收入的表达。首先对上式等号右边的第一项除以和乘以 P,以得到

$$\text{净名义租金收入} = (R/P) \cdot PK - \delta PK$$

接下去,组合右边的项以得到

$$\text{净名义租金收入} = (R/P - \delta) \cdot PK \tag{6.3}$$

方程右边将净名义租金收入表达为以下两个项的乘积:$(R/P-\delta)$和 PK。第二项 PK 是家庭拥有的资本的美元值。第一项$(R/P-\delta)$是以资本形式持有的每一美元的收益率。这个重要的结果是资本收益率的公式:

$$\text{拥有资本的收益率} = R/P - \delta \tag{6.4}$$

拥有资本的收益率是实际租赁价格 R/P 减去折旧率 δ。

4. 利息收入

如果一个家庭的名义债券持有额为 B,每年得到的名义利息收入流为 iB。注意,对债券持有人来说利息收入大于 0(当 B 大于 0 时),对债券发行人来说则是收入小于 0(当 B 小于 0 时)。就是说,债券发行人——某个欠其他人钱的人——必须付出利息而不是收到利息。由于就整个经济体而言,B 等于 0,我们就得到利息收入的总和为 0 的结论。付给债券持有人(贷款者)的利息金额与债券发行人(借款者)付出的金额恰好平衡。

5. 总收入

我们可以把上面四种类型的收入合并在一起,以计算出家庭每年总的名义收

入。其结果是：

家庭名义收入 = 名义利润 + 名义工资收入 + 名义净租金收入 + 名义利息收入

如果我们用 Π 替代名义利润[得自方程(6.2)]，用 wL 替代名义工资收入，用 $(R/P-\delta)\cdot PK$ 替代名义净租金收入，而用 iB 替代利息收入，我们得到：

$$家庭名义收入 = \Pi + wL + (R/P-\delta)\cdot PK + iB \tag{6.5}$$

6.4.2 消费

到目前为止，我们已经讨论了家庭收入。现在我们将考察家庭在商品上的支出。家庭每年消费的商品数量为 C，由于物价水平是 P，家庭每年花在消费上的名义金额是：

$$家庭的名义消费 = PC$$

6.4.3 资产

现在，我们将研究如何将家庭的收入和支出与家庭的资产联系起来。家庭以三种形式持有资产：货币 M；债券 B；资本的所有权 K。货币没有利息。债券按每年 i 的利率付给利息；资本的所有权每年产生 $(R/P-\delta)\cdot PK$ 的收益率[根据方程(6.4)]我们假设家庭能按它们希望的任何方式在这三种形式之间对它们的资产进行分配。即在任何时点，家庭可以用美元货币交换美元债券，也可以用美元货币按物价水平 P 交换一定单位的资本。那么，家庭在什么时候选择持有这三种形式的资产呢？

如果利率 i 大于 0，债券似乎比货币更有吸引力。然而，家庭为使用方便起见会持有一些货币，因为他们把货币作为交换中介使用——例如，用于购买或出售商品和劳动。对比之下，在交换商品或劳动时，债券就不能很方便地随时被人们所接受——通常债券持有人需要将债券出售换取货币再来购买商品和劳动。货币在交换中的特殊作用促使家庭拥有正的货币需求。我们将把对货币的这种需求推迟到第 10 章去研究。现在，我们假设，家庭持有一个固定金额的美元货币；即在一段时间里，家庭的名义货币的持有量的变化为 0。如果我们用符号 Δ 代表随时间发生的变化，我们得到：

$$\Delta M = 0$$

举一个例子，一个家庭也许需要平均持有 200 美元货币以应付食品、汽油和其他商品的开支。一个家庭持有的货币量会随着时间而变化，有时超过 200 美元，有时少于 200 美元。然而，如果每个家庭平均持有的货币始终是 200 美元，那么在任何时点上所有家庭持有的货币总额往往不会有多大的变动。我们的假设是所有家庭持有的货币总额 ΔM 为 0。

在考虑是以债券形式还是以资本形式持有资产时，家庭会比较债券的收益率——利率 i——与拥有资本的收益率 $(R/P-\delta)$。如果两者的收益率有所不同，家庭会愿意持有这两类资产吗？他们也许愿意持有这两种资产，如果这两种资产除收益率外在性质上也有所不同。在现实世界中，最重要的差别是收益的风险性。有些类型的债券，例如美国的 3 个月期的国库券，几乎是没有风险的。[①]以拥有资本的形式拥有资产，例如美国福特汽车公司的股票，所提供的收益是不确定的。在这些情况中，有风险的资产(如福特公司的股票)一般需要支付比美国国库券利率更高的预期收益率才能吸引人们去持有带风险的资产。

为了使我们的模型中的各种情况可以掌控，我们并不考虑有关债券或资本的收益方面的风险问题。即我们假设，除了收益率有所差别，我们将债券和资本同等看作是家庭持有资产的方式。在这种情况下，如果债券提供更高的收益率，家庭就不会持有资本。相反，如果资本提供更高的收益率，家庭就要想借入大量的资金以便获得和持有大量的资本(事实上，可以是无限制的)。由于经济体的资本存量大于 0 但小于无穷大，这两种资产的收益率必定相等。这个条件是：

关键方程

$$\text{债券收益率} = \text{拥有资本的收益率}$$

$$i = R/P - \delta \tag{6.6}$$

如果我们利用这一结果用 i 替代方程(6.5)中家庭名义收入的表达式中的 $R/P-\delta$，我们得到：

$$\text{家庭名义收入} = \Pi + wL + i \cdot (B + PK) \tag{6.7}$$

上式的最后一项显示，以债券或资本所有权持有的资产每年产生的收益率是相同的，是由利率 i 决定的。

6.4.4 家庭预算约束

现在我们利用有关家庭收入的结果构建家庭预算约束。这一约束将家庭资产的变化同收入流联系起来。

在某个时点上，一个家庭拥有以货币、债券和资本所有权为形式的资产：

$$\text{资产的名义价值} = M + B + PK$$

我们定义**名义储蓄**为一段时间内资产的名义价值的变化。因此，如果再次用符号 Δ 代表随时间的变化。我们得到：

---

① 3 个月期美国国库券的持有人实际上肯定能在之后 3 个月里获得所承诺的美元金额。然而，这一支付的实际价值却是不确定的，因为未来的物价水平是不知道的；即通货膨胀率是不确定的。因此，美国国库券的实际收益是有风险的。自 1997 年以来，美国财政部发行了抵御通货膨胀型证券(指数化债券)。这些资产如果持有至到期日，持有人将获得有保证的收益。

$$名义储蓄 = \Delta(名义资产) = \Delta M + \Delta B + P \cdot \Delta K$$

如果我们利用我们的假设 $\Delta M = 0$，我们得到：

$$名义储蓄 = \Delta B + P \cdot \Delta K \tag{6.8}$$

也就是说，一个家庭的储蓄相当于它持有的债券和资本的变化。

一个家庭的名义储蓄取决于它的收入和消费。如果收入大于消费，这个差别就将被储蓄起来，因此增加了资产。如果收入少于消费，名义储蓄就小于0，这一差额就将从名义资产中减去。因此，我们得到

$$名义储蓄 = 名义收入 - 名义消费$$

扩展模型

考虑拥有资本的风险报酬

我们可以通过考虑拥有资本的收益率 $R/P-\delta$ 和债券利率 i 之间的差额，使我们的模型更符合实际。我们可以把这两种收益率之间关系写成：

$$R/P - \delta = i + 风险报酬$$

$$资本收益率 = 利率 + 资本的风险报酬$$

因此，**风险报酬**是超过预计的资本收益率的部分——例如，持有公司股票的预计收益率——超过几乎无风险资产的预计收益率，例如美国国库券。风险报酬通常需要大于0以吸引家庭持有风险较大的资产。如果风险报酬不变，我们的分析通过考虑到这一报酬也不会变。更有意思（也更困难）的是考虑风险报酬随时间推移发生的变化。风险报酬变化的原因是：首先，感知到资本变化的风险性；其次，家庭变得更愿意或者更不愿意承担风险了；第三，金融市场或法律制度的创新使家庭在降低它们的资产和收入方面的总风险变得更容易。

如果我们用方程(6.7)替代上式中的名义收入，并用 PC 替代名义消费，我们得到

$$名义储蓄 = \Pi + wL + i \cdot (B + PK) - PC \tag{6.9}$$

方程(6.8)和(6.9)是表示名义储蓄的两种方式。因此，两个方程的右边必定相等：

$$\Delta B + P \cdot \Delta K = \Pi + wL + i \cdot (B + PK) - PC \tag{6.10}$$

这一方程说明名义储蓄，即方程左边的 $\Delta B + P \cdot \Delta K$，等于方程右边的名义收入 $\Pi + wL + i \cdot (B + PK)$ 与名义消费 PC 之间的差额。

如果我们整理方程(6.10)，把名义消费 PC 移到左边，得到：

关键方程(用名义项表示的家庭预算约束)

$$PC + \Delta B + P \cdot \Delta K = \Pi + wL + i \cdot (B + PK) \tag{6.11}$$

名义消费 + 名义储蓄 = 名义收入

方程右边是总名义收入为 $\Pi + wL + i \cdot (B + PK)$。方程(6.10)说明,家庭在将它们的总收入在左边的两个项——名义消费 PC 和名义储蓄 $\Delta B + P \cdot \Delta K$——之间分配时会受到约束。因此,方程(6.10)是**名义家庭预算约束**。

通过利用物价水平 P 划分方程(6.10)中的各个项,我们将发现用实际项表示家庭预算约束是很有用的。在我们进行这一划分后,我们得到:

关键方程(用实际项表示的家庭预算约束)

$$C + (1/P) \cdot \Delta B + \Delta K = \Pi/P + (w/P) \cdot L + i \cdot (B/P + K) \tag{6.12}$$

消费 + 实际储蓄 = 实际收入

这一方程是**实际家庭预算约束**。右边是实际总收入 $\Pi/P + (w/P) \cdot L + i \cdot (B/P + K)$。左边是消费 C 和资产实际价值的变化 $(1/P) \cdot \Delta B + \Delta K$。我们称资产实际价值的变化为**实际储蓄**。注意,方程(6.11)左边的名义储蓄 $\Delta B + P \cdot \Delta K$,给出了资产的名义价值的变化。对比之下,出现在方程(6.12)左边的实际储蓄 $(1/P) \cdot \Delta B + \Delta K$,给出了资产的实际价值的变化。

图 6.2 显示了来自方程(6.12)的家庭预算约束。假设一个家庭有给定的实际总收入 $\Pi/P + (w/P) \cdot L + i \cdot (B/P + K)$,列在方程右边。预算约束假定,这一实际收入必定被划分成消费 C 和实际储蓄 $(1/P) \cdot \Delta B + \Delta K$。一种可能性是家庭设

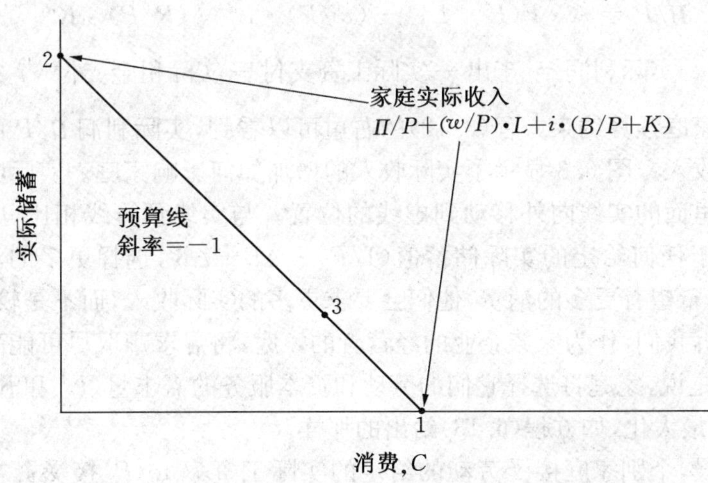

注:家庭拥有一个给定的实际总收入 $\Pi/P + (w/P) \cdot L + i \cdot (B/P + K)$。这一总额可被划分成消费 C 和实际储蓄 $(1/P) \cdot \Delta B + \Delta K$。因此,如果实际储蓄是 0,$C$ 等于横坐标点 1 上的实际总收入。如果 C 为 0,实际储蓄等于纵坐标点 2 上的实际总收入。方程(6.12)中的预算约束允许家庭选择预算线上的消费和实际储蓄的任何组合,例如点 3。预算线的斜率为−1。因此,沿着这条线,消费减少一个单位,实际收入就相应增加一个单位。

图 6.2　家庭预算约束

定实际储蓄为 0，那么 C 等于实际总收入。另一种可能性是家庭设定 C 为 0，那么实际储蓄等于实际总收入。这一选择与总坐标上的点 2 相对应，在点 2 上实际储蓄等于实际总收入。更常见的是，家庭将选择一个中间点，例如点 3，在这点上，消费 C 和实际储蓄都大于 0。所有的可能性见图 6.2 中向下倾斜的直线。这条线叫做**预算线**。方程(6.12)的预算约束告诉我们，沿着预算线，C 每增加一个单位，实际储蓄相应地就减少一个单位。因此预算线的斜率是-1。

6.5 劳动市场和资本服务市场的出清

既然我们已经得出了家庭预算约束，我们就可以考察家庭作出的选择了。我们首先考察关于家庭企业的决策。这些决策决定了劳动和资本服务的需求。一旦我们知道了这些需求，我们就可以研究劳动市场和资本服务市场的出清了。

6.5.1 利润最大化

家庭作出的两个企业决策是劳动需求和资本服务需求的数量(L^d 和 K^d)。这些决策决定了商品市场上生产和出售的商品的数量，$A \cdot F(L^d, K^d)$，因而，名义利润的金额来自：

$$\Pi = PA \cdot F(K^d, L^d) - wL^d - RK^d \tag{6.2}$$

要计算实际利润，我们可以通过将方程(6.2)两边除以物价水平 P，得到：

$$\Pi/P = A \cdot F(K^d, L^d) - (w/P) \cdot L^d - (R/P) \cdot K^d \tag{6.13}$$

实际利润 = 产出 − 实际工资支付 − 实际租金支付

我们从家庭预算约束方程(6.12)的右边可以看到，实际利润 Π/P 的增加提高了家庭实际收入。图 6.3 显示了实际收入的增加如何影响家庭。实际收入的增加使预算线从里面的实线向外移动到虚线的位置。与实线预算线相比，虚线预算线能使家庭对于任何给定的实际储蓄值$(1/P) \cdot \Delta B + \Delta K$，选择更多的消费 C。因此，只要家庭希望有更多的消费，他们会要求更多的实际收入，而不是较少的收入。这一结果告诉我们，作为家族企业的经营者的家庭，将寻求赚取尽可能高的实际利润 Π/P。就是说，家庭将选择它们的劳动和资本服务的需求量(L^d 和 K^d)，以使实际利润 Π/P 最大化，如方程(6.13)给出的那样。

我们假设，个别家庭接受劳动的给定的实际工资率 w/P，接受资本的给定的实际租赁价格 R/P。如前面提到过的，这些假设对于竞争市场来说是标准的假设——一个家庭太小了，以致不可能对市场价格产生引人注意的影响。在这种情况下，每个家庭可以按现行的实际工资率 w/P 购买或出售它想要的任何数量的劳动，并且可以按现行的实际租赁价格 R/P 借入或租出它想要的任何数量的资本。因此，家庭将在 w/P 和 R/P 的值 给定的情况下，需要使实际利润 Π/P 最大化的

数量为 L^d 和 K^d 的劳动和资本服务。

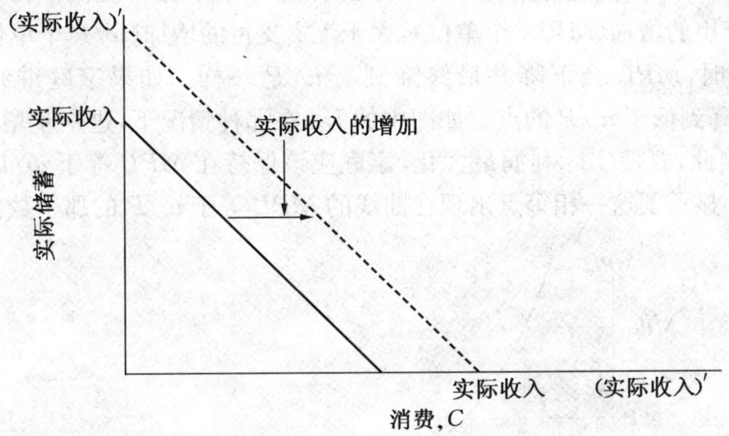

注:如果家庭实际收入 $\Pi/P+(w/P)\cdot L+i\cdot(B/P+K)$ 上升,预算线向外移动,从实线移动到虚线的位置,即在图中,(实际收入)′大于(实际收入)。与实线比较,虚线使家庭在任何给定的实际储蓄值 $(1/P)\cdot\Delta B+\Delta K$ 下,有更多的消费 C。由于家庭喜欢更多的消费,它们希望更多的实际收入,而不是更少。

图 6.3 实际收入的增加对家庭预算约束的影响

6.5.2 劳动市场

我们现在考察劳动的需求和劳动的供给。然后,我们将根据劳动市场的市场出清条件来确定实际工资率 w/P。劳动市场出清条件是:劳动的需求量等于劳动的供给量。

1. 劳动的需求

劳动的需求 L^d 来自利润最大化的目标。考察一下劳动投入 L^d 增加一个单位对实际利润 Π/P 的影响,如方程(6.13)所显示的。劳动投入 L^d 的增加,通过增加生产从而增加商品市场上商品的销售,从而提高产出,即方程右边的 $A\cdot F(K^d, L^d)$。我们从第 3 章知道,L^d 增加一个单位提高的产量是"劳动的边际产品"(MPL)。L^d 的增加也提高了方程右边的第二项,实际工资支付 $(w/P)\cdot L^d$。对于给定的实际工资率 w/P, L^d 增加一个单位,使工资的支付额上升 w/P。因此,L^d 增加一个单位产生的总的影响是使实际利润发生以下变化:

$$\begin{aligned}\Delta(\Pi/P) &= \Delta[A\cdot F(K^d, L^d)] - w/P \\ &= MPL - w/P\end{aligned}$$

实际利润的变化 = 劳动的边际产品 − 实际工资率

我们从第 3 章中知道 MPL 取决于劳动投入的数量 L^d。当 L^d 上升时,MPL 下降。这一关系可以从图 6.4 中的向下倾斜的曲线看出。这种曲线对于给定的技术水平 A 和资本投入 K^d 也适用。

假定家庭选择劳动的低投入，例如图 6.4 中的 L_1，此时劳动的边际产品为 MPL_1，大于 w/P。在这种情况中，L^d 增加额外一个单位将提高实际利润 Π/P。其原因是产出的增加(MPL_1 个单位)，大于工资支付的增加(w/P 个单位)。然而，当 L^d 上升时，MPL 会下降并最终降到与 w/P 一样。如果家庭继续提高 L^d，MPL 就下降到低于 w/P 的点。如图中的 L_2，在那种情况下，进一步增加 L^d 会降低 Π/P。因此，要使实际利润最大化，家庭应该保持在 MPL 等于 w/P 的那一点上。图 6.4 显示了这一相等点出现在曲线的 MPL 等于 w/P 的那个数值上。

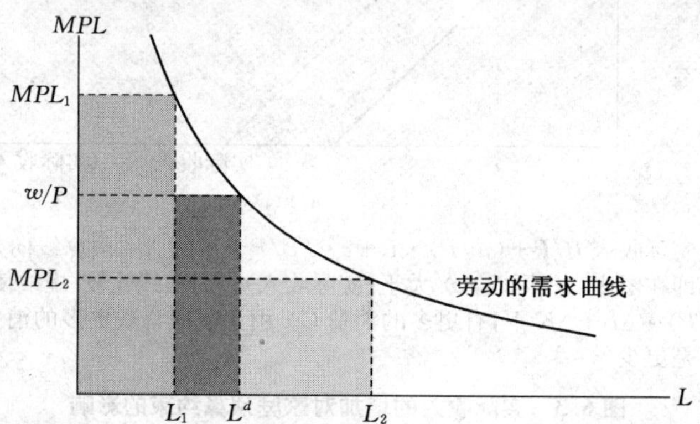

注：对于给定的技术水平 A 和资本投入 K^d，当劳动投入 L 增加时，劳动的边际产品 MPL 下降，因此，当横坐标上的 L 上升时，沿着曲线 MPL 在纵坐标上的位置下降。若家庭选择劳动投入 L^d，MPL 等于实际工资率 w/P。若劳动投入较低，例如 L_1，MPL_1 大于 w/P；若劳动投入较高，例如 L_2，则 MPL_2 小于 w/P。如果 w/P 下降，L^d 就增加。

图 6.4　劳动需求

对于给定的实际工资率，即纵坐标上的 w/P，图 6.4 的横坐标显示劳动的需求量为 L^d。我们可以看到，w/P 的下降使 L^d 上升。因此，如果我们在图上描出 L^d 与 w/P 的关系，我们就画出一条向下倾斜的需求曲线，即看起来像图 6.1 所显示的劳动需求曲线。

每个家庭决定它自己的劳动需求 L^d，如图 6.4 所示。因此，当我们加总所有家庭的劳动需求时，我们最终得到一个劳动的总需求或市场需求，它看起来也像图 6.4 中显示的曲线。从曲线上，我们可以看出，实际工资率 w/P 的下降，提高了劳动的市场需求量 L^d。

2. 劳动的供给

我们假设每个家庭向劳动市场提供固定数量的劳动。因此，劳动的总供给或市场供给 L^s，是给定的数量 L。更符合实际的情况是，劳动供给的数量将取决于实际工资率 w/P。例如，我们也许会有一条向上倾斜的劳动供给曲线，如图 6.1 所示。然而，在第 8 章之前，我们将不讨论 L^s 对 w/P 的依赖性。

3. 劳动市场的出清

市场的劳动需求 L^d 是由图 6.4 中的作为实际工资率 w/P 的函数的一条向下倾斜的曲线决定的。我们在图 6.5 中复制了这条曲线。市场的劳动供给 L^s，被解释为是个常数。我们把这一劳动供给显示为在 L 点的一条垂直线。现在我们可以从劳动市场的市场出清条件确定 w/P 的均衡值了。具体地讲，我们假设我们确定 w/P 以使劳动的总需求量 L^d 等于总供给量 L。w/P 的这一市场出清值与图 6.5 中的 L^d 曲线与在 L 点垂直线的交点相符合。w/P 的市场出清值在纵坐标上标为 $(w/P)^*$。劳动投入的相应的市场出清数量 L^* 等于横坐标上的 L。

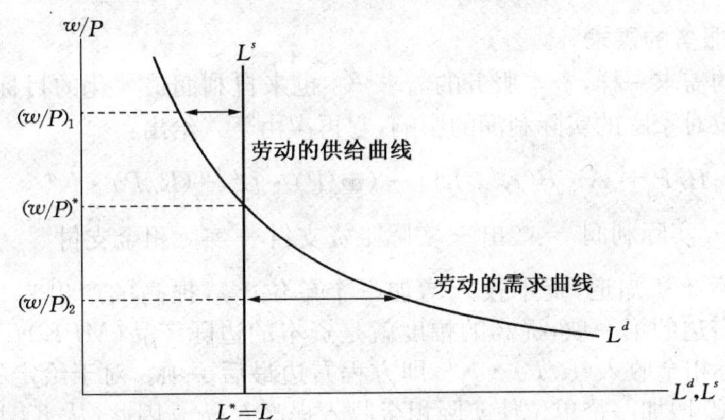

注：向下倾斜的劳动需求曲线 L^d，来源于图 6.4。我们假设劳动的供给 L^s 是固定的值 L。出清市场的实际工资率是 $(w/P)^*$，出清市场的劳动投入量是 $L^*=L$。按较高的实际工资率，例如 $(w/P)_1$，劳动供给量 L^s 超过劳动需求量 L^d，超出部分用上面的箭头表示。按较低的实际工资率，例如 $(w/P)_2$，劳动供给量 L^s 小于需求量 L^d，不足部分在图中用下面的箭头表示。

图 6.5 劳动市场的出清

L 和 L^d 的相等意味着市场出清的实际工资率 $(w/P)^*$ 等于劳动的边际产品 MPL：

$$(w/P)^* = MPL(\text{在 } L \text{ 点的估值}) \tag{6.14}$$

就 MPL(在 L 点的估值)而言，我们在图 6.4 中指的是与劳动的数量 L 相对应的劳动的边际产品的价值。①

为什么我们要假设劳动市场出清呢？这一理念是，只有在劳动市场出清的位置上，实际工资率 w/P 既不会趋于上升也不会趋于下降。如果 w/P 低于 $(w/P)^*$，例如，在图 6.5 中的 $(w/P)_2$ 上，总的劳动需求量将超过劳动供给量，超过部分用下面的箭头表示。在这种情况中，劳动的需求者将通过提高 w/P 来争相雇用稀缺的工人②。相反，如果 w/P 高于 $(w/P)^*$，例如，在图 6.5 中的 $(w/P)_1$ 上，总的劳动需求量将少于劳动供给量，不足的部分用上面的箭头表示。在这种情况下，急于需求工作的劳动的供给者就会降低 w/P 的要求。w/P 将在均衡中得到确定以出清劳动市场——即总的劳动供给量 L 等于劳动的需求量 L^d。

---

① 注意，图 6.4 中的 MPL 曲线适用于给定的资本存量 K 的情况。K 的变化将使与 L 的给定值有联系的 MPL 发生变动，从而改变图 6.5 中的 $(w/P)^*$ 的位置。

② 这一描述将劳动市场的参与者看作是在市场中直接设定实际工资率 w/P。如果物价水平 P 是给定的，劳动市场的参与者调整名义工资率 w，情况也将是一样的。

6.5.3 资本服务市场

我们现在考察资本服务的需求和资本服务的供给。然后我们根据市场出清条件确定它们的实际租赁价格，出清资本服务市场的条件是：资本服务的供给量等于它的需求量。

1. 资本服务的需求

与劳动的需求一样，资本服务的需求 K^d 也来自利润最大化的目标。考察 K^d 增加一个单位对家庭的实际利润的影响，它再次由下式给出：

$$\Pi/P = A \cdot F(K^d, L^d) - (w/P) \cdot L^d - (R/P) \cdot K^d \quad (6.13)$$

实际利润 = 产出 − 实际工资支付 − 实际租金支付

我们从第 3 章知道，资本投入增加一个单位 K^d，提高的产出为 $A \cdot F(K^d, L^d)$，即方程右边的第一项，提高的幅度就是资本的边际产品（MPK）。K^d 的增加也提高了实际租金收入 $(R/P) \cdot K^d$，即方程右边最后一项。对于给定的实际租赁价格 R/P，K^d 增加一个单位使实际租金收入提高 R/P。因此，从 K^d 增加一个单位产生的总的效应是利润的变化，变化为：

$$\Delta(\Pi/P) = \Delta[A \cdot F(K^d, L^d)] - R/P$$
$$= MPK - R/P$$

实际利润的变化 = 资本的边际产品 − 实际租赁价格

我们从第 3 章知道，MPK 取决于资本的投入量 K^d。当 K^d 上升时，MPK 下降。这一关系由图 6.6 中向下倾斜的曲线表示。这一曲线适用于技术水平 A 和劳动 L^d 给定时的情况。

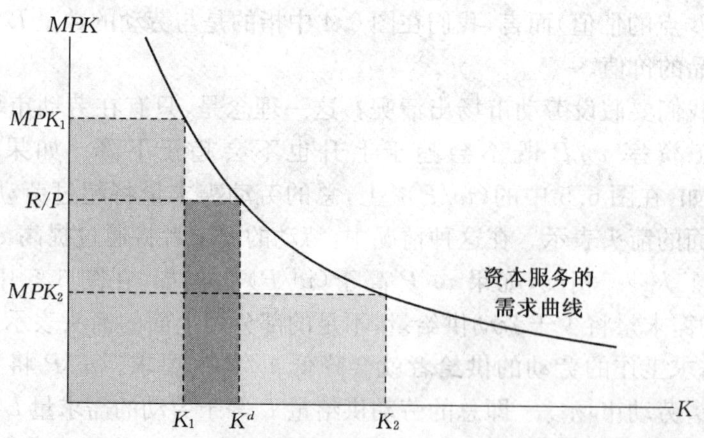

注：对于给定的技术 A 和劳动投入 L^d，当资本 K 的投入增加时，资本的边际产品 MPK 减少。因此，当横坐标上的 K 增加时，由需求曲线给定的 MPK 在纵坐标上的位置就下降了。家庭选择的资本投入为 K^d，在这里，MPK 等于实际租赁价格 R/P。对比之下，在资本投入较低时，如在 K_1 点，MPK_1 大于 R/P。在资本投入较高时，如在 K_2 点，MPK_2 小于 R/P。如果 R/P 减少，则 K^d 上升。

图 6.6　资本服务的需求

假定家庭选择一个低的资本投入值 K^d，例如图 6.6 中的 K_1，在这一点上，资本的边际产品 MPK_1 大于 R/P。在这种情况下，K^d 每额外增加一个单位，就会提高实际利润 Π/P。其原因是产出的增加（MPK_1 个单位）大于实际租金的支付额（R/P 个单位）。然而，当 K^d 上升时，MPK 下降，并最终低到与 R/P 一样。如果家庭继续增加 K^d，MPK 就会下降到低于 R/P 的点，如图 6.6 中的 K_2 点。在那种情况下，进一步增加 K^d 就会降低 Π/P。因此，要使实际利润最大化，家庭的投资应该保持在 MPK 等于 R/P 的那一点上。本图显示这一均衡点出现在曲线的 MPK 等于 R/P 的那个点上。

对于显示在纵坐标上的给定的实际租赁价格 R/P，图 6.6 在横坐标上显示了对资本服务需求的数量 K^d。我们可以看到，R/P 的下降增加了 K^d。因此，如果我们在图上描出 K^d 与 R/P 的关系，我们就确定了一条向下倾斜的需求曲线。

每个家庭确定它自己的对资本服务的需求 K^d，如图 6.6 所示。因此，当我们加总所有家庭的资本需求时，我们最终得到一个对资本服务的总需求或市场需求，它看起来也像图 6.6 中显示的曲线。特别地从图中我们可以看到，实际租赁价格 R/P 的下降，提高了对资本服务的市场需求量 K^d。

2. 资本服务的供给

就整个经济体而言，资本的总量 K 是由过去的投资流量决定的。即在短期内，经济体拥有给定存量的房子、汽车、机器和工厂。这一资本存量被各个家庭所拥有，并且所有来自这些资本存量的服务都可以在租赁市场上提供。因此，在短期内，资本服务的供给总量或市场供给量 K^s 等于 K。

3. 资本服务市场的出清

资本服务的市场需求 K^d 是根据图 6.6 决定的，是实际租赁价格 R/P 的函数，且显示在图中为一条向下倾斜的曲线。我们在图 6.7 中复制了这条曲线。资本服务的市场供给 K^s 是个常数 K。我们将这一固定的资本服务的供给显示为位于 K 点的垂直线。同在劳动市场一样，我们假设 R/P 的均衡值被确定以出清市场——这样，资本服务的总供给量 K 就等于总需求量 K^d。R/P 的这一市场出清值在图 6.7 中对应于 K^d 曲线与在 K 点的垂直线的交点。R/P 的这一出清值在纵坐标上用 $(R/P)^*$ 表示。相应的资本服务的市场出清量 K^* 等于横坐标上的 K 值。

K 和 K^* 相等意味着市场出清的实际租赁价格 $(R/P)^*$，等于资本的边际产品 MPK：

$$(R/P)^* = MPK(\text{在 } K \text{ 点的估值}) \tag{6.15}$$

就 MPK（在 K 点的估值）而言，我们在图 6.4 中指的是与资本的投入 K 相对应的资本的边际产品的价值。①

① 注意，图 6.6 中的 MPK 曲线适用于给定的劳动投入 L 的情形。L 的变化将使与给定的 K 值有联系的 MPK 发生变化，从而引起图 6.7 中 $(R/P)^*$ 值的变化。

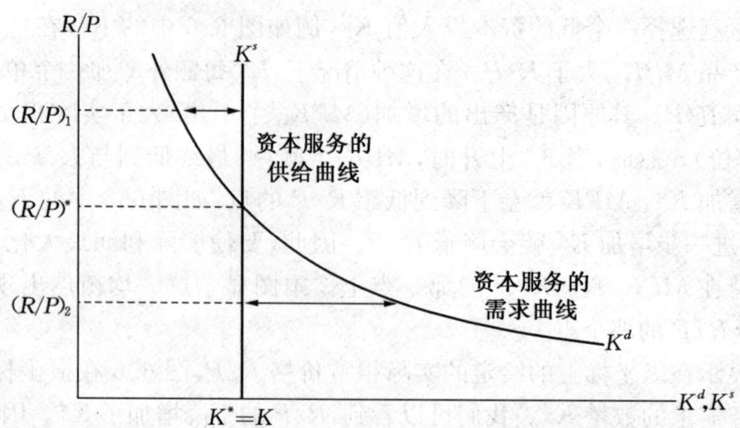

注：向下倾斜的资本服务的需求曲线 K^d 来源于图 6.6。资本服务的供给 K^s 固定在 K 值。市场出清的实际租赁价格为 $(R/P)^*$。出清市场的资本服务的数量是 $K^s=K$。若实际租赁价格较高，例如 $(R/P)_1$，资本服务供给的数量 K^s 超过需求的数量 K^d，超过量用上面的箭头表示。若实际租赁价格较低，例如 $(R/P)_2$。资本服务供给的数量 K^s 少于需求的数量 K^d，不足量用下面的箭头表示。

图 6.7　资本服务市场的出清

再问一下，我们为什么要假设市场出清呢？这一理念是，只有在市场出清的位置上，实际租赁价格 R/P 既不趋于上升也不趋于下降。如果 R/P 低于 $(R/P)^*$，例如，图 6.7 纵坐标上的 $(R/P)_2$，总的资本服务的需求量将超过资本供给量，超出量用下面箭头表示。在这种情况下，资本服务的需求者将通过提高 R/P 来争夺稀缺的资本。相反，如果 R/P 高于 $(R/P)^*$，例如，图 6.7 纵坐标上的 $(R/P)_1$，总的资本服务的需求量将少于资本供给量，不足部分用上面箭头表示。在这种情况下，资本服务的供给者就会通过降低 R/P 进行竞争。R/P 将在均衡中得到确定以出清市场——即总的资本服务的供给量 K 等于总的需求量 K^d。

4. 利率

实际租赁价格市场出清问题的解决将允许我们确定利率 i。我们在前面发现，i 等于拥有资本的收益率：

$$i=R/P-\delta$$

债券收益率 ＝ 拥有资本的收益率

因此，如果我们用方程(6.15)中的 $(R/P)^*$ 的公式替代上式中的 R/P，我们得到：

关键方程(均衡利率)：

$$i=MPK(\text{在 } K \text{ 点的估值})-\delta \tag{6.16}$$

因此，一旦我们决定了 R/P，我们也就确定了利率 i。

这最后的结果是重要的。它说明，除非某些情况改变了 MPK，否则利率 i 不可能发生变化。在技术水平 A 给定情况下，MPK 取决于资本服务 K 和劳动 L 的投入。在我们目前的环境中，K 和 L 是给定的。因此，i 也将是给定的。在现实世界中，利率 i 往往波动很大。因此，要掌握这一现实情况，我们需要把我们的模型

扩展到把 MPK 的变化考虑进去。我们在第 8 章和第 9 章介绍 MPK 变化的根源，从而解释利率 i 变化的原因。

6.5.4 均衡利润

我们从利润最大化的目标出发，确定了家庭对劳动和资本服务的需求（L^d 和 K^d）。家庭作为企业经营者选择 L^d 和 K^d，以赚取尽可能高的实际利润 Π/P。现在，我们将考察当劳动市场和租赁市场出清时，家庭得到的实际利润 Π/P 的水平。

当劳动市场和租赁市场出清时，那么 $L^d = L$ 和 $K^d = K$，实际利润由方程(6.13)给出：

$$\Pi/P = A \cdot F(K, L) - (w/P) \cdot L - (R/P) \cdot K \tag{6.17}$$

由于劳动市场和租赁市场是出清的，我们也从方程(6.14)和(6.15)，得到：

$$w/P = MPL$$

$$R/P = MPK$$

这里 MPL 和 MPK 是按 L 和 K 给定的值估计的。如果我们将这些值代入方程(6.17)，我们得到：

$$\Pi/P = A \cdot F(K, L) - MPL \cdot L - MPK \cdot K \tag{6.18}$$

回到现实

经济利润与会计利润

我们关于利润的定义不同于会计上的标准的定义。产生这一差别的原因涉及对资本的租金支付的处理。例如，假定一个家庭（或者更符合实际情况的是一个企业）拥有资本并利用资本去生产商品，在那种情况下，家庭并不用为生产中使用的资本支付明显的租金。租金的支付是隐含的——家庭应该考虑为它自己拥有并利用的资本支付租金。这些隐含的租金代表了家庭通过将自己的资本出租给其他生产者能够取得的收入。因此，被放弃的租金收入应该被作为使用自己的资本生产商品的成本（称为机会成本）对待。

然而，标准的会计实务，包括国民收入账户，并不把大多数隐含形式的租金支付作为成本包括进去①。出于这个原因，从经济学的观点来看，通常的关

① 如果一个企业借钱融资去购买资本货物，通常的会计实务会把企业债务的利息支付作为成本处理。于是，利息支出——它代表举债融资资本的租金支出——作为会计账户中利润的减项。因此，当资本是举债融资获得的而不是企业直接拥有的时，标准的会计程序会把对资本的租金支付包括在成本内。就股份公司的情况而言，它的资本是通过发行股份（公司股票）或留成利润（没有作为红利分给股东的税后利润）获得的。

于租金支付的会计方法会低估恰当的租金支出。由于租金支付对于方程(6.17)中的实际利润 Π/P 来说是一个减项，由此我们可知，会计利润将大于经济利润。由于经济的均衡利润为0，用会计方法计量的利润在均衡情况下必定大于0。利润的这种会计计量方法事实上衡量了资本的租金收入中的未被计算的部分。

我们将在附录中推导，方程(6.18)右边的表达式等于0。即当 w/P 和 R/P 的值满足劳动和资本服务的市场出清条件时，实际利润 Π/P 最终为0。另一种说法是，等于 $A\cdot F(K, L)$ 的实际GDP正好抵偿对两种生产要素投入的支付，$(w/P)\cdot L$ 补偿劳动，$(R/P)\cdot K$ 补偿资本服务。产出等于这些实际要素收入的总和，而所有这些收入或者付给劳动，或者付给资本。最终将无利润。

于是我们产生了一个自相矛盾的悖论。家庭作为企业的经营者，选择它们对劳动和资本服务的需求(L^d 和 K^d)，以实现利润的最大化。然而，当 w/P 和 R/P 满足市场出清条件时，在市场出清点的实际利润 Π/P 为0。就是说，在出清点家庭能够获得的最大的实际利润是0。若引用上面**"回到现实"**的专栏指出，会计利润未计量自有资本的租金，因此在出清时往往大于0。

从经济学观点来看，在我们的模型中，利润最终为0的原因是利润代表着家庭从经营一个企业获得的报酬。我们已经假设，所有的家庭在企业管理方面都同样出色，并且管理过程都没有花大力气。因此，在均衡情况下，企业管理获得的报酬为0(即利润为0)。

另一点是家庭作为企业主是企业收益的*剩余值索取者*。就是说，利润收入是从销售收入中减去生产要素投入(劳动和资本)成本后的剩余值。在我们的模型中，利润是无风险的——它等于0，处于具有完全确定性的均衡之中。但更符合实际情况的是，利润包含着销售和成本的不确定性。在大多数情况下，平均利润必须大于0，以补偿企业所有者作为剩余值的索取者所承担的风险。

小 结

我们为我们的宏观经济模型建立了市场结构和微观经济学基础。我们从描述经济的四个市场——商品市场、劳动市场、资本服务市场和债券市场——开始分析。前三个市场中的美元价格是物价水平 P、工资率 w 和租赁价格 R。短期债券的价格被固定为1美元，但利率 i 可以变动。我们可以把利率看作是借贷资本的价格。我们显示了各个市场上的买卖行为如何决定家庭从工资、资产收益和利润中获得的收入。

我们详细考察了劳动市场和资本服务市场。作为家族企业的经营者，家庭决

定他们对劳动 L^d 和资本服务 K^d 的需求。我们从利润最大化的目标中推导出这些需求量，但前提假设每个家庭接受实际工资率 w/P 和实际租赁价格 R/P 是给定的。我们假设劳动的供给 L^s 被固定在 L 值上，而资本服务的供给 K^s 被固定在 K 值上。

我们从劳动市场发现，出清市场的实际工资率 $(w/P)^*$ 等于劳动的边际产品 MPL。我们也从资本服务市场发现，出清市场的实际租赁价格 $(R/P)^*$ 等于资本的边际产品 MPK。这两种边际产品，MPL 和 MPK，是在 L 和 K 的值给定的基础上估计的。我们还得出了市场出清的实际租赁价格 $(R/P)^*$ 决定了利率 i。

本章的各个结果为我们的经济波动模型搭建了基础架构。在下一章，我们将把分析扩大到消费、储蓄和投资。然后在第 8 章和第 9 章，我们将显示如何利用该模型去解释现实世界中的经济波动的特征。

重要术语和概念

债券 bond
债券市场 bond market
预算约束 budget constraint
预算线 budget line
共同货币 common currency
货币，通货 currency
货币联盟 currency union
商品市场 goods market
名义家庭预算约束 household Budget constraint in nominal terms
实际家庭预算约束 household Budget constraint in real terms
劳动市场 labor market
市场出清条件 market-clearing conditions
到期日 maturity
交换中介 medium of exchange
货币 money
名义的 nominal
名义租赁价格 nominal rental price
名义储蓄 nominal saving
名义工资率 nominal wage rate
物价水平 price level
(债券的)本金 principal(of bond)
实际租赁价格 real rental price

实际储蓄 real saving
实际项 real terms
实际工资率 real wage rate
租赁市场 rental market
风险报酬 risk premium
资金来源 sources of funds
股票市场 stock market
资金的利用 use of funds

问题和讨论

A. 复习题

1. 实际租赁价格(R/P)的上升如何影响资本服务的需求 K^d 的数量？资本的边际产品(MPK)递减的假设出自何种情况？
2. 实际工资率(w/P)的上升如何影响劳动需求 L^d 的数量？劳动的边际产品(MPL)递减的假设出自何种情况？
3. 为什么家庭只对消费、收入和诸如债券的资产的实际价值感兴趣？如果消费、收入和资产的名义价值都增加一倍以及物价水平 P 也增加一倍，设想一下家庭的感觉会如何？
4. 推导图 6.2 显示的预算线。这条线显示的是什么？
5. 明确区分一个家庭最初的资产状况以及该状况的变化。如果一个家庭表现为负的储蓄，从持有负的债券状况的意义上讲，该家庭必定是个借款者吗？

B. 讨论题

6. 利率的期限结构

   假定一个经济体发行了一年和两年到期的贴现债券(第 6 题讨论)。令 i_t^1 为在 t 年初发行的一年期债券的利率，而令 i_{t+1}^1 为在 $t+1$ 年初发行的一年期债券的利率，而令 i_t^2 为在 t 年初发行的两年期债券的年利率。我们可以把 i_t^1 看作是现期短期利率，而把 i_t^2 看作是现期长期利率。

   a. 假设在 t 年初，每个人都不仅知道 i_t^1 和 i_t^2，而且知道下一年的一年期利率 i_{t+1}^1，那么 i_t^2 同 i_t^1 和 i_{t+1}^1 必定有什么关系？通过考察贷款者和借款者的动机解释这一答案。

   b. 如果 $i_{t+1}^1 > i_t^1$，那么长期利率 i_t^2 与短期利率 i_t^1 之间的关系是什么？这个答案是有关利率的期限结构的一个重要的结果。

   c. 如果我们在 t 年较符合实际地假设未来一年的利率 i_{t+1}^1 存在着不确定性，这些结果将如何变化？

7. 金融中介

考察一家参与信贷市场的金融中介机构，例如一家银行。该机构从有些家庭借入资金然后贷款给另一些家庭。（客户给银行的贷款通常采取存款账户的形式）。

a. 金融中介的存在是否会影响借贷总额为 0 的结果？

b. 金融中介会向其借款者索取多少利率或向贷款者支付多少利率？这两种利率之间为什么必须有某些差额？

c. 你能列举一些理由说明为什么金融中介是有用的吗？

8. 贴现债券

在我们的模型中债券具有接近于 0 的到期日；它们只按照现行利率 i 支付利息，作为一个随时间变动的流量。取而代之，我们可以考察一种贴现债券，例如美国国库券。这类资产没有明显的利息支付(称作息票)，但是在未来的一个固定日期支付一笔比方说 1 000 美元的本金。一张一年期的票据自发行日起一年之后支付，同样，3 个月期或 6 个月期的票据也是这样。令 P^B 为一年到期的、本金为 1 000 美元的贴现债券的价格。

a. P^B 是大于还是小于 1 000 美元？

b. 这些贴现债券的一年期利率是多少？

c. 如果 P^B 上升，这些债券的利率会发生什么情况？

d. 假设债券不是在一年后支付 1 000 美元，而是在两年后支付 1 000 美元。两年期贴现债券的每年的利率是多少？

附录

产出等于实际要素收入和利润等于 0

我们在这里要证明，当人们向资本和劳动各自支付它们的边际产品时，付给劳动和资本的实际总收入等于产出或实际 GDP。因此，利润为 0。利用微积分很容易显示出这些结果。

首先从实际 GDP(Y)的生产函数说起：

$$Y = A \cdot F(K,\ L)$$

在第 3 章中，我们假设生产函数满足资本 K 和劳动 L 的规模报酬不变的规定。因此，如果我们让 K 和 L 各乘以 $1/L$，我们也使 Y 乘以 $1/L$：

$$Y/L = A \cdot F(K/L,\ 1)$$

因此，每单位劳动的产出 Y/L，仅取决于每单位劳动的资本 K/L。如果我们让方程的两边乘以 L，我们就得到写出生产函数的另一种方法：

$$Y = AL \cdot F(K/L,\ 1) \tag{6.19}$$

我们可以利用微积分根据方程(6.19)计算 MPK。MPK 是 Y 关于 K 的导数，而 A 和 L 保持不变：

$$MPK = AL \cdot F_1(1/L)$$

这里 F_1 是函数 F 关于其第一个自变量 K/L 的导数。我们从微分的链式法则得到最后一项，即 $1/L$ 是 K/L 关于 K 的导数，而 L 保持不变。如果我们消去 L 和 $(1/L)$，我们得到：

$$MPK = AF_1 \tag{6.20}$$

MPL 是函数 Y 关于 L 的导数，而 A 和 K 保持不变 。由于 L 在方程(6.19)的右边两处出现，我们需要计算与 L 有关的两个项 AL 和 $F(K/L, 1)$ 的乘积的导数。答案的第一部分是第一项 A 乘以第二项 $F(K/L, 1)$ 的导数。第二部分是第一项 AL 乘以第二项的导数。这一导数是 $F_1 \cdot (-K/L^2)$，而 F_1 又是函数 F 关于它的第一个自变量 K/L 的导数。$-K/L^2$ 项从微分的链式法则求得。即 $-K/L^2$ 是 K/L 关于 L 的导数，而 K 保持不变。将两项的结果合在一起，我们得到：

$$MPL = A \cdot F(K/L, 1) + AL \cdot F_1 \cdot (-K/L^2)$$

$$MPL = A \cdot F(K/L, 1) - A \cdot (K/L) \cdot F_1 \tag{6.21}$$

如果各要素投入被用来支付它们各自的边际产品，那么 $w/P = MPL$ 和 $R/P = MPK$，我们可以利用方程(6.20)和方程(6.21)计算出劳动和资本的总支出。

$$\begin{aligned}(w/P) \cdot L + (R/P) \cdot K &= MPL \cdot L + MPK \cdot K \\ &= [A \cdot F(K/L, 1) - A \cdot (K/L) \cdot F_1] \cdot L + (AF_1) \cdot K \\ &= AL \cdot F(K/L, 1) - AK \cdot F_1 + AK \cdot F_1 \\ &= AL \cdot F(K/L, 1)\end{aligned}$$

方程(6.19)告诉我们最后一项等于实际 GDP(Y)，它等于 $A \cdot F(K/L)$。因此，已经显示

$$(w/P) \cdot L + (R/P) \cdot K = A \cdot F(K/L) \tag{6.22}$$

因此，对劳动和资本的总支付 $(w/P) \cdot L + (R/P) \cdot K$ 等于实际 GDP，即 $A \cdot F(K/L)$。①

记住，实际利润由下式得到；

$$\Pi/P = A \cdot F(K, L) - (w/P) \cdot L - (R/P) \cdot K$$

因此，方程(6.22)的结果证明处于均衡的 Π/P 是 0，如教材中所言。

① 这一结果叫欧拉定律。

▶7

消费、储蓄和投资

上一章介绍了我们的宏观经济模型中的四个市场——商品市场、劳动市场、资本服务市场和债券市场。我们将家庭收入与这四个市场中的价格和数量联系了起来。我们从考察家庭作为家族企业的经营者如何决定它们对劳动和资本服务的需求开始构建模型的微观经济学基础。然后，我们研究了劳动和资本服务市场的出清。在劳动 L 和资本 K 的值给定的情况下，这些市场出清条件决定了实际工资率 w/P，实际租赁价格 R/P 和利率 i。

在本章中，我们将把对家庭的微观经济分析扩大到消费和储蓄中。然后我们将利用这些结果去决定整个经济的消费、储蓄和投资水平。这些结果将构成一个均衡的经济周期模型的基础，我们将利用这个模型在第 8 章和第 9 章分析经济波动。

7.1 消费和储蓄

在这一节，我们研究一个家庭对消费 C 的选择。在作出消费决策时，家庭也会决定储蓄多少。

首先从第 6 章的方程(6.12)中的家庭预算约束开始说起：

$$C+(1/P)\cdot\Delta B+\Delta K=\Pi/P+(w/P)\cdot L+i\cdot(B/P+K) \quad (6.12)$$

我们在第 6 章中显示了当劳动市场和资本服务市场出清时，实际利润 Π/P 等于 0。因此，我们可以设定 $\Pi/P=0$，以得到一个简化的家庭预算约束形式：

$$C+(1/P)\cdot\Delta B+\Delta K=(w/P)\cdot L+i\cdot(B/P+K) \quad (7.1)$$

消费 + 实际储蓄 = 实际收入

记住：表达式 $(1/P)\cdot\Delta B+\Delta K$ 代表实际储蓄——以债券 B 和资本的所有权 K 为形式持有的资产的实际价值的变化。实际收入由实际工资收入 $(w/P)\cdot L$，加上实际资产收入 $i\cdot(B/P+K)$ 构成。

我们要探讨家庭如何选择消费和实际储蓄。在作出这些选择时，如在第 6 章中那样，我们假设一个单独的家庭会接受给定的实际工资率 w/P。对一个竞争性市场来说，这种假设是标准的假设——单个家庭的规模太小所以无法对 w/P 产生令人瞩目的影响。现在我们进一步假设单个家庭接受利率 i 是给定的。这一假设对于一个竞争性市场来说也是标准假设——单个家庭的规模太小不可能对利率产生令人瞩目的影响。请注意，在这种环境中，每个家庭都可以按现行利率贷出或借入它想要的数量的资金。一个家庭也许会通过发行利率为 i 的债券来借入资金。家庭也可以通过购买利率为 i 的债券来贷出资金。

假定一个家庭拥有给定的劳动 L 和实际资产 $(B/P + K)$。那么，对一个家庭来说，由于实际工资率 w/P 和利率 i 是由市场决定的，所以家庭总的实际收入 $(w/P) \cdot L + i \cdot (B/P + K)$ 由方程(7.1)右边的项决定。

对于给定的实际收入，家庭的唯一选择是如何将这笔收入在消费 C 和实际储蓄 $(1/P) \cdot \Delta B + \Delta K$ 之间进行划分。即方程(7.1)中的家庭预算约束限制了方程左边的消费和实际储蓄的总和。每个家庭都希望有更多的消费和储蓄，但是对于给定的收入来说，这一愿望不可能都能满足。

图 7.1(类似于第 6 章的图 6.2)显示，来自方程(7.1)的预算约束如何考虑让家庭在消费 C 和实际储蓄 $(1/P) \cdot \Delta B + \Delta K$ 之间进行划分。一种选择是假设实际储蓄为 0，这样，消费 C 就等于总的实际收入。这一选择与横坐标上显示的点 1 相对应。另一个选择是设定 C 为 0，这样，实际储蓄就等于全部收入。这一选择与总坐标上的点 2 相对应，在这点上实际储蓄等于总的实际收入。更符合实际情况的是，家庭一般会选择中间状态，在这点上，消费 C 和实际储蓄都大于 0。例如，家庭会选择图中的点 3。

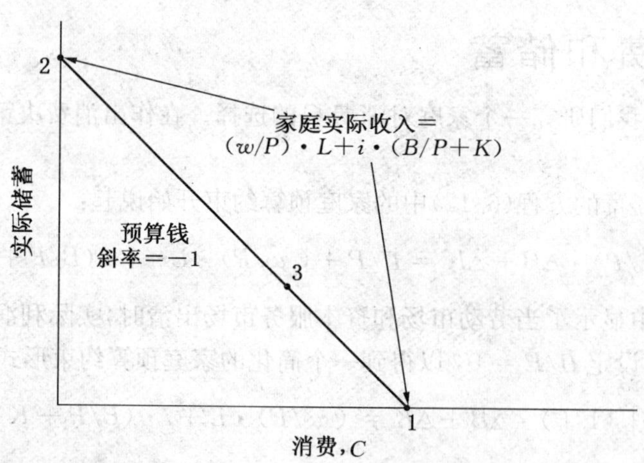

注：家庭拥有给定的实际总收入 $(w/P) \cdot L + i \cdot (B/P + K)$。这一总量必定被划分为消费 C 和实际储蓄 $(1/P) \cdot \Delta B + \Delta K$ 两部分。因此，如果实际储蓄为 0，C 就等于横坐标上点 1 的实际总收入。如果消费 C 为 0，实际储蓄就等于纵坐标上点 2 的实际总收入。方程(7.1)中的预算约束表示的是让家庭沿着预算线选择消费与实际储蓄的任何组合，如预算线上的点 3 所示。预算线的斜率为－1。沿着这条预算线，消费减少一个单位，实际储蓄就相应地增加一个单位。

图 7.1　家庭预算约束

选择可能性的整个范围可用图7.1中的一条向下倾斜的预算线显示。方程(7.1)中的预算约束告诉我们，沿着预算线，消费 C 每增加一个单位商品，实际储蓄就相应减少一个单位。因此，这一预算线的斜率为 -1。重要的一点是如果家庭要增加一个单位的消费，它就必须放弃一个单位的实际储蓄。

到目前为止，我们已经考察的仅仅是在某个时点上消费和储蓄之间的选择。但是储蓄的原因是为了增加未来的资产，以考虑到未来更高的消费。因此，家庭在今日的消费和今日的储蓄之间作出选择，实质上是在今日的消费和明日的消费之间作出选择。所谓今日和明日，我们指的是今日的消费必须作为一个长期计划的一部分来考虑——或许是一个终身计划或甚至是一个更长的考虑到他的子孙后代的计划。关键的思想是，要理解消费和储蓄之间的选择，我们必须研究家庭在不同时点对消费的选择。

家庭预算约束，即方程(7.1)，适用于每一个时点。今天的预算约束与明天的预算约束之间的联系来自于今天的实际储蓄 $(1/P)\cdot \Delta B + \Delta K$ 对明天的实际资产 $B/P + K$ 的影响。我们可以通过只考察这两个时期，非常有效地探索这一联系。具体地讲，可以把第一时期看作是当年，而把第二时期看作是下一年，一旦我们理解了两时期模型的框架，我们就可以很容易地将这模型扩大到用来确定多期的消费和储蓄。

7.1.1 两时期的消费

对于当年，即第一年，我们可以根据方程(7.1)将预算约束写成：

$$C_1 + (B_1/P + K_1) - (B_0/P + K_0) = (w/P)_1 \cdot L + i_0 \cdot (B_0/P + K_0) \quad (7.2)$$

第一年的消费 + 第一年的实际储蓄 = 第一年的实际收入

在方程左边，C_1 是第一年的消费，实际资产 B_1/P 和 K_1 是第一年末的资产持有量。实际资产 B_0/P 和 K_0 是上一年末(第0年)的资产持有量，因而也是第一年初的持有量。因此，$(B_1/P + K_1) - (B_0/P + K_0)$ 是第一年里的实际资产——或实际储蓄——的变化量。

在方程(7.2)的右边，第一年的实际工资率是 $(w/P)_1$，因而该年的实际工资收入是 $(w/P)_1 \cdot L$。由于我们假设劳动 L 在一段时间内是固定的，所以我们不用标注关于年份的下标。上一年末持有的资产的利率是 i_0，因此，第一年的实际资产收入是 $i_0 \cdot (B_0/P + K_0)$。当我们在实际资产收入之上加上实际工资收入时，我们在方程右边得到第一年的实际总收入。

方程(7.2)中的预算约束是对第一年而言的。同样形式的预算约束也适用于第二年：

$$C_2 + (B_2/P + K_2) - (B_1P + K_1) = (w/P)_2 \cdot L + i_1 \cdot (B_1/P + K_1) \quad (7.3)$$

第二年的消费 + 第二年的实际储蓄 = 第二年的实际收入

我们的下一个任务是将方程(7.2)和(7.3)中预算约束结合起来以描述一个家庭在今年的消费 C_1 和明年的消费 C_2 之间的选择。注意这两年的预算约束都包括第一年末持有的资产($B_1/P+K_1$)。我们可以利用方程(7.2)，通过将 C_1 和 $B_0/P+K_0$ 项从方程左边移到右边并整理各项，得到：

$$B_1/P+K_1=B_0/P+K_0+i_0\cdot(B_0/P+K_0)+(w/P)_1\cdot L-C_1 \quad (7.4)$$

第一年末实际资产 ＝ 上年末实际资产 ＋ 第一年实际收入 － 第一年的消费

图 7.2 形象地显示了这一关系。A 色块是上一年末的实际资产 $B_0/P+K_0$，它是方程(7.4)右边的第一项。将这数量加在 B 色块上，它包括了第一年的实际收入 $[i_0\cdot(B_0/P+K_0)+(w/P)_1\cdot L]$。这一收入是方程(7.4)右边的第二项。然后减去 C 色块，它包含了第一年的消费 C_1，即(7.4)式右边的最后一项。我们最终得到 D 色块，它表示第一年末的实际资产($B_1/P+K_1$)，即方程(7.4)左边的项。

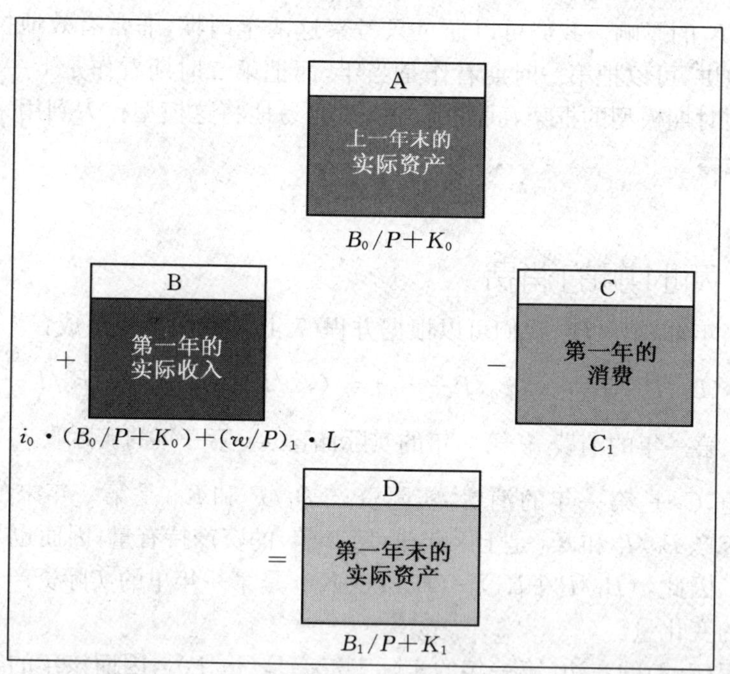

注：A 色块是上一年末的实际资产 $B_0/P+K_0$，它是方程(7.4)右边的第一项。第一年的实际收入 $[i_0\cdot(B_0/P+K_0)+(w/P)_1\cdot L]$ 是 B 色块，它对应于方程(7.4)右边的第二项。第一年的消费 C_1 是 C 色块，对应于方程(7.4)右边的第三项。A 色块加上 B 色块再减去 C 色块，最终的结果是第一年末的实际资产($B_1/P+K_1$)，用 D 色块表示。这一数额就是方程(7.4)左边的项。

图 7.2　第一年实际资产的变化

同样的分析也适用于第二年。与方程(7.4)相似的是

$$B_2/P+K_2=B_1/P+K_1+i_1\cdot(B_1/P+K_1)+(w/P)_2\cdot L-C_2 \quad (7.5)$$

第二年末实际资产 ＝ 第一年末实际资产 ＋ 第二年实际收入 － 第二年的消费

与图 7.2 相似，图 7.3 形象地显示了这一关系。

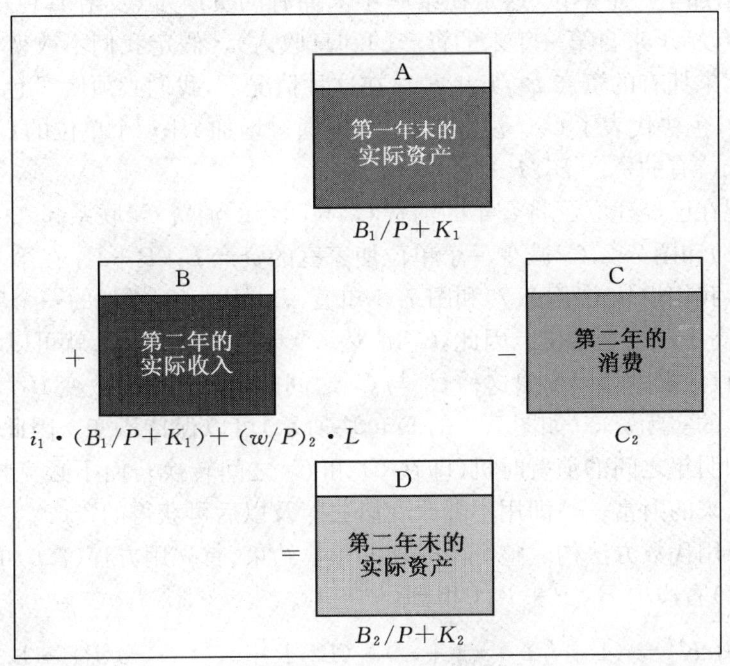

注：A 色块是第一年末的实际资产 $B_1/P+K_1$，它是方程(7.5)右边的第一项。第二年的实际收入 $[i_1\cdot(B_1/P+K_1)+(w/P)_2\cdot L]$ 是 B 色块，它对应于方程(7.5)右边的第二项。第二年的消费 C_2 是 C 色块，对应于方程(7.5)右边的第三项。A 色块加上 B 色块再减去 C 色块，最终的结果是第二年末的实际资产 $B_2/P+K_2$，用 D 色块表示。这一数额就是方程(7.5)左边的项。

图 7.3　第二年实际资产的变化

回到方程(7.4)，我们可以把右边的涉及 $B_0/P+K_0$ 的两项结合起来得到：

$$B_1/P+K_1=(1+i_0)\cdot(B_0/P+K_0)+(w/P)_1\cdot L-C_1 \tag{7.6}$$

注意方程右边，我们将 $B_0/P+K_0$ 乘以 $1+i_0$ 项。1 代表上一年资产的本金，而 i_0 代表付给这些资产的利息。

我们在方程(7.6)的右边看到，如果家庭减少第一年的消费 C_1 一个单位，到第一年末方程左边持有的实际资产 $B_1/P+K_1$ 就上升一个单位。图 7.2 形象地假设，如果我们从消费 C_1 的 C 色块中取出一个单位商品，并且不改变 A 色块和 B 色块。由于 C 色块带负号，从其中取出一个单位就意味着在 D 色块中多留下一个单位。

如果我们将方程(7.5)右边的涉及第二年的预算约束 $B_1/P+K_1$ 的两个项结合起来，我们得到：

$$B_2/P+K_2=(1+i_1)\cdot(B_1/P+K_1)+(w/P)_2\cdot L-C_2 \tag{7.7}$$

这一表达式采取与方程(7.6)同样的形式，除了所有的项按年份作了更新。注意若方程式右边 $B_1/P+K_1$ 有较高的数值，即第一年末持有的资产较多，可让家庭在第

二年能够提高消费 C_2。图 7.3 形象地显示了 $B_1/P+K_1$ 增加一个单位意味着我们给 A 色块增加了一个单位(这是在第一年末拥有的资产)以及给 B 色块增加了 i_1 个单位(它包括了来自第一年末的资产的利息收入)。假定我们不改变 D 色块,它代表第二年末拥有的资产 $B_2/P+K_2$。在这种情况下,我们必须使 C 色块增加 $1+i_1$ 单位,C 色块代表了 C_2。注意,我们可以通过增加 $1+i_1$ 个单位的 C_2 而无须改变第二年末持有的资产 $B_2/P+K_2$。

我们现在已经建立了将今年的消费 C_1 与明年的消费 C_2 联系起来的基础。回顾方程(7.6)和图 7.2,C_1 减少一个单位使家庭的资产 $B_1/P+K_1$ 在第一年末增加一个单位。我们也从方程(7.7)和图 7.3 知道,$B_1/P+K_1$ 增加的一个单位可被用于使 C_2 提高 $1+i_1$ 个单位。因此,C_1 减少一个单位,家庭的 C_2 就可以增加 $1+i_1$ 个单位。而且,家庭可以作出这种 C_1 与 C_2 之间的转换而无须改变 $B_2/P+K_2$,即转入第三年的实际资产(如图 7.3 的 D 色块所示)可以保持不变。因此,家庭可以改变今年和明年之间的消费时机(即在 C_1 和 C_2 之间转换),而不必克扣未来的消费或充实未来的财富——即用不着改变第三年及以后可获得的资产。

如果要用代数方法构建整个两时期的预算约束,首先用方程(7.6)的右边去替代方程(7.7)右边项 $B_1/P+K_1$,得到:

$$B_2/P+K_2=(1+i_1)\cdot[(1+i_0)\cdot(B_0/P+K_0)+(w/P)_1\cdot L-C_1]+(w/P)_2\cdot L-C_2$$

如果我们用 $1+i_1$ 乘以中括号内的项,我们得到:

$$B_2/P+K_2=(1+i_1)\cdot(1+i_0)\cdot(B_0/P+K_0)+(1+i_1)\cdot(w/P)_1\cdot L-(1+i_1)\cdot C_1+(w/P)_2\cdot L-C_2 \quad (7.8)$$

注意方程(7.8)右边利率项的作用。右边第一项包括上年末的资产($B_0/P+K_0$),它在第一年里支付的报酬为 $i_0\cdot(B_0/P+K_0)$。如果家庭持有这些资产,那么在第一年末它将最终拥有 $(1+i_0)\cdot(B_0/P+K_0)$ 的资产。因此,上年末的每一单位资产乘以 $(1+i_0)$ 就得到第一年末的资产。

同样,在图 7.2 中,如果 $B_0/P+K_0$ 增加一个单位,A 色块就增加一个单位,B 色块增加 i_0 个单位。因此,如果包含消费 C_1 的 C 色块不变,则 D 色块则会增加 $1+i_0$ 个单位。

同样的计算方法也适用于第二年。第一年末持有的每一单位资产乘以 $1+i_1$ 就得到第二年年末的资产。在图 7.3 中,如果 $B_1/P+K_1$ 增加一个单位,A 色块增加一个单位,B 色块就增加 i_1 个单位。因此,如果包含消费 C_2 的 C 色块不变,则 D 色块增加 $1+i_1$ 个单位。如果我们把这个结果与第一年的结果放在一起,我们发现每一单位的资产都被持有了两个时期——从上年末到第二年末——最终得出结果是 $(1+i_1)\cdot(1+i_0)$ 单位的资产。这一利率项是乘以方程(7.8)右边 $(B_0/P+K_0)$ 的项。

类似的情况是,家庭可以将它的第一年的工资收入 $(w/P)_1\cdot L$ 储蓄起来,从而在第一年末有更多的资产。(在图 7.2 中,B 色块和 D 色块都各增加了一个单位。)这些资产的每一个单位在第二年末都变成 $1+i_1$ 个单位了。(在图 7.3 中,A 色块增加一个单位,B 色块增加 i_1 个单位,而 D 色块增加 $1+i_1$ 个单位。)因此,在方程(7.8)中,工资收入 $(w/P)_1 \cdot L$ 之前要乘以 $1+i_1$。相比之下,工资收入 $(w/P)_2 \cdot L$ 则按它本来的数额出现,这是因为家庭得到这笔收入太晚,以致它在第二年里无法得到这笔资产的任何收益。

现考虑消费项。注意在方程(7.6)中,第一年的消费 C_1 是按与第一年的实际工资收入 $(w/P)_1 \cdot L$ 相同的方式进入方程的,但是带着负号。① 原因是实际储蓄是实际收入和消费之间的差额。于是我们在方程(7.8)中发现,C_1 也要像 $(w/P)_1 \cdot L$ 一样,在前面要乘以 $1+i_1$。同样,第二年的消费 C_2 像第二年的实际工资 $(w/P)_2 \cdot L$ 同样的方式进入方程(7.7),除了符号②。因此,C_2 也要像 $(w/P)_2 \cdot L$ 一样,在方程(7.8)中不需要乘以任何利率项。

如果我们将方程(7.8)的两边的每一项都除以 $1+i_1$,并整理各项,将包含消费的各项放在左边,我们得到:

关键方程(两时期家庭预算约束)

$$C_1 + C_2/(1+i_1) = (1+i_0)\cdot(B_0/P+K_0) + (w/P)_1\cdot L + (w/P)_2\cdot L/(1+i_1) - (B_2/P+K_2)/(1+i_1) \tag{7.9}$$

我们利用第一年和第二年的预算约束得到上述结果,如方程(7.2)和方程(7.3)所示。因此我们称方程(7.9)为**两时期预算约束**。

观察工资收入 $(w/P)_1 \cdot L$ 和 $(w/P)_2 \cdot L$ 如何进入方程(7.9)的右边。我们并不把这两项直接加在一起,而是先将 $(w/P)_2 \cdot L$ 除以 $1+i_1$,再与 $(w/P)_1 \cdot L$ 相加。类似地,在方程左边,在使 C_2 与 C_1 相加之前,我们对 C_2 作同样的调整。要理解这些调整,我们必须探讨**现值**的概念。

1. 现值

如果利率 i_1 大于 0,在第一年持有的 1 美元资产在第二年就会大于 1 美元。因此,在第一年获得或花掉 1 美元就相当于在第二年获得或花掉不止 1 美元。或者反过来看,对在第二年获得或花掉的美元必须**贴现**(**即**打折扣),以使它们可与第一年的美元相比较。关于贴现的一般概念是,以后获得的美元都不及早先获得的美元值钱。这里我们将关于贴现的一般观念应用于第一年与第二年的比较。

说得具体一点,假定利率 i_1 为每年 5%($i_1 = 5\%$)。假设一个家庭第一年有 100 美元的收入,但是计划把这笔收入放到第二年去消费。于是这个家庭就可以在第一年年初购买 100 美元的债券,并且在第二年年初得到了 105 美元。因此,第一年

① 在图 7.2 中,包含着 $(w/P)_1 \cdot L$ 的 B 色块增加一个单位,与包含着 C_1 的 C 色块减少一个单位,具有相同的作用。

② 在图 7.3 中,包含着 $(w/P)_2 \cdot L$ 的 B 色块增加一个单位,与包含着 C_2 的 C 色块减少一个单位,具有相同的作用。

得到100美元的价值就相当于在第二年得到的105美元。与此相当的说法是，要在第二年产生105美元的收入，我们必须对第二年的105美元打折以求得第一年所需要的用以产生第二年这笔钱的收入。我们通过解以下方程求得这一金额：

$$第一年所需金额 \times (1+5\%) = 105\ 美元$$

第一年所需金额是105美元/1.05 = 100美元。

更普遍地讲，如果我们用 i_1 替代5%，第二年的收入必须除以 $1+i_1$ 以求得相当于第一年的金额。因此，如果第二年得到的工资收入为 $(w/P)_2 \cdot L$，那么这笔收入的现值(第一年的价值)就是 $(w/P)_2 \cdot L/(1+i_1)$。$1+i_1$ 就是经济学家们所说的**贴现因子**。当我们用这个因子进行贴现时——即用 $1+i_1$ 去除——我们就能确定第二年收入的现值。如果时期包括很多年，每一年我们就会有不同的贴现因子。

方程(7.9)的两时期预算约束显示，我们把第二年的工资收入——在它与第一年的收入 $(w/P)_1 \cdot L$ 结合之前——表示为一个现值 $(w/P)_2 \cdot L/(1+i_1)$。$(w/P)_1 \cdot L + (w/P)_2 \cdot L/(1+i_1)$ 之和为第一年和第二年工资收入的总现值。同样，我们把第二年的消费 C_2 在把它与第一年的消费结合之前表示为一个现值 $C_2/(1+i_1)$。C_1 与 $C_2/(1+i_1)$ 之和就是第一年和第二年消费的总现值。

我们的下一个任务是分析一个家庭如何选择在第一年和第二年各消费多少。我们知道这些选择都必须遵从方程(7.9)给出的两时期预算约束。但是家庭仍然有很大的选择余地在 C_1 与 C_2 各种可行的组合中作出决定。我们必须计算出，在那些满足两时期预算约束的所有组合中，家庭偏好哪一种组合。

2. 选择消费:收入效应

要了解消费的选择，我们必须引进关于在不同时点消费的家庭偏好的概念。所谓偏好是指按照家庭获得的满意度排序的消费的时间路径。经济学家们用**效用**这个术语作为满意度或幸福感的同义词。① 我们的假设是，家庭选择使效用最大化的消费的时间路径——在本例中是 C_1 和 C_2，满足方程(7.9)的预算约束。

我们假设其他情况相同，如果 C_1 或 C_2(或者任何其他年份的消费)上升，效用就增加。我们进一步假设，一个家庭喜欢在不同的时点按相似的水平消费，而不是有时消费水平很高，有时很低。例如，家庭喜欢 C_1 和 C_2 都等于100，而不是 C_1 等于0，C_2 等于200。这些偏好促使一个家庭进行平稳消费，即使是在收入不稳定的情况下。所谓平稳，是指为不同年份(例如 C_1 和 C_2)选择的计划消费的水平趋向于接近，而不是今年与明年之间有很大的变动。

考察几个关于消费平稳的例子。假设一个人获得了一大笔意想不到的额外收入，或许是中了彩票或收到寄来的意外支票。人们通常的反应是将这笔额外的钱分布到若干个时期进行消费，而不会立即把它花完。类似的情况是，由于人们预计当他们退休时收入会下降，他们往往会预先储蓄一些钱，以避免在退休时消费水平

① **效用函数**这一术语被用于表示获得的效用与消费的时间路径之间的关系——本例中即 C_1 和 C_2 的值。

的急剧下降。

要考察家庭如何选择 C_1 和 C_2，我们回顾一下两年期预算约束：

$$C_1+C_2/(1+i_1)=(1+i_0)\cdot(B_0/P+K_0)+(w/P)_1\cdot L \\ +(w/P)_2\cdot L/(1+i_1)-(B_2/P+K_2)/(1+i_1) \tag{7.9}$$

消费的现值 ＝ 初始资产的价值＋工资收入的现值－第二年末的资产现值

右边的第一项 $(1+i_0)\cdot(B_0/P+K_0)$ 是第一年初始资产的价值。这一项加上第一年和第二年得到的工资收入的现值，$(w/P)_1\cdot L+(w/P)_2\cdot L/(1+i_1)$。我们发现将这两项组合成一个单一的量度 V 比较方便，V 就是家庭第二年获得的资金来源的现值。因此，我们定义 V 为：

$$V=(1+i_0)\cdot(B_0/P+K_0)+(w/P)_1\cdot L+(w/P)_2\cdot L/(1+i) \tag{7.10}$$

资金来源的现值 ＝ 初始资产的价值＋工资收入的现值

如果我们用 V 的这一定义代入方程(7.9)，我们得到：

$$C_1+C_2/(1+i_1)=V-(B_2/P+K_2)/(1+i_1) \tag{7.11}$$

消费现值 ＝ 资金来源的现值－第二年末资产的现值

方程(7.11)右边的最后一项 $(B_2/P+K_2)/(1+i_1)$ 是第二年末持有的实际资产的现值。这些资产将用于支付第三年及以后的消费。现在我们假设这一项是固定的。即我们分析一个家庭对 C_1 和 C_2 的选择，而同时使该家庭为第三年及以后提供的资产保持不变。这一简化的方法让我们能够进行两时期的分析。

假定资金来源的现值 V 由于初始资产 $(B_0/P+K_0)$ 或工资收入 $(w/P)_1\cdot L$ 和 $(w/P)_2\cdot L$ 的上升而增加。由于我们保持 $(B_2/P+K_2)/(1+i_1)$ 固定不变，方程(7.11)告诉我们，消费的总现值 $C_1+C_2/(1+i_1)$ 必定与 V 同步增加。由于家庭喜欢在两年里按相似的水平消费，我们预计 C_1 和 C_2 会增加相似的金额。消费对初始资产或工资收入的增加所作出的这些反应叫做**收入效应**。资金来源的现值 V 的增加将会导致每年的消费 C_1 和 C_2 的提高。

3. 选择消费：跨时期替代效应

我们刚才研究的收入效应告诉我们关于消费的总水平——例如，C_1 和 C_2 对初始资产和工资收入变化的反应。其他的重要决策是确定与另一年相比这一年消费多少。我们已经假设，家庭喜欢 C_1 和 C_2 有相似的消费水平。然而，这一偏好并不是绝对的。家庭也会愿意偏离均等的消费水平，如果存在一种经济刺激因素鼓励这种偏离的话。利率 i_1 提供了这种刺激因素。

再次考察两年期预算约束：

$$C_1+C_2/(1+i_1)=V-(B_2/P+K_2)/(1+i_1) \tag{7.11}$$

消费现值 ＝ 第二年资金来源的现值－第二年末资产的现值

方程左边是消费的现值 $C_1 + C_2/(1+i_1)$。这一表达式显示，C_2 在与 C_1 相加之前，按 $1+i_1$ 作了贴现。这一贴现意味着 1 单位的 C_2 实际上比 1 单位的 C_1 更便宜。其原因是，如果一个家庭将消费从第一年推迟到第二年，它可以在第一年末持有更多的资产，或者借更少的钱。由于每单位资产在第二年变成了 $1+i_1$ 个单位，减少 1 单位 C_1 可以被 $1+i_1$ 个单位的 C_2 所替代。

举一个例子，假设你在考虑在这个夏季度假，如果利率 $i_1 = 5\%$，你也许宁愿推迟到明年夏天度假。推迟度假的回报是你可以多花 5%的钱和享受更舒适的假期。

我们也可以用这个例子来观察家庭如何对利率的上升作出反应。如果利率 i_1 上升到 $i_1 = 10\%$，等待的回报也增加了——现在你可以在你推迟的假期中多花 10%的钱了。因此，我们的预计是，当利率 i_1 上升时，假期很可能被推迟。由此得知，第一年的度假消费 C_1 下降，而第二年的度假消费 C_2 则可能上升。

普遍的观点是利率 i_1 的上升降低了相对于 C_1 而言的 C_2 的成本，即较高的利率 i_1 给推迟消费提供了更大的回报。因此，家庭对利率 i_1 上升的反应是降低 C_1 和提高 C_2。经济学家们称这种反应为**跨时期替代效应**。所谓"跨时期"，是指与随时间推移发生的替代有关的效应。家庭将消费从一个时点，例如今年，转移到另一个时点，例如第二年。[①] 下面的专栏描述了美国消费数据中跨时期替代效应的经验估计。

虽然我们利用不同年份的消费分析了跨时期替代效应，我们可以透过不同的视角观察这些结果，以决定储蓄的决策。即，我们可以计算出利率对家庭储蓄的影响。

让我们回到第一年的家庭预算约束：

$$C_1 + (B_1/P + K_1) - (B_0/P + K_0) = (w/P)_1 \cdot L + i_0 \cdot (B_0/P + K_0) \quad (7.2)$$

第一年的消费＋第一年的实际储蓄 ＝ 第一年的实际收入

我们从跨时期替代效应知道，利率 i_1 的上升促使家庭推迟消费，所以，本年的消费，即方程左边的 C_1 就下降。由于方程(7.2)右边的第一年的实际消费 $(w/P)_1 \cdot L + i_0 \cdot (B_0/P + K_0)$ 是给定的，因此，C_1 的下降必定是与第一年的实际储蓄 $(B_1/P + K_1) - (B_0/P + K_0)$ 的增加相匹配的。即当利率上升时，跨时期替代效应促使家庭更多地储蓄。

我们对利率的分析是不完整的，因为只考察了跨时期替代效应。我们还没有考察利率的变化是否也会带来收入效应。

---

① 经济学家们通常假设家庭偏好提早消费而不是推迟消费。在这种情况下，利率 i 必须大于 0——或许是每年 2%——以刺激家庭选择使 C_1 和 C_2 的值均等。如果利率大于 2%，家庭会设定使 C_1 低于 C_2，而如果 i 低于 2%，家庭就会使 C_1 大于 C_2。主要观点仍然是利率的上升会减少 C_1 而提高 C_2。

用数字说话：

关于消费的跨时期替代的经验证据

跨时期替代效应预计，较高的利率促使家庭降低了与未来相比的当前的消费。由 David Runkle(1991)进行的一项研究通过考察 1 100 户美国家庭从 1973 年到 1982 年的食品支出，分离出利率对消费的影响(数据来自在密歇根大学进行的“收入动态的专题研究”或称 PSID)。Runkle 发现年利率增加一个百分点使典型家庭的消费增长率每年提高大约 0.5 个百分点。

要将跨时期替代效应从总消费的数据中分离出来已被证明更加困难，如 Robert Hall(1989)。然而，由 Joon-Ho Hahm(1998)所作的“美国耐用消费品研究”估计，年利率每上升一个百分点，总消费的增长率大约每年增加 1/3 个百分点。

4. 利率变化的收入效应

通过考察第二年的家庭预算约束，我们可以理解来自利率 i_1 变化的收入效应：

$$C_2 + (B_2/P + K_2) - (B_1 P + K_1) = (w/P)_2 \cdot L + i_1 \cdot (B_1/P + K_1) \tag{7.3}$$

第二年的消费＋第二年的实际储蓄 ＝ 第二年的实际收入

我们可以从带阴影的项 $i_1 \cdot (B_1/P + K_1)$——它给出了第二年资产收入——看到来自 i_1 的收入效应。我们可以将这一项分解为两部分：$i_1 \cdot (B_1/P)$ 和 $i_1 K_1$。

首先考察第一部分，$i_1 \cdot (B_1/P)$，它是债券的利息收入。对于债券的持有人(贷款者)来说，利息收入大于 0，因为对他们而言 B_1/P 大于 0。然而，对于债券发行人(借款者)来说，这一项小于 0，因为对他们而言，B_1/P 小于 0。对于债券的持有人来说，来自利率上升的收入效应是正的，因为他从给定数量的债券中得到的利息收入 B_1/P 增加了。对债券的发行者来说，利率上升的收入效应是负的，因为他为给定数量的债券付出的利息 B_1/P 增加了。对整个经济体而言，贷出和借入必须是平衡的——任何一笔未清偿的债券都有一个持有者和一个发行者。因此，从平均角度讲，家庭的利息收入必定为 0。因此，就家庭平均来说，来自 $i_1 \cdot (B_1/P)$ 项的收入效应为 0。

家庭还以资本所有权的形式持有资产，而方程(7.3)中阴影部分的 $i_1 K_1$ 项代表了第二年从这些资产获得的收入。对整个经济体而言，资本存量 K_1 当然大于 0。因此，与债券不同的是，家庭平均持有的资本权益 K_1 大于 0。因此，当我们考察 $i_1 K_1$ 项时，从利率 i_1 上升得到的收入效应是正的。

将这些结果加在一起，总的来看，利率 i_1 上升的收入效应由来自 $i_1 \cdot (B_1/P)$ 项的 0 效应和来自 $i_1 K_1$ 项的正效应构成。因此，利率上升的总的收入效应是正的。

5. 收入效应和替代效应的结合

在许多情况下，经济状况的变化都将涉及收入效应和替代效应。例如，考察一下利率 i_1 的上升对第一年消费 C_1 的影响。跨时期替代效应鼓励家庭减少消费 C_1。然而，利率 i_1 的上升也有正的收入效应，它促使家庭增加消费 C_1。因此，利率 i_1 的上升对消费 C_1 的总的效应是不确定的。如果跨时期替代效应占上风，第一年的消费 C_1 则下降；但如果收入效应占上风，那么 C_1 就上升。在下一节，我们将利用**多年度预算约束**来估计收入效应的力量。在有些情况下，这种分析能使我们确定收入效应是否有可能强于或弱于替代效应。

图 7.4 形象地提供了由利率 i_1 变化引起的跨时期替代效应和收入效应。图的上半部显示，跨时期替代效应预计 i_1 的上升将减少第一年的消费 C_1，从而增加了第一年的实际储蓄 $(B_1/P + K_1) - (B_0/P + K_0)$。如果 i_1 下降，这些跨时期替代效应就起相反方向的作用。图的下半部显示，跨时期替代效应始终与收入效应相抵消。例如，如果 i_1 上升，收入效应就预计 C_1 会上升，从而，实际储蓄 $(B_1/P + K_1) - (B_0/P + K_0)$ 下降。

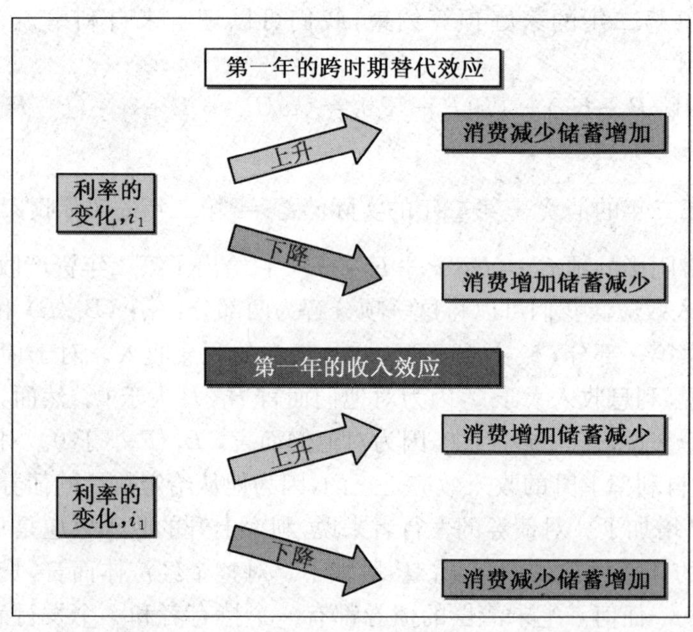

注：如果第一年的利率 i_1 上升，跨时期替代效应预计第一年的消费 C_1 将会增加，而第一年的实际储蓄 $(B_1/P + K_1) - (B_0/P + K_0)$ 则会下降。如果利率 i_1 下降，这种跨时期替代效应就会按相反方向起作用。跨时期替代效应始终与收入效应相抵消。例如，如果 i_1 上升，收入效应预计消费 C_1 将上升，而实际储蓄 $(B_1/P + K_1) - (B_0/P + K_0)$ 将下降。

图 7.4 利率对消费和储蓄的影响

7.1.2 多期消费

我们现在将家庭预算约束扩大到包括多期的家庭预算约束。我们首先从两时期的预算约束开始：

$$C_1+C_2/(1+i_1)=(1+i_0)\cdot(B_0/P+K_0)+(w/P)_1\cdot L \\ +(w/P)_2\cdot L/(1+i_1)-(B_2/P+K_2)/(1+i_1) \tag{7.9}$$

消费的现值 = 初始资产的价值 + 工资收入的现值 − 第二年末的资产现值

我们现在放宽简化的假设，即家庭在第二年末不可能改变所持有的资产的现值——也就是方程(7.9)中的阴影部分 $(B_2/P+K_2)/(1+i_1)$，这些资产事实上是不固定的。$(B_2/P+K_2)$的变化意味着家庭或多或少为第三年及以后的消费提供了资产。要理解对$(B_2/P+K_2)$的选择，我们必须考察未来年份的消费和收入。本章的附录详细描述了如何作这种扩展。这里我们作一个直观的分析。

方程(7.9)的左边是第一年和第二年消费的现值。当我们考察多时期的问题时，方程左边就变成多期消费的现值了。被加上的第一项是第三年消费的现值，它是 $C_3/[(1+i_1)\cdot(1+i_2)]$。我们用$(1+i_1)\cdot(1+i_2)$去除$C_3$，因为这一项计量过去两年(从第一年到第三年)积累的利息收入。即第一年的一个单位的资产在第二年变成了$1+i_1$个单位，而这些资产中的每一个单位在第三年变成了$1+i_2$个单位。

如果我们继续把未来的年份包括进去，我们最终得到总的消费现值：

$$\text{总的消费现值}=C_1+C_2/(1+i_1)+C_3/[(1+i_1)\cdot(1+i_2)]+\cdots$$

…表示我们将把C_4、C_5等等的现值也包括在内。方程左边的多期预算约束即为这种总的消费现值。[①] 对比之下，方程(7.9)只包括了第一年和第二年的现值。

方程(7.9)的右边包括了初始资产在第一年的价值$(1+i_0)\cdot(B_0/P+K_0)$。这一项仍然出现在多期的情境中。然而，方程(7.9)只包括第一年和第二年的工资收入的现值。当我们考虑许多年的情况时，我们最终得到多期的工资收入的现值。通过与消费的结果进行类比，我们最终得到：

$$\text{总的工资收入现值}=(w/P)_1\cdot L+(w/P)_2\cdot L/(1+i_1) \\ +(w/P)_3\cdot L/[(1+i_1)\cdot(1+i_2)]+\cdots$$

这里的省略号再次表示我们把$(w/P)_3\cdot L$，$(w/P)_4\cdot L$等等的现值也包括在内了。注意，利率项——这是计算现值所需要——与用于计算消费的利率相同。

最后一点是方程(7.9)的右边包括了第二年末持有的资产的现值$(B_2/P+K_2)/(1+i_1)$。当我们考察多期末的资产时，本项就变成遥远的将来持有的资产的现值了。由于采用贴现的方法计算现值，我们可以放心地忽略这一项。(见附录以供讨论。)因此，我们最终得到**多期预算约束**：

关键方程(多期预算约束)：

① 第四年的消费C_4要除以$(1+i_1)\cdot(1+i_2)\cdot(1+i_3)$，以此类推。

$$C_1+C_2/(1+i_1)+C_3/[(1+i_1)\cdot(1+i_2)]+\cdots=(1+i_0)\cdot(B_0/P+K_0)$$
$$+(w/P)_1\cdot L+(w/P)_2\cdot L/(1+i_1)+(w/P)_3\cdot L/[(1+i_1)\cdot(1+i_2)]+\cdots \tag{7.12}$$

消费的现值 = 初始资产的价值 + 工资收入的现值

多期预算约束是有很用的，因为它可以让我们对临时性的和持久性的收入变化的影响进行比较。对临时性的变化来说，我们可以考察第一年工资收入$(w/P)_1\cdot L$增加一个单位，而让初始资产$(B_0/P+K_0)$和其他年份的工资收入$(w/P)_2\cdot L$，$(w/P)_3\cdot L$等等保持不变。一个雇员并不期望重复发给的红包，这种红包收入是临时性收入的一种。满足方程(7.12)中的多期预算约束的一种可能性是，家庭将把它的所有额外收入都花在第一年的消费C_1上。然而，家庭通常不会这样做。因为他们喜欢每年按相似的水平进行消费。因此，我们预计，家庭会以每年相似的数额(C_1、C_2、C_3等等)，通过提高消费，对工资收入$(w/P)_1\cdot L$的增加作出反应。然而这一反应意味着，任何特定年份的消费，例如第一年的消费，不可能增加得非常多。例如，如果$(w/P)_1\cdot L$增加一个单位，我们预计C_1的增加将远小于一个单位。换句话说，当家庭的额外收入是临时性的，第一年收入额外增加1美元所能提高的第一年的**消费倾向**往往是很小的。

我们可以通过再次考察家庭的第一年的预算约束，并利用储蓄来解释这些结果：

$$C_1+(B_1/P+K_1)-(B_0/P+K_0)=(w/P)_1\cdot L+i_0\cdot(B_0/P+K_0) \tag{7.2}$$

第一年的消费 + 第一年的实际储蓄 = 第一年的实际收入

如果方程右边的$(w/P)_1\cdot L$上升一个单位，左边的C_1的上升远远小于一个单位。因此，左边第一年的实际储蓄$(B_1/P+K_1)-(B_0/P+K_0)$的上升必定接近于一个单位。因此，当家庭的额外收入是临时性的，第一年收入额外增加1美元所能提高的第一年的**储蓄倾向**几乎接近于1。储蓄之所以上升那么多，是因为家庭要为未来几年计划增加的消费提供额外所需要的资产。

作为对比，请考察工资收入的持久性增加，$(w/P)_1\cdot L$以及以后各年的工资收入都增加一个单位。一个雇员期望的工资增加就是持久性收入增加的一个例子。方程(7.12)中的多期预算约束显示，家庭通过每年增加一个单位的消费对收入增加作出反应是可能的——在那种情况下，$C_t(t=1, 2, 3$等$)$的增加与$(w/P)_t\cdot L$的增加相匹配。而且，我们预计家庭大致会以这种方式作出反应，因为这种行为是符合人们希望每年有相似的消费水平的假设的。因此，人们的预计是，当额外收入变成持久性收入的时候，第一年收入额外增加1美元所能提高的消费倾向将会是很大的。

关于储蓄的反应，我们可以再看一看方程(7.2)中的第一年的预算约束。如果方程右边的$(w/P)_1\cdot L$上升一个单位，而左边的C_1大致上也是一个单位，那么第一年的实际储蓄$(B_1/P+K_1)-(B_0/P+K_0)$必定变化很小或者根本没有变化。换句话说，当额外收入成为持久性收入的时候，第一年收入额外增加1美元所能提高的储蓄倾向是小的。储蓄没有多大变化是因为在这种情况下,家庭并不需要为计划增加的未来的消费提供额外的资产。这些消费的增加可以用将来更高的工资收入$(w/P)_2 \cdot L$, $(w/P)_3 \cdot L$ 等等来支付。

我们的关于收入的临时性和持久性变化的研究结果与米尔顿·弗里德曼的著名的关于持久性收入的概念不谋而合①。他的思想是消费取决于收入的一个长期平均数——他称这种收入为**持久性收入**——而不是当前收入。如果收入的变化是临时性的,消费的变化就相对较小。下面的专栏就讨论关于消费倾向的经验证据。

我们也可以评估预计的未来收入变化对消费的影响。再看一下多期预算约束:

$$C_1 + C_2/(1+i_1) + C_3/[(1+i_1)\cdot(1+i_2)] + \cdots = (1+i_0)\cdot(B_0/P+K_0) + (w/P)_1\cdot L + (w/P)_2\cdot L/(1+i_1) + (w/P)_3\cdot L/[(1+i_1)\cdot(1+i_2)] + \cdots \tag{7.12}$$

消费的总现值 = 初始资产的价值 + 工资收入的总现值

首先,假定实际工资收入$(w/P)_t \cdot L(t = 1, 2,$等等$)$全都是相同的。然后假设在第一年家庭得知下一年工资将有持久性的上升,因此预期的未来工资收入$(w/P)_2 \cdot L$, $(w/P)_3 \cdot L$ 等等全都会上升。或者是另一种情况,家庭也许会在第一年知道,它将在今后继承一笔遗产或得到一笔保险赔付。

家庭通过每年按相似的数额(C_1、C_2,以此类推)提高消费来对未来预期的较高的收入作出反应。特别是,第一年的消费 C_1 的增加,尽管收入进一步提高的迹象还没有显示出来。

用数字说话

关于消费倾向的经验证据

经济学家们已经发现,源于持久性收入变化的消费倾向远远大于源于临时性收入变化的消费倾向。有些最明显的例子来自一些特殊情况,比如,人们得到了一笔意外之财,这显然是临时性的,并且至少部分是未曾意料到的。

一个例子是 1957—1958 年以色列公民从联邦德国那里得到的一笔不再重复的一次性赔偿款(见 Mordechai Kreinin, 1961; Michael Landsberg, 1970)。赔偿款的金额很大,大致相当于平均每个家庭一年的收入。一般家庭在得到这笔意外收入的当年消费支出增加了 20%。然而消费支出包括耐用消费品支出。它们要持续使用许多年并且应当部分地被看作是储蓄而不是消费。因此,真正增加的消费倾向不到 20%。

① 见弗里德曼(Friedman, 1957),第 2 章、第 3 章。

另一个例子是1950年美国向二战老兵支付的一笔意想不到的一次性保险金红利，大约为175美元，将近占当时一个家庭4%的年收入。在这种情况下，当年消费支出增加额达到这笔意外收入的35%（见Roger Bird and Ronald Bodkin, 1965），然而，由于消费支出包括耐用消费品支出，真正增加的消费倾向小于35%。

对消费者行为的更广泛的研究显示，源于持久性收入变化的消费倾向是很大的，差不多接近于1。对比之下，源于临时性收入的消费倾向大约为20%—30%（见Robert Hall, 1989）。虽然这种对临时性变化的反应比我们的理论预计的要大，但重要的是消费对收入的持久性变化的反应远大于对临时性变化的反应。

考察这样一种情况：从第二年开始工资收入——$(w/P)_2 \cdot L$，$(w/P)_3 \cdot L$ 等——每年增加一个单位。由于这些工资收入的增加是在第一年预期到的，我们预计 C_1、C_2、C_3 等会以类似的数量增加。因此，虽然第二年比第一年有更高的工资收入——$(w/P)_2 \cdot L > (w/P)_3 \cdot L$，我们并不预计第二年工资收入的上升会与消费的增加相匹配，即我们预计 C_1 和 C_2 仍将比较接近。我们得到这个结果，是因为从第一年到第二年的预计的收入增长已经反映在较高的 C_1 中了。这个重要推断是，当收入的增加是已经预期到的时，家庭的消费不会对收入的增加作出反应。下面的专栏讨论了这一课题的经验证据。

7.2 均衡的消费、储蓄和投资

现在我们利用对一个家庭的消费和储蓄选择的分析来决定消费和储蓄的总量。这一分析将能使我们确定投资的总量。一旦我们学习完本节，我们就掌握了研究经济波动的所有基本理论。我们关于这一课题的研究将在第8章进行。

我们已经讨论了一个家庭如何将它的实际收入划分为消费和实际储蓄。现在我们来确定消费和实际储蓄的总量。当各个市场出清时，这些数量都将上升。如同第6章那样，我们利用市场出清条件，从微观经济学的基础——个别家庭的行为——出发，来综合分析各个变量。

用数字说话

消费对预计的收入变化的反应

在我们的模型中，家庭的消费并不对收入的变化作出反应，如我之前预测的那样。为了从经验上评估这一预测，我们必须分离出这些家庭事先预测到的收入的变化。对这一假设的最令人信服的检验涉及特殊环境中的个人消费的反应，在这种情况中，收入的变化明显是可以预测的。

Chang-Tai Hsieh(2003)的一项研究考察了阿拉斯加居民对从阿拉斯加永久基金获得的可预计的收入作出的消费反应,该基金建立于 1976 年,是将阿拉斯加州部分的石油开采收入分配给该州居民的一个方案。这些分配是很可观的:2000 年人均 1 964 美元(四口之家为 7 856 美元)。自 1994 年以来,这笔钱是每年 10 月通过直接存款系统向个人银行账户支付的。Hsieh 的主要研究结果是,个人的季度消费支出并不对由每年第四季度大笔的石油开采使用费带来的大幅度收入变化作出反应。因此,如人们预计的,家庭会平稳地安排他们一年中的消费——有效地利用第四季度的高收入,每季度作出大致相同的消费。

对于那些看起来比较小的或者甚至不太容易精确地预测的收入变化,经验的结果有所不同。例如 J. Parker(1999)发现,家庭消费会对税后收入的增加作出反应,税后收入则与社会保险工资税的最高收入限额有关。我们将在第 13 章讨论这一税收。就目前而言,重要的是,主要用于社会保险计划的税收仅针对工资收入克扣,一直到每年的最高额——2006 年这一最高限额是 94 200 美元。Parker 的估计是,税后的可预计收入每增加一美元,非耐用消费品的支出上升约 20 美分。这一结果与我们的模型相背离。如果大多数个人预先知道他们的工资收入年底将上升得足够高,那么他们就不必为该年的其他时间支付社会保险税了。

类似地,N. Souleles(1999)发现,家庭消费还会对从联邦个人所得税的退税收入作出反应。这一结果也与我们的模型相冲突,如果这种退税大部分是可以预计到的话。然而,Souleles 对非耐用消费品估计的消费倾向并不大——不到 10%。

总的来说,经验证据支持模型的这一论断,即家庭会对可预期的收入变化预先作出反应。这些数据背离了消费对所有可预计的收入变化不作反应的命题。然而,这种背离并没有那么大,并且似乎主要是在收入的增加相对微不足道的情况下出现的。

再次考察在某个时点上的家庭预算约束:

$$C+(1/P)\cdot\Delta B+\Delta K=(w/P)\cdot L+i\cdot(B/P+K) \qquad (7.1)$$

消费 + 实际储蓄 = 实际收入

如果我们将资产的实际收入 $i\cdot(B/P+K)$分离成两部分,$i\cdot(B/P)$和 iK,我们就得到修正的预算约束:

$$C+(1/P)\cdot\Delta B+\Delta K=(w/P)\cdot L+i\cdot(B/P)+iK$$

我们从第 6 章知道,利率 i 是从下式得到的:

$$i=R/P-\delta \qquad (6.6)$$

债券收益率 = 拥有资本的收益率

如果我们用$(R/P-\delta)$替代预算约束的 iK 项中的 i，我们得到

$$C+(1/P)\cdot\Delta B+\Delta K=(w/P)\cdot L+i\cdot(B/P)+(R/P)\cdot K-\delta K$$

由于这一方程适用于每个家庭，它也适用于当我们把所有家庭加总时的情况。就是说，该方程可以应用于总量。然而，我们知道，就家庭总量而言，债券 B 的总额必定等于 0 。那是因为，当债券出清时，总的家庭持有的净债券额为 0。在每个时点上 $B=0$ 的条件也意味着，总的债券持有量的变化 ΔB 必定始终为 0。如果我们将 $B=0$ 和 $\Delta B=0$ 代入方程，我们发现总的家庭预算约束变为：

$$C+\Delta K=(w/P)\cdot L+(R/P)\cdot K-\delta K$$

我们从第 6 章知道，当劳动市场和租赁市场出清时，对生产要素的总的支付——付给劳动的$(w/P)\cdot L$ 加上付给资本的$(R/P)\cdot K$——等于实际国内生产总值(GDP)(见第 6 章附录)。如果我们用 Y 替代方程中的 $(w/P)\cdot L+(R/P)\cdot K$，我们发现总的家庭预算约束变为：

关键方程(总的家庭预算约束形式)

$$C+\Delta K=Y-\delta K \tag{7.13}$$

消费＋净投资＝实际 GDP－折旧＝实际国内生产净值

记住，实际国内生产总值是由生产函数 $Y=A\cdot F(K,L)$ 决定的。因此，在方程(7.13)的右边，在技术水平 A 给定的情况下，实际国内生产净值 $Y-\delta K$ 是由 K 和 L 的给定值决定的。因此，方程的左边意味着经济体的净投资 ΔK 是由各个家庭对消费 C 的选择决定的。在实际国内生产净值给定时，多一个单位的消费 C 意味着少一个单位的净投资 ΔK。在第 8 章，我们将研究家庭将选择多少消费量 C，假定利率 i 是由方程(6.6)决定的，它等于资本的收益率 $R/P-\delta$。在这种情况下，C 的选择决定了方程(7.13)中的 ΔK。

注意，当债券市场出清时，净投资 ΔK 等于整个经济的实际储蓄。因为对个别家庭来说，实际储蓄等于 $(1/P)\cdot\Delta B+\Delta K$ ——作为债券或资本而持有的资产的实际价值的变化。然而对整个经济体来说，ΔB 等于 0，即实际储蓄等于 ΔK。

小　结

我们将模型从第 6 章的微观经济学基础扩大到考察一个家庭对消费和储蓄的选择。整个储蓄的要点是增加资产，储蓄将使人们在今后得到更多的消费。因此，家庭在今天的消费和今天的储蓄之间的选择实质上是对今天的消费与明天的消费的选择。

利用这个观点，我们通过收入效应和跨时期替代效应对消费的选择进行了分析。较高的初始资产或较高的现行的或未来的工资收入通过收入效应提高了所有年份的消费。今天的高利率促使家庭降低今天的消费而不是未来的消费。通过这

一渠道,较高的利率提高了当前的储蓄。然而高利率也有一种正的收入效应,它导致今天多消费和少储蓄。因此,利率对今天的储蓄的总的影响是不确定的。

我们对工资收入的持久性变化与临时性变化作了区分。对于持久性的变化来说,消费倾向是高的而储蓄倾向是低的。与此相反,对于临时性的变化来说,消费倾向是低的而储蓄倾向却是高的。

通过综合家庭预算约束和利用市场出清条件,我们能够确定整个经济体的消费、储蓄和投资的水平。如我们在下章中显示的,总消费可以从考察收入效应和跨时期替代效应推导而得。于是净投资就是实际国内生产净值和消费之间的差额。如果资本 K 和劳动 L 的数量是给定的,实际国内生产净值就被决定了。因此,模型将决定消费和净投资的总量。

重要术语和概念

贴现因子 discount factor
贴现的 discounted
有限时域 finite horizon
收入效应 income effects
无限时域 infinite horizon
无限时域预算约束 infinite horizon budget constraint
跨时期替代效应 intertemporal-substitution effect
生命周期模型 life-cycle models
多期预算约束 multiyear budget constraint
持久性收入 permanent income
计划时域 planning horizon
现值 present value
消费倾向 propensity to consume
储蓄倾向 propensity to save
两时期预算约束 two-year budget constraint
效用 utility
效用函数 utility function

问题和讨论

A. 复习题

1. 讨论因下列变化对本年的消费产生的影响:

a. 利率 i_1 的上升；

b. 实际工资收入 $(w/P) \cdot L$ 的持久性增加；

c. 当前实际工资收入 $(w/P)_1 \cdot L$ 增加，但未来实际工资收入没有变化；

d. 未来实际工资收入 $(w/P)_t \cdot L$ 增加，$t = 2, 3$，等等；

e. 一笔一次性的意外之财，它提高了初始资产 $(B_0/P + K_0)$。

2. 什么因素决定了源于一个额外单位的收入的消费倾向是小于1或是等于1？这种消费倾向可能大于1吗？

3. 推导方程(7.9)所示的两时期预算约束。根据这一约束，如果一个家庭减少今年的消费 C_1 一个单位，明年的消费 C_2 会增加多少(如果方程中的其他项没有变化)？

4. 如何给不同年份的收入和消费的现值取不同的权数。为什么现在一个单位的实际收入比明年一个单位的实际收入更值钱？为什么明年一个单位的消费比今年一个单位的消费更便宜？

B. 讨论题

5. 收入效应

再次考察方程(7.12)的家庭的多期预算约束。分析来自下列情况的收入效应：

a. 物价水平 P 的上升，对于一个家庭来说，初始的名义债券 B_0 具有正值。如果 B_0 是0或负值呢？

b. 每年的利率 i_t 提高1%。假设 $B_0 = 0$。

6. 持久性收入

持久性收入是指消费取决于收入的长期平均数，而不是当前的收入。从操作上讲，我们可以将持久性收入定义为假设的不变的具有相同现值的收入，作为家庭的资金来源出现在多期预算约束的右边：

$$C_1 + C_2/(1+i_1) + C_3/[(1+i_1)\cdot(1+i_2)] + \cdots = (1+i_0)\cdot(B_0/P+K_0) + (w/P)_1\cdot L + (w/P)_2\cdot L/(1+i_1) + (w/P)_3\cdot L/[(1+i_1)\cdot(1+i_2)] + \cdots \tag{7.12}$$

a. 利用方程(7.12)得到一个按第一年的现值表示的持久性收入的公式。

b. 什么是源于持久性收入的消费倾向？

c. 如果消费 $C_t(t = 1, 2, \cdots)$ 在一段时间里是固定不变的，那么持久性收入的价值是多少？

附录

多期预算约束和计划时域

我们这里分析如何计算家庭多期的预算约束。当我们考察两时期的情况时，我们得到以下预算约束：

$$C_1+C_2/(1+i_1)=(1+i_0)\cdot(B_0/P+K_0)+(w/P)_1\cdot L+(w/P)_2\cdot L/(1+i_1)-(B_2/P+K_2)/(1+i_1) \quad (7.9)$$

要将模型扩大到多期，我们从第三年开始研究：

第二年末持有的实际资产由下式给出：

$$(B_2/P+K_2)=(1+i_1)\cdot(B_1/P+K_1)+(w/P)_2\cdot L-C_2 \quad (7.5)$$

第三年末持有的实际资产由类似公式给出，对所有项更新一个年份：

$$(B_3/P+K_3)=(1+i_2)\cdot(B_2/P+K_2)+(w/P)_3\cdot L-C_3 \quad (7.14)$$

我们以前发现我们可以用下式表示第二年末持有的实际资产：

$$(B_2/P+K_2)=(1+i_1)\cdot(1+i_0)\cdot(B_0/P+K_0)+(1+i_1)\cdot(w/P)_1\cdot L-(1+i_1)\cdot C_1+(w/P)_2\cdot L-C_2 \quad (7.8)$$

如果我们用方程(7.8)的右边替代方程(7.14)右边的$(B_2/P+K_2)$项，我们得到：

$$B_3/P+K_3=(1+i_2)[(1+i_1)\cdot(1+i_0)\cdot(B_0/P+K_0)+(1+i_1)\cdot(w/P)_1\cdot L-(1+i_1)\cdot C_1+(w/P)_2\cdot L-C_2]+(w/P)_3\cdot L-C_3$$

如果我们将方括号内的各个项乘以$1+i_2$，我们得到：

$$\begin{aligned}B_3/P+K_3=&(1+i_2)\cdot(1+i_1)\cdot(1+i_0)\cdot(B_0/P+K_0)\\&+(1+i_2)\cdot(1+i_1)\cdot(w/P)_1\cdot L-(1+i_2)\cdot(1+i_1)\cdot C_1\\&+(1+i_2)\cdot(w/P)_2\cdot L-(1+i_2)\cdot C_2+(w/P)_3\cdot L-C_3\end{aligned} \quad (7.15)$$

这个重要结果体现了利率。初始的实际资产$(B_0/P+K_0)$现在积累了三年的利息，直至第三年末。因此，方程(7.15)右边的这些资产被乘以$(1+i_2)\cdot(1+i_1)\cdot(1+i_0)$。第一年的实际工资收入积累了两年的利息，从而被乘以$(1+i_2)\cdot(1+i_1)$。其他的实际收入和消费项以类似的方式进入方程。

如果我们把方程(7.15)中的每一项除以$(1+i_2)\cdot(1+i_1)$，并且移项，只把那些涉及消费的项放在左边，我们得到三年期预算约束：

$$\begin{aligned}C_1+C_2/(1+i_1)+C_3/[(1+i_1)\cdot(1+i_2)]=&(1+i_0)\cdot(B_0/P+K_0)\\+(w/P)_1\cdot L+(w/P)_2\cdot L/(1+i_1)&+(w/P)_3\cdot L/[(1+i_1)\cdot(1+i_2)]\\-(B_3/P+K_3)/[(1+i_1)\cdot(1+i_2)]&\end{aligned} \quad (7.16)$$

这一结果将方程(7.9)的两时期预算约束扩大到三年。方程(7.16)中的每一项是以现值(或第一年的价值)出现的。但是现在，预算约束包括第三年的实际工资收入和消费$(w/P)_3\cdot L$和C_3，而这些数字是对两年的利息积累进行了贴现的数字——即按$(1+i_2)\cdot(1+i_1)$打了折扣。现在出现在方程右边的第三年末持有的实际资产$(B_3/P+K_3)$也按$(1+i_2)\cdot(1+i_1)$打了折扣。

现在，我们看看如何把预算约束扩大到任何年份。每次我们往后推一年，我们就带来了该年的实际收入和消费。我们也带来了新一年末持有的实际资产，并且消除了上一年末持有的实际资产。所有这些新的项都作了贴现，以反映从第一年到未来一年的利息积累。例如，如果我们考察j年，这里j大于3，我们得到j年的预算约束：

$$\begin{aligned}&C_1+C_2/(1+i_1)+C_3/[(1+i_1)\cdot(1+i_2)]+\cdots\\&+C_j/[(1+i_1)\cdot(1+i_2)\cdot\cdots\cdot(1+i_{j-1})]=(1+i_0)\cdot(B_0/P+K_0)\\&+(w/P)_1\cdot L+(w/P)_2\cdot L/(1+i_1)+(w/P)_3\cdot L/[(1+i_1)\cdot(1+i_2)]\\&+\cdots+(w/P)_j\cdot L/[(1+i_1)\cdot(1+i_2)\cdot\cdots\cdot(1+i_{j-1})]\\&-(B_j/P+K_j)/[(1+i_1)\cdot(1+i_2)\cdot\cdots\cdot(1+i_{j-1})]\end{aligned} \tag{7.17}$$

我们要利用方程(7.17)去理解家庭如何选择第一年的消费C_1。即家庭目前把这一选择作为一项长期计划的一部分，该计划考虑到未来至j年的消费和实际收入。这些未来值通过j年预算约束与当前的选择联系起来。我们可以把数字j看作是**计划时域**——即家庭计划其消费和储蓄的年数。

在家庭作出决策时，一般家庭考虑的时域有多长？由于我们正在研究的家庭涉及借款和贷款，所以采用一个较长的时域是恰当的。通过借款或贷款，家庭能够有效地利用未来的收入以支付当前的消费，或用当前的收入去支付未来的消费。当未来的收入被表示为一个现值时，它们就同今天的收入一样，与当前的决策密切相关。

经济学家们经常假设，一般家庭的计划时域是长的，但是有限的。例如，根据所谓的**生命周期模型**理论，时域j代表一个人的预期的剩余寿命①。如果人们不关心他们死后发生的事情，他们就没有理由要将资产转到第j年。因此，他们计划在方程(7.17)中将最终的资产存量设定在0。② 就是说，每个人都计划到他(或她)去世时，把资产都花完。

为单独的个人确定预期寿命，从而确定他的计划时域是简单明了的。然而对于一个有配偶和子女的家庭来说，恰当的时域就不那么明显。由于个人关心他(或她)的配偶和子女，可适用的时域就超出一个人的预期寿命，而家庭也很看重子女的未来的预期收入和消费。更进一步讲，如果子女今后还有他们自己的子孙后代，

① 生命周期模型与经济学家弗朗科·莫迪利亚尼(Franco Modigliani)特别有关系。见 Franco Modigliani 和 R. Brumberg(1954)，Ando 和 Franco Modigliani(1963)。

② 我们必须排除个人带着负资产去世的可能性。否则，每个人会有可能将$(B_j/P+K_j)$变成一个极大的负数。

由于他们关心他们未来的子女，因此，就没有一个明确的计划时域的终止点。

与施加一个有限时域（这里 j 是一个有限数）的做法相反，我们可以考虑每个家庭的计划是一个**无限时域**，即计划的时期 j 可以伸展到任意远的将来，并且可以设想为是无限的。作出这种假设有两个充分的理由：

- 首先，如果我们认为每个人作为家庭的一部分都是关心他们未来的成员的——儿子、孙子……一直往下传，直至无限的将来。这种设想是正确的。
- 其次，计划的时点不明确，无限时域是最简单的假设。

如果我们利用无限时域，我们就让方程（7.17）中的数字 j 变成任意大。在这种情况下，就没有最后的年份 j，我们也用不着关心方程右边的包含着 $(B_j/P+K_j)$ 的最后一项。[①] 因此，**无限时域预算约束**——应用于一个无限的计划时期的约束——就是以前我们曾经使用过的约束：

$$C_1+C_2/(1+i_1)+C_3/[(1+i_1)\cdot(1+i_2)]+\cdots=(1+i_0)\cdot(B_0/P+K_0)$$
$$+(w/P)_1\cdot L+(w/P)_2\cdot L/(1+i_1)+(w/P)_3\cdot L/[(1+i_1)\cdot(1+i_2)]+\cdots \quad (7.12)$$

省略号表示我们把包含有 C_t 和 $(w/P)_t\cdot L$ $(t=1,2,$等等$)$ 的所有项包括在内了，即扩展到 t 的任意大的值。

① 由于按 $(1+i_1)\cdot(1+i_2)\cdot\cdots\cdot(1+i_{j-1})$ 进行贴现，当 j 变得非常大时，剩下来的资产的现值 $(B_j/P+K_j)$ 往往会变得微不足道。

均衡经济周期模型

本章我们将利用第6章和第7章建立的框架来研究称之为经济周期的短期经济模型。一个经济周期包括实际国内生产总值(实际 GDP)扩张或收缩的各个阶段。在实际GDP扩张时期——经济景气——通常伴随着其他宏观经济变量,例如消费、投资和就业的上升,以及失业率的下降。相反,在GDP收缩时期——经济衰退——往往呈现消费、投资和就业下降的特征,并且伴随着失业率的上升。

经济的总产出,即GDP,是判断经济体处在扩张阶段还是收缩阶段的关键指标。因此,为了理解经济波动的性质,我们首先考察一下美国在第二次世界大战后的那段时期内的实际GDP的表现。

8.1 实际GDP的周期性变化——衰退和景气

图8.1显示了从1947年的第一季度到2006年的第一季度以季度为基础的美国实际GDP变化的情况。该图类似于第1章图1.1显示的自1869年以来每年的数据。

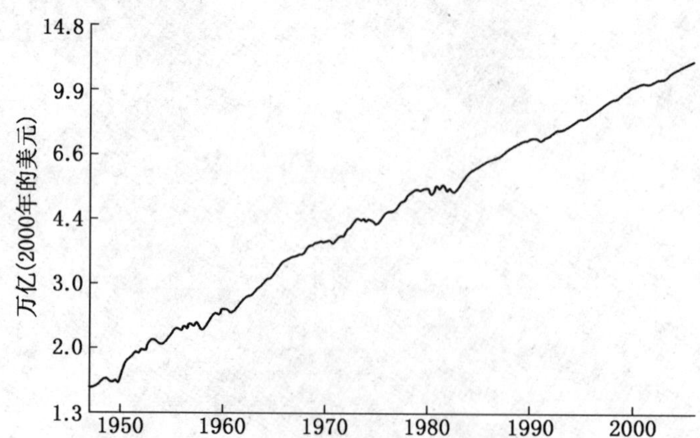

注:本图显示了从1947年的第一季度到2006年的第一季度美国的实际GDP的情况。数据是以季度为基础按季度调整的,并且以2000年为基年的美元计量。我们利用了比例尺(或对数尺)。因此,沿着纵坐标的每一个变化代表着实际GDP的相同比例的变化或百分比变化。

图8.1 美国的实际GDP,1947—2006年

如果我们考察图 8.1 中的实际 GDP，我们可以认为这些变动反映了两种力量。首先，从 1947 年到 2006 年，实际 GDP 呈现总的向上移动的趋势，我们认为这一趋势反映了长期的经济增长，这是第 3 章到第 5 章研究的课题。其次，围绕着这一趋势，实际 GDP 存在着短期的波动。我们认为这些经济波动源于经济周期——即从景气到衰退的周期。在本章和下章中，我们将寻求理解这些经济波动。

我们设想实际 GDP 分为两部分：

实际 GDP ＝ 实际 GDP 的趋势性部分 ＋ 实际 GDP 的周期性部分　(8.1)

为了将实际 GDP 分解为趋势和周期，我们首先从估计趋势着手。对趋势的一个理想的量度是一条符合实际 GDP 数据的以季度为基础的修匀曲线。在图 8.2 中，粗线表示实际 GDP，细线表示实际 GDP 的趋势性部分，或是**趋势性实际 GDP**。① 细线是一条通过粗线画出的修匀曲线。

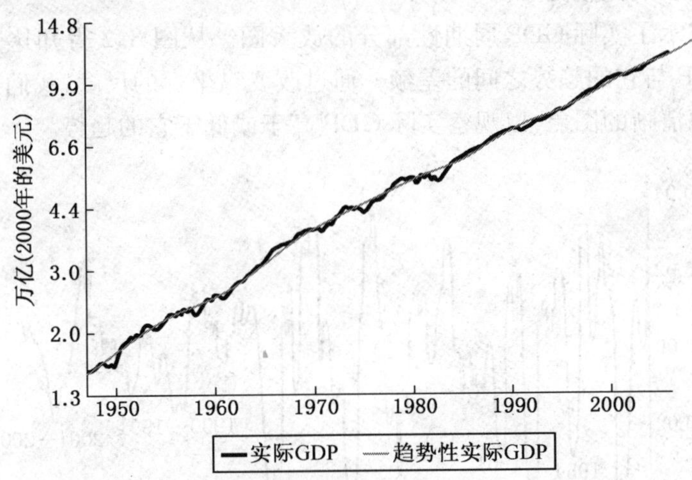

注：粗线显示了图 8.1 中的美国实际 GDP。细线是通过 GDP 数据画出的一条平滑的趋势线。我们认为这条趋势曲线反映了长期经济增长。

图 8.2　计算美国实际 GDP 的趋势，1947—2006 年

一旦我们知道趋势性实际 GDP，如图 8.2 的细线所示，我们就能计算出偏离趋势的程度。如果我们重新安排方程(8.1)中的各项。我们得到：

实际 GDP 的周期性部分 ＝ 实际 GDP － 实际 GDP 的趋势性部分　(8.2)

我们称实际 GDP 与其趋势性部分的差额为**实际 GDP 的周期性部分**，因为我们将其看成来自经济周期——即来自短期经济波动的部分。

图 8.2 显示，从 1947 年到 2006 年美国实际 GDP 的最重要的特点总的来说是

① 这种趋势叫做霍德里克—普莱斯科特过滤(H-P 过滤)，是根据经济学家罗伯特·霍德里克(R. Hodrick) 和爱德华-普莱斯科特(E. Prescott)的名字命名的。总的思想是确定趋势的位置以符合实际 GDP 的移动而不致使它波动得太厉害。这一做法使趋势的斜率随时间的推移缓慢地变化，以符合观察到的实际 GDP 增长率的变化。

呈向上的趋势，如细线所示。事实上，要在这张图上区分出周期性的部分不那么容易，这一部分是实际 GDP 与其趋势性部分的差额。在以后的图中，我们将放大这个周期性的部分以得到一张更清晰的图。然而，我们应该记住，实际 GDP 的这一趋势部分是确定 2006 年美国典型的个人生活水准如何不同于 10 年、20 年或 50 年前的主要的决定因素。因此，从长期来看，经济增长显得比经济波动更重要。

虽然与长期趋势相比，经济波动的幅度一般较小，波动不会影响一个人的生活福利。例如，在衰退期间，人们会受到损害，因为他们减少了实际收入，减少了消费，并且常常失去工作。因而新闻媒体的讨论大多集中关注的是波动而不是趋势。这种集中关注的存在或许是由于趋势代表长期的力量，通常不被看成是有新闻价值的，而波动反映了构成新闻讨论中当前的事件。此外，将经济波动，特别是持续的衰退归咎于当前的政府当局比较容易（尽管这种批评是错误的）。而把责任归因于长期经济增长则比较困难。

图 8.3 显示了实际 GDP 周期性部分的放大图。从图 8.2 得知这个周期性部分是实际 GDP 与它的趋势之间的差额。通过改变纵坐标的尺度，我们在图 8.3 中可以得到一幅清晰的图象，以观察实际 GDP 高于或低于它的趋势。

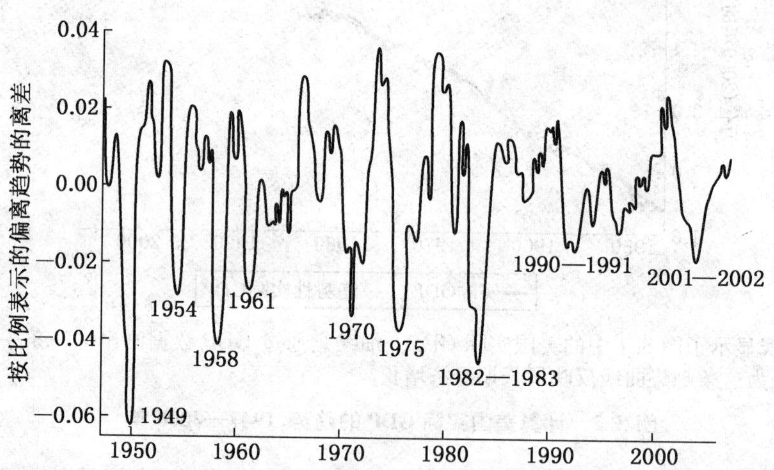

注：本图描述了实际 GDP（图 8.2 中的粗线）和它的趋势（图 8.2 中的细线）之间的差异。由此形成的数列——实际 GDP 的周期性部分——显示实际 GDP 偏离其趋势的离差。这一周期性部分是按比例计算的：例如，0.02 意味着实际 GDP 高出趋势 2%，而－0.02 意味着实际 GDP 低于趋势 2%。衰退年份的标志是实际 GDP 的周期性部分是负数，并且至少达到 1.5%的幅度。

图 8.3　美国 GDP 的周期性部分，1947—2006 年

实际 GDP 的周期性部分的可变性是测量经济波动程度的一种恰当的方法。为了得到一个定量的测度，我们使用了一个叫做**标准差**的统计量。[①] 在图 8.3 中，

① 标准差是方差的平方根。方差是变量偏离其平均值的平方离差的平均数。在目前的例子中，实际 GDP 的周期性部分的平均值接近于 0（根据我们在图 8.2 中构建的趋势）。因此，方差就是实际 GDP 的周期性部分的平方值的平均数。

实际 GDP 的周期性部分的标准差是 1.7%。这个数值意味着从 1947 年到 2006 年美国实际 GDP 波动的通常范围是在高于趋势的 1.7%或低于 1.7%之间。①

从图 8.3 中的低点或谷底可以看出，从 1947 年到 2006 年美国有 9 次衰退。关于衰退的一般的概念是指一段经济活动较少的时期，通常是由实际 GDP 和其他宏观经济变量衡量的。在我们的例子中，我们通过考察实际 GDP 的周期性部分为负数并且至少达到 1.5%的幅度的各个时期，使这个定义变成是可操作的。根据这个定义，1949 年、1954 年、1958 年、1961 年、1970 年、1975 年、1982—1983 年、1990—1991 年以及 2001—2002 年出现了衰退。实际 GDP 偏离趋势的幅度有大有小，如 1990—1991 年（这时期低于趋势的最大幅度是 1.6%），2001—2002 年（低于 1.9%）和 1961 年（2.7%）是温和的衰退；1949 年（6.2%）、1982—1983 年（4.7%），1958 年（4.2%）和 1975 年（3%）的比较严重的衰退。

关于美国的经济衰退何时开始和何时结束的半官方的裁定是由美国国民经济研究局（NBER）作出的，它是位于马萨诸塞州坎布利奇哈佛大学附近的一个思想库。NBER 对于是什么形成了衰退并没有一个严格的定义，但是它参考了大量按月为基础观察到的宏观经济变量，其中包括就业、零售、个人消费和工业生产。尽管我们对衰退的定义和 NBER 关于衰退的概念之间存在着差别，但图 8.3 显示的衰退日期与 NBER 所宣布的时间非常符合。

我们也可以利用图 8.3 将经济景气的时期分离出来，它代表了实际 GDP 周期性部分中的高点或峰顶。最近的峰顶是出现在 2000 年第二季度的 2.4%。这一峰顶正好与对互联网和其他高科技产业的大量投资有关。

用数字说话

美国长期历史上的衰退

图 8.3 显示了美国二战后的各次衰退，与更早时期相比，特别是与 20 世纪 30 年代初的大萧条相比，这些衰退是温和的。我们可以利用第 1 章图 1.1 的关于实际 GDP 的年度数据，衡量上溯至 1869 年以来的历次衰退。

图 8.4 显示了 1869 年至 2005 年的实际 GDP 的周期性部分。计算周期性部分的方法与图 8.2 和图 8.3 中用于二战后的数据相同，除了长期数据是年度的。为将注意力集中在重大衰退上，我们在图 8.4 中只将实际 GDP 的周期性部分为负数并且其幅度至少为 3%的情况称为衰退。根据这种更加严格的定义（相对于图 8.3 中的 1.5%），二战后有几次衰退——包括 1990—1991 年和 2001—2002 年的两次——是太温和了，以致不那么引人瞩目。

① 如果一个变量是正态分布的（实际 GDP 周期性部分的一个合理的近似值），大约在三分之二的时间内，这个变量会落在介于低于平均值一个标准差和高于平均值一个标准差之间的区间内。大约 95%的时间，变量会落在介于低于平均值 2 个标准差和高于平均值 2 个标准差之间的区间内。

大萧条使二战后所经历的任何衰退相形见绌。在萧条最严重的1933年，GDP的下降到低于趋势的19%。在两次世界大战之间发生的其他两次衰退出现在1920—1922年和1938—1940年，在这两次萧条期间，实际GDP均低于趋势9%。

第一次世界大战之前的任何一次衰退都没有在两次世界大战之间发生的衰退那么严重。事实上，从经济波动的程度衡量，1869年到1914年这段时期的情况与1947年之后的时期没有多大区别。然而，由于1929年以前的国民账户数据不太可靠，很难精确衡量。①

8.2 一个均衡的经济周期模型

8.2.1 概念问题

为了给经济波动建立模型，我们首先假设这些波动反映了对经济的**冲击**。冲击的一个例子是技术水平A的变化，它被包括在第3章方程(3.1)推导的生产函数中。现重复如下：

$$Y = A \cdot F(K, L) \tag{3.1}$$

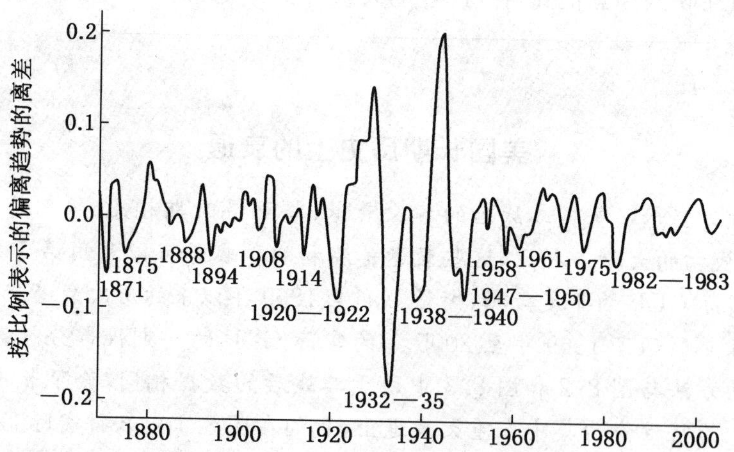

注：本图描述了实际GDP的周期性部分，它是实际GDP(1929年以前是实际GNP)与其趋势值的差额。这一做法类似于图8.2和图8.3采用的方法，除了重点数据是按年份计量的。衰退年份的标志是实际GDP的周期性部分为负数，并且幅度至少达到3%。

图8.4 美国实际GDP的周期性部分，1869—2005年

① C. Romer(1986，1988)的分析显示，从经济波动的程度讲，一战前的时期比二战后的时期的波动稍微大一点。

技术水平 A 的上升意味着经济体更富有生产能力——它可以用给定的资本 K 和劳动 L 生产出更多的产品 Y。相反,A 的下降意味着经济体缺乏生产能力。在本章中,我们集中研究对作为经济波动根源的技术水平 A 的冲击。

我们把我们的模型称作**均衡经济周期模型**,因为它利用均衡条件确定冲击如何影响实际 GDP(Y),以及其他宏观经济变量,诸如消费 C、投资 I,以及劳动的投入量 L。模型假设,供给和需求函数,例如劳动和资本服务的供给和需求,是符合第 6 章和第 7 章重点研究的微观经济学基础的。在这些函数给定的情况下,均衡的关键条件是市场必须出清。例如,劳动的总供给量等于总需求量,资本服务的总供给量等于总需求量。在第 16 章中,我们将探讨几个在其中有些市场没有出清的模型。

关于均衡的经济周期模型的一个著名的例子是**实际经济周期模型**(RBC 模型),它是由 2004 年诺贝尔经济学奖获得者芬·基德兰(Finn Kydland)和爱德华·普雷斯科特(Edward Prescott)在 1982 年提出的。RBC 模型强调了技术水平 A 对经济的冲击,并且利用了与我们采用的同样类型的均衡条件。因此,本章的均衡经济周期模型是一个实际经济周期模型。然而,在随后的几章里,我们将此模型普遍化,以便把各种形式的冲击包括进去。例如,第 15 章考察货币的扰动,超出了 RBC 的范围。由于我们的基本方法仍然相同,我们可以起一个更广泛的名字,如均衡的经济周期模型,以便将这些扩展以及本章中的模型包括进去。

我们的模型将预计实际 GDP 和其他宏观经济变量波动的方式。在作出这些预计后,我们将它们与宏观经济数据进行比较。由于我们在本章集中研究对技术水平 A 的冲击,只有在我们考虑到 A 的变动有时候是正的、有时候是负的情况下,这个模型才有机会很好地发挥作用。正的冲击将促成经济景气,而负的冲击会造成衰退。

如果我们把 A 设想为技术水平,就很容易想象 A 如何上升——例如来自新产品或新的生产方法的发明和发现。第 5 章中我们讨论的电力、晶体管、计算机和互联网的发明和改进就是技术进步的例子。[①] 然而,许多较小的发现发明也对经济的景气作出了贡献。

如果我们把 A 看作是技术水平,很难想象 A 会有重大的下降。毕竟生产者通常不会忘记以往取得的技术进步。然而,我们在第 5 章关于索洛增长模型的研究中提到技术发明以外的事件也可能影响生产力,从而以类似于技术水平变化的方式影响整个经济体。况且,这些其他事件的影响可能是负的——相当于技术水平 A 的下降——也可以是正的。

有些类似于技术水平 A 变化的事件包括法律和政治制度的变化,竞争程度的变化,以及国际贸易的变化。那些相当于使 A 下降的影响的不利事件包括农业歉收、战争破坏、自然灾害和罢工。

---

① 这包括诸如及时存货管理等发明,见 Jones(2005)的讨论。

我们对经济波动的分析中，对于 A 的定义比较广泛，以便把上述例子包括进去。在这种情况下，A 的变化有时候是正的，有时候是负的。然而，我们将发现将 A 仍然称作“技术水平”是很方便的。

在本章提出的均衡经济周期模型中，我们将把经济波动解释为对技术水平 A 的冲击的短期反应。使这一分析成为短期的主要特征是：我们假设，作为一种粗略估计，我们能使资本存量 K 保持固定。即在考虑衰退或景气的相对短暂的持续期中，我们没有足够的时间让机器和建筑物——这些东西包括在资本内——去发生显著的变化。与此相对照，对经济增长的长期分析，如第 3 至第 5 章所讨论的，资本 K 的变化是讨论的中心内容。

8.2.2 模型

现在，我们要研究来自技术水平 A 的变化的短期效应。实际 GDP 由生产函数给出：

$$Y = A \cdot F(K, L) \tag{8.3}$$

除了把资本存量 K 看作在短期内是固定的外，我们也一开始就假设劳动投入 L 是固定的。在这种情况下，Y 的变化将仅反映 A 的变化。当 A 上升时，Y 上升，而当 A 下降时，Y 也下降。在本章后面，我们通过考虑 L 的短期变化使该模型更符合实际。在第 9 章中，我们将模型进一步扩大到把资本利用率的变化考虑在内。

实际上，A 的许多变动是观察不到的；即我们无法识别出在影响经济体的生产力的各种变量中出现了哪些变化。问题是如果我们能够任意地假设已经发生了哪些不能观察到的变化，我们就能使它与实际 GDP 中的任何已被观察到的波动相匹配，如图 8.3 中显示的波动。尽管使模型符合这些数据很容易，我们不应该给予我们的模型具有任何以这样的方式“解释”实际 GDP 波动的评价。

对该模型的实际挑战是预计在经济波动期间其他宏观经济变量如何与实际 GDP 一起变动。例如，我们要想看到在景气和衰退期间模型对于消费和投资的变化会作出什么预测。类似地，我们可以估计实际工资率、资本的实际租赁价格和利率的变化。然后我们放松 L 是固定的假设，我们就可以考察就业和失业的变化。总的概念是，我们可以通过预测实际 GDP 和其他宏观经济变量之间的关系，然后考察现实数据看看这些预测是否准确，以此来检验我们的均衡经济周期模型。我们现在开始我们对宏观经济变量作出分析。

1. 劳动的边际产品和实际工资率

我们从方程(8.3)的生产函数知道，对于给定的资本 K 和劳动 L 的投入，技术水平 A 的上升提高了劳动的边际产品(MPL)。我们在图 8.5 中显示了较高的生产技术对 MPL 的影响。我们考察两种技术水平 A 和 A'，这里 $A' > A$。我们假设资本存量被固定在 K。向下倾斜的曲线(A)显示了当技术水平为 A 时，MPL 如何随 L 的变化而变化。如果实际工资率是纵坐标上的 w/P，劳动的需求量就是横

坐标上的数量 L^d。向下倾斜的曲线(A')显示了当技术水平为 A' 时的 MPL。对于任何 L 来说,第二条曲线上的 MPL 值都要高于第一条曲线上的 MPL 值。因此,按照给定的实际工资率 w/P,在横坐标上劳动的需求量 $(L^d)'$ 大于 L^d。

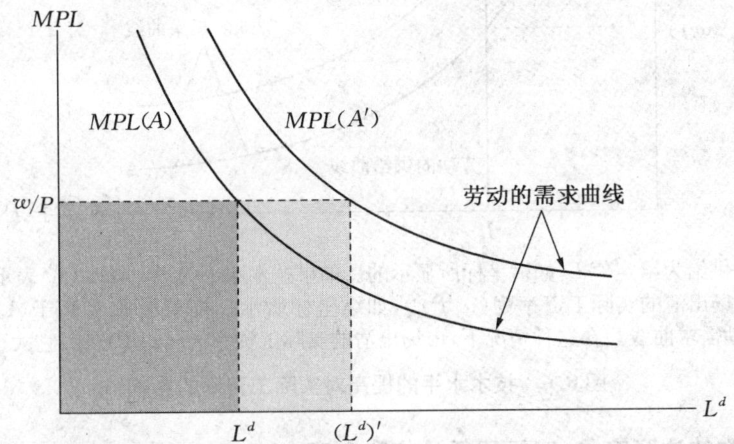

注:当技术水平为 A 时,MPL 由标以 $MPL(A)$ 的曲线给出。按纵坐标上显示的实际工资率 w/P,劳动的需求量是横坐标上的 L^d。技术水平 A' 高于 A。因此,在任何劳动投入水平上,$MPL(A')$ 的曲线给出的 MPL 的值高于 $MPL(A)$ 曲线上的值。当技术水平为 A'、实际工资率为 w/P 时,劳动的需求量 $(L^d)'$ 大于 L^d。

图 8.5 技术水平的提高对劳动需求的影响

图 8.6 中的两条劳动需求曲线来自图 8.5。对劳动供给来说,我们现在假设劳动供给的数量固定在横坐标的 L 值上。即劳动供给曲线是一条位于 L 点的垂直线。

如果技术水平为 A,劳动的需求曲线由图 8.6 中向下倾斜的曲线 $MPL(A)$ 给出。因此,当实际工资率 w/P 等于市场出清值 $(w/P)^*$ 时,如纵坐标显示的那样,劳动市场出清——劳动需求的数量等于劳动供给的数量。实际工资率 $(w/P)^*$ 等于按 L 点的值评估的劳动的边际产品 MPL(这时,技术水平为 A,资本存量固定在 K)。

如果技术水平上升到 A',劳动的需求曲线由图 8.6 中的向下倾斜的曲线 $MPL(A')$ 给定,在这种情况中,市场出清的实际工资率等于纵坐标上的 $[(w/P)^*]'$。由于在 L 给定时,曲线 $MPL(A')$ 上的 MPL 值比在曲线 $MPL(A)$ 上的高,所以市场出清的实际工资率更高,即 $[(w/P)^*]'$ 大于 $(w/P)^*$。

考虑结果的一种方法是,按初始的实际工资率 $(w/P)^*$,MPL 的上升意味着劳动的需求量 $(L^d)'$ 超过劳动的供给量,而劳动的供给固定在 L。因此,雇主们(这时家庭的角色是企业的管理者)相互竞争以争夺稀缺的劳动力并将实际工资率提升到 $[(w/P)^*]'$。

我们发现技术水平 A 的上升提高了实际工资率 w/P。因而,该模型预计经济景气——这里,实际 GDP 的上升是因为技术水平 A 的提高——将会有较高的 w/P。对比之下,衰退将会降低 w/P。

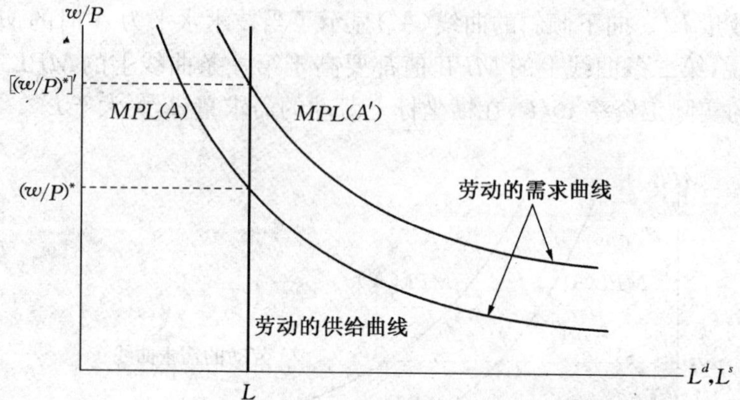

注：劳动供给为给定值 L，如横坐标所显示的。如果技术水平为 A，$MPL(A)$ 表示劳动需求曲线。因此，市场出清的实际工资率为 $(w/P)^*$，如纵坐标所示。技术水平 A' 高于 A。因此，$MPL(A')$ 表示劳动需求曲线。在这种情况下，市场出清的实际工资率为 $[(w/P)^*]'$，它大于 $(w/P)^*$。

图 8.6　技术水平的提高对实际工资率的影响

2. 资本的边际产品，实际租赁价格和利率

从方程(8.3)的生产函数我们知道，对于给定的资本投入 K 和劳动 L，技术水平的上升提高了资本的边际产品 MPK。我们在图 8.7 中显示了较高的 MPK 的效用。图 8.7 再次考察了两种技术水平 A 和 A'，且 A' 高于 A。我们仍然假设劳动投入被固定在 L。向下倾斜的 $MPK(A)$ 曲线显示，当技术水平为 A 时，MPK 如何随 K 的变动而变动。如果实际的租赁价格为纵坐标上的 R/P，资本的需求量就是横坐标上的数量 K^d。向下倾斜的 $MPK(A')$ 曲线显示了当技术水平为 A' 时的 MPK。在任何给定的 K 值上，右边曲线上的 MPK 总是要比左边曲线上的 MPK 高。因此，按给定的实际租赁价格 R/P，横坐标上的资本需求量 $(K^d)'$ 大于 K^d。

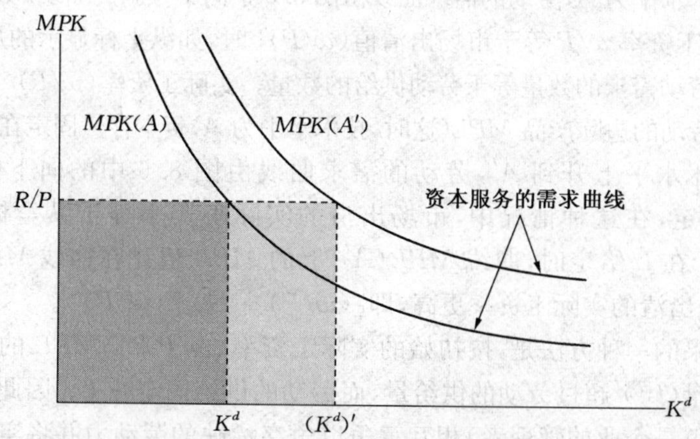

注：当技术水平为 A 时，MPK 由标以 $MPK(A)$ 的需求曲线给出。按纵坐标上显示的实际租赁价格 R/P，资本的需求量为横坐标上的 K^d。技术水平 A' 大于 A。因此，在任何资本投入水平上，由 $MPK(A')$ 表示的曲线给出的 MPK 大于 $MPK(A)$ 曲线上的值。当技术水平为 A'，实际租赁价格为 R/P 时，资本的需求量为 $(K^d)'$，它大于 K^d。

图 8.7　技术水平的上升对资本服务需求的影响

图 8.8 上的两条资本服务的需求曲线来自图 8.7。我们假设资本服务的供给量固定在横坐标上的 K 点。即供给曲线是一条位于 K 点的垂直线。

如果技术水平为 A,资本服务的需求曲线由图 8.8 中的向下倾斜的 $MPK(A)$ 曲线给出。因此,当实际租赁价格 R/P 等于纵坐标上的市场出清值 $(R/P)^*$ 时,资本服务的市场出清——即资本服务的需求量等于供给量。实际租赁价格 $(R/P)^*$ 等于在 K 点估价的资本的边际产品 MPK(这时技术水平为 A,劳动投入固定在 L)。

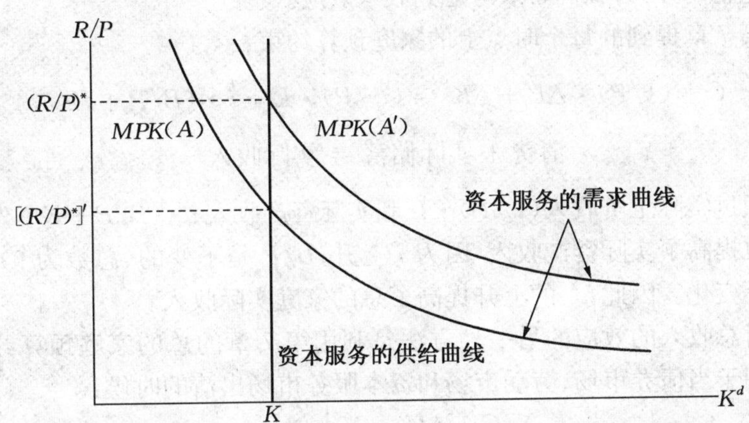

注:资本服务的供给为给定值 K,显示在横坐标上。当技术水平为 A 时,曲线 $MPK(A)$ 给出了资本服务的需求。市场出清的租赁价格 $(R/P)^*$ 显示在纵坐标上。技术水平 A' 高于 A,如图 8.7 所示。因此,当技术水平为 A' 时,曲线 $MPK(A')$ 给出了资本服务的需求。在这场合,市场出清的实际租赁价格为 $[(R/P)^*]'$,它大于 $(R/P)^*$。

图 8.8　技术水平的上升对资本的实际租赁价格的影响

如果技术水平上升到 A',资本服务的需求由图 8.8 中的向下倾斜的 $MPK(A')$ 曲线给出。在这种情况下,市场出清的实际租赁价格等于纵坐标上的 $[(R/P)^*]'$。由于在 K 给定时,$MPK(A')$ 曲线上的 MPK 值高于 $MPK(A)$ 曲线上的 MPK 值,市场出清的实际租赁价格更高,即 $[(R/P)^*]'$ 大于 $(R/P)^*$。

我们由此得出结论:技术水平 A 的上升提高了资本的实际租赁价格 R/P。因此,模型断言,经济景气——这时由于 A 上升,实际 GDP 也上升——将具有相对较高的 R/P。对比之下,经济衰退则有相对较低的 R/P。

回顾我们在第 6 章的分析得知利率由下式给出:

$$i = R/P - \delta \tag{6.6}$$

债券收益率 = 拥有资本的收益率

我们从图 8.8 知道,当资本服务的市场出清时,按给定的资本 K 和劳动 L 的价值估值,实际的租赁价格 R/P 等于资本的边际产品 MPK。因此,给出的利率是:

$$i = MPK(\text{按给定的 } K \text{ 和 } L \text{ 估值}) \tag{8.4}$$

在资本 K 和劳动 L 的投入给定时,技术水平的上升提高资本的边际产品

MPK。因此，模型预计，经济景气时将会有相对较高的利率，而经济衰退时将会有相对低的利率。

3. 消费、储蓄和投资

现在我们将利用我们在第7章中的微观经济分析去确定家庭消费多少和储蓄多少。技术水平 A 的上升提高了利率 i，而较高的利率 i 促使家庭将消费从现在推迟到将来(跨时期替代效应)。据此我们预计当前的消费将会下降。然而，我们的分析是不完整的，因为我们必须考虑到收入效应。

考察第7章提到的每个时点上的家庭预算约束：

$$C+(1/P)\cdot\Delta B+\Delta K=(w/P)\cdot L+i\cdot(B/P+K) \qquad (7.1)$$

消费 + 实际储蓄 = 实际收入

收入效应通过实际工资收入 $(w/P)\cdot L$ 和实际资产收入 $i\cdot(B/P+K)$ 发挥作用。A 的上升也提高了实际资产收入，因为 i 上升，B/P 是不变的(总数为0)，而 K 在短期内并不变化。因此，A 的上升提高了总的家庭实际收入。

观察对总收入的效应的另一种方法是利用第7章的总的家庭预算约束，该预算约束应用于当债券市场、劳动市场和资本服务市场出清的时候：

$$C+\Delta K=Y-\delta k \qquad (7.13)$$

消费 + 净投资 = 实际 GDP − 折旧 = 实际国内生产净值

如果我们用生产函数 $Y=A\cdot F(K,L)$ 替代 Y，我们得到：

$$C+\Delta K=A\cdot F(K,L)-\delta k \qquad (8.5)$$

由于折旧 δk 在短期内是固定的，技术水平 A 的变化的收入效应缩小了它对实际 GDP 的影响。对于给定的 K 和 L，由于 A 的上升提高了实际 GDP，我们再次看到，A 的上升提高了总的实际收入。

实际收入的上升鼓励家庭增加当前的消费(以及未来的消费)。这一反应就是人们熟悉的收入效应。这一效应的作用与跨时期替代效应相反，后者趋于减少当前的消费。因此，我们无法确定技术水平 A 的上升会导致更多的还是更少的当前消费 C。消费的净变化取决于收入效应强于或弱于跨时期替代效应。

我们可以强化我们的预测，因为收入效应的大小取决于技术水平 A 的变化的持续时间。本节的其余部分，我们假设 A 的变化是持久性的。这种情况适用于一种真实的技术进步，因为生产者往往不会忘记这些进步。在这种情况中，实际收入的增加往往也是持久性的。因此，我们应考察第7章中的一个例子，在其中，实际收入每年以相似的数量上升。对这一情况的预计是，出于较高收入的消费倾向将接近于1。因此，如果 A 的上升提高了实际 GDP 一个单位，$Y=A\cdot F(K,L)$，那么，不同于收入效应的观点，当前消费 C 将上升约一个单位。

为计算对当前消费的总的影响，我们必须权衡比较收入效应——据此效应，消费的上升大致上与实际 GDP 的上升相同——与跨时期替代效应，因为后者会减少当前的消费。对跨时期替代效应的定量估计显示，它的影响要远小于这种巨大的收入效应。因此，当技术水平 A 的提高是持久性的时，当前消费将上升。然而，只要跨时期替代效应起着作用，当前消费的上升将总是少于实际 GDP 的上升。

在方程(7.1)中，方程左边 C 项的变化小于右边实际收入的变化，后者相当于实际 GDP 即 Y 的变化。因此，左边的家庭实际储蓄必定上升。即部分额外的家庭实际收入用于消费，另一部分则转为实际储蓄。

在方程(7.13)的总的家庭预算约束中，我们发现当前消费 C 增加，但是增幅少于实际 GDP 的上升。因此，净投资 ΔK 必定上升——实际 GDP 的上升部分显示为更多的 C，部分显示为更多的 K。由于净投资 ΔK 等于实际储蓄，这一结果与实际储蓄上升的研究结果相符合。

8.3 理论与事实的匹配

我们的均衡经济周期模型对宏观经济变量的波动如何与 GDP 的变化相匹配作出了许多预测。现在我们将考察对消费、投资、实际工资率、资本的实际租赁价格和利率的预测。我们将集中关注美国自 1954 年以来的数据；与图 8.1 至图 8.3 不同的是我们略去了 1947 年到 1953 年这些年份的数据。那段时期是非同寻常的，因为受到第二次世界大战和朝鲜战争沉重的冲击。我们将在第 12 章考察战时的经济影响。

8.3.1 消费与投资

我们可以根据实际消费支出从国民收入账户计算消费 C。从 1954 年到 2006 年，这一支出平均占到美国 GDP 的 64%。我们利用图 8.2 中的应用于实际 GDP 的方法计算出实际消费支出的周期性部分。其结果就是图 8.9 的粗线。该图按比例显示出实际消费支出偏离其趋势的离差。我们也显示了实际 GDP 的周期性部分，如图中细线所示(根据图 8.3 复制)。

从图 8.9 可得到两个重要结论。首先，实际消费支出一般按与实际 GDP 相同的方向波动。① 当一个变量，像实际消费支出，按与实际 GDP 相同的方向波动时，我们说该变量是**顺周期性的**。顺周期性的变量按与经济周期相同的方向波动——相对于其在经济景气时的趋势值它往往较高，而相对于其在衰退时的趋势值它往往较低。(一个按与实际 GDP 相反方向波动的变量是**逆周期性的**。在经济周期期间不按特定方向波动的变量则是**非周期性的**。)其次，实际消费支出的波动在比例上要小于实际 GDP 的波动。从 1954 年 1 季度到 2006 年 1 季度，实际消费支出周期性部分的标准离差是 1.2%，而实际 GDP 周期性部分的标准离差是1.6%。因

① 从 1954 年 1 季度到 2006 年 1 季度，实际消费支出的周期性部分与实际 GDP 的周期性部分的相关系数为 0.88。

此，从比例的角度上，实际消费支出在景气期间和衰退期间的波动都要小于实际GDP的波动。

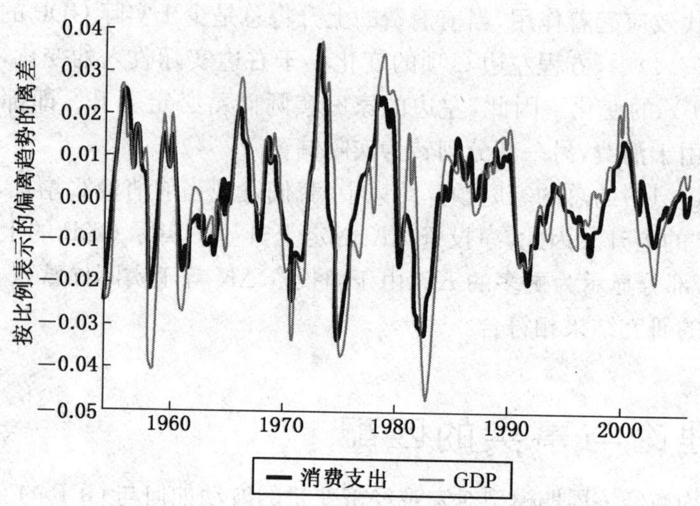

注：图中细线表示实际 GDP 偏离其趋势的离差。粗线是实际消费支出偏离其趋势的离差。这些离差都是按比例计算的。GDP 和消费支出的数据是按季度调整的。实际消费支出是顺周期性的——它紧密地随实际 GDP 波动而波动，但变化幅度小于实际 GDP 的变化幅度。

图 8.9 美国的实际 GDP 和消费支出的周期性变化

我们可以根据实际国内私人总投资利用国民收入账户计算总投资 I。1954 年到 2006 年这笔支出平均占到 GDP 的 16%。我们再次利用图 8.2 中的方法计算实际总投资的周期性部分。其结果是图 8.10 中的粗线。该图按比例显示了实际投资偏离其趋势的离差。

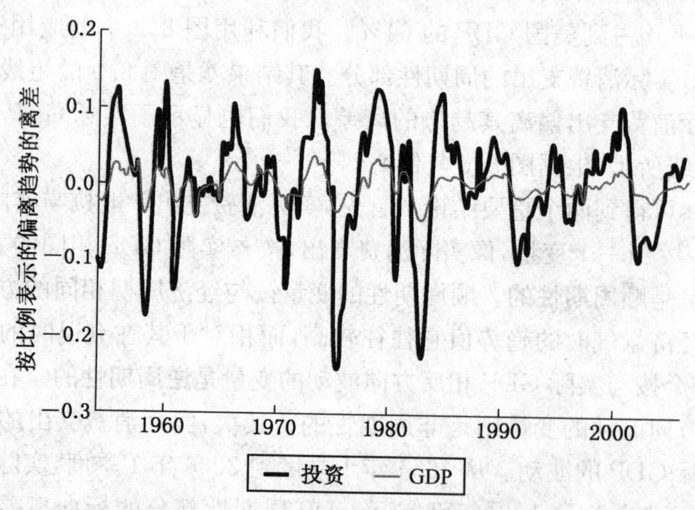

注：波动较小的细线是实际 GDP 偏离其趋势的离差。波动大的粗线是国内私人实际总投资偏离其趋势的离差。这些离差都是按比例计算的。GDP 和投资的数据是按季度调整的。实际总投资是顺周期性的——它紧密地随实际 GDP 的波动而波动，但变化幅度远大于实际 GDP。

图 8.10 美国的实际 GDP 和投资的周期性变化

从图 8.10 得到的一个结论是，像实际消费支出一样，实际总投资也是顺周期性的；就是说，它一般是按与实际 GDP 相同的方向波动的。① 因此，投资在景气期间比其趋势值要高，而在衰退期间比其趋势值要低。另一个结论是实际总投资的波动从比例上讲要比实际 GDP 的波动大得多。以周期性部分的标准离差来计算，总投资的波动为 7.2%，相比之下，实际 GDP 的波动为 1.6%。② 因此从比例的角度讲，无论在景气期间和衰退期间，实际投资的波动都要远大于实际 GDP 的波动。投资的易变性意味着它所表示的实际 GDP 的波动要远大于我们从总投资占 GDP 的平均比率(占 16%)预期得到的幅度。

现在回到模型上来，技术水平 A 的持久性变化与图 8.9 和 8.10 中看到的某些经验模式相匹配。特别是，技术水平 A 的上升推动了经济景气，这时，实际 GDP 增加，而这些增加部分地显示为更多的消费，部分为更多的投资。反之，A 的下降带来了衰退，这时，实际 GDP、消费和投资都将下降。

这个模型能解释为什么投资波动的比例要远大于消费波动的比例吗？回顾一下，由于技术水平 A 的变化是持久性的，收入效应很强烈。根据这个理由，消费的变化就与实际 GDP 的变化大致相同。然而，我们也发现，A 的上升导致利率的上升，这将减少当前的消费而增加当前的实际储蓄。这一影响意味着，在景气期间，消费上升在比例要低于实际 GDP 上升的比例。类似的情况是，在衰退期间，消费的下降比例要小于实际 GDP 下降的比例。因此，为使模型与观察结果相符，即消费的变化小于实际 GDP 的变化，该模型依赖于来自利率的跨时期替代效应。然而，有一个问题是，经验研究已经发现持久性收入变化对消费和储蓄只有比较小的跨时期替代效应的证据。因此，找到其他用于解释消费的变化比例小于实际 GDP 的变化比例的原因也许是很重要的。在下一节里，我们将探讨其中一个重要原因，即考虑到技术水平 A 的变化有一部分是暂时的。

8.3.2 实际工资率

该模型预测，实际工资率 w/P 在经济景气期间相对较高，而在衰退期间相对较低。对名义工资率 w 的一个较好的量度是整个经济中每个生产工人的平均每小时的名义收入(这些数据从 1964 年开始)。我们可以通过将名义收入除以广义

① 从 1954 年 1 季度到 2006 年 1 季度，国内私人实际总投资的周期性部分与实际 GDP 的周期性部分的相关系数为 0.92。

② 消费者支出包括购买耐用消费品的支出，例如购买汽车、家具和家用电器的支出，以及花在非耐用品上和服务上的支出。我们应该考虑把耐用消费品看作是家庭拥有的某种资本形式。因而，我们应该把购买此类耐用品看作是总投资的某种形式。因此我们可以把耐用消费品的购买与总投资结合起来，以得到一个更广义的投资的量度。然后我们用一个较狭义的量度来表示消费——即花在非耐用品和服务上的实际消费支出。如果我们作了这些变动，我们发现，从比例上讲，较狭义的实际消费支出的波动要小于图 8.9 所示的幅度——即，我们得到一个比实际 GDP 波动更小的更稳固的消费模式。

的物价水平的量度，即除以国内生产总值的**平减指数**，来计算实际工资率 w/P。如果我们采用消费者价格指数(CPI)，结果是相似的。

我们可以通过图 8.2 中为计算实际 GDP 所采用的程序计算实际工资率 w/P 的周期性部分。其结果就是图 8.11 中的粗线。这一图形按比例显示了 w/P 偏离其趋势的离差。我们再次将细线表示为实际 GDP 的周期性部分(类似图 8.3)。我们看到，实际工资率是顺周期性的——它在经济景气期间往往高于其趋势，而在衰退期间往往低于其趋势。[①] 这一结果符合该模型的预测。

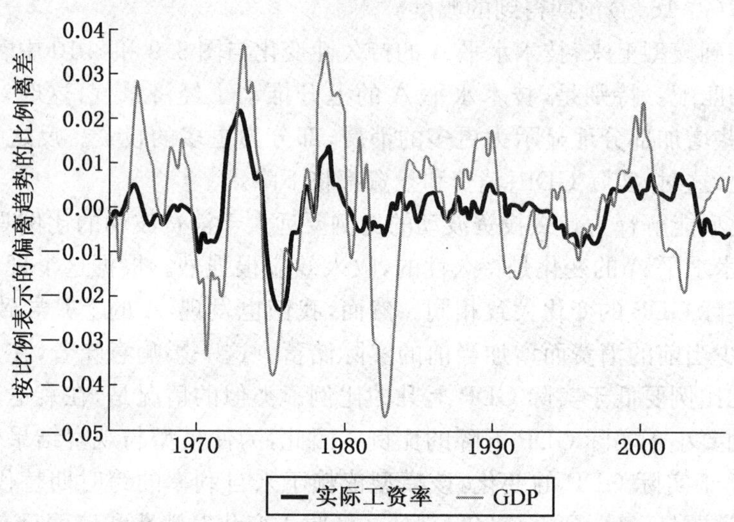

注：图中细线是实际 GDP 偏离其趋势的离差，粗线是实际工资率偏离其趋势的离差。这些离差都是按比例计算的。实际工资率是整个由个体组成的非农业的经济中每个生产工人的平均每小时的名义收入除以 GDP 的价格平减指数得出的。GDP 和工资率的数据是按季度调整的。(重点的工资率数据是月度的。)实际工资率是顺周期性的——它随实际 GDP 的波动而波动，但变化幅度不如实际 GDP 的变化幅度。

图 8.11　美国的实际 GDP 和实际工资率的周期性变化

8.3.3　实际租赁价格

模型预测，资本的实际租赁价格 R/P 在经济景气期间相对较高，而在衰退期间则相对较低。检验这一命题的主要困难是，对整个经济体来说，租赁价格是很难测量的。其原因是大多数形式的资本——例如公司拥有的建筑物和设备——并不明显地出租。这一类资本一般是其拥有者自己使用的。实际上是企业向它们自己出租资本，但是我们无法观察到这种资本的隐含的租赁价格。(国民收入账户通过计算如果房屋业主将房屋租出去可能得到的租赁价格，来估计业主拥有的住房的隐含的租赁价格。)

① 从 1964 年 1 季度到 2006 年 1 季度，实际工资率的周期性部分与实际 GDP 的周期性部分的相关系数为 0.58。

Casey Mulligan(2001)估计了美国的公司部门拥有的资本的隐含的实际租赁价格 R/P。他是通过将付给公司资本的总金额除以这一资本的总量作出这项估计的。图 8.12 中的粗线是 Mulligan R/P 系列数据中的周期性部分。这一图形按比例显示了 R/P 偏离其趋势的离差。我们再次将细线表示为实际 GDP 的周期性部分。我们看到 R/P 也是顺周期性的——它在经济景气时往往高于其趋势,而在衰退时往往低于其趋势。① 这一结果符合该模型的预测。

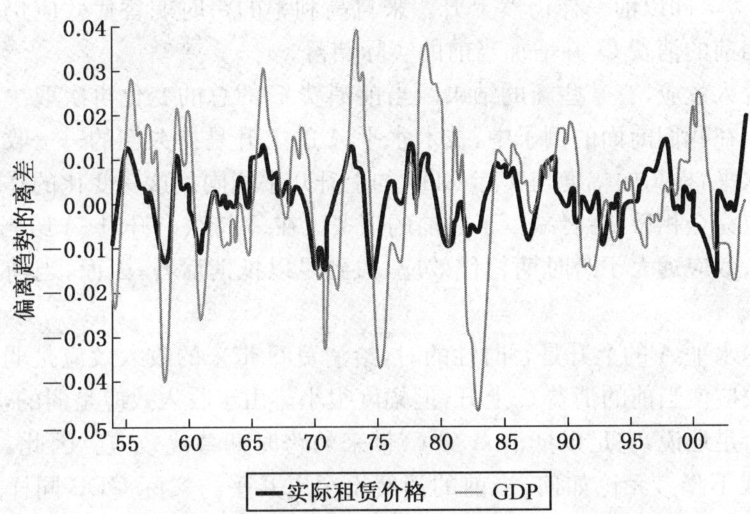

注:图中细线是实际 GDP 偏离其趋势的离差(从比例上讲),粗线是公司资本的实际租赁价格偏离其趋势的离差。实际租赁价格是由 Casey Mulligan(2001)根据公司每单位资本的税后支付金额计算出来的。实际租赁价格是顺周期性的——它随实际 GDP 的波动而波动。

图 8.12 美国的实际 GDP 和资本的实际租赁价格的周期性变化

8.3.4 利率

模型预测,经济景气期间将会有较高的利率 i,而在衰退期间利率则将会降低。这一模式看起来很正确;就是说,利率往往在景气期间高于趋势而在衰退期间低于趋势。② 然而,为了得到一个完整的图,我们必须考虑通货膨胀对名义利率和实际利率的影响。我们将在第 11 章考察通货膨胀。

8.4 技术水平的暂时性变化

在我们的模型中,技术水平 A 的所有变化都是持久性的。这一假设对于狭义

① 从 1954 年 1 季度到 2003 年 4 季度(在以上日期可以获得实际租赁价格)实际租赁价格的周期性部分与实际 GDP 的周期性部分的相关系数为 0.52。

② 从 1954 年 1 季度到 2006 年 1 季度,美国 3 个月期国库券的利率的周期性部分与实际 GDP 的周期性部分的相关系数为 0.39。

的技术进步来说是理所当然的，但是考虑到我们对 A 下的广义的定义，这一模型就不大令人信服。例如，如果 A 的减少代表一次农业歉收，或一次总罢工，那么这种技术水平的变化就是暂时性的。为考虑到这些情况，我们现在假设 A 的变化是暂时性的。考虑这种变化的持续期为一年。

有关技术水平 A 的假设的变化并不影响我们的分析。如果 A 临时性上升，实际 GDP 即 $A \cdot F(K, L)$ 在 K 和 L 固定的情况下仍然会上升。资本的边际产品 MPK 和利率 i 同以前一样仍然上升。来自高利率的跨时期替代效应仍然会刺激家庭减少当前的消费 C，并增加当前的实际储蓄。

关于收入效应，有某些新的结果。当前消费 C 的总的变化再次取决于收入效应的大小。在我们前面的例子中，技术水平 A 的上升是持久性的——收入效应提高了消费水平，提高的幅度与实际 GDP 的上升几乎相同。这一变化的作用与跨时期替代效应完全相反，后者减少了当前的消费。在 A 持久上升时，A 给当前消费 C 带来的收入效应远大于跨时期替代效应，大到足以抵消后者，因而，当前消费仍会增加。

当技术水平 A 的上升是暂时性的时，给消费 C 带来的收入效应是弱的。因此虽然收入效应使当前的消费 C 上升，但幅度很小。由于收入效应是弱的，我们不可能再信心十足地说，它足以抵消 A 给 C 带来的跨时期替代效应。因此，当前的消费会上升或下降。无论如何，当前的消费不会以几乎与实际 GDP 同样多的数量上升。

再次考察当债券、劳动和资本服务等市场出清时的总预算约束。

$$C + \Delta K = Y - \delta k \tag{7.13}$$

消费 + 净投资 = 实际 GDP − 折旧 = 实际国内净产值

实际 GDP，上升，消费 C 或上升或下降，但幅度较小。因此，净投资 K 几乎按与实际 GDP 一样的幅度——或者甚至更大幅度——增长。因此，模型预测，经济景气的特点是高位的实际 GDP 和高位的投资，而消费至多按一个较小的幅度增加。反之，衰退将会使实际 GDP 和投资处于低位，但是消费至多只会下降一点点。

这些模型的结果与数据发生了冲突，因为消费显然是顺周期性的——它在景气期间的上升大大高于趋势，而在衰退期间的下降远远低于趋势。因此，如果内在的冲击纯粹是技术水平 A 的暂时性变化，该模型就无法解释消费的波动。我们的结论是，我们不能仅仅根据 A 的暂时性变化，而把它看作是经济波动的主要根源。然而，如果我们考虑到 A 的变化不是完全持久性的（即使不是纯粹暂时性的），该模型就更加完美了。

再次考虑这一经验的观察结果：从比例上讲，消费的波动要小于实际 GDP 的波动。当我们假设技术水平 A 的变化是持久性的时，该模型就可以解释消费较小的波动性，除非技术进行对消费的跨时期替代效应十分巨大。然而，如果 A 的变化不是完全持久性的，我们就有另一个理由解释为什么消费的变动不如实际 GDP

的变动那么大。如果 A 的变化持续一段较长的时间，但不是完全持久性的，A 对消费 C 产生的收入效应将会是强有力的。然而，收入效应还不会强大到足以使消费水平的提高达到与实际 GDP 的变化所带来的消费水平的提高一样的程度。因此，消费的波动在比例上可能小于实际 GDP 的波动，尽管当时技术变动对消费的跨时期替代效应是很弱的。这一推理表明，当对 A 的内在冲击持续很长时间但不是完全持久性的时，当前讨论的模型与现实数据最匹配。对技术的这种形式的冲击一般在实际经济周期模型中已经作了假设。

8.5 劳动投入的变化

迄今为止得出的这个模型的一个重要的缺点是它不符合在经济波动期间观察到的劳动投入的变化。劳动投入 L——用就业人数或全部工作小时来计量——随经济周期而变化。如我们后面要详细讲到的，L 在经济景气期间会上升，而在衰退期间就要下降，就是说，它明显是顺周期性的。我们不可能给我们现有的模型打高分，除非我们能用它解释这个重要的现象。

为使模型符合劳动投入的事实，我们现在要扩展模型，以考虑到劳动供给 L^s 的可变性。这一扩大有两个重要的理由：首先，我们将能够解释劳动投入 L 的短期变化。其次，实际 GDP 的变化将反映 L 的变化和技术水平 A 的变化产生的直接影响。我们首先扩展该模型的微观经济学基础，以考虑到变量 L^s。然后，我们将利用我们的均衡经济周期模型去评估劳动投入 L 在经济波动期间如何变动。

8.5.1 劳动供给

首先从第 7 章的方程(7.1)中得到的家庭预算约束的修正形式说起：

$$C+(1/P)\cdot\Delta B+\Delta K=(w/P)\cdot L^s+i\cdot(B/P+K) \tag{8.6}$$

消费＋实际储蓄＝实际收入

方程的左边是总消费 C 和实际储蓄 $(1/P)\cdot\Delta B+\Delta K$。方程右边是家庭实际收入，它是实际工资收入 $(w/P)\cdot L^s$ 和实际资产收入 $i\cdot(B/P+K)$ 的总和。方程(8.6)与方程(7.1)之间的差别是我们用劳动的供给量 L^s 替代了 L，以便把劳动供给的可变性考虑进去。

由于每个家庭每年拥有的时间数量是固定的，较高的劳动供给量 L^s 意味着较少的闲暇时间。从家庭的角度讲，较高的劳动供给 L^s 意味着家庭成员每年要工作更多的时间或者有更多的成员参加工作。在后一种情况中，劳动供给的增加显示为劳动力参与率的上升。无论哪一种情况，对家庭来说，更多的劳动供给意味着更少的闲暇时间。

我们已经假设过，家庭偏好消费 C。现在我们假设也偏好更多的闲暇时间。

换一种说法是，家庭不偏好卖力地工作，劳动的供给量用 L^s 表示。

同消费和储蓄一样，L^s 的选择也涉及替代效应和收入效应。我们首先谈谈闲暇与消费的替代效应。

1. 闲暇与消费的替代效应

考察一下方程(8.6)中的家庭预算约束。方程右边包括实际工资率 w/P 和利率 i，每一项在每个家庭中都是给定的。假定我们还使右边的实际资产 $B/P+K$ 和左边的实际储蓄 $(1/P)\cdot\Delta B+\Delta K$ 保持固定不变。在这种情况下，家庭可能会增加或减少劳动的供给量 L^s，从而提高或降低实际工资收入 $(w/P)\cdot L^s$。由于我们使方程(8.6)中其他一切保持固定，提高或降低的实际工资收入将会增加或减少消费 C。换句话说，如果家庭选择多工作一小时，从而就少一小时的闲暇，额外的实际工资收入 w/P 就用于支付更多单位的消费。因此家庭可以用减少一小时的闲暇来换取更多的消费。

如果实际工资率 w/P 上升，家庭可以通过更多地工作来取得更多的选择，因为，额外工作一小时，就能得到更多的消费。由于选择更有利，我们可以预言，家庭会对更高的实际工资率 w/P 作出更多工作的反应。或从另一个角度说，较高的 w/P 使闲暇时间与消费相比变得更加昂贵：w/P 会告诉家庭，额外多享受一小时的闲暇得放弃多少消费。实际工资率 w/P 的上升鼓励家庭替代较昂贵的物品——闲暇时间——而倾向于获取较便宜的物品——消费。因此，更高的实际工资率 w/P 提高了劳动的供给量 L^s。

2. 劳动供给的收入效应

如通常那样，我们也必须考虑收入效应。再次考察一下预算约束：

$$C+(1/P)\cdot\Delta B+\Delta K=(w/P)\cdot L^s+i\cdot(B/P+K) \tag{8.6}$$

消费＋实际储蓄＝实际收入

我们从带阴影的这一项看到，实际工资率 w/P 的变化具有收入效应。对于给定的劳动供给量 L^s，更高的 w/P 意味着更高的实际工资收入 $(w/P)\cdot L^s$。我们的预测是，家庭将把额外的收入花在消费和闲暇时间上。因此，根据这观点，更高的 w/P 导致更少量的劳动供给量 L^s。由于更高的 w/P 的替代效应会导致更高的 L^s，因此，总的效应是不确定的。如果替代效应大于收入效应，实际工资率 w/P 的上升提高了 L^s。

我们也许能够通过考察收入效应是强还是弱来解决这个含糊不清的问题。我们在第 7 章中看到，收入效应的强弱取决于收入的变化是持久性的还是暂时性。要了解这一效应是如何起作用的，请考察第 7 章的方程(7.12)中得出的多年预算约束的修正形式：

$$\begin{aligned}&C_1+C_2/(1+i_1)+C_3/[(1+i_1)\cdot(1+i_2)]+\cdots=(1+i_0)\cdot(B_0/P+K_0)\\&+(w/P)_1\cdot L_1^s+(w/P)_2\cdot L_2^s/(1+i_1)+(w/P)_3\cdot L_3^s/[(1+i_1)\cdot(1+i_2)]+\cdots\end{aligned} \tag{8.7}$$

消费的总现值 = 初始资产的价值 + 工资收入的现值

方程(8.7)与方程(7.12)的差别在于，我们用每年的劳动供给量 L_t^s（这里 $t=1$, 2, …）替代了固定的劳动供给量 L。

当我们考察第 7 章中 W/P 对消费的收入效应时，我们发现，家庭通过每年消费更多产品对更高的实际工资率作出反应。就是说，W/P 对每年的消费收入效应是正向的。然而，如果实际工资率的变化是持久性的，并且适用于$(w/P)_2$，$(w/P)_3$，等等，而不只是$(w/P)_1$，那么收入效应就更大。

同样的推理也可应用于劳动供给。实际工资率的持久性增加导致较大的收入效应。在这种情况下，我们无法确定$(w/P)_1$ 的上升[伴随未来实际工资率$(w/P)_2$，$(w/P)_3$ 等等的上升]是否会提高或降低第一年的劳动供给量 L_1^s。降低劳动供给的收入效应也许大于或小于提高劳动供给的替代效应。

与此相对比，如果第一年的实际工资率$(w/P)_1$ 的变化是暂时性的，那么收入效应就很小。在这种情况中，我们可以确信，收入效应要比替代效应弱。因此，第一年的实际工资率$(w/P)_1$ 的暂时性变化[当$(w/P)_2$，$(w/P)_3$ 等等不变时]将提高第一年的劳动供给量 L_1^s。

3. 劳动供给的跨时期替代效应

我们在第 7 章中发现，利率 i 的变化对消费有一种跨时期替代效应。现在我们来研究利率对劳动供给的跨时期替代效应。我们首先考察源于利率变化的各种效应，然后研究实际工资率变化所带来的新的效应。

再次考察多年预算约束：

$$C_1+C_2/(1+i_1)+C_3/[(1+i_1)\cdot(1+i_2)]+\cdots=(1+i_0)\cdot(B_0/P+K_0)$$
$$+(w/P)_1\cdot L_1^s+(w/P)_2\cdot L_2^s/(1+i_1)+(w/P)_3\cdot L_3^s/[(1+i_1)\cdot(1+i_2)]+\cdots \tag{8.7}$$

第一个带阴影项显示，第一年利率 i_1 的上升使第二年的消费 C_2 与第一年的 C_1 相比变得更便宜。因此，i_1 的上升降低了 C_1 而提高了 C_2。换句话说，家庭替代较昂贵的物品——当前的消费——而趋向于获得更便宜的物品——未来的消费。

方程(8.7)中第二个带阴影的项显示，第二年的实际工资收入$(w/P)_2\cdot L_2^s$ 在与第一年的实际工资收入$(w/P)_1\cdot L_1^s$ 结合之前，通过 $1+i_1$ 的折现得到现值。如果利率 i_1 上升，那么，第二年一个单位的实际工资收入$(w/P)_2\cdot L_2^s$，作为现值与一个单位第一年的实际工资收入$(w/P)_1\cdot L_1^s$ 相比，它就不那么值钱了。于是我们预言，家庭将会增加 L_1^s 而减少 L_2^s。这就是对劳动的跨时期替代效应——较高的利率趋向于增加当前的劳动供给而减少未来的劳动供给。

另一个检验这一结果的方法是考察闲暇时间。更高的利率 i_1 意味着按现值计量未来的消费和闲暇时间与当前的消费和闲暇时间相比会变得更便宜。因此，家庭将趋向接受更便宜的物品——未来的消费和闲暇时间——而替代更昂贵的物品——当前的消费和闲暇时间。

用数字说话

劳动供给的跨时期替代的经验证据

George Alogoskoufis(1987b)发现，根据 1948 年到 1982 年美国家庭的数据，实际工资率的预期增长率每年上升一个百分点，每年的就业增长率就提高大约一个百分点。因此，当工人们认为未来的实际工资率将会比目前的实际工资率更高时，就业就被推迟了。他还发现，每年的利率上升一个百分点，每年的就业增长率就下降 0.6 个百分点。根据英国家庭 1950 年到 1982 年的数据，Alogoskoufis(1987a)发现这中间存在较弱的、但在统计上仍然有显著意义的跨时期替代效应。实际工资率的预期增长率每年上升一个百分点，就业增长率就提高 0.4 个百分点。利率上升一个百分点，每年的就业增长率就下降 0.2 个百分点。

Alogoskoufis 的研究发现，没有证据表明每个工人的工作小时会对随时间变化的实际工资率或利率作出反应。这一情况是出乎意外的——当实际工资率暂时性提高时，有人预期工人们会额外增加工作小时，包括加班加点和周末工作。

Casey Mulligan(1995)论证道，要从 Alogoskoufis 的数据中的随时间变化的实际工资率中发现跨时期替代效应是困难的。一个问题是，人们不清楚家庭什么时候察觉到当前的实际工资率是暂时性地增长或是下降。因此，Mulligan 考察了一些非常情况，因为在这些情况中，实际工资率的暂时性变化是十分清楚的。

Mulligan 观察的事件之一是 1974 年到 1977 年美国铺设阿拉斯加石油管道。他发现付给建设工人的暂时性的较高的实际工资率使劳动的供给有明显的可观的增加。实际工资率暂时性地上升了 10%，估计工人们每周平均增加了 20%的工作时间。Mulligan 观察到的第二个事件是 1989 年“埃克森瓦尔德兹号油轮”原油泄露以及为其清理污染的事件。他发现付给运输和公用事业部门工人的暂时性的高实际工资率导致劳动供给的激增。据估计，实际工资率暂时性地提高了 10%，就使每周的平均工作小时甚至增加了 20%以上。因此，不像 Alogoskoufis，Mulligan 发现每个工人的工作小时对暂时性的高实际工资率作出积极的反应。

同时，还存在源于实际工资率随时间推移而变化的跨时期替代效应。先从每年相等的实际工资率说起——即 $(w/P)_1 = (w/P)_2 = \cdots$，并且假定第一年的实际工资率 $(w/P)_1$ 下降，而未来的实际工资率——$(w/P)_2$，$(w/P)_3$ 等等——保持不变。这一变化促使家庭在实际工资率暂时(第一年)较低时减少劳动的供给，而在将来几年里增加劳动的供给。因此，由于这种跨时期替代效应，第一年的实际工资率$(w/P)_1$ 的下降,减少了第一年的劳动供给量 L_1^s。我们也可以说,当实际工资率是暂时性地降低时,当前的闲暇时间相对来说就便宜了。换句话说,实际工资率暂时性较低的时期是度假的好时机。

上面的专栏总结了有关对劳动供给的跨时期替代效应。这些结果表明,劳动的供给量如人们预言的那样会对利率和随时间推移的实际工资率的变化作出反应。

8.5.2 劳动投入的波动

现在我们要把对劳动供给的新的分析纳入我们的均衡经济周期模型。然而,在我们作出这一扩展之前,考察一下我们试图作出解释的数据。

1. 劳动投入的周期性变化:实证

图 8.13 和图 8.14 显示了美国劳动投入的两种定义。第一个是就业人数(拥有工作的人数),第二个是总工作小时(就业人数乘以每个雇员每周的平均工作小时数)①。我们利用类似图 8.2 的计算方法来计算每个劳动投入中的周期性部分。我们在图 8.13 和 8.14 中分别用粗线表示了就业和总工作小时的周期性部分。这些图形按比例显示了就业或总工作小时偏离其趋势的离差。如前文一样,细线表示实际 GDP 的周期性部分。

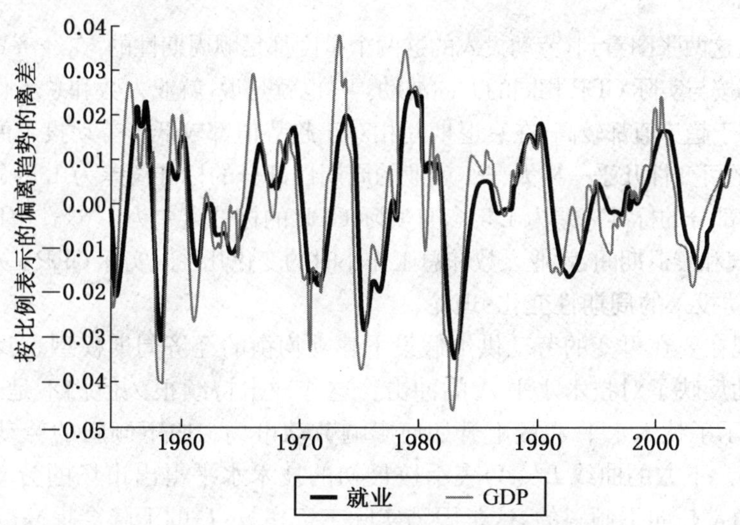

注:细线是实际 GDP 偏离其趋势的离差。粗线是就业偏离其趋势的离差。这些离差是按比例计算的。就业的数据来自美国劳工统计局的工薪调查——它计算了工薪调查表上在非农业部门就业的总人数。实际 GDP 和就业人数是按季度调整的。(强调的就业数据是按月调整的。)就业是顺周期性的——它紧密地跟随实际 GDP 的波动而波动,并且几乎同实际 GDP 一样变动。

图 8.13 美国的实际 GDP 和就业的周期性变化

---

① 数据来自美国劳工统计局的基层单位调查(*BLS*; http://www.bls.gov)。就业人数不包括从事农业生产的劳动人数,个体经营者和少数从事其他类型的劳动人数。总工作小时是就业人数和整个私营经济部门中每周平均工作小时数的乘积(1964 年以来可以获得此数据)。

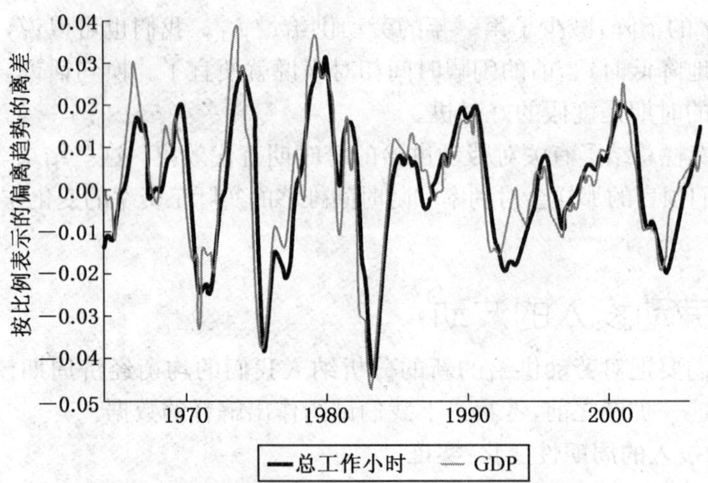

注：细线是实际 GDP 偏离其趋势的离差。粗线是总工作小时偏离其趋势的离差。这些离差是按比例计算的。总工作小时等于就业人数(根据图 8.13)乘以在职人员平均每周的工作小时数。我们可以得到自 1964 年以来的每周的工作小时数，数据来自美国劳工统计局的工薪调查，并且是在私营的非农业部门经济的范围进行的。实际 GDP 和总工作小时是按季度调整的。(强调的总工作小时数据是按月调整的。)总工作小时是顺周期性的——它紧密地跟随实际 GDP 的波动而波动，并且几乎同实际 GDP 一样变动。

图 8.14 美国的实际 GDP 和总工作小时的周期性变化

我们从这两张图看到，劳动投入的这两个量度都是顺周期性的：在经济景气和衰退期间它们都按与实际 GDP 相同的方向波动。① 也就是说，就业人数和总工作小时在景气期间相对于趋势值都较高，在衰退期间相对于趋势值都较低。劳动投入的可变性同实际 GDP 的可变性几乎一样大——就业的周期性部分的标准离差为 1.3%，总工作小时的周期性部分的标准离差为 1.5%，且实际 GDP 的标准离差为 1.6%。因此，从比例上讲，在景气和衰退期间，就业人数和总工作小时的变化几乎同实际 GDP 一样。

2. 劳动投入的周期性变化：理论

我们现在要在可变的劳动供给假设下建立均衡的经济周期模型。我们再次假设经济波动反映了对技术水平 A 的冲击。这些冲击持续很久但仍不是永久性的。图 8.15 显示了技术水平 A 的上升如何影响劳动市场。向下倾斜的劳动需求曲线引自图 8.5。下方的曲线 $L^d(A)$ 表示按最初的技术水平得出市场的劳动需求 L^d。这条曲线通常是向下倾斜的，这是因为实际工资率 w/P 的下降会提高劳动的需求量。向下倾斜的曲线 $L^d(A')$ 是与更高的技术水平 A' 相匹配的。

图 8.15 显示了一条向上倾斜的劳动的供给曲线 L^s。这条曲线向上倾斜是因为我们假设：源于当前的较高的实际工资率 w/P 的替代效应超过了收入效应。我们早已指出这条向上倾斜的曲线可能是适用的，如果 w/P 的变化不是完全持久

① 从 1954 年 1 季度到 2006 年 1 季度，就业的周期性部分与实际 GDP 的周期性部分的相关系数为 0.81。从 1964 年 1 季度到 2006 年 1 季度，总工作小时的周期性部分与实际 GDP 的周期性部分的相关系数为 0.88。

的。同一条需求曲线 L^s 适用于两种技术水平。即对于给定的 w/P，我们假设当技术水平从 A 上升到 A' 时，劳动的供给曲线并不移动。这一假设是并不十分准确的，因为它忽略了利率上升（当技术水平上升时它就出现了）对 L^s 的影响。然而，将利率的影响包括在内并不会改变我们的主要结论。

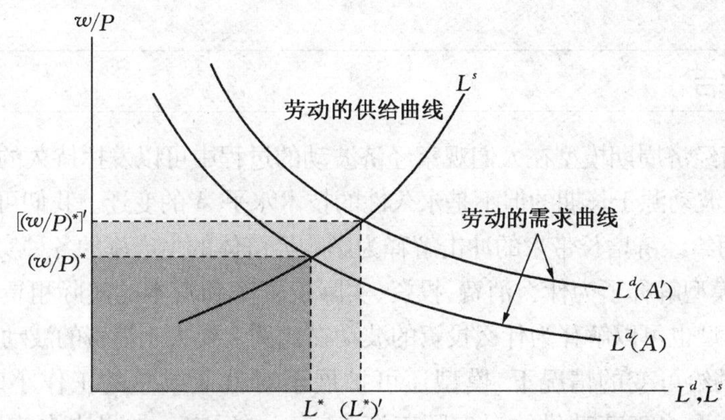

注：在技术水平为 A 时，向下倾斜的 $L^d(A)$ 表示劳动的需求曲线。在更高的技术水平 A' 上，曲线 $L^d(A')$ 表示劳动需求曲线，按任何给定的 w/P，后者的劳动需求比前者的大。这两条曲线均来自图 8.5。以 L^s 表示劳动的供给曲线，由于我们假设源于 w/P 变化的替代效应超过了收入效应，故劳动供给曲线向上倾斜。技术水平从 A 上升到 A'，实际工资率从 $(w/P)^*$ 提高到 $[(w/P)^*]'$，劳动投入从 $L*$ 增加到 $(L*)'$。

图 8.15　劳动市场的出清

从图 8.15 中我们得出两个重要的结论。第一，如前面一样，在纵坐标上，实际工资从 $(w/P)^*$ 提高到 $[(w/P)^*]'$；第二，在横坐标上，总的劳动投入从 L^* 增加到 $(L^*)'$。第二个结论是新的，它取决于劳动供给曲线 L^s 的向上倾斜的程度。如果更高的当前的 w/P 可以导致更大的劳动供给量，那么可以说技术水平的上升提高了劳动投入 L。因此，现在的模型与我们从图 8.13 和 8.14 观察到的结论相符合，即在经济波动时期劳动投入沿着与实际 GDP 一致的方向波动。

劳动投入的增加也有助于实际 GDP$[Y = A \cdot F(K, L)]$的上升。因此，实际 GDP 的上升部分地归因于更高的技术水平 A 的直接影响，部分地是归因于劳动投入 L 的增加。

3. 劳动生产率的周期性变化

另一个重要的宏观经济变量是劳动生产率。大众媒体上使用的有关劳动生产率的定义是指劳动的平均产值，它是实际国内生产总值 Y 与劳动投入 L 的比率。在均衡的经济周期模型中，劳动生产率的这一概念往往是顺周期性的——在经济景气时劳动生产率高，而在衰退时生产率低。理由是劳动的平均产品 Y/L，一般是按与劳动的边际产品（MPL）相同的方向波动的。我们已经知道 MPL——当劳动市场出清时，它等于实际工资率——是顺周期性的。

要计算劳动生产率，我们可以根据就业人数或总的工作时数计算出劳动投入量。劳动生产率的第一个量度 Y/L 是每个工人的实际 GDP，第二个量度是每个工人小时的实际GDP。在这两种情况中劳动生产率结果证明都是顺周期性的。本模型与劳动生产率的这一性质相吻合。然而，更详细的分析表明，这中间也许存在着一个数量之谜，即每个工人小时的实际GDP不是模型所预测的那样是顺周期性的。

小　　结

一个均衡经济周期模型在人们观察经济波动的过程中可以发挥持久的作用。关键的假设是经济波动源于长期的但不是永久性的技术水平 A 的变迁。我们可以把技术水平 A 的变迁而给经济增长带来的冲击解释为影响经济体的生产率的各种实际扰动。由于这些冲击，模型解释了为什么消费、投资、实际工资率和资本的实际租赁价格都是顺周期性的。模型也可以解释为什么投资的波动在比例上要大于消费的波动。

在劳动供给可变的情况下，模型还可扩展至对就业或总的工作小时数的波动的考察。结论取决于劳动供给对实际工资率有正向反应。如果来自实际工资率的替代效应超过收入效应，实际工资率的上升将能带来更多的劳动投入。劳动投入的周期性变化促成了实际GDP在景气期间的上升和在衰退期间的下降。

重要术语和概念

非周期性的 acyclical
逆周期性的 countercyclical
实际GDP的周期性部分 cyclical part of real GDP
均衡经济周期模型 equilibrium business-cycle model
顺周期性的 procyclical
实际经济周期模型 real business-cycle model
冲击 shocks
标准离差 standard deviation
总工作小时 total hours worked
实际GDP趋势 trend real GDP

问题和讨论

A. 复习题

1. 讨论来自以下变化对今年的劳动供给量 L_1^s 的影响：

a. 利率 i_1 的上升；

b. 实际工资率 w/P 的持久性上升；

c. 实际工资率 w/P 的暂时性上升；

d. 得到一笔一次性的意外之财，增加了初始实际资产($B_0/P + K_0$)。

B. 讨论题

2. 工作意愿的变化

假设家庭改变了他们的偏好，他们希望每年多工作多消费。

a. 利用图 8.15 中的一个变量确定该行为对劳动市场的影响。劳动投入 L 和实际工资率 w/P 会发生什么情况?

b. 利用图 8.8 中的一个变量确定该行为对资本服务市场的影响。实际租赁价格 R/P 会发生什么情况? 利率 i 会发生什么情况?

c. 消费 C 和投资 I 发生什么情况? 随着时间的推移，资本存量 K 发生什么情况 ?

3. 储蓄愿望的变化

假设家庭改变了他们的偏好，所以他们希望当年多消费一点而少储蓄一些。就是说对于给定的利率和给定的当前的和未来的收入，当前的消费 C_1 上升。

a. 利用图 8.15 中的一个变量确定对劳动市场的影响。劳动投入 L 和实际工资率 w/P 发生什么情况?

b. 利用图 8.8 中的一个变量确定对资本服务市场的影响。实际租赁价格 R/P 发生什么情况? 利率 i 发生什么情况?

c. 消费 C 和投资 I 发生什么情况? 随着时间的推移，资本存量 K 发生什么情况 ?

4. 劳动力参与率

在第二次世界大战后的数据中，劳动投入 L 增加的一个主要表现是劳动力参与率的上升，特别是妇女的参与率。下表显示了从 1950 年到 2000 年总的参与率是如何变化的。(参与率的定义是民用劳动力占非机构人口的比率，非机构人口是指年龄在 16 岁和 16 岁以上的，不在监狱中服刑和在其他机构中的人口。)

年份	参与率(%)
1950 年	59.2
1960 年	59.4
1970 年	60.4
1980 年	63.8
1990 年	66.5
2000 年	67.1

a. 劳动力参与率的这种变化符合我们对收入效应和替代效应的分析吗?

b. 这种变化符合我们观察到的事实：即在第二次世界大战后每周平均工作小时的变化是很小的吗?

c. 有没有我们应该考虑的其他因素，以解释不断变化的劳动力参与率？

5. 资本存量的变化

假设资本存量 K 出现一次性的下降，可能是由自然灾害或战争引起的。假设人口不发生什么变化。

a. 利用图 8.8 中的一个变量确定对资本服务市场的影响。实际租赁价格 R/P 发生什么情况？利率 i 发生什么情况？

b. 利用图 8.15 中的一个变量确定对劳动市场的影响。劳动投入 L 发生什么情况？实际工资率 w/P 发生什么情况？

c. 产出 Y 和消费 C 发生什么情况？投资 I 发生什么情况？随着时间的推移，资本存量 K 发生什么情况？

6. 人口的变化

假设人口发生一次性的减少，这可能是由疾病的流行或居民的突然向外移民引起的。

a. 利用图 8.15 中的一个变量确定对劳动市场的影响。劳动投入 L 发生什么情况？实际工资率 w/P 发生什么情况？

b. 利用图 8.8 中的一个变量确定对资本服务市场的影响。实际租赁价格 R/P 发生什么情况？利率 i 发生什么情况？

c. 产出 Y 和消费 C 发生什么情况？投资 I 发生什么情况？随着时间的推移，资本存量 K 发生什么情况？

资本的利用和失业

第8章的均衡经济周期模型解释了经济波动的许多特征。然而,它的一个重要缺点是两种要素的投入——资本和劳动——始终是被充分利用的。本章将通过考虑可变动的资本利用率和可变动的劳动力就业率来弥补这些缺陷。

对于资本存量K,我们考虑在短期内可变动的资本服务的供给量。这一扩展解释了为什么资本利用率总是低于100%,并且在景气期间往往相对较高而在衰退期间相对较低。这一格局可帮助我们理解实际国内生产总值(GDP)波动的情况。

同样,该模型没有解释劳动力为什么没有完全就业,就是说,它没有解释失业的原因。为研究失业率的水平和变化,我们将模型扩大到包括考虑那些寻找好工作的工人和寻找有生产能力的工人的雇主。这个工作匹配过程可以解释失业和职位空缺的存在和失业率的波动。我们可以解释为什么在景气期间失业率低而在衰退期间失业率高。这一模型将帮助我们理解劳动投入和实际GDP的波动。

9.1 资本投入

在第8章中,我们假设家庭向资本租赁市场提供了他们所有的给定的资本存量K,所以,资本服务的供给K^s在图8.8中是一条位于K点的垂直线。实际租赁价格R/P将资本服务的需求量K^d调整到等于它的供给量K^s。因此,给定的资本存量K在生产中总是能得到充分利用。换句话说,**资本利用率**——资本存量在生产中被利用的份额——始终是100%。

现在我们将这个模型的微观经济学基础扩大到把可变的资本利用率,即把可变的资本服务的供给考虑进去。然后,我们利用我们的市场出清方法来研究租赁市场,以确定资本服务的数量。

到目前为止,我们还没有将资本存量K与在生产中利用的资本服务量区分开来,只是将资本K看作是机器的数量并且假设每台机器每年使用的小时数是固定的。例如,如果企业使用机器每天8小时,每周5天,每年52周,那么每台机器每年使用 2 080 小时。在这种情况下，资本服务——以每年机器小时计量——将始终是资本存量的一个固定乘数，例如 2 080。

事实，资本利用率是可以变动的。如果企业每天开动机器 16 小时，那么企业就可以提高机器利用率，达到每年 4 160 机器小时而不是 2 080 小时。类似地，企业也可以通过在周末开工以提高机器的利用率。

用变量 κ（希腊字母）表示资本存量 K 的利用率。我们用每年若干小时为单位来计量 κ，并且把 K 看作为机器的数量（货物的存量）。用 κ 和 K 的乘积 κK 表示资本服务的流量。κK 项的单位为：

$$(\text{每年小时}) \times (\text{机器数量}) = \text{每年机器小时}$$

现在我们修正方程(3.1)中的生产函数，用资本服务的数量 κK 替代资本存量：

关键方程（带有可变资本利用率的生产函数）

$$Y = A \cdot F(\kappa K, L) \tag{9.1}$$

对于给定的 K，κK 随资本利用率的上升而上升。因此，在技术水平 A、资本存量 K 和劳动投入 L 给定时，κ 的增加提高了实际 GDP（即 Y）。我们的假设是生产仅取决于每年资本服务的数量 κK，而不取决于这些服务如何在利用率 κ 和机器数量 K 之间的分解。每天开动 16 台机器工作 8 小时的生产能力被认为与每天开动 8 台机器工作 16 小时一样。

9.1.1 资本服务的需求

在第 6 章中，我们得出作为对生产的一种投入的资本服务的需求 K^d。家庭作为企业的经营者选择 K^d 以实现实际利润的最大化，由下式给出

$$\Pi/P = A \cdot F(K^d, L^d) - (w/P) \cdot L^d - (R/P) \cdot K^d \tag{6.13}$$

Π/P 的最大化导致资本的边际产品 MPK 与资本的实际租赁价格 R/P 相等。R/P 的上升减少了资本服务的需求量 K^d，如图 6.6 中的向下倾斜的曲线所显示的。

如果我们修正方程(6.13)以考虑到可变的资本利用率 κ，这一分析仍然有效：

$$\Pi/P = A \cdot F[(\kappa K)^d, L^d] - (w/P) \cdot L^d - (R/P) \cdot (\kappa K)^d \tag{9.2}$$

实际租赁价格 R/P 现在以每单位的资本服务计量。就是说，由于 κK 的单位为每年多少机器小时，R/P 的单位是每机器小时多少产品。

如前面一样，家庭选择所需求的资本服务量——现在用 $(\kappa K)^d$ 表示——以使实际利润 Π/P 最大化。这一最大化同样意味着 MPK 与资本的实际租赁价格 R/P 相等。然而，现在 MPK 表示的是由额外机器小时的资本服务生产的额外产品。由此对资本服务 $(\kappa K)^d$ 的需求曲线看起来仍然像图 6.6 中的那样。我们将这此需求在图 9.1 中显示为向下倾斜的曲线。

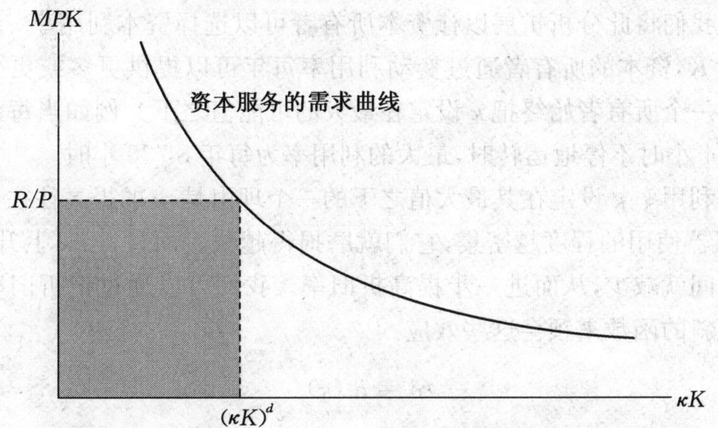

注：对于给定的技术水平 A 和劳动投入 L，当横坐标上的资本服务数量 κK 增加时，纵坐标上的资本服务的边际产品 MPK 就减少。当家庭选择资本服务的数量 $(\kappa K)^d$ 时，MPK 等于资本的实际租赁价格 R/P。

图 9.1　资本服务的需求

假设技术水平从 A 上升到 A'。这一变化在 κK 数量给定的情况下提高了 MPK。图 9.2 显示了这一变化，这时曲线 $MPK(A)$ 移动到曲线 $MPK(A')$。在实际租赁价格 R/P 给定时，资本服务的需求量从 $(\kappa K)^d$ 上升到 $[(\kappa K)^d]'$。这结果类似于图 8.7 的情况，但并不考虑可变化的资本利用率。

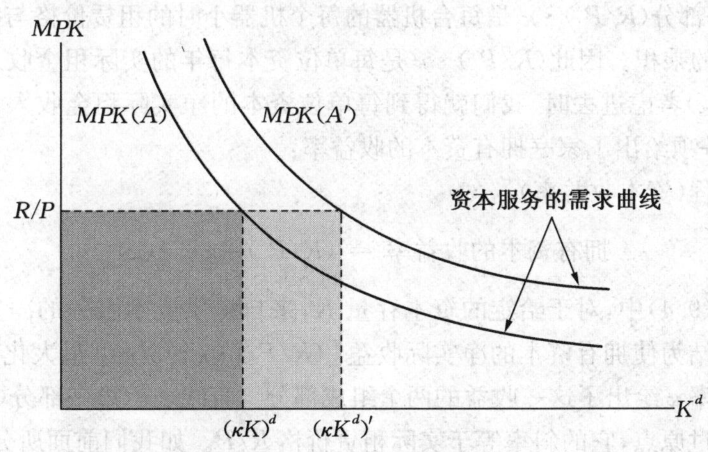

注：当技术水平为 A 时，MPK 由标以 $MPK(A)$ 的曲线给出。当显示在纵坐标上的实际租赁价格为 R/P 时，显示在横坐标上的资本服务的需求量为 $(\kappa K)^d$。技术水平 A' 高于 A。因此，在任何给定的资本投入上，标以 $MPK(A')$ 的曲线给出的 MPK 值总是高于曲线 $MPK(A)$ 给出的值。当技术水平为 A'，实际租赁价格为 R/P 时，资本服务的需求量为 $(\kappa K^d)'$，它大于 $(\kappa K)^d$。

图 9.2　技术水平的提高对资本服务需求的影响

9.1.2　资本服务的供给

我们在第 8 章中假设资本的所有者（家庭）将他们所有的资本 K 提供给租赁

市场。现在我们将此分析扩展以让资本所有者可以选择资本利用率 κ。对于给定的资本存量 K，资本的所有者通过变动利用率每年可以提供更多或更少的资本服务。为什么一个所有者始终把 κ 设定在最大的可能值之下？例如当每台机器每周 7 天、每天 24 小时不停地运转时，最大的利用率为每年 8 736 小时。

将资本利用率 κ 设定在其最大值之下的一个理由是，κ 的提高往往会增加折旧率 δ，如果机器使用的程度越密集，它们就磨损得越快。而且，当 κ 上升时，可供维修保养的时间就减少，从而进一步提高折旧率。我们可以通过把折旧率写成 κ 的一个向上倾斜的函数来领会这些效应：①

$$\delta = \delta(\kappa)$$

资本的所有者选择利用率 κ 以使他从供给资本服务中得到的净实际收入最大化。

$$\begin{aligned}\text{供给资本服务的净实际收入} &= \text{实际租金收入} - \text{折旧} \\ &= (R/P)\cdot \kappa K - \delta(\kappa)\cdot K\end{aligned}$$

如果我们将变量 K 写在括号外面，我们得到的结果是：

$$\text{供给资本服务的净实际收入} = K[(R/P)\cdot \kappa - \delta(\kappa)] \tag{9.3}$$

因此，净实际收入等于拥有的资本 K 乘以 $(R/P)\cdot\kappa-\delta(\kappa)$。要理解这一项的含义，注意第一部分 $(R/P)\cdot\kappa$ 是每台机器的每个机器小时的租赁价格与每年使用的机器小时 κ 的乘积。因此 $(R/P)\cdot\kappa$ 是每单位资本每年的实际租金收入。当我们将折旧率 $\delta(\kappa)$ 考虑进去时，我们就得到每单位资本的净实际租金收入 $(R/P)\cdot\kappa-\delta(\kappa)$。这一项给出了家庭拥有资本的收益率：

关键方程（资本收益率）

$$\text{拥有资本的收益率} = (R/P)\cdot \kappa - \delta(\kappa) \tag{9.4}$$

在方程(9.4)中，对于给定的资本存量 K，来自提供资本服务的净实际收入的最大化可归结为使拥有资本的净实际收益 $[(R/P)\cdot\kappa-\delta(\kappa)]$ 最大化。图 9.3 根据资本利用率 κ 绘出了这一收益的两个组成部分。直线表示第一部分 $(R/P)\cdot\kappa$。这条直线经过原点，它的斜率等于实际租赁价格 R/P。如我们前面所分析的，单个的家庭把 R/P 看作是给定的。

方程(9.4)中拥有资本的收益率的第二部分是带负号的折旧率 $\delta(\kappa)$。在图 9.3 中我们把 $\delta(\kappa)$ 画为一条曲线。我们假设当 κ 等于 0 时，$\delta(\kappa)$ 大于 0；就是说，即使资本在闲置时，它仍然要折旧（或许是资本设备要生锈）。其次，当 κ 的上升大于 0 时，$\delta(\kappa)$ 上升，这样，一个较高的 κ 导致更高的 $\delta(\kappa)$。②

① 本分析可见 J. Greenwood，Zvi Hercowitz 和 G. Huffman(1988)。

② 我们也假设当 κ 上升时，$\delta(\kappa)$ 对 κ 变得更敏感。从图形上看，曲线 $\delta(\kappa)$ 呈凸形——它凸向横坐标。

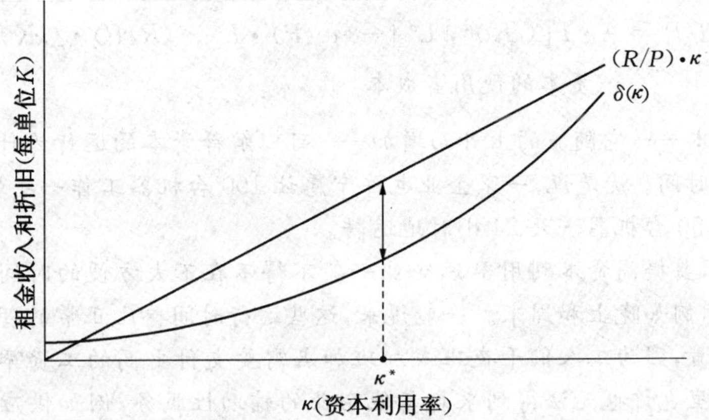

注:经过原点的直线是每单位资本的实际租金收入$(R/P)\cdot\kappa$。向上倾斜的曲线表示折旧率$\delta(\kappa)$是资本利用率κ的一个函数。直线和曲线之间的差距等于方程(9.4)给出的拥有资本的收益率$(R/P)\cdot\kappa-\delta(\kappa)$。资本的所有者选择$\kappa$使这一垂直距离最大化——最大化出现在$\kappa=\kappa^*$时。

图 9.3 选择资本利用率

方程(9.4)给出的拥有资本的收益率等于图 9.3 中直线$(R/P)\cdot\kappa$和曲线$\delta(\kappa)$之间的垂直距离。资本的拥有者(家庭)会选择使这一距离最大化的利用率κ。在图中,这一最大化出现在当横坐标上的$\kappa=\kappa^*$时。在κ^*点上,直线和曲线之间的垂直距离用短箭头表示。一般来说,κ^*将被设定在其最大的容许值即每年 8 736 小时之下。资本所有者避免采用这一极端高的资本利用率是因为它会导致资本存量迅速地折旧。下面的专栏讨论了资本所有者选择小于 100%的资本利用率的其他原因。

回到现实

多班制作业和超时间工作

我们发现资本利用率κ一般都被设定在其最大的容许值每年 8 736 小时以下。我们通过考察κ对折旧率$\delta(\kappa)$的正效应得到这一结果的。我们可以提出更多的理由说明工厂和机器未被充分利用的原因。

我们已经假设实际 GDP 为Y,Y取决于κK表示的资本服务:

$$Y=A\cdot F(\kappa K, L) \tag{9.1}$$

这里K是机器的数量,κ是每台机器每年运行的小时数。如果我们从$\kappa=$ 2 080 小时说起——这里企业在每周的工作日里每天使用资本 8 个小时——企业也可以通过每天增加班次,或在周末开工以提高κ。然而,每周增加运行时间也会带来额外的成本,包括照明所需要的电力。这一类开支被称为使用者成本——只有当资本被使用时才产生的成本。我们应当把这些成本从方程(9.2)表示的实际利润中减去,得到:

$$\Pi/P = A \cdot F[(\kappa K)^d, L^d] - (w/P) \cdot L^d - (R/P) \cdot (\kappa K)^d$$

—资本的使用者成本

使用者成本——它随κ的上升而增加——可以解释资本的运行为什么少于充分利用的时间。就是说，一家企业也许宁愿让100台机器工作一半的时间，也不愿意让50台机器一天24小时地运转。

此外，要提高资本利用率κ，企业一般不得不在不太方便的时间里运转机器和工厂，例如晚上和周末。一般说来，这些运行时间要比正常的营业时间费用更加昂贵，因为工人们干夜班或加班加点需要支付更高的工资率。而且在这些时间里也许也无法得到来自其他企业的辅助性服务，例如供应商和运输业的服务（非高峰时段的较低的电费和公路交通不拥挤正在抵消这些不利因素）。如果我们考虑到在非正常时间较高的运行成本，我们就找到了企业为什么不最大限度地利用他们的资本的生产能力的另一个理由了。

现在我们需要计算出实际租赁价格R/P的变化如何改变所选择的资本利用率κ^*。假设实际租赁价格从R/P上升到$(R/P)'$。按照R/P，每单位资本的实际租金支付在图9.4中由从原点出发的直线$(R/P) \cdot \kappa$给出。而按照更高的实际租赁价格$(R/P)'$，每单位的实际资本支付在图中由直线$(R/P)' \cdot \kappa$给出，它比$(R/P) \cdot \kappa$的直线更陡峭。折旧率$\delta(\kappa)$由来自图9.3中的曲线表示。这条曲线并不变动，因为$\delta(\kappa)$并不取决于R/P。

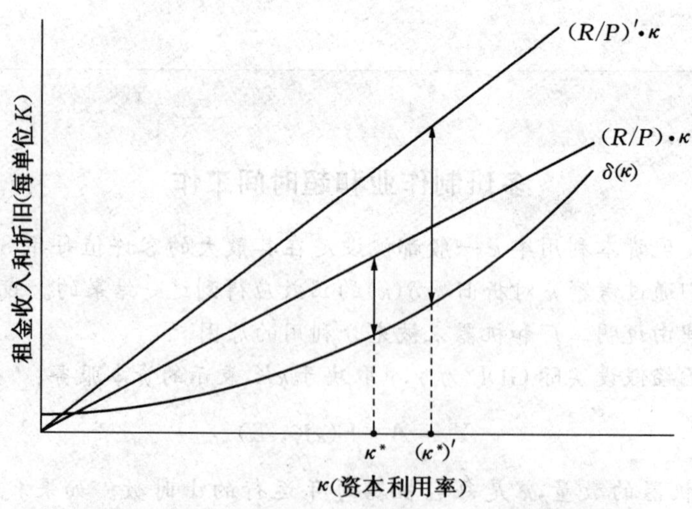

注：本图曲线来自图9.3的折旧率$\delta(\kappa)$。经过原点的两条直线表示每单位资本的实际租赁价格。下面的直线表示实际租赁价格为R/P，而上面的直线表示更高的实际租赁价格$(R/P)'$。在R/P时，资本的所有者通过选择横坐标上的资本利用率κ^*使租金收入直线与折旧曲线之间的距离最大化。当价格上升至$(R/P)'$时，家庭通过选择更高的资本利用率$(\kappa^*)'$使距离最大化。因此，R/P的上升提高了资本利用率。

图9.4　实际租赁价格上升对资本利用率的影响

当实际租赁价格为 R/P 时，家庭通过采用图 9.4 中横坐标上所显示的资本利用率 κ^* 使直线 $(R/P)\cdot\kappa$ 与曲线之间的垂直距离最大化。当实际租赁价格上升到 $(R/P)'$ 时，家庭通过选择更高资本利用率 $(\kappa^*)'$ 使之实现最大化。因此，实际租赁价格的上升提高了资本利用率；较高的实际租赁价格使得家庭值得去提高 κ，尽管由此也会导致折旧率 $\delta(\kappa)$ 的上升。

9.1.3 市场出清和资本利用

我们在第 8 章中考察了技术水平 A 的上升对实际 GDP、劳动投入和其他变量的影响。现在我们可以把技术水平变动对资本利用率 κ、从而对资本服务的数量 κK 的影响也包括在内了。

图 9.5 将我们对资本服务的需求和供给的分析结合在一起了。纵坐标表示实际租赁价格 R/P，而横坐标显示市场对资本服务的需求和供给。这两条向下倾斜的需求曲线出自图 9.2。曲线 $(\kappa K)^d(A)$ 对应于技术水平 A，而曲线 $(\kappa K)^d(A')$ 对应更高的技术水平 A'。注意技术水平的上升增加了对资本服务的市场需求 $(\kappa K)^d$。

图 9.5 中的向上倾斜的供给曲线来自图 9.4。供给曲线向上倾斜是因为实际租赁价格 R/P 的上升激励人们选择更高的资本利用率 κ。对于给定的资本存量 K，κ 的上升增加了资本服务的供给量 $(\kappa K)^s$。

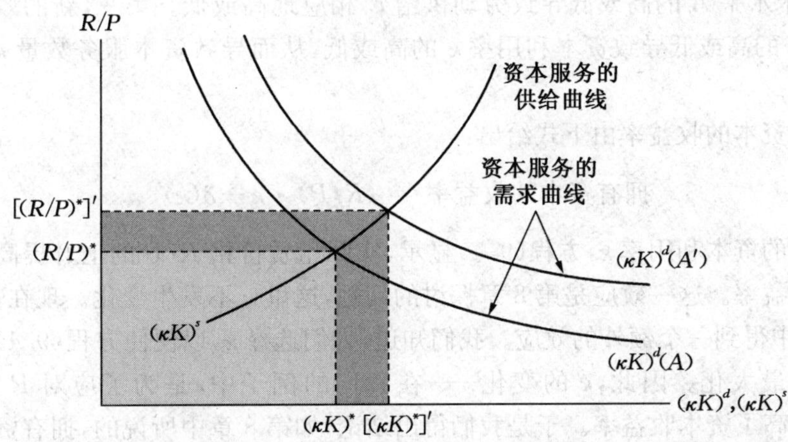

注：在技术水平 A 上，资本服务的需求沿着 $(\kappa K)^d(A)$ 曲线移动。在更高的技术水平 A' 上，资本服务的需求沿着 $(\kappa K)^d(A')$ 曲线移动。这两条曲线均来自图 9.2。资本服务的供给沿着曲线 $(\kappa K)^s$ 向上倾斜，因为 R/P 的上升提高了资本利用率(如图 9.4)。因此，技术水平从 A 上升到 A' 提高了出清市场的实际租赁价格，即价格从 $(R/P)^*$ 提高到 $[(R/P)^*]'$，资本服务的供给量从 $(\kappa K)^*$ 上升到 $[(\kappa K)^*]'$。由于资本存量 K 是固定的，资本服务的增加反映了资本利用率的上升，即从 $\kappa*$ 上升到 $(\kappa*)'$，如图 9.4 所示。

图 9.5 资本服务市场的出清

图 9.4 显示，对于给定的 R/P，技术水平 A 并不影响资本利用率 κ 的选择。因此，图 9.5 中 A 的提升并不会使资本服务的供给曲线发生移动。(最终来说，A 的

上升将增加资本服务的供给量。然而，这一增加是通过 R/P 的上升起作用的。R/P 决定了资本的拥有者从提供更多的服务中获得的报酬。就是说，我们沿着给定的供给曲线移动，而不是曲线本身的移动。）

当技术水平为 A 时，图 9.5 显示，当纵坐标上的实际租赁价格为 $(R/P)^*$，横坐标上的资本服务数量为 $(\kappa K)^*$ 时，资本服务的市场出清。当技术水平提升到 A' 时，资本服务的需求曲线向右移动，而供给曲线并不移动。因此，市场在更高的实际租赁价格上 $[(R/P)^*]'$ 和更大的资本服务数量上 $[(\kappa K)^*]'$ 出清。

我们在第 8 章注意到，技术水平的上升提高了实际租赁价格 R/P。图 9.5 中的新的效应是资本服务数量 κK 的增加。由于在短期内资本存量 K 是固定的，资本服务的增加反映了资本利用率的提高，即从 κ^* 上升到 $(\kappa^*)'$。于是我们发现，经济景气期间——这时较高的技术水平 A 导致实际 GDP 上升——将会有相对较高的资本利用率，而在衰退期间——这时低的 A 导致实际 GDP 下降——将会有相对较低的资本利用率。

回顾一下生产函数：

$$Y = A \cdot F(\kappa K, L) \tag{9.1}$$

现在我们有三个理由来解释为什么实际 GDP 在景气时上升而在衰退时下降了。第一，技术水平 A 的高或低导致实际 GDP 相应地高或低。第二，如第 8 章中所讨论的，技术水平 A 的高或低导致劳动供给 L 相应地高或低。第三，新的效应是技术水平 A 的高或低导致资本利用率 κ 的高或低，从而导致资本服务数量 κK 相应的高或低。

记住资本的收益率由下式给出：

$$\text{拥有资本的收益率} = (R/P) \cdot \kappa - \delta(\kappa) \tag{9.4}$$

对于给定的资本利用率 κ，方程(9.4)显示，实际租赁价格 R/P 的上升提高了拥有资本的收益率。这一效应是第 8 章探讨的问题，这里 κ 不发生变化。现在，我们从 κ 的调整中得到一个额外的效应。我们知道，人们选择 κ，以便使方程(9.4)中显示的收益率最大化。因此，κ 的变化——在我们的例子中，是为了应对 R/P 的上升——提高了资本收益率。于是我们得出结论，如第 8 章中所说的，拥有资本的收益率总的说来是上升的，以应对技术水平 A 的上升。

我们仍然坚持债券的收益率——即利率——必须等于拥有资本的收益率。在第 6 章中，这一条件为：

$$i = R/P - \delta \tag{6.6}$$

债券收益率 ＝ 拥有资本的收益率

现在我们利用方程(9.4)去计算拥有资本的收益率，得到：

$$i = (R/P)\kappa - \delta(\kappa) \tag{9.5}$$

债券收益率 = 拥有资本的收益率

我们发现,技术水平 A 的上升提高了拥有资本的收益率,这项表达式是在方程(9.5)的右边,因此,如第 8 章所言,利率 i 也会上升。在本模型中,利率仍然是顺周期性的。

9.1.4 生产能力利用率的周期性变化

要验证我们的论断,即资本利用率 κ 是顺周期性的,我们可以利用美联储在制造业、采矿业和公用事业等部门的有关数据。美联储是通过将一个部门的商品产出表示为该部门生产商品的估计的"正常生产能力"的百分率,来计算生产能力的利用率的。有关产出的信息来自美联储有关工业生产的数据。从 1948 年 1 月到 2006 年 3 月,总的生产能力利用率的平均值为 82%,其上下波动范围从 71%到 92%。

图 9.6 中的粗线显示了生产能力利用率偏离其趋势的离差(利用图 8.2 中的方法构建趋势)。细线再次表示实际 GDP 偏离其趋势的离差。注意生产能力利用率明显是顺周期性的。[①]其在景气期间高于趋势,在衰退期间低于趋势。因此,模型关于生产能力利用率的周期性变化的预言与美联储的关于生产能力利用率的数据相符合。

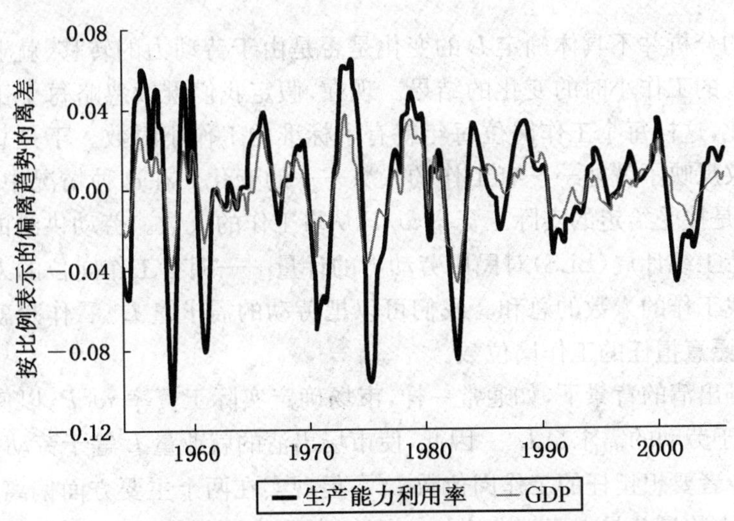

注:细线表示实际 GDP 偏离其趋势的离差。粗线表示生产能力利用率偏离其趋势的离差。这些数据都是来源于工业生产,并且适用于 1948 年到 1966 年的制造业,并且适用于自 1967 年以来的包括采矿业和公用事业在内范围更广的指数。关于实际 GDP 和生产能力利用率的数据是按季度调整的。(关于生产能力利用的重点数据是按月调整的。)生产能力利用率是顺周期性的——它紧密地跟随实际 GDP 波动,但是比实际 GDP 变动幅度更大。

图 9.6 美国实际 GDP 和生产能力利用率的周期性变化

---

① 从 1954 年 1 季度到 2006 年 1 季度,生产能力利用率的周期性部分与实际 GDP 的周期性部分的相关系数为 0.90。

9.2 劳动力、就业和失业

我们现在探讨如何将观察到的劳动投入 L 的波动与劳动力、就业和每个工人工作小时的变动联系起来。首先，我们考察一下美国数据的经验模式。然后，我们扩展我们的均衡经济周期模型以解释某些难解之谜，特别是就业率的波动。

9.2.1 基本概念和经验模式

美国的数据显示劳动投入是顺周期性的，即它在经济波动期间按与实际 GDP 相同的方向波动。例如，在图 8.14 中，我们是利用每年总工作小时计量劳动投入 L 的。L 的这一概念具有很强的顺周期性——从 1964 年到 2006 年，总工作小时的周期性部分与实际 GDP 的周期性部分的相关系数为 0.88。

在第 8 章中，我们通过引进劳动供给是可变的概念，允许 L 发生变化。要得到恰当的周期模式，我们依赖于劳动供给量 L^s 对实际工资率 w/P 的正向反应。在经济景气期间较高的 w/P 激励家庭增加 L^s，并且这一反应允许 L 得到扩大。

我们的分析并不具体确定 L 的变化是否是由于劳动力的转移、就业率的变化或每个工人的工作小时的变化的结果。现在，假定我们继续忽略每个工人的工作小时的变化，这样每个工作岗位每年就有了标准的工作小时数。于是总工作小时数的变化仅反映了就业——有工作的人数——的变化。在这种情况中，劳动的供给量 L^s 就是接受给定的实际工资率 w/P 从事工作的人数。劳动供给的这一概念符合美国劳工统计局(BLS)对民用劳动力的计量——拥有工作岗位的人数加上自己说正在找工作的人数的总和。我们可以把劳动的需求量 L^d 看作是就业者接受给定 w/P 愿意担任的工作岗位数。

在市场出清的背景下，如通常一样，市场确定实际工资率 w/P，以使劳动的供给量 L^s 等于劳动的需求量 L^d。因此，使市场出清的就业量 L 等于劳动力数量 L^s，也等于就业者要想担任的工作岗位数 L^d。但现实在两个主要方面偏离这种情况。首先，劳动力数量总是大于就业岗位。其次，就业者要想填补的工作岗位数总是大于就业岗位数，而这两者之间的差额等于**职位空缺数**。

来自劳动市场供给方面的一个重要变量是失业率，它等于失业人数与劳动力人数的比率。相反，**就业率**是就业人数与劳动力人数的比率。①如果我们用 u 表示失业率，我们得到：

① 劳工统计局并不将就业人口比率定义为民用就业人数对民用非机构人口的比率，后者是指年龄在 16 岁及 16 岁以上，不在诸如监狱、精神病院或在军队服现役的人口。

u = 失业人数 / 劳动力人数

= (劳动力人数 − 就业人数)/ 劳动力人数

= 1 −(就业人数 / 劳动力人数)

= 1 − 就业率

因此,如果我整理这些项,我们得到:

$$就业率 = 1 - u$$

在劳动市场的需求方面,职位空缺率是职位空缺数与就业者要想担任的总的职位数的比率。就业率从就业者的角度看是就业人数与就业者要想担任的总的职位数的比率。较少强调职位空缺率的一个原因是有关职位空缺的数据不如有关失业的数据那么准确。一般来说,经济学家们依赖于报纸**招聘广告**上的不完整的信息计算该指标。然而,最近劳工统计局改进了它的职位空缺率的计算方法。

从劳动的供给方面,我们可以认为就业是由以下因素决定的:

就业人数 = 劳动力人数 ·(就业人数 / 劳动力人数)

= 劳动力人数 · 就业率

= 劳动力人数 ·(1 − u)

由于我们前面的分析假设失业率为 0,所以就业的变化与劳动力的变化相一致。根据上式,就业的变化也可以反映 u 的变化。

我们在图 8.13 看到,就业的变化几乎同实际 GDP 的变化一样——从 1954 年到 2006 年,就业的周期性部分的标准离差是 1.3%,而实际 GDP 的标准离差是 1.6%。此外,这些周期性部分是强烈地正相关的——相关系数为 0.81——所以,就业明显地是顺周期性的。

图 9.7 和 9.8 显示了决定就业的这两个变量——劳动力人数和就业率(1 − u)——都对美国 1954 年到 2006 年的就业的变化起过作用。[①]图 9.7 显示,劳动力是相对稳定的——从 1954 年到 2006 年周期性部分的标准离差是 0.4%。然而,与实际 GDP 的周期性部分的相关系数只有 0.31。对比之下,图 9.8 中显示的就业率有更大的波动性——其周期性部分的标准离差是 0.7%——与实际 GDP 周期性部分的相关性则要大得多,它们的相关系数是 0.88。因此,就业的顺周期性变化与就业率的变化比与劳动力的变化更有关系。这一结论意味着我们前面的分析——它集中于研究劳动力的波动(代表了劳动的供给)——缺少某种重要的结论。

① 一个问题是图 9.7 和图 9.8 中显示的有关劳动力和就业率的数据来自劳工统计局对家庭的调查,而图 8.13 中的就业人数来自劳工统计局对机构(厂商)的调查。(见 hppt://www.bls.gov)。然而,这一差异不影响我们的主要结论。

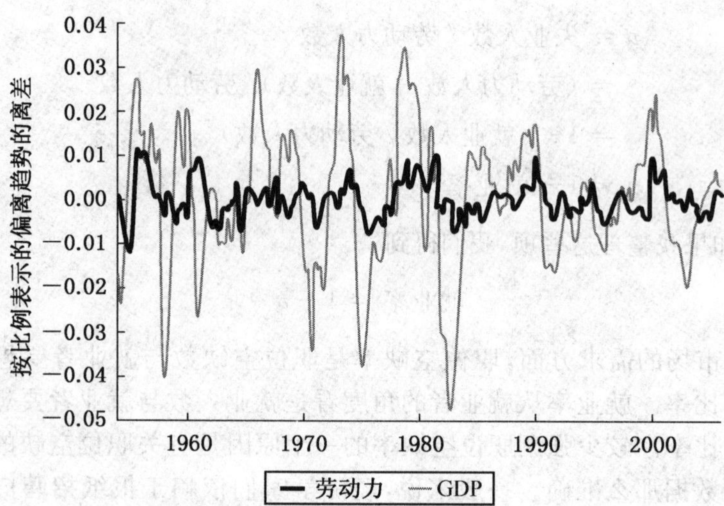

注：细线是实际 GDP 偏离其趋势的离差。粗线是民用劳动力偏离其趋势的离差。民用劳动力——指已就业的或试图就业的人数——的数据来自美国劳工统计局(http://www.bls.gov)。有关 GDP 和劳动力的数据已按季度调整(有关劳动力的重点数据按月调整)。劳动力是弱顺周期性的——它勉强地跟随实际 GDP 波动，但是波动幅度要比实际 GDP 小。

图 9.7　美国的实际 GDP 和劳动力的周期性变化

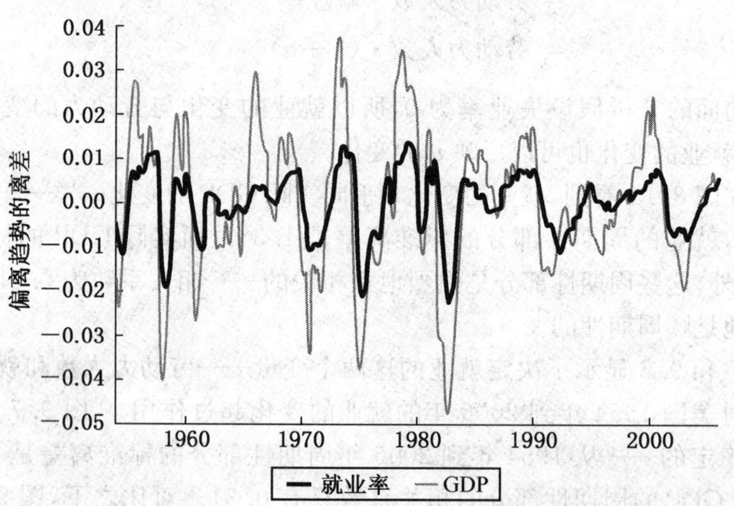

注：细线是实际 GDP 偏离其趋势的离差(从比例上讲)。粗线是就业率偏离其趋势的离差。就业率是就业人数与劳动力人数的比率。就业和劳动力的计量来自美国劳工统计局的家庭调查(http://www.bls.gov)。有关实际 GDP 和就业率的数据是按季度调整的(有关就业率的重点数据按月调整)。就业率有很强的顺周期性——它按实际 GDP 相同的方向波动。

图 9.8　美国的实际 GDP 和就业率的周期性变化

我们也可以容许每个工人的工作小时有所变化。我们可以写成如下等式：

$$总工作小时 = 就业人数 \times 每个工人的工作小时$$

我们在图 8.14 中看到，总工作小时的变化几乎与实际 GDP 的变化相同——

从1964年到2006年，它的周期性部分的标准离差是1.5%，与之相比，实际GDP这一部分的离差是1.6%。总工作小时与实际GDP也是高度地相关——这两个周期性部分之间的相关系数是0.88。因此，总工作小时比就业更具顺周期性。

图9.7和图9.8考察了决定就业的两个变量：劳动力和就业率。图9.9显示一个额外的变量，即每个工人的工作小时，它决定了总工作小时。从1964年到2006年，每个工人的工作小时的周期性部分的标准离差是0.74。因此，从解释总工作小时总的波动情况的观点来看，每个工人的工作小时不如就业率重要，但要比劳动力重要。

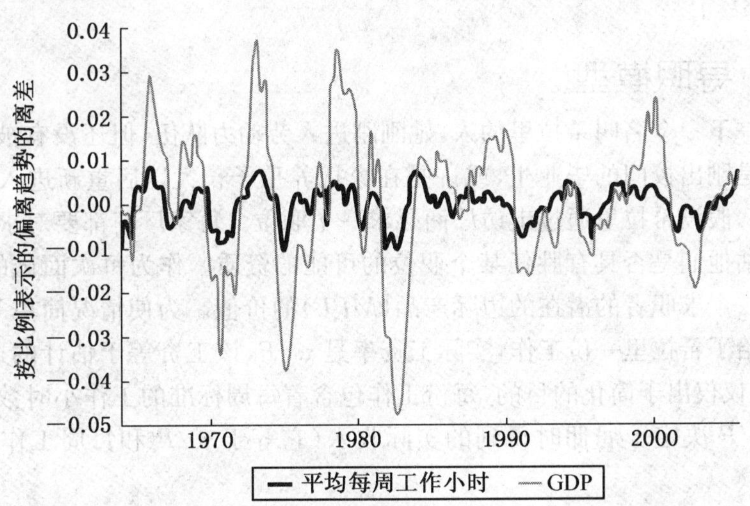

注：细线是实际GDP偏离其趋势的离差。粗线是每周平均工作小时偏离其趋势的离差。每周工作小时的数据来自美国劳工统计局的工薪调查(http://www.bls.gov)，并且调查范围为私营的、非农业经济部门。有关实际GDP和每周工作小时的数据是按季度调整的(有关每周工作小时的重点数据按月调整)。每周平均工作小时是顺周期性的——它随实际GDP波动，但变动不如实际GDP大。

图9.9　美国实际GDP和每周平均工作小时数的周期性变化

我们从第8章得到的均衡经济周期模型对于理解劳动力和每个工人的工作小时的波动或许是令人满意的。在这些情况中，我们可以把实际工资率 w/P 看作是使劳动供给量 L^s 等于劳动需求量 L^d 的调节手段。然而，这一方法无法解释最重要的因素——就业率的波动，或失业率的波动。

要解释失业率和职位空缺率，我们必须在劳动市场的运转中引进某些“摩擦”。就是说，我们必须解释在劳动力队伍中有些没有工作的人为什么要花一些时间去找工作。以及有空缺职位的企业要花时间去找人填补空缺。因此，理解失业和职位空缺的关键是人们寻找工作和企业寻找工人的过程。

在我们前面的关于劳动市场的讨论中，我们通过把所有的工人和所有职位看作是一样的，从而把问题简化了。然而在当今世界上，工人寻找工作和企业寻找工人的过程是很烦琐的。因此，为了使分析更符合实际情况，我们必须考虑到各个工人之间以及各种职位之间是有差别的。然后我们可以把劳动市场的运作看作是在职位与工人之间找到恰当的匹配。由于各种职位和各个工人之间有所区别，这一匹配过程是很困难的，很费时间的；失业和职位空缺部分地是在这一过程中产生的。

下一节我们将把均衡经济周期模型扩展到包括一个简单的职位匹配模型。这一扩展有两个主要目的。首先，我们要解释为什么失业水平和职位空缺水平大于0。其次，我们要理解失业和职位空缺如何随时间推移而变化——特别是，为什么就业率是顺周期性的而失业率是逆周期性的。

9.2.2 寻职模型

考虑一下一个名叫希拉里的人，她刚刚进入劳动力队伍，但还没有被雇用。希拉里也许是刚出校门的毕业生，或许是在家抚养孩子长大以后重新进入劳动力队伍的女性。假设希拉里通过走访厂商寻求一个职位。每家厂商都要对求职者进行面试以评估他们是否具有胜任某个职位的可能的资质。作为每次面试的结果，厂商要评估一个求职者的潜在的边际产品(*MPL*)的价值。为使情况简单一些，我们假设厂商给了希拉里一份工作，实际工资率是 w/P，该工资等于估计的边际产品。我们假设，仅仅出于简化的目的，每份工作包含着每周标准的工作小时数。在这种情况下，w/P 决定了雇佣时得到的实际收入(它等于 w/P 和每周工作小时数的乘积)。

希拉里决定是否要接受这份实际工资率为 w/P 的职位。另一种选择是仍然保持失业并且继续寻找工作。我们假设接受这份工作不合算，而得继续寻找工作。这一假设是合理的，因为要在一个新职位上站住脚的成本对于预期任期短的职位来说通常是不合算的。此外，在失业情况下可能更容易寻找工作。

如果随后找到的工作工资开价超过最初的那份工作，那么更多地寻找工作是值得的。拒绝一份工作的代价是无工作期间所失去的收入。然而，这笔收入必须同人们由于失业而得到的任何收入进行权衡。我们用 ω(希腊字母欧米茄)表示人们在失业期间得到的有效实际收入。ω 的价值包括从政府得到的**失业保险**支付和希拉里不将时间花在工作上所能带来的任何价值。

在评估所提供的职位时，首先考虑的是如何同其他可能获得的职位相比较。在作这种比较时，希拉里头脑里有一个想法是，根据她的教育程度、工作经验等等，可能得到的工资开价的分布范围。我们假设一个职位受吸引的程度唯一地取决于实际工资率。如果我们将此模型扩大到把工作地点和工作条件考虑在内，其主要结果也不会改变。

图 9.10 显示了典型的工资开价分布的情况。对于横坐标上的每个实际工资率 w/P 来说，纵坐标上的数值显示了接受这一开价的概率。就显示的曲线而言，这些开价大多落在 w/P 范围的中间段。然而，也有很少的获得非常高或非常低甚

至接近于 0 的工资开价的机会(处在分布的线的右端和左端)。

图 9.10 显示了 ω 的值,它是个人在失业时得到的有效实际收入。我们知道希拉里会拒绝任何工资开价少于 ω 的职位。鉴于这种情况,在图中,ω 处于工资开价分布的左端。这一图形意味着大多数——并非全部——工作提供的工资超过 ω。在 ω 的位置给定后,当一个职位的实际工资率大于 ω 时,希拉里的主要决定为是否要接受这一实际工资率 w/P。

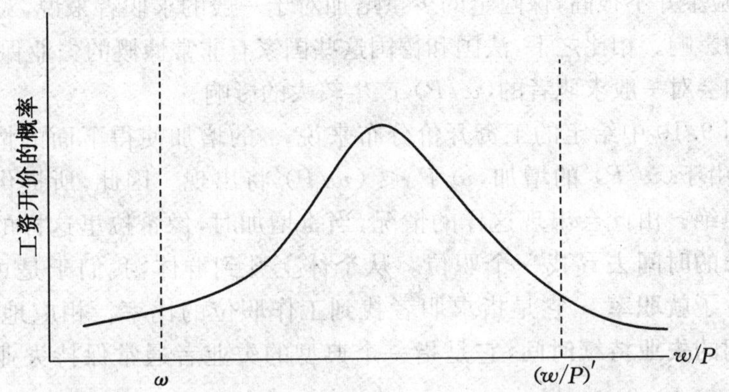

注:曲线显示接受不同水平的实际工资开价 w/P 的工作的机会。曲线的位置越高,所提供的实际工资开价被接受的可能性越大。在横坐标上,ω 是在失业期间得到的有效的实际收入,而 $(w/P)'$ 是保留的实际工资。如果所提供的工作支付的工资至少同 $(w/P)'$ 一样,这些工作就会被接受,否则就会被拒绝。

图 9.10　实际工资的分布

她也许会拒绝这一超过 ω 的实际工资率,以保留找到更好职位的机会。然而这里存在着一个权衡取舍的问题,因为她随后会失去不工作期间的一笔实际收入。对这两种力量的权衡产生了经济学家们所谓的**保留的实际工资**,用 $(w/P)'$ 表示。低于 $(w/P)'$ 工资的工作都被拒绝,而那些高于 $(w/P)'$ 工资的职位才被接受。如果希拉里设定一个数值较高的 $(w/P)'$,她也许要花很长时间去寻找工作而有可能长期未被雇用。反之,一个较低的 $(w/P)'$ 意味着失业等待的时间通常很短。然而,一个较低的 $(w/P)'$ 也意味着希拉里可能最终只得到一份薪水较低的工作。

最优的实际保留工资 $(w/P)'$ 取决于图 9.10 中工资开价分布的形状以及失业期间获得的有效实际收入 ω 和一份工作预期的持续期。①就我们的目的而言,我们并不需要详细考察最优 $(w/P)'$ 的决定因素。我们可以通过描述这一分析的重要特点得到主要结果。

由于所提供的有些工作是不可接受——即某些提供的职位 $w/P < (w/P)'$ ——希拉里一般要花一段时间去找到一份可接受的工作。在这间歇期,她是"失业的",虽然

① 关于涉及保留工资的寻职模型的讨论见 Belton Fleisher 和 Thomas Kniesner(1984, pp. 477—507)。

在寻找工作。因此，有关去哪里能找到最好的工作的不对称信息可以解释为什么失业率总是大于0。

失业期间的有效实际收入 ω 的增加鼓励了希拉里提高接受工作的标准；就是说，$(w/P)'$ 提高了。如果希拉里可能得到的实际工资开价 w/P 不是非常高于 ω，这一效应就特别强烈。例如，如果与通常的工资开价相比，失业保险金较高的话，由于失业保险金的增加而引起的 ω 的提高，将对 $(w/P)'$ 有很强烈的影响。在美国，失业保险金并不很高，保险金的少量增加对于一般的求职者来说，对 $(w/P)'$ 不会有重大的影响。相比之下，法国和德国这些国家有非常慷慨的失业保险计划，保险金的增加会对一般求职者的 $(w/P)'$ 产生较大的影响。

对于图9.10中给定的工资开价分布来说，ω 的增加使得下面的情况更有可能出现：即由于 $(w/P)'$ 的增加，$w/P < (w/P)'$ 将出现。因此，所提供的工作将更经常被拒绝。由此会出现这样的情况，当 ω 增加时，像希拉里这样的求职者往往会花更长的时间去寻找一个职位。从个体上升到群体，我们于是可以预言 ω 的上升减少了**就职率***，它是指求职者找到工作职位的比率。相应地，ω 的提高增加了预期的**失业持续时间**，它是指一个典型的失业者通常保持失业状态的时间长度。

假定工资开价的总的分布有所改善。例如，技术水平 A 带来的有利冲击可以提高所有工人的 MPL——比方说提高10%。由于一个的实际工资开价 w/P 等于一个工人潜在的边际产品的价值，图9.10中实际工资开价的分布就向右移动——典型的实际工资开价 w/P 上升10%。因此，如果保留的实际工资 $(w/P)'$ 不改变，提供的职位频率更高地落入可接受的范围，这时 $w/P > (w/P)'$。因此，就职率上升，预期的失业持续时间下降。

然而，我们必须考虑到，一个更高的工资开价的分布往往会提高保留的实际工资 $(w/P)'$。求职者，例如希拉里，变得更加挑剔——提高 $(w/P)'$——如果他们预期实际工资开价的更高的分布会持续到将来。例如，技术水平持久性的改进往往会对实际工资开价产生长期的影响。在这种情况下，$(w/P)'$ 会上升。$(w/P)'$ 的上升会对我们预期的就职率产生不利的作用。在所有的实际工资开价 w/P 都上升10%的例子中，只有在 $(w/P)'$ 的上升不到10%的情况下，就职率才会上升。

有两个原因说明为什么保留的实际工资 $(w/P)'$ 的增加幅度往往会小于典型的实际工资开价 w/P 的上升幅度。首先，如果工人的 MPL 的上升不是持久性的，未来的实际工资开价的上升幅度往往会小于当前开价的上升幅度。在这种情况下，$(w/P)'$ 的上升幅度也会小于目前给求职者开出的一般实际工资 w/P 的上升幅度。

其次，如果失业期间得到的有效实际收入 ω 不变，即使实际工资开价的提高是持久性的，$(w/P)'$ 的上升幅度也要小于典型的实际工资开价 w/P 的上升幅度。

* 就职率，job-finding rate 直译成中文为“找到工作的比率”，比较啰嗦。为与下文“离职率”对应，故译为“就职率”，并且与“就业率”(employment rate)有所区别。——译者注

要了解原因,我们可以比较以下三个情景:

- 情景 1 是初始状态,这时实际工资开价 w/P 是由图 9.10 中的分布给定的,并且在失业期间得到的有效实际收入为 ω。
- 情景 2 是新的状态,这时典型的实际工资开价 w/P 是持久性地提高 10%,并且 ω 是不变的。
- 情景 3 是假设状态,这时典型的实际工资开价 w/P 是持久性地提高 10%,并且 ω 也是持久性地提高 10%。

比较情景 1 和情景 3。它们唯一的区别是在情景 3 中一切变量都向上提升了 10%。因此,在权衡是否接受一项所提供的工作还是拒绝它时,单个求职者在情景 3 将保留的实际工资 $(w/P)'$ 提高 10%,似乎是合理的(事实上也是最优的)。因此,接受一项工作的实际工资开价的概率在情景 1 和情景 3 中是一样的。因此,就职率在这两种情况中是一样的。

现在比较情景 3 与情景 2。它们的唯一的区别是在失业期间得到的实际收入 ω,在情景 3 中比情景 2 中得到的 ω 要高 10%。因此,一个求职者在情景 3 中设定的保留的实际工资 $(w/P)'$ 要高于情景 2,故就职率在情景 3 中要低于情景 2。

现在将这些结果合在一起讲。情景 3 与情景 1 有相同的就职率。情景 2 比情景 3 有更高的就职率。于是情景 2 的就职率也高于情景 1。因此,如我们所主张的,如果失业期间的实际收入 ω 不变的话,实际工资开价 w/P 的持久性改善,就会提高就职率。

在我们的模型中,实际工资开价的提高,可能来自技术水平 A 的提升。然而,在一个更丰富的模型中,技术变迁也许会使某些技术过时。例如,电灯的发明使得点煤气灯的灯夫的工作变得毫无价值,而汽车的出现使马蹄铁匠的价值也大大下降。因此,对于只拥有过时技术的工人来说,技术变迁可能会减少 *MPL* 的价值——从而降低实际工资的开价。然而,对于整个经济体而言,技术的进步将提高 *MPL* 的价值并且提高求职者的实际工资开价,这仍然是理所当然的。

9.2.3 厂商招聘

到目前为止,我们对于厂商如何参与寻职过程采用了一种不符合实际的观点。厂商接受求职申请,根据求职者的 *MPL* 可能具有的价值评估求职者然后作出实际工资开价 w/P,且该工资等于这些边际产品。这一模型没有考虑到让厂商利用它们的关于各种工作职位特点的信息,那些倾向于在这些职位上发挥作用的工人的特征,以及一般必须付给这类工人的实际工资的信息。厂商通过广告宣布某些职位空缺来交流这一信息,在广告中具体规定了对教育程度、工作经验等等的要求,并且表明了薪金的范围。这些广告恰当地筛选出大多数潜在的求职者,并且更快更好地让工人和职位对接。

虽然在一个运转良好的劳动市场中厂商的招聘是很重要的,对这种招聘的考虑不会改变我们的主要结论。特别是：

- 工人仍然要花时间去寻找匹配的工作，所以预期的失业时间和职位空缺仍大于 0。
- 失业期间工人的有效实际收入 ω 的增加会降低就职率并延长预期的失业持续时间。
- 对劳动生产率的有利冲击会提高就职率，缩短预期的失业持续时间。

9.2.4 员工离职

工人寻找能提供较高实际工资的工作，而雇主寻找具有较高生产率的工人。虽然工人和厂商相互尽可能有效地评估对方，他们通常会在事后发觉自己犯了一个错误。雇主也许会了解到这个工人的生产能力并不像预期的那样高；或者一个工人也许会发现自己并不喜欢这项工作。当一个职位的匹配看来明显地比最初预期的要糟糕得多时，这就会促使厂商解雇该工人，或者促使工人离职。

离职率的上升是由于就业情况的变化，即使厂商和工人一开始相互之间的评估是准确的。例如，对一个厂商的生产函数的不利冲击也许会降低一个工人的 *MPL*，并导致他被解雇。尽管不同厂商生产的商品不尽相同，我们从商品需求的下降中还是可以得到一个普遍的结论。那就是，如果附加在每单位产出上的实际价值下降，那么，一个工人的 *MPL* 的价值也将下降。例如，一个装马蹄铁的铁匠的实物的边际产品没有变化，但是汽车的出现降低了安装马蹄铁这项工作的附加价值。

工人们也会遇到情况的变化——例如家庭状况、教育程度、居住地点的变化和退休，以及其他可供选择的职业的前景。这些变化中有些是出乎意料的，有些是可以预期的。重要的一点是，这些变化可能会诱致工人离开职位。

职位匹配失败的趋势对这个匹配在一开始是否恰当是很敏感的。如果这个匹配一开始就比较勉强，那么生产条件或工作环境的微小变化就足以使工人和职位相互缺乏吸引力。

离职之所以产生也是由于这些职位从一开始人们就知道是临时性的。这些例子包括农业中的季节工或体育场馆的临时工，或为美国国内税务署工作的人（该机构每年接近 4 月时特别需要人手）。

我们可以得出结论说，离职的发生有各种各样的原因。我们可以确定**离职率**的决定因素。离职率是指职位匹配解体的比率。这一比率在某类人群中是很高的，例如在那些难以作出评估的缺乏经验的工人中间，或在那些有可能经历家庭规模变化或工作偏好变化的年轻人中间。离职率在那些技术或生产需求经常受到冲击的行业中也是很高的。

如果没有离职现象发生，没有新的人员进入劳动力队伍，也没有新的工作岗位，那么简单的企业招聘过程将最终消除失业和职位空缺。但是离职、新的求职者和新的岗位意味着：人们不断地找到工作，又不断地被新的失业和新的职位空缺的产生所抵消。我们将用一个简单的例子说明这一过程。

9.2.5 离职、找工作和自然失业率

在图 9.11 中，标着 L 的方块表示就业的人数，标着 U 的方块表示失业的人数。为使问题简化，假设劳动力数量 $L+U$ 并不随时间而变化。要理解经济波动，劳动力不变的假设也许是令人满意的，因为从经验上讲，劳动力数量的变化对劳动投入的短期变化的影响不大。

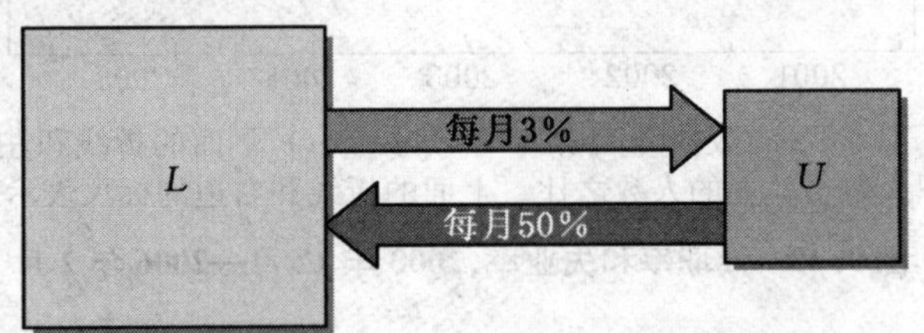

注：在这个例子中，就业者 L 中每个月有 3% 的人失去工作，而在失业者 U 中每个月有 50% 的人找到工作。就业的净变化 ΔL 为 $0.5 \cdot U - 0.03 \cdot L$。失业的变化 ΔU 与 ΔL 符号相反。

图 9.11 就业和失业之间的移动

每段时间里——比方说，一个月里，就业人员中总有一部分人要经历离职。在图 9.11 中，L 到 U 的箭头表示每个月离职的人数。由于劳动力是固定不变的，所有失去工作的人从 L 类移向 U 类。我们略去这样的事实，即许多失去工作的人立刻就找到了工作，而从没有变成失业者。

自 2000 年 12 月以来，美国劳工统计局进行了职位空缺和劳动力流动调查(JOLTS)，该调查对整个非农业经济部门的离职率作出估计。这一比率是每个月总的离职人数占民用就业人口的比率。从 2000 年 12 月到 2006 年 2 月离职率为平均每月 3.1%，因而每月平均离职的人数为 432 万人。这一数字是令人惊愕的——美国的职业市场竟有如此庞大的人群脱离工作岗位(同时我们也将看到有同样庞大的人群走上工作岗位)。

图 9.12 显示了从 2000 年 12 月到 2006 年 2 月离职率如何变动。注意 2000 年末已接近经济景气的尾声(见图 8.3)。图 9.12 中上面的折线表示失业率从 2000 年 12 月的 3.9%上升到 2003 年 6 月的峰顶 6.3%。然后，经济复苏，失业率下降到 2006 年 3 月的 4.7%。

图 9.12 中下面的折线显示从 2000 年 12 月到 2006 年 2 月离职率的变动并不是很大——每个月只有 2.8%到 3.5%的变化。特别是在 2001—2002 年的衰退期间和 2003—2006 年的经济景气期间，离职率的变化很小。因此，这些数据——虽然只能得到几年的数据——表明，离职率也许同衰退与景气没有紧密的联系。①

① 关于离职率变化的讨论，见 Robert Hall(2005)。

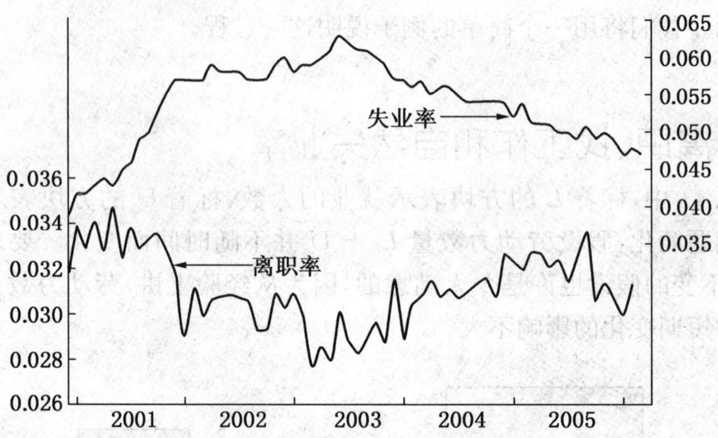

注：本图包括了 JLOTS 的数据(http://www.bls.gov)，下面的折线和左边的标尺表示离职率，为每月总的离职人数与就业的人数之比。上面的折线和右边的标尺表示失业率。

图 9.12　离职率和失业率，2000 年 12 月—2006 年 2 月

另一方面是就职率，即人们找到工作的比率。在图 9.1 中，从 U 指向 L 的箭头代表了在一个月里面找到工作的失业者的人数。我们再次遇到不完全符合实际的情况，因为忽略了流出和进入劳动力队伍的情况。失业者 U 中的有些人在衰退期间也许对寻找工作的前景感到失望，从而脱离劳动力队伍。这种现象称之为**灰心的工人**。然而，我们也忽略了相反的力量，即在衰退期间激励人们加紧迅速寻职的力量。例如，如果一个人失去了工作，这个人的配偶也许就会进入劳动力队伍。如前面已提到的，我们知道劳动力的变化对劳动投入短期波动影响甚小。因此，劳动力不变的假设也许是一个令人满意的近似解释。

我们可以利用劳工统计局的 JOLTS 调查去精确地估量失业者的就职率。从 2000 年 12 月到 2006 年 2 月，平均每个月内民用就业的比率为 3.2%，平均每月新雇用的人数为 445 万人。换句话说，在每个月有 432 万人离开他们的工作岗位的同时，有 445 万人(不一定是同一批)人被雇用。因此，有庞大的人群流出和流入就业队伍。

要计量就职率，我们必须表示出找到工作的人数与正在寻找工作的人数的比率——即失业的人数 U 而不是就业的人数 L。因此，我们得到：

$$就职率 = 每月新雇用的人数 /U$$

当我们以这一方法定义时，从 2000 年 12 月到 2006 年 2 月美国劳工统计局的 JOLTS的调查测算的就职率每月平均为 0.58——大致有一半的失业工人在一个月内找到了工作。这一数字高估了失业者的就职率，因为许多雇用现象是由许多人从这一岗位调到另一个岗位(他们没有变成失业者)，还有些人是从劳动力队伍之外进入就业人群的(他们从未作为失业者记录在册)。如果我们可以调整每个月雇用的人数，使它仅包括来自失业者的受雇，我们就能计算出一个较小的就职率。然而，我们缺乏作出这种调整的数据。

虽然从现有可获得的数据估计的就职率有可能夸大了这一比率的水平，但是这一估计的比率随着时间的推移而变动或许很好地反映了就职率的变化。图9.13中下面的折线显示了所计算的从2000年12月到2006年2月就职率的情况。下面的折线与上面的折线相比，我们看到就职率的变化反映了失业率的变化。就职率从2000年12月的峰顶0.90下降到2003年春季的低点0.44，然后随着经济的复苏在2006年初回到0.70。因此，数据明显地显示就职率在经济衰退时下降，在景气时上升。

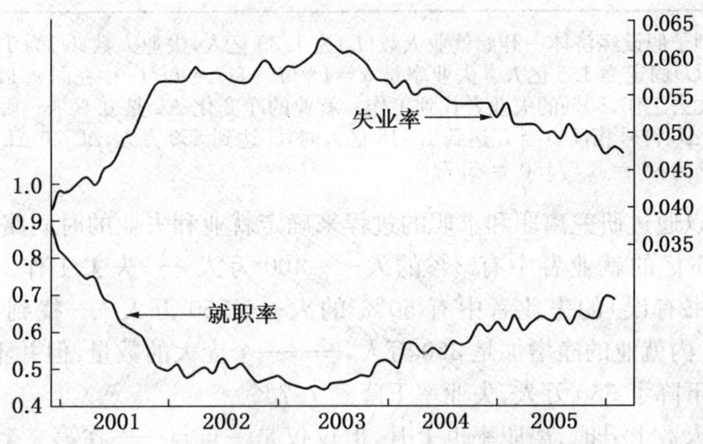

注：本图包括了JOLTS的数据(http://www.bls.gov)，下面的折线和左边的标尺表示就职率，为每月受雇用的人数与失业的人数之比。上面的折线和右边的标尺表示失业率。

图9.13　就职率与失业率，2000年12月—2006年2月

离职率和就职率显示了就业者和失业者的动态过程。为得到一个符合实际的例子，我们将利用反映美国现实情况的就职率和离职率的数据。具体地讲，假设离职率是每月0.03，而就职率是每月0.5，如图9.11所示。现在我们假设，这些比率是不变的。这一假设对于离职率来说也许是令人满意的，但对就职率而言并非如此，因为后者在衰退期间往往低于平均数而在景气期间高于平均数。

表9.1假设劳动力固定为1.5亿人(大致上是2006年美国的劳动力人口)。假定该经济体在第一个月开始时的失业率 u 为10%，表明经济出现严重衰退。就业(L)人数开始时为1.35亿人，失业(u)开始时为1 500万人。

表9.1　就业和失业的动态

月份	每月开始			每月期间			
	就业人数(L)(百万)	失业人数(U)(百万)	失业率(u)	失去工作的人数(百万)	找到工作的人数(百万)	L的变化(ΔL)(百万)	U的变化(ΔU)(百万)
1	135.0	15.0	0.100	4.0	7.5	3.5	−3.5
2	138.5	11.5	0.077	4.2	5.8	1.6	−1.6
3	140.1	9.9	0.066	4.2	5.0	0.8	−0.8
4	140.9	9.1	0.061	4.2	4.6	0.4	−0.4

（续表）

月份	每月开始			每月期间			
	就业人数 (L)（百万）	失业人数 (U)（百万）	失业率 (u)	失去工作的人数（百万）	找到工作的人数（百万）	L 的变化 (ΔL)（百万）	U 的变化 (ΔU)（百万）
5	141.3	8.7	0.058	4.2	4.4	0.2	−0.2
6	141.5	8.5	0.057	4.2	4.2	0.0	0.0
∞	141.5	8.5	0.057	4.2	4.2	0.0	0.2

注：这个例子假设经济体一开始就业人数(L)为1.35亿人，失业人数(U)为1 500万人。劳动力人口($L+U$)固定为1.5亿人。失业率是 $u=U/(L+U)=U/150$。在图9.11中，每个月有3%的就业者失去工作，50%的失业者找到工作。就业的净变化 ΔL 是 $0.5U-0.03L$。失业的净变化 ΔU 与 ΔL 符号相反。当 L 达到1.415亿人时，U 达到850万人，ΔU 和 ΔL 都等于0。因此，自然失业率为 $u^n=8.5/150=5.7\%$。

我们可以通过研究离职和求职的过程来确定就业和失业的时间路径。在第一个月里，1.35亿的就业者中有3%的人——400万人——失去工作。在这同时，1 500万(原书有误)的失业者中有50%的人——750万人——找到了工作。因此，在这个月内就业的净增加是350万人，——一个庞大的数量，但并不符合事实。相应地失业下降了350万人，失业率下降到7.7%。

当就业人数上升时，离职率也上升，但仅仅是一点点——在第二个月达到420万。当失业的人数下降时，找到工作的人数也下降了——第二个月下降到580万人。因此，在第二个月里，就业人数净增加160万人，失业下降160万人。失业率现在下降到6.6%。

这一过程会继续下去，直至离职的人数与找到工作的人数相等。在我们的例子中，该经济体在6个月里已接近这一平衡——这时就业达到1.415亿人而失业为850万人，相应的失业率是5.7%。因此，**自然失业率**是5.7%。所谓自然失业率，我们是指经济体自动地趋向这一数值，即人们失去工作和找到工作的给定的比率。

这一模型虽然不完全符合事实，但也阐明了某些关于失业率的重要观点。首先，虽然失业率最终将停留在5.7%的自然失业率上，即每个月大约有400万人失去工作和找到工作。这些大量的人员流入和流出工作岗位的情况是美国劳动市场运行的一种正常的现象。

其次，就业和失业的动态过程的关键是离职率和就职率。在我们的例子中，我们假设这两个比率分别固定在3%和50%。我们早先的讨论指出，这些比率取决于工人和职位的特点。例如，我们讨论了来自一个人的年龄和经验的影响，来自失业期间得到的有效实际收入 ω 的影响，以及来自一个产业的供给和需求条件的可变性的影响。离职率和就职率也取决于整个经济的生产率的变化，例如，技术水平 A 所带来的冲击。

我们现在将次此模型推广扩大，以阐述离职率和就职率的作用。令 σ(希腊字母)表示离职率，令 φ(希腊字母)表示就职率。每个月就业人数的变化为 ΔL，由下式得出：

$$\Delta L = \varphi U - \sigma L \tag{9.6}$$

$$= \text{找到工作人数} - \text{离职人数}$$

第一项 φU 是失业人数中在一个月时间里找到了工作的人数，第二项 σL 是就业人数中在一个月时间里失去工作的人数。（我们假设一个找到工作的人至少被雇用一个月以上，而失去工作的人至少要花一个月才找到一份新工作。）

方程(9.6)意味着如果找到工作的人数 φU 大于离职人数 σL，那么就业 L 就增加，失业 U 就减少。反之，L 减少，U 就增加。要确定 L 和 U 的长期水平，我们必须找到 L 和 U 稳定不变的情形。这一不变性要求 $\Delta L = 0$，而方程(9.6)显示，当找到工作的人数和离职人数相等时，$\Delta L = 0$：

$$\varphi U = \sigma L$$

$$\text{找到工作的人数} = \text{离职人数}$$

要找到长期的 L 和 U 值，我们要利用我们的假设，即劳动力数量 $L+U$ 是不变的，固定为1.5亿人。因此，我们可以用 $L = 150 - U$ 代入上一个方程式得到：

$$\varphi U = \sigma \cdot (150 - U)$$

如果我们将含有 U 的项组合起来并把它们放在方程的左边，我们得到，

$$U \cdot (\varphi + \sigma) = 150 - \sigma$$

于是由下式给出长期失业的人数：

$$U = 150 \cdot \sigma / (\varphi + \sigma)$$

从而得到自然失业率 $u^n = U/150$，

关键方程（自然失业率）：

$$u^n = \sigma / (\varphi + \sigma) \tag{9.7}$$

方程(9.7)表明，更高的离职率 σ 会提高自然失业率 u^n，而更高的就职率 φ 则会降低自然失业率 u^n。①例如，失业期间的有效实际收入 ω 的增加降低了 φ，从而提高了 u^n。因此，十分慷慨的失业保险计划会增加长期失业率。因特网在职位匹配过程中提供了帮助，从而有可能提高 φ。因此，因特网可以降低自然失业率 u^n。

9.2.6 经济波动，就业和失业

现在我们将求职模型与我们的均衡经济周期模型结合起来，看看就业和失业在经济衰退期间和景气期间是如何变动的。像通常那样，我们假设，经济波动产生

① 对于这类模型的分析，见 Robert Hall(1979)，Chitra Ramaswami(1983)，Michael Darby，John Haltiwanger 和 Mark Plant(1985)。

于技术水平 A 的冲击。假定如表 9.1 中所列的那样，劳动力被固定在 1.5 亿；每个月的离职率 σ 是 0.03；每个月的就职率 φ 是 0.50。就业 L 一开始为 1.415 亿人；失业 U 为 850 万人；失业率 u 为 5.7%。

假定技术水平 A 对经济体的不利冲击降低了工人或职位的劳动的边际产品。由于市场就业能提供的工资率相对于失业期间得到的实际收入 ω 变得越来越差——或许是暂时的——就职率 φ 下降。图 9.13 表明，衰退期间就职率的下降在数量上很显著。例如，我们假设，φ 从每月 0.50 下降到 0.40。

图 9.12 显示，当经济从景气转向衰退再转向复苏时，离职率 σ 不会有多大变化。因此，我们假设 σ 被固定在每月 0.03 的水平上。

表 9.2 显示，就职率 φ 的下降引起就业 L 逐渐地下降和失业 U 逐渐地上升。在第一个月，找到工作的人数下降到 340 万——仍然是一个庞大的数目，但是远远地被 420 万人失业所抵消。因此，L 在这个月里下降了 80 万人，而 U 相应地增加了 80 万人。这一过程一直继续到第 5 个月，这时就业累计下降了 180 万人，而失业率 u 达到 6.9%。

表 9.2 假设就职率在第 5 个月恢复到它的正常值 0.50。相应地，就业 L 和失业 U 逐渐地回归到它们的长期值。由于现在 φ 和 σ 采用表 9.1 中所假设的值，经济体接近它的长期状态，这时 $L=1.415$ 亿人，$U=850$ 万人。到第 9 个月，L 和 U 已接近它们的长期值，因此失业率 u 接近自然失业率 5.7%。

表 9.2　衰退期间就业和失业的动态

月份	每月开始			每月期间			
	就业人数 (L)(百万)	失业人数 (U)(百万)	失业率 (u)	失去工作的比率 φ(每月)	失去工作的人数(百万)	找到工作的人数(百万)	L 的变化 (ΔL)(百万)
1	141.5	8.5	0.057	0.40	4.2	3.5	−0.8
2	140.7	9.3	0.062	0.40	4.2	3.7	−0.5
3	140.2	9.8	0.065	0.40	4.2	3.9	−0.3
4	139.9	10.1	0.067	0.40	4.2	4.0	−0.2
5	139.7	10.3	0.069	0.50	4.2	5.2	1.0
6	140.7	9.3	0.062	0.50	4.2	4.6	0.4
7	141.1	8.9	0.059	0.50	4.2	4.4	0.2
8	141.3	8.7	0.058	0.50	4.2	4.4	0.2
9	141.5	8.5	0.057	0.50	4.2	4.2	0.0
∞	141.5	8.5	0.057	0.50	4.2	4.2	0.0

注：在本例中，劳动力被固定为 1.5 亿人。经济体开始时处于表 9.1 假设的长期状态，就业 L 为 1.415 亿人；失业 U 为 850 万人。劳动力人口 $(L+U)$ 固定为 1.5 亿人。失业率 u 为 5.7%。这些数值相应的离职率 σ 为每月 0.03；就职率 φ 为每月 0.50。在第一个月，假设衰退开始使 φ 下降到 0.40，但是 σ 保持不变，仍为 0.03。φ 的下降使 L 逐渐下降，U 逐渐上升。在第 5 个月我们假设 φ 恢复到 0.50。这一变化使 L 逐渐恢复到 1.415 亿人，U 恢复到 850 万人。

虽然表 9.2 中的例子并不完全符合实际情况，但它说明了现实世界衰退的一些特征。首先，衰退的形成包含着一段时间内就业的逐渐下降和失业的不断上升。

其次，即使在经济复苏开始之后，要使就业和失业恢复到衰退前的水平也要花一段时间。第三，即使在衰退期间，每个月仍会有大量的工作岗位创造出来——它们只是在数量上远远被失去的工作岗位所抵消。

9.2.7 职位空缺

我们可以把模型扩大到把职位空缺考虑在内。假定厂商是从劳动的边际产品的价值出发考虑潜在工人的价值的。厂商还具有关于实际工资率 w/P 的意识，需要用它来吸引典型的符合资格的求职者接受某一个职位。另外，邮寄职位空缺的招聘广告和面试求职者都要花费成本。作了这些考虑以后，厂商才确定宣布有多少职位空缺。

就我们的目的而言，我们并不需要详细做出一个具体的职位空缺模型。我们只需要指出这一类模型所出现的一些重要特征。其中一个结论是，预期的劳动边际产品的价值上升，会增加职位空缺的数量。第二个结论是，为吸引工人接受职位所需要的实际工资率 w/P 的上升，会减少职位空缺的数量。最后，由于邮寄招聘广告和处理求职申请的成本的下降——例如由于因特网的兴起——会提高职位空缺的数量。

假定由于技术水平 A 的上升提高了劳动的边际产品 MPL。按照给定的实际工资率 w/P，厂商会寄出更多的招聘广告。于是，职位空缺增加了。反之，一个不利事件的冲击会减少职位空缺。因此，我们的论断是职位空缺是顺周期性的——在景气期间高而在衰退期间低。

如已经提到过的那样，有关美国的职位空缺的数据在 2000 年 12 月劳工统计局推出 JOLTS 调查之前是不够完备的。为填补这一数据，经济学家们利用了一个表示职位空缺的替代变量，即各种主要报刊上的招聘广告指数。[①]这一指数有不少缺点：它并不包括所有的职位空缺，并不代表整个国家的职位空缺，并且报刊广告的作用在搜寻工作的过程中会随着时间推移而逐步消失(最近正在大量地被因特网所替代)。尽管有这些缺点，招聘广告指数中的周期性部分仍是表示职位空缺波动的一个有效的替代变量。

图 9.14 中的粗线显示了从 1954 年到 2006 年招聘广告中的周期性部分。这一变量是用图 8.3 中用于表示实际 GDP 波动的方法构建的。细线是实际 GDP 的周期性部分。主要的结论是，如同人们预言的，招聘广告指数是顺周期性的——它与实际 GDP 的周期性部分的相关系数是 0.91。

职位空缺的顺周期性模式(用招聘广告指数作为替代变量)帮助解释了为什么就职率在经济景气期间高而在衰退期间低。在我们前面的分析中，我们论证了求职者在景气期间更有可能接受提供的工作，因为实际工资率 w/P 上升了。职位空缺的增加加强了这一反应，因为获得职位的机会越大，越容易使工人找到看起来匹

① 这一指数是由国会委员会汇编的。为供讨论，见 Katharine Abraham(1987)。

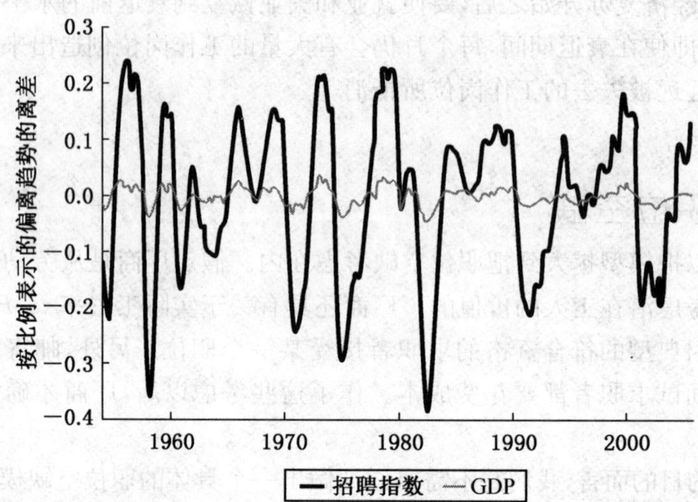

注：细线是实际 GDP 偏离其趋势的离差。粗线是招聘广告指数偏离其趋势的离差。各主要报刊上有关招聘广告的数据来自国会委员会。有关实际 GDP 和招聘广告的数据是按季度调整的(有关招聘广告的重点数据按月调整)。招聘广告指数是顺周期性的——它随实际 GDP 波动并且比实际 GDP 变动大得多。

图 9.14　美国实际 GDP 和招聘广告的周期性变化

配满意的职位。因此，在景气期间，接受工作的比率上升部分是由于工资的开价更优惠，部分是由于更容易找到好的工作。相反，在衰退期间，接受工作的比率下降是由于工资报酬更差，并且更难找到有吸引力的工作。

我们从图 9.8 中知道，就业率是顺周期性的，而失业率是逆周期性的。因此，职位空缺和失业率是按相反方向移动的。图 9.15 用美国 1954 年到 2006 年数据

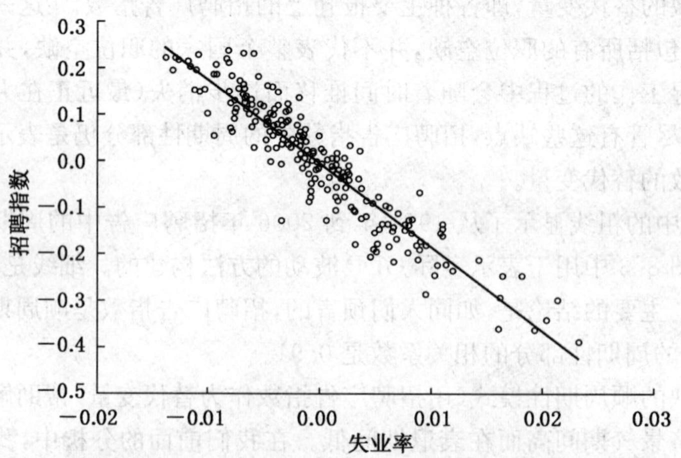

注：横坐标是失业率偏离其趋势的离差。这一变量是相同的，除了符号相反，如同图 9.8 中显示的就业率偏离其趋势一样。纵坐标是用比例表示的招聘广告指数偏离其趋势的离差(来自图 9.14)。该图利用了 1954 年 1 季度至 2006 年 1 季度的按季度调整的数据。(这两个变量的重点数据都按月调整。)

图 9.15　失业率和招聘广告：贝弗里奇曲线

的散点图描述了这一关系——失业率的周期性部分与招聘广告指数的周期性部分的关系。这个图叫做贝弗里奇曲线(Beveridge curve),这是以英国经济学家威廉·贝弗里奇名字命名。有关讨论,见 R. Shimer(2003)。

回到现实

季节性波动

我们的分析把经济波动看作是对技术水平 A 的冲击反应的结果。除技术变革之外,诸如农业歉收和工厂罢工这类冲击都会产生类似的影响。季节性的变化也类似于技术的变化。

如第 2 章中提到的,经济学家们通常利用按季调整的数据去研究经济波动。按季调整消除了变量中的正常的变化,例如实际 GDP 的从冬季(第一季度)到春季(第二季度)的变化,等等。在未调整的数据中,实际 GDP 往往在每年第四季度上升到顶峰。这种系统性的季节与季节不同的模式是不会出现在按季调整过的数字中的。

R. Barsky 和 J. Miron(1989)研究了一些未按季节调整的数据。他们发现,数量上的季节性波动——实际 GDP、消费、投资、就业和失业——要大于与典型的景气和衰退相关的变化。从 1948 年到 1985 年,实际 GDP 的 80%以上和失业率的 60%以上的季节性变化反映了季节性的因素(Barsky and Miron, 1989,表 1)。此外,实际 GDP 及其主要组成部分中间和失业率之间一起变动的季节性模式看起来类似于经济波动中发现的模式(同上,表 2)。例如,在季节性模式中,投资和消费与实际 GDP 一起变动,而且投资的波动比消费的变动大得多。Joseph Beaulieu 和 Miron 证明美国的结论也适用于 25 个工业化或半工业化国家。

季节性波动反映了气候和节假日的影响。我们可以考虑把这些影响中的一些看作是技术的变化,例如冬季对建筑业的不利影响。其他影响是对家庭偏好变化作出的反应,例如圣诞节对消费需求的正面影响和夏季度假对劳动供给的负面影响。季节性波动的幅度表明这一类扰动对短期数据影响较大。就是说,季节性的证据削弱了有些经济学家所作的论断,即对技术和偏好的冲击并不大到足以引起观察到的衰退和景气的程度。

图 9.15 中的横坐标显示了失业率 u 周期性部分。纵坐标显示了招聘广告指数的周期性部分。注意其明显向下倾斜的程度——这两个数列之间的相关系数是 −0.93。因此,这一数据强有力地证实了低的失业率与高的职位空缺是匹配的,而高失业率是与低职位空缺匹配的。

小　结

我们通过扩展均衡经济周期模型开始考虑可变的资本利用率，然后考虑短期内可变的资本服务的供给。这一扩展模型预期资本利用率将是顺周期性的——在经济景气期间利用率高，在衰退期间低。有关资本利用的数据与这一预测相符合。

根据美国的数据，劳动投入——例如用总工作小时衡量——是强顺周期性的。工人小时可以分解成三个组成部分：劳动力、就业率（劳动力中有工作的一部分）和每个工人的平均工作小时。工人小时波动中最重要的部分是就业率。平均工作小时的变化排在第二位，而劳动力队伍的变化排在第三。第 8 章中我们的分析适用于这些组成部分中的最后两项，但是并不能解释最重要的部分：就业率的波动。

本章将均衡经济周期模型扩大到容许工人搜寻好的工作和让雇主寻找富有生产率的工人的情形。这一扩展解释了失业率为什么大于 0——也就是，就业率为什么总是小于 100%。这个分析表明为什么失业率是逆周期性的，而就业率是顺周期性的。此外，该模型预言职位空缺率将针对失业率的反方向移动——就是说职位空缺是顺周期性的。总的说来，均衡经济周期模型的这一扩展版使我们更好地理解了为什么劳动投入在景气时高而在衰退时低。

重要术语和概念

资本利用率 capital utilization rate
灰心的工人 discouraged workers
失业的持续时间 duration of unemployment
就业率 employment rate
招聘广告 help-wanted advertising
就职率 job-finding rate
离职率 job-separation rate
自然失业率 natural unemployment rate
保留的实际工资 reservation real wage
失业保险 unemployment insurance
使用者成本 user costs
职位空缺 vacancies
职位空缺率 vacancy rate

问题和讨论

A. 复习题

1. 什么是自然失业率 u^n？为什么失业率 u 不同于 u^n？u^n 可能随时间推移而变化吗？
2. 一旦一个求职者和一家厂商发现一个职位是匹配的，为什么他们随后可能选择结束这一匹配？列出对离职率的某些影响。
3. 假定一个求职者接受一份实际工资的开价 w/P，它超过他(她)在失业期间的有效实际收入 ω。为什么这个人有可能拒绝这一开价？
4. 利用图 9.4 研究资本利用率 κ。在以下情况中 κ 如何变化？
   a. 实际租赁价格上升。
   b. 对于 κ 的每个数值，折旧率 $\delta(\kappa)$。
5. 解释资本服务的数量取决于资本的存量 K 和资本利用率 κ。为什么资本的收益率由方程(9.4)给出？
6. 失业率的定义是什么？由于它不包括“离开劳动力队伍的人”，这会不会低估真实的失业率？你能想到报告的人数可能会高估真实的失业率的原因吗？

B. 讨论题

7. 就职率、离职率和失业率的动态

   假定劳动力固定为 1 亿人，其中 9 200 万人一开始有工作，800 万人失业。假设离职率为每月 2%，而就职率为每月 40%。追溯就业和失业的时间路径。什么是自然失业率？
8. 劳动力的周期性变化

   图 9.7 显示劳动力是弱顺周期性的。根据理论推测，你预期会有什么样的模式。(提示：首先考虑促使人们离开劳动力队伍的因素，即在衰退期间停止寻找工作。还有没有在衰退期间促使人们进入劳动力队伍的其他因素？)
9. 职位空缺

   假定经济波动是由对技术水平 A 的冲击引起的。你预期职位空缺会有什么么周期性的变化？然后职位空缺的波动如何与失业率的波动联系起来？你的答案如何同图 9.15 显示的贝弗里奇曲线联系起来？
10. 就职率

    讨论下列情况会对就职率以及预期的失业持续时间产生什么影响：
    a. 失业保险金的增加；
    b. 领取失业保险金可容许的持续期延长；
    c. 技术的变革，例如因特网的出现提高了工人和职位匹配的效率。

第四部分　货币和价格

▶10

货币需求和物价水平

我们的模型有三种形式的资产:货币、债券、资本的所有权。到目前为止我们还没有分析家庭持有多少货币以及这些持有的货币如何随时间而变化。因此,我们在第 6 章至第 9 章进行的分析中假设每个家庭持有不变的货币存量 M。现在,我们将这一模型的微观经济学基础加以扩大,以解释家庭为什么要持有货币作为其资产的一部分。也就是,我们要解释**货币的需求**。所谓货币的需求,是指我们把一个家庭决定持有的货币的数量作为物价水平 P、利率 i 和其他变量的一个函数。

如第 6 章中提到的那样,我们在模型中假设,货币是经济中唯一的交换中介。家庭在商品市场上用货币换取商品,在劳动市场上用货币换取劳动,在租赁市场上用货币换取资本服务,在债券市场上,用货币换取债券。然而,家庭并不直接用商品交换商品(此过程叫做**实物交易**),用债券换取商品等等。

10.1 货币的概念

在我们的模型中,货币对应于政府发行的纸币。例如,货币可能是美国联邦储备委员会发行的美元,欧洲中央银行发行的欧元,以及世界上各国政府发行的将近 200 种的其他形式的纸币。这些货币有时叫做**法定货币**,因为它们的价值是由政府法令规定的而不是由其内在价值决定的。在早先,社会往往更多地依赖于**商品货币**,例如金币和银币,它们都具有内在价值。这些硬币的价值部分是根据它们的金或银的含量决定的。在下面的加框文章中,我们讨论在一个战俘营中,一种商品——香烟——如何被当作货币使用。在我们的模型中,货币是没有内在价值的,它仅仅是政府发行的一张纸片。因此,我们不需要像考虑将有内在价值的商品当作货币那样考虑任何资源的枯竭问题。

回到现实

战俘营中的货币

R. A. Radford(1945)描述了他在二战期间在一个德国战俘营中的具有经济学意义的经历。他观察到香烟被用作基本的交换中介。战俘们用许多种东西换取香烟,然后用香烟购买其他物品。此外,大多数物品的价格是用香烟的支数来表示的。例如,4 支香烟可以换一份糖浆。

Radford 注意到,香烟作为货币有几个有吸引力的特点:"同质性、过得去的耐久性以及尺寸较小的方便性,可以进行最小的交易,也可以进行成包的最大的交易。"但有一个缺点是,也是其他商品货币的缺点是,利用香烟作为交换中介有资源成本。即作为货币使用的香烟可以同时被人们抽掉,并且更糟的是,随着时间的推移它的质地会变坏。

Radford 讨论了引进纸币作为交换中介的意图。这一货币由战俘营的食堂发行,并且设想是可以用一定数量的食品赎回的。然而,对于纸币所承诺的食品价值的可信度,问题产生了。所以,香烟仍然是主要的交换中介。就我们的目的而言,Radford 所讲故事的一个有意思的教训是:在任何经济体中,交换中介是很重要的,即使在战俘营里。

如果我们把货币看作是由政府发行的纸币,那么就有许多理由说明为什么这种货币作为一个经济体的交换中介会占据支配地位。首先,政府会实施法律限制私人团体,例如微软公司,发行小额的、带息的债券,这种债券可以方便地用做直接交易的货币。此外,政府也许会颁布法令强制使用它发行的货币。例如,宣布美元为"偿付一切公私债务的**法定货币**"。"法定货币"这个术语意味着在某种形式的交易中,例如向政府支付税收,必须是美元货币。然而,由于法定货币的规定并未具体规定价格 P,未规定必须按此价格进行交易,因此,法定货币规定的具体内容就不清楚——如果价格不确定,法定货币又是指什么意思?也许最显著的是美国法院更注重执行用美元而不是用其他货币单位标价的合约。

另一个考虑是制定一种信用可靠、使用方便的货币的成本。这些成本包括防止伪造、更换用旧磨损的纸币、转换成不同面值的钞票等等。由于这些成本,货币往往带有低于债券的利息。事实上,由于对直接交易的货币支付利息不方便,货币的利率一般是 0。就是说,如果一个人持有 1 美元货币并且没有失去它,他在今后仍然拥有 1 美元货币。

我们可以将我们有关货币的抽象的概念与货币存量的常规量度联系起来。理论上的货币概念与公众持有的货币之间的联系非常密切。在现实世界中,公众持有的货币不同于流通中的货币总额。后者还包括银行和其他储蓄机构的金库中持有的货币。(流通中的货币不包括美国财政部和美国储备银行持有的货币额。)进一步要区分的是流通中的货币总额和**高能货币**,后者包括了银行和其他储蓄机构在美联储的存款。高能货币的另一个名称是**基础货币**。

回到现实

所有的钱到哪里去了？

如已经提到过的，2006 年 3 月，美国公众持有的货币额大约是人均 2 500 美元。要理解这一令人吃惊的巨大数字，首先要从观察到的情况谈起。在 2005 年末，流通中的货币（包括硬币）按价值算，72%为 100 美元的钞票［关于货币面额的数据见《财政公告》（*Treasury Bulletin*）］。相当大部分的货币可能并不用于普通的交易。由于货币是匿名的，对非法的交易活动它很有吸引力，例如毒品交易。货币交易也很方便逃税。然而，为这些目的而持有的美元货币的金额尚不太清楚。

人们了解更多的是外国持有的美元的货币金额（极大部分是 100 美元的钞票）。外国人喜欢将美国货币用作价值储藏和交换中介，因为美元有比较稳定的价值，并且可以方便地换取商品或其他资产。此外，货币交易通常可以避开当地的政府，尤其是当政府的苛捐杂税很多时，这种隐秘性特别有吸引力。在那些经历着政治和经济动荡的国家里，对美元通货的需求特别强劲。美联储和美国财政部最近共同进行的一项研究估计，2002 年，流通中的美元货币总额有 55%—60%为外国居民所持有。从地理上划分，估计 25%在拉丁美洲（阿根廷的需求最大），20%在中东和非洲，15%在亚洲，40%在欧洲（俄罗斯等国的需求特别大）。进一步的讨论见 R. Porter 和 R. Jadson(2001)和联邦储备系统理事会(2003)的文献。

2006 年 3 月美国公众持有的货币金额（已作季节性调整）为 7 350 亿美元，相当于名义国内生产总值(GDP)的 5.6%。这一金额令人吃惊地庞大——平均每个美国居民持有 2 500 美元。在上面的加框文章中我们注意到货币的极大部分是 100 美元的钞票，其中许多为外国居民而不是美国居民所持有。

货币(money)这个术语通常指的是**货币总额**，它比通货(currency)的含义更广泛。货币总额是被定义为货币的以一组金融资产的形式存在的总的美元存量。最通常的定义——叫做 **M1**——试图将货币归类为用作日常交易中介的资产，包括公众持有的通货加上银行和其他金融机构发行的**支票存款**。支票存款是金融机构持有的、可以通过开支票提取现金的存款。美国 2006 年 3 月这种支票存款（包括旅行支票）的总金额为 6 490 亿美元，或相当于名义 GDP 的 5.0%。[①]因此，**M1**——通货和支票存款的总额——为 13 840 亿美元，或相当于名义 GDP 的 10.6%。在 M1

① 支票存款的标准定义包括银行和其他存款机构发行的旅行支票。其他旅行支票——在 2006 年 3 月金额达到 69 亿美元——单独包括在 M1 内，而不是作为支票存款的一部分。这里，我们对支票存款的计量不同于包括所有旅行支票在内的标准定义。

总额中，53%为通货，47%为支票存款（包括旅行支票）。在早些时候，通货占M1的比例较小，而支票存款的比例要大得多。例如，在1960年，M1中只有19%是通货，而81%是支票存款。近几年的变化说明了银行和其他金融机构持有的支票存款的重要性的下降。这些支票账户在很大程度上已被其他形式的金融资产所替代，例如货币市场账户，因为进入这些市场已变得更加容易。

表10.1显示了经济合作与发展组织（OECD）的富裕国家加上中国在1960年、1980年和2000年的通货与名义GDP的比率。注意在大多数国家中通货与GDP的比率随时间而下降——一个典型的例子是法国，该比率从1960年的0.133下降到1980年的0.052和2000年的0.035。然而在有些国家，从1960年到2000年该比率持平或甚至有所上升——这一模式适用于加拿大、芬兰、德国、日本、西班牙和美国。在2000年，通货比率最高的是日本0.121，而比率最低的是新西兰0.019，美国是0.59，接近于中位数。表10.2用对M1定义的货币显示了可比较的数字。

表10.1 通货与名义GDP的比率

国家	1960年	1980年	2000年
澳大利亚	0.054	0.036	0.041
奥地利	0.119	0.078	0.071
比利时	0.220	0.110	0.054
加拿大	0.046	0.034	0.034
中国	—	—	0.072
丹麦	0.068	0.032	0.029
芬兰	0.036	0.025	0.025
法国	0.133	0.052	0.035
德国	0.072	0.062	0.070
希腊	0.103	0.130	—
爱尔兰	0.117	0.077	0.052
意大利	—	0.070	0.066
日本	0.069	0.072	0.121
荷兰	0.125	0.064	0.047
新西兰	0.061	0.025	0.019
挪威	0.112	0.060	0.030
葡萄牙	0.177	0.131	0.057
韩国	0.059	0.049	0.034
西班牙	0.120	0.083	0.099
瑞典	0.090	0.064	0.043
瑞士	0.197	0.141	0.093
英国	0.081	0.044	0.025
美国	0.056	0.042	0.059

注：该表显示公众持有的通货与名义GDP的比率。数据来自国际货币基金组织的《国际金融统计》（*International Financial Statistics*）。

表 10.2 M1 与名义 GDP 的比率

国　家	1960 年	1980 年	2000 年
澳大利亚	0.228	0.126	0.211
奥地利	0.197	0.151	0.280
比利时	0.322	0.192	0.271
加拿大	0.152	0.112	0.213
中　国	—	—	0.146
丹　麦	0.246	0.201	—
芬　兰	—	0.080	0.307
法　国	0.468	0.280	0.224
德　国	0.160	0.170	0.288
希　腊	0.151	0.196	0.288
爱尔兰	—	—	0.197
意大利	—	0.442	0.416
日　本	0.265	0.286	0.484
荷　兰	0.274	0.187	0.367
新西兰	0.279	0.110	0.141
挪　威	0.235	0.145	0.403
葡萄牙	—	0.390	0.427
韩　国	0.104	0.101	0.338
西班牙	0.327	—	0.099
瑞　典	—	—	—
瑞　士	0.489	0.362	0.396
英　国	—	—	—
美　国	0.294	0.169	0.146

注：该表显示 M1（公众持有的通货加上支票存款）与名义 GDP 的比率。数据来自国际货币基金组织的《国际金融统计》。瑞典和英国关于 M1 的数据不详。

定义更加广义的货币还要加上由各种金融机构持有的其他各种存款。例如 **M2**（2006 年 3 月美国的 **M2** 为 67 770 亿美元）包括家庭持有的储蓄存款、短期存款和小额货币市场的共同基金。然而，M2 的定义超出了货币作为交换中介的概念。在我们的模型中，最好是使用较狭义的货币定义，例如公众持有的通货。

10.2　货币的需求

我们现在要将我们的模型的微观经济学基础扩大，以考虑到货币的需求。由于我们将货币等同于进行直接交易的通货，我们假设付给货币的利率为 0。与此对照，债券和资本所有权的收益率等于利率 i，我们假定利率 i 大于 0。因此，我们称债券和资本所有权为**生息资产**，因为这些资产会给持有者带来正的收益。重要的一点是这些资产能产生比货币更高的收益率，因此它们是比货币更好的长期**价值储藏**的手段。然而，由于家庭要使用货币进行交易，为方便起见，家庭需要持有一些货币，而不总是在每次进行交易前将收益性资产兑换成现金。这就是说，货币需求大于0。

在第6章中，我们在方程(6.11)中写出了用名义项表示的家庭预算约束，我们在此重复一下：

$$PC + \Delta B + P \cdot \Delta K = \Pi + wL + i \cdot (B + PK) \tag{10.1}$$

名义消费＋名义储蓄＝名义收入

方程的右边是家庭获得的名义利润Π(在均衡情况下它是0)、名义工资收入wL和名义资产收入$i \cdot (B + PK)$，都是以货币的形式出现。在方程左边，家庭利用名义金额为PC的货币购买消费品和增加生息资产(即储蓄)，名义金额为$\Delta B + P \cdot \Delta K$。

虽然方程(10.1)中所有的收入项和支出项都以货币形式出现，但家庭也有可能在某个时点上持有很少的货币或者不持有货币。如果每次收入的流入与花在购买商品上或生息资产上的开支的流出是完全同步的且完全相等，每个家庭持有的货币余额可以始终接近于0。然而，这种同步性需要家庭作出巨大的努力并要制定精细的计划。我们假设，就一般情况而言，家庭可以减少其持有的平均货币余额，但会招致更多的**交易成本**。所谓交易成本，我们指的是与各种交易的时机和形式有关的任何时间或商品的付出。在现实世界中，交易成本的例子是花在去银行或自动取款机(ATM)上的时间和交易经纪人的收费。

保持很低的平均货币余额的一种方法是一拿到所发的货币工资就冲向商店，把你每个礼拜的或每个月的所有工资都花在购买商品上。另一种方法是立即去一家金融机构，将你的所有的工资收入都换成生息资产。更符合实际情况的是，一个家庭也许可以立即将它的工资支票存入一个银行账户(或者可以安排将工资直接存入一个账户)。此外，如果给工人发工资比较频繁——比方说是每周发工资而不是每月发——对工人们来说保持较低的平均货币余额就比较容易了。

总的概念是，通过对货币管理作出更多的努力，从而承受更多的交易成本，家庭就能减少其货币的平均持有额M。对于给定的总的名义资产$M + B + PK$来说，减少M的平均持有水平就提高了生息资产$B + PK$的平均持有额。由于资产收入是$i \cdot (B + PK)$，$B + PK$的上升就提高了资产收入。因此，一个家庭的平均货币持有额是一种权衡比较的结果。如果采用一种频繁交易的战略，M会降低，资产收入会提高，但是交易成本会很高。如果采用一种非频繁交易的战略，则M会升高，而资产收入会下降，但是交易成本也会下降。家庭对平均货币持有额的选择意味着需要在额外的资产收入与增加的交易成本之间找到恰当的平衡点。

我们利用“货币需求”(用M^d表示)这个术语来描述货币的平均持有额，它是家庭对货币管理采用最优战略的结果。人们已经提出了许多关于货币管理的正式模型，以便估计货币的这种需求。就我们的目的而言，我们并不需要检验这些模型，倒不如说，我们主要对有些关键变量如何影响货币需求M^d的数值感兴趣。具体地讲，我们要想知道 M^d 如何取决于物价水平 P、利率 i 和实际国内生产总值 Y。

10.2.1 利率与货币需求

利率 i 越高，就越能刺激人们减少货币 M 的平均持有额，以便增加生息资产 $B+PK$ 的平均持有额。这就是说，有了更高的利率 i，家庭就更愿意承受高的交易成本，以便减少货币持有额 M。例如，家庭通过在货币和生息资产之间进行更频繁的交易对更高利率 i 作出反应。因此，我们预言，i 的上升减少了名义货币需求 M^d。对于给定的物价水平 P 而言，我们可以说，较高的利率 i 减少了实际货币需求 M^d/P。

10.2.2 物价水平与货币需求

假定物价水平 P 翻了一番。又假设名义工资率 w 和名义租赁价格 R 也翻了一番，所以，实际工资率 w/P 和实际租赁价格 R/P 没有变化。在这种情况下，家庭的名义收入，即家庭的预算约束方程(10.1)右边的 $\Pi+wL+i\cdot(B+PK)$ 是以前的两倍。[①]然而，这一收入的实际价值 $[\Pi/P+(w/P)\cdot L+i\cdot(B/P+K)]$ 并没有变。于是我们在考虑所有变量的名义价值都翻了一番，而实际价值没有变化的情况下，家庭也会想把所持有的货币的平均名义数量 M 增加一倍。M 的这一翻番意味着平均实际货币余额 M/P 没有变化。

考虑这一结果，假定一个家庭的名义收入为每周 500 美元。假定货币管理的最初计划——包括货币与生息资产之间转换的某种频率——决定以货币形式平均持有每周的二分之一的收入，在这种情况中，家庭的平均货币持有额 M 为 250 美元。在物价水平 P 上涨一倍之后(随着名义工资率 w 和租赁价格 R 的翻番而翻番)，家庭的名义收入是每周 1 000 美元了。家庭将不改变其货币与生息资产之间转换的频率，因为对最优货币管理的权衡比较——利息收入与交易成本——同以前是一样的。有了两倍的名义收入，以名义货币表示的每周一半的收入也翻番了——是 500 美元而不是 250 美元。因此，名义货币需求 M^d 也翻了一番。由于 M^d 和 P 都翻了一番，这两者的比率，即 M^d/P 是不变的。结论是：当价格 P 变化时，**实际货币需求** M^d/P 不变。

10.2.3 实际 GDP 与货币需求

再次假定货币管理的最初计划决定以货币形式平均持有每周收入的一半。因此，当名义收入为 500 美元时，家庭的平均货币持有额 M 为 250 美元。现在假设

① 我们假设 $\Pi=0$，以及 K、L 和 i 不变。我们也考察了平均家庭持有量，所以 $B=0$。

名义收入增加一倍，加到 1 000 美元，而物价水平 P 不变。因此，实际收入 $[\Pi/P+(w/P)\cdot L+i\cdot(B/P+K)]$ 也增加一倍。如果货币管理的计划不变，每个家庭将仍然以货币形式持有每周一半的名义收入。然而每周一半的收入现在增加了一倍——是 500 美元而不是 250 美元了。因此，家庭的名义货币需求 M^d 也将翻了一番。由于 P 是不变的，实际货币需求 M^d/P 也翻了一番。

这一结果需要加以修正，因为更高的实际收入改变了利息收入与交易成本之间的权衡比较。具体地将，实际货币余额 M/P 越大，意味着通过在货币管理上付出更多的努力，可以获得的实际资产收入 $i\cdot(B/P+K)$ 越多。关键的一点是用以节约货币的实际交易成本没有变化。因此，当实际收入翻了一番时，就会激励家庭承受更高的交易成本以减少他们的平均货币持有额。例如，家庭也许会以货币形式持有其每周 40% 的收入而不是原先的 50%。在这种情况下名义货币需求 M^d 从 250 美元上升到 400 美元而不是 500 美元。就是说实际收入增加一倍增加了 M^d，但是增幅小于 100%。从比例上将，M^d 的反应小于实际收入的变化。（这一结果称之为**现金管理的规模经济**，因为家庭的收入越高，它们持有的货币相对于它们的收入在比例上越少。）由于物价水平 P 是不变的，实际货币需求 M^d/P 上升但在比例上小于实际收入的上升。

从总体上讲，家庭的实际收入是随着实际 GDP 一起变动的。这就是我们从第 7 章中得到的家庭预算约束的总的形式：

$$C+\Delta K=Y-\delta K \tag{7.13}$$

消费＋净投资 ＝ 实际 GDP－折旧 ＝ 实际国内生产净值

在折旧 δK 给定时，家庭实际收入的总额是由方程(7.13)右边的实际 GDP 决定的。于是我们得到这一结果：实际货币总需求 M^d/P 上升，但在比例上小于实际 GDP(Y)的上升。

10.2.4 其他影响货币需求的因素

当利率 i、物价水平 P 和实际 GDP(Y)的数值给定时，货币的需求取决于支付的技术手段和交易成本的多少。例如，信用卡的大量使用和更加方便的支票存款减少了对货币的需求。自动取款机(ATM)的广泛使用使人们提取现金更加方便，但是对货币的需求也产生了一种不确定的影响；自动取款机使得用通货进行支付变得更吸引人，但是通过更频繁地去 ATM 机取款，也更加容易使人们持有更少的平均货币余额。

10.2.5 货币需求函数

我们可以通过为家庭写出一个总的名义货币需求的公式来总结我们的讨论：

关键方程(货币需求函数):

$$M^d = P \cdot L(Y,\ i) \tag{10.2}$$

回到现实

支付期限和货币需求

欧文·费雪(Irving Fisher, 1926)强调货币需求取决于两次支付工资之间的时间长短。总的概念是,时间越短,越容易使工人们保持较低的平均货币余额。这一效应在极端的通货膨胀期间特别重要——例如在第一次世界大战后的德国。在这样的环境下,持有货币的成本就变得非常昂贵——我们可以在我们的模型中用一种高利率 i 来表示出这一效应。由于持有货币的代价非常高,工人们和厂商愿意承受更多的交易成本——例如更频繁地发放工资——以减少货币的平均持有额。1923 年,即德国恶性通货膨胀的最后一年,一个观察家报告说:“在星期二预支工资已成为习惯,余额到星期五再付清。后来有些厂家习惯了每周发三次工资,或甚至每天发工资了。”(Costantino Bresciani-Turroni, 1937, p. 303)同样,在第一次世界大战后奥地利发生恶性通货膨胀期间,“州官员的薪水本来是在每月月底发的,在 1922 年也是每月分三次发给他们了”(J. van Walre de Bordes, 1927, p. 163)。

我们通过加总各个家庭的需求在方程(10.2)中得到总的货币需求函数。我们假设这种形式的货币总需求函数来自右边的每一个变量,例如利率 i,对每个家庭平均货币持有额的影响。

我们在方程(10.2)中假设,交易技术是既定的。于是,当实际 GDP(Y)和利率 i 给定时,名义货币需求 M^d 是与物价水平 P 成正比的。当 P 给定时,M^d 随实际 GDP(Y)的上升而增加(虽然在比例上要小一点),随 i 的上升而减少。这种依赖关系通过函数 $L(\cdot)$ 加以归纳。注意,如果我们使方程(10.2)两边均除以 P,我们得到实际货币需求:

$$M^d/P = L(Y,\ i) \tag{10.3}$$

我们称 $L(\cdot)$ 为实际货币需求函数。根据这个定义,方程(10.2)是指:

名义货币需求 = 物价水平 × 实际货币需求

10.2.6 关于货币需求的经验证据

许多统计研究分析了货币需求的决定因素。这些研究大多数集中在 M1 上,即由公众持有的通货加上支票存款组成的货币总量。然而,有些研究分别考察了货币的需求。

这些以经验为基础的结果证实了利率对货币需求的负面效应，不管货币是以M1计量的还是用通货衡量的。例如，S. Goldfeld(1973，1976)在其对美国的经典的经验研究中发现，利率上升10%(例如从5%上升到5.5%)，在长期内对M1的需求会下降3%。Goldfeld和D. Sichel(1990)以及R. Fair(1987)报道了有关几个OECD国家的相似的结论。J. Ochs和M. Rush(1983)证明，利率对美国的M1的负面效应反映了对通货和支票存款的相似的比例效应。

K. Mulligan和Xavier Sala-i-Martin(2000)证明，当利率水平上升时，货币需求对利率的变化更加敏感。在低利率上——比方说2%——利率上升10%(即上升到2.2%)，货币需求下降2%。然而，当利率为6%时，利率上升10%(即上升到6.6%)，货币需求就会减少5%。

有强有力的证据表明实际GDP对实际货币需求存在着正效应，而在这方面规模经济效应的证据则比较弱。Goldfeld(1973，1976)发现，实际GDP增加10%，在长期内对M1的实际需求增加7%。M1的变化可分解为支票存款增加大约6%，通货增加大约10%。因此，M1需求中的规模经济适用于支票存款但不适用于通货。

我们的分析预计物价水平将会以同样比例增加对名义货币的需求。这一命题得到了强有力的经验证据的支持。例如，Goldfeld发现(1973，1976)，物价水平上升10%，导致对M1的名义需求增加10%。

我们注意到，交易技术的变化可以对货币的需求产生重要的影响。由于各种金融创新，这种影响在美国自20世纪70年代初以来一直很重要。这些创新包括扩大信用卡的使用，货币市场账户的发展——这些账户极其方便地替代了存在银行里的支票存款，自动取款机(ATM)的采用以及普遍使用电子资金转账。

在20世纪80年代以前，在为货币需求建立方程时，经济学家们忽略了金融创新。这些估计方程式在20世纪70年代中期之前对货币需求的预测是相当准确的，从这个意义上讲，这些方程式还是很管用的。然而自70年代中期之后，这些忽略了金融创新的估计数就开始不灵了。特别是，人们持有的M1的实际数量——尤其是支票存款——大大少于早先根据经验关系预测的数量。M. Dotsey(1985)证明，电子资金转账的业务量是金融创新程度的一个绝好的量度。他发现，首先，电子资金转账的普及导致对M1的实际需求大幅度下降。其次，当电子资金转账的金额保持不变时，在一段时间里对M1的需求就会变得比较稳定。特别是，这种拟合的方程式显示了来自利率和实际GDP的影响，这些影响类似于Goldfeld所发现的效应，忽略了金融创新并且只包括20世纪70年代初的数据。

10.3 物价水平的决定

我们现在将均衡的经济周期模型扩大到可以确定物价水平P。其核心的思想是增加一个新的均衡条件：名义货币数量等于名义货币需求量。

10.3.1 名义货币供给量等于名义货币需求量

我们假设货币采用通货的形式，并且假设名义货币数量是由货币当局决定的，例如美国的联邦储备委员会和欧元区的欧洲中央银行。因此，货币供给的名义数量 M^s 是一个给定的数量 M。

对名义货币的总需求是由我们前面得出的函数给出的：

$$M^d = P \cdot L(Y, i) \tag{10.2}$$

这一方程给出了家庭想要持有的名义货币数量 M^d，而 M^s 是未清偿的实际的名义货币数量。我们建议把 M^s 与 M^d 相等作为我们模型的另一个均衡条件。

$$M^s = M^d \tag{10.4}$$

名义货币供给量 = 名义货币需求量

如果我们用方程(10.2)中的名义货币需求函数的形式替代 M^d，我们可以把结果写成

关键方程(名义货币供给量等于名义货币需求量)：

$$M^s = P \cdot L(Y, i) \tag{10.5}$$

要理解为什么我们预期方程(10.2)中 $M^s = M^d$ 成立，请考察当 M^s——给定的货币供给量——不等于 M^d 时，会发生什么情况。如果 M^s 大于 M^d，家庭就会拥有多于他们想要持有的货币。于是，他们就要试图花掉他们多余的钱，例如多买些商品。①我们预期这种增加的购买商品的欲望会提高物价水平 P。这个过程一直会继续下去，直到价格 P 的上升高到足以使方程(10.4)右边的名义货币需求量 M^d 等于方程左边的名义货币供给量 M^s。也就是均衡的物价水平高到足以使家庭愿意持有名义货币供给量 M^s 为止。

如果 M^s 小于 M^d，就会出现同样的过程，但方向相反。在这种情况中，家庭试图重新积累他们的货币余额，例如，减少他们花在商品上的开支。在这种情况下，P 下降到足以使方程(10.4)右边的名义货币需求量 M^d 等于方程左边的名义供给量 M^s 为止。

一个重要观点是我们假设商品价格是灵活的，所以物价水平 P 会迅速地进行调整，以保证名义货币供给量 M^s 等于名义货币需求量 M^d。这一有关价格灵活性的假设与我们前面的几个关于劳动市场和资本服务市场的市场出清条件的假设是并行不悖的。就劳动市场来说，我们假设实际工资率 w/P 的调整保证了劳动的供给量 L^s 和劳动的需求量 L^d 相等。就租赁市场来说，我们假设实际租赁价格 R/P 的调整保证了资本服务的供给量 $(\kappa K)^s$ 和需求量 $(\kappa K)^d$ 相等。如果我们将这两个

① 另一个可能性是家庭购买债券，从而影响债券的利率。然而，在目前的环境中，在充分均衡条件下，结果证明 i 是不会变化的。这个结果可能不同——就是说利率也许会变化——如果我们不容许物价水平 P 有充分的灵活性。我们将在第 16 章考察这种可能性。

方程合并，我们就得到三个名义值——P，w 和 R——将它们迅速地调整，以保证三个均衡条件同时成立：首先，$M^s = M^d$；其次，$L^s = L^d$；第三，$(\kappa K)^s = (\kappa K)^d$。经济学家们称这种情况为一种**一般均衡**。在这一表达方式中，“一般”这个词意指均衡条件——供给等于需求——在所有市场中都同时成立。

图 10.1 用图形表示了名义货币需求量 M^d 等于名义货币供给量 M^s。纵坐标表示物价水平 P。名义货币需求量 M^d 是 P 和实际货币需求量 $L(Y, i)$ 的乘积——见方程(10.2)。记住在交易技术给定时，实际货币需求量 $L(Y, i)$ 是由实际 GDP(Y)和利率 i 决定的。因此，当 Y 和 i(以及交易技术)给定时，名义货币需求量 M^d 是和 P 成正比例的。因此，我们在图 10.1 中，把 M^d 画成一条从原点出发向上倾斜的直线。①这一图形适用于实际货币需求的各个决定因素 $L(Y, i)$ 给定的情况下，认识到这一点是很重要的。名义货币供给量 M^s 用数值为 M 的垂直线表示。

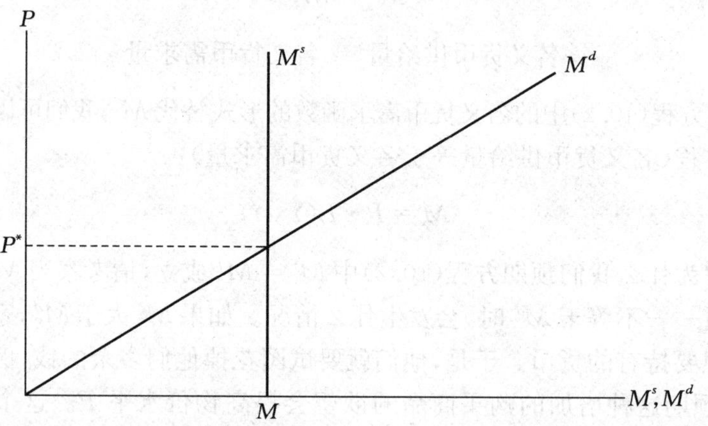

注：名义货币需求量由方程(10.2) $M^d = P \cdot L(Y, i)$ 给出。对于给定的实际货币需求量 $L(Y, i)$，M^d 与物价水平 P 成正比例。因此名义货币需求量 M^d 是由从原点出发向上倾斜的直线给出的。名义货币供给量是不变的，$M^s = M$，用垂直线表示。当物价水平为纵坐标上的 P^* 时，均衡条件 $M^s = M^d$ 成立。因此，P^* 是 P 的均衡值。

图 10.1　名义货币供给量等于名义货币需求量

图 10.1 中的均衡条件 $M^s = M^d$ 对应于方程(10.4)和(10.5)。M^d 的图形适用于实际货币需求的各个决定因素 $L(Y, i)$ 给定的情况。就是说，我们把实际 GDP(Y)、利率 i 和实际货币需求的任何其他决定因素看作是给定的。然后，我们可以利用图 10.1 去找到均衡的物价水平，它表示为纵坐标上的 P^* 值。在 P^* 值上，向上倾斜的 M^d 直线与垂直的 M^s 线相交。就是说，P^* 是使名义货币需求量 M^d 等于名义货币供给量 M^s 的物价水平 P。

① 需求曲线向上倾斜也许有点令人感到困惑，因为经济学家们已经习惯于向下倾斜的需求曲线了。然而，P 是以货币衡量的一个单位商品的价格(美元/商品)。用商品衡量的一个单位货币的价格是 $1/P$(商品/美元)。如果我们将 $1/P$ 而不是将 P 放在纵坐标上，货币需求函数通常会有常规的负斜率。然而，由于我们要考虑物价水平的决定因素，将 P 放在纵坐标上更加方便。

10.3.2 名义货币量的变化

我们现在研究名义货币供给量 M^s 的一次性变化的影响。具体地讲，假定供给量 M^s 翻了一番，从 M 增加到 $2M$。有可能使这种情况发生的最简单的方法是货币当局一次性地印刷大量额外的钞票并发给人们。

图 10.2 显示了名义货币供给量 M^s 从 M 增加到 $2M$ 的情形。假定货币需求线 M^d 不移动，在这种情况下，我们可以通过考察与 M^d 线的交点来确定均衡物价水平 P^* 的变化。图形显示，M^s 从 M 增加到 $2M$ 将纵坐标上的均衡物价水平从 P^* 提高到 $2P^*$。

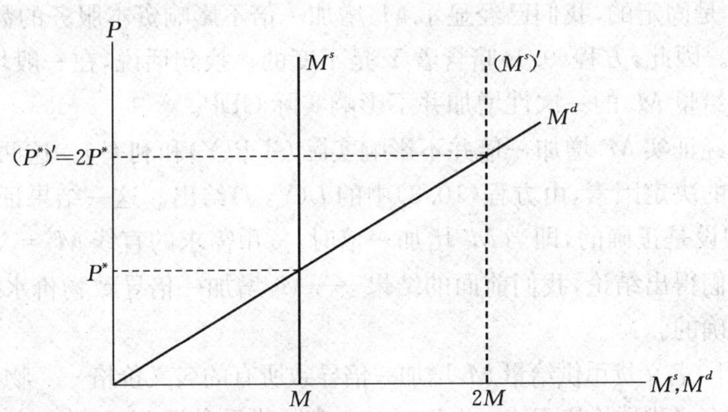

注：名义货币需求量用向上倾斜的直线 M^d 表示，与图 10.1 相同。名义货币供给量 M^s 从 M(用左边的垂直线表示)增加到 $2M$(用右边的垂直虚线表示)。于是，均衡物价水平翻了一番，在纵坐标上从 P^* 上升到 $(P^*)'=2P^*$。

图 10.2 名义货币数量的增加

我们可以根据方程(10.5)验证这一结果：

$$M^s = P \cdot L(Y, i) \tag{10.5}$$

方程左边的名义货币供给量 M^s 翻了一番。

如果实际货币需求量 $L(Y, i)$ 不变，物价水平 P 增加一倍就会使方程右边的名义货币需求量 M^d 也增加一倍，$M^d = P \cdot L(Y, i)$。因此，当 M^s 和 P 的值提高到它们初始时的两倍时，方程(10.5)仍然成立。

现在考察 M^s 增加一倍如何影响图 8.15 中描述的劳动市场。由于技术水平 A 没有变化，实际工资率 w/P 和劳动投入也没有变化。因此，物价水平 P 提高到初始时的两倍，w/P 也不会变化。我们的结论是，在一般均衡条件下，名义工资率 w 必须增加一倍。

接下去考察 M^s 增加一倍如何影响图 9.5 中描述的资本服务的租赁市场。如同劳动市场中一样，技术水平 A 不变意味着实际租赁价格 R/P 和资本服务的数量 κK 不变。固定的 κK 与给定的资本存量 K 和不变的资本利用率 κ 相符合。在一般均衡的条件下，我们必须使名义租赁价格 R 也增加一倍。

记得在第 9 章中说过，利率 i 必须等于拥有资本的收益率：

$$利率 = 拥有资本的收益率 \tag{9.5}$$

$$i = (R/P)\kappa - \delta(\kappa)$$

由于 M^s 增加一倍并不改变实际租赁价格 R/P 和资本利用率 κ，方程(9.5)右边的拥有资本的收益率也不变。这一结论是很重要的——在一般均衡条件下，通过对物价水平 P 的充分调整，名义货币供给量 M^s 的一次性增加并不影响利率。

记住：实际 GDP(Y)是由第 9 章中使用的生产函数给出的：

$$Y = A \cdot F(\kappa K, L) \tag{9.1}$$

技术水平 A 是固定的，我们已经显示 M^s 增加一倍不影响资本服务的数量 κK 和劳动的数量 L。因此，方程(9.1)暗含着 Y 是不变的。换句话说，在一般均衡条件下，名义货币供给量 M^s 的一次性增加并不影响实际 GDP。

我们已经证实 M^s 增加一倍并不影响实际 GDP(Y)和利率 i。这两个变量是实际货币需求的决定因素，由方程(10.3)中的 $L(Y, i)$给出。这一结果证实我们在图 10.2 中的假设是正确的，即当 M^s 增加一倍时，货币需求的直线 $M^d = P \cdot L(Y, i)$ 不移动。我们得出结论，我们前面的结果——M^s 增加一倍导致物价水平 P 上升一倍——是正确的。

小结一下，名义货币供给量 M^s 增加一倍导致所有的名义价格——物价水平 P，名义工资率 w，名义租赁价格 R——上涨一倍。实际货币余额 M/P 没有变化；实际工资率 w/P 和实际租赁价格 R/P 没有变化。我们还得出结论：实际货币需求的各个决定因素 $L(Y, i)$仍保持不变——M^s 的增加对实际 GDP(Y)或利率没有影响。然而注意，名义 GDP 等于 PY。由于 P 上涨一倍而 Y 没有变化，名义 GDP 也增加一倍。

如果名义货币供给量 M^s 减少，类似的结论也成立。如果 M^s 减少到初始值的一半，从 M 缩减到 $M/2$，P 也会下降到原来的一半，实际货币余额 M/P 仍将保持不变。名义工资率 w 和名义租赁价格 R 也将减少到一半。实际租赁价格 R/P 保持不变。如前一样，M^s 的减少对实际 GDP(Y)没有影响。从而，名义 GDP(PY)下降到初始值的一半。

10.3.3 货币中性

前面几节的结果显示货币的一个特性，叫做**货币中性**。名义货币供给量 M^s 的一次性变化影响到各个名义变量，但实际变量不变。从不影响实际变量这个意义上讲，货币是中性的。实际变量包括实际 GDP(Y)，实际工资率 w/P，实际租赁价格 R/P，实际货币余额的数量 M/P。利率 i 也不发生变化。我们应当把利率 i 看作是一个实际变量，因为它支配着消费与工作的跨时期替代效应。在介绍通货膨胀的第 11 章里，我们将区分名义利率与实际利率。

几乎所有的经济学家都接受货币中性是一个长期有效的命题。就是说，在长期内，名义货币供给量 M^s 的增加或减少会影响名义变量但不影响实际变量。然而，许多经济学家认为，货币在短期内不是中性的。在短期内，M^s 的增加通常被认为是增加了实际 GDP，而 M^s 的减少则被认为减少了实际 GDP。产生结论上的这一差别的主要根源是名义价格的弹性——特别是物价水平 P 和名义工资率 w。这些名义价格被认为在长期内是有弹性的，上上下下以应对 M^s 的增加或减少。然而，P 和 w 在短期内通常被认为是缺乏弹性的，特别是当 M^s 的减少意味着 P 和 w 必须减少时。在有些模型中，价格弹性的假设被 P 或 w 在短期内是**粘性的**假设所替代。我们要在第 16 章里讨论粘性价格和粘性工资的模型。

10.3.4 货币需求的变化

我们提到金融创新可以影响实际货币需求。为探讨这些影响，我们再次假定名义货币需求最初是由下式给出的：

$$M^d = P \cdot L(Y, i) \tag{10.2}$$

这里 $L(Y, i)$ 是实际货币需求。同以前一样，名义货币需求 M^d 在图 10.3 中被画成一条向上倾斜的直线（实线）。

现在假定进行金融交易的技术有所改进——也许是增加了信用卡和自动取款机的使用——使对实际货币的需求减少到 $[L(Y, i)]'$，所以，名义货币需求就变成：

$$(M^d)' = P \cdot [L(Y, i)]'$$

我们将新的名义货币需求 $(M^d)'$ 在图 10.3 中也画成向上倾斜的直线（虚线）。在任何物价水平 P 上，虚线上的名义货币需求量小于实线上的货币需求量。

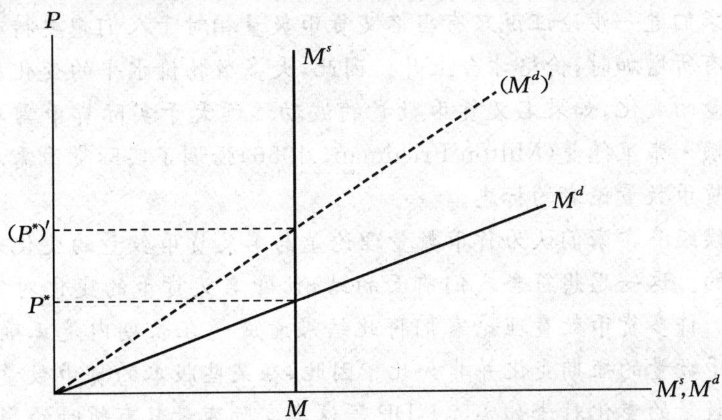

注：名义货币需求最初由实线 $M^d = P \cdot L(Y, i)$ 给出。我们考察货币的实际需求的 $L(Y, i)$ 的下降。在虚线 $(M^d)'$ 上的这种实际需求低于实线上的需求。名义货币供给量 M^s 是用垂直线表示的常量 M。货币的实际需求的下降提高了均衡物价水平，在纵坐标上从 P^* 上升到 $(P^*)'$。

图 10.3 实际货币需求下降

我们假设名义货币供给量 M^s 固定在 M 点，用图 10.3 中的垂直线表示。于是，初始的均衡物价水平为纵坐标上的 P^* 点。在这点上，M^s 等于新的名义货币需求量 $(M^d)'$。注意，实际货币需求的下降导致了更高的物价水平；就是说，$(P^*)'$ 点在 P^* 点之上。（同以前一样，我们假设物价水平会迅速地调整到它的均衡水平。）

实际货币需求的下降类似于名义货币供给量 M^s 的上升，因为在这两种情况中，物价水平 P 都会上涨。然而，有一个区别是 M^s 的变化是完全中性的，而实际货币需求的变化却不是完全中性的。要知道为什么，请注意实际货币需求的下降会导致物价水平 P 的上升，而 M^s 仍固定在 M；因此，实际货币数量 M/P 下降。此外，导致实际货币需求下降的交易技术的变化——例如信用卡或自动取款机的普遍使用——本身具有实际效应。例如，交易成本中所耗用的资源将有所变化。然而，在大多数情况下，对诸如实际 GDP 等宏观经济变量的影响，将小到可以忽略不计。

回到现实

货币数量理论

货币数量理论是指一套关于货币与价格之间关系的思想体系。这一观点可以回溯到数百年之前，其中有些比较重要的论述出自大卫·休谟(David Hume)、亨利·索顿(Henry Thornton)和欧文·费雪(Irving Fisher)①。在这些分析中有两个共同点：首先，名义货币数量的上升提高了总的物价水平；其次，作为一个经验性的事实，名义货币数量的变动可以解释大部分物价水平的长期变化。

有些经济学家改进了货币数量理论，使之适用于名义货币数量的变化，这些变化是以相对于人们花钱购买的商品和服务的数量——即实际 GDP——的变化衡量的。然而，实际 GDP 只是影响实际货币需求的一个变量。因此，数量理论家们进一步论证说只有当名义货币数量相对于人们想要持有的实际货币余额有所增加时，价格才会上升。因此，大多数物价水平的变化反映了名义货币数量的变化，如果名义货币数量的波动远远大于实际货币需求量的波动。米尔顿·弗里德曼(Milton Friedman, 1956)强调了实际货币需求的稳定性是现代货币数量论者的标志。

有时候经济学家们认为货币数量理论是与名义货币数量的变化是中性的命题等同的。这一思想符合我们前面的结论，即名义货币的变化对实际变量没有影响。许多货币数量理论家们将此结果看成是在长期内是正确的，但对于名义货币数量的短期变化并非如此。因此，在某些版本的货币数量理论中，名义货币数量的变化对诸如实际 GDP 等这类实际变量只有暂时的影响。

① 见休谟的论文，"Of Money"，载 Eugene Rotwein(1970)、Thornton(1802)和 Fisher(1926)等的著作。

10.3.5 物价水平的周期性变化

在第 8 章和第 9 章，我们利用了均衡经济周期模型研究技术水平 A 的变化如何造成经济的波动。现在，我们可以利用我们对货币需求的分析来确定在经济波动期间物价水平是如何变动的。

回顾一下，名义货币需求由下式给出：

$$M^d = P \cdot L(Y, i) \tag{10.2}$$

考虑一次经济衰退的情况，其中实际 GDP(Y)下降。Y 的下降减少了实际货币需求量，这由方程(10.2)右边的 $L(Y, i)$给定。然而我们也发现，利率 i 在衰退期间往往下降。i 的下降提高了实际货币需求量 $L(Y, i)$。总的变化取决于 Y 和 i 下降的幅度，取决于 $L(Y, i)$对 Y 和 i 的敏感度。典型的估计指出，实际货币需求量 $L(Y, i)$在这种情况下总的来说是下降的；i 的下降往往较小，而 $L(Y, i)$对 i 的变化的反应不是非常敏感的。因此，我们假设，在衰退期间，由 $L(Y, i)$给定的实际货币需求量总的来说是下降的。

我们可以利用前文中的图 10.3 来确定经济收缩对物价水平 P 的影响。回顾一下，此图适用于分析由交易技术的变化引起的实际货币需求 $L(Y, i)$的下降。然而，如果 $L(Y, i)$因其他的原因而下降，同样的图形也适用。在目前的情况中，由于实际 GDP 和利率 i 的下降，实际货币需求量 $L(Y, i)$也全面下降。因此，我们可以利用图 10.3 来研究衰退期间物价水平 P 是如何变化的。

我们从图 10.3 中看到，对于给定的名义货币供给量 M^s，实际货币需求量 $L(Y, i)$的减少提高了物价水平 P。因此，在衰退期间，一个相对较高的 P 往往伴随着实际 GDP(Y)的下降。如果我们从相反方向进行分析——考察一段经济景气的时期，这期间实际货币需求量 $L(Y, i)$增加——我们将会得到相反的结论，即物价水平 P 将下降。因此，我们的模型有一个新的预计：如果名义货币供给量 M^s 没有变化，物价水平 P 在衰退期间相对较高，而在景气期间相对较低。就是说，我们预言物价水平 P 是逆周期性的。①

物价水平 P 是逆周期性的结果也许是有悖人们的直觉的。有人可能会猜测，既然实际 GDP 在衰退期间下降，实际收入的降低将会导致消费需求下降，从而会降低物价水平 P。然而，在我们的均衡经济周期模型中，重要的冲击来自供给方面而不是需求方面。例如，低的技术水平 A——在模型中是衰退的根源——意味着商品和服务的低供给。当我们顺着这一思路去考察时，物价水平 P 在衰退期间趋于上升就有道理了。

现在我们将考察模型所作的有关物价水平 P 的预测是如何与美国的数据匹配的。我们是通过国内生产总值的平减指数去计量 P 的。我们是通过利用应用

① 这一结果首先由 Finn Kydland 和 Edward Prescott(1990)强调指出。

于图 8.2 中的计算实际 GDP 的方法去计算 P 的周期性部分。其结果就是图 10.4 中的粗线。这一图形按比例显示了 P 偏离其趋势的离差。细线为实际 GDP 的周期性部分。我们可以从图 10.4 看到，P 一般是朝着与实际 GDP 相反的方向波动的。①就是说，如人们预测的那样，物价水平在衰退期间相对于趋势是高的，而在景气期间相对于趋势是低的。如果我们用消费者价格指数(CPI)而不是用 GDP 平减指数去计算物价水平，其结果是相同的。

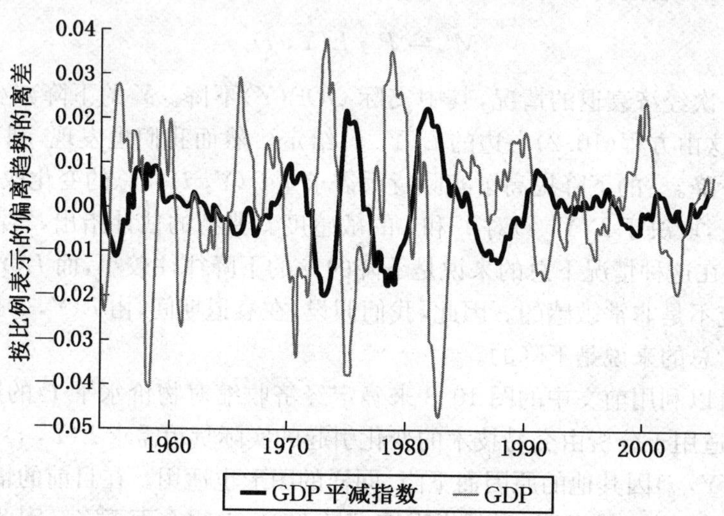

注：细线是实际 GDP 偏离其趋势的离差。粗线是 GDP 平减指数偏离其趋势的离差。这些离差都是按比例计算的。GDP 平减指数是逆周期性的——它的波动方向与实际 GDP 的波动相反——它的变动幅度小于实际 GDP 的幅度。

图 10.4 美国的实际 GDP 和物价水平的周期性变化

我们从图 10.4 的粗线中看到，GDP 平减指数中偏离其趋势的两个最大的正离差出现在 1974—1975 年和 1981—1982 年期间。物价水平的上升部分地反映了由石油输出国组织(OPEC)掌控的石油卡特尔引起的石油价格的急剧上涨。在这两个时期美国正好也明显地处在衰退之中。所以实际 GDP 明显地低于其趋势，如细线所显示的。因此，在遇到石油冲击的这两个时期，物价水平和实际 GDP 朝着相反的方向移动。然而，物价水平和实际 GDP 的这种互逆关系并不只是石油冲击的结果——这一模式更普遍地适用于 1954—2006 年期间，如图 10.4 所示。②

① 从 1954 年 1 季度到 2006 年 1 季度，GDP 平减指数的周期性部分与实际 GDP 的周期性部分的相关系数是 −0.61。GDP 平减指数的波动性小于实际 GDP 的波动性：GDP 平减指数的周期性部分的标准离差是 0.8%，而实际 GDP 的离差为 1.6%。

② 此模式不同于第二次世界大战前的模式。从 1880 年到 1940 年(利用可获得的年度数据)GNP 平减指数的周期性部分与实际 GNP 的周期性部分的相关系数是 0.39。二战前那段时期主要差别在于频繁发生的金融恐慌，这往往会减少广义货币的总量，例如 M1 和物价水平，以及产出。这一效应在 1931 年到 1934 年的大萧条期间特别明显。

10.3.6 物价水平的目标和内生货币

我们模型中的一个关键性的假设是名义货币供给量 M^s 独立于名义货币需求，$M^d = P \cdot L(Y, i)$。换句话说，货币当局自行决定提供多少名义货币 M 并且钉住这一数量，不管名义货币需求 M^d 发生什么情况。对这一点的正式说法是，货币供给函数(在我们的例子中由 $M^s = M$ 给出)，独立于货币需求函数。

这一公式对于研究名义货币供给量 M^s 的外生变化是很有用的。所谓"外生"，我们意指出乎意外，或者至少说来自模型之外。麻烦在于在现实世界中货币供给的大多数变化并非如此。中央银行行长并非一早醒来就心血来潮，想到如果名义货币数量提高或降低10%会有多好。通常来说，M^s 的变化是对经济事件作出的反应：由于货币当局想要完成某项重要的经济目标，所以变化就发生了。一个共同的目标是使物价水平 P 达到一个理想的目标值。相关的目标——在以后几章中考察——是确定通货膨胀率和名义利率。

当货币当局试图达到规定的物价水平 P 时，它一般都必须调整名义货币数量 M 以应对名义货币需求量 M^d 的变化。另一种说法是 M 是内生的，或是由模型内部决定的。所以我们就有了一个**内生货币**的环境。要看清楚它是如何运作的，我们现在假设货币当局要想使物价水平 P 等于一个目标水平，我们称之为 $\bar{P}$。这一目标称为**物价水平目标**。

就眼前的目的而言，我们假设货币当局可以决定名义货币量 M 的路径，可能会有一些微小的随机误差。这一假设在我们的模型中是合乎情理的，因为我们对货币取一种狭义的观点，即把它看作是通货。然而，如果我们对货币 M 取一种较广义的观点，例如，加上包括范围更广的货币总量，诸如 M1 和 M2 在内的存款账户，则这个假设就不那么令人满意了。另一个合理的假设是货币当局可以控制范围比通货稍稍广泛一点的货币总量：即基础货币。这一总量要在全部通货上面加上各金融机构存放在中央银行里的准备金。

由于我们假设货币当局在控制名义货币数量方面不存在技术问题，所以 M 的变化将只反映意图性的政策，而非技术性的失误。特别是，之所以出现 M 的变化，是由于强调物价水平的目标，$P = \bar{P}$，支配了价格的变化。

在名义货币数量 M 和名义货币需求量 M^d 之间我们仍然在每个时点上做到了相等：

$$M = P \cdot L(Y, i) \qquad (10.6)$$

以前，我们认为 M 等于一个任意决定的供给量 M^s。现在我们让 M 成为内生的——是由方程(10.6)决定的——并且假设货币当局容许对 M 进行调整以实现其物价水平的目标：

$$P = \bar{P} \qquad (10.7)$$

如果我们将方程(10.7)的 $P = \bar{P}$ 代入方程(10.6)，我们得到一个用于决定名义货币量的条件：

关键方程(货币的内生决定)

$$M=\overline{P}\cdot L(Y,i) \tag{10.8}$$

名义货币量 = 物价水平目标·实际货币需求量

方程(10.8)的概念是：当且仅当方程左边的名义货币量 M 的变化与右边的实际货币需求量 $L(Y,i)$ 的变化取得平衡时，物价水平 P 在其目标值上才有可能是不变的。例如，如果 $L(Y,i)$ 增加一倍，M 保持不变，P 就得下降以满足方程(10.6)。换一种说法，如果 $L(Y,i)$ 保持不变而 M 增加了一倍，P 就不得不上升。要使 P 固定在 $\overline{P}$，实际货币需求量 $L(Y,i)$ 不得不与 M 等比例变化。这一条件告诉我们物价水平的目标如何决定方程(10.8)中 M 的变化。总的观点是，名义货币量 M 是内生的并且对影响实际货币需求量 $L(Y,i)$ 的变量作出反应。我们现在将此分析用于确定三种背景下的 M：长期增长、周期性波动和季节性变动。

1. 货币的趋势增长

要确定名义货币量 M 的增长趋势，我们必须考虑到方程(10.8)右边的实际货币需求量 $L(Y,i)$ 的长期趋势。这一趋势的最重要的根源是长期经济增长——即实际 GDP 向上的趋势。我们可以利用第 5 章讲到的索洛增长模型来理解这一趋势。在长期或稳态的情况下，由于技术进步和人口增长，实际 GDP(Y)按固定的速率增长。①Y 的这一增长造成了实际货币需求量 $L(Y,i)$ 的不断上升。如果我们把货币看作是通货，对货币需求的经验估计表明，$L(Y,i)$ 的增长率大约与 Y 的增长率相同。②

考察一下我们决定名义货币量 M 的条件：

$$M=\overline{P}\cdot L(Y,i) \tag{10.8}$$

由于物价水平的目标 $\overline{P}$ 是不变的，方程右边的实际货币需求量 $L(Y,i)$ 的不断增长要求方程左边的 M 按相同的速率增长。由于 $L(Y,i)$ 按与实际 GDP(Y)相同的速率增长，我们得出结论：M 必定按与 Y 相同的速率增长。由此得到，名义货币量 M 的增长率要与实际需求量 $L(Y,i)$ 的增长率匹配，并且容许物价水平 P 在其目标水平 $\overline{P}$ 上保持不变。

这个重要结论是：假设货币当局试图稳定物价水平 P，不断增长的经济将促使其名义货币量 M 得到增长。这一结论与第 11 章考察的数据相吻合。我们将看到，M 不断增长的结论适用于世界上几乎所有的国家。然而，我们在第 11 章里也考虑到了通货膨胀——即物价水平 P 的持续地向上移动。

---

① 在这种情况下，利率 i 不变，因为资本的边际产品 MPK 不变。因此，至少如果我们忽略金融创新，仅仅由于实际 GDP 的增长，实际货币需求量 $L(Y,i)$ 也会变化。

② 由于货币需求的规模经济，实际货币需求量也会按比实际 GDP 更慢的速率增长。如前面讨论的，经验证据表明这些规模经济对于支票存款来说是很重要的，但对通货来说不是这样。我们也忽略了持续不断的金融创新影响实际货币需求的可能性。

2. 货币的周期性变化

要研究货币的周期性变化，我们再次利用决定名义货币量 M 的条件：

$$M = \overline{P} \cdot L(Y, i) \tag{10.8}$$

我们知道，实际货币需求量 $L(Y, i)$ 在景气期间上升，而在衰退期间下降；这是因为实际 GDP 的变化与 $L(Y, i)$ 变动的方向相同。（我们假设这一效应超过来自利率 i 变化的影响。）我们也知道，如果 M 不发生波动，物价水平 P 就会在景气期间下降而在衰退期间上升。就是说，P 将是逆周期性的——在景气期间低于趋势而在衰退期间高于趋势。

如果货币当局想在经济波动期间把物价水平固定在目标水平 $\overline{P}$ 上，它必须对名义货币量 M 采用一种周期性变化的模式。特别是，在方程(10.8)中，左边 M 的周期性的波动必须与右边实际货币需求量 $L(Y, i)$ 的周期性波动相匹配。因此，M 在景气期间不得不上升[随着 $L(Y, i)$ 一起上升]，而在衰退期间不得不下降[随着 $L(Y, i)$ 一起下降]。换句话说，M 应该是顺周期性的。

回顾一下，按美国的数据，我们发现物价水平 P 是逆周期性的。当我们假设名义货币量 M 并不随经济周期而变化时，这一变动模式是符合我们的均衡经济周期模型的。换句话说，货币当局（美联储）没有执行一项完全消除 P 的周期性变化的货币政策：M 并不是充分地顺周期性的，以抵消一种逆周期性的物价水平。然而，我们想要知道货币当局是否已实行了一项多少有点顺周期性的政策。就是说，名义货币量 M 是否在景气期间高于趋势而在衰退期间低于趋势。如果是这样，这一政策将会减弱 P 的逆周期性。

从经验上讲，名义货币量 M 是弱顺周期性的。例如，从 1954 年到 2006 年，公众持有的通货的周性部分与实际 GDP 的周期性部分的相关系数只有 0.08。更广义的货币总量多少更具有点顺周期性：从 1959 年到 2006 年，就 M1 而言，与实际 GDP 的周期性部分的相关系数为 0.14，对 M2 而言是 0.31。货币总量的弱周期性是与我们的结论符合的：即物价水平 P 是逆周期性的。货币总量必须更具有顺周期性，以消除 P 的逆周期性变动。

3. 货币的季节性变动

我们已经论证过，要实现物价水平的稳定，货币当局必须变动名义货币量 M，以与实际需求量 $L(Y, i)$ 的变化相匹配，后者的变化是由于经济增长或波动而发生的。一个类似的论证适用于与季节相关的 $L(Y, i)$ 的变化。

直到 20 世纪 80 年代中期之前，12 月份公众持有的实际通货数量大约高出年平均数的 2%，而 2 月份持有的金额大约比年平均数低 1%。如果货币当局已使名义货币量 M 整年保持在固定水平，物价水平 P 就会有相反的季节性模式——在 12 月份低而在 2 月份高。要了解货币当局如何避免这种结果，我们可以再次利用决定名义货币量 M 的条件：

$$M = \overline{P} \cdot L(Y, i) \tag{10.8}$$

为避免物价水平 P 的季节性波动的格局，当实际货币需求量 $L(Y, i)$ 高时——例如，12 月份，美联储就需保持一个相对较高的名义货币量 M；而当 $L(Y, i)$ 低时——例如 2 月份，就需保持相对较低的名义货币量。因此，名义货币量 M 就有了一个明显的季节性，而物价水平 P 并不具有显著的季节性模式。（即在作季节性调整以前，P 很少有季节性的变化。）

对美国通货实际需求的季节性变动自 20 世纪 80 年代以后已经大大地减少。例如，从 1950 年到 1983 年，12 月份的实际通货额超出年平均数的数额在 1.6%和 2.2%之间波动。但是在 90 年代，超出部分下降到平均 0.9%，而从 2000 年到 2005 年又下降到 0.7%。一项由美联储和美国财政部所作的研究指出（美国联邦储备委员会，2003 年）这一变化与外国居民增加了对美国通货的持有量有关。外国居民对美国通货的需求波动较之国内需求的季节性波动更少。因此，当越来越多通货被外国居民持有时，完全季节性的变动被削弱了。

如果我们考察一下支票存款——M1 的另一部分——情况就不同了。在美国，对支票存款实际需求的季节性变化就并不随时间推移而剧烈变动。例如，从 1959 年到 1997 年，12 月份实际支票存款超出年平均数的幅度在 2.4%与 3.3%之间，然后从 1998 年到 2005 年上升到平均 3.6%。它与通货的差别或许是因为外国居民对美国的支票存款的需求远远不如外国居民对美国通货的需求那么重要。

小　　结

我们扩大了我们的宏观经济模型，以便加上另一个均衡条件：名义货币供给量 M^s 等于名义货币需求量 M^d。然后我们得到一个决定物价水平 P、名义工资率 w 和名义租赁价格 R 的一般均衡模型。这三个名义价格都是浮动的并且迅速地作出调整以保证三个均衡条件成立：$M^s = M^d$，$L^s = L^d$（劳动市场出清），和 $(\kappa K)^s = (\kappa K)^d$（资本服务市场的出清）。

我们将模型的微观经济学基础扩大到考察名义货币需求的决定因素，$M^d = P \cdot L(Y, i)$，这里函数 $L(Y, i)$ 给出了实际货币需求量 M^d/P。实际货币需求量随实际 GDP(Y)的上升而上升，随利率 i 的上升而下降。金融技术的变化也会影响 $L(Y, i)$。

名义货币供给量 M^s 的增加以同样的比例提高了各种名义变量——例如物价水平 P；名义工资率 w 和名义租赁价格 R。但实际变量——例如 w/P，R/P 和实际 GDP(Y)不变。这一性质称为货币中性。如果 M^s 不变，实际货币需求量 $L(Y, i)$的增加降低了 P。因此，模型预言 P 将是逆周期性的，如我们在美国的数据中看到的那样。

如果货币当局试图把物价水平 P 保持在等于固定的目标 $\bar{P}$ 上，名义货币量 M 变成是内生的。特别是，实际货币需求量 $L(Y, i)$的变化会按同样的方向影响 M。我们将此结果应用于以下三种情况：长期增长、经济波动和季节性变动。就实际 GDP 长期增长的情况而言，人们预计 M 有向上的趋势。就周期性的情况而言，M 必定是顺周期性的，以抵消物价水平 P 的逆周期性波动。然而，从经验上讲，M 还没有足够的顺周期性以消除 P 的逆周期性的变化。在季节性变动的情况中，M 必定会随季节而变化，以避免 P 的季节性波动。我们已发现了 M 的这种季节性变化的模型。

重要术语和概念

易货贸易 barter
支票存款 checkable deposit
商品货币 commodity money
货币需求 demand for money
现金管理的规模经济 economies of scale in cash management
内生货币 endogenous money
法定货币 fiat money
一般均衡 general equilibrium
高能货币 high powered money
生息资产 interest-bearing assets
法定货币 legal tender
M1
M2
货币总量 monetary aggregate
基础货币 monetary base
货币中性 neutrality of money
物价水平目标 price-level targeting
货币数量理论 quantity theory for money
实际货币需求 real demand for money
价值储藏 stores of value
交易成本 transaction costs

问题和讨论

A. 复习题

1. 解释为什么揭示名义货币数量 M 的变化和名义货币需求 M^d 的变化之间的区别是重要的。在这两类货币变化都发生的时期里，我们预期物价水平 P 和实际 GDP(Y)之间会有什么联系？

2. 解释为什么对生产函数有利的冲击往往会降低物价水平 P。货币当局如何才能防止价格的这种下跌？
3. "内生货币"这个术语是什么意思？在何种情况下内生货币会在名义货币 M 和实际 GDP(Y)之间产生一种正向的联系？
4. 考察下列变化并陈述对实际货币需求量的影响是增加、减少还是不变：
   a. 名义利率 i 的上升；
   b. 实际交易成本的增加；
   c. 人口保持不变，由人均实际 GDP 的上升引起的实际 GDP(Y)的增加；
   d. 人均实际 GDP 保持不变，由人口增加引起的实际 GDP(Y)的增加；
   e. 物价水平 P 的上升。
5. 货币与其他金融资产之间的交易成本是什么？你可以列一张表将诸如去银行或排队等候的时间包括进去。由于自动取款机的发展这些成本如何受到影响？
6. 假设名义货币量 M 一次性地增加一倍。
   a. 物价水平 P 的上升表明工人的生活状况将会恶化。这正确吗？
   b. 名义工资率 w 的上升表明工人的生活状况将改善。这对吗？
   c. 如何将你们的结果与货币中性的概念联系起来？
7. 赞同货币数量理论的经济学家们认为，物价水平 P 的变化主要是名义货币量 M 的变化的结果。这一结论是完全基于理论的推理吗？

B. 讨论题

8. 购物次数和货币需求

   再次假设问题 15 的第一部分的条件，即一个工人每月发一次工资。然而，该工人(或其配偶)并不对消费支出做统一的安排，而是做定期的采购。每次采购时，买下足以维持到下次采购的物品(比方说食品)。
   a. 如果该工人每月购物四次，平均货币余额是多少？为什么此答案不同于问题 5 的 a 的答案？
   b. 如果该工人每月只采购两次会怎么样？
   c. 采购物品的频率次数与货币需求之间的一般关系是什么？
   d. 假定采购的费用上升，这也许是由于汽油涨价。采购频率次数会有什么变化？对货币的需求会有什么变化？
9. 通货的面值

   考察人们如何在大面额钞票(比方说 100 美元)和小额零钱之间划分他们持有的通货的面额。持有大面额美元钞票的多少取决于以下因素：
   a. 物价水平 P?
   b. 人均实际 GDP?

c. 人口？

d. 避免支付记录的动机——例如出于逃税的目的或掩盖非法交易活动，例如毒品交易？

e. 国外美元通货持有量的增加？

10. 交易成本与家庭预算约束

在我们的模型中，我们忽略了家庭在交易成本中所耗用的资源。假定这些成本以购买商品和服务的形式出现(例如付给银行或经纪人的手续费)。假设由于自动取款机的普遍使用，实际交易成本下降。

a. 这一变化如何显示在家庭的预算约束中？

b. 对消费和闲暇的收入效应是什么？

c. 假定交易成本表现为去银行所需要花的时间而不是商品和服务的购买。问题 a 和 b 的结果会有什么变化？

11. 交易频率和货币需求

假定一个家庭的消费支出是每年 60 000 美元，并且是每个月从一个储蓄账户中提取款项来开支的。

a. 用图形显示家庭持有货币一年以上的模型。什么是平均货币余额？我们应当把这一平均余额等同于我们模型中的货币的需求量吗？

b. 现在假定从储蓄账户中提款的频率上升到每月 2 次，平均货币余额会有什么变化？

c. 回到问题 a，但是现在假定每年的消费支出是每年 120 000 美元。如果从储蓄账户中提款仍然是每月一次，平均货币余额是多少？这一平均数如何同问题 a 中的答案相比较？当消费支出增加时，提款的频率仍然保持不变是否为最优选择？请解释。

12. 货币改革

假定政府用一种新的货币单位来取代现有的货币单位。例如，美国也许将旧美元换成里根美元(新美元)，规定一新美元等于 10 个旧美元。人们能够按 10∶1的比率用旧币换新币。而且任何按旧美元标价的合同均按 10∶1 的比率用里根美元重新标价。

a. 物价水平 P 和利率 i 会发生什么变化？

b. 实际 GDP(Y)，消费 C 和劳动 L 会发生什么变化？

c. 这些结果显示了货币中性吗？

13. 货币的流通速度

货币的流通速度是指交易的美元总额——比方说名义 GDP——除以名义货币数量。货币的流通速度如何受到以下因素的影响：

a. 名义利率 i 的上升？

b. 人口保持不变，由人均实际 GDP 的上升引起的实际 GDP(Y)的增加？

c. 人均实际 GDP 保持不变，由人口增加引起的实际 GDP(Y)的增加？

d. 物价水平 P 的上升？

e. 为什么名义 GDP 并不是交易总额的正确的量度？

f. 当一个国家的经济发展时，你预计货币的流通速度会发生什么变化？

14. 其他变量对货币需求的影响

假设实际 GDP 的数值 Y 是给定的；人口、名义利率 i 和实际交易成本的数值也是给定的。如果这些变量是给定的，下列关于实际货币需求的陈述是对是错，或不确定？

a. 农业社会的实际货币需求低于工业社会。

b. 独裁比民主有更高的实际货币需求。

c. 老年人比例较大的国家有更高的实际货币需求。

d. 识字率较高的国家实际货币需求较低。

关于这些影响的经验证据，见 Lawrence Kenny(1991)的研究。

15. 支付期和货币需求

假定一个工人年收入为 60 000 美元。假设该工人每月领 2 次工资。该工人持有的都是货币，并不用于购买其他任何金融资产。并且每月从持有的货币中支付每年 60 000 元的消费支出。

a. 该工人的平均货币余额是多少？

b. 如果该工人每月领一次工资而不是每月 2 次，平均货币余额又是多少？

c. 支付期和货币需求之间的一般关系是什么？

d. 如果该工人将其一部分工资存入储蓄账户然后在需要时从该账户中提款，结果会有什么变化？

即使有这些结果，关于货币面额的美国数据也不容易解释清楚。从 1944 年到 1970 年，公众持有的美元通货(包括硬币)中，面额 100 美元或 100 美元以上的比率是几乎不变的——20%—22%之间。然后该比率稳步上升，到 2005 年底，达到 72%。如何解释这些模型。

11 通货膨胀、货币增长和利率

我们在第 10 章研究了物价水平 P 的决定。现在我们要研究通货膨胀，所谓通货膨胀，是指物价水平 P 的持续上扬。我们以前的分析罗列了可能引起通货膨胀的原因。还是从名义货币供给量 M^s 与名义货币需求量的方程开始讨论：

$$M^s = P \cdot L(Y, i) \tag{10.5}$$

名义货币供给量 = 名义货币需求量

我们再次假设，M^s 外生地由货币管理当局决定，且等于给定的数量 M。因此，我们可将方程(10.5)写成：

$$M = P \cdot L(Y, i) \tag{11.1}$$

名义货币供给量 = 名义货币需求量

为了用实际项表达方程，我们可以两边均除以物价水平 P，得：

$$M/P = L(Y, i) \tag{11.2}$$

实际货币数量 = 实际货币需求量

假设实际货币需求量 $L(Y, i)$下降。$L(Y, i)$的减少可能反映了金融创新，例如增加使用信用卡，或者实际国内生产总值（实际 GDP）Y 的下降。由于方程(11.2)右边的 $L(Y, i)$减少，左边的 M/P 也必须下降。对于给定的 M，要让 M/P 下降，就要提高 P。这样看来，实际货币需求量的减少可以看作是通货膨胀的根源。

可是要注意，实际货币需求量 $L(Y, i)$的每一次减少，只是造成 P 的一次上涨，而不是 P 的一系列持续上扬。要随之产生通货膨胀，就需要有 $L(Y, i)$的一系列持续下降。虽然理论上有这样的可能，但这种模型不现实。多数国家经历过实际 GDP(Y)的长期增长，即表现在方程中是不断提高方程(11.2)右面的 $L(Y, i)$。因此，如果 M 不变，方程左面的 M/P 会趋于上升，P 会趋于下跌。所以我们不能这样解释通货膨胀。

再来看看方程(11.2)。由于我们排除了一系列实际货币需求量的下降是造成通货膨胀根源的可能性，那就只有一种别的解释。要让 P 不断上扬，名义货币数量 M 就必须持续增加。我们在第 10 章里的分析已经注意到名义货币数量 M 的上升与物价水平 P 的上扬之间有某种联系。从经验事实上看，用货币或用更广义的诸如 M1 之类的总量衡量的 M，很显然一般会随着时间的推移而增长。此外，**货币增长率**——M 增加的速度——在很大程度上因国家和时间而异。因此，货币增长率的差异，是可以用来解释通货膨胀的很好的理由。要评价这种关联，我们以探讨通货膨胀和货币增长率的国际数据的探讨作为研究的起点。

11.1 各国通货膨胀与货币增长的数据

表 11.1 列出了 1960 年至 2000 年 82 个国家的通货膨胀率和货币增长率。我们用消费者价格指数(*CPI*)衡量物价水平 P。我们之所以用 *CPI* 而不用 GDP 平减指数，是因为数据的可得性。然而，对于有这些数据的国家来说，与用 GDP 平减指数得出的结果相似。

表 11.1 82 个国家的通货膨胀率和货币增长率

	1960—2000 年				1980—2000 年
国家	通货膨胀率(1)	货币增长率(2)	实际货币增长率(3)	实际 GDP 增长率(4)	通货膨胀率(5)
刚果(金)	0.831	0.820	—0.011	—0.005	1.456
巴西	0.818	0.844	0.026	0.049	1.292
阿根廷	0.700	0.695	—0.005	0.025	0.911
秘鲁	0.535	0.528	—0.007	0.033	0.893
乌拉圭	0.407	0.390	—0.017	0.019	0.388
玻利维亚	0.371	0.391	0.020	0.026	0.629
智利	0.343	0.402	0.059	0.041	0.137
土耳其	0.313	0.340	0.027	0.045	0.471
以色列	0.285	0.323	0.038	0.055	0.370
中国	0.269	0.263	—0.006	0.033	0.293
塞拉利昂	0.248	0.227	—0.020	0.016	0.453
印度尼西亚	0.228	0.303	0.075	0.060	0.104
墨西哥	0.212	0.251	0.039	0.045	0.335
厄瓜多尔	0.195	0.244	0.050	0.040	0.314
冰岛	0.186	0.194	0.008	0.039	0.173
坦桑尼亚	0.182	0.196	0.015	0.029	0.224
哥伦比亚	0.174	0.212	0.038	0.042	0.199
委内瑞拉	0.165	0.180	0.015	0.024	0.284
尼日利亚	0.157	0.190	0.033	0.019	0.223
牙买加	0.143	0.177	0.034	0.019	0.180

（续表）

国家	1960—2000 年				1980—2000 年
	通货膨胀率 (1)	货币增长率 (2)	实际货币增长率 (3)	实际 GDP 增长率 (4)	通货膨胀率 (5)
伊　朗	0.130	0.179	0.049	0.047	0.192
哥斯达黎加	0.125	0.165	0.039	0.043	0.188
巴拉圭	0.119	0.168	0.048	0.044	0.161
马达加斯加	0.117	0.131	0.014	0.018	0.158
阿尔及利亚	0.110	0.155	0.045	0.040	0.128
肯尼亚	0.110	0.138	0.028	0.041	0.128
海　地	0.107	0.122	0.015	0.048	0.126
多米尼加	0.106	0.144	0.037	0.052	0.153
希　腊	0.104	0.141	0.037	0.037	0.131
葡萄牙	0.103	0.115	0.012	0.042	0.103
菲律宾	0.099	0.133	0.034	0.039	0.102
布隆迪	0.096	0.103	0.007	0.017	0.106
叙利亚	0.093	0.150	0.056	0.058	0.128
韩　国	0.091	0.177	0.086	0.075	0.055
埃　及	0.091	0.129	0.038	0.049	0.121
萨尔瓦多	0.090	0.095	0.004	0.030	0.127
卢旺达	0.089	0.097	0.009	0.033	0.088
南　非	0.088	0.117	0.030	0.033	0.111
冈比亚	0.086	0.120	0.034	0.043	0.101
洪都拉斯	0.086	0.122	0.036	0.035	0.121
危地马拉	0.085	0.119	0.035	0.039	0.120
西班牙	0.082	0.122	0.040	0.041	0.064
尼泊尔	0.081	0.148	0.067	0.040	0.090
毛里求斯	0.080	0.116	0.035	0.044	0.072
斯里兰卡	0.080	0.116	0.036	0.039	0.104
特立尼达	0.078	0.091	0.013	0.034	0.079
印　度	0.077	0.116	0.039	0.048	0.086
意大利	0.076	0.100	0.023	0.030	0.064
巴基斯坦	0.076	0.115	0.039	0.056	0.078
喀麦隆	0.073	0.086	0.013	0.035	0.064
斐　济	0.071	0.100	0.029	0.034	0.052
巴巴多斯	0.070	0.096	0.026	0.043	0.041
约　旦	0.070	0.092	0.022	0.052	0.052
新西兰	0.069	0.063	—0.005	0.024	0.060
爱尔兰	0.068	0.101	0.033	0.048	0.050
科特迪瓦	0.066	0.093	0.027	0.039	0.054
英　国	0.065	0.061	0.005	0.024	0.047
加　蓬	0.062	0.097	0.035	0.049	0.047

（续表）

国家	1960—2000年				1980—2000年
	通货膨胀率 (1)	货币增长率 (2)	实际货币增长率 (3)	实际 GDP 增长率 (4)	通货膨胀率 (5)
塞内加尔	0.061	0.085	0.025	0.027	0.048
多　哥	0.060	0.103	0.043	0.018	0.050
埃塞俄比亚	0.060	0.083	0.023	0.029	0.055
芬　兰	0.060	0.088	0.029	0.033	0.042
丹　麦	0.057	0.065	0.008	0.026	0.039
瑞　典	0.056	0.065	0.009	0.025	0.048
澳大利亚	0.056	0.086	0.031	0.037	0.050
挪　威	0.055	0.061	0.006	0.035	0.048
摩洛哥	0.053	0.103	0.050	0.049	0.054
法　国	0.052	0.052	0.000	0.033	0.039
尼日尔	0.051	0.063	0.011	0.013	0.030
泰　国	0.051	0.105	0.055	0.067	0.044
加拿大	0.045	0.075	0.029	0.037	0.039
塞浦路斯	0.044	0.098	0.053	0.054	0.046
美　国	0.044	0.074	0.030	0.035	0.037
日　本	0.043	0.101	0.058	0.050	0.014
比利时	0.041	0.037	0.004	0.031	0.032
荷　兰	0.040	0.052	0.012	0.032	0.024
卢森堡	0.039	0.093	0.054	0.042	0.032
奥地利	0.038	0.058	0.020	0.033	0.029
瑞　士	0.034	0.041	0.007	0.022	0.026
马来西亚	0.033	0.087	0.054	0.065	0.033
德　国	0.032	0.065	0.033	0.022	0.024
新加坡	0.032	0.098	0.066	0.081	0.023

注：各国1960年至2000年的通货膨胀率按由高到低的顺序排列。所列出的国家至少有20世纪60年代初直至90年代末的数据。某些国家的数据从1960年后才开始，到2000年前结束。通货膨胀率以消费者价格指数为依据。数据取自于国际货币基金组织的《国际金融统计》。

表11.1中第一栏所示的通货膨胀率，是1960年至2000年物价水平 P 的年增长率。国家顺序按通货膨胀率由高到低排列。第二栏表示定义为货币的名义货币 M 的增长率。第三栏列出货币增长率与通货膨胀率之差。这栏数字告诉我们实际货币——即 M/P——的增长率。第四栏列出了实际 GDP 的增长率。最后是第五栏，显示近期1980年至2000年的通胀率。下面是表中值得关注的要点：

- 从1960年到2000年（第一栏）以及从1980年到2000年（第五栏），所有国家的通货膨胀率都大于0，也就是说，各国都有某种程度的通货膨胀。至少就1960年或1980年以来的总体情况而言，不断下降的物价——称为**通货紧**

缩——并未在任何国家出现。最低的通货膨胀率是每年 1.4%，这是日本 1980 年至 2000 年的情况。从 2000 年到 2006 年，日本的确遭遇了通货紧缩——物价的变化率是每年－0.2%。

- 从 1960 年至 2000 年，所有国家的名义货币（第二栏）的增长率都大于 0。（1980 年至 2000 年是同样的情况，未在表中列出。）
- 从 1960 年至 2000 年，中等通货膨胀率为每年 8.3%，其中 30 个国家的通胀率超过 10%。至于名义货币的增长率，中间数为每年 11.6%，有 50 个国家超过 10%。
- 通货膨胀率与货币增长率按国家分类的值域高低差别很大：通货膨胀率从刚果（金）的 83%以及巴西的 82%到新加坡和德国的 3.2%；货币增长率从巴西的 84%和刚果（金）的 82%到比利时的 3.7%和瑞士的 4.1%，结果大相径庭。
- 在大多数国家，名义货币 M 的增长率超过物价 P 的增长率（通货膨胀率）。所以第三栏所示的实际货币余额 M/P，在多数国家都大于 0。从 1960 年至 2000 年实际货币的平均增长率为每年 3.0%。
- 第一栏与第五栏的比较显示出在一个时期有高通胀率的国家会在另一时期有高通胀的趋势。对于这 82 个国家来说，1960 年至 1980 年（未在表中列出）与 1980 年至 2000 年之间通胀率的相关系数为 0.58。相应的名义货币增长率的相关系数是 0.54。一些国家的确将前半部分样本中的通胀率，在后半部分样本中成功地降低了。例如智利，通货膨胀率从 1960 年至 1980 年间的每年 56%，下降到 1980 年至 2000 年间的 14%，印度尼西亚从 1960 年至 1980 年间的每年 34%降为 1980 年至 2000 年间的 10%。
- 为了解通货膨胀，各国数据比较中最重要的观测角度是，通货膨胀率与名义货币增长率之间呈现明显的正相关。图 11.1 显示出 1960 年至 2000 年期间的这种关系。纵坐标标出一国的通货膨胀率（表中第一栏），横坐标显示货币的增长率（第二栏）。该图表明，通货膨胀严重的国家，货币增长率也高；两个变量之间的相关系数高得惊人，达到 0.99。斜率接近于 1，从而名义货币每年 1%的增长率，会导致通货膨胀率每年大约 1%的上升。然而这种强相关性并没有告诉我们，通货膨胀与货币增长之间有直接的因果关系。也就是说，我们不能说因为一国有快速的货币增长率就一定有高的通胀率，反之亦然。但我们可以有把握地说，除非一国有高速的货币增长率，否则该国不可能有持续 40 多年的高通货膨胀率。

我们从各国数据比较中得出的一个结论是，要了解通货膨胀，就必须把货币增长纳入分析的核心内容。这就是说，我们必须认真对待米尔顿·弗里德曼（M. Friedman, 1968, p. 29）的名言："通货膨胀永远是，并且处处是一种货币现象。"现在我们要扩展我们的均衡经济周期模型，以考虑到通货膨胀和货币增长。

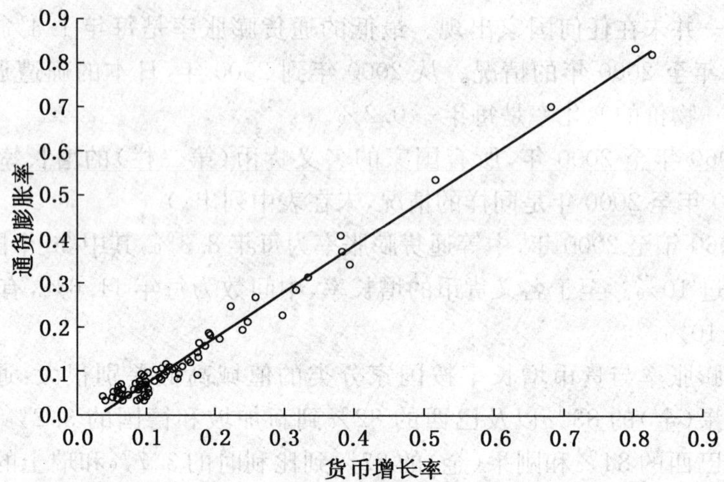

注：本图采用表 11.1 中的数据。纵坐标标出 1960 年至 2000 年的通货膨胀率，以消费者价格指数为依据。横坐标标出 1960 年至 2000 年的名义货币增长率。两个变量有明显的正相关——相关系数为 0.99。这种关系的斜率接近于 1；即每年名义货币增长 1%与通货膨胀率每年大约增长 1%相关。

图 11.1 82 个国家 1960 年至 2000 年期间的通货膨胀率和名义货币增长率

11.2 通货膨胀与利率

我们现在开始将通货膨胀纳入我们的均衡经济周期模型。我们以探讨实际的和预期的通货膨胀率作为开端。

11.2.1 实际的和预期的通货膨胀

设第一年的物价水平为 P_1，第二年的为 P_2。第一年至第二年的物价水平的变动为 $\Delta P_1 = P_2 - P_1$。设 π 为通货膨胀率。第一年至第二年的通胀率 π_1，是物价水平相对于初始物价水平的变化率：

$$\pi_1 = (P_2 - P_1)/P_1 \tag{11.3}$$

$$\pi_1 = \Delta P_1 / P_1$$

例如，如果 $P_1 = 100$，$P_2 = 105$，第一年至第二年的通货膨胀率为

$$\pi_1 = (105 - 100)/100$$

$$= 0.05 \text{ 或每年 } 5\%$$

表 11.1 表明，通货膨胀率 π 一般都大于 0。因此，我们通常考虑物价上升的情况，即 P_2 大于 P_1，因而 $\pi_1 > 0$。然而我们可以研究下跌中的物价，即 $P_2 < P_1$，因此 $\pi_1 < 0$。这些情况称为通货紧缩。经济学家们对通货紧缩越来越有兴趣，因为近年来几个国家都经历了通货紧缩，最引人注目的要数日本，说明将来大多国家也

免不了可能会遇上通货紧缩。

我们为了求解第二年的物价水平 P_2，可对方程(11.3)移项。首先在方程两边乘以 P_1，得到：

$$\pi_1 \cdot P_1 = P_2 - P_1$$

然后两边加上 P_1，将左边有 P_1 的两项合并，再左右两边交换，得到：

$$P_2 = (1 + \pi_1) \cdot P_1 \tag{11.4}$$

过了一年后，如果 $P_1 = 100$，$\pi_1 = 0.05$，物价水平

$$P_2 = (1.05) \cdot (100) = 105$$

家庭在作出诸如是今年还是明年消费之类的选择时，都想知道随着时间的推移物价如何变化。由于未来是未知的，家庭就得进行预测或形成**通货膨胀预期**。用π_1^e表示通胀率 π_1 的预期。如果家庭知道了第一年的物价水平 P_1，方程(11.3)表明，对 π_1 的预计相当于对明年物价水平 P_2 的预测。

由于将来的物价水平是未知数，所以对通货膨胀的预测是不会完美的。因此，实际通胀率 π_1 通常会偏离对它的预期 π_1^e，预测误差——或**未预期的通货膨胀**——不会为零。未预期到的通胀有时大于 0，有时小于 0。虽然出现这些误差免不了，但家庭努力尽可能缩小误差，所以他们利用所有关于过去的通货膨胀的信息和其他变量，以免出现系统性错误。这样形成的预期称为**理性预期**①。这种合理性意味着未预期到的通胀不会呈现出长期系统性的误差。例如，如果今年未预期到的通货膨胀大于 0，对下一年通胀的计算就会设法避免这种错误。

11.2.2 实际利率与名义利率

在前面各章里，我们假设通货膨胀率为零。因此我们没有区分实际利率和名义利率。当通货膨胀率不为零时，我们要对它们加以区分。

设 i_1 为第一年的债券利率。例如，假设 $i_1 = 0.05$ 或每年 5%。如果家庭在第一年持有 1 000 美元的债券，第二年家庭持有多少资产呢？首先，家庭仍有本金 1 000美元。其次，家庭有了等于 1000×0.05 = 50 美元的利息收入。所以，第二年里的资产总额为：

本金(1 000 美元) + 利息(50 美元) = 第二年的资产(1 000 美元 + 50 美元)
= 1 050 美元

现在我们将分析推广到利率 i_1，带入第二年的本金还是 1 000 美元。利息收入等于 1 000 · i_1 美元。因此我们有：

① 理性预期的理念来自约翰·穆斯(J. Muth, 1961)的著作。要找宏观经济方面的应用，查阅罗伯特·卢卡斯(R. Lucas, 1977)的著作。

$$本金(1\,000\ 美元)+利息(1\,000\cdot i_1\ 美元)=第二年的资产(1\,000\ 美元+1\,000\cdot i_1\ 美元)$$
$$=1\,000\cdot(1+i_1)\ 美元$$

这样,以债券形式持有的资产的美元价值,过了一年乘上了因子$(1+i_1)$而增加了。利率i_1是美元利率或**名义利率**,因为i_1决定了以债券形式持有资产的名义价值随时间的推移发生的变化。

我们已经知道家庭的名义资产怎样随时间的推移而发生变化。可是家庭并不看重资产的名义价值。它所看重的是用这些资产能买到的商品——即资产的实际价值。所以我们要搞清楚资产的实际价值随时间的推移会有什么变化。

假设通货膨胀率为$\pi_1=0.01$或每年1%,如表11.2第一行中所示。方程(11.4)表明,一年后的物价水平乘上因子$(1+\pi_1)$上升了。所以第一年的物价水平$P_1=100$上升到了第二年的$P_2=100\cdot(1.01)=101$。表中第二行列出了这些数值。如表11.2第三行所示,如果名义利率$i_1=0.05$或每年5%,那么就如表中第四行所示,名义资产仍然从第一年的1 000美元增加为第二年的1 050美元。

表 11.2　名义利率与实际利率

		第一年		第二年
(1)	通货膨胀率		0.01	
(2)	物价水平	100		101
(3)	名义利率		0.05	
(4)	名义资产	1 000		1 050
(5)	实际资产	10		10.4
(6)	实际利率		0.04	

注:第一行和第二行显示通货膨胀率对物价水平的影响。第三行和第四行表示名义利率对资产名义价值随时间推移而变化的影响。第五行和第六行表明名义利率和通胀率对资产实际价值随时间推移而变化的影响。资产实际价值的变动取决于实际利率,而实际利率等于名义利率减去通胀率之差。

实际资产有何变化?第一年的实际资产为:

$$第一年的实际资产=1\,000/100=10\ 单位商品$$

第二年的实际资产为:

$$第二年的实际资产=1\,050/101=10.4\ 单位商品$$

(我们将计算结果四舍五入只保留一位小数,得到10.4的近似值。)表11.2第五行列出了这些数值。

实际资产的增幅为:

$$(10.4-10)/10=0.4/10=0.04$$

将**实际利率**定义为以债券形式持有的资产实际价值随时间推移而发生的变化率。所以,如第六行中所示,本例中的实际利率是0.04或每年4%。注意,4%的实际利率低于 5%的名义利率，少了 1%的通货膨胀率。

现在我们作进一步推广，纳入名义利率 i_1 和通货膨胀率 π_1。由于名义利率为 i_1，资产的美元价值上升，上升时乘上因子$(1+i_1)$：

$$\text{第二年的资产美元价值} = (\text{第一年的资产美元价值}) \cdot (1+i_1)$$

由于通胀率为 π_1，物价水平的升幅为因子$(1+\pi_1)$[见方程(11.4)]：

$$P_2 = P_1 \cdot (1+\pi_1)$$

由于实际资产是资产的美元价值与物价水平的比率，我们用第二个方程除第一个方程，得出实际资产的表达式：

$$\frac{\text{第二年的美元资产}}{P_2} = \frac{\text{第一年的美元资产}}{P_1} \cdot \frac{(1+i_1)}{(1+\pi_1)}$$

$$\text{第二年的实际资产} = (\text{第一年的实际资产}) \cdot (1+i_1)/(1+\pi_1)$$

因此，实际资产上升的幅度为因子 $(1+i_1)/(1+\pi_1)$。

由于用 r_1 表示的实际利率，是以债券形式持有资产的实际价值的变化率，我们得到：

$$(1+r_1) = (1+i_1)/(1+\pi_1) \qquad (11.5)$$

对于表 11.2 中的例子，我们有：

$$1.04 \approx 1.05/1.01$$

所以实际利率为 $r_1 \approx 0.04$。

一般情况下，如果我们要运用方程(11.5)，可以得到关于实际利率 i_1 的一个有用的方程。用 $1+\pi_1$ 乘以方程两边，得到：

$$(1+r_1) \cdot (1+\pi_1) = 1+i_1$$

如果我们将左面两项相乘，得到：

$$1+r_1+\pi_1+r_1 \cdot \pi_1 = 1+i_1$$

如果我们将方程两边的"1"消掉，并除了 r_1 外，将所有各项移至右边，得：

$$r_1 = i_1 - \pi_1 - r_1 \cdot \pi_1$$

右面有乘积项 $r_1 \cdot \pi_1$，它往往是小数；例如，如果 $r_1 = 0.04$，$\pi_1 = 0.01$，该项是 0.0004。实际上我们只让利率与通胀率每年复合计算一次，这才出现了该乘积项。比较精确的过程是利率与通胀率不停地复合计算。在此情况下，该乘积项就会消失(接近于 0——译者注)，我们得出了实际利率的简单方程：

关键方程：

$$r_1 = i_1 - \pi_1 \qquad (11.6)$$

$$\text{实际利率} = \text{名义利率} - \text{通货膨胀率}$$

因而我们可利用公式(11.6)来计算实际利率。

11.2.3 实际利率与跨时期替代

我们在第7章里论述了跨时期替代对消费的影响。较高的利率,与第二年的消费 C_2 相比较,促使家庭减少第一年的消费 C_1。当通货膨胀率 π_1 不是零时,就跨时期替代而言,重要的是实际利率 r_1,而不是名义利率 i_1。

要知道什么原因,就假设 i_1 为每年5%,π_1 为每年2%,所以 r_1 每年为3%。如果家庭减少一个单位的 C_1,就增加了以债券或资本形式持有的一个单位的实际资产。这些增加的实际资产到第二年变成更多的1.03单位的实际资产(因为 r_1 为3%)。所以家庭可增加 C_2 也为1.03单位。这样,减少一个单位的 C_1 转换成 C_2 增加1.03单位。如果 r_1 上升,延迟消费的动力增加,家庭就会减少 C_1,增加 C_2。

名义利率 i_1 不是跨时期替代中合适的变量。如果 i_1 为每年5%,家庭减少第一年在 C_1 上的名义支出1.00美元,会提高第二年在 C_2 上的名义支出1.05美元。然而,第二年增加的1.05美元支出只多买到1.03单位的商品(如果每年的通货膨胀率 $\pi_1=2\%$)。如此看来,跨时期替代真正的变量是每年的实际利率 $r_1=3\%$。同样的结论适用于跨时期替代对劳动供给的影响:重要的变量是实际利率 r_1。

11.2.4 真实的和预期的实际利率

当我们提到债券时,通常想到的是预先明确规定名义利率 i 的诸如美国短期国债之类的资产。例如,新发行的3个月期美国国债保证持有国债3个月的名义利率。3个月国债的实际利率取决于这3个月的通货膨胀率。

举个例子,在 t 年,3个月期国债的实际利率为:

$$r_t = i_t - \pi_t \tag{11.7}$$

我们可以认为 i_t 是 t 年1月1日发行的3个月期国债的名义利率。利率 i_t 以年率表示,诸如0.02或每年2%。变量 π_t 为1月至4月的通货膨胀率,也以年率表示。问题是,在1月份家庭购买短期国债时,这个通胀率是未知数。只有在以后看到了 π_t,才知道实际利率 r_t。

假设在1月份家庭预计1—4月份的通货膨胀率为 π_t^e,由方程(11.7)知道,这个预计通胀率决定了短期国债的**预期实际利率** r_t^e:

$$r_t^e = i_t - \pi_t^e \tag{11.8}$$

预期实际利率 = 名义利率 − 预期通胀率

例如，如果 $i_t = 0.03$/每年，$\pi_t^e = 0.01$/每年，则 $r_t^e = 0.02$/每年。形式上看，预期实际利率是在 t 年年初形成的，是对诸如后面 3 个月之类时期实际利率的期望值。

家庭选择今日的消费和劳动供给时，知道的是预期实际利率 r_t^e，而不是真实的利率 r_t。因此，跨时期替代效应取决于 r_t^e，我们对此将予以度量。我们为此就得计算预期通货膨胀率 π_t^e。

1. 衡量预期的通货膨胀

经济学家们用三种方法衡量预期的通货膨胀率：

(1) 询问样本组的人员他们的预期。

(2) 采用理性预期的假设，该假设是讲在可得信息给定的情况下与最优预测对应的预期。然后用统计方法衡量这些最优预测。

(3) 采用市场的数据推断对通货膨胀的预期。

第一种方法的主要缺点是，样本组也许不能代表整个经济体。而且，经济学家们关于家庭怎样采取行动的理论，优于关于他们如何回答调查问卷的理论。然而，调查问卷也有用处，我们将在下一节探讨通过采用调查问卷了解预期通货膨胀。

第二种方法以理性预期为依据，结果成败参半。一个挑战是，在家庭形成预期时难以肯定他们拥有什么信息。另一个问题是，为预测通货膨胀，要选择哪个统计模型。

由于许多发达国家的政府在 20 世纪 80 年代和 90 年代开始发行**指数化债券**，第三种方法变得特别有用。与明文规定名义利率的人们较熟悉的名义债券不同，指数债券规定的是实际利率。例如，十年期的指数债券根据通货膨胀调整利息与本金的名义付款额，以确保十年期内的承诺的实际收益率。我们以后会讨论怎样利用这些数据推断预期通胀率 π_t^e。

2. 美国自二战以来的预期通货膨胀率和利率

一个人们常用的对预期通货膨胀进行的测量调查，是 1946 年由费城记者利文斯顿(J. Livingston)发起的。该调查询问了大约 50 位经济学家，了解他们对未来 6 个月和 12 个月消费者价格指数(CPI)的预测。①这些预测值可以使我们假设预期通货膨胀率。图 11.2 中的细线代表 6 个月之前对通货膨胀的预测。图中用粗线表示前 12 个月的真实通货膨胀率。接受调查的人员在预测时已知这些通货膨胀率。

图 11.2 表明，从 1954 年到 2006 年，实际的与预期的通货膨胀率往往一起变化。从 20 世纪 50 年代中期至 60 年代中期，通货膨胀率处于低水平，80 年代之前一路攀升，然后在 80 年代初大幅下降。80 年代中期以后，通货膨胀率处于低水平，而且相当稳定。2006 年 6 月，未来 6 个月的预期通货膨胀率为 2.2%。

① 要找对 Livingston 调查的论述，查阅 J. Carlson(1977)的著作。

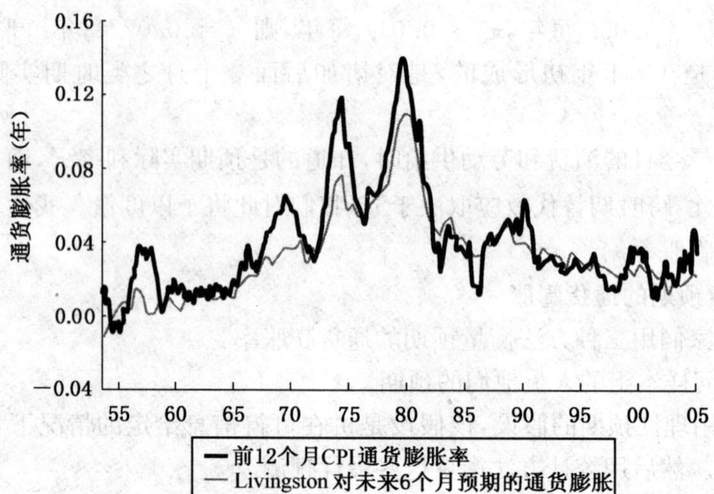

注：粗线表示根据消费者价格指数(CPI)计算得到的过去 12 个月的通货膨胀率。细线表示预期的 CPI 通货膨胀率。这些在 6 个月至 8 个月之前形成的期望值，来自于 Livingston 的调查，可从费城联邦储备银行查到。

图 11.2 美国实际的与预期的通货膨胀率

图 11.3 中的粗线表示 3 个月期美国短期国债的名义利率 i_t。细线表示预期实际利率 r_t^e，它是从 i_t 中减去图 11.2 所示的 Livingston 预期通货膨胀率 π_t^e 后的结果：

$$r_t^e = i_t - \pi_t^e \tag{11.8}$$

从 20 世纪 50 年代中期到 80 年代初，名义利率 i_t 向上变动。可是，由于预期通货膨胀率 π_t^e 同步上升，预期实际利率并未出现上升的趋势。i_t 与 π_t^e 一同上扬的趋势是一种典型的长期模式。因此我们想用模型解释这种模式。

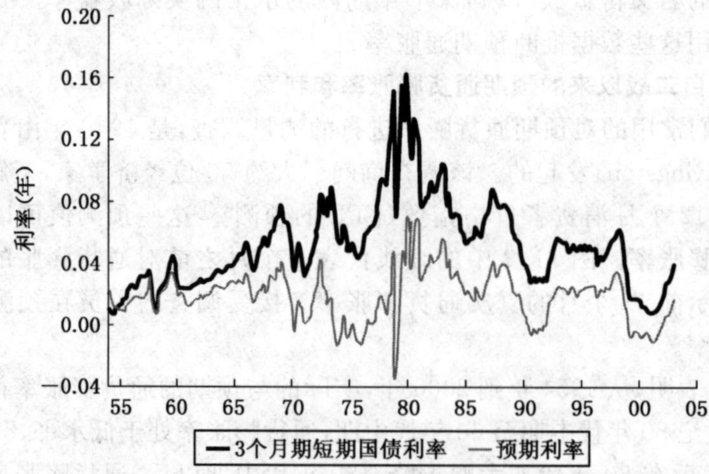

注：如本图中的粗线所示，3 个月期美国国债利率是一种名义利率。在图 11.2 所示的 Livingston调查数据给定的情况下，我们通过减去预期 CPI 通货膨胀率算出预期实际利率。由此产生的预期实际利率为图中的细线。

图 11.3 美国的名义利率与预期实际利率

20 世纪 50 年代中期一直到 70 年代初，预期实际利率 r_t^e 相当稳定，保持在 2%—3%之间。然后，r_t^e 在升至 80 年代的 4%左右之前，在 70 年代的许多年份里曾跌至接近于 0。在 1992—1993 年，r_t^e 再次跌至接近于零，90 年代其余年份回升至3%—4%，2001 年中—直到 2004 年又下跌至接近于 0，然后在 2006 年中上升至 2.4%。

3. 指数化债券，实际利率和预期通货膨胀率

在 20 世纪 80 年代和 90 年代，可以从指数化政府债券的数据得出更加可靠的实际利率与预期通货膨胀率的数据，因为这些债券是根据消费者价格指数的变化调整利息与本金的名义付款额的。这类债券保证了各期债券发行期内的实际利率。英国政府 1981 年首次发行这类债券。此后发行指数化债券的有澳大利亚(1985 年)、加拿大(1991 年)、冰岛(1992 年)、新西兰(1995 年)、以色列(1995 年)美国(1997 年)、瑞典(1997 年)和法国(1998 年)等国的政府。①

由于指数化债券的实际利率是有保证的，预期实际利率就等于真实的利率。图 11.4 显示了 1997 年以来美国 10 年期指数化债券的实际利率(细线)，1998 年以来 30 年期(虚线)和 2001 年以来 5 年期(粗线)指数化债券的实际利率。而 10 年期的债券，从 1997 年至 2000 年，实际利率从 3.3%到 4.3%不等，然后跌至不到 2%。实际利率从 2005 年中的 1.7%上升至 2006 年 7 月的 2.4%。这种走势类似于图 11.3 所示的对 3 个月期短期国债估计的预期实际利率。

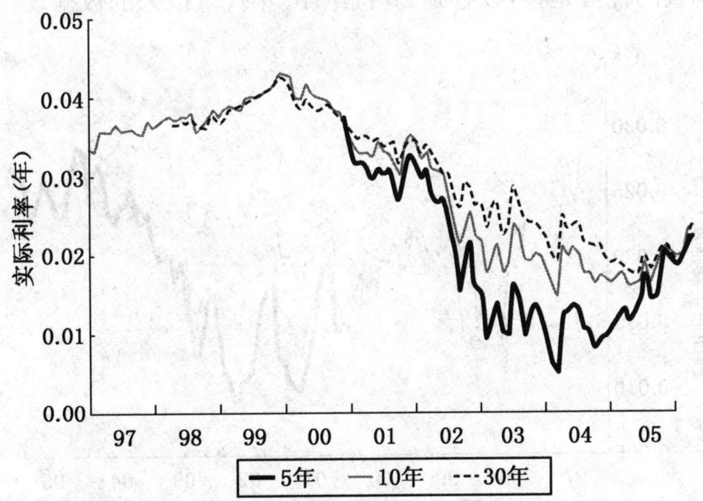

注：本图表示美国抵御通胀型债券(指数化债券)的实际利率。粗线表示 5 年期债券，细线表示 10 年期债券，虚线表示 30 年期债券。数据来自“全球金融数据”网站(http://www.globalfinancialdata.com)。

图 11.4 美国指数化债券的实际利率

我们现在要表明怎样利用指数化债券的数据衡量预期通货膨胀率。我们采用

① 可从“全球金融数据”网站查到这类数据(http://www.globalfinancialdata.com)。

的基本原理是，人们期待的名义债券的实际收益率必须近似于指数化债券有保证的实际收益率——否则家庭不会愿意同时持有两类债券。我们可从图 11.4 得到各种期限指数化债券的实际利率 r_t 的一个时间系列。我们可用相同期限的美国财政部名义债券的数据计算名义利率 i_t。要记住，方程(11.8)给定的名义债券的预期实际利率为：

$$(\text{名义债券的})r_t^e = (\text{名义债券的})i_t - \pi_t^e$$

如果名义债券的预期实际利率 r_t^e 等于指数化债券有保证的实际利率 r_t，[①]我们可用指数化债券的 r_t 代替名义债券的 r_t^e，得到：

$$(\text{指数化债券的})r_t = (\text{名义债券的})i_t - \pi_t^e$$

我们然后移项，在方程左边得到预期通货膨胀率 π_t^e 为：

$$\pi_t^e = (\text{名义债券的})i_t - (\text{指数化债券的})r_t \tag{11.9}$$

这样，我们就可从右边的利率的数据计算出 π_t^e。

图 11.5 显示了用方程(11.9)计算的 10 年期(细线)、30 年期(虚线)和 5 年期(粗线)债券的预期通货膨胀率。在 2006 年，π_t^e 在 2%与 3%之间。这些 π_t^e 的数值与 Livingston 调查取得的未来 6 个月的预期通货膨胀率相当吻合，如图 11.2 所示。图 11.5 中的数值与 Livingston 的数字差别较大——大概也更精确。然而 Livingston 调查的优势是，可以查到 20 世纪 40 年代末以来的数据。

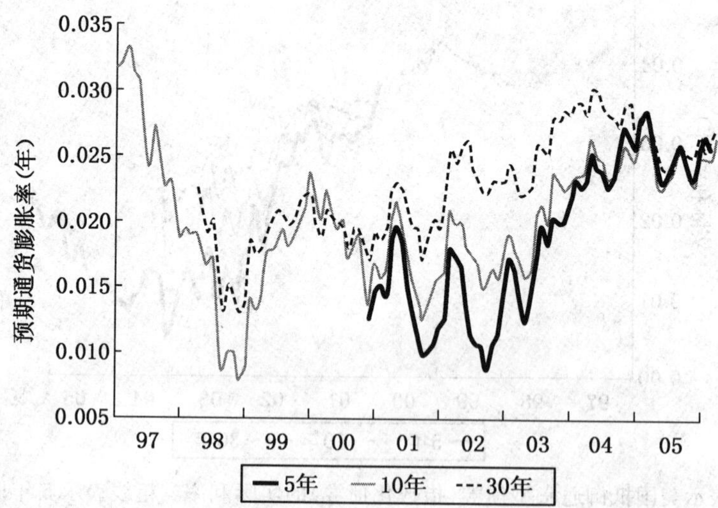

注：我们采用美国名义国债的名义利率(从图 11.4 得到的)减去美国指数化国债的实际利率，计算出预期 CPI 通货膨胀率。粗线以 5 年期债券为依据，细线以 10 年期债券为依据，虚线以 30 年期债券为依据。这样，这些图形分别度量出 5 年、10 年和 30 年的预期 CPI 通货膨胀率。

图 11.5 依据指数化债券收益率得到的美国预期通货膨胀率

① 名义债券实际利率的不确定性，意味着这些债券的预期实际利率可能与指数化债券有保证的实际利率不同。然而，方程(11.9)给出了一个预期通胀率的合理的近似值。

11.2.5 货币的利率

一旦我们认识到货币的名义利率为零,我们对名义利率与实际利率的分析也适用于货币。货币的实际利率为:

$$货币的实际利率 = 货币的名义利率 - \pi_t$$

$$货币的实际利率 = -\pi_t$$

因此,如果 π_t 大于 0,货币的实际利率就小于 0;随着时间的推移,由于物价水平的上升,货币的实际价值就会减少。

11.3 均衡经济周期模型中的通货膨胀

我们现在扩展均衡经济周期模型,以便将通货膨胀纳入其中。我们进行扩展有两个主要目的。第一,我们想看看通货膨胀对我们的一些有关实际变量的确定的结论有什么影响,这些实际变量包括实际 GDP,消费和投资,劳动数量和资本服务,实际工资率和实际租赁价格。实际利率是要添加到这一"清单"上的另一个实际变量。第二,我们要了解造成通货膨胀的原因。

在本章的余下部分,我们研究充分预期到的通货膨胀,从而通货膨胀率 π_t 等于预期通胀率 π_t^e。由于家庭会对发生变化的通货膨胀环境作出调整,并将这些调整体现于他们的预期,所以这种分析适用于持久性的变化。当实际的通胀率等于预期的通胀率时,实际利率 r_t 等于预期的实际利率 r_t^e。第 15 章将考察未预期到的通货膨胀。

跨国数据表明,通货膨胀与货币的增长密切相关。所以我们现在把均衡经济周期模型扩展到纳入货币增长。最简单的情景是,政府印制新的货币,发放给人们。按照米尔顿·弗里德曼(1969, pp. 4—5)想象出来的故事,政府官员在直升飞机里塞满纸币,飞来飞去,随机地向农村投下货币。人们捡起钱时,就拿到了政府的**转移支付**。虽然这个故事不切实际,但提供了一个向经济体投放新货币的简单方法。重要的假设是,这种支付是**一次性转移支付**,即意味着拿到的金额与家庭的消费和工作多少、家庭拥有多少钱财等等无关。因而我们不必分析人们怎样为了吸引更多的转移支付而调整他们的行为。我们会发现,比较现实的货币创造形式产生相似的结果。

现在我们要探讨在均衡经济周期模型中通货膨胀影响实际变量的各种途径。

11.3.1 跨时期替代效应

对于给定的名义利率 i_t,通货膨胀率 π_t 的变化对实际利率的影响为 $r_t =$

$i_t - \pi_t$。此外，我们假设预期通货膨胀率 π_t^e 等于真实通胀率 π_t，从而预期实际利率 r_t^e 等于真实利率 r_t。我们知道，预期实际利率 r_t^e 可引致消费和劳动供给的跨时期替代效应。因此，对于给定的 i_t，π_t 的变化能产生这些跨时期替代效应。

11.3.2 债券与资本

家庭仍持有两种形式的收入型资产：债券和资本的所有权。我们通过第 9 章知道，这两类资产的收益率必须相等；否则家庭不会愿意同时持有两类资产。因而通货膨胀率为零时，我们得到的条件为：

$$i = (R/P) \cdot \kappa - \delta(\kappa) \tag{9.5}$$

债券的收益率＝拥有资本的收益率

右面的资本收益率 $(R/P) \cdot \kappa - \delta(\kappa)$，取决于实际租赁价格 R/P、资本的利用率 κ 和折旧率 $\delta(\kappa)$。

当通货膨胀率 π 不为 0 时，方程(9.5)右面的表达式 $(R/P) \cdot \kappa - \delta(\kappa)$ 仍然给出了拥有资本的实际收益率。（表达式所有各项都是实际数值。）可是，我们还得对方程(9.5)的左边进行修正，用实际利率 r 替代债券的名义利率 i，得到：

关键方程（实际收益率的等同性）：

$$r = (R/P) \cdot \kappa - \delta(\kappa) \tag{11.10}$$

债券的实际收益率 ＝ 拥有资产的实际收益率

11.3.3 利率与货币需求

在第 10 章里，我们讨论了货币需求怎样产生于交易成本与资产收入的平衡过程。由于交易成本的存在，家庭会减少实际货币持有量 M/P，从而拥有较多的实际收入型资产 $(B/P + K)$。收入型资产的名义利率为 i，而货币的名义利率是零。因而 i 决定了持有货币而不是持有收入型资产所损失的利息收入的数额。i 的上升提高了潜在的利息收入的损失，从而促使家庭为减少 M/P 而增加交易成本。

当通货膨胀率 π 不为零时，这一分析仍然适用。收入型资产的实际利率为 $r = i - \pi$，货币的实际利率为 $-\pi$。两种实际利率之差为：

$$(i - \pi) - (-\pi) = i$$

所以名义利率 i 仍然决定了持有货币而非收入型资产的成本。因此我们还能用第 10 章使用的函数来表示实际货币的需求。

$$M^d/P = L(Y, i) \qquad (10.2)$$

注意,重要的一点是:实际利率 r 对消费和劳动供给有跨时期替代效应。可是,影响实际货币需求 M^d/P 的是名义利率 i。

11.3.4 通货膨胀与实际经济

我们在第 10 章发现,名义货币数量 M 的变化为中性。M 增加一倍导致物价水平 P 上涨一倍,诸如实际 GDP 之类的实际变量却没有任何变化。我们如果让 M 随着时间的推移而增长,将会发现 P 也在上涨。这就是说,货币增长会造成通货膨胀——通货膨胀率 π 大于 0。我们在本节研究货币增长与通货膨胀对实际 GDP 与其他实际变量的影响。

第 9 章的图 9.5 分析了资本服务的需求$(\kappa K)^d$ 和供给$(\kappa K)^s$,这里的 κ 是资本利用率,K 是资本存量。图 11.6 显示了这些需求和供给曲线。π 的变化不会使$(\kappa K)^d$ 发生移动,因为 π 不影响资本服务的边际产品 MPK。[如果劳动投入 L 不变,需求$(\kappa K)^d$ 不会移动,我们就要加以证明。]π 的变动也不会使$(\kappa K)^s$ 发生移动,因为 K 在短期内是固定的,(对于给定的实际租赁价格 R/P)π 的变动不改变最优 κ。由于需求曲线和供给曲线都未移动,π 的变动不影响市场出清的实际租赁价格$(R/P)^*$,以及资本服务量$(\kappa K)^*$。

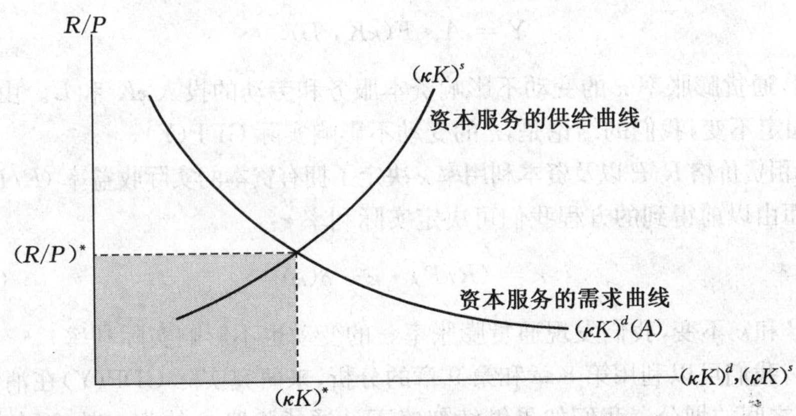

注:通货膨胀率 π 的变化不会使资本服务的需求曲线或供给曲线发生移动。所以$(R/P)^*$和$(\kappa K)^*$不变。

图 11.6 资本服务市场的出清

第 8 章的图 8.15 分析了劳动的需求 L^d 和供给 L^s。图 11.7 则显示了这些需求曲线和供给曲线。π 的变动不会使 L^d 发生移动,因为 π 不影响劳动的边际产品 MPL。可是,如果 π 的变动产生收入效应,就会使 L^s 发生移动。我们假设这种收入效应小到可以忽略不计。在这种情况下,π 的变动也不会使 L^s 发生移动,从而也不影响市场出清的实际工资率$(w/P)^*$以及劳动投入量 L^*。

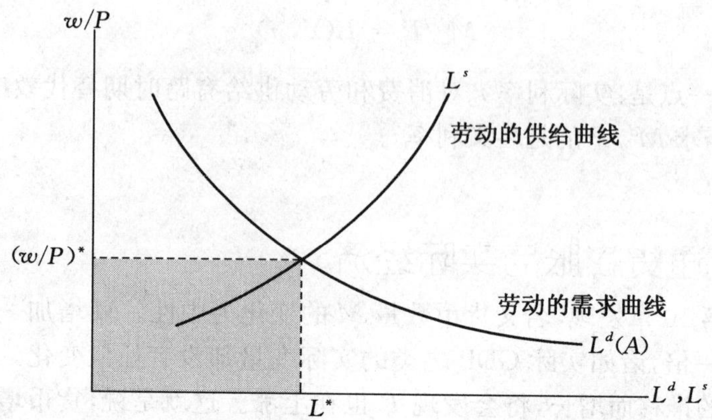

注：通货膨胀率 π 的变动不会使劳动的需求曲线或供给曲线发生移动。所以，$(w/P)^*$ 和 L^* 不变。

图 11.7 劳动市场的出清

为什么通货膨胀率 π 的变动可能产生收入效应？原因是 π 终将影响到实际货币余额 M/P 以及与货币管理相关的交易成本。然而在正常情况下，这些收入效应微不足道，我们可作合理的估计而忽略之。在此情景下，我们在图 11.7 中关于 π 的变动不会使劳动供给曲线 L^s 发生移动的假设没有什么问题。于是我们得出结论，π 的变动不影响劳动和资本投入 L 和 κK、实际工资率 w/P 和实际租赁价格 R/P。

实际 GDP(Y)由第 9 章的生产函数决定：

$$Y = A \cdot F(\kappa K, L) \tag{9.1}$$

我们知道，通货膨胀率 π 的变动不影响资本服务和劳动的投入 κK 和 L。由于技术水平 A 固定不变，我们的结论是，π 的变动不影响实际 GDP(Y)。

实际租赁价格 R/P 以及资本利用率 κ 决定了拥有资本的实际收益率 $(R/P)\cdot\kappa - \delta(\kappa)$，从而由以前得到的方程我们可决定实际利率 r：

$$r = (R/P)\cdot\kappa - \delta(\kappa) \tag{11.10}$$

由于 R/P 和 κ 不变，我们发现通货膨胀率 π 的变动也不影响实际利率 r。

最后，我们可以利用第 8 章和第 9 章的分析，来研究实际 GDP(Y)在消费 C 和总投资 I 之间的划分。我们如果继续忽略不计通货膨胀 π 的收入效应，故可得知 C 不变。（由于实际利率 r 和实际工资率 w/P 不变，不产生替代效应。）由于 Y 固定不变，我们的结论是 I 也不变。因此，我们可在不变的实际变量的“清单”中添加 C 和 I。

我们发现——当我们忽略不计收入效应时，作为一种近似值——货币增长和通货膨胀的时间路径不影响一组实际变量。该组实际变量包括实际 GDP(Y)；劳动和资本服务的投入(L 和 κK)；消费与投资(C 和 I)；实际工资率 w/P；实际租赁价格 R/P 和实际利率 r。因而我们先前关于货币中性的结果——这是指名义货币数量 M 的一次性变动——近似地也适用于货币增长的整个路径。上述实际变量近似地独立于货币增长，这是一个重要结果。此外，这种独立性也简化了我们下一个论题——货币增长、通货膨胀和名义利率之间的联系。

11.3.5 货币增长、通货膨胀和名义利率

我们本节的目的，是分析名义货币量 M_t 的时间路径如何决定物价水平 P_t、进而决定通货膨胀率 π_t 的时间路径。我们采用第 10 章里的背景假设，即每年的 M_t 是由货币管理当局外生地确定的。我们从前一节了解到，实际 GDP(Y) 和实际利率 r_t——作为一种模拟——独立于货币增长和通货膨胀。为进一步简化分析，我们现在还假设 Y_t 和 r_t 不因时间的推移发生变化。

设 M_t 为 t 年的名义货币量，ΔM_t 为从 t 年到 $t+1$ 年货币量的增量：

$$\Delta M_t = M_{t+1} - M_t$$

从 t 年到 $t+1$ 年的货币增长率以 μ_t 表示，该变量表示 t 年货币增量与货币数量之比：

$$\mu_t = \Delta M_t / M_t \tag{11.11}$$

例如，如果 $M_t = 100$，$\Delta M_t = 5$，货币的增长率为：

$$M_t = 5/100 = 0.05 \text{ 或每年 } 5\%$$

如果我们用 M_t 乘以方程(11.11)，得：

$$\mu_t M_t = M_{t+1} - M_t$$

我们如果将 M_t 从右边移至左边，合并有 M_t 的同类项，然后左右两边交换，我们得到：

$$M_{t+1} = (1+\mu_t) \cdot M_t \tag{11.12}$$

这样，名义货币量从 t 年到 $t+1$ 年上升了，上升因子为 $(1+\mu_t)$。如果 $M_t = 100$，$\mu_t = 0.05$，则 $M_{t+1} = 1.05 \cdot 100 = 105$。

现在我们考察通货膨胀。t 年的通胀率为：

$$\pi_t = \Delta P_t / P_t = (P_{t+1} - P_t)/P_t$$

如果我们两边乘上 P_t，得到：

$$\pi_t P_t = P_{t+1} - P_t$$

如果我们将 P_t 从右边移至左边，合并带 P_t 的各项，然后左右两边对调，得：

$$P_{t+1} = (1+\pi_t) \cdot P_t \tag{11.13}$$

这样，物价水平从 t 年到 $t+1$ 年上升了，上升因子为 $(1+\pi_t)$。例如，如果 $P_t = 100$，$\pi_t = 0.05$，则 $P_{t+1} = 1.05 \cdot 100 = 105$。

我们现在将通货膨胀与货币增长联系起来。假设货币增长率为常数 $\mu_t=\mu$。我们在第 10 章发现,一次性名义货币量 M 的增长会以相同的比率提高物价水平 P。依此类推,我们现在有一个关键性猜想:当 M_t 以 μ 的速率稳定增长时,物价水平 P_t 也以 μ 的速率稳定增长。也就是说,通货膨胀率 π_t 是一个常数 $\pi=\mu$。随着分析的一步步深入,我们将证明这个猜想是正确的。

如果通货膨胀率 π 等于货币增长率 μ,实际货币余额水平 M_t/P_t 不因时间的推移而变化。我们在第 10 章采用了货币供给量等于需求量的均衡条件。我们在本节也采用同样的条件,但必须保证这个条件在每个 t 年都成立。由于实际货币余额 M_t/P_t 不因时间的推移而发生变化,均衡条件要求:

- 实际货币需求量 $L(Y, i)$不因时间的推移而变动。
- 实际货币需求的水平 $L(Y, i)$等于不变的实际货币余额水平 M_t/P_t。

第一个条件易于满足,因为我们假设实际 GDP(Y)固定不变。因此,我们只要求名义利率 i 保持不变。回顾一下,i 是实际利率 r 与通货膨胀率 π 之和。此外,我们的猜想是 π 等于货币增长率 μ。所以我们有:

$$i=r+\pi \tag{11.14}$$

$$i=r+\mu$$

由于我们假设 r 和 μ 固定不变,所以 i 不变。因为 Y 和 i 固定不变,我们便证明了实际货币需求量 $L(Y, i)$保持不变。

现在我们必须保证每年实际货币的需求水平 $L(Y, i)$等于实际货币余额的水平 M_t/P_t。注意,$L(Y, i)$和 M_t/P_t 在长期中都是固定不变的。所以,如果两个变量的水平在当年——第一年——相等,那么在将来的每一年仍然相等。从而最终的均衡条件是,第一年实际货币量 M_1/P_1 等于实际需求量 $L(Y, i)$。

$$M_1/P_1=L(Y, i) \tag{11.15}$$

这个条件正像我们在第 10 章研究的条件一样。关键是,在均衡时物价水平 P_1 进行调整,从而使方程(11.15)左边的实际货币量 M_1/P_1 等于右边的实际需求量 $L(Y, i)$。我们可以移项,解出均衡物价水平 P_1:

关键方程(物价水平的决定)

$$P_1=M_1/L(Y, i) \tag{11.6}$$

物价水平 = 名义货币量 / 实际货币需求量

我们看方程(11.16)的右边,一切都很清楚,因为名义货币量是给定的,而 Y 和 i 也是已知的。尤其是,方程(11.14)暗含的 $i=r+\mu$。从而方程(11.16)确定了第一年的物价水平 P_1。

第一年过后,名义货币量 M_t 和物价水平 P_t 以相同的速度 μ 增长。所以实际货币余额 M_t/P_t 不发生变化。从而对于任何年份 t 年,M_t/P_t 都等于 M_1/P_1,出现在方程(11.15)的左边。再看方程(11.15)的右边,$L(Y, i)$不因时间的推移而变动。我们的结论是，在每一个 t 年，实际货币余额 M_t/P_t 等于实际需求量 $L(Y, i)$。

注意，这个解答证实了我们的猜想，即通货膨胀率 π_t 为常数 $\pi=\mu$。全部研究结果如下：

- 通货膨胀率 π 等于不变的货币增长率 μ。
- 实际货币余额 M_t/P_t 在一段时间里固定不变。
- 名义利率 i 等于 $r+\mu$，此处 r 为不变的实际利率，在第 9 章中由均衡的经济周期模型决定。
- 实际货币需求量 $L(Y, i)$ 在一段时间里固定不变，此处 Y 为不变的实际 GDP，如第 9 章中所确定的。
- 第一年的物价水平 P_1，由方程(11.16)确定为等于第一年的实际货币余额 M_1/P_1，等于实际需求量 $L(Y, i)$。

11.3.6 实际货币需求的趋势

上一节中一个简化的假设是，实际货币需求量 $L(Y, i)$ 不因时间的推移而发生变化。这个假设不符合实际，尤其是因为实际 GDP 的增长推动了 $L(Y, i)$ 的增长。我们在本节要说明如何将我们的研究结果扩大到容许让 $L(Y, i)$ 随时间而变化。

假设实际货币需求量 $L(Y, i)$ 以不变的速度 γ 稳定增长，这一增长可能反映出实际 GDP(Y) 的长期增长；例如，在第 5 章里，在索洛技术进步模型的稳定状态下，Y 以不变的速度增长。均衡时，实际货币余额 M_t/P_t 的增长率与实际需求量的增长率 γ 必须相等。为利用这一结论，我们就得重新计算实际货币余额 M_t/P_t 的增长速度。

我们仍然假设，名义货币量 M_t 以不变的速度 μ 增长。如果实际的货币需求增长率 γ 大于 0，通货膨胀率 π 证明为常数，但小于 μ。π 小于 μ 原因是，实际货币需求量的上升压低了通货膨胀率。这一结果与我们在第 10 章中的发现——实际货币需求的一次性增加会压低物价水平——是一致的。

实际货币余额 M_t/P_t 随着分子 M_t 的增长以速度 μ 增长，但随着分母 P_t 的增长以速度 π 下降。我们可以用代数式表明 M_t/P_t 的增长率由下列方程给出：

$$M_t/P_t \text{ 的增长率} = \mu - \pi \tag{11.17}$$

实际货币余额的增长率 = 名义货币的增长率 − 通货膨胀率

因此，如果 μ 大于 π，M_t/P_t 随着时间的推移而上升。

均衡的条件又是每年的实际货币余额 M_t/P_t 等于实际货币需求量 $L(Y, i)$。因此，如果 $L(Y, i)$ 以速度 γ 增长，M_t/P_t 也必须以速度 γ 增长。如果我们用这一结果替代方程(11.17)的左边，我们得到：

$$\gamma = \mu - \pi$$

因而如果我们移项，通货膨胀率为：

$$\pi=\mu-\gamma \tag{11.18}$$

这样，如果 γ 大于 0，π 就小于 μ。然而，对于给定的 γ，μ 每年 1%的增长仍然会导致 π 每年上升 1%。所以如图 11.1 中所示，各国货币增长率的差异仍然说明了通货膨胀率的差异。

方程(11.18)新的结果是，实际货币需求量的增长率 γ 的变化影响到货币增长率 μ 和物价增长率 π 之间的关系。提高 γ 就增加了 $\mu-\pi$，因而提高了实际货币余额 M_t/P_t 的增长率。

图 11.8 采用表 11.1 中 82 个国家的信息，检验我们对实际货币余额增长率的预测。我们假设实际 GDP 的增长是实际货币需求量增长的主要原因。这样，横坐标画出表 11.1 中第四栏的实际 GDP 增长率。纵坐标画出第三栏的实际货币增长率。该图表明，实际 GDP 的高增长率与实际货币的高增长率亦步亦趋。两个变量之间的相关系数很高，为 0.72，相关关系的斜率接近于 1；这就是说，如果实际 GDP 的增长率每年提高 1%，实际货币的增长率每年也大约提高 1%。所以，对于给定的货币增长率 μ，如果实际 GDP 的增长率每年提高 1%，通货膨胀率 π 每年下降 1%。

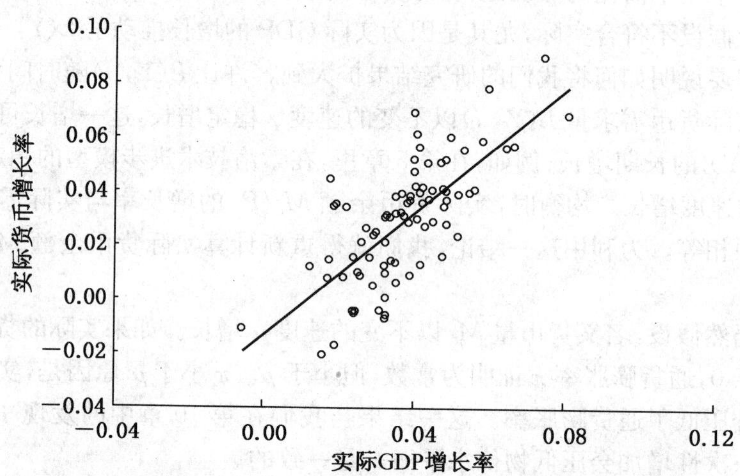

注：本图采用表 11.1 的数据。横坐标度量 1960—2000 年实际 GDP 的增长率。纵坐标度量 1960—2000 年实际货币增长率(用 CPI 除以名义货币计算)。两个变量的相关系数为 0.72，斜率接近于 1。也就是说，实际 GDP 增长率每年提高 1%，与此同时实际货币增长率每年也提高约 1%。

图 11.8　82 个国家的实际货币增长率与实际 GDP 增长率，1960—2000 年

11.3.7　货币增长率的变动

我们在本节研究货币增长率 μ 的变动对通货膨胀率 π 和名义利率 i 的影响。为简化分析，回到实际货币需求量 $L(Y, i)$ 没有变化的背景假设。尤其是实际 GDP(Y)固定不变。假设名义货币量 M_t 以不变的速度 μ 长期增长。所以，用图 11.9 左上方的直线表示 M_t。由于该图按比例度量，该线的斜率等于 μ。

假设家庭起初预期货币管理当局永远保持名义货币量以 μ 的速度增长。在此情况下，我们以前的分析是适用的，通货膨胀率为常数 $\pi=\mu$。我们用图 11.9 左下方的直线表示物价水平 P_t。此线的斜率等于通货膨胀率 $\pi=\mu$，左边两条直线的斜率相同。

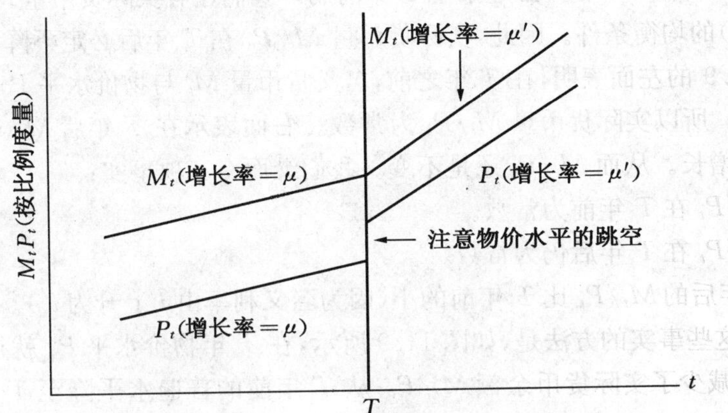

注：左上线表示 T 年之前名义货币量 M_t 以不变的速度 μ 增长。在 T 年之后，M_t 沿着右上线以更快的速度 μ' 增长。左下线表示在 T 年之前物价水平 P_t 以同货币增长一样的速度 μ 增长。T 年以后，P_t 沿着右下线以同货币增长一样的速度 μ' 增长。在 T 年，物价水平 P_t 跳跃式上涨。这种跳跃减少了实际货币余额 M_t/P_t，即从 T 年前的普遍水平降至 T 年后的普遍水平。

图 11.9 货币增长率提高对物价水平的影响

现在假设，货币管理当局在 T 年将货币增长率从 μ 提高到 μ'。图 11.9 的右边表示名义货币量 M_t 在 T 年后沿着右上线增长。该线的斜率为 μ'，比左上线陡。我们假设，在 T 年货币增长率的变动出人意料。然而我们假设，一旦发生了变动，家庭预期新的货币增长率 μ' 永远持续不变。所以在 T 年后，除了货币增长率是 μ' 而不是 μ，以及通货膨胀率 $\pi'=\mu'$ 之外，经济状况同以前一样。图 11.9 的右面表示物价水平 P_t，沿着右下线增长，斜率为 $\pi'=\mu'$，等于右上线的斜率。

T 年后的通货膨胀率为 π'，高于 T 年前的通货膨胀率 π。因此，图 11.9 中的右下线比左下线陡。注意 P_t 图形的重要含义。左下线没有与右下线相交。相反，该图表明物价水平在 T 年出现了向上的跳跃。要明白为何如此，我们就得探讨实际货币需求量。

在 T 年之前，名义利率为 i，由 $i=r+\pi$ 给定，此处 r 是实际利率，π 是通货膨胀率。由于 $\pi=\mu$，我们有：

$$i=r+\mu \tag{11.19}$$

回顾一下，货币增长率的变动不改变实际利率，仍然为 r。因此 T 年后的名义利率为 $i'=r+\pi'$，π' 是 T 年后的通货膨胀率。我们如果用 μ' 替代 π'，就有：

$$i'=r+\mu' \tag{11.20}$$

如果我们将方程(11.20)减去方程(11.19)，就可计算出名义利率的上升幅度：

$$i'-i=\mu'-\mu \tag{11.21}$$

名义利率的增幅＝货币增长率的增幅

货币需求$L(Y, i)$的一个关键特征是，名义利率i的上升会降低实际货币需求量。所以T年后$L(Y, i)$必定小于T年前的。我们还有实际货币量M_t/P_t总是等于$L(Y, i)$的均衡条件。因此，实际货币量M_t/P_t在T年后必定下降。

图11.9的左面表明，在T年之前，名义货币量M_t与物价水平P_t以相同的速度μ增长。所以实际货币量M_t/P_t为常数。右面表示在T年后M_t与P_t以相同的速度μ'增长。从而M_t/P_t还是不变。我们继而有三项事实：

- M_t/P_t在T年前为常数。
- M_t/P_t在T年后仍为常数。
- T年后的M_t/P_t比T年前的小（因为名义利率由i上升为i'）。

协调这些事实的方法是，如图11.9所示，在T年物价水平P_t就得向上跳跃。P_t的上升减少了实际货币余额M_t/P_t，从T年前的普遍水平降至T年后的普遍水平。

考虑物价水平跳跃的一个思路是：通货膨胀率在T年间高得离谱。具体地说，在T年货币增长率从μ提高到μ'时，通货膨胀率π_t短期内上升至μ'以上。π_t超过μ'意味着物价水平P_t上升的速度高于名义货币量M_t的上升速度，所以实际货币余额M_t/P_t下降。

在图11.9所示的情况中，通货膨胀高得离谱的时段主要指短期，实质上是瞬间暴涨。这样一来，隔夜就发生了从相对低的通货膨胀率$\pi=\mu$到相对高的通货膨胀率$\pi'=\mu'$的转变。比较一般的结果是，在转变阶段实际货币余额M_t/P_t下降了，因为名义利率的提高减少了实际货币需求量。在转变过程中，通货膨胀率π_t超过货币增长率μ_t。转变的真实性质取决于模型的细节——不一定局限于一年或瞬间。

对模型的一种修正是，针对名义利率的上升，家庭只是逐渐下调他们的实际货币需求量。如果家庭必须为减少持有的实际货币余额而改变他们基本的现金管理计划，逐渐调整的假设就有意义。在此情况下，模型展开了向降低的实际货币余额M_t/P_t的过渡。由于实际货币需求量逐渐下降，M_t/P_t也逐渐减少。M_t/P_t下降的时间跨度对应于通货膨胀率π_t开始超过货币增长率μ_t的过渡期。

作为另一个例子，家庭也许预先知道货币管理当局正计划从相对低的货币增长μ转向相对高的货币增长μ'。家庭可能在T年前预期货币增长和通货膨胀会从T年开始上扬。在此情况下，在T年前就可能发生几次高出一般水平的短期通胀。这就是说，对未来通货膨胀上升的预期导致今天较高的通货膨胀——在货币增长率上升前就发生了。之所以出现较高的短期通货膨胀，是因为预期到的未来通货膨胀通过短期通胀减少了T年之前的实际货币需求量。

对货币增长率和通货膨胀未来走势的预期，有时也会成为政治运动的焦点。例如，在19世纪90年代，威廉·詹宁斯·布莱恩（W. J. Bryan）以放松银根的计划竞选美国总统。实质上他倡导提高货币增长率μ，依靠自由铸造银币的方法，补充黄金的货币作用。布莱恩竞选的失败，很可能降低了对未来货币增长率和通货膨胀的预期。

另一个例子：在1980年，罗纳德·里根竞选美国总统，一部分靠的是承诺要抑制当时严重的高通货膨胀。里根战胜了吉米·卡特，很可能降低了对未来货币增长率和通货膨胀的预期。

另一个例子是第一次世界大战后的德国恶性通货膨胀，下面的专栏将加以探讨。这次恶性通货膨胀到1923年11月结束。然而，人们在11月之前预料：就要进行货币改革了，这次改革必然会降低货币增长率 μ 和通货膨胀率 π。经验研究表明，即使 μ 没有出现下降，这一预期也于1923年11月之前降低了 π。[1]

11.3.8 政府印制货币的收入

我们到目前为止一直假设货币管理当局印制新的货币（通货），以转移支付的方式付给家庭。比较符合实际的情况是，政府**从印制货币中得到收入**，可用这些收益支付各种支出。政府通常不会用这些收益为米尔顿·弗里德曼想象的直升飞机空投现金融资！

政府在 t 与 $t+1$ 年之间因印制货币所得的名义收入等于名义货币量的增量：

$$\text{印制货币的名义收入} = M_{t+1} - M_t = \Delta M_t$$

为算出收入的实际价值，用 $t+1$ 年的物价水平 P_{t+1} 去除 ΔM_t：

$$\text{印制货币的实际收入} = \Delta M_t / P_{t+1}$$

我们要把这种实际收入与货币增长率 μ_t 联系起来：

$$\mu_t = \Delta M_t / M_t \tag{11.9}$$

为求出实际收益，我们可用方程(11.9)的 $\mu_t \cdot M_t$ 替代上述方程中的 ΔM_t：

$$\text{印制货币的实际收入} = \mu_t \cdot (M_t / P_{t+1})$$

左边这项 M_t/P_{t+1} 近似于实际货币余额 M_t/P_t 水平。所以印制货币的实际收入为：

$$\begin{aligned}\text{印制货币的实际收入} &\approx \mu_t \cdot (M_t/P_t) \\ &= \text{货币增长率} \cdot \text{实际货币余额的水平}\end{aligned} \tag{11.22}$$

我们知道货币增长率 μ 的增加导致通货膨胀率 π 的上升和名义利率 i 的升高。我们还知道，i 的升高减少了实际货币需求量 $L(Y, i)$，从而降低了实际货币余额 M_t/P_t。所以，μ 的上升对方程(11.22)中印制货币的实际收入有两个互相抵消的效应：μ_t 的上升提高了实际收入，但由 μ_t 升高引发的 M_t/P_t 的下降却减少了实际收

① 参见 Robert Flood 和 Peter Garber(1980)，以及 Laura Lahaye(1985)的著作。

入。净效应取决于 $L(Y, i)$ 相对于 i 的升高下降的幅度。

作为例子，假设实际货币余额 M_t/P_t 起初等于 100，然后 μ_t 从每年 5%增加至 10%。印制货币的实际收入一般为净增加，除非 M_t/P_t 跌至 50 以下——即下跌超过 50%。更一般地说，实际收入一般总是上升的，除非实际货币需求量下降的幅度按比例大于货币增长率的增幅。除了最极端的情况以外，这个条件在经验事实方面成立。例如在德国恶性通货膨胀期间，只有在 1923 年的 7 月和 8 月之间 μ 接近 100%时，才违反这个条件。在这之前，政府以更快的速度印制货币，以攫取更多的实际收入。

大多数国家在正常时期内，政府从印制货币中只获得其一小部分收入。在 2005 年，美联储从这一来源获得了 240 亿美元，这个金额占联邦总收入的 1.1%，占美国 GDP 的 0.2%。这些数字对于发达国家来说是典型的。

在为数不多的几个高通胀国家，印制货币的收入变得越来越重要。例如阿根廷从 1960 年到 1975 年，印制货币的收入几乎占了政府收入的一半，约为 GDP 的 6%。印制货币的收入是政府收入重要来源的其他一些国家包括智利（1960—1977 年占 GDP 的 5%）、利比亚（1960—1977 年占 GDP 的 3%）和巴西（1960—1978 年占 GDP 的 3%）。

约翰·梅纳斯·凯恩斯（J. M. Keynes, 1923, p. 41）注意到，第一次世界大战后，在德国和俄国恶性通胀期间，印制货币成了政府收入的主要来源："一个政府通过印制纸币可以长期存在，甚至是德国政府或俄国政府。也就是说，它能以这种手段确保对实际资源的占有——就像征税获得的资源一样实际。"在一些恶性通货膨胀中，这项收入可接近 GDP 的 10%，看起来大概是印制货币可以达到的最大限度。在 1920—1923 年的德国，实际政府支出与货币增长率之间存在密切的关系。[①]政府支出的很大部分用于向第一次世界大战的战胜国支付赔款。所以，1923 年 11 月以后赔款的减少是中止德国恶性通货膨胀的一个主要原因。

用数字说话

德国恶性通货膨胀时期的货币与物价

恶性通货膨胀是超高通货膨胀率持续存在的时期。第一次世界大战后的德国恶性通货膨胀为研究货币增长率与通货膨胀之间的相互作用，提供了一个极佳的实践经验。[②]从 1920—1923 年，通货膨胀率相差悬殊，从接近于 0 到

---

① 要找详细的分析，查阅 Zvi Hercowits(1981)的著作。

② 这段历史插曲迷倒了许多经济学家，带头开始这项经典研究的是 Bresciani-Turroni(1937)。P. Cagan(1956)研究了德国的恶性通货膨胀，同时研究了其他六个国家：第一次世界大战后的奥地利、匈牙利、波兰和俄国，以及二战后的希腊和匈牙利。二战后匈牙利的经历看起来成了破天荒的纪录——从 1945 年 7 月到 1948 年 8 月，物价水平上涨了 3×10^{25} 倍。参阅 William Bomberger 和 Gail Makinen(1983)的著作。

每月500%以上！尽管发生了极端的通货膨胀，实际GDP却相对变化很小。

就像在一战之后的德国那样，当通货膨胀率大起大落时，要精确地预测规定名义利率的贷款的实际利率是不可能的。因此这类贷款大都消失了。所以，在德国恶性通货膨胀期间我们没有好的尺度度量名义利率，衡量持有货币的成本的最佳尺度是预期通货膨胀率 π_t^e。该通胀率决定了人们持有货币、而不是消费或持有能长期保持其实际价值的耐用品所损失的收入。通过假设预期通胀率根据实际通胀率的 π_t 变化逐渐调整，经验研究得出了 π_t^e 的估计值。

表11.3列出了1920—1923年期间德国的货币增长率（以流通中的货币为依据）μ_t、通货膨胀率 π_t 和实际货币余额 M_t/P_t，间隔时段为六个月。M_t/P_t 的水平与这些时间段的终点相关。

1920年初，每月的货币增长率 μ_t 和通货膨胀率 π_t 已经达到6%。然后在1921年初，μ_t 下降到小于每月1%。如我们的模型所预计的，π_t 下降的幅度大于 μ_t，从而1920年初至1921年初 M_t/P_t 上升了大约20%。

从1921年的下半年一直到1922年的年末，货币增长率 μ_t 上升至每月30%。由于通货膨胀率 π_t 超过 μ_t，实际货币余额 M_t/P_t 到1922年的年末下降到1920年初的25%。从1922年的年末直到1923年年中，货币增长率 μ_t 极高，但不再往上升——平均每月约为40%。由于通货膨胀率 π_t 也是每月约为40%，实际货币余额 M_t/P_t 仍保持在1920年年初的25%的水平。可是在1923年末，恶性通货膨胀登峰造极，10月和12月的 μ_t 达到了每月300%—600%。由于 π_t 超出 μ_t，M_t/P_t 在10月份跌到了低谷，约为1920年水平的3%。

1923年11月进行货币改革。改革包括发行新的货币，并承诺不再印制超过特定限额的新货币为政府支出融资，减少实际政府支出，改革税制，以及用黄金维护新货币价值的约定。①这些变化在1923年12月以后造成了货币增长率 μ_t 和通货膨胀率 π_t 的大幅度下降。在1924年，μ_t 平均每月为5%，π_t 每月不到1%。μ_t 超过 π_t 可以重新恢复实际货币余额 M_t/P_t，从1923年10月只有1920年初的3%的水平，上升到1924年12月56%的水平。虽然 π_t 在20年代其余年份保持低位，但 M_t/P_t 没有退回到1920年初的水平。或许这个缺口反映出了恶性通货膨胀对货币的实际需求造成的持久的负面影响。

① 要找关于改革的论述，参阅Bresciani-Turroni（1937）的著作，T. Sargent（1982）和Peter Garber（1982）的著作。Sargent的分析强调快速性，即一旦政府作出了限制货币创造的可靠承诺，通货膨胀可以戛然而止。

表 11.3　德国恶性通货膨胀期间的货币增长与通货膨胀

时　期	μ_t	π_t	M_t/P_t（时期终点）
2/20-6/20	5.7	6.0	1.01
6/20-12/20	3.0	1.1	1.13
12/20-6/21	0.8	0.1	1.18
6/21-12/21	5.5	8.4	0.99
12/21-6/22	6.5	12.8	0.68
6/22-12/22	29.4	46.7	0.24
12/22-6/23	40.0	40.0	0.24
6/23-10/23	233	286	0.03
	改革时期		
12/23-6/24	5.9	−0.6	0.44
6/24-12/24	5.3	1.4	0.56
12/24-6/25	2.0	1.6	0.57
6/25-12/25	1.2	0.4	0.60

注：名义货币量 M_t 是货币流通总量的估计值。直到 1923 年末，这些数字是指全部的法定货币，大都由德意志银行发行的纸币构成。后来的数据包括了农业地产抵押银行发行的纸币，私人银行的纸币和各种“临时货币”。非官方的临时货币以及流通中的外币不计入在内。表中对数字进行了正常处理，从而将 1913 年的 M_t 设为 1.0。物价水平 P_t，以 1913 年的生活费用 = 1.0，是生活费用的指数。第一栏列出数据的起止时期。第二栏是在所示时期内的货币增长率 μ_t，以每月百分比表示。第三栏是在所示时期内的通货膨胀率 π_t，也以每月百分比表示。第四栏是各时期终点的实际货币余额水平 M_t/P_t。因为 1913 年 M_t/P_t 的值定为 1.0，第四栏所示的 M_t/P_t 各个数值都是相对于 1913 年的数值而言的。

资料来源：Sonderhefte zür Wirtschaft und Statistik，Berlin，1929。

小　结

持续的通货膨胀需要有持久的货币增长，我们在跨国数据中发现了这种模式。货币增长率每年提高 1%与通货膨胀率每年上升 1%相联系。实际 GDP 的增长率每年增加 1%与实际货币余额的增长率每年上升 1%相联系。因此，对于给定的货币增长率，实际 GDP 增长率的提高降低了通货膨胀率。

名义利率高出实际利率的差额为通货膨胀率。常规的名义债券预先明文确定了名义利率，而指数化债券确定的是实际利率。指数化债券的数据可以使我们度量预期实际利率和预期通货膨胀率。

跨时期替代效应取决于实际利率，而货币需求取决于名义利率。我们扩展了均衡经济周期模型，以便证明货币增长率的提高对应会导致通货膨胀率和名义利率的上升。作为模拟，货币增长率的变动不会影响一组实际变量，其中包括实际 GDP、消费、投资、实际工资率、实际租赁价格和实际利率。然而，货币增长率的提高导致实际货币余额的下降，并且明显地给政府带来更多的实际收入。

重要术语和概念

通货紧缩 deflation
通货膨胀预期 expectation of inflation
预期实际利率 expected real interest rate
恶性通货膨胀 hyperinflation
指数化债券 indexed bonds
一次性转移支付 lump-sum transfers
货币增长率 money growth rate
名义利率 nominal interest rate
理性预期 rational expectation
实际利率 real interest rate
印制货币的收入 revenue from printing money
转移支付 transfer payment
未预期的通货膨胀 unexpected inflation

问题和讨论

A. 复习题

1. 为何是实际利率而不是名义利率对消费和储蓄有跨时期替代效应？同样的结果适用于劳动供给的跨时期替代效应吗？
2. Livingston 通货膨胀预期调查指什么？用这类信息衡量预期通货膨胀率 π_t^e 时，哪些用加号？哪些用减号？
3. 下列说法中哪些是正确的？
   a. 以不变的速度上升的物价水平 P 将导致名义利率 i 持续上扬。
   b. 通货膨胀率 π 的持续上升将导致名义利率 i 的持续上升。
4. 为何实际的实际利率 r 一般不同于预期的实际利率 r_t^e？这种关系怎样取决于债券规定支付的是名义利率还是实际利率？
5. 对实际利率进行定义。为何有通货膨胀时它与名义利率 i 不同？

B. 讨论题

6. 货币增长和政府收入

   通过提高货币增长率 μ，政府永远能通过印制货币增加实际收入吗？怎样取决于实际货币需求 M^d/P 对名义利率 i 作出的反应？
7. 假币案例

   1925 年，一群骗子诱使英国的银行券印制商——滑铁卢公司印制并交付给他们价值300万英镑的葡萄牙货币(埃斯库多)。由于公司也为葡萄牙银行印制合法的纸币,假币与真币没有区别(除了系列号是以前合法纸币系列的翻版以外)。骗局被发现之前,价值100万英镑的假币已在葡萄牙流通。阴谋被揭露后(因为有人注意到了重复的系列号),葡萄牙银行通过用新制的有效纸币更换假币,予以纠正。该银行接着起诉滑铁卢公司,索要赔偿费。公司被判负责任,但关键问题是赔偿的金额,银行认为赔偿金额是100万英镑(减去从骗子那里收到的钱)。对方争辩说,银行只不过再发行价值100万英镑的货币赎回假币,遭受损失的实际成本微不足道。(注意,货币纯粹是发行的纸张,不能兑换成黄金或其他任何东西。)所以公司的论点是,银行唯一真实的成本是纸张和印制的支出。你认为哪方正确呢?[英国最高法院1932年判定赔偿100万英镑是正确的标准。要找有关对这一货币经济学史上令人关注的插曲的论述,参阅 R. Hawtrey(1932)和 M. Bloom(1966)。]

8. 利率目标

假设货币管理当局要保持名义利率 i 不变。假设实际利率 r 是固定的。可是实际货币需求 M^d/P 上下变动很大。

a. 如果实际货币需求 M^d/P 暂时上升,货币管理当局应该如何变动名义货币量 M? 如果实际需求持久性地增加,又该如何?

b. 在你对问题 a 的回答中,物价水平 P 有怎样的变化? 如果要遏止 P 的波动以及维持不变的名义利率 i,货币管理当局该做什么?

9. 指数化债券

a. 考虑一年期成本为1 000美元的名义债券。一年后,债券支付本金1 000美元和利息50美元。该债券的名义利率是多少? 该债券实际的与预期的一年期实际利率是多少? 为什么名义利率为已知而实际利率却不确定?

b. 现在考虑一年期的指数化债券(诸如美国抵御通胀债券)。假设债券的成本为1 000美元。过了一年后,债券的名义本金调整为 $1\,000 \cdot (1+\pi)$ 美元,这里 π 为过去一年实际的通货膨胀率。于是债券支付调整后的本金 $1\,000 \cdot (1+\pi)$ 美元加上利息,比如说,调整后本金的3%。指数化债券的一年期实际利率多少? 债券真实与预期的一年期名义利率是多少? 为何实际利率已知而名义利率不确定?

c. 你能设想出设计指数化债券的其他方法吗? 名义的与实际的利率是否在某些情况下都可能不确定?

10. 对名义利率的影响

下列事件对物价水平 P 和名义利率 i 有什么影响?

a. 名义货币量 M 的一次性增加;

b. 货币增长率 μ 的一次性上升;

c. 可信地宣布货币增长率 μ 在未来一年开始上升。

11. 理性预期以及对预期通货膨胀的计量

理性预期的假说怎样有助于我们计量预期的通货膨胀率 π_i^e?

12. 货币的季节性变动

假设实际货币需求量在每年第四季度相对地大,在第一季度相对地小。假设实际利率不存在季节性模式。

a. 假设名义货币量 M 不存在季节性模式。物价水平 P、通货膨胀率 π 和名义利率 i 有什么季节性模式?

b. 名义货币量 M 什么样的走势会消除 P、π 和 i 的季节性变动?

13. 货币增长与通货膨胀之间的统计关系

学过计量经济学并能利用统计软件的同学可以做下列练习。

a. 利用表 11.1 中的数据,对为常数的通货膨胀率 π 和货币增长率 μ 进行回归分析。μ 的估计系数是多少?如何解释?常数项的含义是什么?

b. 对实际货币余额($\mu-\pi$)的增长率、实际 GDP 的增长率 $\Delta Y/Y$ 和一个常数进行回归分析。$\Delta Y/Y$ 的估计系数是多少?如何解释?

c. 假设将变量 $\Delta Y/Y$ 添加到问题 a 的回归分析。$\Delta Y/Y$ 的估计系数是多少?我们该怎样解释?

14. 货币增长与通货膨胀

假设货币需求函数如下:

$$M^d/P = L(Y,\, i) = Y \cdot \Psi(i)$$

这就是说,对于给定的名义利率 i,实际 GDP(Y)增加一倍使实际货币需求量 M^d/P 也增加一倍。

a. 考虑货币增长率 μ 与通货膨胀率 π 之间的跨国比较,如图 11.1 所示。实际 GDP 的增长率 $\Delta Y/Y$ 怎样影响 μ 与 π 之间的关系?

b. 对于名义利率 i 已经上升的国家,μ 与 π 之间是什么关系?

c. 假设已经给定预期实际利率 r_i^e,对于预期通货膨胀率 r_i^e 已经上升的国家,μ 与 π 之间是什么关系?

15. 提前归还抵押贷款与赎回债券

抵押贷款允许借款人提早支付(归还)本金。有时抵押贷款合约规定了提前还贷的处罚条款,有时没有处罚。类似地,长期债券(不是由美国政府发行的债券)有时允许过了规定持有日期后可提前支付本金,也有明文确定的处罚。债券发行人行使这种提前还款的权利时,他或她说成是“赎回”债券。允许提前还款的债券说成是“可赎回的”或有“赎回约定”。

a. 借款人何时想要提前支付(或赎回)他或她的抵押贷款或债券?名义利率出乎意料地上升或下降时,我们会看到更多的提前还款现象吗?

b. 从 20 世纪 70 年代末直到 1982 年,银行与其他存贷机构急于要顾客提前归还他们的抵押贷款。为何如此?后来,发展到顾客自行想提前还款。他们为何想这样做?

c. 假设名义利率年复一年地波动越来越大。(这些波动——或上下起伏——从20世纪70年代中期至80年代初尤其严重。)从借款人的角度来看,这种变化对他(或她)的有提前还款选择权的抵押贷款或债券——即可赎回的——的价值有何影响?

第五部分　政府部门

政府支出

在我们的模型中，到目前为止政府所起的作用很有限。我们只探讨了通过创造货币作为融资来源进行一次性转移支付的职能。现在起我们要考虑政府采购商品和服务的职能。在国民账户中，这类采购称为政府消费与投资。①我们在本章假设，政府的支出通过**一次性税收**融资，类似于我们以前探讨的一次性转移支付。我们也继续假设这种转移支付是一次性的。在第 13 章，我们将考虑更符合实际的税收和转移支付制度。以美国和其他国家的政府支出数据作为研究的起点，是很管用的。

12.1 政府支出的数据

政府支出是各级政府花在购买商品和服务、转移支付（转移支付给家庭和厂商的金额）和利息支出上所付出的美元。（我们把对利息支出的讨论推迟到第 14 章。）图 12.1 列出了美国从 1929 年到 2005 年政府支出占国内生产总值 GDP 的比率。除了战时支出以外，政府支出从 1929 年占 GDP 的 9.5%到 1940 年的 18%、1950 年的 21%、1960 年的 26%、1970 年的 30%、1980 年的 32%、1990 年的 34%、2000 年的 30%，发展到 2005 年的 33%。由此看来，20 世纪 80 年代初呈现上升趋势以后，政府支出占 GDP 的比例保持在接近三分之一的水平。

图 12.1 显示出在大萧条与二战之前的 1929 年，政府支出主要用于采购商品和服务。可是随着时间的推移，在相对意义上，政府支出从采购转向第二个主要支出项目——转移支付。在 2005 年，政府支出总额占 GDP 的 33%，其中 GDP 的 17%用于采购，13%用于转移支付。（其余 3%用于利息支付。）

① 政府消费与投资同政府采购的区别是，前者包括政府资本存量隐含的租金收入。实践中，在国民账户里，这项租金收入假设为等于政府资本的折旧估计值。本模型中政府不拥有资本。所以政府资本存量的折旧值为 0，并且政府投资也为零。因此在本模型中政府采购与政府消费相同。

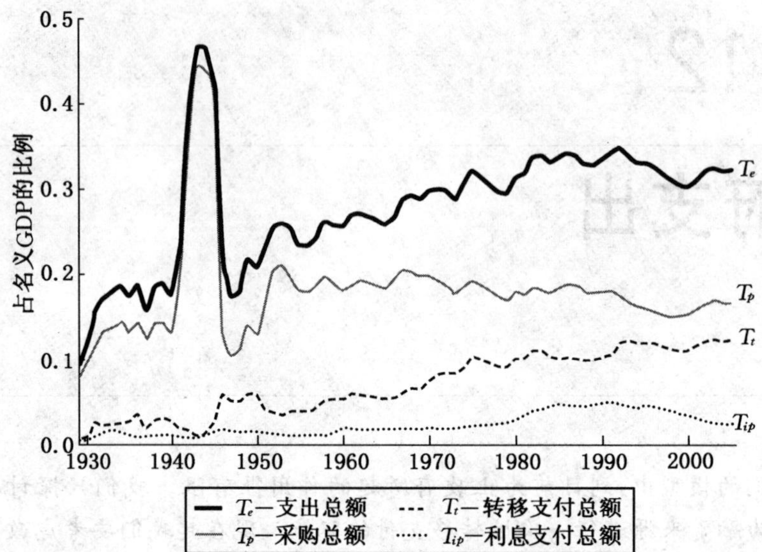

注：本图指的是总的政府支出，并显示出各个组成部分的名义支出占名义 GDP 的比率。商品与服务的采购为消费支出和投资。在国民账户中，采购等于政府消费与投资减公共资本存量的折旧。转移支付总额中不包括联邦政府向州与地方政府的援助拨款，但包括补贴。利息款项是指付出的总额（未扣除政府的利息收入）。支出总额还包括金额相对小的资本转移支付和非生产性资产的采购净额。

图 12.1　政府支出总额：采购、转移支付和利息支付总额

图 12.2 中，政府采购被分解为联邦、州和地方政府的采购，该图另外还单独显示了联邦政府的国防采购。除了 1933 年至 1940 年大萧条期间以外，联邦政府的

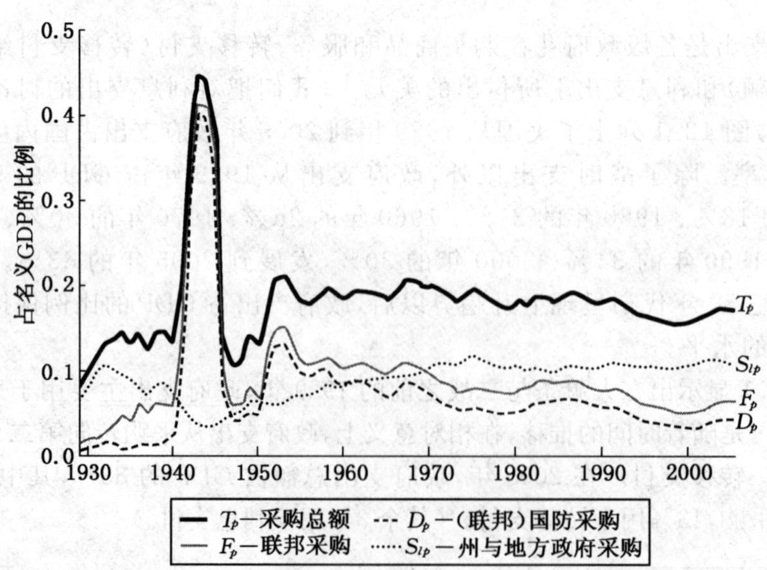

注：本图表示政府各项名义支出占名义 GDP 的比例。采购总额被分解为联邦、州和地方政府的采购。用于国防的联邦采购单独列出。

图 12.2　政府采购的分解

采购主要用于国防。1960年的国防采购为GDP的8%,但在1979年下跌到4.8%的低点,后来在里根政府加强国防期间,在1986年又上升至6.5%。然后这个比例逐渐下降,大概是由于冷战结束带来的"和平效益"所致,在2000年降至3.2%。此后,国防费用所占比例再次上升,2005年达到4.2%。本图还表明国防采购占GDP的比例在战时达到高峰:1944年(第二次世界大战)占GDP的40%,1952—1953年(朝鲜战争)为13%,1967—1968年(越南战争)为8.5%,以及2004—2005年(伊拉克战争)为4.2%。

州与地方政府的采购在1929年占GDP的6.6%,1950年为6.3%,1975年上升到其峰值11.5%,此后就一直相当稳定,在2005年等于10.7%。这一比例在1975年之前持续上升,其中大约一半反映出教育支出的增长,从1952年占GDP的2.4%上升至1975年的5.6%。此后,州与地方政府的教育支出占GDP的比例相当稳定,在2004年等于5.1%。

图12.3显示了政府转移支付占GDP的比例上升的路径。[①]这一比例在1929年为0.8%,此后逐渐稳定上升,2005年达到12.6%。在联邦一级,扩张最大的主要是**社会保障计划**——包括老年人、丧偶孤寡人士和残疾人保险的付款(OASDI),以及医疗保健(Medicare)——为老年人医疗支出的付款。图12.4表明OASDI支出占GDP的比例从1940年的0变为1980年的4.3%,然后大致保持不变,一直到2004年。该图还表明,医疗保健开支占GDP的比例从1965年的0上升到2004年的2.6%,这种增长显然是持续的。

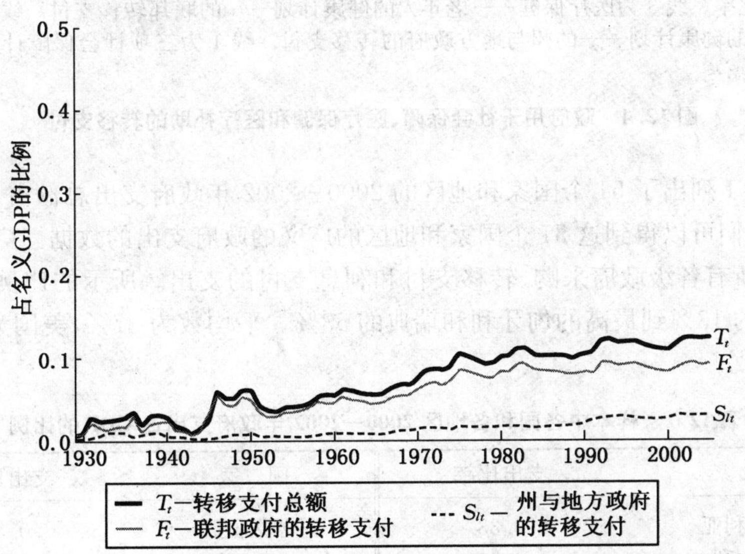

注:本图表示政府各项名义支出占名义GDP的比例。转移支付包括各项补贴。总额与联邦政府的转移支付不包括联邦政府向州与地方政府提供的援助拨款。

图12.3 政府转移支付的分解

① 图12.3所示的转移支付包括补贴,但不包括联邦政府付给州与地方政府的拨款(或称为联邦援助拨款)。

州与地方政府的转移支付包括家庭援助的福利支出。然而，州与地方政府转移支付的主要增长是在医疗补助（Medicaid）方面，为穷人的健康支出的款项。图12.4显示出这些支出占GDP的比例从1958年的0变为2004年的2.5%，与医疗保健相同，但医疗补助支出的增长甚至快于医疗保健。2004年这三项主要的社会保障计划——OASDI、医疗保健和医疗补助——占到GDP的9.2%。

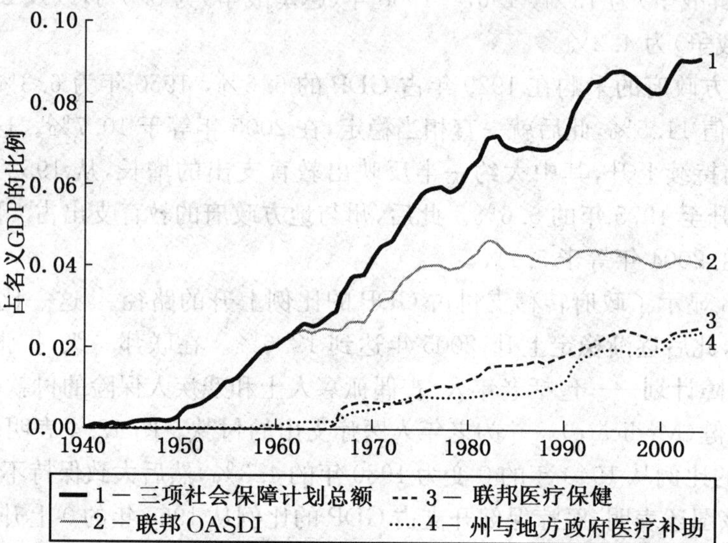

注：线2为主要社会保障计划OASDI（老年人、丧偶孤寡人士、残疾人保险）的联邦转移支付占GDP的比率。线3为医疗保健——老年人的健康计划——的联邦转移支付。线4为医疗补助——穷人的健康计划——的州与地方政府的转移支付。线1为三项社会保障计划的总和占GDP的比率。

图12.4 政府用于社会保障、医疗保健和医疗补助的转移支付

表12.1列出了51个国家和地区的2000—2002年政府支出总额占GDP的比例，因为我们可以得到这51个国家和地区的广义的政府支出的数据。广义的政府支出包括所有各级政府采购、转移支付和利息支付的支出。所示的比例从最低的中国香港的13%到最高的匈牙利和瑞典的53%。平均数为37%，美国为32%，稍低于平均数。

表12.1 样本中各国和各地区2000—2002年政府支出占GDP的比例

国　家	支出比率	国　家	支出比率
澳大利亚	0.33	拉脱维亚	0.39
奥地利	0.50	立陶宛	0.32
阿塞拜疆	0.23	卢森堡	0.41
比利时	0.47	马来西亚	0.27
玻利维亚	0.37	摩尔多瓦	0.24
博茨瓦纳	0.42	荷　兰	0.42
巴　西	0.37	新西兰	0.38

(续表)

国　家	支出比率	国　家	支出比率
保加利亚	0.41	挪　威	0.42
加拿大	0.38	巴拿马	0.28
智利	0.23	秘鲁	0.29
克罗地亚	0.51	俄罗斯	0.16
捷克共和国	0.32	新加坡	0.18
丹　麦	0.52	斯洛伐克	0.39
厄瓜多尔	0.25	斯洛文尼亚	0.42
埃　及	0.26	韩　国	0.24
爱沙尼亚	0.37	西班牙	0.38
芬　兰	0.44	瑞　典	0.53
法　国	0.49	瑞　士	0.38
德　国	0.47	中国台湾	0.25
希　腊	0.47	泰　国	0.18
中国香港	0.13	特立尼达	0.32
匈牙利	0.53	乌克兰	0.26
爱尔兰	0.30	英　国	0.38
意大利	0.46	美　国	0.32
日　本	0.37	委内瑞拉	0.23
哈萨克斯坦	0.22		

注：表中列出了2000—2002年政府支出占GDP的平均比例。政府支出包括各级政府采购商品和服务、转移支付和利息支付的开支。除美国外，各国和各地区的数据来自《经济学家》信息处，*EIU Country Data*（http://www.eiu.com）。

12.2 政府的预算约束

我们现在扩展我们的均衡经济周期模型，以考虑政府对商品和服务的采购与转移支付。设 G_t 表示政府在 t 年的实际采购。我们在以前的分析中探讨了两种形式的商品与服务的私人支出：消费 C_t 和总投资 I_t。三项总和 $C_t+I_t+G_t$ 为 t 年商品与服务的实际支出总额。设 V_t 为政府转移的实际支出。与 G_t 不同，实际转移支付 V_t 不是用于商品和服务的开支。因为，转移支付只表示政府对收入的调节，(通过税收)将一群人的收入(通过转移)转交给另一群人。

在第11章里，政府唯一的收入来自印制货币。T 年的这一收入的实际价值为 $(M_t-M_{t-1})/P_t$，M_t 为 t 年名义货币量，M_{t-1} 为前一年的数量。在美国，这些收入直接归中央银行所有，也就是联邦储备银行(或简称"美联储")。美联储将大部分收入交给美国财政部。在模型中，我们将中央银行也视为政府。

现在我们假设政府还向家庭征税。这些税收也许也适用于厂商，但要记住是家庭拥有并经营厂商。设 T_t 为政府在 t 年征收的实际税款总额。

政府的预算约束讲的是，政府资金使用总量必须等于资金来源总量。资金用于购买商品和服务以及转移支付。资金来源为税收和货币创造的收入。因此，我们可将政府预算约束的实际数值写成为：

关键方程(政府预算约束)：

$$资金使用总量 = 资金来源总量$$

$$G_t + V_t = T_t + (M_t - M_{t-1})/P_t \tag{12.1}$$

$$实际采购 + 实际转移支付 = 实际税收 + 货币创造的实际收入$$

注意：我们未在模型中引入公共债务。所以，方程左边的政府资金用途不包括利息支付，右边的政府资金来源不包括发行公债所得的收入。我们将在第 14 章进行扩展，以包括利息支付与公债发行。

我们在第 11 章提到印制货币的实际收入$(M_t - M_{t-1})/P_t$一般只占政府总收入的很小部分。我们会发现忽略不计印制货币的收入就容易多了，只要回到名义货币量为常数的情况就行。在此情况下，我们可将$M_t - M_{t-1} = 0$代入方程(11.1)，得到：

$$G_t + V_t = T_t \tag{12.2}$$

$$实际采购 + 实际转移支付 = 实际税收$$

在第 11 章里，转移支付采取直升机投放现金的形式，好让家庭直接拿到现金。重要的假设是，这些转移支付是一次性的——家庭拿到的金额不取决于家庭的收入、货币持有量等等。我们继续假设实际转移支付V_t是一次性的。也就是说，家庭得到的转移支付款与其决策无关。

在本章中我们还假设了**一次性税收**。也就是说，家庭支付的实际税款T_t与其收入、消费等等无关。这个假设不符合实际。在现实世界中，精心制定的税法明文规定家庭支付的税款额取决于收入、消费等等。家庭可以做许多事来减少纳税——包括聘请会计师，减少工作，低报收入，以及利用税收漏洞。这些可能性意味着税制对劳动供给、消费，甚至孩子数目所能产生的替代效应。虽然我们要研究这些替代效应，但我们觉得暂时不予考虑，从而将政府支出的这些效应分离出来，就容易多了。这是我们在本章为什么假设一次性税收的原因。我们在第 13 章将考虑来自实际税收类型的替代效应。这种分析还产生了转移支付的替代效应。

12.3 公共生产

我们假设政府利用其对商品与服务的实际采购G_t为家庭和企业提供服务，并且不向用户收费。在多数国家里，公共服务包括国防、执行法律与私人合同、警察和消防、中小学教育和一部分高等教育、部分健康服务、高速公路、公园等等。随着时间的推移，政府活动的范围扩大了，虽然这种范围因国家或所处地点而异。

我们可以在模型中把公共服务设为政府的生产函数的产出。这个函数的投入就是政府拥有的资本存量、政府雇员的劳动服务以及政府向私有部门购买的材料。

为了简化分析，我们不考虑政府的生产，而是假设政府向私人生产者购买最终商品和服务。这就是说，政府采购 G_t 与私人消费者的 C_t 和投资人的 I_t 一起构成了对商品和服务的需求。

实际上，我们假设政府将其所有生产分包给了私人部门。在此背景下，公共投资、公共资本和政府就业都为 0。最后，只有当政府的生产函数——即政府的技术与管理能力——与私有部门不同时，才考虑公共生产，我们会得到不一样的结果。否则，不管政府是像我们假设的那样购买商品和服务，还是购买资本与劳动投入自己生产，都毫无关系。

12.4 公共服务

我们对政府提供的服务的用途必须有自己的立场。一种可能性是这些服务为家庭带来了效用。其中的例子有公园、图书馆、学校午餐计划、得到补贴的医疗保健和运输等。这些公共服务可以替代私人消费。例如，如果政府为学生在学校购买午餐，学生就不必为自己买午餐了。

另一个可能性是，公共服务是对私人生产的投入。其中的例子有制定并执行法律和合同、国防行动、政府赞助的研究与开发计划、太空计划、消防与警察服务以及管理活动。某些情况下，公共服务替代了劳动与资本服务的私人投入。例如，政府的警察服务可以替代私人公司雇用的保安。在其他情况下——包括诸如建立司法制度、国防或许还有提供交通设施——公共服务很可能提高私人投入的边际产品。

我们觉得以公共服务对效用与生产的影响为零的假说作为研究的起点，就容易多了。这种假设类似于假设政府购买商品和服务，然后扔进大海。我们以后将探讨如果我们让公共服务变得有效用，结论会有什么变化？

12.5 家庭预算约束

政府的税收和转移支付影响到每个家庭的预算约束。要明白有何影响，就从第 8 章的家庭预算约束条件开始吧：

$$C+(1/P)\cdot\Delta B+\Delta K=(w/P)\cdot L^s+i\cdot(B/P+K) \qquad (8.6)$$

消费 + 实际储蓄 = 实际收入

第 8 章中的分析忽略不计通货膨胀，即物价水平 P_t 为不因时间变化的常数。我们回到这种情况以简化分析。注意，P_t 为常数的假设与我们名义货币量 M_t 不变的假设是一致的。但这两个不符合实际的假设都不影响我们对政府采购的分析。

方程(8.6)右边有一项为实际资产收入 $i\cdot(B/P+K)$，它取决于名义利率 i。可是由于我们正假设通货膨胀率 π 为零，所以实际利率 r 等于名义利率 i。我们发现用 r 取代 i 很有用，因为在我们允许 π 不为零时，此时的分析也成立。我们如果将方程(8.6)运用于 t 年，用 r 代替 i，得到：

$$C_t + (1/P) \cdot \Delta B_t + \Delta K_t = (w/P)_t \cdot L_t^s + r_{t-1} \cdot (B_{t-1}/P + K_{t-1}) \quad (12.3)$$

消费 + 实际储蓄 = 实际收入

这里 $\Delta B_t = B_t - B_{t-1}$，$\Delta K_t = K_t - K_{t-1}$。

有政府存在，就导致对方程(12.3)中的家庭预算约束要作两项修正。首先，t 年的实际税收 T_t 要从右边的实际收入中减去。增加一单位的实际税收意味着减少一单位的**实际可支配收入**，即税后可动用的实际收入。其次，t 年的实际转移支付 V_t 要添加到右边的实际收入中。所以，家庭的预算约束条件变为：

$$C_t + (1/P) \cdot \Delta B_t + \Delta K_t = (w/P)_t \cdot L_t^s + r_{t-1} \cdot (B_{t-1}/P + K_{t-1}) + V_t - T_t \quad (12.4)$$

消费 + 实际储蓄 = 实际可支配收入

右边带阴影的新项，是实际转移支付与实际税收之差 $V_t - T_t$。

我们在第 7 章与第 8 章表明了怎样将家庭一年的预算约束条件扩展至多年的条件。当我们对方程(8.7)进行修正，以实际利率 r_t 替代名义利率 i_t 时，结果为：

$$C_1 + C_2/(1+r_1) + C_3/[(1+r_1) \cdot (1+r_2)] + \cdots = (1+r_0) \cdot (B_0/P + K_0) + (w/P)_1 \cdot L_1^s + (w/P)_2 \cdot L_2^s/(1+r_1) + (w/P)_3 \cdot L_3^s/[(1+r_1) \cdot (1+r_2)] + \cdots \quad (12.5)$$

消费的现值 = 初始资产的价值 + 工资收入的现值

当我们考虑到税收和转移支付时，如我们在分析方程(12.3)和方程(12.4)中做的那样，我们就从方程(12.5)得到一个多期预算约束的展开式。该展开式是：

关键方程(在有转移支付和税收情况下的家庭多年预算约束)：

$$C_1 + C_2/(1+r_1) + \cdots = (1+r_0) \cdot (B_0/P + K_0) + (w/P)_1 \cdot L_1^s + (w/P)_2 \cdot L_2^s/(1+r_1) + \cdots + (V_1 - T_1) + (V_2 - T_2)/(1+r_1) + (V_3 - T_3)/[(1+r_1) \cdot (1+r_2)] + \cdots \quad (12.6)$$

消费现值 = 初始资产的价值 + 工资收入的现值 + 转移支付扣除税收后的现值

右边带阴影的新项是实际转移支付扣除实际税收后的现值：

$$(V_1 - T_1) + (V_2 - T_2)/(1+r_1) + (V_3 - T_3)/[(1+r_1) \cdot (1+r_2)] + \cdots \quad (12.7)$$

= 实际转移支付扣除实际税收后的现值

实际转移支付扣除实际税收后的现值的下降减少了家庭资金来源的总额。我们根据第 7 章的分析预期家庭会像对收入的任何其他损失一样作出反应。尤其是收入效应预期每年的消费 C_t 和闲暇会减少。闲暇的减少意味着每年的劳动供给 L_t^s 增加。

第 7 章的分析告诉我们,收入效应的强度取决于扣除实际税收后的实际转移支付的变动是暂时性的还是持久性的。对于暂时性变动,我们可以设第一年实际转移支付扣除实际税收后(V_1-T_1)的收入下降,并设其他 t 年的各项 V_t-T_t 固定不变。在此情况下,方程(12.7)中的实际转移支付扣除实际税收后的现值下降了,但只是小幅下降。所以,我们预计每年的 C_t 会小幅减少,L_t^s 会小幅增加。如果 V_t-T_t在所有 t 年都下降,方程(12.7)中的实际转移支付扣除实际税收后的现值就大幅下降。因此,我们预计每年的 C_t 会大幅减少,L_t^s 会大幅增加。

12.6 政府采购的持久性变化

我们现在将注意力转向政府采购。我们以探讨政府采购持久性变化的经济影响作为起点。回顾图 12.2 中以占 GDP 的比例表示的美国政府采购的数据。目前的分析不适用于暂时性的大幅度变动,诸如二战和朝鲜战争期间国防采购的激增。我们的分析的确适用于政府采购的其他大多数变动;从经验事实上看,政府采购占 GDP 比例的大多数变动是持久性的。

12.6.1 政府采购的持久性变化:理论

假设政府采购 G_t 每年只上升一个单位。由于我们考虑每年相同的变化,只要去掉下标 t,就可以简化分析。在此情况下,从方程(12.2)得到的政府预算约束为:

$$G+V=T$$

因此,我们可以移项而得到一个扣除实际税收后的实际转移支付的公式:

$$V-T=-G \tag{12.8}$$

如果 G 每年上升一个单位,$V-T$ 每年就下降一个单位,进而典型家庭的可支配实际收入每年会下降一个单位。收入效应相应地预期每年的消费 C 减少,每年的劳动供给 L^s 上升。

现在忽略不计劳动供给 L^s 的变化,我们可以得到分析的主要结果。也就是说,我们假设每年的 L^s 等于一个常数 L。我们将在第 13 章重新考虑这一假设,此时我们也将考虑到各种实际形式的税收产生的替代效应。

考察一下对消费 C 的收入效应。由于典型家庭每年少了一单位的实际可支配收入,我们预料 C 每年大致减少一个单位。这种预料是从第 7 章的分析结果——收入的持久性变化所引致的消费倾向接近于 1——推断出来的。

现在让我们考虑政府增加采购怎样影响资本服务的需求和供给以及实际

GDP。回顾第 9 章的生产函数给出的实际 GDP(Y)：

$$Y = A \cdot F(\kappa K \cdot L) \tag{9.1}$$

这个公式纳入了一个变量，即资本利用率 κ，所以 κK 是资本服务的数量。我们现假设资本存量 K 在短期内固定不变。我们还假设技术水平 A 和劳动投入量 L 也固定不变。

如第 9 章所述，资本服务的需求量$(\kappa K)^d$，由资本服务的边际产品 MPK 等于实际租赁价格 R/P 这一关系推导而得。这一条件决定了如图 9.5 中所示的资本服务需求是一条向下倾斜的曲线。我们在图 12.5 中复制了这一需求曲线$(\kappa K)^d$。

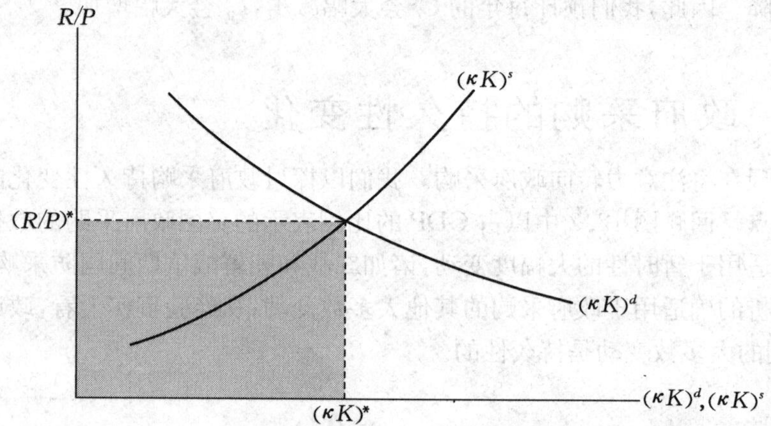

注：本图来自图 9.5。资本服务的需求曲线$(\kappa K)^d$ 来自资本服务的边际产品 MPK 等于实际租赁价格 R/P 的关系。当 R/P 上升时，资本服务的需求量下降。资本服务的供给曲线$(\kappa K)^s$ 适用于给定的资本存量 K。如果 R/P 上升，资本所有者会提高资本利用率 κ，资本服务的供给量会上升。资本服务的供给量等于需求量之时市场出清。在这一点上，R/P 等于纵坐标上的 $(R/P)^*$，κK 等于横坐标上的$(\kappa K)^*$。

图 12.5　资本服务市场的出清

由于资本存量 K 是给定的，资本服务的供给量$(\kappa K)^s$ 只随资本利用率 κ 的变化而变化。如第 9 章的图 9.5 所示，当 κ 给定时，资本服务的供给量$(\kappa K)^s$ 是一条向上倾斜的曲线。如图 12.5 所示，我们用$(\kappa K)^s$ 线表示这一供给曲线。

重要的观察点是，政府采购 G 的增加并未使资本服务的需求曲线或供给曲线移动。需求曲线之所以没有移动，是因为(对于给定的资本服务投入量 κK)G 的上升不影响 MPK。供给曲线之所以没有移动，首先是因为 K 是给定的，其次是因为 G 的变化不影响资本利用率 κ 的选择(如第 9 章的图 9.3 所示)。由于图 12.5 中的需求曲线和供给曲线没有移动，我们的结论是，市场出清的实际租赁价格$(R/P)^*$ 与资本服务量$(\kappa K)^*$ 不变。

方程(9.1)中的生产函数 $Y = A \cdot F(\kappa K, L)$ 给出了实际 GDP(Y)。我们发现资本服务量 κK 不变，并且假设技术水平 A 和劳动投入量 L 也固定不变。所以 Y 不变。从而我们得出一个重要的结论：政府采购的持久性增加不影响实际 GDP。

考察一下实际利率 r。我们由第 11 章知道，r 由下列方程给定：

$$r = (R/P) \cdot \kappa - \delta(\kappa) \tag{11.8}$$

债券的实际收益率＝拥有资本的收益率

这里 R/P 为实际租赁价格，κ 为资本利用率。$(R/P) \cdot \kappa$ 项是每单位资本的实际租金收入。我们发现政府采购 G 的持久性增加不影响 R/P 或 κ。因此，方程(11.8)意味着实际利率 r 不变。如此一来，我们有了另一个重要的分析结果：政府采购的持久性增加不影响实际利率。

现在我们转向劳动市场。如第 6 章和第 8 章所述，劳动的需求量 L^d 由劳动的边际产品 MPL 等于实际工资率 w/P 的关系确定。如图 6.4 和图 8.6 所示，这个条件决定了向下倾斜的劳动需求曲线。如图 12.6 所示，我们复制了这条需求曲线。

我们在第 8 章讨论了实际工资率 w/P 的上升怎样促使家庭增加劳动供给量 L^s。然而，我们现在假设劳动供给 L^s 是个常数。所以图 12.6 显示 L^s 在 L 值处为一垂直线。我们假设政府采购 G 的增加不改变 L。

在图 12.6 中，政府采购 G 的持久性增加并不会使劳动需求曲线 L^d 移动。原因是(对于给定的劳动投入 L)G 的上升不影响 MPL。为得到这个答案，我们利用图 12.5 的资本服务量 κK 不变的分析结果。如果资本服务变了，(在 L 给定的情况下)MPL 就会不一样，图 12.6 中的 L^d 曲线就会发生移动。

政府采购 G 的增加没有使固定在 L 点上的劳动供给曲线 L^s 移动，也没有使劳动需求曲线 L^d 移动。所以 G 的增加没有使图 12.6 发生任何变化。从而出清市场的实际工资率 $(w/P)^*$ 不变。我们的结论是，**政府采购的持久性增加不影响实际工资率。**

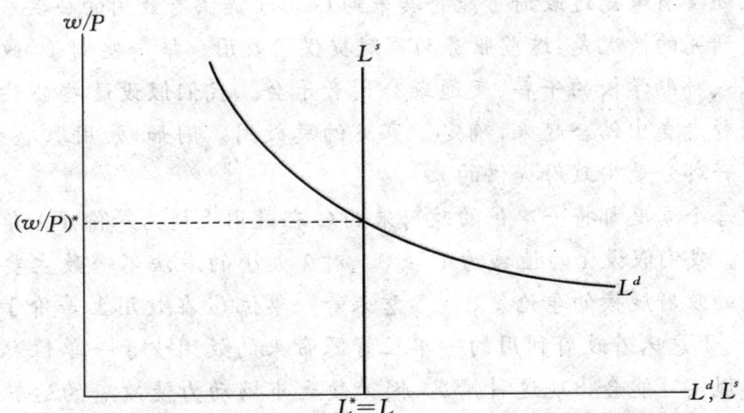

注：本图来自图 8.6。劳动的需求曲线 L^d 来自劳动的边际产品 MPL 等于实际工资率 w/P 的关系。当 w/P 上升时，劳动的需求量下降。我们在此假设，直线表示的劳动供给 L^s 等于常数 L。当 $w/P = (w/P)^*$ 时，市场出清，从而劳动需求量等于 L。

图 12.6　劳动市场出清

现在我们转向消费行为 C。我们从分析收入效应知道，政府采购 G 持久性地上升一个单位，消费 C 每年大致减少一个单位。为找出对现期消费的全部影响，我们就得考虑是否有什么替代效应在发生作用。跨时期替代效应取决于实际利率 r。由于 r 不变，跨时期替代效应就不起作用。另一种替代效应涉及消费与闲暇，但我们已经假设劳动的数量、从而闲暇的数量固定不变。任何情况下，这种替代效应取决于实际工资率 w/P，而实际工资率是不变的。

由于未产生替代效应，单从收入效应我们就能确定现期消费 C 的变化。如前面所述，收入效应造成 C 大致下降一个单位。所以我们预料，**政府采购持久性地增长一个单位，造成消费大致减少一个单位。**

为发现总投资 I 对政府采购的反应，请记住实际 GDP(Y)等于消费 C、总投资 I 和政府采购 G 的总和：

$$Y = C + I + G \tag{12.9}$$

目前的情况是，Y 未变，G 上升一个单位，而 C 下降一个单位。所以，方程(12.9)告诉我们 C 与 G 的变化完全相互抵消，因而使 I 保持不变。我们的结论是，**政府采购的持久性增加不影响总投资。**

综上所述，我们的预测是：政府采购 G 的持久性增加幅度大体上与消费 C 的减少幅度对应。没有发生变化的变量包括实际 GDP(Y)、总投资 I、资本服务数量 κK、实际租赁价格 R/P、实际利率 r，以及实际工资率 w/P。

扩展模型

有效用的公共服务

我们还没有考虑过政府可能将其采购 G 用于提供有效用的公共服务。我们在此要研究的情况是：这些服务为家庭提供了效用。举一些例子：政府可能免费提供或补贴学校的午餐、交通或公园音乐会。我们假设这些公共服务与私人的消费者支出结合起来，确定了家庭的总效用。例如，效用取决于交通，而其中有一部分是由政府提供的。

假设每个家庭都将一单位的政府采购 G 在效用上视为等价于 λ 单位的私人消费 C。我们假设 λ 的值域为 $\lambda \geqslant 0$。对 λ 大小的看法不一致主要源于对关于理想的政府规模的争论。$\lambda = 1$ 意味着一单位 G 在效用上等价于一单位的 C。$\lambda < 1$ 意味着政府利用的一单位资源带来的效用少于一单位私人消费的支出。现实可能会出现这种情况，因为缺乏市场动力使政府的运转相对效率低下。如果提供公共产品有规模利益，我们能以 $\lambda > 1$ 取而代之。

回顾关于家庭预算约束的方程(12.4)，去掉关于年份的下标，可以写为：

$$C + (1/P)\cdot \Delta B + \Delta K = (w/P)\cdot L^s + r\cdot (B/P + K) + V - T$$

消费 + 实际储蓄 = 实际可支配收入

我们可在方程的两边加上 λG，得：

$$(C+\lambda G)+(1/P)\cdot\Delta B+\Delta K=(w/P)\cdot L^{s}+r\cdot(B/P+K)+\lambda G \tag{12.10}$$

有效消费＋实际储蓄＝有效实际可支配收入

上式有两个新项λG。这一新项之所以有用，是因为可以认为左边的$C+\lambda G$是有效消费：私人消费C和从公共服务得到的效用λG之和。右边的新项λG是免费或补贴的公共服务的隐含价值。这样，我们可以将右边视为有效的实际可支配收入，是实际可支配收入与公共服务的隐含价值λG之和。

考虑政府采购G每年上升一单位的情况。方程(12.8)中的政府预算约束表明，实际转移支付与实际税收之差$(V-T)$每年下降一单位。所以，G增加一个单位，使方程(12.10)右边的最后三项合并后变化的增量为：

$$\Delta(V-T+\lambda G)=\Delta(V-T)+\Delta(\lambda G)=-1+\lambda$$

我们这里所用的条件为$\Delta(V-T)=-1$以及$\Delta(\lambda G)=\lambda$。这样，有效实际可支配收入的增量取决于$\lambda$小于、等于还是大于1。如果$\lambda<1$，$G$上升一个单位时，有效实际可支配收入下降$1-\lambda$单位。但是，如果$\lambda>1$，$G$增加一个单位时，有效实际可支配收入上升$\lambda-1$单位。在本书中，我们假设$\lambda=0$，所以当$G$上升一个单位时，有效实际可支配收入下降一个单位。

为理清头绪，先考虑$\lambda<1$的情况。（然而，分析结果同样适用于$\lambda=1$或$\lambda>1$的情况。）由于有效实际可支配收入每年下降$1-\lambda$单位，我们预计家庭的有效消费$C+\lambda G$每年大约减少$1-\lambda$单位。也就是说，有效消费的变化幅度接近于有效实际可支配收入的变化幅度。为确定C的增量，利用条件：

$$\Delta(C+\lambda G)=-1+\lambda$$

我们如果分解左边的两个增量，得：

$$\Delta C+\lambda\cdot\Delta G=-1+\lambda$$

我们如果代入$\Delta G=1$，消掉两边的λ，得：

$$\Delta C=-1$$

$\Delta C=-1$的结果意味着持久性地增加一个单位政府采购G就挤出了一个单位的私人消费C。我们发现这个结果对于任意值的λ都成立。这也适用于本书中的情况：(1)当公共服务毫无价值($\lambda=0$)时；(2)当一个单位的公共服务带来的效用少于一个单位的私人消费($0<\lambda<1$)时；(3)当公共服务与私人服务被认为价值相同($\lambda=1$)时；(4)以及认为公共服务更有价值($\lambda>1$)时。这些情况之间唯一的区别——却是一个重要的区别——是政府扩大G时，λ的值越大，家庭越高兴。

12.6.2 政府采购的周期性变化

来自均衡经济周期模型的一个预测是，政府采购的持久性变化对实际 GDP 没有多大影响。我们提到过：美国政府实际采购的大多数变化符合持久性的假设。相反的主要例子来自战时的军方采购。如果我们查看美国 1955—2006 年的数据，朝鲜战争结束以后，与战争相关的政府采购的变动相对很小。所以，模型预计，从 1955 年至 2006 年，政府采购的波动与实际 GDP 的波动应该没什么关系。

为检验这个命题，图 12.7 采用了我们的标准方法，将一个变量的周期性部分——本例中为实际政府采购——与实际 GDP 的周期性部分进行比较。从 1955 年至 2006 年，实际政府采购的变动类似于实际 GDP 的变动。然而，两个变量的周期性部分事实上毫不相关——相关系数为－0.01。这个结果给我们的均衡经济周期模型提供了佐证。还要注意，政府采购的模式截然不同于我们在消费支出与投资方面发现的模式（图 8.9 和 8.10），后者的每一个都是明显顺周期的。

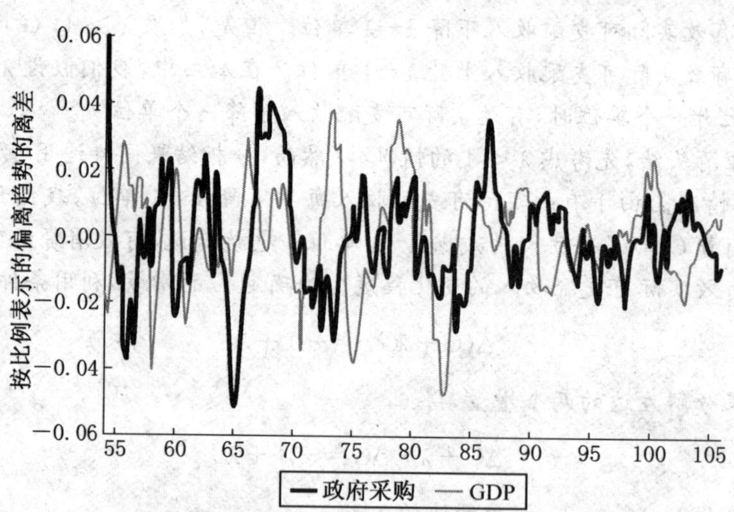

注：细线为实际 GDP 偏离其趋势的离差。粗线为实际政府采购偏离其趋势的离差。（我们用政府消费与投资的国民账户数据计算政府采购——这个理念将政府资本存量估计的折旧计入政府采购。）这些离差是按比例计算的。GDP 与政府采购的数据为季度数据，进行了季节性调整。政府采购的波动与 GDP 相似，但没有什么周期性模式。实际政府采购的周期性部分与实际 GDP 的周期性部分的相关系数为－0.01。

图 12.7 美国实际 GDP 与政府采购的周期性变化

12.7 政府采购的暂时性变化

现在我们要分析实际政府采购的暂时性变动。我们首先扩展均衡经济周期模型，以便纳入政府采购的暂时性变动作为研究的起点。然后我们将这一扩展的模型应用于战时的经历。

12.7.1 政府采购的暂时性变化:理论

现在假设第一年的实际政府采购 G_1 上升一个单位,而其他年份的 G_t 不变。也就是说,人人都预期将来年份的 G_t 会回到初始水平。我们可以认为这种情况代表始于第一年年初的一次战争,预期延续一年。当然这种描绘是一种简述,旨在抓住暂时性政府高额采购的主要特点。事实上,战争的时间跨度千差万别,政府大量采购的时间段或许大于或小于一年。

由方程(12.8)知,在 t 年政府的预算约束是:

$$V_t - T_t = -G_t \tag{12.11}$$

所以在第一年,实际转移支付超过税收的净额($V_1 - T_1$)下降一个单位,家庭就少了一个单位实际可支配收入。在以后的年份里,实际可支配收入 $V_t - T_t$ 回到了初始水平。这样,政府采购暂时性上升与政府采购持久性上升的差异在于前者的未来年份的预期实际可支配收入不变。我们根据第 7 章的分析预测,家庭会将第一年减少的实际收入分摊到所有 t 年减少的消费 C_t 中。因此,政府采购的暂时性变化对第一年消费 C_1 的影响相对较小。收入的暂时性变化的消费倾向虽然大于 0,但比 1 小多了。

为简化标记,现在再次去掉时间的下标,各变量暗含地适用于当年,即第一年。对政府采购暂时性变动的许多分析与对持久性变动的分析相同。同以前一样,我们忽略不计劳动供给的任何变化,从而 $L^s = L$。在图 12.5 中,(对于给定的资本服务量 κK)政府采购的变化依然不影响 MPK,所以并未使资本服务的需求曲线 $(\kappa K)^d$ 移动,政府采购的变化也没有影响资本服务的供应者改变他们的资本利用率 κ(对于给定的实际租赁价格)。因而在资本存量 K 固定的情况下,资本服务的供给曲线 $(\kappa K)^s$ 也没有移动。由于图 12.5 中的两条曲线都没有移动,我们的结论同以前一样:实际租赁价格 R/P 和资本服务量 κK 都不变。

由于资本服务 κK 不变,劳动固定在 L,我们由生产函数知道:

$$Y = A \cdot F(\kappa K,\ L) \tag{9.1}$$

即实际 GDP(Y)不变。由于实际租赁价格 R/P 以及资本利用率 κ 不变,我们还知道实际利率 r 保持不变。这个结果由以下公式推知:

$$r = (R/P) \cdot \kappa - \delta(\kappa) \tag{11.8}$$

债券的实际收益率 = 拥有资本的实际收益率

图 12.6 中,政府采购的变化仍然不影响 MPL(对于给定的劳动投入 L),从而没有使劳动的需求曲线 L^d 移动。由于劳动供给 L^s 固定在 L,政府采购的变化也不会使劳动供给曲线发生移动。因为两条曲线都没有移动,实际工资率 w/P

不变。

当我们考虑消费与投资时，新的结果出来了。再次考察实际GDP的表达式：

$$Y = C + I + G \tag{12.9}$$

实际GDP(Y)不变；实际政府采购G在第一年提高了一个单位，消费C下降了，但远小于一个单位。结果，方程(12.9)意味着总投资I必须下降。事实上，由于C的下降实在太小，I的下降就较多了。这就是说，第一年G的增多，主要是减少了I，而不是C。相比之下，当G的变化为持久性的时候，我们预料G的增加大部分或全部来自C的减少。

扩展模型

对利率期限结构的影响

我们发现政府采购G的暂时性增加不影响实际利率r。我们还发现投资I下降了。例如，在可能延续数年的战争期间，I会受到抑制。随着时间的推移，投资的下降意味着资本存量K将会低于本来可以达到的水平——K在战争结束时尤其低。K的下降减少了资本服务的供给，从而导致市场出清的实际租赁价格R/P的上扬。根据方程(11.8)，$r=(R/P)\cdot\kappa K-\delta(\kappa)$，$R/P$的上升导致$r$的提高。所以，虽然现期实际利率没有变动，但未来的实际利率上升。

在我们的模型中，实际利率r是短期利率。在现实生活中，交易的债券期限长短不一。例如，如果我们认为在第11章研究的美国指数化国库券为一年期债券，支付的实际收益率为$r(1)$，那么五年期债券的收益率为$r(5)$，以此类推。**实际利率的期限结构**表现的是实际收益率$r(j)$与期限j之间的关系。如果$r(j)$随j的上升而上扬，利率期限结构表现在图形上就是向上倾斜的；否则就是水平的或向下倾斜的。

如果我们考虑比如说五年的时间跨度，个人可以将美国政府五年期指数化债券持有到期满，反过来也可以持有一系列五个一年期的指数化债券。在第一种情况下，实际收益率为$r(5)$。在第二种情况下，实际收益率为五个一年期收益率$r(1)$的平均值。金融市场的竞争促使两种选择的预期收益率相等。所以，$r(5)$就是预期在之后五年的$r(1)$的平均值。

在政府采购暂时性增加的情况下，诸如$r(1)$之类的短期利率起初不发生变动。然而，$r(1)$的预期值上升了。所以，预期未来五年的$r(1)$的平均值上升。因为$r(5)$等于预期$r(1)$的平均值，由此假设，政府采购增加时$r(5)$马上升高。换句话说，模型预期到对实际利率期限结构的影响。短期利率不会马上变动，但长期利率会上升。所以利率期限结构向上倾斜的趋势愈发明显。

12.7.2 战时的政府采购与实际 GDP:实证

我们现在要评估均衡经济周期模型对实际政府采购暂时性变化的影响的预期。我们通过研究美国历次战争时期经济对政府采购的暂时性变动的反应,来检验这个模型。

表 12.2 概括了美国在第一次世界大战、第二次世界大战、朝鲜战争和越南战争期间的国防采购数据。我们用真实采购与估计趋势值之间的差额度量实际国防采购的暂时性变化部分。我们以通常的方式,用一条合适的回归线穿越历史数据,

表 12.2 美国战时支出、实际 GDP 和就业

Ⅰ:实际 GDP 及其构成。每个数字都是以 1996 年的美元计算的偏离趋势值的离差,单位为十亿美元。括号中的数值为偏离趋势值的百分比。

	战争年份			
	1918 年(WW Ⅰ)	1943—1944 年(WW Ⅱ)	1952—1953 年(朝鲜)	1967—1968 年(越南)
GDP 分类:				
国防采购	84(679)	537(317)	56(25)	46(15)
占实际 GDP%	16	44	3	1
实际 GDP	42(8)	433(36)	49(3)	81(2)
消费	−21(−5)	−1(0)	0(0)	31(1)
总投资	−21(−28)	−58(−51)	0(0)	5(1)
政府非国防支出	0(0)	−20(−19)	5(3)	5(1)
净出口	0	−23	−11	−5

Ⅱ:就业。每个数字都是偏离趋势值的离差,单位为百万美元。括号内的数值为偏离趋势值的百分比。

	1918 年(WW Ⅰ)	1943—1944 年(WW Ⅱ)	1952—1953 年(朝鲜)	1967—1968 年(越南)
就业分类:				
就业总数	3.0(8)	9.1(17)	0.9(1)	1.0(1)
民间就业	0.5(1)	1.5(3)	0.2(0)	0.4(1)
军事人员	2.5(566)	7.7(296)	0.7(24)	0.6(19)

注:在第一部分,每一格都显示出实际支出组成部分与其估计趋势值的离差,以 1996 年的美元计算,单位为十亿美元。括号内的数值为偏离趋势值的百分比。例如,1943 年与 1944 年国防采购的平均离差是 5 370 亿美元,或高出趋势值 317%;实际 GDP 为 4 330 亿美元,或高出趋势值 36%;等等。各种实际支出都以名义数值除以 GDP 平减指数。(实际 GDP 的趋势值限定为等于 GDP 各组成部分估计趋势值之和。)在第二部分,就业总数是民间就业与军事人员之和。每个数字都表示一种就业偏离趋势值的离差,以百万美元为单位。例如,1943 年与 1944 年的就业总数平均离差为 910 万,或高出趋势值 17%;民间就业为 150 万,或高出自身趋势值 3%;军事人员 770 万,或高出自身趋势值 296%。(就业总数的趋势值限定为等于两部分就业——即民间就业与军事人员——估计趋势值之和。)最后三次战争的数据来自经济分析局(http://www.bea.gov)。1918 年的数据来自 J. Kendrick(1961)、C. Romer(1988)的著作和美国商务部(1975)的数据。

计算趋势值。我们把注意力集中于战时采购的高峰期：1918 年、1943—1944 年、1952—1953 年以及 1967—1968 年。用 1996 年的美元计算，暂时性实际采购值在 1918 年为 840 亿美元，或占实际 GDP 趋势值的 16%；在 1943—1944 年为 5 370 亿美元，或占实际 GDP 趋势值的 44%；在 1952—1953 年为 560 亿美元，或占实际 GDP 趋势值的 3%；以及在 1967—1968 年为 460 亿美元，或占实际 GDP 趋势值的 1.4%。根据这些数字，我们可以确信战时采购，可能还有战争的其他影响，对第一次和第二次世界大战期间的经济造成了重大影响。当然，我们将其他因素保持不变，对此不用担心。朝鲜战争期间的战时采购对经济也有重大影响，虽然不一定是压倒性的。在越南战争中，暂时性军事采购只占实际 GDP 的 1.4%，不太可能是居主导地位的因素；其他扰动很可能具有可比的或更大的意义。

自 1869 年以来，美国其他的战时经历——有可靠的国民账户数据的时期——按暂时性国防采购占 GDP 的比例计算，数值不那么大。其他最大的比例是 1898 年西班牙—美国战争时期的 0.6%和 2002—2003 年阿富汗—伊拉克冲突时期的 0.5%。在里根政府加强国防采购达到高峰的 1987 年，这个比例也仅为 0.6%。可能是这些国防采购与战争没有关系，大概不能看成是暂时性的。在 1991 年的海湾战争期间，这个比例等于 0.2%。

不幸的是，数据的缺乏使我们不能对早些时候美国的大规模战争进行研究，主要是南北战争和独立战争。这些在美国本土进行的战争，特点是由于毁坏国内资本存量而给实际 GDP 造成重大的负面影响。南北战争中的人员伤亡也很惨重。南北战争以后，两次世界大战对美国国内资本存量的损毁并不严重，但在其他许多国家里，这两次战争的破坏极其严重。

为举例说明研究结果，在表 12.2 中，我们集中关注第二次世界大战和朝鲜战争。在其中任何一种情况下，实际 GDP 都高于趋势值，但小于实际国防采购与趋势值的离差。例如在 1944—1945 年，实际国防采购超出了趋势值 5 370 亿美元，与之对应的实际 GDP 的超出数额为 4 330 亿美元。1952—1953 年，这些数字分别为 560 亿和 490 亿美元。

由于实际 GDP 上升的幅度小于国防采购上升的幅度，GDP 的其他成分就必须低于总的趋势值。在 1943—1944 年，总投资低于趋势值 580 亿美元，非国防形式的政府消费与投资低于趋势值 200 亿美元。消费大致等于趋势值，商品与服务的净出口低于趋势值 230 亿美元。（我们将在第 17 章研究净出口。）在 1952—1953 年，总投资与消费都大致等于趋势值，非国防的政府消费与投资高出趋势值 50 亿美元，净出口低于趋势值 110 亿美元。

考察一下均衡经济周期模型怎样把这些战时观察值联系起来。主要的不一致在于，模型预计实际 GDP 不会有任何变化，而数据表明实际 GDP 大幅增加。数据还显示，实际 GDP 上升的幅度小于政府采购的增幅。这就是说，除了军事采购外，实际 GDP 其他成分的总额在战时下降了，这与模型相符。然而，除军事采购之外的实际 GDP 各组成部分并没有像模型预测的那样下降得那么多。

12.7.3 战时对经济的影响

模型的主要不足之处——相当令人震惊的不足——是它预测实际 GDP 在战时不会变化。这种预测的根源是我们假设劳动投入 L 固定不变。所以值得重新考虑这个假设。我们从考察战时的就业数据开始研究。

1. 战时的就业

我们可以举例说明第二次世界大战的主要模式。从军的人数急增——在1943—1944 年,军事人员超过估计趋势数 770 万人。但出乎意料的是,民用部门就业也增加了,多了 150 万人,或超过估计的趋势数 3%。将两项合在一起,就业总数——民用加军事——超出趋势数 910 万人或 17%。基本模式是,军队吸纳了大量人员——主要是在战争中征兵,一直持续到越战——就业总数扩大了许多。为更好地作出预测,我们就得说明劳动供给总量为何增加了那么多。

2. 战争对劳动供给的影响

在这一点上,经济学家对于如何最正确地理解战时的劳动供给没有确定的观点。所以我们考虑有几种可能性,并且不会作为决定性的解释。下面是有人提出过的一些见解。

- 政府实际采购 G 大幅度扩张,意味着家庭的实际可支配收入减少。负的收入效应预测消费和闲暇将减少,从而劳动供给 L^s 上升。有几种考虑因素影响着收入效应的大小。一方面,我们强调过 G 的增加很可能是暂时的,至少在人们预期战争持续不了几年、资本存量没有重大损毁并且人口变动可预测时是如此。[①]这种考虑使 G 的增加对消费与闲暇的收入效应相对地小。另一方面,在提供效用方面,军事支出替代不了私人消费——这就是说,在前面“有效用的公共服务”的专栏中引入的参数 λ 为零。与非军事采购的收入效应相比,这种考虑使得收入效应变大了。总体上看,收入效应预测劳动供给 L^s 增加。然而问题是同一论点也预测消费 C 下降。但这种预测与表 12.2 中的结论——即 C 在战争期间减少不多——相悖。
- C. Mulligan(1998)认为,战时劳动供给 L^s 之所以增加,是因为爱国主义。这就是说,在实际工资率 w/P 及实际总收入给定的情况下,人们愿意更多地工作作为支援战争的努力的一部分。这一论点吸引人的地方在于该分析不依赖于负的收入效应,从而能够解释消费为何在战争期间不会下降很多。

① 就因战争而死亡的人数而言,美国最严重的伤亡率出现在南北战争时期,当时大概有 50 万人死亡。美国在两次世界大战中相关的死亡人数分别为 40.5 万人和 11.7 万人,远远不到劳动力总人数的 1%。朝鲜战争和越南战争的伤亡人数更少了。对许多国家来说,两次世界大战期间的死亡率远远高于美国经历过的任何一次。

然而事实也许是，与其他冲突相比，在人民拥护的战争——诸如第二次世界大战中——爱国主义的作用也许更为重要。

- 站在家庭的立场，我们要了解迫使人们离开工作的军队征兵怎样影响那些未应召入伍的人的劳动供给，尤其是妇女。这一分析的一部分涉及已婚夫妇，其中男人应征入伍。在这些情况下，推迟生育小孩是这种考虑的重要部分。这样，作为对抚养家庭或有个更大家庭的一种临时性的替代，妇女更有可能加入劳动力队伍。另一个考虑涉及推迟结婚。通过这一途径，军队征兵会影响到独身女士的劳动供给。也就是说，否则本来应该已结婚并有孩子的女士发现市场工作更有吸引力，当然这只是一种暂时的选择。

这些论点的要点是，战时很有可能造成劳动供给 L^s 的增加。因此我们现在假设，战争的发生使劳动供给曲线 L^s 移动，如图 12.8 所示。与图 12.6 不同，我们现在允许实际工资率 w/P 对 L^s 有积极影响。所以在战前，劳动供给曲线 L^s 相对于 w/P 向上倾斜。战争将曲线 L^s 右移至曲线 $(L^s)'$。对于任何的 w/P，沿着曲线 $(L^s)'$ 的劳动供给量都大于沿着曲线 (L^s) 的供给量。

劳动的需求曲线在图 12.8 中用标为 L^d 的曲线表示，且向下倾斜。这条曲线与图 12.6 中的相同。我们仍然假设战争的发生并不使劳动需求曲线移动（因为政府采购的变化不影响 MPL）。

在战前，如图 12.8 所示，劳动市场在劳动量 L^* 和实际工资率 $(w/P)^*$ 处出清。战争期间，劳动量上升至横坐标上的 $(L^*)'$，实际工资率下降至纵坐标上的 $[(w/P)^*]'$。这样，当我们允许劳动供给上升时，模型可以解释就业总量的上升，如在表 12.2 中观察到的那样。一个新的预测是，战争的发生降低了实际工资率 w/P。

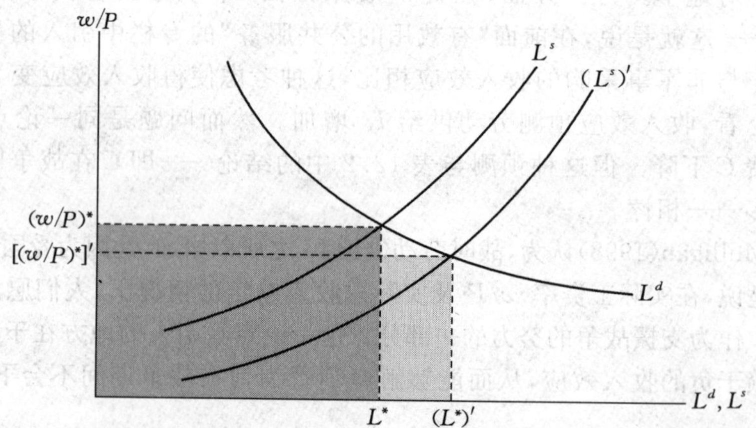

注：向下倾斜的劳动需求曲线 L^d 来自图 12.6。我们现在允许实际工资率 w/P 对劳动供给 L^s 有正的影响，以 L^s 曲线表示。我们假设战争的发生将劳动供给曲线从 L^s 右移至 $(L^s)'$。此时，劳动投入量由横坐标上的 L^* 上升至 $(L^*)'$，实际工资率从纵坐标上的 $(w/P)^*$ 下降至 $[(w/P)^*]'$。

图 12.8 战时劳动供给的增加对劳动市场的影响

3. 战争对实际工资率的影响

我们现在考察图 12.8 的预期——即战争降低了实际工资率 w/P。从美国主要的战时经历来看，人们对这一命题褒贬不一。我们如果计算在重大战争的年份里实际工资率偏离趋势值的平均百分比，得到了下列结果：①

- 第一次世界大战(1917—1818 年)：−4.0%；
- 第二次世界大战(1942—1945 年)：+3.1%；
- 朝鲜战争(1951—1953 年)：0.0%。

所以，只有第一次世界大战出现了预期的对 w/P 的负面影响。在第二次世界大战期间，w/P 超过趋势值，与我们的预期相反。至于朝鲜战争，w/P 与趋势的背离微乎其微。

进一步分析表明，模型也许做得比这些数字更好。在二战期间实施了价格管制和商品配给，朝鲜战争期间也是如此，只是程度稍低而已。结果，所报告的物价水平 P 一般都低报了实际的物价水平，家庭不可能只支付明文规定的价格买到额外的商品。例如，要买更多的商品，家庭也许必须支付黑市价格，该价格高于价格管制与配给时的明示价格。由于低报了 P，计算的实际工资率 w/P 高估了实际工资率。这就是说，由于配给，家庭不能以追加的劳动小时买到追加的 w/P 商品。原则上，我们可(以一个未知数)将 P 上调至计算出实际的物价水平，这就是家庭为买到更多的商品而在黑市真正必须支付的金额。P 的上调意味着调整后的实际工资率低于在二战和朝鲜战争期间所计量的工资率。作了这样的修正后，模型更好地发挥作用了，因为调整后的实际工资率可能下跌至二战与朝鲜战争期间的趋势值以下。

4. 战争对租赁市场的影响

我们从图 12.8 知道，战时劳动供给 L^s 的增加导致劳动投入 L 的增加。这种变化影响到租赁市场，因为 L 的上升趋向于提高 MPK(对于给定数量的资本服务 κK)。

在战前的环境中，对资本服务的需求$(\kappa K)^d$ 相对于实际租赁价格 R/P 向下倾斜，如图 12.9 中左下方的曲线所示。战争将这种需求右移至曲线$[(\kappa K)^d]'$。对于给定数量的资本服务 κK，劳动数量 L 的增加提高了 MPK，所以需求曲线右移。我们仍然持有这一结论——战争并未移动资本服务的供给曲线，如$(\kappa K)^s$ 曲线所示。

我们从图 12.9 看出，实际租赁价格 R/P 和资本服务量 κK 都增加了。对于给定的资本存量 K，κK 的上升对应于资本利用率 κ 的提高。回顾实际利率由下列方程给出：

$$r = (R/P) \cdot \kappa - \delta(\kappa) \tag{11.8}$$

---

① 名义工资率是制造业中的生产工人每工作小时的平均收入。实际工资率为名义工资率除以 GDP 平减指数。以我们通常的方式计算出实际工资率的趋势值。有关朝鲜战争的数据来自 1947 年以来的季度数据。关于第一次和第二次世界大战的结果来自 1889 年以来的年度数据。

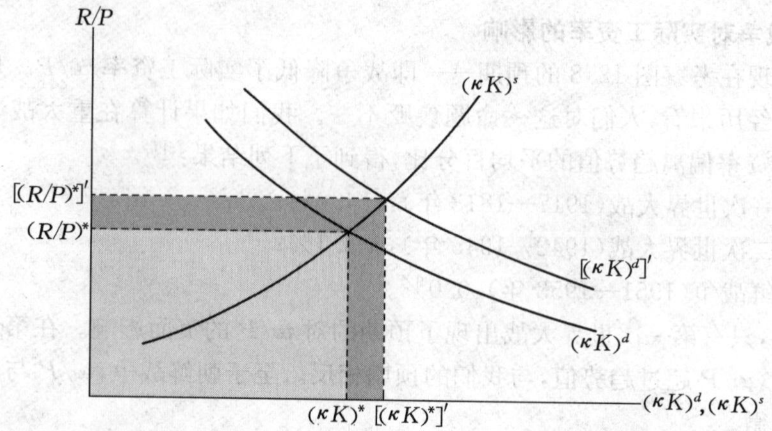

注：如图所示，就业从 L^* 增加至 $(L^*)'$，(对于给定数量的资本服务 κK)从而提高了 MPK。所以资本服务需求曲线右移，从左边的曲线 $(\kappa K)^d$ 移至右边曲线 $[(\kappa K)^d]'$。资本市场出清的实际租赁价格从 $(R/P)^*$ 上升为纵坐标上的 $[(R/P)^*]'$。资本服务数量从 $(\kappa K)^*$ 扩大为横坐标上的 $[(\kappa K)^*]'$。对于给定的资本存量 K，资本服务的增加对应于资本利用率 κ 的上升。

图 12.9　战时劳动投入的增加对资本服务市场的影响

R/P 与 κ 的上升意味着 r 的提高。因此我们有了两个关于战时的新的预期。资本利用率 κ 与实际利率 r 均上升。

我们回头看看资本利用率的数据。这些数字表明，利用率 κ 在朝鲜战争期间显著高于趋势值——1952—1953 年的平均数为 0.025。找不到 1948 年前的这些数据，但另一系列数据表明，在二战期间，制造业资本利用率急剧上升。①因此，模型关于战时资本利用率较高的预期与事实相符。

关于战时实际利率提高的预期却与美国的数据相悖。在朝鲜战争(1951—1953 年)期间，美国 3 个月期国库券的实际利率大体上等于其趋势值。在第二次世界大战(1942—1945 年)期间，3 个月期国库券的名义利率极低——低于 1%——而通货膨胀率平均为 5%。所以实际利率为负数。②在第一次世界大战中，短期名义利率从 1916 年的 3%上升至 1918 年的 6%，但通货膨胀率剧增，高达 16%。因此，实际利率还是负数。

战时出现的这种极低的实际利率的原因何在，人们对此不甚了解。一个颇有希望破解这个谜的想法是：其他形式的资产收益率程度不等的不确定性。战时很可能增加了人们察觉到的全球大灾难的概率，从而增加了对相对安全的资产的需求，例如政府短期债券。这种上涨的需求也许能说明在战时这类资产支付的实际利率相对低的原因。

① 这个系列数据是美联储与经济分析局为每单位已安装设备的制造业生产编制的。这些数据始于 1925 年，所以没有第一次世界大战时的数据。

② 65%的平均通货膨胀率是依据报告的消费者价格指数得出的。由于物价管制，在战争期间，实际的通货膨胀率大概还要高，所以实际的实际利率甚至比测量到的还要低。

小　　结

我们扩展了均衡经济周期模型,以便将商品与服务的政府采购包括在内。这些采购添加到政府预算约束条件上,采购的资金来源是扣除一次性转移支付后的一次性税收。

政府采购的持久性增加导致扣除转移支付后的税收持久性增加,从而导致家庭实际可支配收入持久性减少。强有力的收入效应造成消费相应地下降。模型预测实际GDP、投资和实际利率没什么反应。我们采用美国1955—2006年的数据来证明这种预测的正确性——即政府采购的波动与实际GDP的波动没有多少联系。

政府采购的暂时性上升只有微弱的收入效应。因此,消费的反应相对较少,而投资则大幅下降。通过研究美国重大战争期间军事采购的暂时性扩张,我们检验了这些预测。证据引出了几个不解之谜,包括战时就业总量大幅增长(包括军事人员)以及实际利率未在战时系统性上升。其中一些观察到的现象可以用爱国主义对战时劳动供给的积极作用来解释。一个说得通的想法是,战时提高了人们察觉到的全球大灾难的概率,从而增加了对比较安全的资产的需求。需求的这种转移可以解释重大战争期间低水平的实际利率。

重要术语和概念

政府的预算约束 government's budget constraint
一次性税收 lump-sum taxes
实际可支配收入 real disposable income
社会保障,社会保险 Social Security
实际利率的期限结构 term structure of real interest rates

问题和讨论

A. 复习题

1. 从方程(12.6)中推导出家庭多年预算约束条件。说明实际转移支付与实际税收怎样进入该方程。
2. 政府的商品与服务采购同政府的转移支付之间有什么经济上的差异?

B. 讨论题

3. 公共服务的作用

我们在标题为"有用的公共服务"的加框文章里研究了在向家庭提供效用方面公共服务的作用。我们假设用家庭效用来衡量,每单位政府采购 G 等价于 λ 单位的私人消费 C。

a. 考虑各种类别的政府支出,诸如军事开支、警察、高速公路、公共交通,以及研究与开发。你认为系数 λ 在这些类别之间有何差异?

b. 假设 G 持久性增加一个单位。实际 GDP(Y)、消费 C 和投资 I 有什么反应?这些结果怎样取决于系数 λ 的大小?

4. 朝鲜战争期间的物价水平

在 1949 年,通货膨胀率为负数。随着朝鲜战争的开始,物价水平(GDP 平减指数)从 1950 年第二季度到 1951 年第一季度以每年 10% 的速度上升。相形之下,从 1951 年的第一季度到 1953 年的第一季度,通货膨胀率大约只有 2%。表中列出了——各个时期——通货膨胀率 π、货币以及货币总量 M_1 的增长率 μ 和实际政府采购增长率 $\Delta G/G$。我们能用这些数据说明朝鲜战争开始时是物价水平暴涨、接着是温和的通货膨胀吗?

(这个问题没有确切的答案。然而一个重要的事实是,物价管制在第二次世界大战期间很紧。当朝鲜战争在 1950 年 6 月开始时,人们可能预期回到这些管制了。1950 年 12 月开始实施管制,比二战期间实行的管制宽松。)

时　期	通货膨胀率(π)	M_1 增长率(μ)	货币增长率(μ)	G 增长率
	(所有数字都以每年百分比表示)			
1949.1 至 1950.2	−1.2	1.8	−1.6	2.5
	战争开始			
1950.2 至 1951.1	10.2	4.0	−0.5	19.3
1951.1 至 1952.1	1.7	5.3	4.7	32.0
1952.1 至 1953.1	2.2	3.2	4.5	9.4

5. 资本的公共所有权与国民账户

直到 1996 年,美国的国民账户在 GDP 中只包括政府的商品与服务的采购,但不记录政府拥有资本的服务流量。账户也没有为了计算国内生产净值而扣除这些资本的折旧。

a. 在 1996 年前的制度下,如果政府将其资本交给一家私人企业,然后向该企业购买最终商品,GDP 有什么变化?

b. 在目前的国民账户制度下,GDP 包括由公共资本产生的隐含租金收入流量的估计值。然而,这个收入流假设等于公共资本的估计折旧值。在这样的制度背景下重新回答问题 a。

6. 国民账户中的政府消费

国民账户将所有商品与服务的政府采购 G 作为实际 GDP 的一部分处理。但是假设政府采购派生的公共服务是对私人生产的一种投入,比如说:

$$Y=F(\kappa K, L, G)$$

在此情况下，公共服务是一种中间产品——进入以后生产阶段的商品。所以，我们不应将这些服务两次计入 GDP——政府购买时一次，将服务投入私人生产时又一次。

a. 假设企业起初雇用私人保安。后来政府提供免费的警察保护，替代了私人保安。假设私人保安与公共警察同样有效，得到相同的工资率。由私人转向公共保护时怎样影响度量的实际 GDP？

b. 为了更精确地处理商品与服务的政府采购，你会怎样改变国民账户？你的提案现实吗？论述这些问题有 Simon Kuznets(1948, pp. 156—157)，和 Richard Musgrave(1959, pp. 186—188)。

7. 政府采购潜在的变化

假设人们在当年获悉，政府采购 G_t 在将来某年增加。当年的政府采购 G1 不变。

a. 当年的实际 GDP(Y)、消费 C 和投资 I 有何变化？

b. 你能想到一些现实生活中适合这个问题的例子吗？

▶13

税收

在第 12 章里，我们扩展了均衡经济周期模型，将政府支出包括在内。可是，我们以一种不符合现实的观点看待政府，假设税收和转移支付是一次性的。家庭支付的税款或收到的转移支付金额不取决于家庭的收入或其他特征。在现实生活中，政府征收各种税款，支付各种转移付款，但其中没有一项看起来像我们模型中的一次性税收与转移支付。

通常家庭的税款与转移支付依其选择而定。这样就促使家庭改变其行为方式。例如，对劳动所得征税会抑制家庭成员去工作和挣钱。向失业者的转移支付会鼓励人们不想去就业。对资产收入征税则会阻止人们储蓄。总体上看，税收与转移支付制度形成替代效应，影响到劳动供给、生产、消费和投资。我们在本节要扩展均衡经济周期模型，将其中一些效应体现出来。然而，在我们扩展理论之前，先纵览一下美国的税收情况是有益的。

13.1 美国的税收

图 13.1 中的 TGR 线表示从 1929—2005 年政府总收入占国内生产总值(GDP)的比率。FR 线表示联邦政府的收入，SLR 线为州与地方政府的收入。(该图不包含联邦援助拨款，这是联邦向州与地方政府的转移支付，理论上也是总收入或州与地方政府的收入的一部分。)

政府总收入从 1929 年占 GDP 的 10%提高到 1981 年的 29%，整个 90 年代中期保持在接近于 30%的水平，2000 年达到 32%的高峰，然后回落至 2005 年的 28%。在 20 世纪 30 年代后半期实施“新政”计划之前，州与地方的收入占总额的很大份额——例如 1935 年为 76%。在美国即将进入第二次世界大战前的 1941 年，州与地方的收入仍超过总收入的一半。可是自二战以来，联邦收入占总收入的主要部分。

自二战结束以来，联邦收入占 GDP 的比例相当合理而且稳定。这一比例在 1946 年为 18%，1994 年为 19%。然而，这个比例在 90 年代末达到顶峰，2001 年高

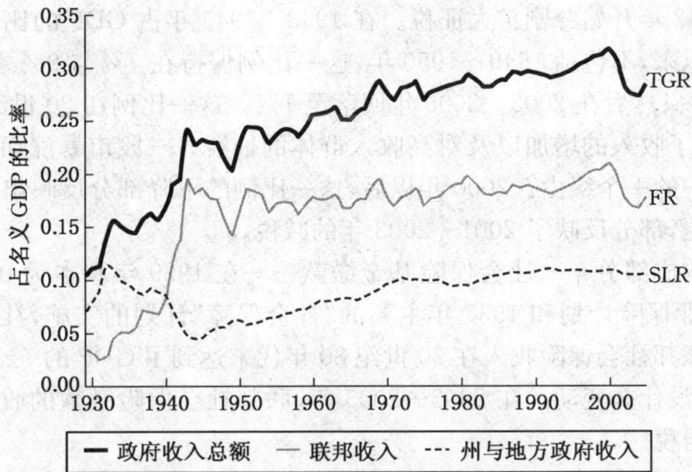

注：TGR 线表示政府总收入占 GDP 的比率。(政府总收入不包括联邦援助，这是联邦政府向州与地方政府的转移支付。)FR 线为联邦政府收入，SLR 线为州与地方政府收入(不包括联邦援助拨款)。

图 13.1 政府收入

达 21%，然后降至 2002—2005 年的 17%—18%。与联邦政府形成对照的是，州与地方的收入占 GDP 的比例稳步上升，从 1946 年的 5%上升为 1970 年的 10%，然后相当稳定地保持在这一水平。

图 13.2 将联邦税收收入按主要门类做了分解。除了南北战争前后与 1895 年多次征税以外，个人所得税于 1913 年开始征收。这些税收(包括相对小额的物业税与个人非纳税型付款)从 1929 年起大约只占 GDP 的 1%，直到由于第二次世界

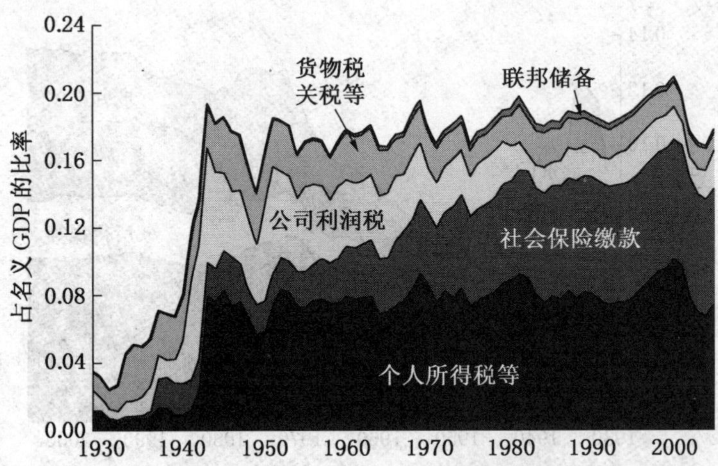

注：本图以五个税种收入占 GDP 的比例显示了联邦政府的收入。这些类别为个人所得税，等等(包括物业税和个人非纳税型付款)；社会保险缴款(包括雇主与雇员为养老基金、医疗保健缴纳的款项和失业保险费)；公司利润税；货物税、关税等等(包括石油制品、酒类、烟草税以及诸如存款保险费之类非纳税型付款)；美联储向美国财政部的转移支付(在国民账户中作为公司利润税的一部分处理)。

图 13.2 联邦政府收入的分解

大战而在 1942 年开始急剧扩大征税。在 1943—1945 年占 GDP 的比例达到 8%。自二战结束以来，不包括 1949—1950 年，这一比例保持在 7%与 9%之间，到 2000 年才升至 10%；然后在 2003—2005 年回落至 7%。这一比例在 20 世纪 90 年代猛涨，主要反映了收入的增加以及对高收入群体的征税——股市暴涨而支付的资本利得税是其中的一个缘由。2000 年以后，这一比例的下降部分反映出 2001—2002 年的经济衰退，部分反映了 2001—2003 年的减税。

下一个构成部分——社会保险基金缴款——在 1929 年基本为 0。可是随着 1936 年的失业保险计划和 1937 年主要的"社会保障"计划的实施，社会保险收入稳步上升。联邦社会保险收入在 20 世纪 80 年代末达到了 GDP 的 7%。自那时以后，这一比例没什么变动。在 2003—2005 年，联邦社会保险缴款的收入几乎等于联邦个人所得税。

1909 年开始征收公司利润税。这些税收占 GDP 的比例从 1929 年的 1%上升到二战期间的 7%。1946 年下跌至 4%以后，在 1951 年的朝鲜战争期间再次上升，达到 6%。自那时以来，公司利润税占 GDP 的比例起伏不定，缓慢下降，在 1980 年至 2005 年间只占 GDP 的 1%—2%。

包括货物税与关税税种的收入在第一次世界大战之前是联邦收入的主要来源，在 19 世纪 30 年代初仍然大约占联邦收入的 60%。至于占 GDP 的比例，该类税种的收入从 1933—1958 年约为 3%，但以后稳定下降，到 2005 年只有 1%。

最后，是美联储向美国财政部的付款——这些款项是印制货币的政府收益。这部分联邦收益数额相对小——最高数值为 1982 年的 GDP 的 0.5%，在 2002 至 2005 年只占 GDP 的 0.2%。

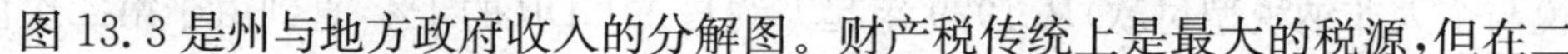

图 13.3 是州与地方政府收入的分解图。财产税传统上是最大的税源，但在二

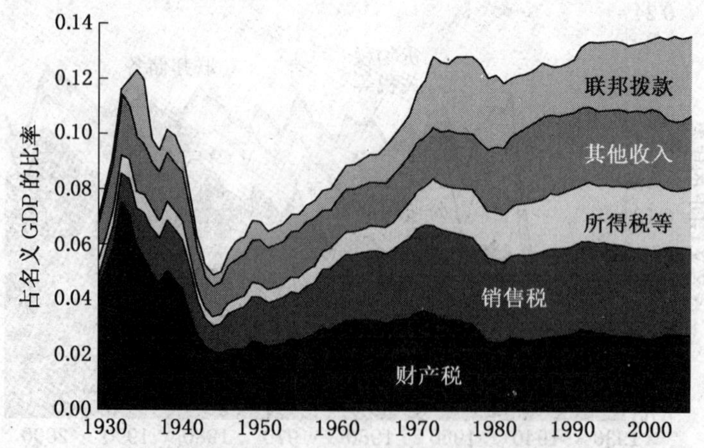

注：本图以五种税种的收入占名义 GDP 的比例显示出州与地方政府的收入。这些类别为财产税；销售税；个人所得税等等（包括物业税和个人非纳税型付款）；其他收入（公司利润税、社会保险缴款以及杂费与税款）；联邦援助拨款（联邦政府向州与地方政府的转移支付）。名为"其他收入"的色块是联邦援助拨款未计入在内的州与地方总收入。该色块对应于图 13.1 中的"联邦储备"色块。

图 13.3　州与地方政府收入的分解

战时期它的相对重要性下降了。自 1949 年以来占 GDP 的比例接近 3%。销售税从 20 世纪 30 年代初由占 GDP 的 1%上升为 1970 年的 3%，此后一直基本稳定。近来州与地方政府开始转向个人所得税。这一税种的收入在 1965 年不到 GDP 的 1%，以后上升了，自 1987 年以来超过 2%。相对重要性上升的其他形式的州与地方的收入还有联邦援助拨款，这是联邦政府向州与地方政府的转移支付。这些转移支付主要用于福利、医疗保健、交通、教育、住房和培训计划。联邦援助拨款占 GDP 的份额从 1964 年不足 1%攀升至 2002—2005 年的 3%。

13.2 税收的类型

有些税收属于收入型：个人所得税、公司利润税以及社会保险与医疗保健的缴款。社会保险缴款是依据工资收入收取的薪资税。其他税收则以支出为依据：销售税、货物税和关税。美国以外的许多国家采用增值税(VAT)，这像销售税，但按生产的各阶段的估计值征税。还有其他形式的税收以财产所有权为基础，因而是财富型税种。重要的一点是，对于所有这些其他税种，家庭或企业支付的金额取决于其经济活动。其中任何一个税种看起来都不像我们模型中的一次性税收。

由于很大一部分联邦收入来自根据收入征收的税款，因此将各种所得税体现在我们的均衡经济周期模型中是值得关注的。关键的一点是**边际税率与平均税率**的区别。边际税率是指多一美元收入而要多支付的税款。平均税率是指支付的税款总额与全部收入的比率。边际税率证明具有影响家庭与企业行为的替代效应。平均税率决定了政府的税入，它等于平均税率乘以收入。

美国联邦个人所得税的一个重要特点是，边际税率随收入的上升而提高。表 13.1 用类似于 2005 年美国个人所得税税制的数字显示了边际所得税率与平均所得税率的性质。最初的 22 800 美元的收入是免税的，相当于标准免税扣除额 10 000 美元，加上一个四口之家的个人免税收入 12 800 美元。超过 22 800 美元的收入就要按 10%的税率纳税。因此，在收入达到 22 800 美元时，边际税率就是 10%。然而平均所得税率依然为零，因为还未支付任何税款。当收入为 37 400 美元时，税款达到 1 460 美元，所以平均税率为 4%(1 460/37 400)。接下来收入到 44 800 美元时，边际所得税率上升为 15%。所以，在 82 200 美元水平时，支付的税款为 8 180 美元，平均税率为 10%。然后对于后面的 60 550 美元的收入，边际所得税率上升为 25%，等等。注意：所有在 349 250 美元以上的收入都按边际税率 35%征税。

表 13.1 显示出美国联邦所得税有两个特点。首先，边际税率随收入的增加而上升，一直到 349 250 美元。这是为什么说该制度是逐步升级的税制结构(有时称为**累进税制**结构)的原因。可是过了 349 250 美元以后，边际税率是“平坦的”，而不是升级的。其次，边际税率总是高于平均税率。那是因为平均税率包含了收入前面部分支付的低税率，包括收入的最前面部分 22 800 美元支付为零的税率。可是，当收入变得很高——例如，表中所示的 100 万美元以上时，平均税率近似于最

高的边际税率 35%。

表 13.1　2005 年美国的累进所得税率

收入水平	税款(美元)	边际税率	平均税率
0	0	0	0
22 800	0	0.10	0
37 400	1 460	0.15	0.04
82 200	8 180	0.25	0.10
142 750	23 318	0.28	0.16
205 600	40 916	0.33	0.20
349 250	88 320	0.35	0.25
1 000 000	316 082	0.35	0.32

注：本表适用于 2005 年在美国采用标准扣除额的四口之家。对于前面 22 800 美元的收入，所得税率为零，后面的 14 600 美元收入边际税率为 0.10，接下来的 44 800 美元收入为 0.15，后面的 60 500 美元收入为 0.25，下面的 62 850 美元收入为 0.28，再后面的 143 650 美元收入为 0.33，所有以后的收入边际税率都是 0.35。

表 13.1 大大简化了美国普遍实行的复杂的个人所得税制。例如，计算税额时没有考虑到许多减少家庭税款的合乎法律行为。这些行为包括各种项目的扣款（抵押贷款的利息支付、慈善捐赠、州与地方所得税以及其他项目），以及各种减税优惠与调节（诸如薪金收入的减税优惠、儿童保育减税优惠，以及养老基金的缴款）。一些由雇主支付的小额福利——主要是健康保险和养老金，也可避税或缓交税款。

高收入的纳税人较能对付所得税的复杂性，而且从某些现有的扣除中得到较多的利益。由于这些原因，经济学家有时质疑个人所得税是否像税率结构所显示的那样累进。然而，表 13.2 表明，从高收入群体支付大部份额税款这一意义上讲，个人所得税事实上还是累进的。表中的数字表明从 1970 年至 2000 年居最高税率 1%、5%、10%、25%和 50%的纳税人支付的税款占个人所得税总额的份额。在 1970 年，按所交税款排位前 1%纳税人缴纳的税收占总额的 17%。前 50%的纳税人的税收支付了税款总额的 83%。到 2000 年，这一模式更加显著——纳税前 1%的纳税人的税收占了税款总额的 37%，而前 50%占了 96%。换句话说，按所交税款排在后 50%的纳税人交的税款只占总额的 4%。

表 13.2　美国个人所得税最高税率纳税人缴付税款的百分比

年份	纳税人按所交税款分档				
	前 1%	前 5%	前 10%	前 25%	前 50%
1970 年	16.7	31.4	41.8	62.2	83.0
	[7.4]	[18.3]	[28.0]	[49.4]	[74.7]
1980 年	17.4	33.7	45.0	66.6	87.0
	[7.8]	[19.2]	[29.1]	[51.4]	[76.7]

(续表)

年份	纳税人按所交税款分档				
	前 1%	前 5%	前 10%	前 25%	前 50%
1990 年	25.1	43.6	55.4	77.0	94.0
	[14.0]	[27.6]	[38.8]	[62.1]	[85.0]
2000 年	37.4	56.5	67.3	84.0	96.1
	[20.8]	[35.3]	[46.0]	[67.2]	[87.0]

注:上面一行数字为按税率分档的纳税人所交税款占税收总额的百分比。下面一行括号内的数字为这组纳税人所交税款占调节后总收入的份额。

资料来源:R. G. Glenn Hubbard(2002, p. 3)。

表 13.2 中括号内的数字以百分比形式列出了**调整后的总收入**——所得税表上列出的广义收入由相应的纳税人申报。例如在 1970 年,按纳税排位前 1%的纳税人得到调整后国民总收入的 7%。然而该群体缴纳的税款占总额的 17%。高收入纳税人的纳税份额超过拿到的收入份额的部分,是对所得税累进程度合理的度量。到 2000 年,前 1%的纳税人的收入份额提高了,达到 21%,但该群体支付了税款总额的 37%。该表还提供了其他纳税人群体类似的信息。例如在 2000 年,纳税排位前 50%的纳税人拿到了调节后总收入的 87%,却支付了 96%的税款。

美国收入税的另一重要形式,是为社会保险和医疗保健筹款而对工资收入和个体经营收入征收的税款。虽然政府称之为缴款,但这更像税收,因为个人所得的福利不完全取决于个人支付的金额。拿社会保险来说,福利并不完全取决于某人在一生中交了多少钱。所以,这些款项一部分是税款,一部分是缴款。

社会保险与医疗保健的税收比个人所得税简单多了。在 2006 年,得到保障的雇员支付了最高为 94 200 美元的收入中的 6.2%的款项,为老龄、丧偶独居者和伤残计划(OASDI)筹资,收入中的 1.45%为医疗保健筹资。雇主支付相同的金额。这样,对于在 0 与 94 200 美元之间的劳动收入,组合的边际所得税率为 15.3%,此后为 2.9%。

注意:在 0 与 94 200 美元之间的收入,平均税率等于边际税率。这种特性适用于**统一税率税**制度。然而在收入等于 94 200 美元时,这一税制的边际税率出现了唯一的一次急剧下降,降至 2.9%。当收入增加到 94 200 美元以上时,平均税率从 15.3%逐渐下降至 2.9%。所以在这个值域内边际税率小于平均税率。这种模式与个人所得税的模式正好相反。

在经验事实上,很难计算边际所得税的税率,因为税率因人而异,因收入类型而异。可是一些研究已经计算出了所有纳税人合在一起的边际所得税率的平均值。图 13.4 中的曲线给出了美国的这种平均边际所得税率的估计值。①这种度量考虑到了

① 这一图形以调节后的总收入对家庭进行加权平均。也就是说,高收入家庭在计算中的比重高于平均数。

两种最重要的所得税形式:联邦个人所得税和社会保险缴款。这两项税款在 2005 年占联邦收入的 80%。由于数据的限制,这种度量未包括州与地方的所得税。

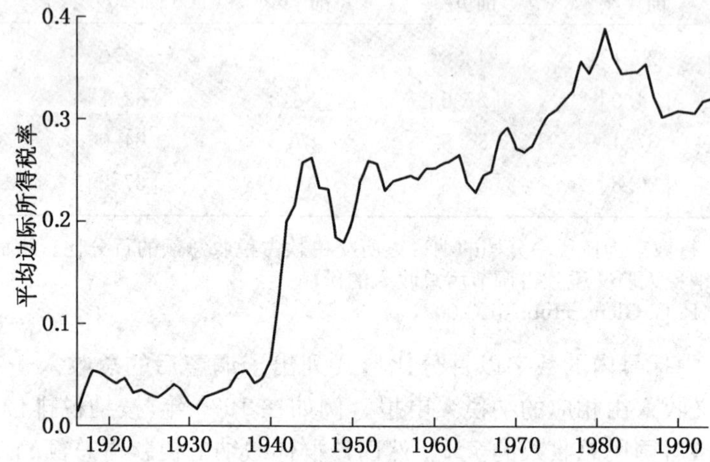

注:本图显示了所有纳税人的联邦个人所得税与社会保险缴款的边际所得税率的平均值。以调节后的总收入加权计算平均值。在 R. Barro 和 C. Sahasakul(1983, 1986)的著作中构思了这个变量,C. Mulligan 未出版的研究著作将数据补充到 1994 年。

图 13.4 1916—1994 年平均边际所得税率

图 13.4 表明平均边际所得税率在二战以前很低;个人所得税只涉及很小一部分人口,社会保险缴款的数额还不大。在二战结束时的 1945 年,税率剧升至 26%。在 1952—1953 年朝鲜战争期间回升至 26%以下,并下降至 1949 年的 18%。此后一直到 20 世纪 60 年代初,税率保持在 24%—26%之间。然后由于肯尼迪—约翰逊政府削减所得税的政策,在 1965 年税率下跌至 23%。税率然后逐渐上升到 1981 年的顶峰 39%。后来由于里根政府 1981 年和 1986 年的减税,税率下降,1988 年降为 30%。这一税率然后又上升,1990 年为 31%,1994 年为 32%,这是因为布什和克林顿政府增税。然而,这些平均边际所得税率的增幅比 1965 年至 1981 年的增幅小多了。不幸的是,过了 1994 年,数据尚未得到更新。

13.3 模型中的税收

从方程(12.4)中的家庭预算约束条件开始,将税率体现于均衡经济周期模型。去掉年份下标写出方程时,预算约束条件为:

$$C+(1/P)\cdot\Delta B+\Delta K=(w/P)\cdot L^s+r\cdot(B/P+K)+V-T \quad (13.1)$$

消费+实际储蓄=实际可支配收入

到目前为止,我们认为实际转移支付 V 和实际税收是一次性的。所以,家庭的实际转移支付减去实际税收($V-T$)的数额并不取决于家庭的特征,包括其收入和消费。现在我们可以让家庭的实际税收 T 取决于某些特征。对实际转移支付的分析予以类似的考虑。

将美国与其他国家存在的各种税收可以表示为对出现在方程(13.1)两边各项的征税。销售税、货物税和增值税取决于消费 C。劳动所得税——例如,个人所得税和社会保险薪资税——取决于实际劳动收入 $(w/P)\cdot L^s$。资产所得税是个人所得税的一部分,取决于实际资产收入 $r\cdot(B/P+K)$。[①]现实生活中,这种收入税的税基包括利息、红利和资本利得。[②]

我们现在要评估税收的经济影响。要影响到实际 GDP,税收就得影响到生产要素中的其中一个:劳动或资本服务。所以,各种税收可以分解为影响到劳动还是资本服务,还是两者都受影响。通过考虑两类税收——一类取决于劳动收入,另一类取决于资产收入,我们可以得到主要的分析结果。

13.3.1 对劳动所得征税

我们从劳动所得税开始分析,诸如个人所得税或为社会保险筹资的薪资税,设 τ_w 为劳动所得的边际税率。为简化分析起见,我们不考虑 τ_w 是像美国个人所得税制那样的累进税率结构。相反,我们假设 τ_w 在所有收入水平都一样。我们如果认为 τ_w 为所有家庭边际所得税率的平均值,我们的主要结果就可适用于实际社会。

我们假设边际所得税率不因时间的推移而发生变化——至少家庭没有预计未来的税率与现在的有什么不同。预计到今天的税率与未来税率之间的差异,会促使家庭在税率相对低的年份增加工作,而在税率相对高的年份减少工作。这就是说,预期 τ_w 随时间推移的变化,具有对劳动供给的跨时期替代效应。由于我们将 τ_w 视为不变,我们不考虑这些跨时期替代效应。

家庭也许有资格获得减少付税金额的扣除与减税优惠。这些扣除在平均税率与边际税率之间形成缺口;由于这些扣除而使平均税率小于边际税率。如果扣除额人人相同,低收入家庭的平均税率就低于高收入家庭(如美国数据所示)。(回顾我们的假设:所有家庭的边际税率一样。)某些情况下,由于政府的转移支付,一个家庭付出的税款或许是负数。在美国的制度下,之所以出现负数税款,是因为"应

---

① 美国按名义利息收入 $i\cdot(B/P)$ 征税,这是按名义利率 i 而不是实际利率 r 征收的。对利息收入的这种处理产生了通货膨胀率 Π 对实际税收的影响。另一个实际生活的含义是,家庭的一部分利息支出可以从应税收入中扣除。在美国,这种扣除适用于按项目分类的住房抵押贷款的利息与为购买金融资产而发生的债务的扣除。

② 为探讨公司利润税,我们可以再引入作为家庭一种收入形式的实际商业利润 Π,我们以前去掉了 Π,因为均衡时它为 0。可是在多数税制中利润的定义与我们的模型不同。最重要的区别是,我们的定义中有资本实际租金款项 $(R/P)\cdot K$ 可以为负数。现实生活中只有一部分这类租金收入——折旧与利息支出——容许在计算公司利润税时从收入中扣除。由于现实生活中有这样的利润定义,公司利润税等于是对资本收入的另一次征税。由于资本收入在家庭层次也要纳税,公司利润税常常恰如其分地被称为资本收入的**重复征税**。

退税款”的税收优惠，不仅可以减少税款，而且当计算出的应付税款小于0时还可以获得现金。

家庭支付的实际税款等于平均税率乘以劳动收入。平均税率取决于边际税率 τ_w 和可以利用的税收扣除。如果我们将税收扣除结构保持不变，提高 τ_w 便意味着提高平均税率。所以，对于给定的扣除，提高 τ_w 可为政府带来更多的税入，除非劳动收入急剧下降。

为评估税收对劳动收入的经济影响，我们就得扩展我们对家庭劳动供给的分析。关键在于闲暇与消费之间的替代效应。如果没有对劳动所得的征税，替代效应取决于实际工资率 w/P。如果家庭提高一单位时间的劳动供应量 L^s，这就使家庭的实际劳动收入 $(w/P)\cdot L^s$ 增加 w/P 单位。额外的收入可以使家庭增加消费 w/P 单位。同时，L^s 的时间增加一个单位意味着闲暇的时间减少一个单位。所以，家庭能以 w/P 单位的消费替代一单位的闲暇时间。如果 w/P 上升，这项交易更为有利。因此，我们预料家庭会提高劳动供应量，减少享受的闲暇时间，增加消费。

新的考虑是，增加的一单位劳动收入，按边际所得税率 τ_w 纳税。如果家庭提高劳动供给量 L^s 一单位时间，它又使税前实际劳动收入 $(w/P)\cdot L^s$ 增加了 w/P 单位。这些额外的收入进入方程(13.1)预算约束条件的右边，表示为带有阴影的项：

$$C+(1/P)\cdot\Delta B+\Delta K=(w/P)\cdot L^s+r\cdot(B/P+K)+V-T \quad (13.1)$$

额外的劳动收入将家庭的实际税收提高了 τ_w 单位。这些税收也出现在方程的右边——带有阴影的项 T——但有负号。总体上看，方程右边增加了 $(1-\tau_w)\cdot(w/P)$ 单位。也就是说，税后实际劳动收入增加了这么多。我们还从方程看到，家庭可以用增加的这部分税后实际收入增加消费 C——左边带有阴影的项——$(1-\tau_w)\cdot(w/P)$ 单位。

我们发现，家庭通过增加一个单位时间的工作，可以提高消费(C) $(1-\tau_w)\cdot(w/P)$ 单位。增加一个单位的工作时间仍然意味着减少一个单位的闲暇时间。所以家庭可能会以 $(1-\tau_w)\cdot(w/P)$ 单位的消费 C 替代一单位的闲暇时间。另一种说法是，有了劳动所得税，劳动供给的替代效应取决于**税后实际工资率** $(1-\tau_w)\cdot(w/P)$，而不是税前实际工资率 (w/P)。对于给定的 w/P，如果边际税率 τ_w 上升，则 $(1-\tau_w)\cdot(w/P)$ 下降。从而我们预料：家庭会减少劳动供给量，增加闲暇时间，减少消费。

我们前面强调过劳动供给也取决于收入效应。我们预料增加家庭收入会导致更多的消费与更多的闲暇——从而减少工作。边际所得税率 τ_w 上升将产生什么收入效应？方程(13.1)表明，右边的家庭实际收入取决于减掉实际税收后的实际转移支付 $V-T$。再回顾第12章，政府的预算约束条件要求：

$$V-T=-G \quad (12.8)$$

因此，如果政府采购 G 不变，方程(12.8)意味着减掉实际税收后的实际转移支付

$V-T$也必须不变。所以，对于给定的 G，我们通过 $V-T$ 这一项没有看到家庭实际收入有任何变化。换句话说，如果 G 固定不变，τ_w 的变化不会有任何收入效应。

我们需要进一步探讨这一结果，因为看起来边际所得税率 τ_w 的上升应该有负的收入效应。结果取决于边际所得税率 τ_w 上升时其他变量发生了什么变化。一种可能性是，政府调节税制的其他特点，从而使征收的实际税款总额保持不变。例如，个人所得税的边际所得税率 τ_w 上升，但为了保持 T 固定不变，扣除也上升。另一种可能是，政府将征税渠道从边际所得税率相对低的税种——例如，社会保险薪资税——转向边际税率相对高的税种——诸如个人所得税。对于给定的实际征税总额 T，这种转向提高了劳动收入的边际税率 τ_w。

还有一个可能性是，实际税入 T 随着 τ_w 的提高而上升，所有额外增加的税收收入全部用于增加的实际转移支付 V。在这种情况中，$V-T$ 再次不变，仍然没有收入效应。

最后我们可以得到这一结论：实际税入 T 随着 τ_w 的提高而上升，额外的税收收入用于增加的政府采购 G。在此情况下，经济效应将两种力量结合起来：我们现在正研究的 τ_w 的上升，以及我们在第 12 章探讨过的 G 的提高。记住 G 的提高的确有负的收入效应。为了搞清结果，最好分别分析 τ_w 与 G 产生的效应。我们现在评估在 G 给定的情况下 τ_w 上升的效应。此时对于劳动供给不存在收入效应。我们因此确信，通过降低的税后实际工资率 $(1-\tau_w)\cdot(w/P)$ 产生的替代效应，对于给定的实际工资率 w/P，τ_w 的上升减少了劳动供给量 L^s。

图 13.5 显示了劳动收入的边际税率 τ_w 的上升对劳动市场的影响。我们采用第 8 章中图 8.15 的框架。我们在纵坐标上刻画出税前实际工资率 w/P。像以前一样，w/P 的下降使劳动需求量沿着 L^d 曲线上升。与第 12 章不同，我们还考虑到 w/P 沿着 L^s 曲线对劳动供给量 L^s 产生的正的效应。如果 w/P 的提高所产生的替代效应超过收入效应，L^s 曲线的斜率为正。

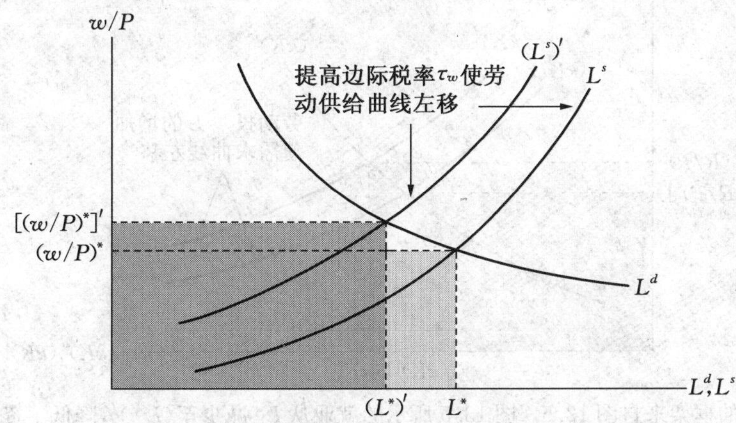

注：向下倾斜的劳动需求曲线 L^d，来自图 8.15。向上倾斜的劳动供给曲线 L^s，也来自图 8.15。劳动收入的边际税率 τ_w 的增加使劳动供给曲线左移至供给曲线 $(L^s)'$。结果市场出清的税前实际工资率从纵坐标上的 $(w/P)^*$ 上升到 $[(w/P)^*]'$。市场出清的劳动投入量从横坐标上的 L^* 下降到 $(L^*)'$。

图 13.5　劳动所得税率上升对劳动市场的影响

对于给定的税前实际工资率 w/P，τ_w 的提高意味着税后实际工资率 $(1-\tau_w)\cdot(w/P)$ 的下降。所以在图 13.5 中 τ_w 的上升将劳动供给曲线从标为 L^s 的曲线左移至标为 $(L^s)'$ 的曲线。劳动供给的下降反映出劳动所得税率 τ_w 的提高产生的替代效应。

在图 13.5 中，劳动所得税不影响劳动需求曲线 L^d。原因是，(由家庭经营的)企业依然通过劳动的边际产品 MPL 等于实际工资率 w/P 的关系得到最大化利润。对于给定的 w/P，劳动所得税率 τ_w 不影响劳动投入量 L^d 的利润极大化的选择。

我们可从图 13.5 看出市场出清的实际工资率在纵坐标上从 $(w/P)^*$ 上升为 $[(w/P)^*]'$。市场出清的劳动量在横坐标上从 L^* 下降为 $(L^*)'$。

我们还知道，税后实际工资率 $(1-\tau_w)\cdot(w/P)$ 必然下降。也就是说，w/P 的上升不足以弥补由于 τ_w 上升造成的 $(1-\tau_w)$ 的下降。要明白为什么，注意图 13.5 中的 L 减少了(因为劳动需求曲线没有移动，而劳动供给曲线左移了)。然而，L 下降，劳动供给量 L^s 必定下降。L^s 下降的唯一方式是 $(1-\tau_w)\cdot(w/P)$ 下降。

我们从对劳动市场的分析中发现，劳动所得边际税率 τ_w 的提高降低了劳动投入量 L。这种影响蔓延到资本服务市场，因为 L 的减少趋向于降低资本服务的边际产品 MPK。

图 13.6 显示出对资本服务市场的影响。如图 13.5，我们用纵坐标表示实际租赁价格 R/P。(在给定的资本服务量 κK 上)劳动投入 L 的减少降低了 MPK。资本服务的需求相应地从标为 $(\kappa K)^d$ 的曲线减少至标为 $[(\kappa K)^d]'$ 的曲线。向上倾斜的资本服务供给曲线 $(\kappa K)^s$ 没有移动。这就是说，资本存量 K 是给定的，并且对于给定的实际租赁价格 R/P，资本服务的供给者没有理由改变资本利用率 κ。

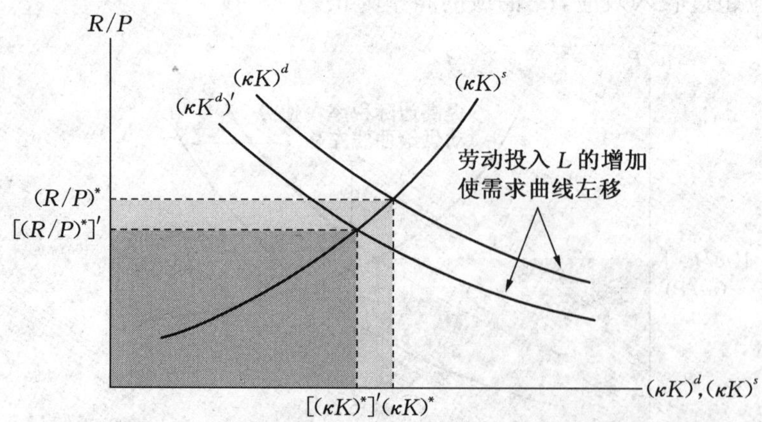

注：本图的框架来自图 12.5。图 13.5 所示的就业从 L^* 减少至 $(L^*)'$，降低了资本服务的边际产品 MPK(在给定的资本服务量 κK)。所以资本服务的需求曲线左移，从 $(\kappa K)^d$ 所示的曲线左移至 $[(\kappa K)^d]'$ 所示的曲线。资本服务供给曲线 $(\kappa K)^s$ 没有移动。结果，市场出清的资本实际租赁价格在纵坐标上从 $(R/P)^*$ 下降至 $[(R/P)^*]'$。资本服务量从横坐标上的 $(\kappa K)^*$ 下降至 $[(\kappa K)^*]'$。对于给定的资本存量 K，资本服务的减少相当于资本利用率 κ 的下降。

图 13.6　劳动所得税率上升对资本服务市场的影响

图 13.6 表明，市场出清的实际租赁价格从纵坐标上的$(R/P)^*$下降为$[(R/P)^*]'$。资本服务量下降了，因为资本利用率 κ 从横坐标上的$(\kappa K)^*$下降到$[(\kappa K)^*]'$。由此看来，虽然劳动所得税率 τ_w 不直接影响资本服务市场，但对这个市场有间接影响。通过减少劳动投入 L，从而降低 MPK，τ_w 的升高减少了资本服务量κK 。①

回顾第 9 章的生产函数给出了实际 GDP(Y)：

$$Y = A \cdot F(\kappa K, L) \tag{9.1}$$

在目前情况下，技术水平 A 不变。然而我们发现，劳动所得税率 τ_w 的上升减少了劳动数量 L 和资本服务量κK。所以，Y 下降。②这样，我们的结论是，劳动所得边际税率 τ_w 的提高导致以实际 GDP(Y)衡量的总体经济活动下降。

扩展模型

消费税

我们在此证明消费税与我们在正文中研究的劳动所得税有相同的效应。假设实际劳动收入$(w/P) \cdot L^s$ 不纳税，但增加一单位的消费 C 使每个家庭的实际税款 T 增加 τ_c 单位。这种税收可以是销售税、货物税或增值税。我们假设消费税与 C 成正比，从而边际税率 τ_c 等于平均税率。我们还假设，τ_c 对所有家庭都一样，不因时间的推移而发生变化。

如果家庭多工作一单位的时间，得到更多单位的实际劳动所得 w/P。我们现在假设这部分增加的劳动收入不纳税。假设家庭增加消费 ΔC 单位。这一变化使消费税提高 $\tau_c \cdot \Delta C$。所以，增加的 w/P 单位收入必须用于增加的消费 ΔC 加上增加的税收 $\tau_c \cdot \Delta C$：

$$w/P = \Delta C + \tau_c \cdot \Delta C$$

$$w/P = \Delta C \cdot (1 + \tau_c)$$

我们如果在方程两边均除以$(1+\tau_c)$，解得增加的消费为：

$$\Delta C = (w/P)/(1 + \tau_c) \tag{13.2}$$

所以，对于每增加一单位的劳动——从而每减少一单位的闲暇时间，家庭增加

① κK 的减少降低了 MPL，从而导致劳动需求曲线 L^d 左移。在图 13.5 中，这一移动将导致 L 的进一步下降。

② 我们可以说明实际 GDP(Y)的下降怎样落实在消费 C 与总投资 I 之间。我们由第 7 章知道：Y 下降一个单位相当于家庭收入减少一个单位。由于收入下降是持久性的，我们预计消费倾向接近于 1。所以 C 大致下降一个单位。然而，R/P 的下降意味着实际利率 r 的降低。这种变化具有跨时期替代效应，相对于未来消费，这是提高现期消费。这种效应抵消了一个单位 C 的下降。从而我们发现，现期消费总体上减少的量小于 Y 的减少量。由于 $Y = C + I + G$ 而 G 固定不变，I 必定下降。

$(w/P)/(1+\tau_c)$单位的消费。如果 $\tau_c=0.10$，家庭大约增加消费支出 $0.9\cdot(w/P)$ 单位。要点是，τ_c 越高，这个交易越糟糕。所以，如果 τ_c 上升，我们预计家庭会减少工作，享受更多的闲暇时间，而减少消费。

在以边际税率 τ_w 征收劳动所得税的情况下，家庭的劳动供给 L^s 取决于税后实际工资率$(1-\tau_w)\cdot(w/P)$。消费税的边际税率为 τ_c 时，方程(13.2)表明，以增加一单位劳动能买到的额外消费表示的税后实际工资率为$(w/P)/(1+\tau_c)$。因此，L^s 取决于$(w/P)/(1+\tau_c)$。这样一来，τ_w 与 τ_c 的上升对 L^s 有类似的负面效应。结论是，消费税有与我们发现的劳动所得税相同的经济效应。

如果税率随着时间的推移发生变化，结果就不同。如果消费税率 τ_c 可预料地变动，家庭就会在 τ_c 相对低的年份大量消费。相形之下，如果劳动所得税率 τ_w 可预料地变动，家庭就会在 τ_w 相对低时大量工作。

13.3.2 对资产收入征税

现在我们考察对资产收入的征税。回顾一下家庭预算约束条件：

$$C+(1/P)\cdot\Delta B+\Delta K=(w/P)\cdot L^s+r\cdot(B/P+K)+V-T \quad (13.1)$$

现在假设实际税收 T 取决于家庭的实际资产收入 $r\cdot(B/P+K)$。注意这部分收入等于债券的实际利息收入 $r\cdot(B/P)$加上资本所有权的收益 rK。这一项 rK 等于资本的净实际租金额$[(R/P)\cdot\kappa-\delta(\kappa)]\cdot K$，因为第 11 章里的条件为债券的实际收益率与资本的实际收益率相同：

$$r=(R/P)\cdot\kappa-\delta(\kappa) \quad (11.8)$$

债券的实际收益率 = 拥有资本的实际收益率

设 τ_r 为资产收入的边际税率。我们假设所有形式的资产收入都以相同的税率征税。但在现实中，税制以不同的方式处理各种形式的资产收入，其中包括利息、股息红利、资本利得以及部分个体经营的收入。然而简化假设——所有形式的资本收入都以相同方式处理——可以使我们得出对资产收入征税的主要影响。由于无论是利息收入还是资本所有权的收入，税率 τ_r 都一样，方程(11.8)中两类收益率之间的等同性依然成立。

我们知道实际利率 r 对消费有跨时期替代效应。第一年的消费 C_1 减少一个单位，可以让家庭将第二年的消费 C_2 增加 $1+r$ 单位。所以，相对于 C_2，r 的上升促使家庭降低C_1。现在的区别在于第二年增加的 r 单位资产收入以税率 τ_r 征税。这类税负意味着增加 r 单位收入将被增加 $\tau_r\cdot r$ 单位税款所抵消；也就是说，方程(13.1)中有的项 T 上升了 $\tau_r\cdot r$。这样，家庭如果减少 C_1 一个单位，就可提高 C_2：

$$\Delta C_2 = 1 + r - \tau_r \cdot r$$

$$\Delta C_2 = 1 + (1 - \tau_r) \cdot r$$

因此，要在 C_1 与 C_2 之间作出选择，重要的是**税后实际利率**$(1-\tau_r) \cdot r$。对于给定的 r，如果 τ_r 上升，$(1-\tau_r) \cdot r$ 就下降。所以家庭推迟消费的动力减少了，它的反应是增加 C_1，而不是 C_2。对于第一年给定的实际收入，τ_r 的上升促使家庭在第一年多消费，少储蓄。

如果我们用$(1-\tau_r)$乘以方程(11.8)的两边，可将税后实际利率与拥有资本的税后收益率联系起来：

$$(1+\tau_r) \cdot r = (1-\tau_r) \cdot [(R/P) \cdot \kappa - \delta(\kappa)] \tag{13.3}$$

税后实际利率＝拥有资本的税后收益率

这样，如果我们知道——在方程(13.3)的右边——实际租赁价格 R/P 和资本利用率 κ，就能计算出$(1-\tau_r) \cdot r$。像以前一样，这些数值是通过资本服务市场的出清决定的。

回头再看看探讨资本服务的供给需求的图 13.6。资产收入的边际税率 τ_r 不影响资本服务需求曲线$(\kappa K)^d$。由于企业利润 Π 不纳税，仍通过 MPK 等于 R/P 的关系得出这条曲线。①所以 τ_r 的变动不会使需求曲线$(\kappa K)^d$ 发生移动。

我们在第 9 章得出了资本服务的供给曲线$(\kappa K)^s$。对于给定的资本存量 K，资本所有者为使租金净收入极大化而选择了利用率 κ：

$$[(R/P) \cdot \kappa - \delta(\kappa)] \cdot K$$

我们假设 κ 越高造成折旧率越高，由函数 $\delta(\kappa)$表示。我们从方程中发现，实际租赁价格 R/P 的上升提高了利用率 κ，从而增加了资本服务的供应量$(\kappa K)^s$。这是图 13.6 中的曲线$(\kappa K)^s$ 向上倾斜的原因。

在对资本收入以税率 τ_r 征税的情况下，资本所有者会追求税后租金净收入最大化，由下式给出：

$$(1-\tau_r) \cdot [(R/P) \cdot \kappa - \delta(\kappa)] \cdot K$$

对于任何 τ_r，这种极大化等价于$[(R/P) \cdot \kappa - \delta(\kappa)] \cdot K$ 的极大化——也就是说，表达式和以前一样。所以，对于给定的实际租赁价格 R/P，选择的利用率 κ 并非取决于税率 τ_r。由于资本存量 K 固定不变，而 τ_r 不影响 κ，我们的结论是 τ_r 不影响资本服务的供给$(\kappa K)^s$。因此 τ_r 的变动不会使图 13.6 中的供给曲线$(\kappa K)^s$ 发生移动。

由于 τ_r 的变动对图 13.6 中的需求和供给曲线没有影响，就不会影响市场出清的实际租赁价格$(R/P)^*$ 以及资本服务量$(\kappa K)^*$。也就是说，资本存量 K 固定不

① 企业利润税一般都会影响到对资本服务的需求。

变，资本利用率 κ 也不变。

由于资本服务的数量 κK 不变，对图 13.5 中的劳动需求曲线 L^d 没有影响。劳动供给曲线 L^s 也不发生移动。所以，市场出清的实际工资率 $(w/P)^*$ 和劳动量 L^* 不变。由于 κK 和 L 保持不变，我们由生产函数 $Y=A\cdot F(\kappa K, L)$ 得知，实际 GDP(Y)不变。因此我们的结论是，资产收入的边际税率 τ_r 的变动不影响实际 GDP。然而我们应该强调这一结果仅在资本存量 K 给定时的短期内适用。

由于实际租赁价格 R/P 以及资本利用率 κ 都不变，拥有资本的税前收益率 $(R/P)\cdot\kappa-\delta(\kappa)$ 也不变。但是此时 τ_r 的上升意味着税后收益率 $(1-\tau_r)\cdot[(R/P)\cdot\kappa-\delta(\kappa)]$ 的下降。方程(13.3)告诉我们，税后实际利率 $(1-\tau_r)\cdot r$ 等于拥有资本的税后收益率：

$$(1-\tau_r)\cdot r=(1-\tau_r)\cdot[(R/P)\cdot\kappa-\delta(\kappa)] \tag{13.3}$$

因此，τ_r 的上升使税后实际利率 $(1-\tau_r)\cdot r$ 下降了。

我们知道 $(1-\tau_r)\cdot r$ 的下降对消费产生跨时期替代效应。相对于第二年的 C_2，家庭就会提高第一年的消费 C_1。因此，针对第一年给定的实际收入，家庭在第一年多消费，少储蓄。可是，回顾一下，第一年的实际 GDP，Y_1 没有发生变化，$Y_1=C_1+I_1+G_1$。我们现在假设政府采购 G_1 不变。所以，C_1 的增加必定相当于第一年总投资 I_1 的等额减少。这样，资产收入税率 τ_r 的提高导致 C_1 的上升和 I_1 的下降。

在长期内，总投资 I 的减少意味着资本存量 K 小于它本应该达到的数量。K 的这一下降将导致实际 GDP(Y)的减少。所以，虽然资产所得税率 τ_r 的提高在短期内不影响实际 GDP，但在长期内会减少实际 GDP。①

13.4 增加以劳动所得税融资的政府采购

我们在第 12 章里研究了政府采购 G 的持久性增加所产生的影响。我们不符实际地假设，增加的 G 的资金来源为一次性税收。我们的发现是，G 增加一个单位没有改变实际 GDP(Y)，只是减少消费 C 约一个单位。所以总投资 I 不变。保持不变的还有实际工资率 w/P、实际租赁价格 R/P 和实际利率 r。

这些结果依赖于这样的假设，即劳动供给量 L^s 固定不变。现在我们重新考虑这一假设，同时也容许增加的政府采购 G 用实际劳动收入 $(w/P)\cdot L$ 的税款提供资金。尤其是，我们假设劳动收入的边际所得税率 τ_r 的提高与 G 的持久性上升同时存在。

① 资产收入税等价于某种消费税，即这种消费税对将来消费的课税重于对现期消费的课税。多数经济学家同意这样的观点：政府通过统一的、而不是因时而异的消费税征收给定的总税额，经济会运转得更好。因此，从最优税制的观点来看，人们更倾向于选择恒定的消费税，而不是资产收入税 τ_r（这等价于因时而异的消费税）。

如果政府采购 G 的持久性增加与边际所得税率 τ_w 的提高合在一起影响劳动供给量 L^s，我们得到的结果就与第 12 章的不同。因此，我们就得考虑影响劳动供给 L^s 的各种因素。

- 我们从第 12 章的政府的预算约束中看出，每年政府采购 G 增加一个单位，就需要每年的实际税收与转移支付的差额 $(T-V)$ 上升一个单位。因此家庭每年的实际可支配收入就少了一个单位。针对负的收入效应，家庭会每年增加劳动供给量 L^s。
- 在第 12 章关于"有效用的公共服务"的专栏中，我们假设政府采购 G 所提供的公共服务给家庭带来效用。我们假设，就效用而言，每单位 G 等价于 λ 单位的消费 C，这里 λ 大于 0。我们将政府采购的服务价值纳入家庭的有效可支配收入时，得到的结果是，G 每增加一个单位，有效可支配收入提高 λ 单位。[参阅第 12 章中的方程(12.10)]。这种影响与实际税收与转移支付的差额 $(T-V)$ 增加一个单位的影响合在一起，意味着家庭的有效可支配收入下降了 $(1-\lambda)$ 单位。如果 λ 小于 1，我们得出的结论依然是，G 上升时，有效可支配收入下降。所以，负的收入效应仍然预期每年的劳动供给量 L^s 上升。然而，λ 越高，这种效应越弱。
- 我们在本章发现，提高劳动所得税的边际税率 τ_w 所产生的替代效应减少劳动供给量 L^s。图 13.5 显示出这种效应。回顾一下，这种分析忽略不计任何收入效应。

我们看到，政府采购 G 的增加对劳动供给量 L^s 产生的总的影响，取决于收入效应和替代效应这两个相互抵消的结果。收入效应预计 L^s 上升，替代效应则预计 L^s 下降，故对 L^s 的总的影响不确定。

从经验事实上看，政府采购 G 的持久性增加对劳动供给 L^s 产生的总效应看起来不大。这一解释与图 12.7 中的结论一致：从 1955 年到 2006 年，政府采购的波动与实际 GDP 的波动没有多大关系。当我们考察重大战争——主要是第一次、第二次世界大战和朝鲜战争——期间 G 的临时性增加时，我们才发现对实际 GDP 的重大影响。因此在最后，我们在第 12 章中的假设，即劳动供给量在非战争年代固定不变，也许可以令人满意。尤其是这个假设导致产生了合理的结论：持久性增加政府采购对实际 GDP 没有多大影响。

回到现实

拉弗曲线

政府采购 G 的持久性增加需要实际税收 T 的持久性提高。我们在前面一节假定，T 随着劳动收入的边际所得税率 τ_w 的提高而上升。我们认为，提高 τ_w 可以通过增加个人所得税的所有劳动收入档次的边际税率来实现。我们在此探讨 T 与 τ_w 之间的关系。这种关系称为**拉弗曲线**，以经济学家拉弗的名字命名。①

向劳动所得征收的实际税款可以写为：

$$T=[T/(w/P)\cdot L]\cdot(w/P)\cdot L$$

$$\text{实际税收}=(\text{平均税率})\cdot(\text{实际税基})$$

劳动所得税的实际税基为实际劳动收入$(w/P)\cdot L$。平均税率为T与$(w/P)\cdot L$的比率。

对于给定的扣除与税制的其他特点，边际所得税率τ_w随着平均税率的提高而提高。因此，征收的实际税款对于τ_w上升的总体反应，取决于税基$(w/P)\cdot L$对于τ_w上升的反应。在前一节讨论的例子中，τ_w上升同时政府采购G持久性增加时，$(w/P)\cdot L$并没有发生很大变化。原因是，τ_w上升所产生的替代效应——这会降低劳动供给——被增加劳动供给的G的增加所产生的收入效应大体上抵消了。

拉弗曲线背后的主要思想是，边际税率τ_w提高所产生的替代效应随着τ_w的上升而越来越强。因此在τ_w足够高的水平，$(w/P)\cdot L$对τ_w进一步上升的反应变为负数(因为对劳动供给的替代效应足以抵消收入效应)。此外，替代效应最终变得如此强大，以至于τ_w上升时，T下降。

要理解关于替代效应的论点，就从0税率τ_w作为起点。如果τ_w在所有收入水平皆为0，征收的实际税款T也为0。图13.7中的拉弗曲线始于原点。如果τ_w上升至0以上，T为正数。所以在τ_w不大时，拉弗曲线的斜率为正。

τ_w对劳动供给的替代效应，是通过税后实际工资率$(1-\tau_w)\cdot(w/P)$起作用的。考虑一下项$(1-\tau_w)$，如果$\tau_w=0$，τ_w的上升——比如说0.1——对$(1-\tau_w)$产生相对小的等比例的影响。该项从1下降至0.9，或下降10%。然而，如果$\tau_w=0.5$，τ_w提高0.1，使$1-\tau_w$从0.5减少为0.4，或减少20%。$\tau_w=0.8$时，对应的降幅为50%(从0.2降至0.1)，而当$\tau_w=0.9$时，就是100%(从0.1减少至0)。数字表明，随着τ_w的提高，τ_w对劳动供给的替代效应的强度越来越大。因此，随着τ_w越升越高，劳动供给量L^s最终下降了。最后，这种效应意味着税基$(w/P)\cdot L$会下降，幅度足以抵消平均税率上升的效应。随着τ_w的进一步上升，到某一点，实际税收下降。

图13.7中的图形反映了前面的讨论。在原点处，实际税收T与边际税率τ_w之间的关系是正的斜率，随着τ_w的逐渐上升，斜率越来越平坦。最终τ_w在横坐标上达到标记为$(\tau_w)^*$时，T达到最大值。边际税率还要提高的话，T随着τ_w的升高而下降。该图表达的含义是，在税率为100%时，实际劳动收入$(w/P)\cdot L$——至少是向税务当局报告的那部分收入——降为0，所以T为零。

① 要找关于对拉弗曲线的论述，查阅D. Fullerton(1982)的著作。

在1980年，罗纳德·里根当选为美国总统时，一些“供应学派”的倡导者采用像图13.7中所示的图形提倡全面削减美国所得税率。这些经济学家认为平均的边际所得税率超过了(我们在图13.4中估计的)$(\tau_w)^*$，所以全面减税会增加实际税入T。可是没有证据表明美国曾经达到过如此高的平均边际税率，足以运用这一研究结果。

L. Lindsey(1987)对1982—1984年里根政府减税对各收入群体的纳税人支付税款的影响，进行了评估。他发现，降低税率减少了总体的税款收入，减少了中低收入纳税人的税款。然而在高收入(调整后总收入超过200 000美元)的纳税人中，报告的应税收入增加额如此之大，以至于足以抵消税率的下降。Lindsey估计，该群体在1982年因削减税率而增加的纳税额为3%，1983年为9%，1984年为23%。因此，虽然不是所有的美国纳税人都处在图13.7中拉弗曲线的下降部分，但是最高收入的纳税人看起来位于这一范围。

C. Stuart(1981)的研究估计，瑞典的平均边际税率为70%，实际税入达到最大值。也就是说，他估计图13.7中的$(\tau_w)^*$约为70%。瑞典真实的平均边际税率在20世纪70年代初达到70%，以后上升至80%左右。(这些边际税率的估计数值包括消费税和所得税。)因此在70年代，瑞典处在拉弗曲线的下降部分。A. Van Ravestein和H. Vijlbrief(1988)进行过类似研究，他们估计荷兰的$(\tau_w)^*$也是约为70%。他们发现，在1985年的荷兰，真实的边际税率为65%——接近于但并未高达估计的$(\tau_w)^*$。

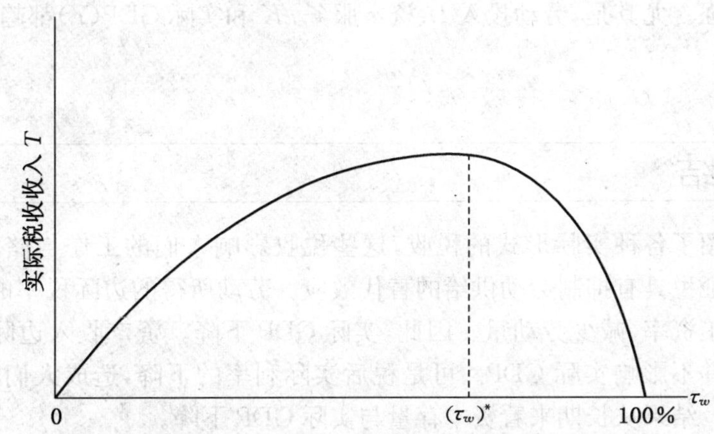

注：横坐标表示劳动所得的边际税率τ_w。纵坐标表示实际税入T。从0开始，τ_w的上升会提高T。可是随着τ_w的上升，斜率越来越小。最终在τ_w达到横坐标上的$(\tau_w)^*$时，T达到其最大值。过了那一点以后，随着τ_w朝着100%接近时，T反而下降。

图13.7 实际税入与边际所得税率之间的关系(拉弗曲线)

13.5 转移支付

到目前为止我们一直假设实际转移支付 V 是一次性的。但像税收一样，现实生活中的转移支付并不是一次性的。相反，多数转移支付计划将付给个人的款项与个人的特点相联系。例如，福利计划向穷人支付钱款或提供诸如医疗保健之类的服务，然后，如果个人收入增加了，于是就减少或取消转移支付。同样，要有资格获得失业保险，接受者就不可能正在工作。直到最近，如果某位老人拿到的劳动收入超过特定数额，美国社会保险计划就会减少向该老人支付的养老金。然而，现在法律容许到了正常退休年龄或年龄更大的人赚取收入，也不会引起社会保险款项的减少。

重要的一点是，验证收入的转移支付计划——当劳动收入增加时减少转移支付的计划——对劳动收入有效地实施了一个正的边际所得税率。转移支付计划规模的扩大——例如，福利系统的扩张——提高了计划隐含的边际所得税率 τ_w。因此，为了分析提高实际转移支付 V 所产生的经济效应，我们就得考虑 τ_w 的这种上升。

假设政府增加实际转移支付 V，并通过向劳动收入多征税以增加实际税款 T 为这些支出提供资金来源。在此情况下，出于两个原因，边际所得税率 τ_w 提高了。首先，对支付个人所得税的家庭而言，T 随着 τ_w 的提高而增加。其次，对接受转移支付的家庭——诸如贫困的福利接受人——来说，由于要验证接受者能得到福利，转移支付计划的扩张提高了隐含的边际所得税率 τ_w。换句话说，我们从两个方面来看，τ_w 都提高了。我们因此预料我们分析的那类效应甚至比图 13.5 和 13.6 中的效应还要强。尤其是，劳动投入 L、资本服务 κK 和实际 GDP(Y)都趋向于下降。

小　　结

本章介绍了各种实际形式的税收，这些税收影响人们的工作与储蓄的动力。对劳动所得征税具有抑制劳动供给的替代效应。劳动所得的边际税率的提高会减少税后实际工资率，减少劳动量。因此，实际 GDP 下降。资产收入边际税率的提高在短期内并不影响实际 GDP。可是税后实际利率的下降，造成人们转向消费，而减少投资。结果从长期来看资本存量与实际 GDP 下降。

我们研究的情况是，伴随着劳动所得的边际税率的提高，政府采购的持久性增加，对劳动供给的总的影响是模糊不清的——收入效应表明劳动供给增加了，而提高税率产生的替代效应却显示劳动供给减少了。经验证据则证明劳动供给的净变化不大。例如，劳动供给的稳定性与战时政府采购对于经济波动起着主要作用的结论是一致的。

重要术语和概念

调整后的总收入 adjusted gross income
税后实际利率 after-tax real interest rate
税后实际工资率 after-tax real wage rate
平均税率 average tax rate
重复征税 double taxation
统一税率税 flat-rate tax
累进税率税 graduated-rate tax
拉弗曲线 Laffer curve
边际税率 marginal tax rate

问题和讨论

A. 复习题

1. 什么是劳动所得税率提高所产生的收入效应？我们为何在一部分分析中假设不存在任何收入效应？
2. 区分平均税率与边际税率。为达到统一税率，这两项必须相等吗？
3. 劳动所得税率的提高会减少税收收入吗？这一答案怎样取决于劳动供给对税后实际工资率的反应？

B. 讨论题

4. 通货膨胀与资产收入税

假设资产收入税率为 τ_r。假设(就像美国的情况)按名义利息收入征税。假设(并非完全准确)这种税收适用于资本的实际收益率。

a. 什么是债券的税后实际利率？

考虑货币增长率出现持久性或出乎意料的上升的情况，如第 11 章中研究的情况，从 μ 上升至 μ'。假设 τ_r 不变。

b. 对通货膨胀率 π 有什么影响？

c. 对税后资本实际收益率有什么影响？

d. 对债券税后实际利率有什么影响？名义利率 i 发生什么变化？是否与 π 一一对应地发生变化？

5. 通货膨胀对累进制所得税的影响

在 1986 年简化税制前的 1985 年，美国个人所得税制分成许多不同的税率档次。已婚夫妇按下表支付劳动收入的个人所得税。

a. 假设每个人的实际收入长时间保持稳定，从而通货膨胀逐渐提高每个人的名义收入。如果表中所示的税率依然不变，随着时间的推移，每对夫妇的边际所得税率会发生什么变化?

b. 现在假设表中左栏所示的美元收入档次随着时间的推移根据物价水平的变化等比例地进行调整(或"指数化")。也就是说，如果物价水平上升5%。每一美元增加5%的金额。那么通货膨胀对每对夫妇的边际所得税率有何影响?(自1985年以来美国采用了这种指数化规定。)

应税收入档次(美元)	边际所得税率(%)
3 540—5 719	11
5 720—7 919	12
7 920—12 389	13
12 390—16 649	16
16 650—2 119	18
2 120—25 599	22
25 600—31 119	25
31 120—36 629	28
36 630—47 669	33
47 670—62 449	38
62 450—8 989	42
8 990—113 859	45
113 860—16 919	49
16 920—	50

6. 转移支付计划对劳动供给的影响

讨论下列政府转移支付计划对劳动供给的影响:

a. 食品券计划，发放用于购买食品的补贴券。可得到的补贴与家庭收入呈反向变化。

b. 负的所得税，诸如工资收入的减税优惠(ETTC)。这一计划向穷人提供现金转移支付。在ETTC中，转移支付金额一开始随劳动收入的提高而上升，然后所付金额随劳动收入的提高而下降。

c. 失业保险，这是指向失去工作并正在找工作的人在一个特定时间段内支付现金。在美国，得到这种福利的时间一般长达6个月;许多欧洲国家有资格获得福利的时间要长一些。

d. 根据社会保险支付的退休福利。收入验证规定的结果是什么?在1972年之前，这种验证明文规定劳动收入每增加2美元，退休福利就减少1美元。自2000年以来，这类验证只适用于低于正常退休年龄(目前为66—67岁)的退休人员，分为两档:第一档是2美元的收入减去1美元的福利，第二档是3美元的收入减去1美元。

7. 消费税

假设每年按不变的税率τ_c对消费征税。

a. 家庭的预算约束是什么？

b. τ_c 的上升对劳动市场产生什么影响？所得结果怎样与图 13.5 中所示的劳动所得税率 τ_w 上升的结果进行比较？

c. τ_c 的上升对资本服务市场有何影响？所得结果怎样与图 13.6 中所示的劳动所得税率 τ_w 上升的结果进行比较？

d. 现在假设在第一年 τ_c 下降，但在未来的年份里保持不变。随着时间的推移，这种变化如何影响消费的选择？这种影响如何类似于资产收入税率 τ_r 上升的影响？在哪些方面这些影响不同于资产收入税率 τ_r 变动的影响？

8. 统一税率税

有些美国经济学家提倡从累进个人所得税转变为统一税率税。按照新税制，应税收入就没有多少扣除，而边际税率将是个常数。由于取消了扣除，平均边际税率低于目前的税制。

a. 转变为统一税率的劳动所得税后，会有什么经济影响？

b. 提议的统一税率税怎样与目前的社会保障薪资税进行比较？

9. 美国 2001 年和 2003 年的削减所得税

像 2005 年美国《总统经济报告》(http://www.whitehouse.gov/cea)中讨论的那样，总结美国 2001 年和 2003 年的所得税改革。你预料这些税收的变化会产生什么样的宏观经济的影响？

公共债务

最有争议的经济问题之一就是**政府的预算赤字**。新闻媒体指出，政府实行预算赤字时，经济饱受磨难。本章最重要的任务就是要评价这一观点。正如我们将看到的那样，均衡经济周期模型得出的结论与媒体的结论大相径庭。

当政府的收入不足以弥补其支出时，就出现了**预算赤字**。政府通过发行生息债券——**公债**——来弥补资金的不足。当预算赤字大于0时，公债的数量随着时间的推移而增长。

我们首先考虑美国与英国的公债史，用这些事实作为背景，扩展均衡经济周期模型，从而将公债纳入模型之中。我们利用模型来评估预算赤字对各个经济变量的影响，其中包括国内生产总值(GDP)、储蓄、投资和实际利率。

14.1 美国和英国的公债史

表14.1显示了美国和英国的公债史。该表列出了生息债券的名义数量以及这类债券占名义GDP(在早年为国民生产总值或GNP)的比率。①图14.1显示了美国从1790年至2005年的公债—GDP的比率，图14.2显示了英国从1700年到2004年的比率。

表14.1 美国与英国的公债

年份	美国债务	美国债务	英国债务	英国债务
	($10亿)	占GDP比率	(£10亿)	占GDP比率
1700	—	—	0.014	0.20
1710	—	—	0.030	0.31

① 美国的数字不是表示由美国政府机构和信托基金与美联储持有的公债数量。例如，在2005年12月，在总共8.14万亿美元公债中，政府机构和信托基金持有2.70万亿，美联储持有0.74万亿，所以公众持有4.71万亿。至于英国，债务数字为中央政府的英镑债务总额。找不到长期的净数字。在2004年3月，英镑债务总额为4 280亿英镑，与之对应的公有部门净债务为3 760亿英镑。

(续表)

年份	美国债务 ($10亿)	美国债务 占 GDP 比率	英国债务 (£10亿)	英国债务 占 GDP 比率
1720	—	—	0.039	0.49
1730	—	—	0.037	0.49
1740	—	—	0.033	0.40
1750	—	—	0.059	0.68
1760	—	—	0.083	0.79
1770	—	—	0.106	1.01
1780	—	—	0.135	1.01
1790	0.075	0.33	0.179	1.05
1800	0.083	0.20	0.304	0.79
1810	0.048	0.082	0.436	0.96
1820	0.090	0.12	0.568	1.37
1830	0.039	0.038	0.544	1.12
1840	0.005	0.003	0.562	1.01
1850	0.063	0.029	0.557	0.94
1860	0.065	0.017	0.589	0.69
1870	2.04	0.28	0.593	0.51
1880	1.71	0.15	0.591	0.43
1890	0.711	0.054	0.578	0.37
1900	1.02	0.054	0.628	0.31
1910	0.913	0.028	0.665	0.28
1920	23.3	0.26	7.62	1.22
1930	14.8	0.16	7.58	1.55
1940	42.8	0.42	10.5	1.37
1950	219	0.74	26.1	1.77
1960	237	0.44	28.4	1.09
1970	283	0.27	33.4	0.64
1980	712	0.25	113	0.49
1990	2 412	0.42	190	0.35
2000	3 438	0.35	369	0.39
2005	4 601	0.37	473	0.41

注:就美国而言,按名义面值以10亿美元计算的公债,是私人持有的美国联邦政府生息债券的数额。数字中去掉了美联储、美国政府机构和信托基金的持有量。(数字包含政府主办机构和州与地方政府的持有量。)至于来源,参阅 Barro(1978,表 1)。1939 年以来的数字来自美国财政部。债务表示为占 GDP 或 GNP 的比率。第 1 章的图 1.1 描述了实际 GDP 或 GNP 的数据。1869 年以前的名义 GNP,是根据 Warren 和 Pearson(1933,表 1)的批发价格得出的价格指数乘以实际 GNP 估计而得。

就英国来讲,自 1917 年以来的名义面值以 10 亿英镑计算的公债是中央政府的英镑债务总额。1917 年以前的数字,是从 1700 年的公债存量为基准开始的中央政府的预算赤字累计值。关于对这些数据的论述,参阅 Barro(1987)的著作。基本数据来自中央统计局各期《统计年度摘要》;Mitchell 和 Deane(1962)的著作;以及 Mitchell 与 Jones(1971)的著作。关于名义 GDP 或 GNP 的数据,既来自前面的资料,又来自 Feinstein(1972)的著作和 Deane 和 Cole(1969 年)的著作。1830 年以前的名义 GNP,是依据批发价格得出价格指数后乘以实际 GNP 的粗略估计值估计而得出的。

就美国而言，公债占 GDP 比率的主要峰值反映了为战时支出融资的需要。1790 年的起点值是 0.33，这是出于独立战争的需要。当时，财政部长亚历山大·汉米尔顿提出的一个关键之策是，中央政府承诺要偿还所有的战争债务，包括在各个殖民地发行的债券。南北战争以后，1866 年公债—GDP 的比率达到 0.28（不包括邦联债务），第一次世界大战后的 1919 年为 0.31，二战以后的 1946 年为 1.09。另一个重大影响该比率的因素是经济周期。在衰退期间，公债占 GDP 的比率一般会上升，部分原因是 GDP 的下降，部分原因是债务的增加。一个极端的例子是大萧条时期，在此期间公债—GDP 的比率从 1929 年的 0.14 上升至 1933 年的 0.38。

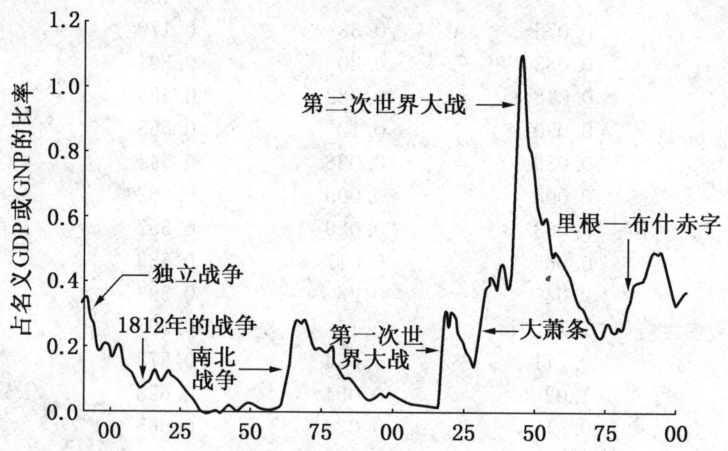

注：本图显示美国名义公债占 GDP（1929 年之前为 GNP）的比率，采用表 14.1 中的数字。

图 14.1　1790—2005 年美国的公债占 GDP 的比率

在和平时期、没有衰退的岁月里，公债占 GDP 的比率一般会下降。例如，这一比率从 1946 年的 1.09 下降到 1974 年的 0.23。这种通常模式有一个例外是 1983 年至 1993 年，尽管没有战争或严重衰退，公债—GDP 的比率从 0.32 上升至 0.49。之后再次上升——部分原因是 2001—2002 年的衰退——到 2005 年的 0.37 之前，这个比率在 2001 年下降至 0.33。

就英国而言，公债—GDP 比率的主要峰值还是与战时有关：在 18 世纪初的西班牙和奥地利的王位继承战争后为 0.50；1764 年七年战争（英、法两国争夺海外殖民地的战争——译者注）结束时为 1.1；1785 年美国独立战争后为 1.2；1816 年拿破仑战争后为 1.3；1919 年第一次世界大战结束时为 1.4；1946 年二战后为 2.6。英国债务占 GDP 比率的最高点的数值两倍于美国的峰值。值得注意的是，在 18 世纪 60 年代，英国的公债占 GDP 的比率持续大于 100%，这说明大量举债不是一项现代发明！

一些研究人员认为，1688 年光荣革命后随着国会作用的扩大［参阅 Douglas North 与 Barry Weingast（1989）的著作和 Thomas Sargent 与 Francois Velde（1995）的著作］，英国在公债管理方面声名鹊起。可以动用债务融资手段使英国在与法国无数次战争中占据优势，两国交战一直延续到 1815 年结束的拿破仑战争。

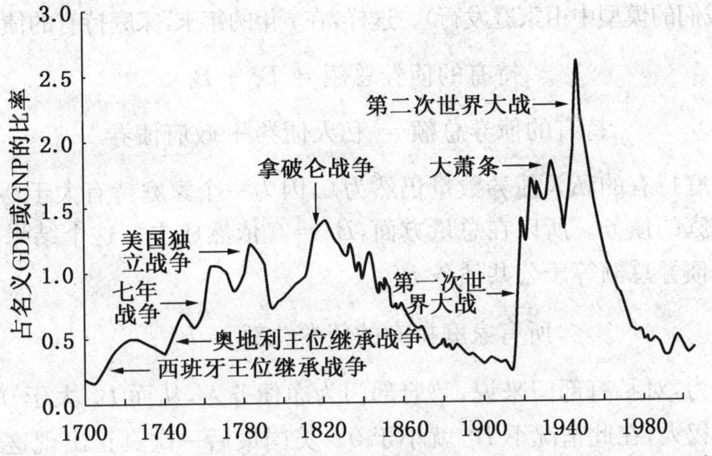

注:本图显示英国的名义公债占名义 GDP 或 GNP 的比率,采用表 14.1 中的数字。

图 14.2　1700—2004 年英国的公债占 GDP 的比率

衰退提高了英国的公债—GDP 比率——例如从 1920 年至 1923 年以及 1929 年至 1933 年。在既没有战争又没有衰退的时期,其特点是公债—GDP 比率下降。例如这一比率从 1946 年的 2.57 下降为 1990 年的 0.35。

14.2　政府债券的特点

我们现在扩展均衡经济周期模型,以纳入政府发行生息债券的情况。我们假设政府债券以与私人债券一样的方式支付利息与本金。我们还假设所有债券的期限都很短,①并且债券明文规定了本金与利息的名义金额。也就是说,我们不考虑在第 11 章我们讨论的指数债券。②

为简化分析,我们假设债券持有人(我们模型中为家庭)认为政府债券等价于私人债券。具体地说,就拖欠的概率而言,我们不容许出现私人债券的风险高于政府债券的可能性。如果我们的假设是确定的,只有当两种债券支付同样的名义利率 i 时,家庭才会持有两种债券。所以,我们的模型中只有一个所有债券都支付的名义利率 i。如果我们将私人债券理解为优质公司债,这一结果与美国的数据相当合理地吻合。例如,在 1947—2006 年间,美国 3 个月期短期国债的市场收益率平均为 4.7%,而同时期的 3 月期商业票据(由最高信用等级的企业发行的短期债)的利率平均为 5.3%。

用 B_t^g 表示在 t 年的年末未赎回的政府债券的名义数量。我们还用符号 B_t 表示私

① 在 1940 年的美国,公众持有的可上市的美国政府生息债券的平均期限约为 9 年。在 1976 年,期限下降至 2.5 年的低点。在多数时期,美国财政部被禁止按可以使债券畅销的利率发行长期债券。随着限制的终结,平均期限在 1990 年上升至约为 6 年。在 2005 年,平均期限约为 5 年。就英国而言,在 2003 年,36%可上市的政府债券的期限长达 5 年,35%在 5—15 年之间,29%在 15 年以上。

② 在 2005 年,公众持有的美国政府债券总额中 7%为指数债券。至于英国,在 2004 年,指数债券更加重要——占中央政府未赎回英镑债务总额的 18%。

人债券(在我们的模型中由家庭发行)。这样,在 t 年的年末,家庭持有的债券总额为:

$$持有的债券总额 = B_t^g + B_t$$

$$持有的债券总额 = 私人债券 + 政府债券$$

所有家庭持有的私人债券数量仍然为 0,因为一个家庭持有大于 0 的债务相当于另一个家庭的债务。所以在总量方面,$B_t = 0$ 依然成立。这个结果意味着所有家庭持有的债券总额等于公共债务 B_t^g:

$$所有家庭持有的债券总额 = B_t^g$$

我们通常认为,对私有部门来说,政府部门为净债务人,从而 B_t^g 大于 0。然而政府可以成为债权人,在此情况下 B_t^g 就小于 0。美国最后一次真正出现这种可能性的时间是 1834—1836 年,当时公债接近于 0;参阅图 14.1。

14.3 预算约束与预算赤字

要探讨预算赤字与公债,我们就得看看它们怎样被纳入政府预算约束条件之中。我们通过扩大政府的预算约束条件作为分析的开端。

14.3.1 政府的预算约束

我们在第 12 章引入了政府在 t 年的预算约束条件:

$$G_t + V_t = T_t + (M_t - M_{t-1})/P_t \tag{12.1}$$

$$实际采购 + 实际转移支付 = 实际税收 + 货币创造的实际收入$$

我们必须添加的第一个新项是政府支付的利息,是以名义项表示的 $i_{t-1} \cdot B_{t-1}^g$。这些利息支付的实际值为 $i_{t-1} \cdot (B_{t-1}^g/P_t)$,将其加入到方程(12.1)左边的政府的支出或资金用途项中。

第二个新项是在 t 年发行的债券。债券发行的美元金额为 $B_t^g - B_{t-1}^g$。注意:债券到期时再发行的债券不是政府的资金净来源。重要的来源是年末未赎回的存量 B_t^g 与前一年的年末未赎回总额 B_{t-1}^g 之间的差额。债券发行的实际价值$(B_t^g - B_{t-1}^g)/P_t$ 被纳入方程(12.1)右边的政府资金来源项中。

当我们将这两个新项插入方程(12.1)时,得到扩展的政府预算约束条件:

关键方程(扩展的政府预算约束条件):

$$\begin{aligned} &G_t + V_t + i_{t-1} \cdot (B_{t-1}^g/P_t) \\ &\quad = T_t + (B_t^g - B_{t-1}^g)/P_t + (M_t - M_{t-1})/P_t \end{aligned} \tag{14.1}$$

$$\begin{aligned} &实际采购 + 实际转移支付 + 实际利息支付 \\ &\quad = 实际税收 + 实际债务发行 + 货币创造实际收入 \end{aligned}$$

两个新项为左边的实际利息支付 $i_{t-1}\cdot(B^g_{t-1}/P_t)$ 和右边的实际债务发行 $(B^g_t-B^g_{t-1})/P_t$。

为分析预算赤字，我们发现再次引用第 12 章和第 13 章中的两个简化的假设会便于分析。首先假设名义货币量 M_t 等于一个常数 M。在此情况下，在方程(14.1)右边的货币创造的收入为零。其次，忽略不计通货膨胀，从而物价水平 P_t 等于常数 P。此时名义利率 i_t 等于实际利率 r_t。在不影响我们关于公债和预算赤字主要结论的情况下，这些假设简化了分析。

名义货币 M_t 与物价水平 P_t 都不因时间的推移而发生变化时，方程(14.1)的政府预算约束条件简化为：

$$G_t+V_t+r_{t-1}\cdot(B^g_{t-1}/P)=T_t+(B^g_t-B^g_{t-1})/P \tag{14.2}$$

从方程(14.1)入手，我们用 P 代替 P_t，用 r_{t-1} 代替 i_{t-1}，并取消 $(M_t-M_{t-1})/P_t$ 这一项。

14.3.2 预算赤字

为确定并计算政府的预算赤字，考虑政府储蓄或负储蓄多少是有助于分析的。我们以对待家庭的同样方式确定政府的实际储蓄。政府如果储蓄，其净实际资产上升，如果负储蓄，其实际净资产下降。为采用这些思想，我们就得对政府的实际净资产进行定义。

实际公债 B^g_t/P 是政府的一项负债。B^g_t/P 上升时，政府的欠债增多，结果，负债多了，实际净资产少了。因此，实际公债 $(B^g_t-B^g_{t-1})/P$ 的上升，就实际意义而言，预示着政府储蓄少了，或负储蓄增加了。

如果政府拥有资本，其实际净资产就包括这类资本。在此情况下，政府拥有的资本存量——称为**公共投资**——的增加意味着政府有较多的实际净资产。因此，就实际意义而言。公共净投资的上升意味着政府储蓄增多了，或负储蓄减少了。可是在我们的模型中，政府不拥有资本，所以公共净投资为零。

由于货币存量为常数、而政府不拥有资本，政府的实际储蓄或负储蓄等于实际公债变动的负数。如果实际公债增加，政府的实际储蓄小于 0，即政府在动用储蓄。如果实际公债下降，政府的实际储蓄就大于 0。所以，我们有：

$$\text{政府实际储蓄}=-(B^g_t-B^g_{t-1})/P \tag{14.3}$$

我们可以对方程(14.2)的政府预算约束项进行移项，将实际政府储蓄 $-(B^g_t-B^g_{t-1})/P$ 与实际支出和税收联系起来：

$$-(B^g_t-B^g_{t-1})/P=T_t-[G_t+V_t+r_{t-1}\cdot(B^g_{t-1}/P)] \tag{14.4}$$

$$\text{政府实际储蓄}=\text{实际税收}-\text{政府实际支出}$$

注意：政府实际支出为实际采购 G_t、实际转移支付 V_t 和实际利息支出 $r_{t-1}\cdot$

(B^g_{t-1}/P)之和。当实际税收大于政府实际支出时，政府实际储蓄大于0，实际公债随着时间的推移而下降。

如果方程(14.4)的右边大于0，政府的税收超过支出，政府就有**预算盈余**。因此，政府的实际盈余与政府的实际储蓄相同。相反，如果右边小于0，政府就有预算赤字。实际赤字与政府的实际负储蓄相同。如果方程(14.4)的右边为0，政府就有**平衡的预算**，政府的实际储蓄为0。

图14.3列出了美国联邦政府从1954年到2005年的预算赤字。为计算出实际的预算赤字，我们首先用GDP平减指数除以名义债务(表14.1的第一栏中所示的数据)，计算出每年的年末实际公债的存量。于是实际预算赤字就是当年实际公债存量的变动值。

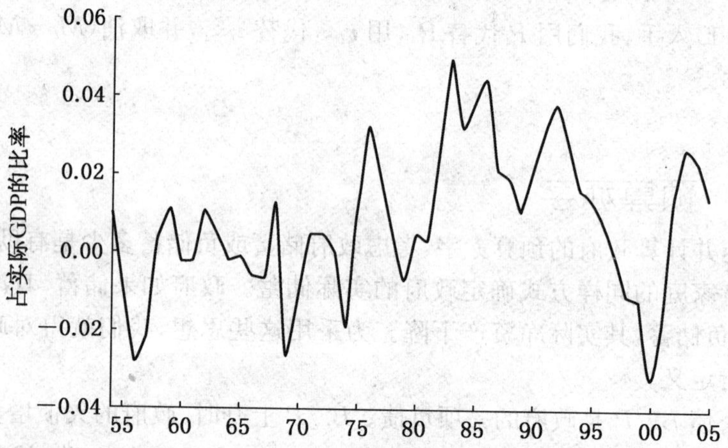

注：本图显示了从1954年到2005年实际预算赤字占实际GDP的比率。为计算出实际预算赤字，我们首先计算每年年末的实际公债存量，作为名义债务与GDP平减指数的比率。实际预算赤字为实际公债存量在当年的变动值。

图14.3　美国从1954年到2005年实际预算赤字占实际GDP的比率

如果物价水平P_t如我们假设的那样保持不变，我们计算实际预算赤字的方法相当于国民收入账户的标准计算方法。如果通货膨胀率π_t不为0，所以P_t随着时间的推移而上升，我们的方法依然能得出实际预算赤字的正确度量，但是国民账户的数据仍有不足之处。然而，自20世纪80年代中期以来，误差很小，因为π_t处于低水平。①

图14.3表明，预算赤字占实际GDP的比率最高的年份为1983年至1986年和后来的1992年，约为4%。图14.1中的这些赤字对应于里根—布什执政时期预

① 我们要让实际预算赤字等于政府实际债券的变动值。为此就得用实际利率计算出实际利息支付，这就是方程(14.4)中的项$r_{t-1}\cdot(B^g_{t-1}/P)$。然而国民账户采用了名义利率，从而实际利息支付成了$i_{t-1}\cdot(B^g_{t-1}/P)$这一项。换句话说，国民账户未能考虑到大于0的通货膨胀率π_{t-1}减少了未赎回的名义政府债券的价值。为纠正这一混淆，就得从国民账户计算出的实际预算赤字中减去$\pi_{t-1}\cdot(B^g_{t-1}/P)$这一项。这种调节等价于用实际利率$r_{t-1}$而不是名义利率$i_{t-1}$计算实际利息支付。

算赤字相关的公债—GDP 比率的上升。90 年代其余年份稳步走向预算盈余，2000 年达到高峰，数值超过 3%。然后联邦政府又回到实际预算赤字的老路上，2003 年达到实际 GDP 的 2.7%，但接着在 2005 年又下降至 1.4%。

14.3.3 公共储蓄、私人储蓄与国民储蓄

为评估预算赤字的经济影响，将我们的讨论围绕储蓄的三个概念展开是有用的：政府(或公共)储蓄、家庭(或私人)储蓄和国民(或总)储蓄。方程(14.3)给出了政府的实际储蓄：

$$\text{政府实际储蓄} = -(B_t^g - B_{t-1}^g)/P \qquad (14.3)$$

如果政府有实际预算赤字，从而$(B_t^g - B_{t-1}^g)/P$ 大于 0，政府实际储蓄就小于 0。回顾一下，如果政府拥有资本，这种资本存量的变动值将添加到政府的储蓄上。

我们从第 6 章知道，家庭的实际储蓄等于家庭的实际资产的变化。在我们以前的分析中，实际资产由私人债券 B_t/P_t、货币 M_t/P_t 和资本 K_t 组成。现在我们必须加上以政府债券形式 B_t^g/P_t 持有的实际资产。整个经济体中的私人债券总额 B_t 依然等于 0。所以，当我们将全部家庭汇总时，这些债券的增量等于 0。而且我们还假设 M_t 与 P_t 不随着时间的推移而发生变化。所以，整个经济体中家庭实际储蓄等于资本存量的变化加上实际政府债券：

$$\text{(整个经济体) 家庭实际储蓄} = K_t - K_{t-1} + (B_t^g - B_{t-1}^g)/P \qquad (14.5)$$

政府实际储蓄与整个经济体的家庭实际储蓄之和等于实际**国民储蓄**——整个国家的储蓄。我们可从方程(14.3)和(14.5)看到，当我们合并家庭与政府的储蓄时，政府实际债券的增量$(B_t^g - B_{t-1}^g)/P$ 这项抵消掉了。政府实际债券的增加意味着政府储蓄少了，而家庭相应地储蓄多了。因此我们得到：

$$\text{实际国民储蓄} = K_t - K_{t-1} \qquad (14.6)$$

实际国民储蓄等于资本存量的变化，这是净投资。如果政府拥有资本，这一结果依然成立。在此情况下，K 是经济体的总资本存量——私人资本与公共资本之和，而净投资 $K_t - K_{t-1}$ 为私人与公共净投资之和。

14.4 公债与家庭的预算约束

我们在第 12 章里发现，家庭的多年预算约束条件包括实际转移支付减去实际税收$(V_t - T_t)$的现值：

$$\begin{aligned} C_1 + C_2/(1+r_1) + \cdots &= (1+r_0)\cdot(B_0/P + K_0) \\ &+ (w/P)_1 \cdot L_1^s + (w/P)_2 \cdot L_2^s/(1+r_1) + \cdots \\ &+ (V_1 - T_1) + (V_2 - T_2)/(1+r_1) + (V_3 - T_3)/[(1+r_1)\cdot(1+r_2)] + \cdots \end{aligned} \qquad (12.6)$$

消费的现值＝初始资产的价值＋工资收入的现值
＋转移支付减去税收后的现值

现在我们必须对方程(12.6)进行修正，以便将家庭的实际政府债券 B_0^g/P 初始持有量包括在内。当我们进行这一变动时，家庭的多年预算约束就变为：

$$
\begin{aligned}
C_1 + C_2/(1+r_1) + \cdots &= (1+r_0)\cdot(B_0/P + B_0^g/P + K_0) \\
&+ (w/P)_1 \cdot L_1^s + (w/P)_2 \cdot L_2^s/(1+r_1) + \cdots \\
&+ (V_1 - T_1) + (V_2 - T_2)/(1+r_1) + (V_3 - T_3)/[(1+r_1)\cdot(1+r_2)] + \cdots
\end{aligned}
\tag{14.7}
$$

政府的预算对家庭产生的任何收入效应必然要么涉及初始的实际政府债券 B_0^g/P，要么涉及实际转移支付减去实际税收后的现值 $(V_1-T_1)+(V_2-T_2)/(1+r_1)+(V_3-T_3)/[(1+r_1)\cdot(1+r_2)]+\cdots$。为举例说明结果，以某些简化的假设作为分析的起点，较为便捷。

14.4.1 李嘉图等价的一个简例

我们先以某些不符合现实的假设作为分析的起点，以后分析可以放宽限制：

- 每年的实际利率 r_t 相同：$r_0 = r_1 = r_2 = \cdots = r$。
- 已经作了这样的假设，货币存量 M_t 和物价水平 P_t 不因时间的推移而变化。在通货膨胀率 π 为零的情况下，实际利率 r 等于名义利率 i。
- 实际转移支付 V_t 每年都为零。
- 政府开始时没有债务，所以 $B_0^g = 0$。
- 最后，也是最重要的假设：政府有给定的采购的时间路径 G_t。我们在此不再假设 G_t 不因时间的推移而发生变化。相反，我们假设，不管 G_t 的路径多么复杂，在我们考虑选择不同的预算赤字或公债的不同初始水平时，整个路径完全一样。

由于实际转移支付 V_t 每年都为零，方程(14.2)中 t 年的政府预算约束条件简化为：

$$G_t + r\cdot(B_{t-1}^g/P) = T_t + (B_t^g - B_{t-1}^g)/P \tag{14.8}$$

由于政府开始时债务为零，我们有 $B_0^g/P=0$。因此在第一年，政府的实际利息支付 $r\cdot(B_0^g/P)$为零，从而预算约束条件为：

$$G_1 = T_1 + B_1^g/P \tag{14.9}$$

政府第一年的采购 ＝ 第一年的实际税收＋第一年年末的实际债务

假设一开始政府平衡其每年预算。于是在第一年实际采购 G_1 等于实际税收 T_1。在此情况下，方程(14.9)的含义是，在第一年的年末实际公债保持为零；也就是说，$B_1^g/P=0$。继续推论，如果政府每年平衡其预算，每个 t 年的实际公债 B_t^g/P 都为零。

如果政府在第一年不是平衡预算，而是有 1 单位的实际预算赤字，会发生什么变化？由于我们假设政府采购的路径始终如一，所以第一年的实际采购 G_1 没有变化。所以这一赤字必定来源于削减实际税收 T_1，减少 1 个单位。方程(14.9)的含义是，1 单位的实际赤字需要政府在第一年的年末发行 1 单位的实际公债，从而 $B_1^g/P=1$。

假设政府决定从第二年开始，将公债恢复到零的水平，从而 $B_2^g/P=B_3^g/P=\cdots=0$。我们就得弄清楚这种政策要求第二年有什么样的实际税收 T_2。为计算 T_2，我们利用第二年政府的预算约束条件。方程(14.8)给出的限制条件为：

$$G_2+r\cdot(B_1^g/P)=T_2+(B_2^g-B_1^g)/P \qquad (14.10)$$

第二年的实际采购＋第二年的利息支付
＝第二年的实际税收＋第二年的实际预算赤字

如果我们将 $B_1^g/P=1$ 和 $B_2^g/P=0$ 代入方程(14.10)，限制条件简化为：

$$G_2+r=T_2-1$$

于是我们可以移项计算出第二年的实际税收：

$$T_2=G_2+1+r$$

这个方程说明，政府必须提高第二年的实际税收 T_2，且要高于第二年的政府采购 G_2，以便支付第一年发行的 1 单位债务 B_1^g/P 的本金和利息$(1+r)$。（回顾一下，我们的假设为 G_2 没有变化。）

将这些结果放在一起，第一年的实际税收 T_1 下降一个单位，而第二年的实际税收 T_2 上升了$(1+r)$单位。这些变化怎样影响家庭支付的实际税收总的现值？回顾一下：家庭的多年预算约束条件为：

$$\begin{aligned}C_1+C_2/(1+r_1)+\cdots&=(1+r_0)\cdot(B_0/P+B_0^g/P+K_0)\\&\quad+(w/P)_1\cdot L_1^s+(w/P)_2\cdot L_2^s/(1+r_1)+\cdots+(V_1-T_1)\\&\quad+(V_2-T_2)/(1+r_1)+(V_3-T_3)/[(1+r_1)\cdot(1+r_2)]\cdots\end{aligned} \qquad (14.7)$$

按照这一方程，我们就得用折现因子$(1+r)$去除第二年的实际税收 T_2 来计算现值。所以，T_1 与 T_2 的变化对实际税收现值产生的总效应由下式给出：

第一年实际税收减少的数值＋第二年税收增收款的现值

$$=-1+(1+r)/(1+r)$$

$$=-1+1$$

$$=0$$

因此，政府在第一年有预算赤字，且用第二年必需的预算盈余付清债务时，家庭在实际税收的现值方面没有出现净增量。

在我们的简单例子中，政府的预算赤字不影响实际税收的现值。此外，我们假设实际转移支付 V_t 在每个时期都为零。所以，预算赤字不影响方程(14.7)右边的实际转移支付减去实际税收后的现值。我们的结论是，预算赤字对家庭不产生收入效应。

我们可对这一结果作如下解释。由于第一年的实际税收 T_1 削减了 1 个单位，家庭在第一年多拿到 1 单位的实际可支配收入。可是由于第二年的实际税收 T_2 增加了 $1+r$ 单位，家庭在第二年的实际可支配收入也减少了 $1+r$ 单位。家庭如果用第一年多出的 1 单位实际可支配收入多购买 1 单位的债券，在第二年刚好有足够多的额外资金——$(1+r)$单位——支付增加的实际税收。因此，第一年的减税提供了足够的资金来源——但一点也不多——让家庭支付第二年上升的税收。那就是不存在收入效应的原因。在任何一年都没剩下任何东西可用于增加消费或减少劳动供给。

我们可以认为这些结果等于是在说，家庭将第一年的实际税收 T_1 视为等价于第一年的实际预算赤字$(B_1^g-B_0^g)/P$。如果政府用 1 单位的实际预算赤字取代 1 单位的实际税收，家庭就知道下一年实际税收的现值将上升 1 个单位。因此，就实际税收总的现值而言，实际预算赤字与实际税收相同。这一发现是有关公债的**李嘉图等价定理**最简单的翻版。（该定理以英国著名经济学家大卫·李嘉图命名，他在 18 世纪初第一个提出了这一思想。①）

我们可以用储蓄解释这些结果。第一年 1 单位的实际预算赤字意味着政府的实际储蓄减去 1 个单位。由于家庭不改变消费，它们将第一年实际可支配收入多出的 1 个单位全部投入债券。因此，家庭第一年的实际储蓄上升 1 个单位。这样，家庭增加的额外实际储蓄正好抵消政府的实际负储蓄。家庭与政府的实际储蓄之和——实际国民储蓄——不变。所以表示这一结果的另一种说法是，预算赤字不影响实际国民储蓄。

14.4.2 李嘉图等价的另一种情况

我们的基本结果是，以赤字融资的减税，第一年实际税收减少 1 个单位导致将来实际税收的现值增加 1 个单位。在我们的简单例子中，将来税收的提高都发生在第二年。更一般的情况是，实际税收的某些增长会出现于第一年之后的任意年份。

为得出更一般的结果，我们可以放弃这一假设——政府在第二年有足够多的预算盈余付清第一年年末发行的所有债券。如以前一样，假设政府在第一年年末发行 1 单位的实际债务 B_1^g/P。回顾一下，政府第二年的预算约束条件为：

① 有关这方面的论述，参阅 D. Ricardo(1846)的著作，James Buchanan(1958, pp. 43—46, 114—122)和 Barro(1989)的著作。Gerald O'Driscoll(1977)指出，李嘉图怀疑自己的定理在经验事实上能否成立。

$$G_2 + r \cdot (B_1^g/P) = T_2 + (B_2^g - B_1^g)/P \qquad (14.10)$$

现在假设，政府在第二年没有付清在第一年发行的 1 单位债务 B_1^g/P。而是假设政府将这 1 单位债务的本金延续至第三年，所以：

$$B_1^g/P = B_2^g/P = 1$$

我们如果将 $B_1^g/P = 1$ 和 $B_2^g/P = 1$ 代入方程(14.10)，得：

$$G_2 + r = T_2$$

因此，第二年的实际税收包括第一年发行的实际债务 B_1^g/P 的利息支付 r，但不包括本金 1 单位美元。换言之，政府在第二年要平衡预算，就得满足：实际税收等于实际采购加实际利息的支出。

如果政府在第三年又要平衡其预算，我通过同样的推理发现，第三年的实际税收 T_3 包括相同的 1 单位实际债务的利息支付 r。类似地，如果政府每年平衡预算，T_t 包括 t 年的利息支付款项 r。实际税收增量的时间路径为：

- 第一年：T_1 减少 1；
- 第二年：T_2 增加 r；
- 第三年：T_3 增加 r；

……

从而第一年以后的年份 T_t，每一年都增加 r 单位。

想一想实际税收连续每年增加 r 单位的情况。家庭为支付这些额外税收在第一年的年末需要持有多少数量的债券？如果家庭多持有 1 单位的实际债券，第二年的实际利息收入为 r，这些收入可以支付第二年增加的税收。于是，债券的本金——1 个单位——持有到第三年，实际利息收入 r 又可以支付第三年增加的税收。以此类推，我们发现每年的实际利息收入可以使家庭每年支付它们额外的实际税收。

那么，从第二年开始多征收的 r 单位实际税收的现值是多少？这个现值必须与家庭为支付以后各年增加的实际税收而在第 1 年持有的额外 1 单位实际债券的现值相同。但是，第一年 1 单位实际债券的现值显然为 1 美元。因此，追加的未来实际税收的现值也必须等于 1 美元。[①]

---

① 通过加总各项现值，我们可以证明这个解答。括号内的无限数字之和的几何级数形式为：

$$\frac{r}{1+r} + \frac{r}{(1+r)^2} + \frac{r}{(1+r)^3} + \cdots = \left(\frac{r}{1+r}\right) \cdot \left[1 + \left(\frac{1}{1+r}\right) + \left(\frac{1}{1+r}\right)^2 + \cdots\right]$$

上面的形式可以表述成表达式 $1 + x + x^2 + \cdots$，如果 x 的值小于 1，无限数字之和等于 $1/(1-x)$。所以我们有：

$$\frac{r}{1+r} + \frac{r}{(1+r)^2} + \frac{r}{(1+r)^3} + \cdots = \left(\frac{r}{1+r}\right) \cdot \left[\frac{1}{1-\left(\frac{1}{1+r}\right)}\right] = \left(\frac{r}{1+r}\right) \cdot \left(\frac{1+r}{1+r-1}\right)$$

$$= \left(\frac{r}{1+r}\right) \cdot \left(\frac{1+r}{r}\right) = 1$$

如果关于未来实际税收提高后的现值的结果是给定的，合并两项产生的实际税收现值的增量为：

- −1：第一年的实际减税额。
- +1：未来年份实际税收增长的现值。

由于两项之和为零，同我们第一个例子中一样，我们的结论是，以赤字融资的第一年实际税收 T_1 的削减，不会造成实际税收总现值的任何变动。因此我们又一次发现，第一年以赤字为代价的减税对家庭没有收入效应。

14.4.3 李嘉图等价的更普遍的情况

我们现在有两个例子，其中赤字融资的减税不影响家庭支付税收的现值。为求得答案，我们作出了几个不现实的假设。然而，即使我们放宽其中多数的假设，结果也成立。

我们可以让初始的实际公债 B_0^g/P 大于 0。注意：作为家庭资金来源的一部分，将 B_0^g/P 插入多年预算约束条件的右边：

$$
\begin{aligned}
C_1 + C_2/(1+r_1) + \cdots = & (1+r_0)\cdot(B_0/P + B_0^g/P + K_0) + (w/P)_1\cdot L_1^s \\
& + (w/P)_2\cdot L_2^s/(1+r_1) + \cdots + (V_1 - T_1) \\
& + (V_2 - T_2)/(1+r_1) + (V_3 - T_3)/[(1+r_1)\cdot(1+r_2)] + \cdots
\end{aligned}
\tag{14.7}
$$

然而，如果政府采购 G_t 的时间路径是给定的（并且如果实际转移支付 V_t 为零），我们可以证明，提高 B_0^g/P 就需要政府为债务融资而相应地征收现值较高的实际税收 T_t。现值较高的实际税收正好抵消方程(14.7)右边升高了的 B_0^g/P。因此，我们仍然没有看到对家庭产生任何收入效应。

我们如果允许实际转移支付 V_t 大于 0，就会发现赤字融资的减税不影响方程(14.7)右边实际转移支付减去实际税收 $V_t - T_t$ 的现值。因此，也不存在家庭的收入效应。

我们可以让货币存量 M_t 与物价水平 P_t 发生变动。在此情况下，新的特点是，货币创造的收入——经常称之为通胀税——应视为另一种形式的税收。也就是说，不得不将实际税收 T_t 扩大以便把通胀税包括在内。有了这种扩展，我们依然发现赤字融资的减税不影响家庭支付的实际税收的现值。

我们可以考虑未来几年的减税和预算赤字，而不仅仅只是第一年。这些赤字要求政府在未来几年里进一步提高实际税收。在每种情况下，实际税收增加的现值正好抵消减税的现值。所以，我们仍然看不到对家庭支付的实际税收的现值有任何影响。这个结论对于预算赤字和减税的任何时间模式都成立。

如果政府通过预算赤字融资减税，并且不断地发行新债为额外的公债融资，会发生什么？在此情况下，看起来决不会进一步减税了。然而，这种形式的融资需要公债“爆炸性”的扩张路径——这等于是某种形式的一连串的数字或金字塔般的计划，实际公债以最终无法维持的速度上升。我们的推断是，政府不会执行这类计划。

在所有这些情况下，我们找不到收入效应的任何踪影。原因是，我们将政府采购 G_t 的时间路径一直保持固定不变，从而继续得出这一结果。这些采购必需在某一时点以实际税收 T_t 支付。通过改变预算赤字，政府可以更改税收的时间路径。但是，政府必定会在某时征税，这一结论正是“没有免费午餐”这句经典名言的写照。政府如果要改变实际税收的现值，就一定要改变其采购 G_t 的现值。这就是固定 G_t 路径这一假设的重要的原因所在。

14.5 预算赤字的经济效应

政府在第一年削减实际税收 T_1，并且有预算赤字时，均衡经济周期模型有何变化？经济学家常常将这类政策称为刺激性**财政政策**。我们知道，如果政府采购 G_t 的路径不变，预算赤字对家庭消费与劳动供给的选择就没有任何收入效应。今天的实际减税与未来的实际税收增加的现值相等。可是税收的变化可能有替代效应。我们在第 13 章探讨过的这些效应，取决于今天削减及明天提高的税收的形式。同第 13 章一样，我们以税收是一次性的假设作为分析的开端。虽然这种情况不现实，但这相当于微观经济学教科书中通常出现的情况。在以后的章节里，我们将探讨比较现实的税收类型。

14.5.1 一次性税收

假设第一年削减实际税收 T_1，以后都以一次性征税的方法增加实际税收 T_t。这类税收的重要特征是，对消费和劳动供给没有任何替代效应。回顾一下，预算赤字对消费和劳动供给也没有收入效应。我们的结论是，对于给定的实际利率 r 和实际工资率 w/P，赤字融资的减税政策不影响消费 C 和劳动供给 L^s。（为方便起见，我们现在省略变量的时间下标。）

赤字融资的减税政策不影响劳动与资本的边际产品 MPL 和 MPK。所以，赤字政策不会使劳动的需求曲线（如图 13.5 所示）或资本服务的需求曲线（如图 13.6 所示）移动。由于劳动的供给曲线没有移动，我们发现，市场出清的实际工资率 $(w/P)^*$ 与劳动量 L^* 不变（图 13.5）。由于资本服务的供给曲线没有移动，我们发现，市场出清的实际租赁价格 $(R/P)^*$ 与资本服务量 $(\kappa K)^*$ 不变（图 13.6）。R/P 的固定不变意味着实际利率 r 没有变化。

由于劳动量 L 与资本服务量 κK 没有变化，我们由生产函数 $Y = A \cdot F(\kappa K, L)$ 知道，实际 GDP(Y)一定保持不变。同往常一样，实际 GDP 划分为消费、总投资和政府采购：

$$Y=C+I+G$$

刚才我们发现 Y 保持原状。回顾一下，我们的假设之一为政府采购 G 保持不变。我们还知道 C 没有变化，因为没有任何收入或替代效应促使家庭改变 C。所以必然有总投资 I 保持不变的结果。这一结果告诉我们，今天的预算赤字不会影响明天的资本存量。

我们可从储蓄的角度看看这一结果。由于预算赤字不产生收入效应或替代效应，家庭不会改变消费 C。可是，第一年实际税收削减 1 个单位使家庭实际可支配收入增加了 1 个单位。由于 C 没有变化，家庭必定增加第一年的实际储蓄 1 个单位。所以，家庭愿意购买政府为弥补预算赤字而追加发行的 1 单位债券。或者如我们以前所述，家庭实际储蓄增加的 1 个单位充分抵消了政府实际储蓄减少的 1 个单位。这种冲抵意味着第一年的实际国民储蓄没有变化。

我们在均衡经济周期模型中发现，赤字融资的减税不会刺激经济。尤其是实际 GDP(Y)、总投资 I 和实际利率 r 没有变化。由于这些结果有争议，又很重要，我们要看看对模型的修正怎样改变结论。我们以比较现实的税收形式作为分析的开始。

14.5.2 劳动所得税

假设政府不是一次性征税，而是征收劳动所得税。如第 13 章中那样，设 τ_w 为劳动所得的边际税率。再次考虑以预算赤字融资的第一年实际税收 T_1 的削减。我们假设伴随 T_1 削减的是边际所得税率 $(\tau_w)_1$ 的下降。

由于政府采购 G_t 的路径没有变化，第一年的实际赤字要求来年的实际税收 T_t 上升。为了不将事情搞得复杂，同时又得出主要结果，假设第二年实际税收 T_2 增加的幅度足以付清第一年额外发行的实际债务。因此第二年以后实际税收不再变动。我们假设第二年 T_2 与第二年的边际所得税率 $(\tau_w)_2$ 一起上升。

边际所得税率 $(\tau_w)_1$ 和 $(\tau_w)_2$ 的变动影响到第一年和第二年的劳动市场。图 14.4 显示了第一年的影响。(除了我们现在考虑的是 τ_w 的下降而不是上升以外，框架与图 13.5 相同。)图 14.4 表明，削减 $(\tau_w)_1$ 增加了第一年的劳动供给。在劳动市场出清时，劳动供给的增加导致劳动量 $(L_1)'$ 的上升。劳动投入的增加导致第一年实际 GDP(Y_1)的上升。①

图 14.5 所示的第二年的影响恰好相反。第二年 $(\tau_w)_2$ 的上升减少了劳动供给。劳动市场出清时，劳动供给的下降导致劳动量 $(L_2)'$ 的减少。劳动投入的减少导致第二年的实际 GDP(Y_2)的下降。

① 另一个影响是，L_1 的上升趋向于提高第一年的 MPK。这种变化导致第一年的资本利用率 κ_1 的上升，从而增加资本服务 $(\kappa K)_1$。$(\kappa K)_1$ 的上升有助于实际 GDP(Y_1)的上升。

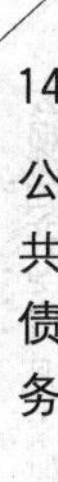

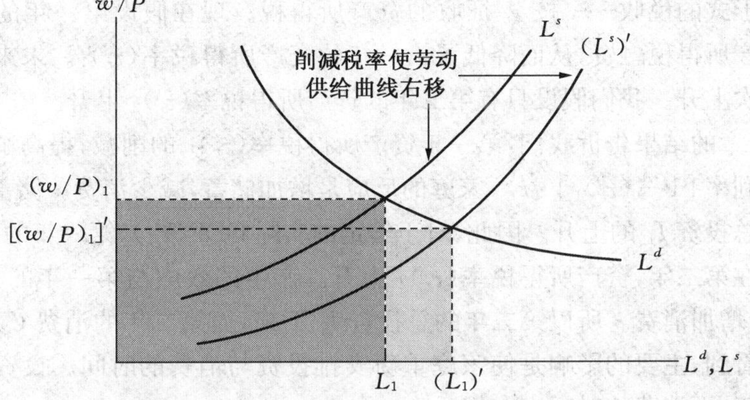

注：向下倾斜的劳动需求曲线 L^d 来自图 13.5。向上倾斜的劳动供给曲线 L^s 也来自图 13.5。第一年劳动所得边际税率 $(\tau_w)_1$ 的下降将劳动供给曲线右移至曲线 $(L^s)'$。结果，第一年市场出清的税前实际工资率从纵坐标上的 $(w/P)_1$ 降至 $[(w/P)_1]'$。市场出清的劳动量从横坐标上的 L_1 上升至 $(L_1)'$。

图 14.4　第一年劳动所得税率下降对劳动市场的影响

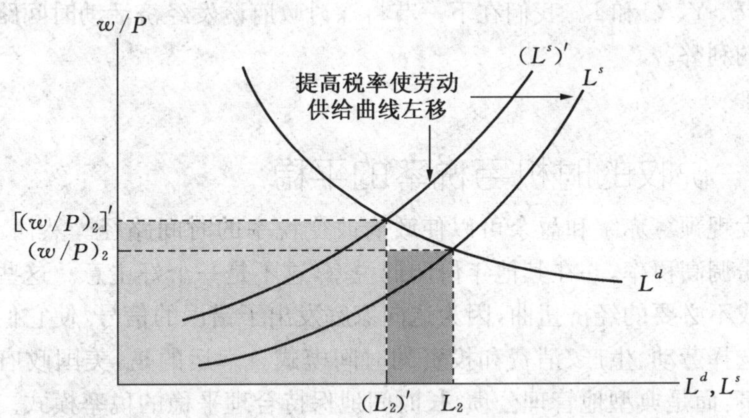

注：向下倾斜的劳动需求曲线 L^d 来自图 13.5。向上倾斜的劳动供给曲线 L^s 也来自图 13.5。第二年劳动所得税的边际税率 $(\tau_w)_2$ 的上升使劳动供给曲线左移至曲线 $(L_s)'$。结果，市场出清的税前实际工资率从纵坐标上的 $(w/P)_2$ 上升为 $[(w/P)_2]'$。市场出清的劳动量从横坐标上的 L_2 下降至 $(L_2)'$。

图 14.5　第二年劳动所得税率上升对劳动市场的影响

我们的主要结论是，预算赤字可以让政府改变劳动所得税率的调整时机，从而更改劳动投入与生产的时机。具体地说，为削减第一年的劳动所得税率融资的预算赤字促使人们重新安排工作与生产的时间模式——趋向在现期（第一年）而不是未来（第二年）生产。

14.5.3　资产收入税

预算赤字的效应取决于发生变化的税收类型。举例说明，考虑第 13 章中研究的另一种形式的税收——按 τ_r 征收的资产所得税。现在假设第一年的预算赤字为削减资产所得税融资，从而降低了第一年的资产所得税率$(\tau_r)_1$。未来年份的税收必须再次上升。我们假设只有第二年的资产所得税率$(\tau_r)_2$上升。

第 13 章的结果告诉我们，第一年资产所得税率$(\tau_r)_1$的削减，提高了第一年的税后实际利率$[1-(\tau_r)_1]\cdot r_1$。家庭的反应是增加储蓄，减少消费。储蓄的上升导致第一年总投资 I_1 的上升。因此，对于给定的实际 GDP(Y_1)，第一年的消费 C_1 必然下降。在第二年，资产所得税率$(\tau_r)_2$上升。产生的效应与第一年的相反：家庭减少储蓄，增加消费。所以第二年的总投资 I_2 下降，而第二年的消费 C_2 上升。我们相应地看到，主要的影响是使家庭重新安排投资与消费的时间。投资从第二年转向第一年，而消费的时间方向相反。

我们在前面的例子中发现，劳动所得税率在时间上的变化造成劳动投入 L 和实际 GDP(Y)在时间上的变化。在目前的例子中，资产所得税率在时间上的变化造成消费 C 与投资 I 在时间上的变化。普遍的观点是，不管有预算赤字还是盈余，政府可以改变各种税率的时间路径。因此，政府能诱发经济活动各个方面时间路径的变化：L、Y、C 和 I。我们在下一节将探讨政府诱发经济活动时间路径方面的这些变动的利弊。

14.5.4 税收的时机与税率的平稳

我们发现预算赤字和盈余可以使政府改变税率的时间路径。然而，政府随意在某些年份调高税率，并在其他年份调低税率，这不是一个好主意。这些税率方面的波动造成不必要的经济扭曲，因为这向家庭发出了错误的信号，使它们不恰当地决定如何选择劳动、生产、消费和投资的时间模式。幸运的是，美国政府没有反复无常地行事：而是典型地管理公债，长时间地保持合理平稳的税率模式。这种行为称为**税率平稳化**。这一词表示即使出现了经济扰动，政府也要维持税率的稳定性。

税率平稳的一个例子关系到所得税率对经济波动的反应。政府的实际支出在经济景气时并未明显地像实际 GDP 那样上升得那么多，或在衰退时下降那么多。事实上，某些实际转移支付，诸如失业救济和家庭资助，以实际单位衡量，在经济景气时趋于下降，而在衰退时上升。因此，为了维持平衡的预算，政府就得在经济景气时削减税率，在衰退时提高税率。但是政府未在景气时削减税率，也未在衰退时提高税率，因为政府在景气时明显拥有实际预算盈余，在衰退时面临实际预算赤字。

许多税制，诸如美国的个人所得税，从占 GDP 的比率来看，在经济景气时自动地多征税，在衰退时少征税。对于给定的税法，之所以出现这种倾向，是因为经济景气将纳税人推入较高的税率档次，而且因为扣税不因 GDP 的上升而增加。在衰退时相反的因素发挥作用。由于景气时有预算盈余、衰退时有预算赤字的自动倾向，经济学家有时估计：如果经济运行于“充分利用生产能力”或“充分就业”水平，预算赤字将是多少。关于对充分就业时的赤字的论述，参阅 E. Cary Brown(1956)

的著作和经济顾问委员会的《总统经济报告》(1962, pp. 78—82)。

另一个例子是,在战时政府采购远远高于正常水平。为维持平衡的预算,在战争时期税率必须高得有点离谱。为避免出现战时高得邪乎的税率,政府大都在战争期间面临实际预算赤字。税率的必要提高以这种方式随着时间的推移大致平均地分摊。为了为战争期间堆积起来的公债融资,税率在战争期间上升一点,但在以后时期也提高一点。如图 14.1 和 14.2 所示,这种战时赤字融资的需要可以在很大程度上解释美国和英国长期公债的演变。

14.5.5 策略性的预算赤字

如图 14.1 所示,美国历史上税率基本稳定,主要的例外是在 1982—1983 年衰退结束后里根—布什执政时期出现的实际预算赤字。至于 20 世纪 80 年代其余年份,持续到 90 年代上半叶,尽管没有出现战争或严重的衰退,实际赤字提高了公债占 GDP 的比率。①公债—GDP 的比率从 1983 年的 0.32 提高到 1988 年里根第二任期结束时的 0.40,然后继续上扬,在克林顿执政早期的 1993 年达到 0.49。

回到现实

"令人不快的货币主义者的算术"

Thomas Sargent 与 Neil Wallace(1981)分析了通胀税——即政府印制货币的收益——时机的变化产生的效应。他们的分析尤其适用于诸如阿根廷和巴西这样的国家,这些国家的政府收入严重依赖印钞机器。

假设政府企图降低通货膨胀而减慢现期的货币增长速度。(参阅第 11 章中对货币增长与通货膨胀的讨论。)然而假设政府没有改变其现期或将来的实际采购与转移支付。而且假设政府不改变其所得税或以其他征税形式征收的现期或将来的实际税款。在此情况下,印制货币所得的现期或将来实际收入的减少,必然与实际公债的增加——即与实际预算赤字的增加——相对应。像往常一样,增加的实际公债意味着政府将来的实际税入的现值一定得上升。然而,如果实际税收固定不变,将来的实际税收收入必定来自将来的货币创造。换言之,政府在改变通胀税的时机,所以现在少收税,以后多收税。将来货币创造的实际收入的上升意味着将来的货币增长率必然上升,也就是说,货币增长率必然比开始时还要高。

由于将来的货币增长率上升,今天为了打压通货膨胀率而降低货币增长率,在长期并不会成功。通货膨胀率在长期随着货币增长率的提高而上升。更有甚者,如果人们预期将来的通胀率还要高,现期货币增长率的下降甚至在

① 1990—1991 年的衰退比较温和,不会对公债—GDP 比率产生重大影响。

短期也不能压低通货膨胀率。通胀率上升的预期就会减少今天的实际货币需求量，从而导致短期通胀率的上升。Sargent 与 Wallace 采用这种分析论证，认为通过减少货币增长遏制通货膨胀的计划本身就不成功。正确的计划必须是部分地实施财政计划，如削减现期或近期的政府实际采购，或提高现期或近期的实际税收。

对这些预算赤字作出的一种解释是，里根想阻止政府总支出占 GDP 比率的上升势头。这一比率从 20 世纪 40 年代末一直到 80 年代初都呈上升趋势。里根显然既要遏制联邦开支，又要摆脱税收的增长。然而，他在开始时减税比削减开支更成功；所以政府出现实际预算赤字。一些经济学家认为，这些赤字以及以后年份积累起来的公债，对美国国会形成了遏制联邦开支增长的政治压力。所以，在较长的时期，里根也许成功地压低了政府总支出占 GDP 的比率，使之小于其他情况下可能会出现的比率。不管怎样，显然图 12.1 已表明，政府支出占 GDP 的比率上升的势头在 80 年代初得到了遏制。

这一关于 1983 年以后里根—布什预算赤字的观点，催生了一种称为**策略性预算赤字**的新理论。[①]之所以采用"策略性"一词，是因为该模型涉及类似于博弈论中分析的政治策略。为了解其基本思想，假设组阁的政府——或许是里根政府——目前在执政，赞成一个小政府。假设这个组阁的政府相信最终接替的是一个赞成大政府(或许是克林顿政府，1993 年上台)的政府。里根的内阁怎样才能影响将来具有不同政治观点的政府官员，让他们选择相对低水平的实际采购和转移支付？一个答案便是本届政府搞一个的预算赤字，政府换届后留下占 GDP 比率很高的公债。因为这巨额的公债融资使未来的政府在政治上很难选择高水平的采购与转移支付。可以论证，90 年代就是这样。在这意义上，里根—布什的策略性预算赤字可能产生了效果。

14.5.6 预算赤字的标准观点

我们的均衡经济周期模型引出了李嘉图等价，其含义是：赤字融资的减税不影响实际 GDP 和其他宏观经济变量。许多经济学家不同意这一说法，他们预计预算赤字会提高实际利率并减少投资。为此，要对均衡经济周期模型进行合理的修正，从而得出更标准的预测，这样的修正有吗？我们在本节探讨了必要的修正，但并没有解决哪一个预算赤字理论正确的问题。最后，读者就必须权衡理论与经验证据来断定何种方法最有说服力。

为引出主要问题，我们可以回到税收是一次性的假设来简化分析。均衡经济

---

① 提出这一理论的有 Torsten Persson 和 Lars Svensson(1989)，以及 Alberto Alesina 和 Guido Tabellini(1990)。

周期模型中的关键一点是,赤字融资的减税对家庭的选择没有任何收入效应。由于收入效应为零,以赤字为代价削减第一年的实际税收 T_1 不改变消费 C_1。结果家庭将第一年增加的实际可支配收入都储蓄起来了。由于实际 GDP(Y)没有变化(因为劳动投入与资本服务保持原状),而且政府采购 G_1 没有变化,所以总投资 I_1 没有变化。

标准分析的出发点是,赤字融资的减税使家庭感到更富有了;因此有正的收入效应。我们先看看这些收入效应怎样修正我们关于预算赤字的结论。然后我们考虑经济学家提出的关于赤字融资的减税为何使家庭感到富有的论点。

由于赤字融资的减税使家庭感到更富有了,标准分析法中的消费 C_1 增加了。为不将事情搞得复杂,假设劳动供给量固定不变;也就是说,我们忽略不计劳动供给的收入效应。在此情况下,劳动与资本服务的投入保持原状,并且实际 GDP(Y_1)依然未变。对于给定的政府采购 G_1,由于 C_1 增加了,总投资 I_1 必然下降。所以,一个新的重要结论是预算赤字减少了投资。

考察结果的另一个思路是,家庭对第一年实际可支配收入增加的反应是一部分用于增加消费,一部分用于增加储蓄。最重要的是,家庭不再将减税的全部收入用于增加储蓄。因此国民储蓄下降,下降的幅度相当于总投资 I_1 的减少幅度。

长期影响取决于政府是在第二年还清额外的实际公债,还是相反,让债务持久性地处于高位。至于第一种情况,我们在前面的一个背景下假设第二年的实际税收 T_2 增加的数额正好付清额外的公债。在此情景下,第二年的影响冲抵了第一年的影响;尤其是第二年的投资多了。第二年以后,实际公债恢复到原有水平,对资本存量没有任何长期影响。

作为第二种情况的一个例子,我们假设另一个情景,即每年的实际税收 T_t 上升的幅度刚好够支付每年增加的利息支出。在此情况下,实际公债存量持久性地居高不下,而资本存量 K 持久性地低于其他情况下的水平。所以,未来的资本服务水平 κK,实际 GDP(Y)低于正常水平。因此,实际公债的上升在长期将紧缩经济。①这些对资本存量与实际 GDP 的长期负面影响有时称为**"公债的负担"**。②

在标准分析法中,长期资本存量 K 的缩小意味着(对于给定的劳动投入 L)MPK 的提高。MPK 的提高导致实际租赁价格 R/P 的升高,这意味着实际利率 r 的上升。因此,扩大公债规模在长期会造成 r 的上升。

为得到关于预算赤字效应的标准结论,我们必须假设减税使家庭感到更富有了。我们现在探讨这一推论的两个比较有说服力的论点。第一个涉及生命的有限性,第二个关系到信用市场的不完善性。

---

① 我们可以得知预算赤字的减税政策会对劳动供给产生负的收入效应。这就是说,如果减税使家庭感到富有,人们会减少工作时间。在此情况下,劳动投入下降,增强了实际 GDP 的下降趋势。

② 至于有关论述,参阅 J. Ferguson(1964)汇编的论文集。特别要留意 F. Modigliani 的论文"*Long-Run Implications of Alternative Fiscal Policies and the Burden of Nation Debt*"。

1. 有限的生命

再次假设政府实行预算赤字，减少第一年的实际税收 T_1 1 个单位。我们知道将来增加的实际税收的现值为 1 个单位，与开始时减税的数额一样。然而，假设某些为公债融资所需的未来税收出现在遥远的将来——第一年活着的人身故之后。在此情况下，第一年活着的人在其有生之年支付的未来税收的现值就不足 1 个单位。所以支付的实际税收总现值减少了。

当人们的生命有限时，预算赤字为何使他们感到更富有了？当代人实际税收现值减少的数额与下一代人实际税收现值增加的数额吻合。人一出生就有负债，一定比率的税款用于支付增加的实际公债存量的利息和本金。然而这些人分享不到早年减税的利益。当代纳税人如果充分考虑到子孙们将来支付的税收的现值，就不会感到富有了。

预算赤字有效地使当代人能在未清偿债务的情况下离开人世，将债务——即公债——留给子孙们。所以，如果人们认为政府这种跨代转移收入的举措合乎需要，预算赤字就使人们感到更富有。然而多数人已经有机会进行代际转移支付，选择他们转移支付的理想程度。例如，父母以教育投资、家中其他支出和遗产的形式捐赠给孩子。在其他方面——尤其在社会保障计划扩大之前——孩子向年老的父母提供资助。就这类个人的转移支付可以操作的程度而言，政府的预算赤字并未给一般的个人带来向他或她的子孙们攫取金钱的新机会。因此，对公债上升的预计反应是，为恢复以前认为最优的代际收入平衡，对个人的转移支付进行必要的数量上的变动。在此情况下，即使人们不能永远活着，预算赤字也不会使当代的家庭感到更富有。①因此，我们又回到了预算赤字对家庭没有产生收入效应的情景。

举一个具体的例子，假设一对已婚夫妇计划将现值为 50 000 美元的一笔遗产留给孩子。然后假设政府实行预算赤字，减少这对夫妇的税收现值 1 000 美元，但是提高其孩子的税收的现值 1 000 美元。我们的预计是，父母利用减税所得提高代际转移支付的现值，向孩子转移支付 51 000 美元。额外的 1 000 美元给孩子足够的资金，正好支付未来增加的税收。父母与孩子于是回到政府发生预算赤字前的情景，结果享受同样数量的消费。

但是这类计算需要假设每个人都拥有大量的信息并具备很强的计算能力。我们应该比较现实地承认，预算赤字使家庭难于精确地估算他们及其孩子承担的将来的税负。然而，这种不确定性造成家庭系统性地低估预算赤字对将来税收的效应，但这一点并不明显。事实上，对收入不确定性增加的典型反应——在本例中由将来税收的不确定性造成——就是增加储蓄。这种**预防性储蓄**是为了防止出现一个比预期更糟糕的未来。这种行为的含义是，当预算赤字增加 1 个单位时，私人储蓄也许增加 1 单位以上。也就是说，对预算赤字的反应是国民储蓄增加——同标

① 要找关于公债与个人的代际转移支付相互作用的论述，参阅 Barro(1974)的著作。一个不同的观点是父母利用遗产控制孩子们的行为，而不是纯粹出于关爱他人的考虑。关于对这种“战略性遗产论”，参阅 B. D. Berheim，A. Shleifer 和 L. Summers(1985)的著作。

准观点唱反调。

2. 不完善的信贷市场

到目前为止，我们一直假设私人债券的实际利率 r 等于政府债券的利率。由于家庭既可以发行私人债券，又可以持有债券，我们的模型假设家庭能以与政府相同的实际利率 r 借款。但现实中的信贷市场没有那么完善。许多要借款的家庭不得不付出明显高于政府的实际利率。如果人们没有抵押物(诸如住房或汽车)，借款的利率会特别高。

信贷市场不完善时，一些家庭就会用高于政府利率的实际利率计算将来税收的现值。我们前面发现，预算融资的减税在第一年削减 1 单位的税收，导致将来实际税收的现值增加 1 个单位。可是，这是在我们采用政府的实际利率 r 计算现值时得到的结果。对于面临较高实际利率的家庭来说，将来实际税收的现值将少于 1 个单位。

举例说明，再次假设政府在第一年削减实际税收 1 个单位。如我们前面的例子中那样，假设政府在第二年提高税收，增加的税款足以支付 1 单位新购买的公债的本金和利息。如果政府的实际利率为 2%，第二年的实际税收上升 1.02 单位。为计算这些税款的现值，家庭不是用政府的实际利率，而是用家庭支付的实际利率折算这 1.02 单位。如果家庭采用的实际利率，比如说 5%，结果为：

$$\begin{aligned}\text{第二年实际税收的现值} &= 1.02/1.05 \\ &\approx 0.97\end{aligned}$$

这样，家庭支付的实际税收的现值总的变化为：

$$\begin{aligned}&\text{实际税收现值的增量} \\ &= \text{第一年的减税} + \text{第二年增加的实际税收的现值} \\ &= -1+0.97 \\ &= -0.03\end{aligned}$$

因此，第一年减税 1 个单位使实际税收总的现值减少了 0.03 单位。如果政府将公债的偿还推迟到第二年以后，这一效应就更大。

现在假设某些家庭(或企业)能很好地得到信贷，所以采用等于政府利率的实际利率计算将来实际税收的现值。对于这些家庭，赤字融资的减税依然没有改变实际税收总的现值。如果经济体是由面临同政府一样的实际利率的一部分家庭和面临较高的实际利率的一部分家庭组成时，会是什么情况？在此情况下，对第一种类型的家庭来说，赤字融资的减税没有改变实际税收的现值，对第二种类型的家庭来说降低了现值。因此就总体而言，减税使家庭感到更富裕了。

为何在政府有预算赤字时，信贷市场的不完善在总体上使家庭感到更富裕了？政府借助赤字有效地将钱贷放给家庭——如果第一年的实际税收下降 1 个单位，贷款为 1 个单位。于是政府提高实际税收时，在将来的年份里有效地收回贷款。

这些贷款索取的实际利率，隐含地是为政府所支付的债券利率。如果政府的实际利率低于家庭可以直接借款的利率，家庭认为这类贷款是项好的交易。这就是对于采用高的实际利率计算现值的家庭来说税收实际总现值下降了的原因。

隐含的推论是，政府采用的税制是向某些家庭贷放钱款的高效率方式。也就是说，(通过减税)贷放资金，然后在将来(通过提高将来的税收)收回这些贷款，在这方面政府优于私人机构，例如银行。如果政府的放贷的确表现优异，如果政府提供更多的贷款——在本例中，即如果出现更大的预算赤字，经济将更有效地运行。我们所说的更有效地运行，是指可动用的资源更好地转向优先考虑的用途。这些用途也许是家庭由于以前缺乏好的信贷来源而未实现的第一年的消费或投资。

最后，信贷市场的不完善可以为预算赤字影响经济找到理由。然而，结果不像传统分析的结果——在传统分析中，扩大公债在长期导致资本存量水平的降低与实际 GDP 的下降。在信贷市场不完善的情况下，如果赤字能改善信贷配置——即如果赤字缓解私人信贷市场的某些不完善之处——预算赤字就重要了。换言之，预算赤字是重要的，但要以合乎需要的方式发挥作用。因此，我们不能以这种推论来论证预算赤字与公债是经济体的负担。

用数字说话

关于预算赤字对宏观经济影响的经验证据

传统分析的一个重要推论是，实际预算赤字提高消费，减少国民储蓄与投资。随着时间的推移，投资的下降导致资本存量的缩小。缩小的资本存量意味着更高的资本边际产品 MPK，导致实际利率 r 提高。

许多经济学家都相信预算赤字会减少国民储蓄与投资并提高实际利率。然而，这种理念并没有经验证据的有力支持。例如，Charles Plosser(1982，1987)和 Paul Evans(1987a，1987b)对美国与其他发达国家的预算赤字对利率的影响进行了统计分析。他们的主要发现是，预算赤字对实际的或名义的利率没有显著影响。

尽管对美国与其他国家进行过众多经验研究，也证明很难得出关于预算赤字对消费、国民储蓄和投资的影响确定无疑的结论。一个难点关系到因果关系的方向。如前所述，预算赤字的上升，常常是对经济波动与暂时性政府采购——例如战时采购——的反应。由于消费、国民储蓄和投资作为经济波动的一部分差异很大，而在战时，难于将预算赤字对这些变量的影响分离出来。

由 Chris Carroll 和 Lawrence Summers(1987)进行的经验研究，通过比较美国与加拿大的储蓄率，避开了其中一些问题。在 70 年代初以前，两国的私人储蓄率比较接近，但以后就分道扬镳了；在 1983—1985 年(他们研究中的最后几年)，加拿大的储蓄率高出美国的 6 个百分点。将宏观经济变量与税制的影响保持固定不变，他们的结论是：预算赤字不影响国民储蓄。也就是说，加拿大较高的私人储蓄率正好冲抵较高的预算赤字。这一发现与李嘉图等价一致。

以色列1983—1987年的经历，相当于为研究预算赤字与储蓄之间的相互作用提供了一次自然实验。在1983年，国民储蓄率为13%，与之相对应的是17%的私人储蓄率和-4%的公共储蓄率。(公共储蓄包括公共投资。)在1984年，预算赤字的急剧上升将公共储蓄率降至-11%。看到令人感兴趣的一幕是：私人储蓄率上升至26%，理论上国民储蓄率没什么变化，但真实情况是从13%升至15%。然后1985年的稳定计划消除了预算赤字，所以在1985—1986年公共储蓄率上升为0%。同一时期私人储蓄率大幅下降，1985年降至19%，1986年降至14%。这样，私人储蓄的变化大致抵消了公共储蓄的波动，导致国民储蓄接近于稳定的水平。所以这一经历与李嘉图等价吻合。

14.6 社会保险

在美国和多数发达国家，通过社会保险计划支付的退休福利相当可观。一些经济学家，例如Martin Feldstein(1974)认为，这些公共养老金计划降低了储蓄与投资。我们可以采用我们的均衡经济周期模型探讨这一思想。

当社会保障并非是一种**全额基金支付制度**时，赞成对储蓄施加影响的观点就适用了。在由基金设立的机构中，工人的缴付款积累在信托基金中，基金以后提供退休福利。另一种办法是**现收现支制度**，按此制度付给老年人的福利的资金来源于目前年轻人的税款。在这一背景下，当计划开始实施或扩张时，处于或接近退休年龄的人领取福利，不需要支付与现值可比的税款。相应地，后代人支付的税款就现值而言超过其预期可得的福利。

美国的制度与多数国家一样，主要以按交款支付系统为基础。①虽然1935年的初始计划见证了社会保险信托基金的重要作用，但1939年以后这个制度主要朝着现收现付的方向发展。就现值而言，退休人员领取的福利越来越超过他们以前的缴款。

考虑现收现付系统中的社会保险的经济影响。我们在此只注重收入效应，忽略不计我们在第13章探讨的税收与转移支付产生的那类替代效应。通常的论点思路如下。当一个社会保险制度开始建立或扩大时，老年人看到他们减去税收后的社会保险福利的现值在上升。减去税收后的实际转移支付现值的上升对该群体的消费能产生积极的收入效应。

年轻人面对提高的税率，因指望能提高他们以后的退休福利，也许不会对高税率那么抱怨了。这样，对该群体而言，减去实际税收后的实际转移支付的现值可能

① 私有化的安排，诸如智利主要的养老金制度，有充分的资金来源，但不包括政府的信托基金。有关这方面的论述，见J. Pinera(1996)的著作。世界银行(1994)提供了有关全世界社会保障制度的概况。

下降。然而，该群体现值下降的幅度没有目前的老年人现值的增幅大。为什么？因为目前年轻的一代可以通过向尚未出生的一代征税，为其将来的退休福利提供资金。所以目前年轻一代消费下降的幅度小于目前老年人消费增长的幅度。所以我们预计现期总消费仍会上升。或换一种说法，私人总储蓄下降。由于政府储蓄没有变化，国民储蓄下降。国民储蓄的减少在短期导致投资的下降，在长期造成资本存量的缩小。

对社会保险经济影响的这种分析，与我们前面对预算赤字传统分析的讨论可以相提并论。在这两种情况下，只有当人们不考虑对子孙的不利影响时，总消费才会增加。具体地说，就现值而言，现收现付的社会保险计划规模的扩大，意味着子孙将承担超过他们将来退休后福利的税负。如果目前活着的人充分考虑到对子孙的这些影响，社会保障计划的收入效应就为零。

如同赤字融资的减税，多数社会保险使老年人能向子孙攫取资金。然而，也和以前一样，只有当人们既不向孩子转移支付，又不从孩子那儿得到什么时，他们才会看重这种变化。否则，人们对社会保险提高的反应是，改变私人的代际转移支付，而不是增加消费。例如在美国，社会保险的增长大大减少了孩子扶养年迈父母的倾向。

在经验事实上，自 70 年代以来，关于社会保险与储蓄和投资的关联争论不休。M. Feldstein(1974)宣称社会保险对美国的资本积累产生严重的负面影响。可是后来的研究调查人员认为这一结论缺乏依据。①美国的证据以及大范围的跨国比较，都没有出现令人信服的证据表明社会保险抑制储蓄和投资。

14.7 公开市场业务

将公债纳入均衡经济周期模型可以使我们分析**公开市场业务**。中央银行，例如美联储，用新创造的货币购买债券——典型地为政府债券——时，就是公开市场买入。(在此背景下，货币是指高能货币，即流通中的货币与存款机构在央行持有的储备之和。)中央银行出售债券换取货币时，就是公开市场出售。这些公开市场业务是美联储以及多数其他国家中央银行控制货币量的主要方式。我们想知道这种现实地改变货币量的方法产生的结果，与我们在第 10 章和第 11 章研究的不现实的"直升飞机投放"货币的结果，是否不同。

考虑公开市场买入，货币量 M 增加 1 单位，以及政府债券的存量 B^g 减少 1 单位。假设以后货币量没有发生变化；即我们在探讨 M 的一次性增加。

表 14.2 表明，公开市场买入政府债券等于将我们已研究的两项政策结合起来。首先假设政府多印制货币 M 1 美元，用这笔钱一次性减税 1 美元，或将一次性转移支付提高 1 美元。例如，政府可以用直升飞机投放 1 美元——第 10 章、第 11 章中探讨的不现实的故事。这种变化在表中标为政策 1。接着假设政府多征收一

① 要找有关争论的小结，参阅 L. Esposito(1978)的著作，以及 D. Leimer 和 S. Lesnoy(1982)的著作。

次性税款 1 美元,或削减一次性转移支付 1 美元,利用所得收入购买 1 美元的政府债券 B^g。也就是说,政府提高了减去转移支付后的税收,从而有预算盈余。这些变化在表中称为政策 2。我们如果将两种政策结合起来,发现货币量 M 上升 1 美元,税收与转移支付保持不变,以及政府债券 B^g 的数量下降 1 美元。这样,我们以公开市场买入政府债券为终点,在表中标为政策 3。

我们由第 10 章知道,政策 1——一次性增加货币量 M 用于一次性减税或增加一次性转移支付——会以与 M 上升同样的比例抬高物价水平 P。我们还知道,政策 1 对实际 GDP(Y)与实际利率 r 包括在内的实际变量没有影响。我们从本章的分析中知道,政策 2——由减去转移支付后增加的税收产生的预算盈余——不影响同一组实际变量。预算盈余也不影响物价水平 P,因为名义货币量 M 没有变化。因此,政策 3——公开市场买入政府债券——的总效应为:P 与 M 以相同的比例上升,而该组实际变量没有变化。也就是说,公开市场买入与第 10 章、第 11 章探讨的不现实的“直升飞机投放货币”具有一样的效应。我们的结论是,这个不现实的故事使我们有了合理而又简单的方法评估货币与物价水平之间的关联。

表 14.2　公开市场买入政府债券　　(单位:美元)

政府政策	货币 M 的变化	政府债券 Bg 的变化	税收 T 的变化
政策 1. 印制更多货币与减税	+1	0	−1
政策 2. 提高税收与减少公债	0	−1	+1
政策 3. 公开市场买入政府债券	+1	−1	0

注:政策 3——公开市场买入政府债券——等于是我们已经研究过的政策 1 和政策 2 的结合。

小　　结

在本章中我们容许政府借款——即通过发行债券实行预算赤字。政府有两项新的预算约束条件:公债的利息支出与发行新债得到的收入。

在我们的均衡经济周期模型中,预算赤字的变化没有产生收入效应。原因是:如果政府采购的路径不变,赤字融资的减税造成将来增加的实际税收的现值与现期减税的现值相同。如果我们假设税收是一次性的,收入效应的不存在意味着预算赤字的变动对一组实际变量没有影响,其中包括实际 GDP、消费、投资和实际利率。这一结果就是所谓的李嘉图等价——税收与预算赤字对经济有相同的效应。

预算赤字影响税收的时机,如果税收不是一次性的,这种时机就重要了。例如,政府通过出现赤字,可以削减今天劳动所得的税率,提高明天的劳动收入的税率。这一变化影响劳动投入与实际 GDP 的时间路径。在多数情况下,随着时间推移改变税率会造成经济中不必要的扭曲。所以要好好地劝导政府遵循税率平稳的政策，避免出现这些扭曲。这种政策使税率——诸如劳动所得税——保持稳定，不管出现什么经济波动与政府采购的暂时性变动，例如战时的变动。为稳定税率，政府在衰退与战争期间出现预算赤字。

与税率平稳政策的一种偏离就是所谓的战略性预算赤字，说的是当期政府利用赤字或盈余影响未来的政府对政府支出的选择。通过留下巨额公债，当期政府可以使未来的内阁在选择巨额的采购与转移支付上左右为难。

对预算赤字的标准观点假设：赤字融资的减税对消费有积极的收入效应。预算赤字相应地倾向于提高消费，减少投资。在长期，公债的扩大导致资本存量的缩小，提高实际利率。预算赤字的收入效应，常常用生命的有限性与私人信贷市场的不完善作解释。

我们分析了现收现支的社会保险制度和货币当局的公开市场业务。社会保险的扩张类似于赤字融资的减税。公开市场业务的效应类似于第 10 章和第 11 章探讨的不现实的"直升飞机投放货币"的效应。

重要术语和概念

平衡的预算 balanced budget
预算赤字 budget deficit
预算盈余 budget surplus
公债负担 burden of the public debt
财政政策 fiscal policy
全额基金支付制度 fully funded system
国民储蓄 national saving
公开市场业务 open-market operations
现收现支制度 pay-as-you-go system
公债 public debt
公共投资 public investment
李嘉图等价定理 Ricardian equivalence theorem
策略性预算赤字 stategic budget deficit
税率平稳化 tax-rate smoothing

问题和讨论

A. 复习题

1. 简短地比较对政府债务的传统观点与李嘉图的观点。两者的主要区别是什么？

2. 在何种情况下公开市场业务是中性的?

3. 假设政府宣布削减明年劳动所得的税率。这一决定对现期的劳动供给量有什么跨时期替代效应?

B. 讨论题

4. 社会保险与资本存量

假设政府引入新的社会保险计划,这将向得到保险的人退休时付款。

a. 你预计对资本存量 K 有什么长期影响?

b. 你对问题a的回答怎样取决于社会保险计划是有充分资金来源的还是现收现支的?(在有资金来源的计划中,工人向信托基金付款,基金然后用于支付福利。现收现支的制度对现期工人征税,用于向现期退休人员支付福利。)

5. 预算赤字的收入效应

假设政府在第一年削减现期的一次性税收并出现预算赤字。假设实际公债在来年保持不变。而且商品与服务的政府采购 G 或实际转移支付 V 没有任何变化。分析政府减税的收入效应。这一效应怎样取决于下列各项:

a. 有限的生命?

b. 无子女的人?

c. 谁将支付将来税收的不确定性?

d. 政府在将来增加印制货币而不是将来多征税的可能性?

e. 私人信贷市场的不完善?

6. 逐渐引入的减税

里根总统在1981年削减个人所得税率原先的提案包括全面降低税率23%。整个减税计划在到1983年为止的三年期内逐渐实施。该计划还包括逐渐减少以GDP比例表示的政府支出。

考虑另一个备选计划:产生现值相同的实际税入,但在1981年实施全部的削减税率计划。假设政府的实际支出与里根计划的一样。就关于在1981年至1983年时期内对劳动与实际GDP的影响,将该计划与里根计划进行比较。

类似地,布什2001年的减税计划从2001年至2006年逐渐降低边际所得税率。2003年的立法将预定的税率削减提前到2003年。你对里根减税计划的分析怎样运用于2001年和2003年的减税?

第六部分　货币与经济周期

▶15

货币与经济周期Ⅰ：价格错觉模型

到目前为止，我们的宏观经济模型强调实际因素，例如技术的转变，是经济波动的根源。政府可以通过改变商品与服务的采购及其税率影响实际变量，但很少有证据表明，这些财政行为是美国经济波动的主要根源。许多经济学家相信货币冲击——主要由货币当局造成的——是美国以及其他经济体中这些波动的根本原因。我们在本章通过研究价格错觉模型，着手分析货币效应。

15.1 均衡经济周期模型中的货币效应

我们应通过回顾我们关于均衡经济周期模型中名义变量与实际变量之间相互作用的分析结果，以此为起点来着手我们的研究。第 10 章的一个结果是，名义货币量 M——我们的模型中解释为货币——的一次性变化是中性的。这种变化导致名义变量——诸如物价水平 P、名义工资率 w——等比例地作出反应。实际变量，包括实际 GDP(Y)、就业 L 和实际利率 r，都没有变化。

我们在第 11 章中发现，名义货币量的持续性变化影响到通货膨胀率 π，从而影响到名义利率 i。i 的变化影响到实际货币需求量 $L(Y, i)$，继而影响实际货币量 M/P。这些变化有实际的影响，因为 π 与 i 的上升促使人们为节省实际货币持有量 M/P 而花较多的时间与资源。通货膨胀的上扬导致更多的资源被花在交易成本上了。我们如果扩大模型以便纳入变动物价的成本，就会发现通货膨胀的上升也提高了这些成本。然而，交易成本与变动物价的成本在正常时期并不重要，不足以对实际 GDP 产生显著的影响。

虽然货币是中性的，至少大概如此，但我们可以用第 10 章中的模型推导出实际变量与名义变量之间经验性关联的含义。在我们的均衡经济周期模型中，技术变化的冲击影响到实际 GDP(Y)和名义利率 r，从而影响实际货币需求量 $L(Y, i)$。典型的情况是，实际货币需求量在景气时上升，在衰退时下降(因为对 Y 的影响压倒对 i

的影响)。如果名义货币量 M 对实际需求量的变化没有反应，物价水平 P 的走势就与 $L(Y, i)$的变化相反。所以，模型预计 P 是逆周期的——景气时低，衰退时高。这种预计与美国 1954—2006 年的数据相符。(参阅第 10 章中图 10.4。)

货币当局如果要稳定物价水平 P，就应调整名义货币量 M，以平衡实际需求量 $L(Y, i)$的变化。在此情况下，M 是顺周期的。美国 1954 年至 2006 年的数据表明，货币有较弱的顺周期性。然而，较广义的货币总量，诸如 M1 和 M2，顺周期性就明显了。

15.2 价格错觉模型

经验证据表明，货币不像我们的均衡经济周期模型所预计的那样是中性的。**价格错觉模型**为货币的非中性作出了一个可能的解释。①在该模型中，随着相对价格与实际工资率的变化，家庭有时会错误地解读名义价格与工资率的变化。所以，货币冲击——这影响到名义价格和工资率——最终影响到实际变量，诸如实际 GDP 和就业。

15.2.1 具有货币非中性效应的模型

该模型保留了我们的均衡经济周期模型的大部分特点。我们仍然保持微观经济的基础:以劳动和资本服务的供给函数与需求函数为依据。我们继续假设价格——商品的价格、工资率和租赁价格——快速调整至市场出清。然而，与以前不同的重要之处在于:家庭对经济体中的价格有不完全的现期信息。例如，一个工人也许知道他或她目前的工资率和近期购买的商品的价格。但是工人对其他工作可得到的工资率、久远的过去看到的商品的价格，知道的精确信息就少了，甚至一无所知，等等。

价格错觉模型通常注重于劳动市场。我们在第 8 章的图 8.15 中分析了这一市场;图 15.1 复制了这一分析的主要部分。回顾一下，实际工资率 w/P 的上升降低劳动需求量 L^d。这一需求来自生产者(拥有并经营企业的家庭)，他们向工人支付名义工资率 w，出售商品时面临物价水平 P。

实际工资率 w/P 的上升，使工作对家庭具有更大的吸引力。因此，图 15.1 显示出 w/P 的上升增加了劳动供给量 L^s。更精确地说，我们在第 8 章发现劳动供给曲线的斜率取决于替代效应与收入效应之间的平衡。w/P 上升产生的替代效应促使人们减少闲暇时间——从而增加工作——和增加消费。提高 w/P 产生的收入效应促使人们增加闲暇时间——从而减少工作——和增加消费。所以如图15.1

① 该模型源自 Friedman(1968c)和 E. Phelps(1970)的著作。后来 Rober Lucas 作出了贡献——参见收集于 Lucas(1981)著作中的论文。要了解 20 世纪整个 70 年代的研究，参阅 B. McCallum(1979)的著作。

所示，如果替代效应压倒收入效应，劳动供给曲线的斜率为正。

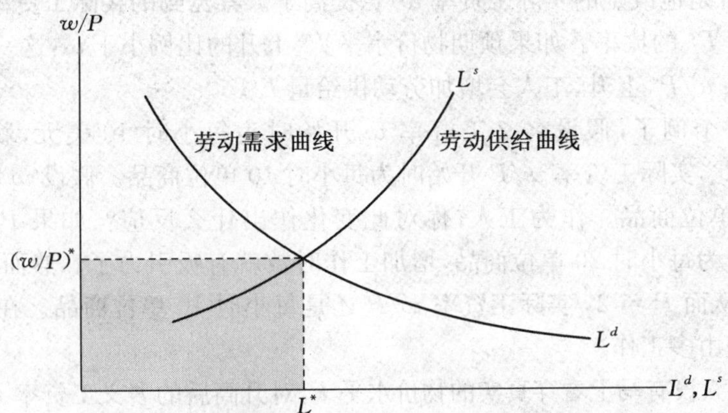

注：本图复制了我们在第 8 章的图 8.15 中对劳动市场的分析结果。实际工资率 w/P 的下降增加了劳动需求量 L^d。w/P 的上升增加了劳动供给量 L^s。实际工资率在纵坐标上为 $(w/P)^*$，劳动量在横坐标上为 L^* 时，市场出清。

图 15.1 劳动市场的出清

现在我们要考虑经济体中有关价格的不完全的信息。考察实际工资率 w/P 对劳动需求量 L^d 的影响。劳动的需求方为雇主。我们可以合理地假设雇主拥有其付给雇员的名义工资率 w 的精确的现期信息。就物价水平 P 而言，重要的是雇主为自己的产品标出的价格。这就是说，雇主将对由 w 给定的名义劳动成本与出售其商品或服务得到的名义金额 P 进行比较。①我们可以合理地假设，雇主对他或她自己产品的价格有精确的现期信息。所以，决定劳动需求量 L^d 的实际工资率为真实的数值 w/P。因此，我们没有必要修正图 15.1 中画出的劳动需求曲线。

现在考察对于劳动供给 L^s 很重要的实际工资率。劳动的供给者为工人。对工人来说，有关的名义工资率 w 是他从雇主那儿拿到的金额。我们可以再次合理地假设，工人对他或她自己的 w 有精确的现期信息。然而就物价水平 P 而言，有关的变量是一篮子市场商品的价格。这些商品将在不同的时间在许多地点被人们购买。所以，一个工人一般来说缺乏关于其中某些商品的价格的准确的现期信息。为落实这一情况，我们以 P^e 表示工人预期的一篮子市场商品的价格。决定劳动供给量 L^s 的实际工资率是 w 与这预期价格的比率——即 w/P^e。

再次考察名义货币量 M 增加的效应。我们在第 10 章发现，名义工资率 w 和物价水平 P 随着 M 的增加等比例地上升。但是，在图 15.1 中，M 的增加不改变市场出清的实际工资率 $(w/P)^*$ 和市场出清的劳动投入量 L^*。$(w/P)^*$ 与 L^* 的不变性同第 10 章的结果一致：M 的变动是中性的；即不影响任何实际变量。

然而，考虑一下，当工人不理解名义工资率 w 的上升源自于使所有名义数

① 雇主也关心其他生产投入的价格，包括用于支付资本服务的名义租赁价格 R。在更一般的模型中，另一个重要的投入价格是能源价格。我们假设雇主知道所有这些投入的价格。

值——包括物价水平 P——膨胀的货币扩张时，会发生什么？也许每个工人会认为 w 的上升是他或她的实际工资率 w/P 提高了。**察觉到的实际工资率**是 w 与预期物价水平 P^e 的比率。如果预期物价水平 P^e 上升的比例小于 w，这一比率 w/P^e 上升。如果 w/P^e 上升，工人会增加劳动供给量 L^s。

作为一个例子，假设名义工资率 w 开始时为每小时 10 美元，物价水平为 $P=1$。因此，实际工资率 w/P 开始时为每小时 10 单位商品。假设 w 增加一倍至每小时 20 单位商品。作为工人，你对此变化作出什么反应？如果 P 仍然为 1，w/P 就上升为每小时 20 单位商品，增加工作时数就有吸引力了。然而，如果 P 也上涨一倍，从而 $P=2$，实际工资率 w/P 还是每小时 10 单位商品。在此情况下，你就没有理由多工作。

如果工人没有马上看穿真实的物价水平 P，对升高后的名义工资率 w 的估计就取决于预期物价水平 P^e。如果 P^e 以 1 为起点，然后上升但仍小于 2，察觉到的实际工资率 w/P^e 提高了，工人将提供更多的劳动。如果 P^e 上升至 2——即如果工人认为 w 的上升正是一般通货膨胀的信号——w/P^e 没有变化，劳动供给就保持原状。

为用图形分析新的效应，我们可以采用图 15.2，它是图 15.1 的修正版。劳动需求曲线 L^d 和以前一样，因为雇主按照真实的实际工资率 w/P 决定他们的劳动需求量。

图 15.2 中的劳动供给曲线与以前的不同，因为察觉到的实际工资率 w/P^e 决定劳动供给量。为理解新的劳动供给曲线，我们可以利用条件：

$$w/P^e=(w/P)\cdot(P/P^e) \tag{15.1}$$

这个方程的含义是，对于给定的真实的实际工资率 w/P，P/P^e 的上升提高了察觉到的实际工资率 w/P^e。换句话说，如果工人低估了物价水平——所以 $P^e<P$——他们一定高估了他们的实际工资率——即 $w/P^e>w/P$。

为了了解价格错觉怎样影响劳动市场，假设开始时 $P=P^e$ 成立，从而 $w/P^e=w/P$。图 15.2 中左边所示的劳动供给曲线 L^s，代表于这种情况。同往常一样，沿着这条曲线，w/P 的上升会提高劳动供给量 L^s。

如第 10 章中那样，假设名义货币量 M 的上升提高了物价水平 P。如果家庭只是部分地觉察到 P 的上升，即 P^e 的上升的比例小于 P。结果 P/P^e 上升，而将这结果应用于方程(15.1)的含义是，对于给定的 P，w/P^e 上升。所以，在任何给定的 w/P 下，劳动的供给量比以前多了。我们用新的劳动供给曲线——标为 $(L^s)'$——在图 15.2 中显示这一结果。这条曲线位于原来曲线 L^s 的右边。由于价格错觉，按给定的 w/P，P 的上升增加了劳动的供给量。①

---

① 与工人预期在来年得到的名义工资率 w^e 相比，名义货币量 M 的增加也可能提高名义工资率 w。如果工人认为 w 的变化是暂时的，就会出现这种效应。w/w^e 的上升通过跨时期替代效应增加现期的劳动供给 L^s。也就是说，察觉 w 暂时提高时，工人大量增加工作时间，而在觉得 w 低于平常水平时，工作相对地少。这种跨时期替代效应强化了这一结果：M 的上升导致劳动供给量增加。

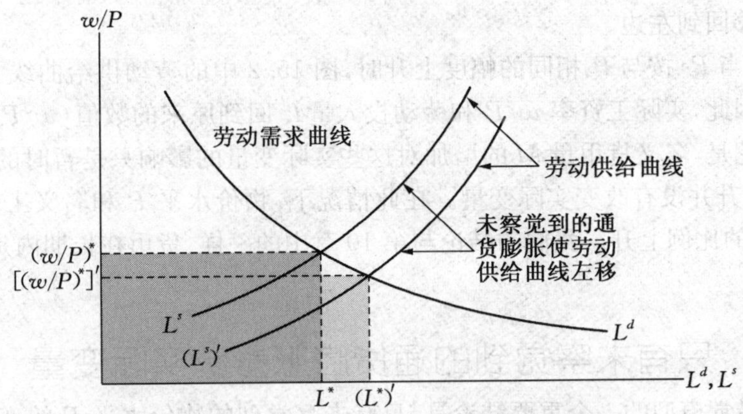

注：对于给定的 w/P，对劳动供给者（雇员）来说，P/P^e 的上升提高了 w/P^e。因此，劳动供给曲线从 L^s 右移至 $(L^s)'$。我们的结论是未察觉到的通货膨胀会增加劳动投入——从 L^* 增至 $(L^*)'$，并且降低实际工资率——从 $(w/P)^*$ 降至 $[(w/P)^*]'$。

图 15.2　未察觉到的通货膨胀对劳动市场的影响

在 $P=P^e$ 的初始情况下，在图 15.2 中，当实际工资率为 $(w/P)^*$ 与劳动投入量为 L^* 时，市场出清。物价水平在未被察觉的情况下上升时，在较低的实际工资率 $[(w/P)^*]'$ 与较多的劳动投入 $(L^*)'$ 处市场出清。因此，名义货币量 M 的增加，造成了物价水平未被察觉地上扬，进而影响到实际经济，故货币是非中性的。具体地说，M 的上升增加了劳动投入量 L。

劳动投入 L 的增加导致生产的扩张。也就是说，根据生产函数，实际 GDP(Y) 增加了：

$$Y = A \cdot F(\kappa K,\ L) \tag{15.2}$$

这里的 κK 为资本服务量（资本利用率 κ 与资本存量 K 的乘积）。对于给定的 κK，L 的上升意味着 Y 的增加。

同往常一样，我们假设资本存量 K 在短期是固定的。可是在价格错觉模型中，货币 M 的增加趋向于提高资本利用率 κ。因为劳动投入 L 的增加趋向于提高资本服务的边际产品 MPK。而 MPK 的提高造成对资本服务的需求增加。如第 9 章所述，需求的增加提高了实际租赁价格 R/P，并且（通过提高 κ）增加了资本服务量 κK。在方程(15.2)中，κK 的扩张进一步提高了实际 GDP(Y)。

15.2.2　货币在长期内是中性的

在价格错觉模型中，短期与长期之间的差别在于预期价格水平 P^e 在长期内向真实的物价水平 P 调整。在图 15.2 中，名义货币量 M 的上升在短期内增加了劳动投入 L；P^e 上升的幅度小于 P，从而劳动供给曲线向右移动。然而，随着时间的推移，家庭知道它们低估了 P 的升幅，P^e 也相应地上升。如图中所示，P^e 的上升使劳动供给曲线反向移动。也就是说，现在对于给定的 w/P，w/P^e 降低了，劳动供给曲线移回到左边。

最终，当 P^e 按与 P 相同的幅度上升时，图 15.2 中的劳动供给曲线 L^s 回到原先位置。因此，实际工资率 w/P 和劳动投入量 L 回到原来的数值 $(w/P)^*$ 和 L^*。我们的结论是，名义货币量 M 的增加对这些实际变量的影响只是暂时的。在长期内，M 的上升并没有改变实际变量。在此情况下，物价水平 P 和名义工资率 w 以与 M 相同的比例上升。我们的结论与第 10 章中的一样：货币在长期内是中性的。

15.2.3 只有未察觉到的通货膨胀影响实际变量

价格错觉模型的一个重要结论是，只有未察觉到的物价水平 P 的变化影响到劳动投入 L 和实际 GDP(Y)。我们发现的非中性影响在短期内取决于真实物价与预期物价的比率 P/P^e 的上升幅度。这一变化使工人认为，被察觉为 w/P^e 的实际工资率上升了，相应地导致劳动供给曲线右移，如图 15.2 中所示。

相反，假定名义货币量 M 的增加使预期物价 P^e 在短期内同真实的物价 P 一样等额上扬。在此情况下，货币的变化是中性的，与我们发现的长期变化完全一样。原因是，当 $P^e = P$ 时，工人们懂得他们名义工资率 w 的上升是由于名义货币量 M 与物价水平 P 的普遍上升，而不是他们的实际工资率 w/P 的上升。

举个例子，考察一下第 11 章中分析的长期通货膨胀。在此情景中，物价水平 P 随着时间的推移而上扬。可是预期到的那部分通货膨胀——第 11 章探讨的那部分——表示 P^e 随着 P 的一起变动。所以，在价格错觉模型中，这部分预期到的通货膨胀不会影响劳动投入 L 和实际 GDP(Y)。

我们得到关于系统性货币政策的一个类似的结果。假设货币当局为应对衰退企图通过印制大量货币缓解经济波动。在价格错觉模型中，只有在经济疲软时，如果真实的物价水平 P 全面地高于预期水平 P^e，这项政策才能取得预想的实际效果。在衰退时期这项政策难于制定——货币当局就得不时地欺骗人们，使他们认为物价水平 P 低于真实的水平。也就是说，预期 P^e 系统性地滞后于 P 的变化。这种系统性骗局与第 11 章介绍的理性预期理念相一致。①如果人们合理地形成物价水平预期 P^e，这些预期易于考虑到诸如名义货币量 M 与物价水平 P 针对衰退的上升趋势。这类变量的上升趋向于消除系统性货币政策的实际效果。②这就是说，即使在短期，我们也回到了名义货币量 M 的变化是中性的情景。

除了系统地欺骗工人有难处外，还存在货币当局为何要以这种方式欺骗工人的问题。一种可能是中央银行有不一般的偏好；即中央银行试图追求与消息灵通

---

① 亚伯拉罕·林肯的观点与之有关，"你可以蒙骗所有的人一时；你甚至可以蒙骗一些人一世，但不能永远蒙骗所有的人"（引自 Alexander McClure，1901，p. 124）。不幸的是，对林肯是否作过这一著名的演讲有争议。

② 这一结论称为与系统的货币政策不相关结果。至于最早的出处，参阅 T. Sargent 和 N. Wallace (1975)的著作。Ben McCallum(1979)做过有趣的论述。

的家庭自愿选择的不同的结果。然而我们不必依赖于中央银行有奇特的偏好。在某些情况下，如果每个人因受骗上当而多工作、多生产，经济也许在事实上会运行得更好。为得出这样的结果，我们就得假设从社会的角度看，如果假设一个社会劳动投入太少，从而造成实际 GDP(Y)太低，诸如由所得税和福利计划造成的经济中的扭曲可以导致这一结果。在这些情况下，如果货币当局能诱使所有的工人和生产者提高 L 和 Y，也许可以使每个人生活得更有滋味。这样，即使货币当局有正常的偏好，也可能有动机将 P 抬高至 P^e 以上。可是即使有造成物价水平不知不觉地上涨的基础，仍然有以现行的政策进行这种欺骗是否可行的问题。

与系统性欺骗政策形成反差的是，货币当局肆意妄为，当然可能造成物价水平 P 不知不觉的变化。如通过在某些时候随意印制大量货币 M，其他时候很少印制，货币当局可能造成物价水平 P 的走势无常。在此情况下，真实与预期物价之比 P/P^e 就会起伏不定。P 有时高于 P^e，有时低于 P^e。这种起伏会造成劳动投入 L 和实际 GDP(Y)的波动。所以反复无常的货币政策有实际影响，从而不是中性的。可是这种“货币政策”不大可能改善经济的运行。

罗伯特·卢卡斯(Lucas, 1973)认为，对货币冲击——即名义货币量 M 的变化——的反应程度，取决于一国货币政策是否有过稳定还是动荡的历史。在货币不稳定的背景下，诸如许多拉美国家的情况，家庭大都认为看到的名义工资率 w 与物价 P 的变动是普遍通货膨胀的反映。结果，货币扩张通常不能蒙骗工人，使他们以为其实际工资率 w/P 上升了。因此，在拉美类型的环境中，货币冲击对劳动投入 L 和实际 GDP 的影响大都微乎其微。

相形之下，在货币稳定的背景下——诸如 20 世纪 80 年代中期以来的美国和许多发达国家——家庭更可能认为看到的名义工资率 w 与物价 P 的变动代表了实际工资率和相对物价的变动。结果，货币冲击对劳动投入 L 和实际 GDP(Y)往往有显著的影响。总之，**卢卡斯货币冲击假说**总结：*给定货币冲击力度的实际效果越显著，基本的货币环境就越稳定。*

卢卡斯假说得到了战后跨国研究的经验支持。①首先，这些研究证明货币冲击(以货币总量中未预期到的增量衡量)在许多国家与实际 GDP 有正向关系。其次，正如理论所预料的那样，随着一国的货币增长率与通货膨胀率变得越来越难预料，这一关系的强度逐渐减弱。诸如美国这样的货币增长与通货膨胀合理地稳定的国家，货币冲击与实际 GDP 被证明是有显著正向关系的国家。至于诸如阿根廷和巴西这样的国家，货币增长与通货膨胀大起大落，货币冲击与实际 GDP 之间实则上没有任何关系。

15.2.4 对经济波动的预测

在我们的均衡经济周期模型中，我们分析了技术水平 A 对经济的冲击。然后

① 参阅 Robert Lucas(1973)、R. Kormendi 与 P. Meguire(1984)，以及 C. Attfield 与 Nigel Duck(1983)的著作。

我们为几个宏观经济变量找到预期的周期性。表 15.1 第一行总结了对五个变量的预计值：名义货币量 M；物价水平 P；劳动投入量 L；实际工资率 w/P；劳动的平均产品 Y/L。回顾一下，如第 10 章中分析的那样，由于名义货币量的内生性，M 是顺周期的。L、w/P 和 Y/L 的顺周期性来自第 8 章和第 9 章。这五个变量预计到的周期性与表 15.1 第三行小结的经验观察相符。可是在数据中 M 和 Y/L 只是微弱的顺周期性的。

表 15.1　宏观经济变量在两个模型中的周期模式

	名义货币量 M	物价水平 P	劳动投入 L	实际工资率 w/P	劳动平均产品 Y/L
1. 均衡经济周期模型	顺周期	逆周期	顺周期	顺周期	顺周期
2. 价格错觉模型	顺周期	顺周期	顺周期	逆周期	逆周期
3. 经验观察	顺周期(弱)	逆周期	顺周期	顺周期	顺周期(弱)

注：表格列出了五个宏观经济变量在三种背景下的周期性。第一个是均衡经济周期模型，因技术水平 A 变动而引起经济波动(在第 8 章至第 10 章中叙述)。第二个是本章的价格错觉模型，因名义货币量 M 的冲击引起的经济波动。第三个是美国数据的经验观察。

我们现在采用价格错觉模型得出对宏观经济变量周期性的预测。在分析中，我们想象货币冲击——即名义货币量 M 的内生增量——造成的经济波动。

在价格错觉模型中，名义货币量 M 的增加提高了物价水平 P 和名义工资率 w。P 与 P^e 比率的上升使劳动供给曲线右移，如图 15.2 所示。这种移动导致劳动投入 L 增加，实际工资率 w/P 下降。L 的增加趋向于提高资本的边际产品 MPK。MPK 的上升会通过提高资本利用率 κ 来增加资本服务的投入 κK。

生产函数依然由下式给出：

$$Y = A \cdot F(\kappa K, L) \tag{15.3}$$

技术水平 A 没有变化。所以，L 与 κK 的上升意味着实际 GDP(Y)增加了。对于给定的生产函数与给定的 κK，L 上升引起劳动边际产品 MPL 的递减。劳动的平均产品 Y/L 也随着 L 的上升趋向于下降。因此，我们预计 Y/L 与 L 的上升并存。①

表 15.1 第二行总结了价格错觉模型得出的关于五个宏观经济变量预计。名义货币量 M 和劳动投入 L 的顺周期性与均衡经济周期模型预计的结果一样，也与数据相符。均衡经济周期模型显示出的差别在于物价水平 P、实际工资率 w/P 和劳动的平均产品 Y/L。价格错觉模型预计 P 是顺周期的，而 w/P 与 Y/L 是逆周期的，这与事实不符。这些差异表明，通过在价格错觉模型中分离出来的途径起作用的货币冲击，不可能是经济波动的主要根源。

① κK 的上升会冲抵 MPL 的下降。然而，为增加劳动需求量，实际工资率 w/P 在总体上必须下降。所以 MPL——均衡时等于 w/P——总体上一定要下降。一般来说，较低的劳动平均产品 Y/L 与 MPL 的下降并存。

借助能容纳两种冲击——其一是对技术水平 A 的冲击，其二是对名义货币量 M 的冲击——的更丰富的模型，我们的分析可以做得更好。在此背景下，物价水平 P 就是逆周期的；如果 A 的变动通常是经济波动的主导性根源，实际工资率 w/P 和平均劳动产品 Y/L 是顺周期的。然而货币冲击还是出现了。最重要的是这一综合的模型预计货币是非中性的。

我们从数据中看出名义货币 M 是弱顺周期的。(诸如 M1 和 M2 之类广义的货币总量比诸如货币和基础货币之类狭义的总量的顺周期性更为显著。)均衡经济周期模型与价格错觉模型提供了可供选择的对这种模式的解释。均衡经济周期模型说 M 是顺周期的，因为中央银行想稳定物价水平 P。这一目标使 M 内生地朝着与实际货币需求量 $L(Y, i)$ 相同的方向运动，而后者趋向于与实际 GDP(Y)相同的方向运动。价格错觉模型说，外生的、出乎预料的 M 的上升使 P 的升幅超过预期，从而提高实际 GDP(Y)。

虽然在两个模型中名义货币量 M 都是顺周期，但因果方向却相反。在均衡经济周期模型中，实际 GDP(Y)是因，M 是果。换句话说，货币是内生的。在价格错觉模型中，外生的(未预计到的)M 的变化是因，Y 是果。这样，为分清两种说法，我们必须看到名义货币与实际 GDP 的周期性部分之间的关系不只是正相关的关系。这种周期性的说法与两个模型都相符，两者难以区分。

15.2.5 关于货币冲击的实际影响的经验证据

1. 弗里德曼与施瓦茨的《货币史》

这是对货币与产出之间相互作用的一项经典研究，是米尔顿·弗里德曼与安娜·J·施瓦茨(Milton Friedman and A. J. Schwartz, 1963)两人对从 1867 年至 1960 年美国货币政策的分析。他们的研究首先考虑了名义货币量变化的历史根源，然后探讨这些变化与经济活动变化的相互作用。他们的主要结论为："我们经过对将近一个世纪的情况的详尽探讨发现：

(1) 货币存量变化的走势与经济活动、货币收入和物价的变化密切相关。

(2) 货币变化与经济变化的相互关系高度稳定。

(3) 货币变化常常有独立的起因；它们不只是经济活动变化的反映。"

前两点实质上是说名义货币总量是顺周期的。我们已发现这一特性，尽管这种关系没有弗里德曼和施瓦茨所说的那么牢固或稳定。然而最重要的一点是，就是第三点——即货币总量顺周期性不能完全用内生货币解释。弗里德曼与施瓦茨通过分离出名义货币量 M 发生变化的主要由外生因素形成的时间段，提出了他们的第三点。其中的因素有黄金的发现(在美国实行金本位制的 1914 年之前，对于货币政策尤为重要)、联邦储备系统和商业银行结构的改变以及美联储领导层方面的变动。总之，弗里德曼与施瓦茨令人信服地表明，M 的外生变化有时会对实际经济活动产生重大影响。这些发现支持了价格错觉模型。

2. 未预期的货币增长

在70年代后期进行的研究中(Barro在1981年做了总结)，我试图通过构思对未预期到的货币增长进行度量，分离出货币冲击对实际经济活动的影响。第一步是估计预期的货币增长，我是采用了一组解释性数值确定根据历史模式可以预计的货币增长率(以M1作为货币的定义)，我正是这样估计的。我所用的变量包括一个联邦开支和一个经济周期的指标(依据失业率)。然后我预计数值。我发现未预期到的货币增长的上升在一年或一年以上的时期内提高了实际GDP。在一个相关的研究中，Ben Broadbent(1996)观察到未预期到的货币增长与实际GDP之间有正向关联，通过出人意料的物价水平 P 的变动体现出来。这是价格错觉模型中分离出的一个途径。

未预期的货币增长的结果类似于我们在第10章中的发现：名义货币总量的周期性部分至少是弱顺周期的。也就是说，未预期到的货币增长类似于货币增长的周期性部分。问题是，未预期到的货币增长或货币的周期性部分与实际GDP的正向关系，并没有令人信服地从名义货币 M 分离出与实际GDP的因果关系。即使 M 的变化先于 Y 的变化——某些经济学家已有如此发现——我们也不能肯定因果的方向。货币当局也许是针对预期的 Y 未来的变化调节 M；即货币的变动仍然是内生的。

3. 克·罗默和戴·罗默论美联储的政策

在弗里德曼与施瓦茨(1963)的历史性分析的推动下进行的研究中，克里斯蒂娜·罗默与戴维·罗默(Christina Romer and David Romer, 2003)企图分离出外生的货币冲击途径。他们通过考察美联储的联邦公开市场委员会(FOMC)会议期间联邦资金利率目标的变化，衡量这些冲击途径。这是美联储严密监控的隔夜名义利率 i。在短期内，联邦资金利率随着货币的紧缩而上升。这种紧缩一般表现为诸如货币、基础货币和M1之类货币总量的增长率的下降。

两位罗默估计了美联储联邦资金利率目标的变化与美联储对通货膨胀和实际GDP预测之间的关系。他们然后以资金利率目标的实际变化同他们估计的关系所预料的变化之间的差额，衡量货币冲击。他们发现未预期到的联邦资金利率的上升倾向于减少实际GDP，而未预期到的下降倾向于提高实际GDP。

两位罗默讨论的货币紧缩的一个重要例子，发生在1979年上任的美联储主席保罗·沃尔克(Paul Volker)任职期间。在1980年的第四季度和1981年的第一季度，由GDP平减指数计算的通货膨胀率上升至10%以上。在1981年春季，沃尔克承诺采用通货紧缩中止通货膨胀。结果，联邦资金利率从3月已经很高的15%飙升至5月的20%。货币总量的增长率急速下降——M1的增长率从约为10%降至0，货币与基础货币增长率从6%—8%下降至3%—4%。许多经济学家认为向紧缩性货币政策的这一转变部分地解释了1982年至1983年的衰退。在遏制通胀方面这一转变也是成功的——GDP平减指数的增长率从1981年第一季度的10%，下降至1983年第一季度的3%。

关于所谓的沃尔克遏制通胀究竟有多么成功，有些问题正适合价格错觉模型。

如果沃尔克1981年要采取货币紧缩的承诺充分可信并被立即理解，以后的货币增长与通货膨胀的锐减就会被人们预料到——至少在1981年是如此。那么价格错觉模型就不能解释1982—1983年的衰退了。然而，就通货紧缩计划并非充分可信或立即充分被理解这点而言，价格错觉模型可以解释实际GDP的下降。

较广义地说，两位罗默分析的不足之处在于，没有清晰地将货币政策的外生部分分离出来。采用我对未预期的货币增长的构思，新的量度——实质上为未预期到的联邦资金利率的走势——或许能找到货币政策对过去或预期的未来实际经济变量变动作出的反应。这样，构思的货币政策冲击与实际GDP的相关性仍然反映出实际经济活动对货币变量的逆效应。

4. 简短的回顾

在这一点上，经验证据表明正面的货币冲击趋向于扩张实际经济，而负面的货币冲击趋向于紧缩实际经济。可是现实的数据不能涵盖所有可能发生的情况，因此我们肯定缺少对这种关系很可靠的估计值。

回到现实

关于物价的不完全的信息：这重要吗？

价格错觉模型的一个关键假设是家庭没有马上观察到整个经济体范围内的物价水平 P 的变动。如果家庭总是知道现期的 P——也许是因为他们定期查阅有用的指数，例如消费者价格指数(CPI)——他们就不会对实际工资率的变动摸不着头脑。尤其是，察觉到的物价水平 P^e 就会接近于真实的数值 P。所以察觉到的实际工资率 w/P^e 接近于真实的 w/P。模型于是预计货币冲击接近于中性。

事实上家庭可以很快看到消费者价格指数——滞后一个月看到CPI。当然，多数人不会费神定期监控这一指数。但是可以推断，他们之所以不关注这类信息，是因为在稳定的经济体中，密切关注一般物价水平这一点并非很重要。

一个原因是现有的价格指数并非那么有用，因为每个家庭关注不同的市场商品篮子，其中每一个篮子与用于计算指数的一篮子商品构成不同。于是为了随时了解价格动向，家庭就得在各个地点抽取详细的样本。由于这样做代价太高，家庭有时就努力自己理解看到的物价和工资率。然而这种论点不能解释为何一般物价水平的变动还不至于重要到足以造成劳动供给决策中的重大失误。毕竟相对小的投资——查阅公布的价格指数——足以消除名义价格和工资率普遍上涨造成的错误。

底线是，对一般物价水平的忽视也许可以解释对相对物价与实际工资率轻微而短暂的判断失误。然而不大可能出现严重而又持久的失误。因此相对于收集必需的一般物价水平的信息成本，信息不灵通——作出不正确的劳动供给决策——付出的代价，看起来高得离谱。

这一观点表明，价格错觉模型背景下的货币冲击，只能解释观察到的经济波动的一小部分。这个结论推动了我们关于某些关键性宏观经济变量周期特征的发现，主要的变量为物价水平 P 和实际工资率 w/P。如果货币冲击与价格觉察失误极为严重，我们就预料 P 顺周期，而 w/P 逆周期。然而，如表15.1所示，数据表明 P 是逆周期的，而 w/P 是顺周期的。

15.2.6 实际冲击

我们现在探讨价格错觉怎样影响我们以前对技术水平 A 的冲击——均衡经济周期模型假设的主要扰动——的分析。我们从第 8 章至第 10 章知道，A 的上升提高了实际 GDP(Y)，但降低了物价水平 P，至少在货币当局保持名义货币量 M 不变时是如此。相反，A 的下降减少 Y，提高了 P。

在均衡经济周期模型中，我们假设家庭对物价水平 P 有精确的现期信息。如价格错觉模型中一样，我们现在假设预期物价水平 P^e 滞后于真实的物价水平 P。例如在景气期间 P 下降时，P^e 的降幅小于 P。从而 P/P^e 下降——即工人在景气期间高估了 P。对 P 的这种高估意味着工人低估了他们的实际工资率 w/P：察觉到的实际工资率 w/P^e 下降幅度低于 w/P。由此推断，对于给定的 w/P，劳动供给量 L^s 减少了。

这种价格错觉对 L^s 曲线的影响类似于图 15.2 所示的影响，只是方向相反。在任一实际工资率 w/P 上，现在的劳动供给量减少了。我们以图 15.3 中的 L^s 移动说明之。原来的曲线标为 $L^s(A)$，此处 A 为原有技术水平。新曲线标为 $L^s(A')$，此处 A'为提高后的技术水平。技术水平从 A 上升为 A'降低了物价水平 P，因而使 L^s 曲线左移。

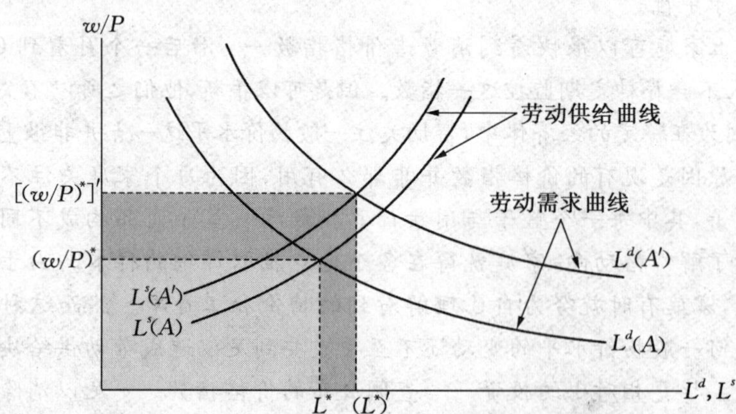

注：技术水平从 A 上升至 A'。劳动需求曲线来自图 8.15。在任何实际工资率 w/P 值上，曲线 $L^d(A')$表示的劳动需求量大于 $L^d(A)$表示的劳动需求量。A 的上升也降低了物价水平 P。由于价格错觉，在任何 w/P 上，劳动供给量减少了。因此，曲线 $L^s(A')$位于曲线 $L^s(A)$的左边。L 从(L^*)移动至$(L^*)'$的增幅小于 L^s 曲线不发生移动时的增幅。因此，价格错觉缓解了 L 对技术冲击的反应。

图 15.3 劳动市场对技术冲击的反应：价格错觉的影响

如我们在第 8 章的图 8.15 中通过分析知道的那样，技术水平的上升也影响到劳动需求曲线 L^d。技术水平从 A 上升至 A' 提高了 MPL，从而增加了劳动需求量。我们以图 15.3 中 L^d 的移动表示：从 $L^d(A)$ 曲线右移至 $L^d(A')$ 曲线。记住我们的假设：雇主知道实际工资率 w/P。所以价格错觉不影响 L^d 曲线。

图 15.3 表示技术水平 A 的上升增加了劳动 L 和实际工资率 w/P。这些变化的方向与图 8.15 中的相同。图 15.3 中的新的影响来自劳动供给曲线 L^s 的左移。我们从图形上看到这一移动意味着 L 上升的幅度小于其他情况。①所以，价格错觉削弱了技术水平 A 的变化对 L——从而对实际 GDP(Y)——的影响。

当察觉到的物价水平 P^e 滞后于真实物价水平 P 时，价格错觉产生的这些新的影响只适用于短期。在图 15.3 中，随着 P^e 向下调整至较低的 P，劳动供给曲线右移，回到原来的位置。从而实际工资率 w/P 和劳动投入量 L 向着数值 $(w/P)^*$ 和 L^* 移动，这些是我们原有均衡经济周期模型中出清的值(图 8.15)。

我们如果把关于实际冲击的发现与之前分析的货币冲击结合起来，就可得到以下关于价格错觉模型的小结：

- 由于价格错觉，名义货币量 M 未预期的增长在短期内将提高实际 GDP(Y)和劳动投入 L。由于货币在没有价格错觉的模型中为中性，我们也可以说这些错觉突出了货币冲击的实际效应。
- 价格错觉缓解了实际冲击的短期实际影响。对技术水平 A 的有利冲击仍然会提高 Y 和 L，但幅度比以前小。

15.3 按规则行事与相机抉择

我们已发现未预期的货币冲击在短期内可以影响实际经济。鉴于这些结果，会诱使货币当局利用其权力制造货币冲击以此影响实际变量，就不足为奇了。然而经济学家们发现这样做的诱惑可能导致糟糕的经济后果。糟糕后果的原因涉及遵守规则与相机抉择的区别。按照**货币规则**，中央银行本身要恪守指定的贯彻政策的模式。而在相机抉择的情况下，货币当局就可以做出出人意料的举措——即货币冲击——的可能性。在本节中，我们要理解在恪守规则或按规则办事背景下经济体为什么会运行得更好。

目前正在进行的关于规则与相机抉择的争论是个令人激动的研究课题，涉及将策略分析——一部分为博弈论——运用于政府政策。②初始的灵感来自本章探讨的这类模型对察觉到的与错误觉察的物价水平的区分。在这一模型中，只有当

① 总体上劳动 L 仍然必须上升。如果 L 下降，实际 GDP 下降。于是物价水平 P 上升，而 L^s 曲线朝着图 15.3 中推断的相反方向移动。

② 这一领域的开拓性论文——获得 2004 年诺贝尔经济学奖的一个重要原因——是 Finn Kydland 和 Edward Prescott(1977)。R. Barro 和 D. Gordon(1983a，1983b)的著作中有了进一步发展。Ken Rogff(1989)对这类文献提供了有用的概述。

未预期到变化时，尤其是，只有当货币冲击导致物价水平 P 偏离其察觉到的物价水平 P^e 时，实际经济才对名义货币量的变动作出反应。结果，货币当局就想制造出人意料的物价变化，以此影响实际经济活动。然而在理性预期的情况下，不太可能做出全面的出人预料的举措。尽管有这样的难处，一鸣惊人的诱惑依然存在，而这种诱惑可以影响均衡的通货膨胀率 π。我们现在要设计一个决定 π 的策略上互动的简单模型。

假设货币当局可以利用其政策工具——可能是公开市场业务——来实现所要的通货膨胀率 π。当局试图只通过使 π 超过家庭预期的通货膨胀率 π^e 来提高实际 GDP(Y)和劳动投入 L。我们假设对于给定的 π^e，Y 与 L 随着 π 一起上升。如以前模型中描述的那样，产生这一效应的机制可以是错误觉察的物价水平的变动与劳动供给之间的某种关系。

我们假设货币当局因自身的原因不喜欢通货膨胀。如果 π 与 π^e 一起上升，经济体将发生通货膨胀的成本，或许是交易成本或变更价格的成本。我们的假设是，通货膨胀与通货紧缩都有成本；也就是说，当物价水平保持不变，从而 $\pi = 0$ 时，通货膨胀的成本最小。我们还假设，随着 π 上升至大于 0，对经济体而言，通胀再往上升，造成的负担日益沉重。更通常地说，通货膨胀的边际成本随着 π 的上升而提高。

对于给定的通货膨胀预期 P^e，当货币当局考虑是否使用政策工具以提高通胀率 π 时，面临着一种权衡抉择。π 的上升之所以有好处，是因为这样提高了通货膨胀的突然性，$(\pi - \pi^e)$ 上升，从而提高了实际 GDP(Y)和劳动投入 L。我们假设 Y 与 L 的增加有吸引力。[①]然而，如果 π 已经大于 0，π 的上升就不可取了，因为这提高了通货膨胀的成本。

通货膨胀的利益与成本之间的权衡抉择决定了货币当局选择的通胀率，标为 $\hat{\pi}$。一般来讲，$\hat{\pi}$ 取决于家庭预期的通货膨胀率 π^e。例如，如果家庭预期通货膨胀率为零，$\pi^e = 0$，当局也许觉得选择 5%的通胀率—— $\hat{\pi} = 5$ ——为最佳。如果预期的通货膨胀上升了——比如说升至 $\pi^e = 5$，当局可能选择更高的通胀率，以便走在预期通胀率的前面，从而维持对实际 GDP 和劳动投入的刺激。这样，政策制定者或许选择 $\hat{\pi} = 8$。通常，π^e 的升高刺激 $\hat{\pi}$ 升得更高。然而，随着 $\hat{\pi}$ 的上升，通货膨胀给经济带来越来越严重的负担。这种考虑促使货币当局不要对 π^e 上升作出太强烈的反应。具体地说，我们的假设是，$\hat{\pi}$ 的反应总是小于 π^e 的升幅。例如，如果 π^e 上升 5 个百分点，从 0 升至 5，$\hat{\pi}$ 可能只升了 3 个百分点，从 5 升为 8。

我们用图 15.4 中的直线 $\hat{\pi}$ 显示相对于 π^e 的 $\hat{\pi}$。此直线的重要特征为：首先，当 $\pi^e = 0$ 时，$\hat{\pi}$ 大于 0；其次，此直线的斜率大于 0；第三，斜率虽大于 0 但小于 1。

---

① 如前所讨论的，由于经济中存在着扭曲，从社会的角度来看，货币当局促使所有家庭更多地工作和生产也许是可取的。

考虑在本模型中家庭怎样对通货膨胀形成理性预期。一个关键的假设是家庭理解货币当局的目的。如果所有家庭都预期通货膨胀率为沿着横坐标变动的 π^e，每个家庭都认识到货币当局实际上选择的通胀率为图 15.4 中直线 π^e 给出的在纵坐标上的 $\hat{\pi}$ 值。例如，如果家庭预期通胀率为零，即 $\pi^e=0$，当局将设定 $\hat{\pi}=5$。但是，零值不可能为通胀率的理性预期；没有一个明智的家庭会预期零通胀。类似地，如果所有家庭都预期5%的通胀率，$\pi^e=5$，当局会设定 $\hat{\pi}=8$。这样 $\pi^e=5$ 又不是理性预期了。在本模型中，只有当货币当局有动机使预期合理——即设定 $\hat{\pi}=\pi^e$ 时，预期 π^e 才是合理的。所以在图 15.4 中选中的 $\hat{\pi}$ 一定位于从0出发的45度线上，此线集中了 $\hat{\pi}=\pi^e$ 的点。

图 15.4 中两条线的交点给出了均衡的通货膨胀率 π^*。π^* 的值满足两个条件。首先，如果在横坐标上 $\pi^e=\pi^*$，货币当局选择的通胀率 $\hat{\pi}$ 在纵坐标上的值也为 π^*，由直线 π^e 给出。也就是说，对于给定的通胀预期 π^e，当局（通过设定 $\hat{\pi}$）正在优化。其次，预期 $\pi^e=\pi^*$ 是合理的，因为这给出了对可能的通账率的最佳预测。

在本模型中，家庭对通胀有**精确的预见**；即均衡中的预测误差为零。在这类内容较丰富的模型中，通胀预期仍是对通胀的最优预测，但预测误差一般不会是0。例如，如果货币当局有时随意设定与 $\hat{\pi}$ 不同的 π 而犯下不可避免、不可预料的错误时，我们的预测误差就不是0。

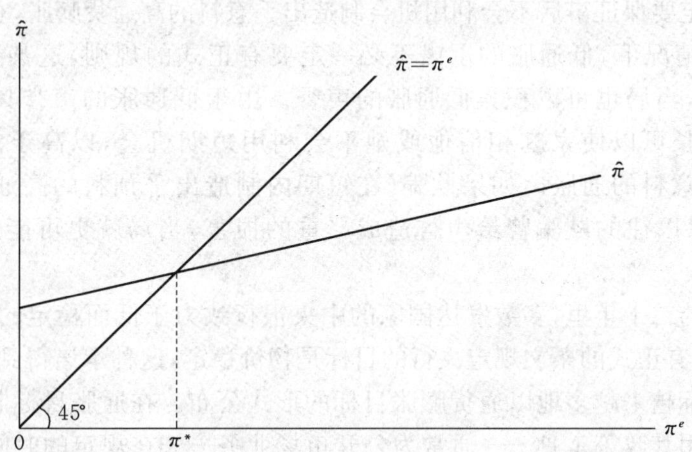

注：$\hat{\pi}$ 直线表示政策制定者最优选择的通胀率 $\hat{\pi}$，是家庭预期通胀率 π^e 的函数。从0出发的45度线显示了选中的 $\hat{\pi}$ 等于预期通胀率 π^e 的点的集合。根据理性预期，($\hat{\pi}$，π^e)的组合点一定位于45度线上。π^* 的值为相机抉择体制下的均衡通胀率。在 π^* 处，对于给定的预期，政策制定者正在优化，而且预期是合理的。

图 15.4　相机抉择体制下的通货膨胀

图 15.4 中的均衡的劣势在于它必定带有高通胀率 π^*，而出乎意料的高通胀率没有任何好处。也就是说，在均衡时预期通胀率 π^e 等于 π^*。回顾一下，在基本模型中，只有当通胀率 π 超过预期 π^e 时，货币增长与通货膨胀才会刺激实际 GDP（Y）和劳动投入 L。这样，在图 15.4 中显示的均衡处，Y 和 L 并不受出乎预料的高

通胀率的刺激。

如果真实的和预期的通胀低于均衡时产生的通胀，例如，$\pi=\pi^e=0$，结果就比较有利。在此情况下，出乎预料的通胀率再次为零，从而对实际 GDP(Y)和劳动投入 L 没有刺激。然而，由于 π 低了——具体地说为零——经济体就没有通胀成本。可是图 15.4 清晰地表明，模型中 $\pi=\pi^e=0$ 不是均衡点。如果货币当局设法说服家庭预期通胀为零——从而 $\pi^e=0$ 成立——当局会偏向于大于 0 的通胀率。这就是说，如果 $\pi^e=0$，$\hat{\pi}$ 就会沿着图中的 $\hat{\pi}$ 线升至大于 0 的位置。家庭知道这一点，首先就不会设定 $\pi^e=0$，因为他们知道这种预期不合理。

图 15.4 中 $\pi=\pi^e=\pi^*>0$ 的高通胀均衡，常常被称为**相机抉择政策**的结果。如果货币当局不能或至少没有对未来的货币行动作出承诺，就会出现这样的均衡。相形之下，作出这类承诺的当局被认为是按显性或隐性的**政策规则**运作。一种简单形式的规则促使货币当局调整其政策走向**物价稳定**——即在每一时期设定 $\pi=0$。另一个规则是促使当局将目标定为大于 0，但很低的通胀率。在目前的背景下，零通胀的承诺——如果可行——是货币当局的最好选择。

图 15.4 说明了规定零(更一般地为低的)通胀的规则产生的紧张关系。$\pi^e=0$ 时，政策制定者就想通过沿着 $\hat{\pi}$ 线设定 $\pi=\hat{\pi}>0$，进而违背承诺。但结果趋向于高通胀率 π^* 处所示的相机抉择均衡。所以一个重要方面是货币当局要恪守规则。当局一定要保证事后不会利用机会制造出乎意料的高通货膨胀。

在某些情况下，低通胀的承诺不必一定要有正式的规则，这甚至可以写进法律。反之，当局也可以积累低通胀的声誉。由于低通胀的声誉具有价值，中央银行的行长可以使家庭相信他或她不会利用短期机会，以高于预期的通胀率制造出乎意料的通胀。如果欺骗(在短期内制造出乎预料的高通胀)的利益不太大，如果以往的欺骗曾给声誉造成严重的损害，当局就更可能运用这类声誉均衡。①

在过去的二十年里，多数发达国家的中央银行致力于低而稳定的通胀。在许多国家，由于有正式的条文规定央行的目标是物价稳定，这种承诺得到了强化。物价稳定的目标越来越多地以通货膨胀目标的形式公布。在通胀目标制的体制下，央行承诺利用其政策工具——通常为公开市场业务——在规定的时间段内，例如一年，将通胀率保持在特定的范围内。关于央行的目标与程序的透明度，包括定期公布通胀报告，强化了这一承诺。表 15.2 列出了 20 个采用正式的通胀目标制的国家或地区，打头为 1989 年的新西兰。在其他国家或地区，主要是美国、欧洲货币联盟(欧元区)和日本，中央银行虽没有采用正式的通胀目标制，但已经有了维持低而稳定的通胀的声誉。然而，即使对美国、欧洲货币联盟和日本，正式的通胀目标制证明是不可抗拒的。不管怎样，20 世纪 80 年代以来中央银行政策的演变日益转向致力于低而稳定的通货膨胀。

① 要找更多的论述，参阅 R. Barro 和 D. Gordon(1983b)的著作。

表 15.2　中央银行采取正式通货膨胀目标制的国家

国　家	采取通货膨胀目标制的日期
新西兰	1989
加拿大	1991
英　国	1992
澳大利亚	1993
芬　兰	1993(因通用欧元而于 1999 年放弃)
瑞　典	1993
西班牙	1995(因通用欧元而于 1999 年放弃)
捷克共和国	1997
以色列	1997
巴　西	1999
智　利	1999
波　兰	1999
哥伦比亚	2000
南　非	2000
韩　国	2000
泰　国	2000
匈牙利	2001
冰　岛	2001
墨西哥	2001
挪　威	2001

注:名单列出了中央银行已有通胀率目标制正式程序的国家。该表来自 F. Mishkin 与 K. Schmidt-Hebbel(2001)的著作和 A. Carare 与 M. Stone(2003)的著作。

在政策制定者感到采取出乎公众预料的行为有好处的许多领域,出现了类似于货币政策的战略博弈。举些例子:债务国可以突然声明要拖欠外国债权人的国际债务,政府出乎国内资本所有者的预料对已经到位的资本按高税率估价(所谓的资本税),征税机关突然通过宣布税收赦免,以及政府突然宣布在发明成功以后取消专利。在所有这些情况下,事后的出乎意料更有诱惑力。然而,如果人们的预期考虑到了这些诱惑,均衡趋向于人们不愿看到的情形:很少的对外借贷,低水平的投资,不按规定纳税和稀少的发明。为避免这些后果,政府就有动机作出承诺——有时包括法律和宪法条文——抵制事后出人意料的诱惑。然而,这些承诺的可靠性是个大问题。可以论证,公共机构解决这些承诺问题的成功程度,是区分繁荣国家与贫穷国家的中心特征。

小　　结

经验证据表明货币的变动不是中性的;货币扩张在短期内似乎增加了实际

GDP。我们在本章利用价格错觉模型试图解释货币的非中性。在本模型中，名义货币量的增加提高物价水平与名义工资率。可是在短期内家庭察觉到的物价水平的升幅小于真实的物价水平升幅，而察觉到实际工资率上升。这种察觉增加了劳动供给，从而导致市场出清的劳动量上升和市场出清的实际工资率下降。劳动的增加意味着实际 GDP 上升。

具有货币冲击的价格错觉模型推导出名义货币、物价水平和就业的顺周期性。模型暗示实际工资率和劳动生产率具有逆周期性。对物价水平、实际工资率和劳动生产率的预计与经验证据相冲突。因此，货币冲击——至少在价格错觉模型内——大概不是经济波动的主要根源。然而，将这些冲击纳入模型是对均衡经济周期模型有用的补充，虽然其中技术冲击是经济波动的基本原因。尤其是价格错觉模型可以解释货币在短期内为何不是中性的。

我们讨论了货币政策中的规则与相机抉择的模型。在相机抉择的情况下，政策制定者对将来的政策不作任何承诺。在这种情况下，制造出乎预料的通胀(作为扩张实际经济的一种方式)的动力导致高通胀的均衡。此外，这种通胀是可以预计的，从而最终对产出与就业不会产生刺激。通过中央银行的声誉维持对低而稳定的通胀的承诺，有可能产生较好的结果。

重要术语和概念

资本税 capital levy
相机抉择的政策 discretionary policy
通货膨胀目标 inflation targeting
与系统的货币政策不相关结果 irrelevance result for systematic monetary policy
货币冲击的卢卡斯假说 Lucas hypothesis on monetary shocks
货币规则 monetary rule
货币冲击 monetary shocks
察觉到的实际工资率 perceived real wage rate
精确的预见 perfect foresight
政策规则 policy rule
物价稳定 price stability
价格错觉模型 price-misperceptions model
未预期到的货币增长 unanticipated money growth

问题和讨论

A. 复习题

1. 什么是相对价格？实际工资率 w/P 是相对价格的一个例子吗？
2. 当工人们看到名义工资率 w 上升时，他们对自己的实际工资率 w/P 有何看法？在什么情况下工人们会对他们的实际工资率判断失误？
3. 假设个人对整个经济体的物价有不完整的信息，说明为何这一假设是合理的。收集并处理关于物价的信息有什么成本？
4. 即使在人们有理性预期时，名义货币量 M 可能出现未预期到的变动吗？如果是这样，政策制定者可以选择通过 M 出乎意料的变化缓解经济波动吗？

B. 讨论题

5. 货币与产出的时机

   假定数据表明名义货币的走势与实际 GDP 未来的走势正相关。这一发现是否证明货币变动能影响经济，而不是相反的因果关系？如果不是，举些货币变动先于实际 GDP 变动的内生货币的例子。

6. 对产出的持续性影响

   当预期是理性的时，对物价水平估计的误差不会随着时间的推移而持续。那么价格察觉误差怎样解释实际 GDP 持续高于或低于其趋势值？

7. 货币增长的可预计性

   假设货币增长年复一年越来越难预料。下列各项有什么变化：

   a. 给定规模的货币冲击对 GDP(Y)的影响？

   b. 给定规模的货币冲击对物价水平 P 的影响？

8. 规则与相机抉择

   假设货币当局偏好的通胀率为零，但当局也想以出乎预料的高通胀率来减少失业。

   a. 怎样可以提高均衡的通胀率。通胀率出乎预料的高吗？结果是取决于货币当局有错误的目标还是当局无能？

   b. 如果政策制定者有能力约束自己且预先设定一个特定的通胀率，能改善结果吗？如果是，说明为何这种限制（或规则）能使情况改善。

   c. 政策制定者的声誉可以替代决定未来政策走势的正式规则吗？

   d. 除了减少失业外，你能想到是什么原因使政策制定者可能喜欢出乎预料的高通胀？

9. 与货币政策不相关的结果

   a. 在什么情况下系统性货币政策对经济波动并不重要？

   b. 问题 a 的结果是否意味着货币增长的不可预料部分不影响实际 GDP？

   c. 问题 a 的结果是否可以推广至这一思想：所有政府政策的系统性影响对实际

GDP 无冲击？作为例子，考虑下述各项：

i. 衰退期间削减劳动所得税率的政策。

ii. 衰退期间增加政府商品与服务采购的政策。

iii. 衰退期间实行更加慷慨的失业保险计划的政策。

▶16

货币与经济周期Ⅱ:粘性价格与名义工资率

我们在前一章建立了由于对物价的错觉而使货币冲击非中性的模型。我们在本章探讨经济学家为解释货币非中性而建立的其他模型。在这些模型中,物价水平与名义工资率是粘性的:它们不是瞬时调整而出清所有市场。市场不出清,这是与我们以前模型的重大偏离。在均衡经济周期模型中——也在价格错觉模型中——物价水平与名义工资率快速调整,以便平衡每个市场上商品的供给量和需求量。直到目前为止,我们一直假设所有市场是出清的。现在我们放宽这一假设。

约翰·梅纳德·凯恩斯(J. M. Keynes, 1936 年)在其《就业、利息与货币通论》中强调了名义价格与工资粘性的重要性。他强调的是名义工资率的粘性。他认为假设名义工资率的迅速调整可确保劳动供给量与需求量的持续平衡是不现实的。现代凯恩斯主义经济学家通常更注重商品名义价格的粘性。我们将要看到,转向新的焦点的原因是为了更好地符合经济波动的某些现实特点。我们从建立具有商品名义价格粘性的模型开始我们的分析。

16.1 新凯恩斯模型

对**粘性价格**——对已经变化的情况不是迅速作出反应的商品名义价格——通常的解释依据有两个要点。第一,典型的生产者主动地设定他或她在市场上出售商品的价格。这种设定价格的行为与我们以前的分析不同,在以前的分析中,每个完全竞争的生产者(家庭或企业)接受市场给定的价格。第二,选择要设定的价格时,每个生产者都考虑到改变价格的成本。这类成本有时称为**菜单成本**,类似于餐馆更改菜单所列价格时的费用。

我们以前的完全竞争背景最自然地适用于大规模组织的、买卖标准化商品的市场。例子有股票交易所(交易金融债权)和商品交易所(交易诸如油料或谷物之类商品的所有权)。在这些有组织的市场上,每一个交易者都将商品的市场价格当作给定的。也就是说，在多数情况下，每个参与者的份额太小，以至于可以忽略不计他或她的行为对市场价格的影响。

这种情景不同于有少数买主和卖主的市场。例如，美国的汽车或计算机市场只有相对少的生产者。此外，这些市场上交易的商品没有充分标准化。各种汽车或计算机有不同的特色，其中有的有品牌特色。这类市场竞争相当激烈，但不是所有参与者都是价格接受者的那种完全竞争。相反，每个生产者都在某种程度上自行决定价格。经济学家称之为**不完全竞争**。

在完全竞争的市场上，索取高于市场价格的生产者发现需求量下降为零。反之，索要低于市场价格的生产者发现需求量飚升至无穷大。在不完全竞争市场上，卖主价格的下跌造成对该卖主的商品的需求量有限的增长。同样，价格的上升导致需求量有限的减少。这样，每个生产者可以对要索取的价格进行有意义的选择。这一观点适用于许多大公司，例如汽车生产商；对小企业也是如此，例如居民区的杂货店。一个原因是，诸如杂货店之类的零售店，在某种程度上自行定价，因为其地理位置方便住在附近或熟悉商店的买主。因此，价格稍稍高于其他商店，不会——至少不是马上——将需求量降至零。

16.1.1 不完全竞争环境下的定价

我们在本节探讨生产者在不完全竞争环境下如何为他或她的商品选择价格。在下一节，我们将知道生产者在决定怎样根据已改变的情况——例如针对货币冲击——调整价格时，如何考虑菜单成本。

为举例说明要点，我们觉得有个正式模型进行探讨就方便了。设 $P(j)$ 为企业 j 对某一商品索要的价格。和我们以前的模型一样，我们可以把每个企业设想为是由经济体中的一个家庭拥有并经营的。企业 j 的商品需求量 $Y^d(j)$ 取决于 $P(j)$ 与其他生产者索取的价格的比较。例如，如果企业 k 是一个竞争对手——也许因为它是邻近街区的一个杂货店——于是 k 的价格 $P(k)$ 下降，降低 $Y^d(j)$。

一般而言，与截然不同的产品的售价或很远地点的价格相比，企业 j 的商品需求量 $Y^d(j)$ 对邻近地点类似商品索取的价格较为敏感。然而，如果我们试图追踪所有的价格，模型就无法展开分析了。通过假设企业 j 的顾客将价格 $P(j)$ 与其他企业收取的平均价格进行比较，我们就可以得出主要的结果。如果我们设这一平均价格为 P，那么 $Y^d(j)$ 取决于 $P(j)/P$ 的比率。$P(j)/P$ 的上升将减少 $Y^d(j)$，而 $P(j)/P$ 的下降将增加 $Y^d(j)$。

企业 j 的商品需求量 $Y^d(j)$ 也取决于该企业目前或潜在顾客的收入。例如，如果整个经济体的实际收入增加了，对每一企业 j 的需求也将上升。

我们现在从对企业 j 商品的需求转向这些商品的生产。企业 j 的生产函数看起来像我们以前采用过的函数：

$$Y(j) = F[\kappa(j) \cdot K(j),\ L(j)] \tag{16.1}$$

这里的$\kappa(j) \cdot K(j)$与$L(j)$为企业j利用的资本服务量和劳动量。为将问题简化，我们忽略不计资本利用率$\kappa(j)$的变动，假设资本存量$K(j)$在短期内固定不变。我们还忽略不计中间品——即其他企业生产的材料和产品——的投入。扩展模型以纳入可变的资本利用率与中间品的投入是有用的，但不改变基本结论。

假定经济体中的所有企业对劳动采用的名义工资率w都是一样的。换句话说，我们现在认为劳动是在整个经济社会中在完全竞争条件下交易的一种标准化的服务。更具体地说，当我们考虑粘性名义价格时，不考虑粘性名义工资率w会调整至使经济体内劳动供给与需求总量平衡的可能性。这一有关劳动市场的假设可能会受到置疑，肯定也不是凯恩斯(1936年)在其《通论》中看到的景象。我们在之后可以考虑**粘性名义工资率**。

我们从每个企业充分灵活地索取名义价格$P(j)$的背景开始分析。也就是说，构建我们的基本背景同时先不考虑改变价格的菜单成本很方便。在名义工资率w以及竞争厂商们索取的平均名义价格P给定的情况下，每个企业都设定使其利润极大化的$P(j)$。

为确定使利润极大化的价格$P(j)$，我们首先把探讨多生产1单位商品的名义成本——即**生产的边际成本**——作为分析的起点。为了将这一概念与我们在第6章讨论的劳动的需求联系起来，回顾一下，劳动的边际产品MPL，是追加的产出ΔY对追加的劳动投入ΔL的比率。因此，对企业j来说：

$$MPL(j) = \Delta Y(j)/\Delta L(j) \tag{16.2}$$

我们如果对此移项，就看到要提高产出$\Delta Y(j)$单位需要增加的劳动$\Delta L(j)$为：

$$\Delta L(j) = \Delta Y(j)/MPL(j) \tag{16.3}$$

$MPL(j)$越高，为增加产出$\Delta Y(j)$所需的劳动量$\Delta L(j)$越少。如果我们设定$\Delta Y(j) = 1$，为增加1单位产出所需的劳动为：

$$\Delta L(j) = 1/MPL(j)$$

每单位劳动的名义成本为名义工资率w。所以，增加1单位产出增加的名义成本为$w \cdot [1/MPL(j)]$。换句话说，企业j的生产名义边际成本为：

$$\begin{aligned} \text{企业 } j \text{ 的名义边际成本} &= w/MPL(j) \\ &= \text{名义工资率与劳动的边际产品之比} \end{aligned} \tag{16.4}$$

因此对于给定的$MPL(j)$，w的提高意味着名义边际成本的提高。

在完全竞争的情况下，利润极大化原则决定了由方程(16.4)给出的每个企业的名义边际成本$w/MPL(j)$等于其价格$P(j)$。①然而在不完全竞争状态下，每个

① 如果我们移项，这一条件为$MPL(j) = w/P(j)$。除了标记j外，这个方程与第6章里推导得到的不完全竞争状态下利润极大化的条件相同。

企业可以将 $P(j)$ 定在高于名义边际成本的水平。$P(j)$ 与名义边际成本之比称为**加价比率**：

$$\begin{aligned}\text{企业 } j \text{ 的加价比率} &= P(j)/(\text{企业 } j \text{ 的名义边际成本}) \\ &= P(j)/[w/MPL(j)]\end{aligned} \tag{16.5}$$

我们在这里采用从方程(16.4)得出的企业 j 的名义边际成本的公式。企业 j 选择的加价比率取决于企业的产品需求 $Y^d(j)$ 对 $P(j)$ 的敏感程度。较大的市场影响力——即较少的竞争——常常意味着需求对价格不够敏感，从而有动机提高加价比率。如果需求的敏感度极高(由于竞争比较激烈)，加价比率就接近于 1。这就是说，我们得出接近于完全竞争的结果，而完全竞争的结果为 $P(j)$ 等于名义边际成本。我们在分析中假设每个企业的加价比率是一个给定的常数。

我们可以对加价比率的公式进行移项，从而得出每个企业的价格表达式：

$$P(j) = (\text{企业 } j \text{ 的加价比率}) \cdot (\text{企业 } j \text{ 的名义边际成本}) \tag{16.6}$$

因此，对于给定的加价比率，企业 j 的名义边际成本的上升等比例地提高了其名义价格 $P(j)$。例如，如果名义边际成本增加一倍，$P(j)$ 也上涨一倍。我们如果代入从方程(16.4)得出的名义边际成本公式，得到：

$$P(j) = (\text{加价比率}) \cdot [w/MPL(j)] \tag{16.7}$$

所以，对于给定的加价比率，名义工资率 w 的上升导致名义价格 $P(j)$ 等比例地上升。例如，w 增加一倍造成经济体中的所有企业将其名义价格上涨一倍。所以这些价格的平均值也增加一倍。

在我们的模型中，我们没有必要关注普遍处于均衡时出现的每一个价格 $P(j)$。重要的一点是，在不完全竞争状态下，企业利润极大化的决策决定了 $P(j)$ 的分布。例如，如果我们考虑杂货店，某些商店有相对高的 $P(j)$，而其他店家有相对低的 $P(j)$。

每个企业都需要劳动，这些需要的总和决定了整个经济体的劳动需求 L^d。如我们在以前的模型中分析的那样，整个经济体的劳动市场的均衡为劳动的需求总量 L^d 等于供给总量 L^s。这一条件决定了整个经济体范围内的实际工资率 w/P，以及劳动总量 L。最后，我们如果知道了 w/P 与 P，就能计算出整个经济体范围内的名义工资率 w(用 P 乘以 w/P)。

16.1.2 对货币冲击的短期反应

考虑出现货币冲击时会发生什么。为了具体分析起见，想象名义货币量 M 增加一倍。我们在第 10 章发现货币的变化是中性的。物价水平 P 与名义工资率 w 也增加一倍。包括实际货币余额的数量 M/P 和实际工资率 w/P 在内的实际变量没有变化。

在物价与工资充分浮动的情况下，在包含有众多不完全竞争企业的模型中货币仍然是中性的。在此背景下，当 M 增加一倍时，每一名义价格 $P(j)$ 也上涨一倍。所以如第 10 章所述，平均价格 P 上涨一倍。如以前那样，整个经济体范围内的名义工资率 w 也增加一倍。这些变化没有使经济中的实际变量发生变动。现在实际变量中不仅有整个经济体范围内的实际工资率 w/P，还有每个企业的价格与平均价格的比率 $P(j)/P$。

当我们考虑到在每个企业所定的名义价格 $P(j)$ 中存在粘性时，出现了新的结果。如前所述，由于更改价格的菜单成本，这些价格也许不是经常变动的。为举例说明价格粘性的影响，我们可以考虑所有的 $P(j)$ 在短期内都是刚性的极端情况。于是平均价格 P 也固定不变。如果 P 固定不变，而名义货币量 M 增加一倍，每个家庭就拥有两倍的实际货币 M/P。在其余都不变的情况下，家庭持有实际意义上的更多的货币。因此每个家庭会设法花掉过多的钱，其中一部分用于购买各类企业生产的商品。①于是每个企业 j 面临对其商品的需求量 $Y^d(j)$ 增加了。

当一个企业看到需求 $Y^d(j)$ 上升而其价格 $P(j)$ 固定不变（根据假设）时，会有何反应？我们以前注意到，企业在不完全竞争状态下加价比率大于 1。由于所售商品的价格 $P(j)$ 大于名义边际成本，生产和销售的扩张将提高企业 j 的利润。例如，如果 $Y(j)$ 增加 1 个单位，增加的名义收入为 $P(j)$，增加的名义成本为名义边际成本，小于 $P(j)$。所以，如果 $P(j)$ 固定不变，追求利润极大化的企业就会——在某种范围内——通过提高生产量 $Y(j)$ 满足增加的需求。

为提高生产 $Y(j)$，企业 j 就得增加劳动投入量 $L(j)$。因此劳动需求量 $L^d(j)$ 上升的数量为：②

$$\Delta L^d(j) = \Delta Y(j)/MPL(j) \tag{16.3}$$

要点是，在价格 $P(j)$ 固定不变时，名义货币量 M 的上升导致每个企业 j 的劳动需求增加。

名义货币量 M 的上升怎样影响整个经济体范围内的劳动市场？由于每个企业 j 增加了劳动需求 $L^d(j)$，按照整个经济体范围内任何给定的实际工资率水平 w/P，劳动需求的总量 L^d 上升了。我们在图 16.1 中显示了这一影响。名义货币量从原来的数值 M 上升为 M'，使劳动需求从曲线 $L^d(M)$ 右移至曲线 $L^d(M')$。

我们假设，如第 8 章的图 8.15 中那样，实际工资率 w/P 的上升提高了劳动供给量 L^s。这样，图 16.1 中向上倾斜的曲线表示 L^s。

我们从图 16.1 看到，名义货币量从 M 上升至 M'，将市场出清的劳动投入量从横坐标上的 L^* 提高到 $(L^*)'$。随着劳动投入的增加，按照下列生产函数，每个企

① 家庭还可以购买生息资产——即债券。如果我们考虑到这一额外的影响途径，最终得到的结果相同。

② $L(j)$ 的扩张降低了劳动的边际产品 $MPL(j)$，从而提高了由方程(16.4)给出的生产的名义边际成本。在价格 $P(j)$ 固定时，追求利润极大化的企业，在到达名义边际成本等于 $P(j)$ 这一点之前，愿意增产来满足增长的需求。

业生产出更多的商品：

$$Y(j) = F[\kappa(j) \cdot K(j), L(j)] \tag{16.1}$$

这样，实际国内生产总值（GDP）上升。[①]我们因此得到货币扩张是非中性的结论。名义货币量的增加提高了实际 GDP。此外，劳动投入 L 以顺周期的方式波动——随着 Y 一起上升。

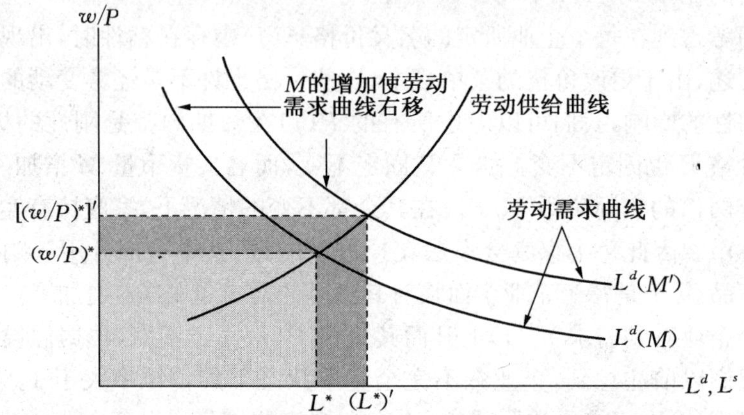

注：当名义货币量为 M 时，标为 $L^d(M)$ 的劳动的需求曲线向下倾斜。当名义货币量上升至 M'——但物价水平 P 固定不变时——劳动需求沿着标为 $L^d(M')$ 的曲线向右移动。劳动供给曲线 L^s 向上倾斜。名义货币量从 M 上升至 M'，使实际工资率从纵坐标上的 $(w/P)^*$ 上升为 $[(w/P)^*]'$，劳动投入从横坐标上的 L^* 上升为 $(L^*)'$。

图 16.1　凯恩斯模型中货币扩张的效应

16.1.3　新凯恩斯模型的预测

迄今为止，新凯恩斯模型的预测类似于第 15 章里探讨的价格错觉模型。该模型也得出了这一结果：货币扩张提高了实际 GDP（Y）和劳动投入 L。然而，这两个模型的一个区别涉及实际工资率 w/P。在价格错觉模型中，为了促使雇主利用更多的劳动投入，L 的扩张必须伴随着 w/P 的下降。所以该模型预期——与事实相反——w/P 为逆周期的。我们现在证明新凯恩斯模型不存在这个问题。

图 16.1 表明，货币扩张使市场出清的实际工资率从纵坐标上的 $(w/P)^*$ 上升为 $[(w/P)^*]'$。所以模型推导出 w/P 的顺周期性。因此，凯恩斯模型正确地预计 w/P 是顺周期的。该模型得出这样的结果的原因是：即使 w/P 提高了，雇主也愿意雇用更多的劳动。关键之处在于，在不完全竞争状态下，加价比率大于 1。这一加价比率背景下的利润意味着——在商品价格固定的情况下——企业能有利地利用较多的劳动进行生产并出售更多的商品，即使（由于 w/P 的上升）实际生产成本提高了。货币扩张的确会打压企业的加价比率。然而，只要加价比率仍然高于 1，

① 我们没有考虑实际 GDP（Y）的上升增加了名义货币需求量 M^d。这种变化可抑制名义货币量 M 的扩张对 Y 的影响。

企业就愿意扩大劳动投入和生产。

如在第 8 章研究的均衡经济周期模型中那样，在新凯恩斯模型中对劳动投入 L 顺周期的预计取决于图 16.1 中劳动供给曲线 L^s 向上倾斜的斜率。也就是说，分析所依赖的假设是实际工资率 w/P 的上升促使家庭增加工作。

关于解释劳动的平均产品 Y/L 这方面，新凯恩斯模型不如均衡经济周期模型管用。我们在第 8 章发现，由于技术水平 A 的变动对生产函数的直接影响，Y/L 是顺周期的。第 8 章论述过：对劳动生产率顺周期的预计与美国的证据相符合。

相形之下，新凯恩斯模型假设技术水平 A 固定不变。因此，我们由生产函数知道，L 的增加趋向于降低 MPL 和劳动的平均产品 Y/L。所以，景气期间 L 的扩张与劳动平均产品 Y/L 的下降并存，而衰退期间 L 的减少与 Y/L 的上升并存。结果，新凯恩斯模型与事实相反地预期：Y/L 是逆周期的。

凯恩斯经济学家采用**"劳动力贮藏"**的思想改进模型对劳动生产率的预计。由于聘用与解雇工人要花代价，这就鼓励雇主在经济暂时下滑期间留住工人。所以企业可能在衰退时"贮藏劳动力"，以便在下次经济好转时有工人可以利用，这是一种有成本效益的方法。虽然劳动投入在衰退时仍然减少，但下降的幅度小于没有贮藏劳动力时的情况。此外，衰退期间"过多"的劳动实际上并没有带来许多产出。工人可能消极怠工，或者干一些在被计量的产出中不显示出来的维修任务。[①]在任一情况下，被计量的每个工人产出 Y/L 在衰退时相对地低。这样，我们就能用劳动力贮藏来解释为什么观察到的平均劳动产品 Y/L 是顺周期的。[②]

16.1.4 长期价格调整

当我们不考虑对各企业 j 设定的价格 $P(j)$ 进行的调整时，我们对新凯恩斯模型的分析适用于短期。在长期内，价格将作出调整，而这些调整趋向于抵消名义货币量 M 变化的影响。

为研究长期的动态情况，回到企业 j 加价比率的公式：

$$\begin{aligned}\text{企业 } j \text{ 的加价比率} &= P(j)/(\text{企业 } j \text{ 的名义边际成本}) \\ &= P(j)/[w/MPL(j)]\end{aligned} \tag{16.5}$$

我们迄今为止一直假设每个企业 j 的 $P(j)$ 是固定的。所以总的物价水平 P 也是固定的。我们于是在图 16.1 中得出结果为：名义货币量 M 的上升提高了实

① Jon Fay 和 J. Medoff(1985)对 186 家制造业公司的调查发现，典型的企业应对衰退的方法是多分派 5%的工作时间用于维修、设备大检修、培训以及其他在被计量的产出中不显示出来的活动。这种劳动的重新配置有助于说明为什么衰退期间被计量的每个工人的产出 Y/L 大都较低。

② 不同的新凯恩斯模型对于劳动平均产品 Y/L 为何顺周期有不同的解释。新的解释是，企业生产的商品不仅充当最终产品，而且充当其他企业的中间产品。货币扩张降低了加价比率，从而降低了中间投入的实际成本。结果企业利用了较多的这类中间投入，而投入的增加趋向于提高 MPL 和劳动平均产品 Y/L。因此。景气时即使 L 增加了，Y/L 也可能上升。

际工资率 w/P 和劳动投入量 L。我们从方程(16.5)看到，对于给定的 $P(j)$，w 的上升提高了企业 j 的名义边际成本，从而降低了加价比率。此外，$L(j)$的增加降低了劳动边际产品 $MPL(j)$。方程(16.5)表明 $MPL(j)$的下降进一步提高了企业 j 的名义边际成本，从而进一步降低加价比率。

举一个例子，假设企业 j(追求利润极大化)偏好的加价比率为 1.2；即企业喜欢将其价格 $P(j)$定于高出名义边际成本 $w/MPL(j)$20%的水平上。由于 $P(j)$固定，名义工资率 w 的上升与劳动边际产品 $MPL(j)$的下降会缩小加价比率，使之下降至比如说 1.1。由于加价比率依然大于 1，企业仍可以以固定价格 $P(j)$满足顾客对其商品增加的需求。然而企业仍然希望加价比率为 1.2。所以至少在最后企业会通过提高价格 $P(j)$来恢复这一比率。

当每个企业提高其价格 $P(j)$时，总的物价水平 P 上升。因此，对于给定的名义货币量 M，实际货币余额 M/P 下降。这一变化与初始的影响相反。初始影响为 M 上升时 P 固定不变，因而 M/P 增加。在图 16.1 中，劳动需求曲线右移源于M/P的上升对每个企业商品的需求 $Y^d(j)$的影响。随着 P 上升与 M/P 下降，对每个企业商品的需求 $Y^d(j)$回落。因此，劳动需求曲线左移，回至原来的位置。在长期内，P 以与 M 相同的比例上升，则劳动需求曲线回到原先开始移动的地方。这样，在长期内，我们回到我们熟悉的结论，即名义货币量 M 的变动是中性的：对实际变量——包括实际工资率 w/P、劳动投入 L 和实际 GDP(Y)——没有任何影响。

我们的结论是：在新凯恩斯模型中，货币冲击的实际影响是一种短期的结果，只有在物价未能调整至其均衡水平时才适用。在这方面，分析结果类似于第 15 章价格错觉模型的结果。在此背景下，只有当家庭未充分意识到整个经济体范围内的物价变动时，货币冲击才能在短期内产生实际影响。所以价格错觉模型的一个关键问题是，价格预期的缓慢调整在数量分析上是否显著。在新凯恩斯模型中的相应问题是，物价的缓慢调整在数量分析上是否显著。

“价格粘性的证据”专栏里讨论的可以得到的近期数据，给了我们关于微观经济层面上价格调整频繁程度的大量信息。这些数据的确揭示了某些价格的粘性，即某些类型产品的价格几个月没有变化。然而，用这些新数据进行的经验研究得出的一个有待商榷的结论是，价格粘性不足以解释大部分经济波动的原因。因此，这一证据表明，尽管新凯恩斯模型很有用，但是可能无法解释大部分经济波动的原因。

我们可以利用我们对价格调整的分析看看新凯恩斯模型对物价水平 P 的周期性变化有什么预测。当名义货币量 M 上升时，P 一开始相对来说没有什么反应。所以实际 GDP(Y)扩张时 P 没有什么变化。之后，随着 P 逐渐上升，Y 下降，但仍高于初始水平。最终 P 与 M 等比例上升，而在那一点上 Y 回到原先的水平。这种论述的结论是，P 相对低时 Y 相对较高。

我们也能反过来进行分析，即名义货币量 M 的减少导致实际 GDP(Y)的暂时下降。在此情况下，我们得出的结果是，P 相对高时 Y 往往相对较低(例如，刚好在 M 减少后)。

总之，新凯恩斯模型的预测是：景气期间 P 大都相对下降——而实际 GDP(Y)相对上升；衰退期间 P 相对上升——而 Y 相对下降。换句话说，模型预测 P 是逆周期性的。这类预测与均衡经济周期模型的预测相同。正如我们在第 10 章中看到的那样，对 P 是逆周期的预测与美国的数据吻合。

用数字说话

价格粘性的证据

Mark Bils 和 Peter Klenow(2004)的一项研究对美国的消费者价格指数(CPI)包含的商品与服务价格的粘性进行了定量分析。美国劳工统计局(Bls)每个月收集约 75 000 种商品的价格。这么多商品价格的浮动性大相径庭，取决于商品或服务的类型。某些类型几乎每月都有价格变化——这些商品包括汽油、机票和新鲜的农产品。其他的不经常变动——包括自动售货机、报纸和出租车费。总之，从 1995 年至 1997 年，22%的商品价格逐月变化。价格发生变化的时间跨度平均为 4—5 个月。①

Emi Nakamura 和 Jon Steinsson(2006)详细调查了 1988 年至 2005 年构成 CPI 以及生产者价格指数(PPI)的各种商品的价格数据。关于 CPI，促销期间的临时削价起着重要作用，例如，诸如服装与家具之类的商品。与 Bils 与 Klenow 的研究一样，所有价格变化的平均时间为 4—5 个月，但正常价格变化(不包括促销)的平均时间要长多了，为 10 个月。至于 PPI，促销影响并不重要，价格变化的平均时间为 9 个月。Nakamura 和 Steinsson 发现，约三分之二的价格变动(CPI 的正常价格变动以及 PPI 所有价格的变动)为提价，而三分之一为降价。常规 CPI 各项商品价格的平均变动幅度为 8%，PPI 的变动为 7%。

M. Golosov 和 R. Lucas(2006)采用了 Bils 与 Klenow 的结果估计价格粘性对美国的经济波动有多重要。在 Golosov-Lucas 模型中，厂商要改变价格的一个原因是影响到特定厂商的产品需求或技术的个别冲击。例如，在我们以前设立的模型中，个别产品需求的上升促使每个厂商提高其相对价格 $P(j)/P$。改变价格的第二个原因是整个经济体范围的货币扰动。例如，整个经济体范围内的名义货币量 M 的上升促使每个厂商提高其名义价格 $P(j)$。

两类价格变动都有菜单成本。由于改变价格的这些成本，个别厂商并非总是针对个别冲击或货币扰动调整价格 $P(j)$。假设 $[P(j)]^*$ 代表厂商的“理想价格”，这是如果菜单成本为 0 就会被选中的价格。当价格严重偏离 $[P(j)]^*$ 时，每个厂商发现改变价格是上策。而要改变价格时，$P(j)$ 一般都会

① 早期对价格粘性进行研究的有 D. Carlton(1986)，S. Cecchetti(1986)，A. Kashyap(1995)以及 A. Blinder(1998)的著作。这些研究的结论是：价格粘性比 Bils 和 Klenow(2004)发现的结果更重要。一个原因是早期的研究仅仅调查几项产品，诸如报纸以及目录所列的物品，因而碰巧得出高于平均数的价格粘性。

作大幅度调整，例如，Nakamura 和 Steinsson 发现平均上调或下调——8%。

Golosov 和 Lucas 构造的模型中有一大批个别的厂商，每个厂商有相同的变动价格的菜单成本。（考虑到不同菜单成本而扩展的模型证明不影响主要结果。）菜单成本的提高促使厂商减少更改价格的次数。Golosov 和 Lucas 假设，菜单成本影响到模型中表示价格变动次数的数值，该数值等于 Bils 和 Klenow 在数据中发现的平均次数。所以在 Golosov-Lucas 模型中，就单个厂商而言，平均每 4—5 个月调整一次价格。

就美国经济而言，模型的一个研究结果是，大多数价格的变化源于个别冲击。也就是说，大多数价格是因为个别需求或技术的变动而发生变化，而不是因为整个经济体范围内的货币冲击而变化。对于通货膨胀率高而且变化不定的经济体来说，情况就不同了；Golosov 和 Lucas 以 20 世纪 70 年代末和 80 年代初的以色列为例。在高通胀的环境中，大多数价格的变动是由整个经济体的货币冲击引起的。

在 Golosov-Lucas 模型中，如同我们研究的新凯恩斯模型，货币冲击影响到劳动的投入与产出。然而对美国经济而言，观察到的货币波动证明只能解释一小部分观察到的实际 GDP 的波动。Golosov 和 Lucas 的结论是，虽然货币不是中性的，但是货币冲击在经济波动中所起的作用并不大。

16.1.5 比较对经济波动的各种预测

表 16.1 扩展了第 15 章里的表 15.1，纳入了新凯恩斯模型对五个宏观经济变量的周期性预计。我们可以利用表 16.1，将这些预测与其他两个模型——第 8 章至第 10 章的均衡经济周期模型和第 15 章的价格错觉模型——的预测进行比较，并与美国数据中的经验模式进行比较。

表 16.1 表明，新凯恩斯模型与价格错觉模型不同，正确地预测实际工资率 w/P 的顺周期性和物价水平 P 的逆周期性。新凯恩斯模型不同于均衡经济周期模型、且背离经验模式的一个方面是劳动的平均产品 Y/L。新凯恩斯模型的差错是预测 Y/L 有逆周期性，虽然“劳动力贮藏”的思想或许可以搞定这个难题。

表 16.1　三个模型中的宏观经济变量的周期性

	名义货币量 M	物价水平 P	劳动投入 L	实际工资率 w/P	劳动平均产品 Y/L
1. 均衡经济周期模型	顺周期	逆周期	顺周期	顺周期	顺周期
2. 价格错觉模型	顺周期	顺周期	顺周期	逆周期	逆周期
3. 新凯恩斯模型	顺周期	逆周期	顺周期	顺周期	逆周期
4. 经验观察情况	顺周期(弱)	逆周期	顺周期	顺周期	顺周期(弱)

注：本表扩展了第 15 章中的表 15.1。表中显示了四种背景下五个宏观经济变量的周期性。第一个背景是均衡经济周期模型，技术水平 A 的冲击引发经济波动（如第 8 章至第 10 章所述）。第二个是第 15 章的价格错觉模型，名义货币量 M 的冲击引发经济波动。第三个是本章的新凯恩斯模型，M 的冲击引发经济波动。第四个是美国数据的经验模式。

16.1.6 对总需求的冲击

我们关于新凯恩斯模型的论述着重于经济对名义货币量 M 上升的反应。分析的关键之处是，每个厂商 j 都遇到这样的情况：对其产品的需求 $Y^d(j)$ 上升，而其价格 $P(j)$ 保持不变。如果每个厂商的 $Y^d(j)$ 的上升同货币上升没有任何关系，同样的结果也成立。基本原因是商品的总需求增加了。

总需求上升的一个途径是家庭外生地从现期储蓄转向现期消费 C。也就是说，家庭可能出于模型未加说明的原因而变得不那么节省了。[①] 消费者需求的上升意味着典型厂商 j 看到市场对其商品的需求 $Y^d(j)$ 上升了。如果物价水平 P 在短期内固定不变，我们又可以利用图 16.1 的分析表明总的劳动投入 L 增加了。因此，对商品的总需求的上升导致实际 GDP(Y)的增加。

另一种可能性是，政府可以通过增加实际采购 G 提高对商品的总需求。这种扩张又提高了典型厂商察觉到的需求 $Y^d(j)$。如前所述，如果物价水平 P 固定不变，劳动投入 L 和实际 GDP(Y)趋于上升。

新凯恩斯模型具有这样的特征：商品总需求的上升最终可以提高实际 GDP (Y)，增幅甚至超过需求初始的扩张。也就是说，模型中也许存在**乘数**——Y 的上升也许数倍于需求的上升。

推论如下：在固定的物价水平 P 上，商品总需求最初的上升导致生产 Y 的等额增加。如果所有厂商的加价比率显著大于 1，从而厂商愿意充分满足价格未变时增加的需求，就出现上述反应。Y 的增长导致实际收入——主要是实际劳动所得 $(w/P)\cdot L$——增加。这部分增加的收入推动消费者需求的另一轮的上升，这使每个厂商商品的需求 $Y^d(j)$ 上升。生产 Y 针对追加的需求的反应是进一步上升，从而产生了乘数。

凯恩斯乘数是一个有趣的理论结果。然而经济学家没有在经验事实上证实存在乘数。例如，我们在第 12 章发现，即使是政府采购 G 的变化对实际 GDP(Y)的正面影响，也难于找出美国的事实数据。只有在重大的战争期间 G 的暂时性巨额扩张的正向关系，才有清晰数据支持的。此外，即使在这些情况下，Y 的反应也小于 G 的增幅；也就是说，乘数小于 1。

16.2 货币与名义利率

在实践中，中央银行——诸如美联储——往往将货币政策表示为短期名义利率的目标，而不是货币总量。在美国，特别是从 20 世纪 80 年代早期以来。美联储

① 政府也可以通过减税刺激消费者需求。如果减税时家庭认为变得更富裕了——这与第 14 章里探讨的李嘉图等价不同——现期消费者的需求就会上升。

关注**联邦资金利率**——在由诸如商业银行之类金融机构组成的**联邦资金市场**上的隔夜名义利率。虽然货币政策不是以货币总量的方式表示的，但是美联储对名义利率的调整转变为这些总量的变动。至于本节余下的论述，我们要谈论美联储，虽然出于大多数的目的，我们可以较一般地探讨某家中央银行。

美联储的公开市场委员会(FOMC)一年开会八次或八次以上。FOMC 在每次会议上要通过联邦资金利率的目标。FOMC 然后指示美联储的纽约交易室为实现联邦资金利率所需的目标利率而开展公开市场业务。回顾第 14 章的内容：公开市场业务是基础货币(流通中的货币加上存款机构在美联储持有的储备)与生息资产——主要为美国国债——之间的交换。这些国债相当于我们模型中的债券。在现实中，美联储持有的主要是政府债券，但是，如果美联储持有的是私人债券，我们对公开市场业务的分析实质上是一样的。在扩张性业务中，美联储买入债券而创造新的基础货币。在紧缩性操作中，美联储出售证券组合中的债权，利用所得的收入减少基础货币。

中心思想是：在价格呈粘性的短期内，公开市场业务影响名义利率——美国的联邦资金利率和我们模型中的名义利率 i。我们可以从我们熟悉的第 10 章中的均衡条件来考虑货币与名义利率之间的关系，该条件为名义货币量 M 等于名义需求量 $P \cdot L(Y, i)$：

$$M = P \cdot L(Y, i) \tag{16.8}$$

在我们的模型中，我们把 M 看作为名义通货。现在我们要将 M 的概念扩大至基础货币，这是直接受到美联储公开市场业务影响的货币总量。通过这些业务，美联储可以逐日控制基础货币的数量。

方程(16.8)中的均衡条件明确显示了名义基础货币 M 与名义货币需求量的决定因素之间的关系，这些因素为：物价水平 P，实际 GDP(Y)和名义利率 i。在新凯恩斯模型中，P 在短期内固定不变。因此在短期内，如果 M 增加了，为了使名义货币需求量增加与 M 相同的数量，均衡要求提高的 Y 与降低的 i 的某种组合。对于给定的 Y，方程(16.8)说明 M 的上升必须与 i 的降低匹配。

在我们前面的分析中，我们认为扩张性的货币冲击就是名义货币量 M 的上升。我们现在可以认为扩张性货币行为是名义利率 i 的下降。

如果方程(16.8)是一种固定的关系，美联储可以通过改变名义货币量 M 或名义利率 i 等价地操作。可是在实践中实际货币需求量 $L(Y, i)$ 趋向于频繁地波动。①这些波动使美联储几乎不可能为了达到所需的 i 而事先为需要的基础货币或其他货币总量设定精确的时间路径。这样的设定需要知道未来的实际货币需求量 $L(Y, i)$。由于无法获得这样的知识，中央银行多半不会通过明确规定名义货币总

① 作为例子，我们在第 10 章注意到名义货币需求量有大量的季节性变动。美联储通过适当数量的 M 的季节性变动应对这种季节性需要。这种基础货币的季节性反应抵消了名义利率 i 的季节性变化；事实上，消除名义利率的季节性变动是 1914 年成立美联储的主要原因之一。关于这方面的论述，参阅 T. Clark(1986)和 J. Miron(1986)的著作。

量的路径执行货币政策。较具体地说，中央银行曾拒绝了最早由米尔顿·弗里德曼(Friedman, 1960, pp. 90—93)提出的方案，为设定的货币总量规定一个**“增长率不变规则”**；弗里德曼选中的对象是M1和M2。诸如货币增长之类的规则要求i(或P或Y)对实际货币需求量的每一次变动都要作出反应。

由于依据货币总量的规则有缺点，美联储和其他中央银行大都通过调整名义利率的目标为制定政策设立框架。通过设定i的目标，美联储为达到基础货币所需要的变动，自动地趋向于进行所需数量的公开市场业务。例如，美联储如果想要降低i，它就(通过公开市场业务)提高M，直至所需的名义利率在债券市场(或更具体地说，是联邦资金市场)占主导地位。我们从方程(16.8)知道，M必要的增长等于因i的下降(对于给定的P和Y)造成的实际货币需求量$L(Y, i)$的上升。然而，重要的一点是，美联储没有必要对$L(Y, i)$了如指掌。美联储只是不断地增加M，直至看到名义利率达到它所需要的水平。

作为另一个例子，假定美联储不想让名义利率i发生变化，但要让实际货币需求量$L(Y, i)$增长。如果美联储保持M不变，i就会上升，从而使实际货币需求$L(Y, i)$降下来。取而代之的是，美联储可提高M以平衡$L(Y, i)$的上升。(这种调节有时表述为货币需求的通融。)此外，如我们前面的例子中那样，美联储没有必要精确地知道$L(Y, i)$有什么变化。美联储只要(通过公开市场业务)不断地增加M，直到金融市场占主导地位的名义利率正是它所需要的利率——在此情况下出现了不变的i。

自20世纪80年代初以来，美联储为达到一个温和而稳定的通货膨胀率π，已调整了联邦资金利率的目标。近年来，美联储显然认为每年2%左右的通货膨胀率是可以接受的，从而认为π高于2%就太高了，而低于2%又太低了。如果π在一段时间内大于2%，美联储往往会采取紧缩性行动——采取紧缩性的公开市场业务提高i。相反，如果一段时间内π低于2%，美联储多半采取扩张性行动——通过扩张性的公开市场业务降低i。

图16.2显示1954年至2006年联邦资金利率与(按GDP平减指数计算的)通货膨胀率的历史资料。一个重要的观察点是，美联储似乎已经改变了其针对通货膨胀设定资金利率的方式。在1972年到1975年的通货膨胀率快速上升时期，资金利率只是随着通胀率一起上升。然后在1975年之后，当通胀率下降时，资金利率也随着下降。相形之下，在1979年至1980年，通货膨胀率的上升造成资金利率更快地上升，1981年竟然高达20%。只是在80年代初和中期通货膨胀率急剧下跌后，美联储才将资金利率降至8%以下。

美联储的货币政策发生变化，而资金利率据此对通货膨胀作出强烈的反应，这一做法最初是由保罗·沃尔克(Paul Volcker)提出的，他从1979年8月至1987年8月任美联储主席。1987年8月就任美联储主席的艾伦·格林斯潘(Alan Greenspan)继续推行他的一套做法。2006年，当本·伯南克(Ben Bernanke)被任命为美联储主席时，人们预期他会保持沃尔克与格林斯潘制定的政策。这种政策看起来成功地维持了低而稳定的通胀。如图16.2所示，自1985年以来，通货膨胀率平均稍高于 2%，并在很小的幅度内波动。

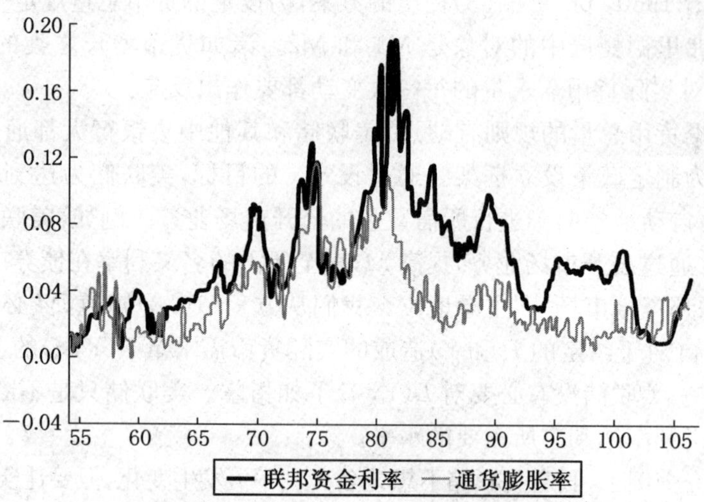

注：粗线为每月的联邦资金利率，该短期名义利率受到美联储的密切监控。细线为通货膨胀率，每季度根据 GDP 平减指数计算。

图 16.2　联邦资金利率与通货膨胀率

如我们在第 15 章讨论并在表 15.2 中详细列出的那样，自 1990 年以来，许多国家的中央银行采取正式的通胀目标制。在这些体制下，名义利率对通胀率的变化作出反应——高通胀造成较高的名义利率，而低通胀导致名义利率降低。这样，虽然实施通胀目标制的中央银行有较正式的规则，执行货币政策的基本方法类似于 20 世纪 80 年代初以来美联储实施的举措。格林斯潘并非正式的通胀目标制的追捧者，并且抵制美联储朝这方向发展。然而伯南克非常赞成正式的通胀目标制，2006 年他的上任增加了美联储朝这个方向前进的可能性。

在沃尔克和格林斯潘时期，联邦资金利率的许多波动是对通胀以外的其他经济变量作出的反应。实际经济过热时，尤其是以高就业增长和低失业率衡量时，美联储往往会采取提高资金利率的手段。一个例子是，为应对劳动市场的紧张状况，联邦资金利率从 1993 年年末的 3%急升至 1995 年年中的 6%。反之，当实际经济疲软时，美联储就降低资金利率。一个例子是，为应对疲软的劳动市场，联邦资金利率从 2000 年年中的 6%以上下降到 2003 年的 1%，这显然是很低的水平。

在这一点上，经济学家们确信货币政策对通胀作出反应是有益的。也就是说，当通货膨胀率上升时会明显地提高名义利率，从而成功地遏制通货膨胀，而在通胀率下降时也会大幅度地降低利率。这种政策的另一种表达方法是，当通胀率上升时实行紧缩性的公开市场业务，在通胀率下跌时实行扩张性的公开市场业务。

美联储的货币政策的其他方面的好处就不那么清楚了。就是说，当美联储针对实际经济的强弱调节名义利率，特别是以劳动市场的就业率、失业率等指标衡量时，经济因此而运行更好还是更糟，我们就不得而知了。

回到现实

凯恩斯、弗里德曼和大萧条

约翰·梅纳德·凯恩斯是在剑桥大学执教的著名英国经济学家。他在1919年至1923年出版的重要著作主要是关于第一次世界大战以后德国的战争赔款和恶性通货膨胀。他的不朽巨著《就业、利息与货币通论》于1936年问世。此书为政府对20世纪30年代陷入全球大萧条的经济采取补救措施建立了一个新的框架。他的模型没有解释大萧条的起源，但着重说明市场经济有向着总产出持续性地低迷和失业率持续性地高攀的方向发展的总的趋势。他认为这些糟糕的结果可通过积极的财政政策——具体地说，增加政府支出和削减税收以应对衰退——加以改善。

凯恩斯虽然论述了货币政策，但他在《通论》中低调处理作为商业波动根源的货币冲击，贬低货币政策作为反衰退手段的作用。相形之下，特别自20世纪80年代以来，新凯恩斯主义经济学家则拥护积极的货币政策，把它作为对付经济周期的政策的核心。

不管《通论》中的凯恩斯模型有什么优点，毫无疑问，其学术上的影响再怎么夸大也不为过。《通论》实质上确立了宏观经济学是经济学的一个独立的领域的地位。此外，**凯恩斯经济学**是经济学文献中使用最广泛的术语之一。该术语是指政府在宏观经济层面的干预有助于改善表现糟糕的市场经济运行的模型。凯恩斯模型一般都这样假设，至少暗含地假设，我们可以把微观经济决策托付给私人市场——例如，工作与消费多少、购买与生产什么商品。这些模型中的市场失灵关系到总量，诸如实际GDP和总就业。相应地，它所建议的政府干预不是微观经济的干预——诸如对个别价格的管制或对厂商与家庭的详细规定——而是宏观经济政策。

米尔顿·弗里德曼是在20世纪政策影响方面唯一能与凯恩斯媲美的经济学家，我们在本章和前面的章节里讨论过他的研究贡献。弗里德曼在芝加哥大学期间就出版了重要著作；他被公认为芝加哥大学经济学院的顶梁柱之一。与凯恩斯相比，弗里德曼将1929年至1933年美国大萧条的主要责任归罪于政府的无能，尤其是美联储的货币政策。美联储未能对银行倒闭以及此后广义的货币总量和一般物价水平的暴跌采取积极充分的应对措施。这一观点已被收进弗里德曼和施瓦茨(1963)所写的《货币史》里。这种解释意味着大萧条并没有使弗里德曼对小政府的偏好陷入两难境地，他在美联储未能阻止通货紧缩的失败中找到了赞成货币规则的论据。

即使在今天，对于大萧条的根源，在经济学家中也没有充分一致的意见。然而，人们一般认为货币崩溃——凯恩斯对此不屑一顾——是中心环节。许多经济学家相信货币总量的下跌尤为重要，因为与之相伴的金融部门的恶化会导致信用的分崩离析，导致破产的剧增。在解释大萧条的规模与时间长度方面，最近上任的美联储主席本·伯南克在其早期的研究(Bernanke, 1983)中强调了信用渠道的重要性。

16.3 凯恩斯模型——粘性名义工资率

如本章开头提到的那样，凯恩斯(Keynes, 1936)《通论》中的模型的基础是**粘性名义工资率**——这就是说名义工资率无法对已变化的情况迅速地作出反应。为集中研究粘性名义工资率的后果，我们现在假设商品的价格是完全可以变动的，以便简化分析。所以，我们回到前一章中的模型，其中的商品供给商和需求者都是完全竞争者。在此背景下，单一的名义价格适用于所有商品。

凯恩斯只是假设名义工资率 w 是粘性的；即他假设 w 未能迅速地调整以出清劳动市场。此外，凯恩斯关注 w 高于市场出清水平的情况。这一假设暗示(我们考虑物价水平 P 如何决定时)实际工资率 w/P 高于市场出清值。

在凯恩斯模型中，劳动市场看起来像图 16.3 中所示的那样。图中的劳动供需曲线和我们均衡经济周期模型中的一样(见第 8 章的图 8.15)。注意实际工资率 w/P 的上升会降低劳动需求量 L^d，但能提高供给量 L^s。与以前唯一的不同之处是，名义工资率 w 被假设为不会作出调整，在此基础上产生出使劳动需求量与供给量平衡的实际工资率 $(w/P)^*$。故通行的实际工资率 $(w/P)'$ 高于 $(w/P)^*$。

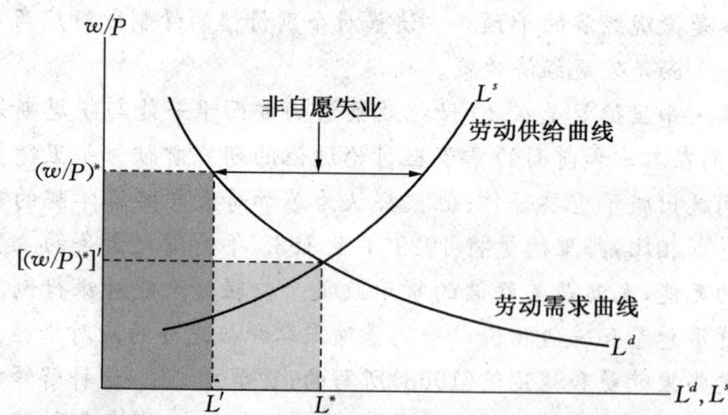

注：在凯恩斯模型中，名义工资率 w' 高于市场出清值 w^*。结果，实际工资率 $(w/P)'$ 高于纵坐标上的市场出清值 $(w/P)^*$。在 $(w/P)'$ 处，L^s 曲线上的劳动供给量超过 L^d 曲线上的劳动需求量。在横坐标上，劳动需求量为 L'，小于市场出清值 $L*$。

图 16.3 在粘性名义工资率的新凯恩斯模型中的劳动市场

在图 16.3 的纵坐标上显示的实际工资率 $(w/P)'$ 处，劳动的供给量大于需求量。由于供给量与需求量不相等，我们就得重新考虑劳动量 L 是如何决定的。我们采用 L 等于较小的需求量与供给量——本例中为需求量 L^d——的原理。因此，$L=$ 横坐标上的 L'。劳动投入不可能高于这一数量，这是因为某些劳动的需求者被迫按给定的实际工资率 $(w/P)'$ 雇用大于所需数量的劳动。换句话说，我们假设劳动市场遵守**自愿交换**的规则。没有一个市场参与者会被迫按现行的这么高实际工资率雇用大于所需数量的劳动——或干多于所需数量的工作。

注意在图 16.3 中，按给定的实际工资率 $(w/P)'$，劳动供给量 L^s 大于劳动需求量 L^d，后者等于 L'。关于市场的通常假设是，在此情况下，名义工资率 w 就会下降。也就是说，供大于求时劳动的供给者为得到工作而竞相压低 w。然而凯恩斯模型中的假设将此举措排除在外，至少在短期内是这样。按给定的实际工资率 $[w/P]'$，超过 L' 的多余劳动供给量称为**非自愿失业**。在图 16.3 中用带箭头的线表示这一失业数量。非自愿失业为家庭按 $(w/P)'$ 愿意提供的劳动量——供给量 L^s——与它们实际得到雇用的量 L' 之间的差额。

现在假设货币扩张提高了物价水平 P。如果名义工资率 w 没有变化，P 的上升会降低实际工资率 $(w/P)'$。我们在图 16.4 中假设 P 的上升使实际工资率从纵坐标上的 $(w/P)'$ 下降为 $(w/P)''$。w/P 的下降增加了劳动需求量 L^d，从而使劳动投入从横坐标上的 L' 增加为 L''。所以在具有粘性名义工资率的模型中，货币扩张增加了劳动投入 L。通过生产函数，L 的增加导致实际 GDP(Y)的扩张。

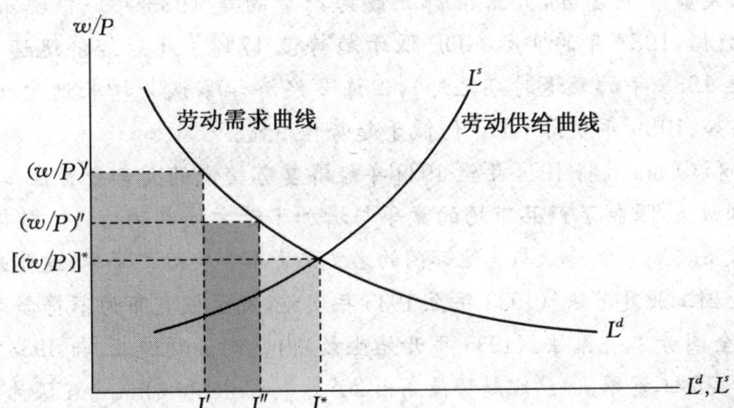

注：在凯恩斯模型中，名义工资率 w 是固定的，高于其市场出清值 w^*。因此在纵坐标上，实际工资率 $(w/P)'$ 高于市场出清值 $(w/P)^*$。在横坐标上，劳动投入 L' 等于实际工资率为 $(w/P)'$ 时的劳动需求量。货币扩张提高了物价水平，从而将实际工资率下降至纵坐标上的 $(w/P)''$。在横坐标上，劳动投入上升至 L''，劳动的需求量上升为 $(w/P)''$。因此，充分的货币扩张可使 L 上升至市场出清值 L^*。

图 16.4 在粘性名义工资率的新凯恩斯模型中货币扩张的效应

只要名义工资率 w 固定不变，货币扩张通过图 16.4 中所示的机制降低实际工资率 w/P 并提高劳动投入 L。这一过程可以持续到 w/P 下降至纵坐标上市场出清值$(w/P)^*$为止。在该点，L在横坐标上达到其市场出清的水平L^*。①

我们从图16.4看出，通过降低实际工资率w/P，货币扩张提高劳动投入L，从而增加实际GDP(Y)。凯恩斯模型与新凯恩斯模型的相似之处在于预期名义货币M和劳动L是顺周期的。然而与新凯恩斯模型不同，凯恩斯模型预期w/P逆周期——L与Y高时则低，而L与Y低时则高。我们曾强调w/P典型地顺周期变动。所以，凯恩斯模型在解释观察到的w/P顺周期走势时就遇到了困难。在这方面，该模型与第15章的价格错觉模型有一样的缺陷。

凯恩斯本人认识到他的模型在预测实际工资率w/P周期性变化方面有问题。可是他没有拿出解决这一问题的令人信服的方法。本章早些时候设计的新凯恩斯模型的主要动机之一，就是要消除对w/P的逆周期预测。也就是说，如表16.1中所示，w/P在新凯恩斯模型中是顺周期的。另一方面，新凯恩斯模型依据的是粘性名义价格，而许多经济学家也认为——像凯恩斯一样——现实中粘性名义工资率比较重要。

回到现实

“新政”时期的实际工资率

实际工资率w/P通常是顺周期的：当经济运行良好时，实际工资率提高，经济状况不佳时下降。然而，H. Cole和L. Ohanian(2004)发现，从1934年至1939年的富兰克林·罗斯福总统的“新政”时期，w/P的走势异乎寻常。当时经济正从大萧条中复苏，大萧条情况最为严重的是1933年。根据第8章图8.4中的数据，1933年的实际GDP低于趋势值17%。此后经济迅速增长(除1937年至1938年的衰退时期之外)，但许多经济学家认为增长速度出人预料的低。例如，1939年实际GDP仍低于趋势值9%。

Cole和Ohanian将1934年至1939年经济复苏缓慢的大部分责任归咎于“新政”的各项政策：限制了产品市场的竞争与增加了劳方谈判的力量。值得注意的是，这些政策提高了制造业与其他部门的名义工资率和实际工资率，这些政策都被包括在《全国工业复苏法》(1933年至1935年实施，直至被宣布为不符合宪法而停止)以及《全国劳工关系法》(1935年开始生效)内。例如制造业，与1933年相比，1939年的实际工资率w/P比趋势值高出20%。② Cole和Ohanian认为，人为地抬高w/P和限制厂商间竞争的政府政策损害了经济。具体地说，他们估计，如果不实施“新政”，1934年至1939年的经济增长率就会高很多。有趣的是，罗斯福在1939年放弃限制经济竞争的做法时，竟然有相同的结论。

---

① 在w保持固定不变的情况下，进一步扩张货币就会将w/P降至$(w/P)^*$以下。在此情境下，劳动需求量L^d会大于供给量L^s。按照自愿交换原则，劳动投入L必须等于供给量L^s。此时，进一步货币扩张造成的w/P的下降将减少劳动供给量L^s，从而减少L。因此在凯恩斯模型中，过分的货币扩张有不利的后果。

② 参Cole和Ohanian(2004，表2)的研究。

16.4 长期合同与粘性名义工资率

对许多工人而言,名义工资率是根据与雇主签订的一年或多年协议的条款设定的。这些协议有时为企业与工会之间的正式合同。更常见的情况是,企业与工人有默认的契约,这些契约预先明确规定了某一时期内的名义工资率,常常是一个财政年度或一整年(12 个月)的工资率。这些协议的存在使凯恩斯的名义工资率 w 是粘性的假设有了辩解的理由。订立契约的方法也可用于解释某些名义价格的粘性,又如,较稳定的供给商向企业出售中间商品的价格,也有粘性。

有许多很好的理由说明为何交易伙伴会预先明确规定工资率或要交换的服务和商品的价格。这种预先设定工资率或价格的方法可以防止一方事后提出"不合理的"条件。这就是说,工资或价格协议可以缓解经济学家所谓的"索要高价问题"。例如,在没有合约的情况下,雇主会以雇员调动工作可能造成很高成本为借口降低工资率。类似地,当推迟建筑工程的代价高得不能承受时,供给商就会提高材料的价格。预先设定工资率或价格可以避免其中一些问题。

假定雇主与雇员为下一年约定一个名义工资率 w 。[①]一个自然的选择就是将 w 定为等于次年普遍的市场出清的平均名义工资率 w 的最佳估计值 w^* 。虽然选中的 w 是对 w^* 的理性预期,但始料不及的事件终会导致误差。例如,通货膨胀率 π 高得出乎预料,该年平均物价水平 P 就会高于预期。如果经济中的其他情况不变,市场出清的名义工资率 w^* 随着 P 一起上升,从而市场出清的实际工资率 $(w/P)^*$ 保持不变。在此情况下,约定的名义工资率 w 就低于当年 w^* 的平均数。反之,如果 π 出人预料的低,固定的 w 就高于当年 w^* 的平均数。

合同期满时,雇主和雇员为下一年约定新的名义工资率 w。新的 w 考虑到当年的事件,包括通货膨胀率 π。因此。如果预期合理,今年设定 w 的误差——也许是由于低估了通货膨胀——下一年大都不会重复。预期的合理性也意味着 w 对 w^* 的偏离不是系统性地大于或小于 0。因此,订立契约的观点并不支持凯恩斯对 w 高于 w^* 这种情况的强调。在存在契约的背景下,大体上认为 w 大于 w^* 与 w 小于 w^* 的情况各占一半。

在任何时点,经济体存在众多的劳动契约,其中每份契约订立的名义工资率 w 多少会偏离市场出清值 w^* 。某些协议的 w 高于 w^*,而其他协议的 w 低于 w^*。然而总量冲击可能造成整个经济体范围内 w 与 w^* 不同的平均值。例如,出乎意料低的通货膨胀往往会使整个经济内的 w 高于 w^* 。有些宏观经济学家利用这一

① 订立契约的方法促使人们预先设定实际工资率 w/P,而不是名义工资率 w。然而发达国家中的多数劳动协议没有明文规定"指数化",即没有关于对名义工资率根据物价水平 P 的变化自动调整的条文。显然企业与工人都觉得用标准的记账单位——例如美元——明确协议条文比较方便,即使未来的物价不确定。然而有证据表明通货膨胀率越高,越是变化不定,合同期限就越短,采用名义工资率正式指数化的做法就越多。

结果说明为何货币紧缩会减少就业和产出。也就是说，订立契约的方法可被用于填补凯恩斯模型中的缺口——说明为何在通货紧缩面前名义工资率 w 是粘性的。①

不幸的是，这种订立契约的方法的运用遇到了逻辑问题。当名义工资率 w 定在太高的水平上时，以及当自愿交换原则决定劳动量 L 时，就出现了凯恩斯模型的结果。例如，我们假设 w，从而 w/P 过高，以至于劳动供给量 L^s 大于劳动需求量 L^d。在这种情况中，自愿交换原则会决定 L 等于需求量。这种方法对于无人情味的市场是有意义的。然而，这一方法不适用于长期合约的情形，因为我们假设在签订这些合约时，一开始假设的粘性名义工资率是合理的。

用数字说话

关于订立合同的经验证据

几项经验研究为订立合同的宏观经济含义提供了证据。Shaghil Ahmed(1987)采用了加拿大 19 个行业在 1961 年至 1974 年这一时期的数据。他之所以采用这些数据，是因为 David Card(1980)进行的早期研究计算了指数化程度——各个行业劳动合同中名义工资率对于物价水平的变化进行的自动调整。指数化的值域为零至近乎 100%。按照劳动合同是凯恩斯模型基础的理论，未进行指数化的行业应显示出实际工资率、就业与产出对名义工资率冲击作出的显著反应。大量指数化的行业不会因名义工资率扰动而受到多大影响。

Ahmed 发现货币冲击对 19 个行业中的多数行业的工作时数有正的影响。然而就目前的目的而言，要点是一个行业对这些冲击的反应程度与该行业的指数化程度没有关系。大量指数化的行业对货币冲击的反应，与未进行指数化的行业的反应差不多。这一发现不利于我们得出用长期合同作为凯恩斯粘性工资模型基础的理论。

Mark Bils(1989)研究了美国 12 个制造业的劳动合同。他推论说，如果签署新合同是重要的，那么签合同之后我们就应看到就业与实际工资率异乎寻常的走势。他的研究结果是混合的：在某些行业，主要是汽车业，新的劳动协议一经实施，就业就出现重大变化。之前发生的就业变化往往会在新合同生效后发生逆转。虽然只适用于几个行业，但这些结果支持订立长期合同的方法。可是在新的劳动合同实施后，Mark Bils 并没有发现实际工资率有相应的变化。由于实际工资率的相应变化是订立长期合同的核心，还是难以将 Bils 的这部分发现与长期合同论协调。

Giovanni Olivei 和 Silvana Tenreyro(2007)的研究表明，订立合同的方法

① 最早将订立契约的方法应用于宏观经济学的是 D. Gordon(1974)，C. Azarisdis(1975)和 M. Baily(1974)。运用货币冲击方法的主要有 J. A. Gray(1976)，S. Fischer(1977)和 J. Taylor(1980)。

对于理解货币政策的实际效果可能很重要。他们首先观察到大量的厂商在每年的年末设定工资率，在次年的 1 月实施工资的增减。根据这种订立合同的方法，这种时间安排意味着年末发生的货币扰动将在几个月后通过变动下一次年度的工资率予以冲销。相形之下，年初发生的货币扰动则需要 12 个月的时间由下一次调节来冲销。

利用这种概念性框架，Giovanni Olivei 和 Silvana Tenreyro 进行了调查，看看实际 GDP 对货币冲击的反应看起来有什么不同，是否取决于冲击发生的季度。他们以联邦资金利率异乎寻常的走势度量冲击。异乎寻常的走势是指那些不能以实际 GDP、GDP 平减指数和商品价格以前的变动来解释利率的变化。他们对 1966 年至 2002 年这一时期的主要发现是，当冲击发生于当年第一或第二季度时，实际 GDP 对资金利率冲击的反应相当明显。利率下降 0.25个百分点估计提高未来两年的实际 GDP 0.2 个百分点。然而如果资金利率的冲击发生于当年的第三或第四季度，反应就小了。在此情况下，资金利率下调 0.25 个百分点估计提高未来两年的实际 GDP 不到 0.1 个百分点。之所以出现上述这种反应差异，是因为名义工资率在一年里大都是粘性的，而在一年的年末至下一年的年初是灵活可变的。

在存在显性或隐性契约的持久性关系中，交易的各方没有必要每时每刻改变价格或工资率以便达到“正确”的工资标准。例如，工人可能预先同意当有较多的工作要做时加紧工作——即对厂商的产品有很大需求时多工作——而当工作少时少出力。与无人情味的拍卖市场不同，即使工资率不是逐日变动，也可能出现这类工作与生产的有效调节。①要点是，在有劳动合同的背景下，名义工资率的粘性不一定会在确定劳动投入与生产时造成误差。

举一个具体的例子，假设通货膨胀率有时高于预期，有时低于预期。理性的厂商与工人知道通货膨胀——如果不同时伴有经济中的实际变化——不会改变劳动投入与生产的效率水平。因此，以合同约定不因通胀率而影响劳动投入与生产的选择就有意义了。从许多年后回过来看，当未预期到的通胀对实际工资率的影响趋向于平衡时，此时合同的双方都因这一约定而受益。然而在通货膨胀既高又不可预测的经济环境中，厂商与工人偏向于要么根据物价水平对名义工资率实行指数化，要么更频繁地重新商定工资合同。

从订立契约的方法获得的一个重要经验是，名义工资率 w 的粘性不一定导致凯恩斯模型中出现的失业与生产不足。在长期协议中，没有必要为了使经济接近市场出清的劳动量 L^* 而不停地改变 w。因此，与其说对订立契约的方法是支持凯恩斯的观点，不如说这类分析表明观察到的名义工资率的粘性对于宏观经济的运

① 然而，对于短期大量增加劳动投入，合同往往规定加班费或其他类型的奖励。

行可能不太重要。如果我们尝试不是以刻板的菜单成本而是以契约协议——例如生产商与供给商之间的协议——来解释这种粘性价格,这样的推论同样适用于新凯恩斯模型中的粘性价格。

小　　结

在第 15 章里,我们首先通过关注价格错觉,着手研究货币的非中性。我们在本章中,考察了货币非中性的另一根源:名义价格与工资率的粘性。这种粘性反映出改变价格与工资的成本。

新凯恩斯模型以商品价格的粘性为特征。在不完全竞争的背景下,个别厂商以对生产的名义边际成本加价的方式定价。如果价格在短期固定不变,厂商——在一定范围内——以增加生产和劳动投入的方式满足需求的扩张。因此,货币扩张会增加整个经济体的劳动需求量。劳动需求的上扬提高实际工资率,而且,如果劳动的供给曲线向上倾斜,劳动投入量随之增加。劳动的扩张可以使实际 GDP 增长。因此,模型预测名义货币、劳动和实际工资率是顺周期的。对顺周期的实际工资率的预测——这与数据吻合——使本模型区别于价格错觉模型。可是新凯恩斯模型有逆周期的预测:劳动的平均产品是逆周期的。为消除这种预测,我们提出了劳动力贮藏的理念。

一个更陈旧的凯恩斯模型以粘性名义工资率为依据。如果名义工资率太高,劳动供给量往往会超过需求量。就业等于需求量,供大于求的部分等于非自愿失业。在此背景下,货币扩张会降低实际工资率,因而提高劳动需求量,从而提高就业水平。可是这个模型预测实际工资率是逆周期的,这也与事实相反。

重要术语和概念

总需求 aggregate demand
增长率不变规则 contant-growth-rate rule
联邦资金市场 Federal Funds market
联邦资金利率 Federal Funds rate
不完全竞争 imperfct competition
指数化 indexation
非自愿性失业 involuntary unemployment
劳动力贮藏 labor hoarding
生产的边际成本 marginal cost of production
加价比率 markup ratio

菜单成本 menu cost
乘数 multiplier
粘性名义工资率 sticky nominal wage rates
粘性价格 sticky prices
自愿交换 voluntary exchange

问题和讨论

A. 复习题

1. 说明在新凯恩斯模型中名义货币量M的增加怎样降低名义利率i。为何在市场出清的模型中没有出现这种影响?
2. 什么是非自愿失业?

B. 讨论题

3. 粘性工资模型

   具有粘性名义工资率的模型怎样不同于新凯恩斯模型?两种模型各有什么长处?你为什么认为凯恩斯强调的是粘性名义工资,而不是粘性价格?
4. 新凯恩斯模型中察觉到的财富

   假设美国总统发表演讲,宣布我们都比我们想象的富有。如果我们都相信总统,新凯恩斯模型预计实际GDP(Y)和劳动L有什么变化?我们真的更富有了吗?用均衡经济周期模型的预测与这些预测对比。
5. 节俭的悖论

   假定在家庭决定提高现期储蓄并减少现期消费者需求,从这一意义上讲,家庭变得更节俭了。
   a. 在新凯恩斯模型中,实际GDP(Y)和劳动L发生什么变化?
   b. 储蓄量有什么变化?如果储蓄下降,是否存在所谓的"节俭的悖论"?
   c. 均衡经济周期模型中可能存在"节俭的悖论"吗?
6. 新凯恩斯模型
   a. 新凯恩斯模型与均衡经济周期模型有什么主要区别?
   b. 在新凯恩斯模型中,名义货币量的变化有实际影响吗?在该模型中,生产者之间的不完全竞争足以产生货币的非中性吗?
   c. 新凯恩斯模型怎样解释粘性价格?
   d. 新凯恩斯模型对实际工资率和劳动平均产品的周期性变化有什么预计?分析结果与数据一致吗?
   e. 在新凯恩斯模型中,货币供给冲击是唯一有实际影响的一种冲击吗?模型中还有其他什么冲击有实际影响?

f. 新凯恩斯模型和均衡经济周期模型各有什么长处？

7. 凯恩斯乘数

解释为何新凯恩斯模型中可能存在乘数。乘数的大小怎样受到下列各项的影响：

a. 物价水平 P 的调整？

b. 加价比率大于1的幅度？

c. 名义货币需求量 M^d 对实际GDP(Y)的反应？

均衡经济周期模型中可能存在乘数吗？

第七部分　国际宏观经济学

▶17

商品和信贷的世界市场

到目前为止,我们只是对单个封闭的经济体进行分析。所以我们没有考虑在国际市场上各个国家之间的相互作用。许多宏观经济学家,尤其是美国的经济学家,注重封闭经济的框架。一个理由是美国经济代表了很大部分的世界经济,而世界经济实际上是一个封闭经济(如果我们不考虑与火星的贸易)。忽略世界市场的另一个理由特别适用于20世纪50年代和60年代,当时有各种限制禁止商品和信贷从一国流向另一国。尤其是美国,国内生产总值(GDP)中进入国际贸易的份额并不大。

随着过去50年国际市场的开放——常常称之为**“全球化”**——忽视世界其余地区的做法日益令人不满,即使对于美国经济的分析也是如此。美国的进口额占GDP的比率从1950年的4%上升至2006年的17%,而出口额占GDP的比率从4%上升至11%。从20世纪80年代中期开始至2006年的20多年的特征是美国向外国大量借债。

为研究国际贸易,我们就得将模型扩展至世界经济,这就要包括许多国家。我们从“本国”的视角进行分析。为简化分析,我们将世界其余地区当作一个实体,我们称之为“外国”。(许多外国的存在不影响我们的主要分析结果。)本国居民向外国居民购买商品和服务(进口),并且将商品和服务卖给外国居民(出口)。本国居民还与外国居民相互借贷。

我们有时候假设本国对世界其余地区的均衡的影响微乎其微。如果本国是世界经济微不足道的一部分,这一假设令人满意。但美国介于一个小型的开放经济与世界经济之间,而世界经济是一个封闭经济。也就是说,美国大得足以对世界市场均衡具有不容忽视的影响。

我们以几个不现实的、以后逐渐放宽限制的假设作为分析的起点。首先假设,各国生产的商品在质地上是相同的。此外还假设,运输成本与跨越国界的贸易壁垒微乎其微,可以忽略不计。最后,还要设想所有国家不是使用自己的货币,而是使用诸如美元或欧元之类的共同货币。共同货币的思想是,各国的家庭和企业采用单一的货币,并且以此度量所有的价格。具体地说,我们假设各国居民以美元为货币,以若干单位的美元标价。

在给定这些假设的情况下，所有国家的商品一定以相同的美元价格 P 销售。如果价格不同，家庭都想以最低的价格购买所有商品，以最高的价格出售所有商品。这样，在商品买卖的所有场所，均衡时所有价格必然一样。这个结果是**一价定律**最简单的版本。有关这一定律的理念是，对所有的买主和卖主而言，市场的运转保证了相同的商品在各个场所的售价相同。我们也不考虑通货膨胀，以简化分析，从而物价水平 P 固定不变，不因时间的推移发生变化。

假设本国 t 年的名义利率为 i_t。由于我们忽略不计通货膨胀，所以实际利率 r_t 等于 i_t。假设世界其余地区的名义利率为 r_t^f。由于我们也忽略不计世界其他地区的通货膨胀，国外的实际利率 r_t^f 等于 i_t^f。我们在前面的分析中未考虑借款人在信贷方面的差异。我们现在更深入一下，不考虑信贷方面本国家庭与外国家庭之间的差异。此外，我们还假设进行跨越国界的国际间金融交换没有任何交易成本。有了这些假设，世界信贷市场的运转犹如只有一种名义利率的单个市场那样有效。也就是说，我们得到的是：

$$i_t = i_t^f$$

本国的名义利率 = 外国的名义利率

以及

$$r_t = r_t^f$$

本国的实际利率 = 外国的实际利率

对本国和外国的贷款人和借款人而言，名义利率与实际利率是一样的。

17.1 国际收支的平衡

像以前一样，本国的商品与服务的总产出为实际 GDP(Y_t)。当一国对世界其他地区封闭时，Y_t 必定等于国内商品和服务的实际总支出，即消费 C_t、总投资 I_t 与实际政府采购 G_t 之和。

封闭经济：

$$Y_t = C_t + I_t + G_t$$

实际 GDP = 国内实际支出 (17.1)

设想本国经济开始时是封闭的，从而满足方程(17.1)。如果本国对世界其他地区开放，其实际 GDP(Y_t)可能不等于国内实际支出 $C_t + I_t + G_t$。Y_t 超出 $C_t + I_t + G_t$ 的那部分增加了本国对世界其他地区的债权，而 Y_t 小于 $C_t + I_t + G_t$ 部分则表示增加了本国欠世界其他地区的债务。

设 B_t^f 为 t 年年末本国持有外国资产的名义持有量。这些资产或债务可以由本国的家庭或政府拥有。我们将这些资产当作债券，但它们也可以是资本的所有权。本国对世界其他地区的资本所有权的增加部分称为**对外直接投资**。

在国民账户中,B_t^f 称为本国的**国际投资的净头寸**。注意变量 B_t^f 是存量,类似于政府债券的存量 B_t^g。t 年实际 GDP(Y_t)超出 t 年国内实际支出 $C_t+I_t+G_t$ 的部分添加到前一年年末的实际国际投资净头寸 B_{t-1}^f/P 上,而短缺部分要从 B_{t-1}^f/P 中扣除。

本国从国际投资净头寸上赚取资产收入。由于所有资产支付相同的实际利率,t 年取得的实际资产净收入为:①

$$\text{国外取得的实际资产净收入} = r_{t-1}\cdot B_{t-1}^f/P \tag{17.2}$$

这里 r_{t-1} 为 $t-1$ 年年末持有的资产的全球实际利率。t 年国内居民的实际总收入为实际 GDP(Y_t)与从国外取得的实际资产净收入 $r_{t-1}\cdot B_{t-1}^f$ 之和。这个总量称为**实际国民生产总值(实际 GNP)**:

$$\text{实际 GNP} = Y_t + r_{t-1}\cdot B_{t-1}^f/P \tag{17.3}$$

实际 GNP = 实际 GDP + 国外取得的实际资产净收入

实际 GNP,即 $Y_t + r_{t-1}\cdot B_{t-1}^f$,决定了本国在 t 年总的资金来源。资金的用途有商品与服务的国内实际支出 $C_t+I_t+G_t$,和国际投资净额 $(B_t^f-B_{t-1}^f)/P$ 实际价值的变动。最后一项称为**对外净投资**,因为这表示本国对世界其他地区拥有的净债权。所以,开放的经济体的预算约束条件为:②

关键方程(一个开放经济体的预算约束条件):

$$C_t+I_t+G_t+(B_t^f-B_{t-1}^f)/P = Y_t + r_{t-1}\cdot B_{t-1}^f/P \tag{17.4}$$

国内实际支出 + 对外净投资 = 商品和服务的实际 GNP

为了以后分析的需要,我们认为以其他形式表示一个开放的经济体的预算约束条件是很有用的。我们如果把商品与服务的国内实际支出 $C_t+I_t+G_t$ 从方程(17.4)的左边移至右边,得到称为**国际收支差额**的结果:

关键方程(国际收支差额):

$$(B_t^f-B_{t-1}^f)/P = Y_t + r_{t-1}\cdot B_{t-1}^f/P - (C_t+I_t+G_t) \tag{17.5}$$

对外净投资 = 实际 GNP − 实际国内支出

---

① 在国民账户中,该项为一部分"来自国外的净要素收入"。也就是说,$r_{t-1}\cdot B_{t-1}^f/P$ 相当于实际租金收入减去本国在海外拥有的净资本的折旧。来自国外的净要素收入也包括劳动收入——在国外工作的本国居民的工资收入减去外国居民在本国工作的工资收入。我们在模型中假设,所有本国居民都在本国工作,所有外国居民都在外国工作。就美国而言,与 GDP 相比,来自国外的劳动净收入很小。对于向其他地方大量输出劳工的国家来说,如萨尔瓦多、墨西哥和土耳其,来自国外的劳动净收入占 GDP 的比例相当可观。至于诸如德国和波斯湾国家,从其他国家输入大量外来务工人员,有巨额的对外负的劳动净收入。

② 我们忽略不计诸如一国向另一国的对外援助之类的转移支付。如果本国向世界其他地区进行净转移支付,这些转移支付的实际数额会增加方程(17.4)左边的国内实际支出的用途。

$$对外净投资 = 实际经常项目差额$$

方程(17.5)的右边为实际 GNP 与国内实际支出的差额，称为实际**经常项目差额**。如果经常项目差额大于 0，就说本国有**经常项目盈余**。如果差额小于 0，就说本国有**经常项目赤字**。如果差额等于 0，本国的**经常项目平衡**。

方程(17.5)告诉我们，实际经常项目差额等于对外净投资。因此，如果经常项目为盈余，对外净投资就大于 0，本国的国际投资净头寸随着时间的推移而上升。相反，如果经常项目为赤字，对外净投资小于 0，国际投资的净头寸随着时间的推移而下降。注意：经常项目差额和对外净投资是流量。这些流量决定了存量——国际投资净头寸——随着时间的推移发生的变化。

我们将发现，将国际收支差额与进出口联系起来是很有用的。出口是本国生产的向世界其他地区出售的商品和服务，而进口是本国购买的世界其他地区生产的商品和服务。出口与进口之差，或净出口，称为**贸易差额**。[①]贸易差额等于国内生产的商品和服务——即实际 GDP(Y_t)——减去国内花在商品与服务上的实际总支出 $C_t+I_t+G_t$。如果 Y_t 大于 $C_t+I_t+G_t$，本国生产但未在国内销售的多余的商品和服务一定是作为净出口销往世界其他地区。同样，如果 Y_t 小于 $C_t+I_t+G_t$，国内多购买的未在国内生产的商品和服务必定以净进口形式来自世界其他地区，从而净出口小于 0。我们因而得到贸易差额等于出口减去进口，由下述方程给出：

$$贸易差额 = Y_t-(C_t+I_t+G_t) \qquad (17.6)$$

$$贸易差额 = 实际 GDP - 国内实际支出$$

如果出口超过进口，贸易差额为正数——或称为贸易盈余，如果进口大于出口，就为负数——或称为贸易赤字。

我们可以对方程(17.5)进行移项，得到经常项目差额的另一种表达方式：

关键方程(经常项目差额和贸易差额)：

$$(B_t^f-B_{t-1}^f)/P = Y_t-(C_t+I_t+G_t)+r_{t-1}\cdot(B_{t-1}^f/P) \qquad (17.7)$$

$$实际经常项目差额 = 贸易差额 + 海外资产的实际净收入$$

即经常项目差额与贸易差额之差为来自海外资产的实际净收入。

假设本国的经常项目长期顺差，相对于世界其余地区积累了正的国际投资净头寸 B_{t-1}^f/P。于是来自国外的实际资产净收入 $r_{t-1}\cdot(B_{t-1}^f/P)$ 大于 0，而方程(17.7)表明经常项目差额大于贸易差额。换言之，即使本国的出口少于进口，也可能使经常项目差额为零，从而贸易差额为赤字，因为该国可用海外资产的实际净收入支付过多的进口。

① 某些对贸易差额的定义只考虑商品贸易。可是在实践中商品与服务的区分没有经济意义。例如，以运输、计算机编程和金融咨询形式出口的服务，在经济意义上与钢铁或小麦的出口没有多大区别。

17.2 美国经常项目差额的历史

图 17.1 显示了 1820 年至 2005 年美国经常项目的名义差额占名义 GDP(1929 年以前为 GNP)的比率。其长期趋势的主要格局是,在 1897 年以前的多数年份里经常项目为赤字,接着从 1897 年至 1976 年的多数年份里为盈余。在第一次世界大战期间以及二战初期,盈余特别巨大。从 1977 年至 1982 年经常项目大致平衡,然后转向赤字,在 1986 年至 1987 年间达到 GDP 的−3.2%。在 1991 年,经常项目恢复平衡,然后又转向赤字,从 2000 年至 2005 年达到惊人的−4.8%。在美国自 1820 年以来的历史上,唯一可与此相比的是在 1836 年出现的比率。①

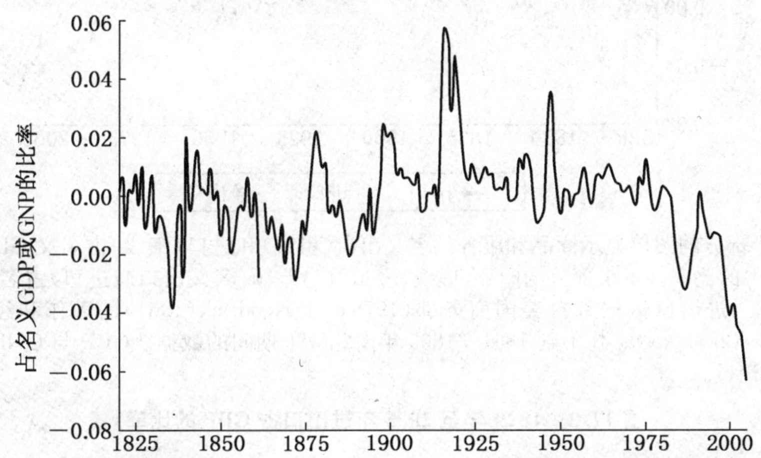

注:本图显示名义经常项目差额占名义 GDP(1929 年以前为 GNP)的比率。经常项目差额的数据来自美国商务部(1975 年)和经济分析局(http://www.bea.gov)。找不到 1861—1865 年南北战争期间的数据。GDP 与 GNP 的数据已在表 1.1 中讨论过。

图 17.1 1820 年至 2005 年间,美国经常项目差额占 GDP 的比率

在后面的图 17.2 的上半部分列出了商品与服务的名义进出口额占名义 GDP(1929 年以前为 GNP)的比率。这些比率显示出国际贸易对美国经济不断变化的重要性。在南北战争以前的 1820 年至 1860 年间,比率平均为 9%以上;②1866 年至 1914 年间,为 6%—7%;在两次世界大战间隙的 1921 年至 1940 年间,只有 4%—5%。二战以后,进出口占 GDP 的比率提高了。出口比率从 1950 年的约为 4%增加到 20 世纪 90 年代初的 10%以上,然后保持相对稳定。进口比率从 1950 年的 4%提高到 2005 的 16%。

① 在 1812 年战争以后的 1816 年,经常项目差额占 GNP 的比率约为−6%。然而这些早期的数据不是非常可靠。

② 不那么精确的早期数据表明,这些比率在 1820 年以前要高得多。在 1795 年至 1807 年间,进出口占 GDP 的比率为 20%—30%。

图 17.2 的下半部分显示贸易差额——名义出口减名义进口——占 GDP 或 GNP 的比率。这一比率的变化说明经常项目差额占 GDP 比率的主要走势，如图 17.1 中所示。尤其从 2000 年到 2005 年，巨额贸易赤字可以解释经常项目巨额赤字的原因。

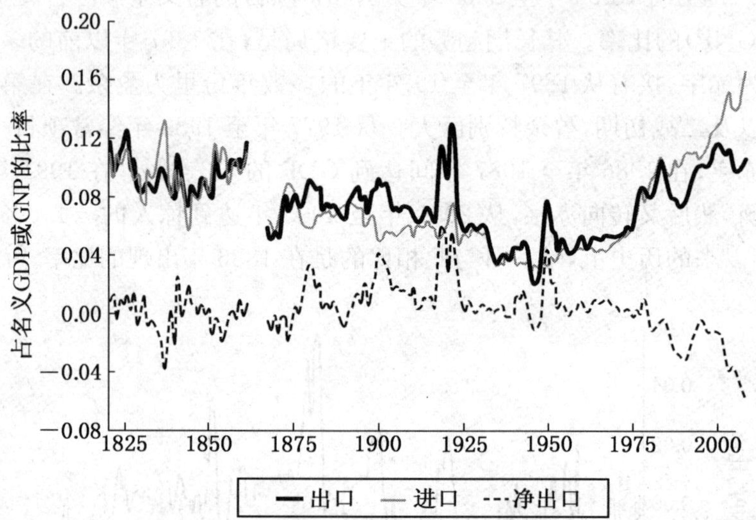

注：上半部分的图形显示商品和服务的名义出口（粗线）和进口（细线）占名义 GDP（1929 年以前为 GNP）的比率。下半部分的图形（虚线）表示贸易差额（名义出口减进口）占名义 GDP 或 GNP 的比率。进出口数据来自美国商务部（1975），J. Kendrick（1961）的著作和经济分析局（http://www.bea.gov）。找不到 1861—1865 年南北战争期间的数据。GDP 与 GNP 的数据已在表 1.1 讨论过。

图 17.2　1820 年至 2005 年进出口占 GDP 的比率

如前所述，经常项目差额决定了美国国际投资净头寸的长期变化。图 17.3 列出了 1976 年至 2004 年这种净头寸的估计值，表示为占 GDP 的比率。现有的数据

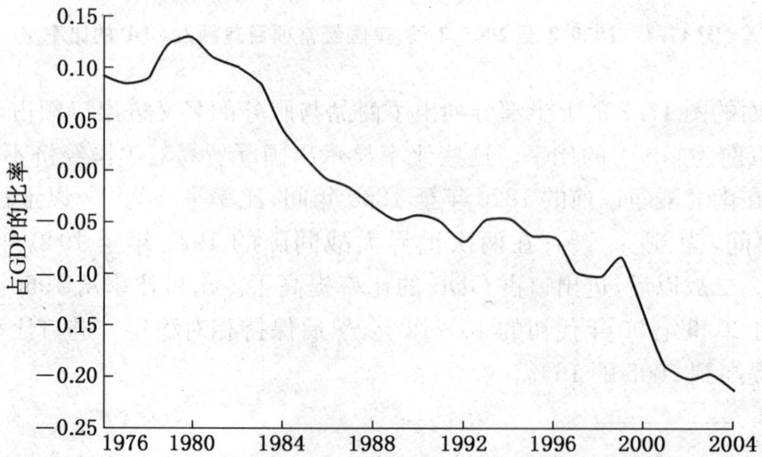

注：这些数据来自经济分析局（http://www.bea.gov）。美国国际投资净头寸的变化反映出经常项目差额（图 17.1）以及政府持有的本国和外国资产与负债的美元价格的变化。

图 17.3　国际投资净额占 GDP 的比率

仅从1976年开始,因为国际投资头寸的变化不仅包括图17.1所示的经常项目差额,而且包括美国在国内外所持资产与负债的价格的变动。这些价格变化的很大部分涉及汇率的波动,我们将在第18章予以讨论。

美国国际投资净头寸占GDP的比率在1976年为9%,在1980年达到峰值,为13%。这些正的高比率头寸反映出美国早期经常项目盈余的情况。此后,国际投资净头寸下降了。虽然年复一年的波动取决于资产和负债价格的变化,但是在1986年,国际投资净头寸变为负数,在2004年更是达到令人瞠目结舌的-24%。

在我们的模型中,海外资产的实际净收入是实际利率r与国际投资净头寸的乘积。因此,对于给定的r,当国际投资净头寸高时资产的实际净收入也高,反之亦然。

图17.4显示出美国海外资产的净收入,以占GDP的比率表示。(采用的变量为来自国外的净要素收入,包括少量的净劳动收入。)这一比率在1980年左右时达到高峰,与图17.3中国际投资净头寸比率的峰值相对应。然后如图17.3所示的随着国际投资净头寸的下降,图17.4中资产净收入的比率在1987年全年也不断下跌。1987年至2005年出现了令人困惑的局面,因为尽管在2004年国际投资净头寸暴跌至GDP的-24%,但是资产净收入只是在0.2%与0.6%之间徘徊。投资净额尤其是资产净收入每年保持正数。机械地说,这一出人意料的结果的原因是,美国持有的外国资产的收益率远远地高于外国持有的美国资产的收益率。

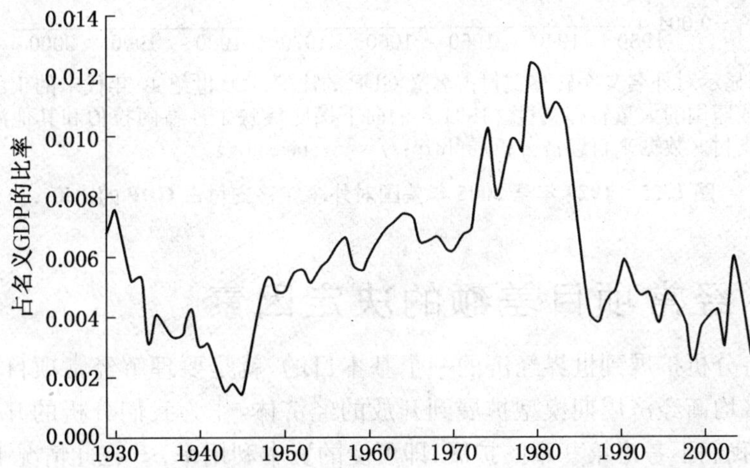

注:净要素收入是外国付给本国资本与劳动的收入减去本国付给外国资本与劳动的收入。就美国而言,大部分国外净要素收入反映了来自国外的资产净收入,计入我们的模型。图形显示国外净要素收入占名义GDP的比例。数据来自经济分析局(http://www.bea.gov)。

图17.4 1929年至2005年美国国外净要素收入占GDP的比率

外国持有的美国资产收益率低的一个原因是,大量的并且还在增加的外国持有的资产是低收益率的美国国债。这些债券的大部分为外国的中央银行持有,主要是亚洲的央行。相形之下,美国持有的外国资产较多地集中于外国公司的股票和直接投资,这些资产的收益率较高。这种举措看起来对于美国是一项不错的交易。问题是，为何外国人愿意持有的资产中有这么多的低收益的美国债券——他们会永远继续这样做吗？

图 17.5 显示了美国经常项目差额中的最后一个部分，即美国向外国人的净转移支付占 GDP 的比率。在方程(17.7)中忽略的这些转移支付，在美国经常项目差额中记为负数。美国对外净转移支付自 1929 年以来几乎每年都大于 0，平均为 GDP 的 0.6%。20 世纪 40 年代末的猛增——超过 GDP 的 2%——表明美国向二战盟国的大量赠与。1991 年进入负的低谷——数值为 GDP 的 0.2%——反映出海湾战争期间沙特阿拉伯和其他国家向美国的付款。

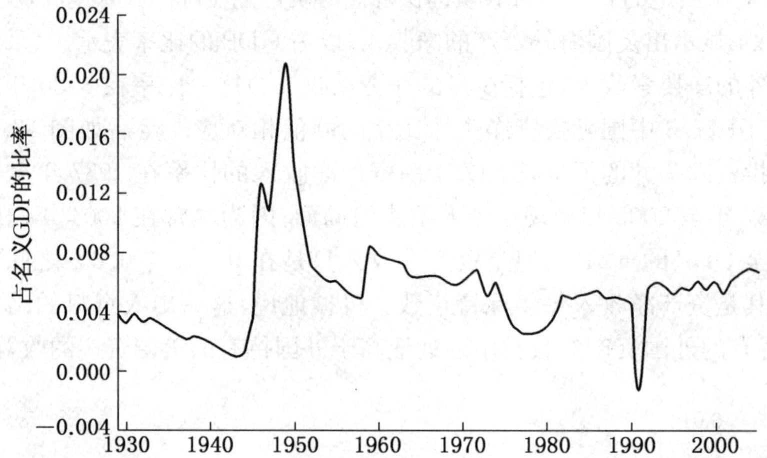

注：本图显示对外名义净转移支付占名义 GDP 的比率。20 世纪 40 年代末的正的峰顶值表示美国对二战盟国的大量转移支付。1991 年的向下探底反映了沙特阿拉伯和其他海湾盟国向美国的转移支付。数据来自经济分析局(http://www.bea.gov)。

图 17.5　1929 年至 2005 年美国对外净转移支付占 GDP 的比率

17.3　经常项目差额的决定因素

我们将分析扩展到世界经济的一个基本目的，就是要理解经常项目差额的变化。我们将均衡经济周期模型扩展到开放的经济体，作为我们分析的开端。为了简化分析，我们不考虑第 9 章的扩展，即可变的资本利用率 κ。在此情况下，我们以资本存量 K 表示资本服务的投入 κK。因而生产函数为：

$$Y_t = A \cdot F(K, L_t) \tag{17.8}$$

与往常一样，我们认为 K 在短期内固定不变。

为找到比较的基准，首先假设本国对世界其他地区封闭。由于经济的封闭，我们可以采用以前均衡经济周期模型的分析，确定实际 GDP(Y_t)、消费 C_t 和国内总投资 I_t。实际 GDP(Y_t)必然等于商品与服务上的实际总支出，如方程(17.1)所示：

$$Y_t = C_t + I_t + G_t \tag{17.1}$$

由于资本服务市场是出清的，实际租赁价格$(R/P)_t$，等于资本的边际产品 MPK（按给定的资本存量 K 定值）。资本的实际收益率等于$(R/P)_t$ 减去折旧率δ。由于债券的实际利率 r_t 必然等于资本的实际收益率，我们得到：

$$r_t = MPK - \delta \tag{17.8}$$

债券的实际收益率 = 拥有资本的实际收益率

如果这个封闭的经济体进入世界信贷市场，会发生什么？我们前面假设世界信贷市场像一个单一市场那样有效地运作。结果，本国的实际利率必然要与世界其他地区的实际利率相等。

开始时假设世界其他地区的实际利率 r^f 为常数，恰巧与方程(17.9)中决定的实际利率 r_t 相等。也就是说，本国如果对世界其他地区封闭，实际利率仍然为 $r_t = r^f$。在此情况下，向世界信贷市场开放不会改变本国家庭可以得到的实际利率。因而关于消费、储蓄、劳动供给等的决策不变。结果，本国将最终维持相同水平的实际 GDP(Y_t)、消费 C_t、国内总投资 I_t 等等。从而方程(17.1)中 $Y_t = C_t + I_t + G_t$ 的条件继续成立。我们相应地看到贸易差额为 0：

$$\text{贸易差额} = Y_t - (C_t + I_t + G_t) \tag{17.6}$$

$$\text{贸易差额} = 0$$

回顾一下，我们将来自国外的资产实际净收入添加到贸易差额上，从而得到实际经常项目差额：

$$(B_t^f - B_{t-1}^f)/P = Y_t - (C_t + I_t + G_t) + r_{t-1} \cdot (B_{t-1}^f/P) \tag{17.7}$$

实际经常项目差额 = 贸易差额 + 国外资产实际净收入

由于本国起初对外封闭，本国开始时的国际投资净头寸一定为零，即 $B_{t-1}^f = 0$。因此，国外资产实际净收入为零。由于贸易差额也为零，我们就得到经常项目差额为零的结果。所以，虽然本国在世界信贷市场上有借贷的机会，但均衡时这种选择机会是被放弃的。然而，这个结论取决于我们的这一假设，即如果本国对外封闭，实际利率也等于 r^f。

为搞清楚世界信贷市场的重要性，我们先从刚才所述的情况出发。然后假设本国的技术水平 A 上升，而世界其他地区的技术水平没有变化。按给定的资本存量 K，A 的上升提高了本国的 MPK。因此，如果本国是个封闭的经济体，如方程(17.9)所示，实际利率 r_t 就会上扬。①如果本国经济是世界经济可以忽略不计的一部分，外国的实际利率 r^f 不变。②如果本国对外封闭，本国的实际利率 r_t 现在就会

---

① r_t 的充分上升包括增加劳动投入 L 对 MPK 的正效应。如果像在第 9 章分析的那样，我们容许资本利用率 κ_t 增加，则 r_t 会进一步上升。

② 如果本国是美国，其经济大得足以对全世界的实际利率产生引人注目的影响。我们会相应地修正我们的分析，但是仍然适用同样的基本理念。

高于r^f。

如果本国的实际利率r_t上升至高于国外的利率r^f的水平,会发生什么情况?由于我们假设家庭和政府将所有资产债权看成是等价的,外国人就想在本国发放所有的贷款,而国内居民都想到国外去进行所有的借款。这种反应显然是不均衡的。为理解市场怎样走向均衡,我们就要给我们的模型增加点什么。

方程(17.9)说明本国的实际利率r_t一定等于本国的资本收益率,$MPK-\delta$。本国技术水平A的上升提高了MPK,从而趋向于将r_t提高至超出外国的利率r_f(因为开始时$r_t=r^f$)。由于这种差异在均衡时不适用,必须补充点什么。具体地说,如果r^f不变(因为本国是个小国),且$r_t=r^f$依然成立,国内的资本收益率$(MPK-\delta)$必须降回到原先的数值。问题是,如果我们将本国的资本存量K看作是短期内固定不变的——即如果我们忽略不计国内净投资现期流量对资本存量的作用——A的上升不可能不提高MPK。

经济学家们解决这个难题的一个方法是引入**投资的调整成本**。随着时间的推移,国内净投资的流量——等于总投资I_t减去折旧δK_{t-1}——导致以新的工厂和设备形式出现的资本存量K的增加。厂商因扩大用于生产的工厂和设备而增加了成本——称为调节成本。这些成本显著地降低了投资的收益率。因此,总投资I_t足够大的流量使本国的投资收益率下降至等于给定的国外实际利率r^f。通过这一机制,本国技术水平A的上升促使本国向外国人借入有限金额的资金,为较高的但有限的总投资r_t流量融资。为研究对经常项目差额的主要影响,我们没有必要搜遍所有这方面的分析。要点是,本国MPK的上升会产生高额的但有限的国内总投资I_t的流量。

为了看清楚技术水平A的上升对经常项目差额的影响,回到定义:

$$(B_t^f-B_{t-1}^f)/P=Y_t-(C_t+I_t+G_t)+r_{t-1}\cdot(B_{t-1}^f/P) \tag{17.7}$$

实际经常项目差额 = 贸易差额 + 国外资产实际净收入

方程右边,资产实际净收入$r_{t-1}\cdot(B_{t-1}^f/P)$是给定的——例如为0,如果本国开始时的国际投资净头寸B_{t-1}^f/P为0。实际政府采购G_t也是给定的。升高的A提高了MPK,从而增加了国内的总投资I_t。这一变化降低了经常项目差额;也就是说,它使这一差额走向赤字。问题是,实际GDP与消费之差(Y_t-C_t)有什么变化?

我们知道技术水平A的上升提高了实际GDP(Y_t)。这一变化部分地反映出A对生产函数的影响,部分地反映出劳动投入L_t增加的影响。我们从第7章知道,C_t的反应取决于收入效应的强度。如果A的变化是持久性的,C_t上升的幅度大致与Y_t一样,从而Y_t-C_t没有变化。①在此情况下,我们从方程(17.7)看到,由于I_t的上升,经常项目差额总体上下降了。

① 本国实际利率固定在外国利率的数值上。因此我们看不到来自实际利率的变化的跨时期替代效应。

通过考察实际国民储蓄，我们可以进一步透彻地理解这一结果。本国的实际总收入为实际 GNP，即 $Y_t + r_{t-1} \cdot (B^f_{t-1}/P)$ 减去资本折旧 δK_{t-1}。也就是说，实际收入等于实际国民生产净值(实际 NNP)。实际国民储蓄等于实际 NNP 减去消费与政府采购 $(C_t + G_t)$ 上的实际支出：

$$\text{实际国民储蓄} = Y_t + r_{t-1} \cdot (B^f_{t-1}/P) - \delta K_{t-1} - (C_t + G_t) \qquad (17.10)$$

实际国民储蓄 = 实际 NNP − 消费与政府采购上的支出

我们可以对方程(17.7)的右边进行移项，得到实际经常项目差额为：

$$(B^f_t - B^f_{t-1})/P = Y_t + r_{t-1} \cdot (B^f_{t-1}/P) - (C_t + G_t) - I_t$$

然后，我们如果加上或减去折旧 δK_{t-1}，就得到表达经常项目差额的另一种方法：

关键方程(经常项目差额、储蓄和投资)：

$$(B^f_t - B^f_{t-1})/P = Y_t + r_{t-1} \cdot (B^f_{t-1}/P) - \delta K_{t-1} - (C_t + G_t) - (I_t - \delta K_{t-1}) \qquad (17.11)$$

实际经常项目差额 = 实际国民储蓄 − 国内净投资余额

注意，由方程(17.10)推导出的方程(17.11)中有阴影的项等于实际国民储蓄。所以，我们证明了实际经常项目差额为国民储蓄与国内净投资之差。

在技术水平 A 持久性上升的情况下，我们发现实际 GDP(Y_t)和消费 C_t 以相同的数值上升。因此方程(17.10)中的实际国民储蓄不变。方程(17.11)相应地表明，国内净投资 $I_t - \delta K_{t-1}$ 的上升导致实际经常项目差额的下降。

小结一下，关于本国向世界信贷市场的开放我们得出下列结果。

- 假设本国对外封闭时通行的实际利率 r_t 高于世界其他地区的利率 r^f。在此情况下，本国向世界信贷市场开放会造成经常项目赤字。这是因为本国将向世界其他地区借款，以支付国内更高的净投资 $I_t - \delta K_{t-1}$。
- 如果本国封闭时通行的实际利率 r_t 低于世界其他地区的利率 r^f，结果就相反。本国就有经常项目盈余——本国将贷款给世界其他地区，减少了国内净投资 $I_t - \delta K_{t-1}$。
- 最后一个——也是我们首先考虑的——可能性是，如果本国对外封闭，而本国通行的实际利率 r_t 恰巧等于世界其他地区的利率 r^f。在此情况下，经常项目处于平衡，对世界其他地区的开放不影响 $I_t - \delta K_{t-1}$。

这些结果可能令人惊讶，因为流行的一般观点是，经常项目赤字是经济状况糟糕的迹象。一个更好地考察经常项目差额的方法是，回顾方程(17.11)，该差额等于实际国民储蓄与国内净投资之差。因此，对于给定的国民储蓄，国内净投资的增加——常常被视为好现象——与较低的经常项目差额，或许是经常项目赤字相随。另一方面，对于给定的国内净投资，国民储蓄的提高——也常常被认为是好现象——与较高的经常项目差额，或许是经常项目盈余相随。更一般地讲，我们不能说经常项目赤字必定是糟糕的信号或经常项目盈余必定是好的信号。如下面的章节中那样，要作出此类判断，我们需要更多的有关经济正在发生什么情况的信息。

17.3.1 经济波动

在本节中，我们采用均衡经济周期模型的开放经济的版本，去预测经常项目差额怎样因经济波动而变动。我们假设本国对世界信贷市场开放，并且足够小，对世界其他地区的实际利率 r^f 的影响微乎其微。我们将 r^f 当作常数，并且假设本国的经济波动来自对技术水平 A 的冲击。根据第 8 章和第 9 章里我们对均衡经济周期模型的分析，我们假设对 A 的冲击长期持续，但并非永久存在。

回顾一下，经常项目实际差额由下式给出：

$$(B_t^f - B_{t-1}^f)/P = Y_t + r_{t-1} \cdot (B_{t-1}^f/P) - \delta K_{t-1} - (C_t + G_t) - (I_t - \delta K_{t-1}) \tag{17.11}$$

经常项目实际差额 ＝ 实际国民储蓄 － 国内净投资

我们知道 A 的上升会提高国内净投资 $I_t - \delta K_{t-1}$。我们还知道消费 C_t 会上升，但小于实际 GDP(Y_t)的增幅(因为 A 的上升并非是持久性的)。因此实际国民储蓄会增加。方程(17.11)中实际经常项目差额的总体变化，取决于 $I_t - \delta K_{t-1}$ 的升幅大于还是小于实际国民储蓄的增幅。总之，对实际经常项目差额的影响模棱两可。然而，在通常的实际运用均衡经济周期模型的经验中，国内净投资 $I_t - \delta K_{t-1}$ 对资本收益率($MPK - \delta$)是极其敏感的。在这情况中，国内净投资的增长支配着实际国民储蓄上升的幅度，实际经常项目差额下降。因此，**均衡经济周期模型预计实际经常项目差额将是逆周期的——经济景气时低，而在衰退时高。**

为检验这个预计，图 17.6 采用美国的数据，对经常项目差额占 GDP 比率的周期性变化与实际 GDP 的周期性变化进行比较。经常项目差额占实际 GDP 的比率是弱逆周期性的——从 1954 年至 2005 年，与实际 GDP 的周期性部分的相关系数为－0.32。因此不出所料，经常项目在景气时趋向于赤字，而在衰退时趋向于盈余。①

作为例子，考察一下 20 世纪 90 年代末的经济景气。虽然实际 GDP 从 1996 年到 2000 年的上升高于趋势值(图 17.6 中的细线)，但是经常项目赤字扩大了(粗线)。从方程(17.11)的角度来看，我们看到国内净投资 $I_t - \delta K_{t-1}$ 的高涨压倒了实际国民储蓄的上升。因此，90 年代末大量的投资是通过向世界其他地区借款支付的，这在不断增长的经常项目赤字上反映出来。这一结果就是经常项目赤字反映出大好形势的一个例子——在此例中，国内投资十分迅猛。

---

① 经常项目差额的周期性变化主要反映出贸易差额的周期性变化，后者等于商品和服务的净出口。因此模型也可预计净出口是逆周期的。这一命题与美国的数据吻合：进出口都是顺周期，但进口比出口的顺周期性更强。

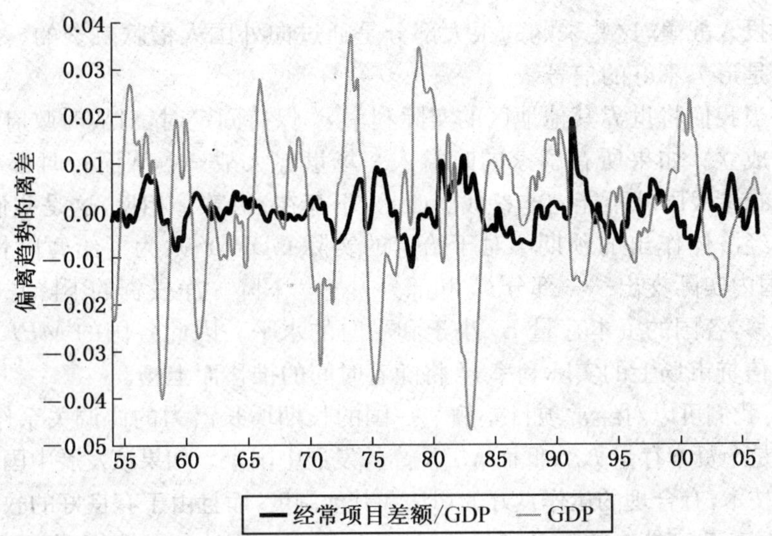

注:细线是实际 GDP 偏离其趋势的离差。离差是按比例计算的。粗线是名义经常项目差额占名义 GDP 的比率偏离趋势的离差。GDP 和经常项目差额的数据按季度和季节进行调整。经常项目差额占 GDP 的比率是弱逆周期的——趋向于与实际 GDP 相反的方向波动。

图 17.6 美国实际 GDP 与经常项目差额的周期性变化

17.3.2 农业歉收、政府采购、发展中国家

在经济波动的情况下,我们曾预期实际经常项目差额一般会在景气时趋向于赤字,而在衰退时趋向于盈余。但我们不应得出这样的结论:经常项目差额总是在经济形势大好时走向赤字,而在形势不佳时趋向于盈余。

举例说明,考察一次农业歉收造成本国实际 GDP(Y_t)下降的情况。如果预期农业歉收是暂时性的——例如,只是今年的庄稼收成不好——收入效应就较微弱,消费 C_t 的反应较小。因此 $(Y_t - C_t)$ 快速下降——本国的实际国民储蓄几乎与 Y_t 相同比例地下降。此外,虽然农业歉收意味着今年的实际 GDP 减少了,但是对 MPK 也许没有什么影响。在此情况下,国内净投资 $I_t - \delta K_{t-1}$ 就没有多大反应。所以方程(17.11)得出的预期是农业歉收导致经常项目赤字。为了保持大致稳定的消费 C_t 和国内净投资 $I_t - \delta K_{t-1}$,本国将向国外借款。在此情况下,经常项目赤字是经济形势糟糕的征兆。

我们也可以利用方程(17.11)衡量政府实际采购 G_t 的变化对经常项目差额的影响。我们从第 12 章和第 13 章知道,本国 G_t 持久性增加趋向于大致同比例地减少消费 C_t。因而实际国民储蓄不变,故我们预期政府采购变化对经常项目差额没有影响。

相形之下,本国政府采购 G_t 的暂时性上升,诸如在战争时期上升,消费 C_t 将减少,但远远小于 G_t 上升的比例。所以实际国民储蓄下降,而且我们从方程(17.11)看到实际经常项目差额趋向赤字。换句话说,如果本国 G_t 暂时升高,这可

能是因为投入战争，这些采购的很大部分是通过向外国人借款融资的。经常项目赤字再次是形势不好的信号。

只有当我们将世界其他地区的实际利率 r^f 保持固定时，对战时政府采购的这些预期才成立。如果所有国家同时卷入一场世界大战——从而暂时都有很高的 G_t——所有参战国就不能向非参战国（因为不存在）借款。相反，这是我们在第 12 章对封闭经济体作出的预期。对于给定的实际 GDP(Y_t)，为了给暂时性的高 G_t “让路”，国内实际支出——部分 C_t 和部分 I_t——下降。净投资的下降意味着随着时间的推移，各国的资本存量 K_t 小于和平时的水平。因此各国的 MPK 升高了，并且世界信贷市场上的实际利率 r^f 将随着时间的推移而上扬。

最后，我们可以对经常项目差额与一国的长期增长潜力的协调关系作出预测。假设本国是个资本存量 K_{t-1} 低而 MPK 高的发展中国家。如果该发展中国家很容易得到现代技术，有合理的运作良好的司法和其他制度，而且由于有良好的教育和健康水平而有富有生产能力的劳动力供给，这种情况就适用这一预测模型。高 MPK 意味着本国国内净投资 $I_t-\delta K_{t-1}$ 是高的。该国就会在世界信贷市场以实际利率 r^f 大量举债（如果可以信任该国能还债！），为巨额的国内投资，从而为高速经济增长融资。相形之下，假定本国是个国内投资机会不多的发展中国家，或许是因为政府机构运作不善，或许是因为国民缺乏良好的教育和体质。在此情况下，我们预测本国的国内净投资 $I_t-\delta K_{t-1}$ 的水平较低，将出现经常项目盈余。因此，在这些场合，经常项目赤字往往是增长环境良好的迹象，而经常项目盈余大都是环境不好的迹象。

17.3.3 国际借贷的例子

我们可以通过探讨众多国家的经验例子，来检验我们对经常项目差额的预计。就农业歉收而言，一个研究澳大利亚从 1931 年到 1985 年的小麦收成的例子支持我们的分析结果[参见 John Scoggins(1990)]。收成不好，减少了澳大利亚的实际 GDP，但是对世界其他地区没有多大影响，对澳大利亚国内净投资也没有什么影响。所以不出所料，收成不好导致澳大利亚的经常项目赤字上升。为维持消费水平，农业歉收促使澳大利亚人向外国人借款。

类似的分析适用于波兰 1978 年至 1981 年的大规模农业歉收。为应对实际 GDP 的暂时性下降，1981 年波兰的外债达到 250 亿美元，大致是该国 GDP 的一半。①因此，与澳大利亚一样，为维持消费，农业歉收促使波兰人向外国人借款。

至于临时性政府采购，我们可以根据图 17.1，探讨战争与美国经常项目差额之间的联系。从 1915 年到 1917 年，在美国进入第一次世界大战之前，这时，美国未来的盟国已经投入战争，盟国为了临时性的巨额政府采购融资而向美国大量借

① 波兰（以后提到墨西哥和巴西）外债的数据来自 Morgan Guaranty Trust, *World Financial Market*, (1983) 和 Organization of Amercian States, *Statistical Bulletin of the OAS*, (Jan. -Jun., 1982)。

款。1916 年美国经常项目盈余达到 GDP 的 6%。然而，美国在 1917 年一投入战争，它的经常项目盈余就缩水——1918 年减少为 GDP 的 3%，因为美国必须支付自己政府的采购。注意：到 1917 年当冲突成为世界性大战时，可以向美国和其他国家提供贷款的非参战国已寥寥无几。

同样，在战争席卷欧洲，但美国还未投入战争的 1940 年至 1941 年，美国有巨额经常项目盈余。美国 1941 年经常项目盈余为 GDP 的 1.5%。美国投入二战后，美国政府的采购剧增，美国的经常项目盈余转变为赤字：1943 年为 GDP 的－0.9%。在这场几乎波及全世界的战争中，可以从中借款的非参战国又是寥寥无几。

至于政府采购的持久性变化，我们可以探讨美国政府采购的周期性部分（图 12.7）与经常项目差额占 GDP 比例的周期性部分（图 17.6）之间的关系。从 1955 年到 2005 年，是没有重大战争的时期，政府采购的周期性部分与经常项目差额占 GDP 比率的周期性部分之间的相关系数很小，为－0.10。这个结果与我们的模型吻合，因为这一时期政府采购的变化很可能被视为是持久性的。

墨西哥在 20 世纪 70 年代初发现石油可以使我们将模型应用于影响国际借款的其他事件。到 1974 年，墨西哥的石油前景一片大好，但很大一部分生产需要具体落实。对石油和相关行业的投资的潜在收益率很高。由于潜在的实际收入上升，家庭和政府的消费也上升。由于实际 GDP 还不高，墨西哥的实际国民储蓄下降。所以在总体上，墨西哥为了支付高额的国内投资和消费而向外国人借款。结果，墨西哥的外债从 1971 年的 35 亿美元——或 GDP 的 9%上升至 1981 年的 610 亿美元——或 GDP 的 26%。

我们还预计 *MPK* 高的发展中国家为了给巨额的投资和迅速的经济增长融资会产生庞大的经常项目赤字。作为例子，从 1971 年到 1980 年，巴西人均实际 GDP 每年增长 5%。在这一时期，巴西的外债从 60 亿美元，或占 GDP 的 11%上升为 550 亿美元，或 GDP 的 22%。作为对外大量举债、前景看好的发展中国家的一个早期例子，看看美国的情况。在 1890 年，美国的外债达到 29 亿美元，或 GNP 的 21%。回顾一下图 17.1：美国在 19 世纪的大部分时间里有经常项目赤字。

17.3.4 经常项目赤字与预算赤字

我们在第 14 章里研究了预算赤字怎样影响经济。考虑到 t 年实际税收 T_t 的削减相当于实际公债 $(B_t^g - B_{t-1}^g)/P$ 的上升。我们假设税收是一次性征收的，虽然我们也可以像第 13 章里那样考虑形形色色的税收。最重要的是，我们假设政府采购 G_t 的时间路径不变。

在第 14 章里讨论的李嘉图方法中，赤字融资的 t 年实际税收的削减不影响家庭所缴实际税款的现值。所以家庭不会改变消费 C_t。由于 T_t 的削减提高了实际可支配收入而 C_t 不变，t 年私人实际储蓄上升的幅度正是减税的数额。从而私人实际储蓄的上升完全抵消了实际公共储蓄的下降，所以实际国民储蓄不变。

如果我们考虑一个开放的经济，重要的问题依然是预算赤字是否影响实际国民储蓄。实际经常项目差额还是由下式给出：

$$(B_t^f - B_{t-1}^f)/P = Y_t + r_{t-1} \cdot (B_{t-1}^f/P) - \delta K_{t-1} - (C_t + G_t) - (I_t - \delta K_{t-1}) \tag{17.11}$$

实际经常项目差额＝实际国民储蓄－国内净投资

在李嘉图等价情况下，预算赤字不改变实际国民储蓄。所以方程(17.11)的含义是实际经常项目差额不会发生变动。原因是，本国家庭会将减税的全部款项储蓄起来，从而愿意吸收本国政府增发的所有债券。结果，本国没有向世界其他地区借款为预算赤字融资，并且经常项目差额不变。所以在李嘉图情况下，预算赤字不会形成经常项目赤字。

如果家庭没有将减税的全部金额储蓄起来——即如果预算赤字减少了实际国民储蓄——结论就不一样了。例如，我们在第14章提到：当政府减税并实行预算赤字时，有限生命的家庭或许会感到更富裕了。在此情况下，消费 C_t 上升，而实际国民储蓄下降。方程(17.11)表明实际经常项目差额趋向于赤字。也就是说，本国因消费的增加而对外借款。因而在此情况下预算赤字导致经常项目赤字。

当预算赤字与经常项目赤字同时出现时，我们就说经济遭受**双重赤字**。经济学家们曾在20世纪80年代中期给美国经济贴上过这个标签，当时美国的预算赤字巨大，经常项目赤字占GDP的比率逐渐扩大(参见图17.1)。然而在90年代初，尽管继续存在预算赤字，但是经常项目赤字却消失了。此外在90年代末，即使预算转向盈余，经常项目赤字却再次上升。再往后，在2002年至2006年，又出现了双重赤字。因此，经验观察到的情况是，经常项目赤字与预算赤字共存不是美国经济的正常现象，或证明不是其他国家经济的正常现象。

即使预算赤字没有造成经常项目赤字，双重赤字也可能因其他事件而出现。例如，考察政府采购 G_t 的一次临时性扩张，像战时那样。我们以前发现 G_t 的临时性上升趋向于将实际经常项目差额推向赤字。我们还从第14章知道，G_t 的暂时性增加促使政府为避免临时性增税而有预算赤字。因此在此情况下，经常项目赤字与预算赤字同时出现。然而，我们不是说预算赤字造成了经常项目赤字。而是说，为应对共同的冲击——政府采购由于战争而临时增加——两个赤字朝同一方向变化。

回到现实

为什么美国2000—2006年的经常项目赤字如此之大？

我们从图17.1看到，美国2000年至2006年的经常项目赤字达到GDP的4%—5%，这与美国自1820年以来的历史情况相比较异乎寻常。64 000美元所产生的问题(或许是 6 400 万美元的问题)是:为什么经常项目赤字变得如此巨大?我们不能肯定地回答,但可以提出建议。对这一重要的不解之谜的进一步论述,参见 M. Obstfeld 和 K. Rogoff(2004)的著作。

我们可以从 1991 年开始分析,当时美国的经常项目盈余较小。美国经常项目赤字占 GDP 的比率在 20 世纪 90 年代上升了,尤其是在后半阶段,这一比例在 2000 年达到 4%。一个关键的基本因素是经济实力,主要是国内总投资占 GDP 的比率上升了 4 个百分点(从 1991 年的 13.4%升至 2000 年的 17.7%)。大部分投资的猛增反映了高技术部门的增长,特别是通信业和互联网产业。由于投资的增长超过了景气期间实际国民储蓄正常的增长,因此很大部分增加的投资必须通过向外国人借款融资。所以投资的上升在很大程度上解释了为何 2000 年出现 4%的赤字。

2001 年至 2002 年,经济进入衰退,部分原因是技术发展在 2000 年中期结束了,部分原因是 2001 年的"9·11"恐怖袭击。2002 年,总投资占 GDP 的比率下降为 15%,这一变化本身就缩小了经常项目赤字占 GDP 的比率。然而美国联邦政府大幅度增加采购,一部分用于国防和国家安全,一部分用于其他计划(参见第 12 章图 12.2)。政府采购的增加有助于说明为何在 2001 年至 2002 年经常项目保持相对稳定,然后在 2003 年至 2006 年上升至 5%。

某些经济学家认为,2003 年至 2006 年持续的预算赤字(第 14 章图 14.3)是造成经常项目赤字的主要原因。这一论点力度不够,因为 2003 年至 2006 年实际预算赤字占实际 GDP 的比率小于 20 世纪 80 年代中期和 90 年代初的比率。在那些较早的时期,经常项目赤字占 GDP 的比率比 2003 年至 2006 年的比率小多了。所以预算赤字不可能是主要原因。

随着总投资占 GDP 的比率从 2003 年的 15%上升至 2006 年的 17%,经济恢复了强劲势头,从而扩大了经常项目赤字,而有些特殊因素也起了重要的作用。一个因素是油价的飚升,而金融市场认为这种影响是暂时性的。另一个异乎寻常的因素,本章开头提到过,就是美国持有的外国资产的收益率远远高于外国持有的美国资产的收益率。因此,虽然美国国际投资净头寸的估计值是个很大的负数(图 17.3),但是向美国支付的净流量仍然是正数(图 17.4)。在整个 2006 年,美国实际上不需要为其所欠债务向世界其他地区付款。外国的这种慷慨大方或许阻止了美国为平衡经常项目进行正常的调节。

17.4 贸易条件

到目前为止,我们一直假设世界上只存在一类商品。当我们考虑五花八门的商品时,如果本国生产和购买的商品篮子类似于世界其他地区生产与购买的篮子,我们对经常项目差额的分析仍然令人满意。然而,这一条件可能不成立的一个原因是，一些国家——尤其是小国——往往专门从事生产某一类商品。例如，智利生产大量的铜，巴西生产大量的咖啡，沙特阿拉伯生产大量的石油。在这些生产专业化的模式给定的情况下，当它们的主要产品的价格与其他商品的价格相比发生变化时，这些国家就会受到很大影响。对世界经济特别重要的价格是油价。所有国家都使用石油，但石油的生产集中于相对较少的几个地区。石油价格相对于其他价格的上涨，对少数几个石油生产国来说是好事，但对其他国家来说是坏事。

为以一种简单的方式对这些相对价格变化的类型进行研究，假设本国生产一种以美元价格 P 向世界各地出售的商品。世界其他地区生产以美元价格 P^f 向各地出售的另一种商品。本国出口商品时，从每单位商品中获得 P 美元。本国进口商品时，对每单位进口商品支付 P^f 美元。

考察 P/P^f 的比率。这个比率称为**贸易条件**。贸易条件的单位是：

本国每单位商品的美元 / 外国每单位商品的美元

= 本国每单位商品换取的外国商品

因此，贸易条件给出了本国每单位出口商品可以换取多少单位进口商品的数目。如果贸易条件 P/P^f 上升——或改善了——本国就生活得更好，因为每单位本国商品可换取更多的外国商品。如果 P/P_f 下降——或恶化了——本国的生活不如以前了，因为每单位本国商品换取的外国商品少了。

在我们的均衡经济周期模型中，技术水平 A 的冲击造成经济波动。对于单个国家而言，贸易条件变化的影响类似于 A 的变化。贸易条件的改善就像 A 的提高，而贸易条件的恶化就像 A 的下降。为看到这是怎样发生作用的，我们必须将贸易条件纳入经常项目差额的方程。

17.4.1 贸易条件与经常项目差额

方程(17.7)给出了所有商品按单一的美元价格 P 出售时的本国实际经常项目差额。如果我们在方程的两端乘以 P，得到名义的经常项目差额为：

$$B_t^f - B_{t-1}^f = PY_t + r_{t-1} \cdot B_{t-1}^f - P \cdot (C_t + I_t + G_t)$$

名义经常项目差额 = 名义 GNP − 国内名义支出

为了纳入本国与外国商品的不同的价格，我们必须对方程进行修正。在能推导出主要结果的最简单的背景下，本国将其生产的全部商品都出口，从而任何实际 GDP 都不会直接进入本国的消费、国内投资和政府采购。相反，本国进口外国商品以提供本国的消费、国内投资和政府采购。

给定这些假设，来自实际 GDP(Y_t)的名义收入仍然是 PY_t，这里 P 是本国商品的美元价格。消费、国内投资和政府采购的名义支出为 $P^f \cdot (C_t + I_t + G_t)$，这里 P^f 是外国商品的美元价格。所以，名义经常项目差额变为：

$$B_t^f - B_{t-1}^f = PY_t + r_{t-1} \cdot B_{t-1}^f - P^f \cdot (C_t + I_t + G_t) \quad (17.12)$$

名义经常项目差额 = 名义 GNP − 国内名义支出

如果我们将方程(17.12)两边除以 P^f，得到实际的经常项目差额：

$$(B_t^f - B_{t-1}^f)/P^f = (P/P^f) \cdot Y_t + r_{t-1} \cdot (B_{t-1}^f/P^f) - (C_t + I_t + G_t) \quad (17.13)$$

实际经常项目差额 = 实际 GNP − 国内实际支出

方程(17.13)中的各项表示的是在以外国的商品单位度量的实际数值。如方程右边有阴影的项所示，新的重要特点是，Y_t，即以本国商品度量的实际 GDP，乘上贸易条件 P/P^f。如果 P/P^f 上升而 Y_t 不变，以外国的商品单位衡量，本国就有更多的实际收入。也就是说，当贸易条件改善时，以能买到的外国商品单位衡量的实际 GDP 的购买力上升了。如前所述，我们可以用实际国民储蓄和国内净投资表示实际经常项目差额。如果我们对方程(17.13)移项，得到：

$$(B_t^f - B_{t-1}^f)/P^f = (P/P^f) \cdot Y_t + r_{t-1} \cdot (B_{t-1}^f/P^f) - \delta K_{t-1} - (C_t + G_t) - (I_t - \delta K_{t-1}) \quad (17.14)$$

实际经常项目差额 = 实际国民储蓄 − 国内净投资

贸易条件 P/P^f 的改善怎样影响本国？生产函数仍由下式给出：

$$Y_t = A \cdot F(K, L_t) \quad (17.8)$$

我们假设资本存量 K 和技术水平 A 是固定的。为得出主要结果，我们现在还假设劳动量 L_t 等于某一固定的数量 L。在此情况下，方程(17.8)中的实际 GDP(Y_t)不变。然而，回顾一下，Y_t 是以本国商品的单位度量的。

方程(17.13)表示，对于给定的实际 GDP(Y_t)，贸易条件 P/P^f 的改善提高了以外国商品的单位度量的实际 GNP。家庭对实际 GNP 提高的反应是增加消费 C_t。C_t 的反应大于持续的 P/P^f 的升幅。只要这种变化不是永久性的，C_t 的升幅趋向于小于实际 GNP 的升幅。因此，方程(17.14)中的实际国民储蓄增加了。所以，就这一点而言，实际经常项目差额转向盈余。

17.4.2 贸易条件与投资

我们必须考虑贸易条件 P/P^f 的改善是否影响国内净投资 $I_t - \delta K_{t-1}$。为研究这一影响，我们必须重新计算本国的资本实际收益率。如前所述，本国资本存量 K 增加一个单位，使实际 GDP(Y)提高 MPK 单位。然而，现在 K 的价格为 P^f，是外国的物价水平，因为我们假设本国的国内投资来自进口的外国商品。Y 的价格仍然是国内物价水平 P，因为本国的产出以 P 销售。因此，以美元价格 P^f 购买一单位的资本产生的美元总收益为 $P \cdot MPK$。资本总的实际收益率是 $P \cdot MPK$ 与 P^f

的比率，即 $(P/P^f)\cdot MPK$。减去折旧率 δ 后的实际净收益率为：

$$资本的实际净收益率 = (P/P^f)\cdot MPK - \delta \quad (17.15)$$

与以前的区别是 MPK 现在必须乘以贸易条件 P/P^f。

对于给定的 MPK，方程(17.15)表明，贸易条件 P/P^f 的改善提高了本国资本的实际净收益率。例如，将智利当作本国，考虑由于世界铜价的上涨而使 P/P^f 改善的影响。智利人会看到产铜业的实际净收益率上升了，从而刺激他们对该行业增加投资。

贸易条件 P/P^f 改善对国内净投资 $I_t-\delta K_{t-1}$ 的影响，相当于我们以前探讨的技术水平 A 提高的影响。A 提高时，MPK 的上升提高了资本的实际净收益率。我们注意到 $I_t-\delta K_{t-1}$ 的反应很大，一般来说要大于实际国民储蓄的增幅。贸易条件改善时，适用同样的结论。在方程(17.14)中，我们预料 $I_t-\delta K_{t-1}$ 的升幅大于实际国民储蓄的升幅。因此在总体上，实际经常项目差额转向赤字。

如果预期贸易条件 P/P^f 的改善是昙花一现，结论就不一样了。在此情况下，收入效应微弱，消费 C_t 的反应小，实际国民储蓄却强势上升。此外，在存在投资的调整成本的情况下，净投资 $I_t-\delta K_{t-1}$ 对资本的净实际收益率暂时上升的反应微不足道。这是因为由于预期因贸易条件的改善而出现可喜的收益率只是昙花一现时，厂商觉得为扩大资本存量而付出巨额调整成本不合算。例如，如果预期铜的相对价格上涨只是昙花一现，智利就不会对采产铜设施大量投资。因此在方程(17.14)中，$I_t-\delta K_{t-1}$ 增加的幅度小于(强势上升的)实际国民储蓄的增幅，并在总体上经常项目差额转向盈余。

小结一下，我们预计，预期持久性的贸易条件 P/P^f 的改善使经常项目差额转向赤字。原因是，国内净投资 $I_t-\delta K_{t-1}$ 的扩张往往大于实际国民储蓄的升幅。相形之下，我们预计预期昙花一现的 P/P^f 的改善使经常项目差额转向盈余。在此情况下，$I_t-\delta K_{t-1}$ 的扩张趋向于小于实际国民储蓄的升幅。

17.4.3 石油生产国的经验证据

检验我们关于贸易条件的预测的一个有趣的方法，就是看看不断变动的油价对主要石油输出国经常项目差额的影响。在本讨论中，将石油输出国当作本国，将所有其他国家当作世界其他地区。表 17.1 第一栏列出了从 1972 年到 2005 年每桶原油平均的美元价格。第二栏列出实际价格，以美国的 GDP 平减指数(2000 年的指数定为 1.0)除以石油的美元价格计算。对石油出口国而言，这些数值近似于贸易条件。

随着石油输出国组织(OPEC)的崛起，油价在 1973—1974 年和 1979—1980 年大幅上扬。以后的上涨出现于 1990 年(在海湾战争的紧锣密鼓声中)、2000 年和 2004—2006 年。表 17.1 第三栏表明，油价的上升一般会导致石油输出国的经常项目盈余——例如，在 1974 年、1980 年、1990 年、2000 年和 2004—2005 年就是如此。第三栏数据的情况适用于我们模型中暂时性的贸易条件改善的情况。我们还从表的第四栏看到，当油价保持在高位时，诸如 1974—1978 年，石油输出国的进口反应强烈。因此,经常项目盈余趋向于消失——例如,在 1978 年、1982 年和 1992 年。在我们的模型中,第四栏数据的情况在我们的模型中符合贸易条件的改善被认为是持久性的情形。

我们还可以利用表 17.1 来估计对油价下降的反应,例如 1996 年、1992—1994 年和 1998 年。在短期内,这些变化往往导致经常项目赤字(第三栏)。然而,当油价持续处于低位时,进口的下调(第四栏)趋向于消除经常项目赤字,例如从 1980 年到 1986 年。

表 17.1　油价与石油输出国的经常项目差额

年份	(1) 原油价格(美元)	(2) 原油价格 (2000 年美元)	(3) 经常项目差额 (10 亿 2000 年美元)	(4) 进口 (10 亿 2000 年美元)
1972	2.44	8.08	10	46
1974	11.50	33.14	193	92
1976	11.55	28.73	95	159
1978	12.78	27.90	−4	207
1980	35.71	66.01	189	231
1982	31.54	50.30	−21	199
1984	28.55	42.17	−15	185
1986	14.17	19.87	−41	129
1988	14.77	19.51	−26	137
1990	22.98	28.16	17	147
1992	19.04	22.04	−28	177
1994	15.95	17.66	−10	146
1996	20.37	21.69	20	165
1998	13.07	13.54	−20	169
2000	28.23	28.23	81	179
2002	24.95	23.94	32	185
2004	37.76	34.61	91	260
2005	53.35	47.57	172	300

注:资料来源为国际货币基金组织编写的《国际金融统计》和《经济学家》杂志信息部编写的《国家数据》。原油价格是以美元计价的每桶的平均世界价格。以 2000 年美元表示的数字除以美国 GDP 平减指数,2000 年=1.0。经常项目差额是以 2000 年美元表示的主要石油输出国的总数。(从 1996 年开始,这些数字不包括伊拉克。)进口是以 2000 年美元表示的主要石油输出国的总数。

17.5　国际贸易量

贸易差额由下列等式给出:

$$\begin{aligned}\text{贸易差额} &= Y_t - (C_t + I_t + G_t) \\ \text{贸易差额} &= \text{出口} - \text{进口} \\ \text{贸易差额} &= \text{净出口}\end{aligned} \qquad (17.6)$$

我们的模型把对贸易差额或净出口的论述作为对经常项目差额分析的一部分[参见方程(17.7)]。当我们研究本国技术水平 A 和其他变量对经常项目差额的影响时，这些影响通过净出口的变化体现出来。然而，模型并没有对国际贸易量——即进出口的绝对水平——说什么。

作为例子，在 2005 年，美国的商品和服务的出口总额为 1.3 万亿美元，商品和服务的进口总额为 2.0 万亿美元。如果出口和进口各增加 1 万亿美元，从而出口总额为 2.3 万亿美元，进口总额为 3.0 万亿美元，有什么区别吗？在我们的模型中，这一变化没有影响。由于出口和进口提高相同的数额，净出口与经常项目差额不变。在模型中，如果美国增加 1 万亿美元的商品和服务的出口，然后以追加进口的形式买回这些(等同的)商品和服务，就没什么影响。

模型的这个特点是个缺点，因为进出口的绝对水平在现实中很重要。不幸的是，我们不可能在假设所有商品都一样的模型中研究这些影响。对于许多宏观经济问题，包括经常项目差额的决定，只有一种商品的假设是很有用的简化。然而，为了探讨贸易条件变化的影响，我们不得不通过假设本国与世界其他地区生产不同类型的商品而使模型更符合实际。为评价从更大的国际贸易——更大数额的进出口——取得的利益，我们必须更进一步考虑五花八门的商品和服务。

在现实世界中，存在众多形式的商品和服务。从有效生产的角度看，在特定的地点集中生产其中某些商品和服务有好处。之所以有集中的好处，是因为不同的国家和地区生产产品和服务所需的生产要素的相对数量不同，包括熟练劳动力、非熟练劳动力、机械、土地等等。有充裕熟练劳动力的国家应专门生产大量使用这类熟练劳动力的商品——如高级电子设备和计算机软件。具有较多非熟练劳动力的国家应专门生产大量使用这些非熟练劳动投入的商品——如农产品和纺织品。具有大量沃土的国家也应专门从事农业。这些专业化模式需要国际贸易，就像一个国家内部跨地区的贸易那样。

政府常常通过施加**关税**(对进口征税)或**配额**(对进口数量的限制)来限制国际贸易。如果以这些以及其他方式限制贸易，经济结果就是低效率的，犹如世界的技术水平 A 降低的效果一样。换言之，如果各国不利用专业化生产的机会，世界的总体产出就会萎缩。或者反过来看，通过消除贸易壁垒为国际贸易大开方便之门，就像 A 提高的效果一样。随着国际贸易更加自由，对于全世界给定的熟练劳动力、非熟练劳动力、土地等等的投入，作为整体的世界就能生产出更多的各类商品。①

① 这一赞成从国际自由贸易获益的论点来自 David Ricardo(1891)、Eli Heckscher(1919)、Bertil Ohlin(1933)以及 P. Samuelson 和 W. Stolper(1941)提出的古典理论。最近由 E. Helpman 和 P. Krugman(1985)提出的一个新理论，集中探讨了由某些商品的生产的规模报酬递增而带来的专业化利益。要利用这些规模经济，要求一国的这些商品的产出超过其在这些商品上的支出；也就是说，很大部分的产出用于出口。该理论对古典理论的补充在于：在两种情况下，开放国际贸易具有与技术水平 A 的提高类似的效应。

我们可以采用这种分析扩大我们对技术水平 A 提高的影响的理解。我们可以将 A 的提高看作为由于政府施加的壁垒——诸如关税和配额——的减少而扩大了世界贸易。反之，我们可以将 A 的下降看成是由于构筑新的贸易壁垒而抑制世界贸易。我们的分析预测，更为自由的贸易推动经济景气，而较严格限制的贸易招致衰退。如第 5 章中所述，对经济增长决定因素的经验研究支持更加开放的国际贸易趋向于提高一国的经济增长率的假说。

小　　结

本章扩展了均衡经济周期模型，以将商品与服务的国际贸易和国际借贷包括在内。这样，我们就有了开放经济的均衡经济周期模型。

本国的经常项目差额决定了海外净资产随着时间的推移发生的变动。如果实际 GNP 大于花在消费、总投资和政府采购上的国内实际支出，经常项目就为盈余，否则就为赤字。GNP 是 GDP 加上来自国外的资产的实际净收入（来自国外的净要素收入）。我们可以将经常项目差额表示为贸易差额（出口减进口）加上国外资产的实际净收入。我们还可以将其表示为实际国民储蓄与国内净投资之差。

在均衡经济周期模型中，有利的技术冲击通常使国内净投资提高的幅度大于实际国民储蓄的升幅。因此，经常项目差额转向赤字。所以经常项目差额是逆周期的。如果某个扰动影响实际国民储蓄，但不影响资本的边际产品，预测就不一样。例如，在农业歉收或在战时政府临时增加采购时，经常项目的反应是转向赤字。

如果预算赤字减少实际国民储蓄，经常项目会转向赤字。然而在预算赤字不影响实际国民储蓄的李嘉图等价情况下，经常项目差额不变。

贸易条件是出口价格与进口价格的比率。贸易条件变化的影响类似于技术冲击。贸易条件的持久性改善趋向于造成经常项目赤字，因为国内净投资的增幅往往大于实际国民储蓄的增幅。贸易条件的暂时性改善往往产生经常项目盈余，因为国内净投资的升幅小于实际国民储蓄的增幅。

消除诸如关税和配额之类的贸易壁垒扩大了国际贸易量。其经济效应类似于技术水平的上升。所以我们预计：更加自由的贸易能推动经济景气，而限制贸易则会造成衰退。

重要术语和概念

投资的调整成本 adjustment costs for investment

国际收支平衡表 balance of international payment

经常项目的平衡 balance on current account
经常项目差额 current-account balance
经常项目赤字 current-account deficit
经常项目盈余 current-account surplus
外国直接投资 foreign direct investment
全球化 globalization
一价定律 law of one price
来自国外的净要素收入 net factor income from abroad
对外净投资 net foreign investment
国际投资净头寸 net international investment position
配额 quota
实际国民生产总值(实际 GNP) real gross national product(real GNP)
关税 tariff
贸易条件 trems of trade
贸易差额 trade balance
双重赤字 twin deficit

问题和讨论

A. 复习题

1. 如果一国有预算赤字，一定也有经常项目赤字吗？两种赤字之间的关系怎样取决于预算赤字与国民储蓄的关系？
2. 为何所有国家同时有经常项目赤字是不可能的？

B. 讨论题

3. 贸易条件的变化

   假设本国为巴西，为出口而生产大量的咖啡。我们在课文中考虑过因世界其他地区的扰动而造成贸易条件的变化。相反，假设本国受到的暂时性冲击——比如说，巴西的咖啡歉收——提高了全世界咖啡的相对价格。在此情况下，歉收扰动怎样影响巴西的经常项目差额？

4. 某一国家的技术冲击

   考虑本国技术水平 A 的暂时性上升。

   a. 本国的劳动 L、资本利用率 κ 和实际 GDP(Y)发生什么变化？

   b. 本国的消费 C 和经常项目差额发生什么变化？

5. 税收和经常项目差额

   讨论下述税率的变化对一国经常项目差额的影响。(你应查阅第 13 章里对税率的分析。)

a. 劳动所得的税率 τ_w 的持久性上升。

b. 劳动所得的税率 τ_w 的暂时性上升。

c. 资产收入的税率 τ_r 的持久性上升。

d. 消费税率 τ_c 的暂时性上升。

▶18

汇　率

我们在前一章里讨论了商品与信贷的国际市场，但只字未提**汇率**。我们不能讨论汇率，因为我们假设所有国家使用一种共同的货币，诸如美元或欧元，所有的价格都以该货币的单位表示。为分析汇率，我们就必须引入不同类型的货币——美元、欧元、英镑、日元等等——并且容许商品和服务以这些不同货币的单位标价。为考虑这些事项，本章作了必要的扩展。

18.1　不同的货币和汇率

我们现在要假设各国发行并使用自己的货币，而不再使用一种共同货币。为使情况变得简单，假设只有两个国家。将本国当作美国，而将外国当作英国。美国的名义货币量 M 用美元度量，英国的名义货币量 M^f 用英镑度量。

我们现在引入一个新的市场，称为**外汇市场**，在这市场上市场参与者们用一国的货币交换另一国的货币。在我们的模型中，交易者用美元换取英镑。这样，家庭与政府可以利用外汇市场将美元兑换成英镑或将英镑换成美元。我们将**汇率**，或更精确地说，**名义汇率**，定义为每一美元换取的英镑数。我们采用“名义”一词，是为了区别于实际汇率，这是以后将引入的一个概念。举一个名义汇率的例子：在2006年8月30日，1美元可换取0.53英镑，或表示为£0.53。所以，换取每1英镑要花1/0.53=1.89美元，或表示为$1.89。专栏“世界各地的汇率”说明了《华尔街日报》报道的2006年8月30日美元与其他主要货币之间的名义汇率。

我们用 ε（希腊字母）表示英镑与美元之间的名义汇率。所以在2006年8月30日，我们有 $\varepsilon=$ 每美元0.53英镑。注意：ε 的值越大意味着美国货币的价值越高，因为每1美元可换取更多英镑。[①]从英国的角度看，名义汇率为 $1/\varepsilon=$ 每英镑1.89美元。这样，ε 的升高意味着以美元表示的英镑价值降低了，因为每英镑换取的美元

① 我们必须留意，因为有的经济学家以相反的方式界定汇率——在此情况下，定义为每英镑多少美元，而不是每美元多少英镑。

少了。

用数字说话

世界各地的汇率

金融报刊常报道外国货币与美元之间的两种汇率。第一种称为即期汇率,即给出每美元多少单位外币的现期汇率。第二种称为远期汇率,是给出适用于将来指定日期的汇率,也是以每一美元多少单位外币表示。远期汇率适用于将来交换两种货币的合约,常常是未来1个月、3个月或6个月。通过签订合同,市场参与者确保自己在将来交换货币的汇率。

表18.1在2006年8月30日列出了当日《华尔街日报》报道的主要货币与美元的名义汇率。虽然《华尔街日报》只报道几种主要货币的远期汇率,但是金融交易商还提供其他货币的远期合约。注意,随着时间向未来推移,日元和瑞士法郎的汇率逐渐下降。这一模式表明,金融市场预期美元兑换这些货币的即期汇率随着时间的推移而下跌。也就是说,市场预期美元相对于日元和瑞士法郎贬值。然而,加拿大元和英镑的远期汇率平稳——表明市场预期美元兑换加拿大元和英镑的汇率不因时间的推移而发生多大变化。

表18.1 2006年8月30日《华尔街日报》报道的名义汇率

(每美元外国货币)

国家(货币)	汇率	国家(货币)	汇率
阿根廷(比索)	3.096	马耳他(里拉)	0.334
澳大利亚(元)	1.310	墨西哥(比索)	10.88
巴林(第纳尔)	0.377	新西兰(元)	1.544
巴西(里亚尔)	2.137	挪威(克朗)	6.373
加拿大(元)	1.109	巴基斯坦(卢比)	60.39
1个月远期	1.108	秘鲁(新索尔)	3.235
3个月远期	1.106	菲律宾(比索)	50.94
6个月远期	1.103	波兰(兹罗提)	3.069
智利(比索)	538.2	俄罗斯(卢布)	26.73
中国(人民币)	7.959	沙特阿拉伯(里亚尔)	3.751
哥伦比亚(比索)	2 398	新加坡(元)	1.574
捷克共和国(克朗)	22.00	斯洛伐克共和国(克朗)	29.38
丹麦(克朗)	5.811	南非(兰特)	7.097
厄瓜多尔(美元)	1.000	韩国(元)	961.3
埃及(镑)	5.740	瑞典(克朗)	7.199
欧元区(欧元)	0.779	瑞士(法郎)	1.228
中国香港(元)	7.778	1个月远期	1.224
匈牙利(福林)	214.3	3个月远期	1.216

(续表)

(每美元外国货币)			
国家(货币)	汇率	国家(货币)	汇率
印度(卢比)	46.38	6个月远期	1.206
印度尼西亚(盾)	9 116	中国台湾(元)	32.90
以色列(谢克尔)	4.371	泰国(铢)	37.59
日本(元)	117.1	土耳其(新里拉)	1.463
1个月远期	116.6	英国(镑)	0.525
3个月远期	115.6	1个月远期	0.525
6个月远期	114.2	3个月远期	0.524
约旦(第纳尔)	0.708	6个月远期	0.524
科威特(第纳尔)	0.289	阿联酋(迪拉姆)	3.672
黎巴嫩(镑)	1 508	乌拉圭(比索)	23.92
马来西亚(林吉特)	3.680	委内瑞拉(博利瓦)	2146

图 18.1 和图 18.2 列出了从 1950 年到 2005 年美元与六个主要国家——英国、加拿大、日本、法国、德国和意大利——的货币的名义汇率。这些图形按比例显示出其余每年与 1950 年通行的汇率的离差。

举一个例子，在 1950 年，1 美元可换取 0.36 英镑。图 18.1 表明，这一名义汇率直到 1967 年才改变，此时升至 0.42，高出 1950 年的汇率 17%。也就是说，以英镑表示的美元价值上升了 17%。以英镑表示的最高汇率出现在 1985 年，当时的名义汇率达到 0.77，高出 1950 年的汇率 140%。在 2006 年，美元下跌至 0.53 英镑。这一汇率低于 1985 年的汇率 31%，但仍高出 1950 年的汇率 47%。

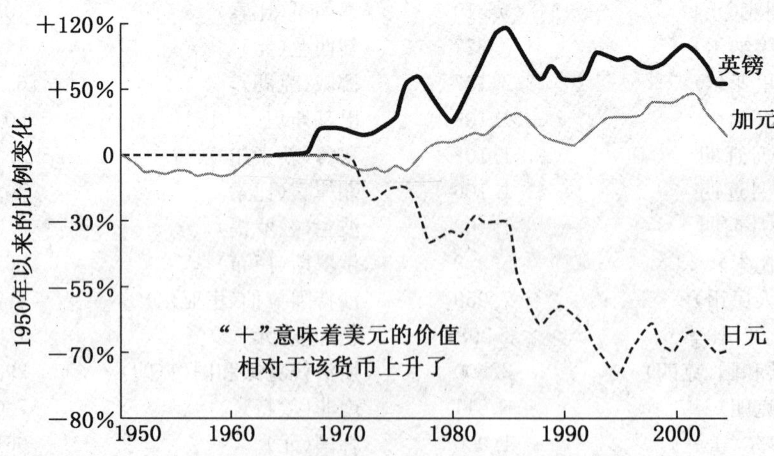

注：本图用比例数值显示每种货币与美元的名义汇率与 1950 年通行的汇率的离差。在 1950 年，名义汇率为：1 美元兑 0.357 英镑；1 美元兑 1.09 加拿大元；1 美元兑 361.1 日元。数据来自国际货币基金组织编写的《国际金融统计》。

图 18.1　英国、加拿大和日本的名义汇率

同样,图 18.1 列出了美元与加拿大元和日元的名义汇率。注意:自 1971 年以来,美元对日元的汇率大幅度下降;即美元以日元表示的价值下降了。在 1950 年,1 美元可换取 361 日元,但是在 2006 年,1 美元只能换 117 日元。因此,美元失去了 68%以日元表示的价值。

图 18.2 列出了美元与法国法郎、德国马克和意大利里拉的名义汇率。各个汇率适用于 1950 年至 1998 年,此后三种货币被共同货币欧元所取代。[①]因此,美元与其中每个国家货币的名义汇率自 1999 年以来一起变动。

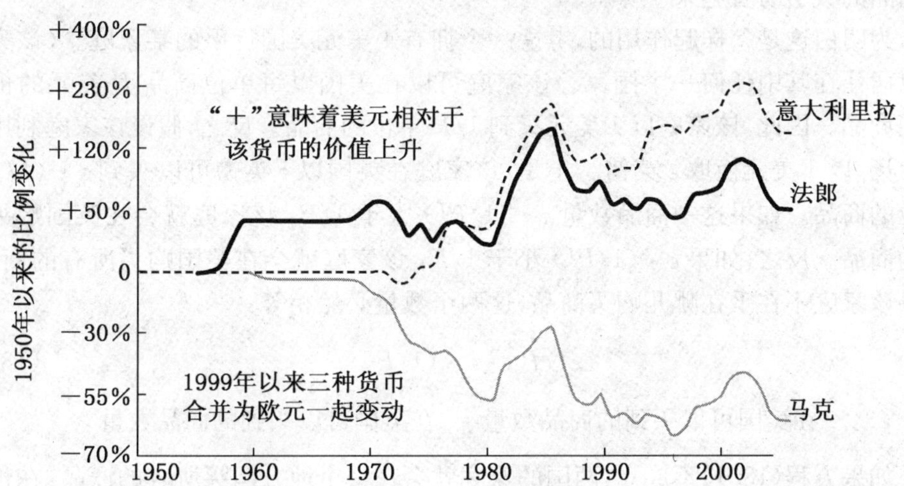

注:本图用比例数值显示各种货币同美元的名义汇率与 1950 年通行的汇率的离差。1950 年的名义汇率是 1 美元兑 3.5 法郎;1 美元兑 4.2 马克;1 美元兑 625 里拉。在 1999 年至 2001 年,各个独立的货币被取消,欧元取而代之。在 1999 年年初确定的与欧元的兑换率为:1 欧元兑 6.56 法国法郎、1.96 德国马克和 1936.3 意大利里拉。数据来自国际货币基金组织编写的《国际金融统计》。

图 18.2 法国、德国和意大利的名义汇率

18.2 购买力平价

有的国家有时容许名义汇率自由变动以应对市场力量的变化。这些制度称为**浮动汇率**。在其他情况下,有些国家试图与另一种货币——常常是美元——保持不变的名义汇率。这些制度称为**固定汇率**。我们现在就开始讨论几个关于国际金融的基本理论命题:采用浮动的还是固定的名义汇率。其中第一个命题将两种货币之间的名义汇率与两国通行的物价水平联系起来。在模型中我们要考察美元和英镑之间的名义汇率以及美国与英国的物价水平。

① 在 1999 年设定的欧元的兑换率定为 1 欧元兑 6.56 法郎、1.96 马克和 1936 里拉。三种货币在 2001 年之前各自独立存在,2001 年以后只流通欧元纸币。

18.2.1 PPP 条件和实际汇率

美国的物价水平 P 以每单位商品所需的美元度量。我们以 P^f 表示英国的物价水平(或外国的物价水平),以每单位商品所需的英镑度量。作为分析起点,假设两国生产和使用的商品在品质上相同。我们还忽略不计在两国买卖商品的任何运输或其他交易成本。于是,中心思想是要推导出,对于两国的家庭而言,在两国买卖商品的吸引力看起来一样。

为明白这是怎样起作用的,考虑一个拥有 1 美元美国货币的某家庭。(该家庭可以居住在其中任何一个国家。)该家庭可以在美国以每单位商品 P 美元的价格购买商品。因此,该家庭以 1 美元买到 $1/P$ 单位的商品。反之,假设该家庭利用外汇市场,以 1 美元换取 ε 英镑。于是,该家庭在英国以 ε 英镑可以买到 $\varepsilon\cdot(1/P^f)$ 单位的商品。如果这一商品数量 $\varepsilon\cdot(1/P^f)$ 大于 $1/P$,该家庭就会在英国购买所有的商品。反之,如果 $\varepsilon\cdot(1/P^f)$ 小于 $1/P$,该家庭就会在美国购买所有的商品。如果该家庭不在乎在哪儿购买商品,这两个数量必然相等:

$$1/P=\varepsilon\cdot(1/P^f) \tag{18.1}$$

在美国可以买到的商品数量 = 在英国可以买到的商品数量

如果方程(18.1)不成立,两国的家庭就会在一个地方购买所有的商品:在价格便宜的国家购买。我们感兴趣的是在两国买卖商品的情况;也就是说,美国和英国在经济上都很活跃!所以,给定我们的假设——所有商品品质上等同,并且运输成本可以忽略不计——方程(18.1)一定成立。

我们可以对方程(18.1)移项,得:

关键方程(购买力平价):

$$\varepsilon=P^f/P \tag{18.2}$$

名义汇率 = 外国价格与本国价格的比率

名义汇率与商品价格之比相等称为**购买力平价**(PPP)。这一条件的含义是,无论家庭在美国还是在英国购买商品,以商品表示的美元(或英镑)购买力相同。

举个具体例子,假设你有 100 美元,想都花在匹萨饼上。如果在美国每个匹萨饼要 10 美元,100 美元能买到 10 个匹萨。你的另一种选择是,如果汇率 ε 为 1 美元兑 0.53 英镑,即可将 100 美元换成 53 英镑。你在英国买到的匹萨数量取决于英国的价格。如果英国的价格为每个匹萨£5.30,你也能买到 10 个匹萨,与在美国一样。如果英国的价格在 5.30 英镑以上,你在英国买到的匹萨就少于 10 个,如果价格低于 5.30 英镑,你在英国买到的匹萨就多于 10 个。如果不在乎在哪儿买匹萨(如果旅行到英国不需要花费,并且所有的匹萨都具有相同的质量),1 美元 0.53英镑的汇率必须等于英国匹萨价格与美国匹萨价格的比率。在我们的例子中，比率为0.53，等于英国每个匹萨的价格5.30英镑除以美国每个匹萨的价格10美元。这一"匹萨平价"的条件与方程(18.2)中的更普遍的PPP条件相同。

当物价水平P^f和P都是指两国生产的相同的商品时，方程(18.2)中的PPP条件成立。实践中，我们往往将P^f和P理解为在两国市场上生产或消费的一篮子商品的指数。例如，我们或许可以用国内生产总值(GDP)的平减指数或消费者价格指数衡量P^f和P。

当我们将物价水平当作广义的指数时，PPP条件不一定成立。一个原因是各国有可能专门生产不同的商品。这些商品相对价格的变化——即第17章里考察的贸易条件的变动——将造成PPP条件不成立。PPP条件不成立的另一个原因是各国生产并消费的**非贸易商品**——诸如不进入国际贸易的个人服务和房地产。由于非贸易商品不能从一国流向另一国，以非贸易商品表示的货币购买力可能取决于在哪里购买。

为探讨偏离PPP条件的情况，考虑一下汇率的另一个概念——称为**实际汇率**——很有用。名义汇率ε是指家庭的每1美元可换到多少英镑，而实际汇率是指家庭的每一单位美国商品可换取多少单位的英国商品。当方程(18.2)中的PPP条件成立时，实际汇率为1。然而，PPP不成立时，实际汇率可能不是1，还可能因时而异。在任何时点，实际汇率水平是考察偏离PPP条件程度的有用的指标。

形式上，实际汇率是方程(18.1)的左边与右边的比率：

$$\text{实际汇率} = (\varepsilon/P^f)/(1/P) \tag{18.3}$$

在右边，即分母，是1美元在美国买到的商品数量。分子，即ε/P^f，是1美元(在外汇市场上将美元兑换成英镑后)在英国买到的商品数量。所以，**实际汇率**是(比如说用1美元)在英国买到的商品与(也是用1美元)在美国能买到的商品之比。

回到前面匹萨的例子，如果P为每个匹萨10美元，方程(18.3)右边的分母为0.1；即你在美国用你的1美元可买到一个匹萨的十分之一。如果ε为0.53，P^f为5.30英镑，分子也为0.1；也就是说，你(经过外汇市场交换后)在英国用你的1美元也能买到一个匹萨的十分之一。在此情况下，匹萨的实际汇率为1。

如果我们使名义汇率ε保持固定不变，英国物价与美国物价的比率P^f/P的上升意味着在英国购买商品(匹萨或一般商品)变得昂贵了。所以，方程(18.3)中的实际汇率下降了，表明与在美国能买到的商品相比，在英国可以买到的商品少了。如果我们将P^f/P保持固定不变，名义汇率ε的上升意味着在英国购买商品变得相对便宜。因此，实际汇率上升。

表18.2列出了所选国家在2004年与美国比较的实际汇率。实际汇率的定义由方程(18.3)给出，式中的物价水平P^f和P是指GDP中包含的商品的篮子。数值接近于1意味着某国商品篮子所花的美元数与美国商品篮子的美元数大致相同。数值较高意味着其他国家的商品比美国便宜。

我们从表18.2看到，多数富国的货币与美元的实际汇率都较接近于1.0。在2004年，物价最贵的是瑞士0.69、丹麦0.71、瑞典0.77和日本0.82。比美国物价便宜的富裕的经济体是中国香港 1.29 和新加坡 1.11。加拿大和澳大利亚的实际汇率接近于 1.0。中等收入和低收入国家的实际汇率都显著高于 1.0，在某些情况下高达 5。例如，俄罗斯为 2.4，中国为 4.3，印度为 4.9。这些实际汇率高的主要原因是，穷国的非贸易商品的价格大都相对较低，尤其是劳务和不动产。这种普遍性的模式称为**巴拉萨—萨缪尔森假说**，以贝拉·巴拉萨（Bela Balassa，1964）和保罗·萨缪尔森（P. Samuelson，1964）所做的研究命名。

表 18.2 的结果表明，方程（18.2）中的 PPP 条件在作跨国比较时并不成立，因为对高收入国家与中低收入国家作比较，情况相去甚远。例如，对美国与中国比较时，PPP 条件就没有很好地起作用。然而，在诸如美国、加拿大、西欧、日本、澳大利亚等发达经济体之间作比较，PPP 的作用就明显多了。

经济学家们的一致看法是，对富国而言，方程（18.2）中的 PPP 条件作为短期命题不是那么精确，但对于作长期比较是一个很好的指南。[参见 A. Taylor 和 M. Taylor（2004）的经验证据调查。]也就是说，在富国中有一种实际汇率的数值接近于 1.0 的长期趋势。这一结果意味着我们可以在某一时点——诸如表 18.2 中的 2004 年——利用实际汇率的构成去预测实际汇率的长期变化。考察一个在 2004 年物价相对比美国昂贵的国家，例如瑞士或瑞典；它们的实际汇率分别为 0.69 和 0.77。人们预计这些实际汇率在长期内会提高，趋向某个更接近于 1.0 的数值。从方程（18.3）得出的有关实际汇率的等式知道，这个预测意味着要么名义汇率 ε 上升，要么外国物价与本国物价的比率 P^f/P 下降。也就是说，对于给定的 ε，瑞士和瑞典的通胀率 π^f 应低于美国的通胀率 π。

我们可以更大胆一点，将这一推论应用于对美国和中国的比较。在 2004 年，当中国仍然是一个相对穷的国家时，表 18.2 中的实际汇率居于高位——4.3——这并不奇怪。可是，如第 3 章中所述，中国的快速增长有段时间了。如果这种快速增长保持下去，中国在 30—40 年后就是个富国。在那种情况下，我们预测实际汇率将从 2004 年的 4.3 下降至非常接近 1.0 的数值。方程（18.3）关于实际汇率的等式告诉我们，要么名义汇率 ε 大幅下跌，要么中国与美国的物价比率 P^f/P 大幅上升。具体地说，假设 ε 不变，并且中国与美国之间的实际汇率要在 30 年后达到 1.0。在那种情况下，P^f/P 在 30 年间要以一个 4.3 的因子上升。要出现那种情况，中国的平均通胀率 π^f 就会超过美国的平均通胀率 π，大约每年超过 5%。换句话说，中国如果不想有这么高的通货膨胀，就必须容许名义汇率 ε 在 30 年里大幅下跌。也就是说，以美元表示的中国货币（人民币）的价值——每 1 元人民币 $1/\varepsilon$ 美元——必须大幅上升。

表 18.2　所选国家和地区在 2004 年的实际汇率

国　家	实际汇率	国　家	实际汇率
美　国	1.00	匈牙利	1.68
加拿大	1.01	智　利	1.95

（续表）

国　家	实际汇率	国　家	实际汇率
中国香港	1.29	波　兰	2.04
丹　麦	0.71	墨西哥	1.50
澳大利亚	0.96	俄罗斯	2.42
瑞　士	0.69	南　非	2.40
爱尔兰	0.88	巴　西	2.45
新加坡	1.11	泰　国	3.12
日　本	0.82	土耳其	1.83
荷　兰	0.90	伊　朗	3.11
比利时	0.92	哥斯达黎加	2.16
瑞　典	0.77	哥伦比亚	3.31
德　国	0.86	乌克兰	4.67
法　国	0.87	埃　及	3.77
英　国	0.86	危地马拉	1.93
意大利	0.97	中　国	4.31
西班牙	1.05	印度尼西亚	3.03
以色列	1.39	印　度	4.90
韩　国	1.44	巴基斯坦	3.53
希　腊	1.19	越　南*	5.18
捷克共和国	1.85	孟加拉国	4.69
阿根廷	3.17	尼日利亚	2.16

注：从左栏开始，国家和地区是按 2000 年人均实际 GDP 降序排列的（Heston, Summers and Ate, 2002）。这些实际 GDP 的数字根据 GDP 包含的商品篮子的成本差异作了调整。实际汇率依据 GDP 包含的商品价格，与方程（18.3）中的概念相符合。所有的汇率都以美国作为基本国家。近似于 1.0 的值意味着所示国家的商品篮子的成本大致与美国的商品篮子的美元数目相同。高于 1.0 的值意味着商品篮子没有美国的贵。数据来自世界银行 2006 年的《世界发展指标》。

* 该数值是 2003 年的。

18.2.2　相对购买力平价条件

现在我们要考察实际汇率的变化，而不是汇率水平。PPP 条件说明名义汇率 ε 等于物价比 P^f/P：

$$\varepsilon = P^f/P \tag{18.2}$$

我们提到这个条件等于是说由下式给出的实际汇率等于 1：

$$\text{实际汇率} = \varepsilon/P^f/P \tag{18.3}$$

方程（18.3）的含义是，实际汇率的增长率等于名义汇率的增长率——我们用 $\Delta\varepsilon/\varepsilon$ 表示——减去外国物价对国内物价的比率 P^f/P。P^f/P 的增长率为两国通货膨胀率之差：

$$P^f/P \text{ 的增长率} = \Delta P^f/P - \Delta P/P$$

$$P^f/P \text{ 的增长率} = \pi^f - \pi$$

因此，我们有：

$$\text{实际汇率的增长率} = \Delta\varepsilon/\varepsilon - (\pi^f - \pi) \tag{18.4}$$

当方程(18.2)中的PPP条件成立，从而实际汇率等于1时，实际汇率的增长率等于0。因此，方程(18.4)的右边一定为零。我们如果移项，得到另一个关键条件：

关键方程(相对形式的购买力平价)：

$$\Delta\varepsilon/\varepsilon = \pi^f - \pi \tag{18.5}$$

名义汇率的增长率 = 国外通货膨胀率 − 国内通货膨胀率

方程(18.5)称为**相对形式的PPP**，而方程(18.2)常常称为**绝对形式的PPP**。相对形式涉及名义汇率和物价的增长率，而绝对形式涉及名义汇率与物价水平。PPP的相对形式比绝对形式的应用更为普遍。绝对形式要求实际汇率等于1。相对形式则要求实际汇率不变，从而方程(18.4)中的实际汇率的增长率等于0。因为现实中要使相对形式的PPP成立，实际汇率的水平不一定等于1。

广泛的研究表明，对于发达国家而言，相对PPP条件在短期内与数据不是很相符。也就是说，在短期内实际汇率可能会大幅变动，肯定不是固定不变(甚至在数值不为1时也是如此)。可是在长期内，相对PPP条件对于发达国家的确相当吻合。

表18.3列出了图18.1和图18.2中探讨的几个主要经济体从1950年到2005年通货膨胀率与实际汇率的走势。

表18.3　美国与六个其他经济大国的通货膨胀率及名义汇率与实际汇率

国　家	(1) 通胀率 π_i	(2) 与美国通胀率的差异 $\pi_i - \pi$	(3) 名义汇率增长率 $\Delta\varepsilon^i/\varepsilon^i$	(4) 实际汇率增长率 [(3)−(2)]
美　国	3.5	0.0	0.0	0.0
加拿大	4.1	0.6	0.2	−0.4
法　国	5.1	1.6	0.7	−0.9
德　国	2.9	−0.6	−1.8	−1.2
意大利	6.7	4.2	1.7	−2.5
日　本	3.5	0.0	−2.2	−2.2
英　国	5.7	2.2	0.8	−1.4

注：所有的变量用每年百分比表示。时期为1950年至2005年。国家 i 的通货膨胀率 π_i，按GDP平减指数计算。通货膨胀率差异 $\pi_i - \pi$ 为 π_i 与美国通胀率 π 之差。名义汇率的增长率 $\Delta\varepsilon^i/\varepsilon^i$ 为国家 i 的货币与美元的名义汇率的增长率。负数意味着美元的价值相对于货币 i 上升。实际汇率的增长率为名义汇率的增长率(第三栏)减去通胀率差异(第二栏)。负值意味着随着时间的推移，与国家 i 生产的商品相比，美国生产的商品变得不再那么贵了。数据来自国际货币基金组织的《国际金融统计》。

表 18.3 中有这样一种趋势，即与美国的较大的通胀率差异（第二栏）是同较高的名义汇率增长率（第三栏）相匹配的。然而，这种匹配还不够紧密，不足以使第四栏中的实际汇率的增长率等于 0。法国、德国、意大利、日本和英国与美国的实际汇率每年下降 1%—2%。也就是说，与美国相比，这些国家的货币都以每年 1%—2%的速度变得昂贵了。至于加拿大，变化小多了——实际汇率每年下降 0.4%。总之，在探讨这几个主要经济体时，表 18.3 表明实际汇率的变化是显著的，但并没有那么大。

表 18.4 探讨了一组大多是中等收入、在 1955—1996 年期间平均通胀率较高的国家的通胀率及名义汇率与实际汇率。在此情况下，与美国的通胀率比较的差异（第一栏）同名义汇率增长率（第二栏）相匹配，从这一意义上讲，相对 PPP 条件看起来作用发挥很不错。与名义汇率增长率相比，第三栏中的实际汇率增长率的变化很小。

表 18.4　高通胀国家的通胀率及名义汇率与实际汇率

国　家	(1) 通胀率差异 $\pi_i-\pi$	(2) 名义汇率增长率 $\Delta\varepsilon^i/\varepsilon^i$	(3) 实际汇率增长率 [(2)−(1)]
阿根廷	68	64	−4
巴　西	81	80	−1
智　利	31	36	5
哥伦比亚	12	15	3
冰　岛	14	15	1
印度尼西亚	7	7	0
以色列	24	24	0
秘　鲁	48	46	−2
乌拉圭	38	37	−1

注：时期——界定为包括高通胀时段——为 1955—1996 年，但巴西为 1957—1996 年、印度尼西亚为 1968—1996 年、乌拉圭为 1960—1996 年。国家 i 的通货膨胀率 π_i 是根据消费者价格指数计算的。通胀率差异 $\pi_i-\pi$ 为 π_i 与美国通胀率 π（从 1955—1996 年每年 4%）之差。名义汇率增长率 $\Delta\varepsilon^i/\varepsilon^i$ 为国家 i 与美元的名义汇率的平均增长率。正数意味着美元的价值相对于货币 i 上升了。实际汇率的增长率为名义汇率的增长率（第三栏）减去通胀率差异（第二栏）。正数意味着随着时间的推移，与国家 i 生产的商品相比，美国生产的商品变得贵了。数据来自国际货币基金组织的《国际金融统计》。

18.3　利率平价

我们现在看看各国利率之间的联系。假设每个国家的名义利率都不一样。我们再次将美国假设为本国，英国为外国。美国的名义利率用 i 表示，表示每年为持有的每 1 美元的美国债券支付的美元。英国的名义利率为 i^f，表示每年为持有的每英镑英国债券支付的英镑。

考虑有个家庭在 t 年有 1 美元，正在为持有美国债券还是英国债券做出选择。(该家庭可以居住在任何国家。)选择 1：直截了当地持有美国债券。在 $t+1$ 年拿到的美元金额取决于美国的利率：

选择 1：持有美国债券

$$\text{在 } t+1 \text{ 年拿到的美元} = 1+i \tag{18.6}$$

第二个选择就是利用外汇市场取得英镑，购买英国债券，并在一年以后利用外汇市场兑回美元。在此情况下，重要的一点是，英镑与美元之间的名义汇率随着时间的推移可能发生变化。所以我们用时间的下标表示 t 年的名义汇率 ε_t。在 t 年，家庭可以将其 1 美元换为 ε_i 英镑。通过持有名义利率 i^f 的英国债券，家庭在 $t+1$ 年拿到 $\varepsilon_t \cdot (1+i^f)$ 的英镑。在 $t+1$ 年，每英镑可以按每英镑 $1/\varepsilon_{t+1}$ 美元的汇率换成美元。因此，如果家庭在 $t+1$ 年将英镑兑回美元，拿到 $\varepsilon_t \cdot (1+i^f)/\varepsilon_{t+1}$ 美元。所以，第二种选择的收益率为：

选择 2：利用外汇市场并持有英国债券

$$\text{在 } t+1 \text{ 年拿到的美元} = \varepsilon_t \cdot (1+i^f)/\varepsilon_{t+1} \tag{18.7}$$

如果利用外汇市场并持有英国债券不存在成本，在 $t+1$ 年均衡时两种选择必须产生一样多的美元。否则，所有家庭就会只持有收益率最高国家的债券，只在收益率最低国家借款。所以方程(18.6)和(18.7)给出的均衡条件为：

$$1+i = \varepsilon_t \cdot (1+i^f)/\varepsilon_{t+1} \tag{18.8}$$

持有美国债券的收益率 = 利用外汇市场持有英国债券的收益率

在我们解释方程(18.8)之前，我们觉得利用代数简化结果很有用。先移项，得到：

$$1+i^f = (1+i) \cdot (\varepsilon_{t+1}/\varepsilon_t)$$

名义汇率的增长率为：

$$\Delta\varepsilon_t/\varepsilon_t = (\varepsilon_{t+1} - \varepsilon_t)/\varepsilon_t$$

$$\Delta\varepsilon_t/\varepsilon_t = \varepsilon_{t+1}/\varepsilon_t - 1$$

因此，我们在上面的方程中以 $(1+\Delta\varepsilon_t/\varepsilon_t)$ 取代 $\varepsilon_{t+1}/\varepsilon_t$，得到：

$$1+i^f = (1+i) \cdot (1+\Delta\varepsilon_t/\varepsilon_t)$$

我们如果将右边的两项相乘，去掉括号，得到：

$$1+i^f = 1+i+\Delta\varepsilon_t/\varepsilon_t + i \cdot \Delta\varepsilon_t/\varepsilon_t$$

最后一项 $i \cdot \Delta\varepsilon_t/\varepsilon_t$ 往往数字很小——事实上，如果我们考虑的不是几年，而是很短的时期，该项可以忽略不计。我们所以忽略该项。我们如果消除方程两端的 1，将 i 从右边移至左边，得到我们要找的结果：

$$i^f - i = \Delta\varepsilon_t/\varepsilon_t \quad (18.9)$$

利率差异 = 名义汇率增长率

为理解方程(18.9),设想英镑与美元的汇率 ε_t 随着时间的推移而上升——即美元的价值相对于英镑以 $\Delta\varepsilon_t/\varepsilon_t$ 的速度上升。为了使美国和英国债券产生同样的美元收益率,英国的名义利率 i^f 必须按名义汇率的增长率 $\Delta\varepsilon_t/\varepsilon_t$ 增长,从而超出美国的名义利率 i。也就是说,利率差必须补偿有利于持有美国债券的名义汇率的上升。

实践中,名义汇率的变动并非预先能精确地显示出来。所以,必须用预期增长率 $(\Delta\varepsilon_t/\varepsilon_t)^e$ 代替方程(18.9)中的增长率 $\Delta\varepsilon_t/\varepsilon_t$。我们做出这一变动时,就得到称为**利率平价**的重要结果:

关键方程(利率平价):

$$i^f - i = (\Delta\varepsilon_t/\varepsilon_t)^e \quad (18.10)$$

利率差异 = 名义汇率的预期增长率

方程(18.10)背后的思想是,要使两种利率提供同样的交易收益——两国债券具有同样的收益平价,名义利率的差异 $i^f - i$ 必须补偿名义汇率的预期增长率 $(\Delta\varepsilon_t/\varepsilon_t)^e$。①

现实世界中的几种因素阻碍了利率平价的完全成立。其中的因素有:资产收益率和汇率走势的不确定性、不同国家对利息收入的税收处理,以及政府对货币兑换和资产跨国流动的限制。至于主要的发达国家,在短期内与利率平价的离差有时相当大,但在长期内大都较小。

我们可以利用利率平价的结果来比较各国的实际利率。为进行比较,我们需要采用前面的相对形式的购买力平价的结果:

$$\Delta\varepsilon/\varepsilon = \pi^f - \pi \quad (18.4)$$

我们可以修正表示预期汇率项的这一条件:

$$(\Delta\varepsilon_t/\varepsilon_t)^e = (\pi^f)^e - \pi^e \quad (18.11)$$

如果我们以这个结果代替方程(18.10)中利率平价条件中的 $(\Delta\varepsilon_t/\varepsilon_t)^e$,得到:

$$i^f - i = (\pi^f)^e - \pi^e \quad (18.12)$$

利率差异 = 预期通货膨胀率差异

我们可以移项,得出关于实际利率的一个重要结果:

① 虽然名义汇率的增长率在事先是未知的,但是如"世界各地的汇率"专栏文章中所述,债券持有人可以通过利用远期外汇合约确保自己将来得到的汇率。在此情况下,方程(18.10)右面的 $(\Delta\varepsilon_t/\varepsilon_t)^e$,可用(远期汇率－即期汇率)/(即期汇率)给出的外汇市场远期升水代替。方程(18.10)左面的利率差异与远期升水相等,称为抵补利率平价。

关键方程(各国预期实际利率的相等)：

$$i^f-(\pi^f)^e=i-\pi^e \tag{18.13}$$

外国预期的实际利率 = 本国预期的实际利率

因此，将利率平价条件[方程(18.10)]与相对形式的 PPP 条件[方程(18.11)]结合起来，意味着外国(英国)的预期实际利率与本国(美国)的相同。

至于发达国家，实际上政府证券的预期实际利率并不相同，但差异通常不是太大。①如上所述，存在差异的一个原因是，相对形式的 PPP 条件[方程(18.11)]并非总是成立；即人们并非总是预期汇率保持不变。我们提到过，对于发达国家而言，实际汇率随着时间的推移大都向着接近于 1.0 调整。例如，以在 2004 年与美国相比物价昂贵的瑞士和瑞典为例，表 18.2 中的实际汇率分别为 0.69 和 0.77。我们的预计是，这些汇率在长期向 1.0 上升。

回顾一下，实际汇率的方程为：

$$\text{实际汇率}=\varepsilon/(P^f/P) \tag{18.3}$$

我们的预计是，瑞士与瑞典不断上升的实际汇率意味着名义汇率的预期增长率 $(\Delta\varepsilon_t/\varepsilon_t)^e$ 必然大于 P^f/P 的增幅，后者等于预期通货膨胀率之差 $(\pi^f)^e-\pi^e$。所以，我们得到的不是方程(18.11)中的等式，而是不等式：

$$(\Delta\varepsilon_t/\varepsilon_t)^e>(\pi^f)^e-\pi^e \tag{18.14}$$

我们如果将这个不等式代入方程(18.10)中的利率平价条件，得到：

$$i^f-i>(\pi^f)^e-\pi^e$$

移项，得到：

$$i^f-(\pi^f)^e>i-\pi \tag{18.15}$$

外国的预期实际利率 = 本国的预期实际利率

所以，我们对开始时物价比美国贵——诸如瑞士和瑞典在 2004 年实际汇率较低——的国家的预计是，这些国家的预期实际利率将高于美国。考虑这一结果的一种思路是，我们预期物价相对昂贵的国家随着时间的推移物价变得便宜。要作出这样的调整，这些国家的通货膨胀率必须相对较低，这与相对较高的实际利率相对应。

18.4 固定汇率

直到 20 世纪 70 年代初，除了发生重大战争的时期之外，发达国家在它们的货

① 至于这方面的论述，参阅 Barro 和 Xavier(1990)的著作，R. Cumby 和 M. Obstfeld(1984)的著作，以及 F. Mishkin(1984)的著作。

币之间一般都保持着固定的名义汇率。表18.1和表18.2显示了从1950年至70年代初六种主要货币与美元之间的名义汇率,同以后的情况相比,变动次数少,波动幅度小。所考察的六个国家中,这一时期内固定名义汇率的主要例外是加拿大元在60年代初之前的波动,以及法国法郎、德国马克和英镑名义汇率的一些重新安排。

在第17章里,我们假设了某种极端形式的固定名义汇率制——所有国家采用共同货币的情况。由于只有一种货币,名义汇率必然牢牢地固定。在一国之内,这种安排太普遍了,通常都认为理所当然——例如,马萨诸塞州和加利福尼亚州使用同样的美元,从而维持固定的名义汇率。然而直到最近,各国典型的情况是每个国家都有自己的货币。自1999—2000年以来的一个重要例外是欧元。在这之前,共同货币的主要例子是使用另一国的货币或共享单一的货币。例如,巴拿马和厄瓜多尔使用美元;非洲12国使用CFA法郎,除了一次贬值外,它与法国法郎(1999年以来与欧元)挂钩;加勒比7个岛国使用加勒比元,与美元挂钩。

从第二次世界大战直至20世纪70年代初多数发达国家采用的固定汇率制称为**布雷顿森林体系**。[①]在这一制度下,参与国确定一个狭窄的波动幅度,将其货币与美元的名义汇率ε钉住在这幅度内。各国央行随时准备以每美元ε单位的汇率买卖本国货币。例如,在家庭(或者更可能是金融机构)想减少其马克的持有量时,德国中央银行(德意志银行)用美元换取马克,而当家庭想增加马克的持有量时则相反。为管理汇率,各家中央银行保持一定的资产作为国际储备——例如,美国的货币或黄金,或可能性更大的是诸如随时可兑换成美国货币的美国短期国债之类的生息资产。当时的美国要随时准备(按照外国官方机构的要求)以固定的价格用美元兑换黄金,当时的黄金价格为每盎司35美元。这样,通过与美元保持固定的名义汇率,各国间接地将其货币钉住在黄金上。

历史上固定汇率制的另一个例子是古典金本位制。在这一背景下,各国央行按固定的汇率直接将其货币钉住黄金。英国除了由于拿破仑战争而在1797至1821年中止一段时间外,实际上从18世纪初直至第一次世界大战都实行金本位制。在一战期间脱离金本位制后,英国在1926年恢复了这一制度,但在大萧条期间的1931年又脱离金本位制。美国从1879年开始直至整个大萧条期间都实行金本位制,在1933年结束,当时黄金的价格从每盎司20.67美元上升到35美元。在这之前,白银在美国起着更大的作用。从国际的角度看,1890年至1914年是金本位制的鼎盛时期。

在金本位制(或其他商品本位制)下,各国央行将其货币的价值钉住黄金(或其他商品)。例如,一盎司的黄金在纽约定为20美元,而在伦敦为4英镑(在1914年大致普遍是这个价位)。在此情况下,英镑与美元之间的名义汇率必然接近于每美元0.2英镑。否则(在计入运输黄金成本的前提下)在一国买进黄金并在另一国出

① 该制度以建立制度的会议所在地新罕布什尔州的布雷顿森林命名。

售就有利可图了。如布雷顿森林体系那样，如果各参与国遵守这个标准的话，古典金本位制就会在各种货币之间保持固定的名义汇率。

在黄金或其他商品不起任何作用的制度下，各国也有可能保持固定的名义汇率。例如，从 1979 年至 1992 年，几个西欧国家将其货币之间的名义汇率保持固定在相当窄的波动幅度内。这一称为欧洲货币体系（EMS）的安排，后来有效地演变成为欧元，经过 1999 年至 2001 年的过渡期后，成为 12 个西欧国家的共同货币。虽然西欧的多数国家使用欧元，但是有些重要的国家例外，如英国、瑞典、丹麦和瑞士。

18.4.1 固定汇率制下的购买力平价

为理解固定的名义汇率制度的运作，再次考察以美国为本国的场景。我们依然将英国当作外国，但我们必须考察在 1971 年之前英镑与美元的汇率在多数年份里固定不变的情况。

假设绝对 PPP 条件成立，从而名义汇率 ε 等于英国的物价水平 P^f 与美国的物价水平 P 的比率：

$$\varepsilon = P^f/P \tag{18.2}$$

进行移项，英国的物价水平为：

$$P^f = \varepsilon P \tag{18.16}$$

因此，如果名义汇率 ε 固定不变，P^f 与 P 必定亦步亦趋。这一条件意味着英国的通货膨胀率 π^f 等于美国的通货膨胀率 π：

在固定汇率制下

$$\pi^f = \pi \tag{18.17}$$

如果我们容许与 PPP 条件偏离的情况，两种通胀率之间的等式就不成立。然而，我们知道 PPP 条件在长期内作用发挥很好。所以，如果一国固定其货币与美元的名义汇率，该国在长期内必定经历与美国大致相同的通货膨胀率。

利率平价的条件是：

$$i^f - i = (\Delta\varepsilon_t/\varepsilon_t)^e \tag{18.10}$$

在固定的名义汇率制下，名义汇率的预期增长率 $(\Delta\varepsilon_t/\varepsilon_t)^e$ 等于 0。所以方程（18.10）意味着英国的名义利率等于美国的利率：

在固定汇率制下

$$i^f = i \tag{18.18}$$

如果我们容许偏离利率平价条件的情况，名义利率之间的等式就不成立。然而，我们知道，至少对于几个发达国家而言，这一条件很起作用。所以，如果一国——尤其是一个发达国家——固定与美元的名义汇率，该国的名义利率必定与美国的大致相同。

18.4.2 固定汇率制下的名义货币量

我们现在要研究固定汇率制下名义货币量的决定因素。为得出这些结果，我们将外国当作相对于美国在经济上是小国。我们尤其假设外国的经济变化对美国经济变量的影响微乎其微。所以，如果外国在经济上小于英国，我们的结论就更符合情况。

对于第 10 章所述的封闭经济，我们强调了一国的名义货币量 M 与其物价水平 P 之间的关系。如前所述，我们把货币看作是流通中的通货，或较广义地说，是高能货币，其中包括金融机构在中央银行的存款。问题是，我们现在对固定汇率制的分析怎样与第 10 章的论述联系起来？我们好像没有分析英国的名义货币量 M^f，就决定了方程(18.16)中的英国物价水平 P^f。

如第 10 章所述，英国家庭需要一定数量的实际货币 M^f/P^f，这取决于英国的实际 GDP Y^f 和名义利率 i^f。我们还从方程(18.18)知道英国的名义利率 i^f 等于美国的利率 i。所以 M^f 等于名义需求量的条件为：

$$M^f = P^f \cdot L(Y^f, i) \tag{18.19}$$

如第 10 章所述，函数 $L(\cdot)$决定了英国的对货币的实际需求。这种实际需求随着实际 GDP Y^f 的上升而上升，随着名义利率 i 的上升而下降。

如果绝对 PPP 条件成立。英国的物价水平由下式给出：

$$P^f = \varepsilon P \tag{18.16}$$

如果我们将方程(18.16)中的 P^f 代入方程(18.19)，得到：

$$M^f = \varepsilon P \cdot L(Y^f, i) \tag{18.20}$$

名义汇率 ε 为固定的数值。我们现在假设美国的物价水平 P 与名义利率 i 的决定同英国的情况无关。因此，对于给定的英国实际 GDP Y^f，方程(18.20)确定了必须在英国境内流通的名义货币量 M^f。所以 M^f 不可能由英国的中央银行英格兰银行自由地选择。

为理解这些结果，假设英国的物价水平开始时与方程(18.16)中的绝对 PPP 条件相符。进一步假设英国的名义货币量 M^f 等于方程(18.20)给出的数量，从而等于名义需求量。

假设英格兰银行通过公开市场买进英国政府债券而增加名义货币量 M^f，这是第 14 章论述的一种公开市场业务。表 18.5 显示了该银行简化的资产负债表。至于我们探讨的公开市场业务，资产负债表左面的以英国债券形式存在的英格兰银行的资产数量上升了。相应地，在资产负债表的右面，以流通中的英国货币 M^f 形式存在的银行负债增加了。

表 18.5　简化的中央银行(英格兰银行)的资产负债表

资　　产	负　债
国际储备(美国货币美元和美国短期国债和其他国家货币,黄金)	英国货币 M^f
英国债券	

我们在第 10 章对封闭经济的分析表明,M^f 的增加将提高英国的物价水平 P^f。然而,如果 P^f 升高,就会超出方程(18.16)确定的 PPP 水平。因此对于给定的名义汇率 ε,与在美国购买的商品相比,在英国购买的商品变得贵了。两国家庭的反应是,不再在英国购买商品而转向美国。为方便实施这一变化的支出模式,家庭——或更符合实际一点是金融机构——将它们多余的英国货币拿到英格兰银行换成美国货币。注意:如果该银行要保持名义汇率固定不变,就随时准备按每英镑 $1/\varepsilon$ 美元的汇率用美元兑换英镑。但是,英国的名义货币量 M^f 接着降回到原先的水平。在表 18.5 中,资产负债表右边的 M^f 下降了。在左边,英格兰银行流失了以美元或可能性更大的是以美国短期国债形式出现的资产。这些资产与其他外国货币和黄金一起称为**国际储备**,因为它们随时可用于向金融机构——包括其他国家的中央银行——进行支付。

对表 18.5 中资产负债表左面的最终影响是,英格兰银行(在最初的公开市场业务中买进的)的英镑债券形式的资产多了,而国际储备少了。在右面,名义货币量 M^f 增减相抵后保持不变。货币开始时的增长被向英格兰银行的货币回流完全抵消。只有此时,英国的名义货币量 M^f 才等于方程(18.20)所述的名义需求量。这种不变的 M^f 与不变的英国物价水平 P^f 相符。也就是说,P^f 与方程(18.16)给出的 PPP 条件吻合。

为使论述完整,我们得评价一下英格兰银行对这种国际储备流失的反应。一种可能是,该银行容许名义货币量 M^f 降回至与方程(18.20)相符的水平。在此情况下,英格兰银行最终持有的英国政府债券增多了,持有的国际储备减少了,但在总体上名义货币量 M^f 不变。这种名义货币量的自动反应是金本位制和其他固定汇率制的关键因素。该机制的含义是,只要中央银行固定名义汇率 ε,就会缺少对名义货币量 M^f 的控制。

另一种可能性是,当自动机制趋向于减少名义货币量 M^f 时,英格兰银行可能通过再次启动公开市场买进英国债券而冲抵这一趋势。这个过程称为**冲销**,因为该银行试图冲销或避免因国际储备流失而对流通中的名义货币量 M^f 产生的影响。在目前的情况下,英格兰银行想货币扩张,即使这种扩张与固定的名义汇率制不一致。最终,冲销的政策导致储备的流失如此之大,以至于英格兰银行要么不愿意、要么无法维持名义汇率。换句话说,随着储备的短缺,英格兰银行不再愿意或能够按每英镑 $1/\varepsilon$ 美元的固定汇率出售美元。相反,可能进行贬值,就是降低英镑相对于美元的价值。在目前的例子中，英国的贬值就是将汇率降至每英镑 $1/\varepsilon$ 美元以下——从而每美元英镑的数目 ε 上升。中央银行冲销国际储备流动的倾向威胁到固定汇率制的可行性。①

我们还应提一下英国的政策对国际储备流失的另一种可能的反应。回顾一下，这种流失是由英格兰银行过度创造货币造成的。这一政策趋向于使英国的物价水平 P^f 提高到超过方程(18.16)给出的绝对 PPP 的数值。为阻止国际储备的流失，英国政府可能施加贸易限制，人为地提高美国商品对英国家庭的成本。更为普遍的观点是，英国政府可能干预自由的国际贸易，以防止绝对 PPP 条件成立。所以在固定汇率制下过度的货币扩张有两类不利的影响。一是国际储备的流失，一种最终往往会造成货币贬值的结果。二是为了避免贬值或货币紧缩，政府可能干预自由贸易。二战以后这些频繁的干预是固定汇率制的反对者们采用的主要论据[参见 Friedman(1968a, ch. 9)]。

18.4.3 货币贬值和升值

我们讨论了英国流失国际储备，从而形成货币贬值压力的情况。在其他情况中，英国增加国际储备，有提高其货币价值的压力。英国货币的估价上升——每英镑换取的美元数目 $1/\varepsilon$ 的上升——称为**升值**。

在固定的名义汇率制下，贬值与升值的压力不是对称的。贬值多半是由于国际储备的流失造成的。储备耗尽的威胁直接产生贬值的压力——例如，英格兰银行可能不再有能力以每英镑 $1/\varepsilon$ 美元的汇率用美元换取英镑。在相反的情况下，英格兰银行则积累国际储备。在此情况下，升值的压力不那么直接。多数情况是，该银行必然断定持有大量的国际储备不是必需的。2006 年的一个例子是，日本、中国和其他亚洲国家积累了巨额的美国国债。重新估值是对付国际储备积累的一种方法。

图 18.1 和图 18.2 举了 20 世纪 70 年代初以前，主要是固定汇率制时期的贬值与升值的例子。法国在 1957—1958 年总计将法郎贬值了 40%，德国在 1961 年将马克升值 5%，1969 年升值 7%，而英国在 1967 年将英镑贬值 14%。此外，在布雷顿森林体系行将成为历史的 1971—1972 年发生了几次升值：日本将日元升值 16%，德国将马克升值 13%，以及瑞士将法郎升值 13%。

世界历史上有许多最后以大幅贬值告终的固定汇率制的例子。然而，除了已经提到的 70 年代初以前的情况外，很难找到以大幅贬值告终的固定汇率体系。在 2005—2006 年，中国中止与美元的固定汇率制时，将其货币——人民币——只升值了 3%。近来最后导致大幅贬值的固定汇率制包括英国(根据欧洲货币体系在与其他主要欧洲货币保持固定汇率一段时间后，在 1992 年贬值 32%)、墨西哥

① 这种论述采用称为**国际收支货币分析法**的框架。这一分析方法是由 Robert Mundell(1968, 1971)提出的。在 18 世纪大卫·休谟的论著中可找到这一理论的早期根源；参见 Eugene Rotwein (1970)。

(1994—1995 年贬值 97%)、韩国(1997—1998 年贬值 91%)、马来西亚(1997—1998 年贬值 67%)、泰国(1997—1998 年贬值 109%)、印度尼西亚(1997—1998 年贬值 495%)、俄罗斯(1998 年贬值 266%)、巴西(1999 年贬值 71%),和阿根廷(2002 年贬值 280%)。

我们现在考察外生贬值产生的影响。假设英格兰银行通常与美元保持固定名义汇率制(如 1971 年之前那样)。然后,在没有任何特定的理由的情况下,该银行决定减少每英镑兑付的美元数目 $1/\varepsilon$。也就是说,每美元兑付的英镑数目 ε 增加了。

再次考察实际汇率:

$$实际汇率 = \varepsilon/(P^f/P) \tag{18.3}$$

这给出了与在美国能买到的商品数目相比的(用 1 美元)在英国能买到的数目。如果英国将其货币贬值——提高名义汇率 ε——对于给定的英国与美国的价格比 P^f/P,实际汇率上升。最终 P^f 上升的幅度足以使实际汇率恢复至均衡水平,即近似于 1.0 的某个数值。要点是英国的贬值造成英国的通货膨胀压力。①

注意贬值与通货膨胀之间双向的因果关系。我们以前发现扩张性货币政策——提高 M^f 和 P^f——会造成贬值的压力。在这意义上,国内通胀大都会造成贬值。我们现在看到外生性贬值趋向于提高 P^f。在这一意义上,贬值本身就是通胀性的。

18.5 浮动汇率

以美元为支柱的国际固定名义汇率制,在 20 世纪 70 年代初瓦解了。一个原因是美元的过度创造,结果在 60 年代中期以后美国的物价水平上扬。这种通货膨胀使美国按 35 美元一盎司的定价维持美元兑换黄金的可兑性越来越困难。尼克松总统在 1971 年决定提高黄金的美元价格,遏制黄金从美国流向外国中央银行。这些行动预示着各国货币通过美元与黄金挂钩的布雷顿森林体系走到了尽头。

回到现实

亚洲金融危机

如第 3 章所述,自 20 世纪 60 年代以来,世界上增长最快的许多国家在东亚。然而,其中许多国家在 1997—1998 年的亚洲金融危机中遭受了挫折。危

① 如我们对英格兰银行及其在表 18.4 中的资产负债表的分析那样,我们可以证明,在提高 P^f 的过程中,英国的名义货币量 M^f 必然增加。这种分析适用于一次性贬值。如果家庭预期将来还会贬值,就会产生其他影响。这种预期提高英国的预期通胀率 $(\pi^f)^e$,这将提高方程(18.10)中的英国名义利率 i^f。

机始于1997年的7月，泰国的货币泰铢开始浮动，泰铢自80年代初以后一直与美元保持固定比价。危机迅速波及菲律宾的比索（自1990年以来对美元的比价相当稳定）、马来西亚的林吉特（自80年代中期以来对美元的比价几乎固定不变）、印度尼西亚的卢比（自80年代末以来对美元逐渐贬值），和韩国的韩元（自80年代中期以来对美元的比价相当稳定）。从1997年的夏天到1998年最险恶的时刻（1月至9月之间），泰国、菲律宾、马来西亚和韩国的货币贬值幅度在60%至110%之间，而印度尼西亚贬值了大约400%。由于相对物价水平的变化不大，这些名义汇率的急剧贬值也代表了实际汇率的暴跌。其他东亚经济体经历的贬值温和多了（新加坡和中国台湾），或者没有贬值（中国内地和中国香港）。

是什么造成了亚洲金融危机？当时许多观察家认为亚洲的这些增长“巨星”受到了非理性的世界货币市场不公正的惩罚。然而以后的分析发现了政府政策和机制方面的问题，特别是国内金融体系中的问题。这样的背景使大多东亚国家政府鼓励其企业在世界市场过度借款，特别是向银行和金融公司大举借款，投资于建筑和其他工程。虽然许多投资有很强的投机性，但由关键决策者——金融家和企业家——承担的有限的风险导致过度借款和投资。此外，许多贷款受到政府压力的影响，投向政治上得到优惠的公司，这类投资常常是不盈利的。

当人们对某些东亚国家投资与贷款结构有进一步了解后，有些投机者开始在股市、债市和房地产市场上打压资产的价值。这些调整和投资的削减推动了金融危机，演变成破产风，尤其是银行和建筑公司的破产。银根收紧导致实际经济活动广泛的紧缩——例如，泰国1998年的实际GDP下降了，这是自20世纪50年代以来的首次下降。

到1999年，遭受金融危机的东亚国家重振雄风，经济开始增长，虽然增长速度低于危机前的水平。但庆幸的是，某些国内的金融条例和政府政策得到了改善，以便推动根据稳健的商业原则而不是软弱的个人动机或政府压力发放贷款。因此，尽管遭受亚洲金融危机的痛苦，但是吸取了一些有用的长期教训。

自20世纪70年代初以来，多数发达国家容许其货币或多或少地自由波动以便出清外汇市场。我们从图18.1和图18.2中看到，自70年代初以来，六种主要货币与美元的名义汇率的波动幅度相当大。许多中低收入的国家，尤其是表18.4中列出的高通胀国家，也实行浮动汇率。该表显示出这些高通胀国家的名义汇率随着时间的推移急剧上升。

国家集团，诸如1979—1992年欧洲货币体系的成员国以及1999年以来的欧元区国家，在它们的货币之间维持固定汇率。阿根廷在1991—2001年保持与美元的固定汇率，中国在1994—2005年维持与美元的固定汇率，其他亚洲国家也在各个不同的时期维持与美元的固定汇率。然而，70年代初以来最重要的发展是越来越多地依赖浮动汇率制。为研究这一制度，我们必须扩展模型，探讨浮动汇率制下汇率的决定。

我们再次将英国当作外国，美国为本国。绝对PPP条件仍然给出了英国物价水平P^f和美国物价水平P之间的关系：

$$P^f = \varepsilon P \tag{18.16}$$

与固定汇率制的区别在于名义汇率ε不是固定不变的数值。在浮动汇率制下由于通过ε的调整，即使绝对PPP条件永远成立，P^f也不必锁住P亦步亦趋。

英格兰银行现在可以利用政策工具实现所需物价水平P^f的路径。如我们在第10章和第11章里对封闭经济分析的那样，这一过程涉及英国名义货币量M^f和英国名义利率i^f的调节。给定P^f的路径，英国可以让名义汇率ε自由地调节（或浮动）以满足方程(18.16)中的绝对PPP条件。所以，要点是，英国可以选择独立于美国的某种货币政策。

18.6 固定汇率与浮动汇率：比较

每个国家都可以选择是实行浮动汇率制还是固定汇率制——例如，同美元（或欧元或一篮子货币）捆绑在一起的汇率制。每种制度各有千秋，我们不能说一种制度在任何时候对于所有国家都是最好的。然而，我们可以列出两种制度的优缺点。

- 固定名义汇率制的极端形式是共同货币。这种安排适用于国家内部；例如，加利福尼亚州和马萨诸塞州使用同样的货币美元。这一制度极其方便；极大地便于商品和资产的跨州贸易。跨越国界使用共同货币同样便捷。因此在1999—2001年，12个西欧国家采用共同货币欧元的决策推动了这些国家之间商品和资产的贸易。对交易来说，不同货币之间的固定名义汇率不如共同货币便捷，但固定汇率制比浮动汇率制便捷。说明这一点的一个思路是：我们观察到，选择固定汇率制时考虑的不是要不要实行的问题，而是决定适用于多少经济活动、有多大的司法管辖权、在多广的地理领土上实行的问题。如果固定名义汇率制只适用于各个独立的国家内部而不适用于跨越国际边界，会怎样呢？从经济的角度看，独立的货币象征国家的独立不大可能是最优的选择。
- 浮动名义汇率制的一个长处是，它多了一种满足方程(18.16)中的PPP条件$P^f = \varepsilon P$的方法。对于给定的美国物价水平P，将名义汇率固定为ε意味着外国的物价水平P^f必须进行自身的调整以满足PPP条件。如果价格如第16章中凯恩斯模型里提出的那样缓慢地调整，这种调整或许很难。于是在向新的P^f均衡值的过渡中，经济可能遭遇产出的下降和高失业。在浮动汇率制下，通过名义汇率ε的快速调整，可以避免某些艰难的过渡。经济学家们认为这种粘性价格的论点对于差别很大的国家，即对于相互贸易很少、国与国之间没什么劳动与资本流动的国家来说更为重要。因此，这一论点的含义是，固定的名义汇率制——包括共同货币——对于基本相似、有大量的贸易、国与国之间的劳动与资本有大量流动的国家较为合适。

- 至少在长期内，固定汇率制预先排除了独立的货币政策的可能性。以相反的方式表述，即浮动汇率制容许随时随地采取独立的货币政策。如果货币当局明智地利用其政策工具改善经济的运行，这种独立性或许很有用。例如在第6章里假设的那种粘性价格的情况下，可以用货币政策避免生产低迷而且失业率高的时期。固定的名义汇率制预先排除了这种有用的货币政策。
- 浮动汇率制下的货币政策的独立性并非总是理想的。例如在第15章里阐述的价格错觉模型中，产出与就业会对物价水平和货币总量出乎预料的波动作出反应。在这些情况下，货币当局或许想以未预期的通胀给家庭出乎预料的冲击，这种诱惑往往会在现实中形成一种高而捉摸不定的通货膨胀的均衡。固定名义汇率制的一个长处是迫使货币当局不能实施这种货币政策。也就是说，如果中央银行受到制约要维持名义汇率，就不能同时在物价水平与货币总量方面作出重大的出乎预料的变动。从这一角度看，固定汇率制产生的结果也许好于浮动汇率制。然而，由于人们认识到政府和中央银行可能违背保持固定名义汇率制的承诺，这一结论正受到严峻的考验。作为例子，阿根廷在1991年采用一种强有力的形式建立与美元的固定汇率。这一承诺是一个广泛的经济改革计划的一部分，而固定汇率制的执行情况一直到1998年都很好，改善了阿根廷经济的运行。可是在1999—2001年的经济危机过后，阿根廷政府和中央银行违背了1比索价值1美元的承诺。急剧的贬值使名义汇率变为每美元大约3比索。在2002年，阿根廷经济因体制变革而急剧下滑，尤其是遭受了经济衰退。

小　　结

在前一章里，所有的国家采用一种共同货币。在本章，我们容许有不同的货币，从而有了货币之间的汇率。名义汇率明文规定了每一美元换取外币——诸如英镑——的数量。相形之下，实际汇率确定了换取每单位美国（或本国）商品所需的英国（或外国）商品的数目。

绝对形式的PPP条件是指名义汇率——比如说，每美元多少英镑——等于英国（或外国）的物价水平与美国（或本国）的物价水平之比。意思相同的说法是，实际汇率等于1。这个条件并非完全成立，因为各个经济体专门生产不同的商品，并且非贸易商品和服务的成本取决于在哪里购买。对于发达国家来说，实际汇率偏离1，但不是偏离太多。至于中低收入的国家，实际汇率远远高于1；即商品和服务的篮子比美国的便宜。

相对形式的PPP条件是指名义汇率的增长率等于英国（或外国）同美国（或本

国)通胀率之差。意思相同的说法是,这个条件是指实际汇率的增长率等于0。对于发达国家而言,这一条件在短期内并不怎么起作用,但在长期内很起作用。它对具有高通胀的中等收入的国家也很管用。

利率平价条件是指,英国(外国)与美国(本国)的名义利率之差等于名义汇率的预期增长率。当它与相对形式的PPP条件结合在一起时,利率平价条件的含义是两国的预期实际利率相同。利率平价条件解释了大量的跨国比较的利率走势,尤其是富国的走势。然而,如果我们考虑到各国税制的差异、资产收益和汇率变动的不确定性,以及政府对货币兑换与资产跨国流动的限制,这个条件不必完全成立。

在布雷顿森林体系下发达国家实行了固定汇率制,从第二次世界大战结束到20世纪70年代初一直占主导地位。共同货币制度也采用固定汇率制,例如1999—2001年12个西欧国家采用的欧元体系。实行固定的名义汇率制时,英国(外国)的通货膨胀率必然与美国的类似。所以实行固定的名义汇率制的国家不能贯彻独立的货币政策。在固定汇率制下实施独立的货币政策的企图会导致国际储备的流失,结果是货币贬值。

在浮动汇率制下,一国可以实施独立的货币政策。为实现理想的物价水平,可以对这一政策进行管理。于是名义汇率可以调整至与该物价水平相符的水平。

选择固定汇率还是浮动汇率取决于几个因素。固定汇率制,尤其是共同货币,降低了商品和服务贸易的交易成本。浮动汇率制容许实行独立的货币政策,有时可以明智地用于避免生产的低迷和高失业。固定汇率制可以有效地约束中央银行保持低而稳定的通胀。然而,政府和中央银行可以通过贬值来违背保持固定汇率的承诺。

重要术语和概念

绝对形式的购买力平价 absolute form of PPP

巴拉萨—萨缪尔森假说 Balassa-Samuelson hypothesis

布雷顿森林体系 Bretton Wood System

贬值 devaluation

外汇市场 exchange market

汇率 exchange rate

固定汇率 fixed exchange rate

浮动汇率 flexible exchange rate

利率平价 interst-rate parity

国际储备 international reserves

国际收支的货币分析法 monetary approach to the balance of payments

名义汇率 nominal exchange rate
非贸易商品 non-tradable goods
购买力平价 purchasing-power parity
实际汇率 real exchange rate
相对形式的购买力平价 relative form of PPP
升值 revaluation
冲销 sterilization

问题和讨论

A. 复习题

1. 在浮动汇率制下，诸如巴西这样有持续性高通胀率 π 的国家，会定期地将其与美元的名义汇率进行贬值。解释为何发生这样的情况。为何巴西政府喜欢这种制度？
2. 解释方程(18.11)中的利率平价条件。说明为何这一条件导致方程(18.14)中各国的预期实际利率相等。

3. 为举例说明固定汇率制，我们提到了古典金本位制、布雷顿森林体系和共同货币等各种制度。说明其中每一种制度为维持固定的名义汇率是怎样运作的。
4. 解释方程(18.2)和(18.5)中的绝对和相对购买力平价的条件。
5. 解释名义汇率与实际汇率有何不同。哪种汇率在固定汇率制下是钉住的？
6. 中央银行在固定汇率制下有没有国内货币量的自由决定权？说明执行独立的货币政策的企图如何导致贬值或升值。为什么这一企图可能导致贸易限制？

B. 讨论题

7. 外汇的期货合约

   如果某人购买1个月期的欧元期货合约，他或她同意按今天设定的美元汇率在下个月购买欧元。该合约的买主做欧元的多头，如果在这一个月欧元升值(超出预期的数量)，做多就做得好。类似地，期货合约的卖主同意以今天设定的美元汇率在下个月卖出欧元。卖主做欧元的空头，如果在这个月欧元贬值(超出预期)，空头就做得好。

   考虑期限为一个月的欧元债券。该债券今天以特定数目的欧元出售，一个月后支付规定数目的欧元。某人可以怎样利用货币期货市场来保证买进欧元债券并持有一个月的美元计算的收益率？
8. 金本位制下输送黄金

   假设(采用非现实的数字)黄金的价格在纽约为每盎司5美元，在伦敦为每盎司1英镑。假设开始时黄金可以零成本地在纽约与伦敦之间输送。

a. 假设美元—英镑的汇率为每英镑 6 美元。假设某人开始时在纽约有 1 000 美元，此人可以怎样获利？如果在纽约与伦敦之间输送黄金的成本为输送金额的 1%，为使此项行动有利可图，汇率必须从每英镑 5 美元的水平升至什么水平？

b. 从某人开始时在伦敦有 200 英镑，当汇率为每英镑 4 美元时，做与上题相同的练习。

c. 结果决定了汇率的值域约为每英镑 5 美元，此时在纽约与伦敦之间任一方向输送黄金都无利可图。该值域的上限和下限称为黄金输送点。如果汇率超出黄金输送点，输送无限数量的黄金就有利可图了。你能证明输送黄金的潜在可能性保证了汇率保持在黄金输送点内吗？

9. 浮动汇率制与通货膨胀率

方程(18.5)将外币与本币汇率的增长率与两国通货膨胀率的差额联系起来。利用国际货币基金组织的《国际金融统计》计算某些国家的汇率增长率和通货膨胀率。(采用表 18.2 和表 18.3 所示以外的国家。)所得结果与方程(18.5)一致吗？

10. 货币需求的移动

考虑中国实际货币需求 M^d/P 的上升。

a. 与美国保持固定汇率制时，中国的物价水平 P 和名义货币量 M 是什么情况？

b. 在浮动汇率制下，M 固定不变时，中国的物价水平 P 和汇率 ε 是什么情况？

11. 尼克松总统宣布美国在 1971 年脱离金本位制

根据布雷顿森林体系，美国将黄金的价格钉住在每盎司 35 美元。

a. 为何对 1971 年黄金价格的上涨争论不休？

b. 尼克松总统终止按固定比价与外国官方机构买卖黄金的承诺，做得对吗？还有其他什么选择？古典金本位制的规定是什么？法国人建议将黄金价格上涨一倍。这种变化有用吗？

参考文献

Abraham, Katharine. 1987. "Help-Wanted Advertising, Job Vacancies, and Unemployment." *Brookings Papers on Economic Activity,* 1, 207–243.

Ahmed, Shaghil. 1987. "Wage Stickiness and the Nonneutrality of Money: A Cross-Industry Analysis." *Journal of Monetary Economics* 20 (July): 25–50.

Alesina, Alberto, and Guido Tabellini. 1990. "A Positive Theory of Fiscal Deficits and Government Debt." *Review of Economic Studies* 57 (July): 403–414.

Alogoskoufis, George S. 1987a. "Aggregate Employment and Intertemporal Substitution in the U.K." *Economic Journal* 97 (June): 403–415.

Alogoskoufis, George S. 1987b. "On Intertemporal Substitution and Aggregate Labor Supply." *Journal of Political Economy* 95 (October): 938–960.

Ando, Albert, and Franco Modigliani. 1963. "The 'Life-Cycle' Hypothesis of Saving: Aggregate Implications and Tests." *American Economic Review* 53 (March): 55–84.

Attfield, Cliff, and Nigel Duck. 1983. "The Influence of Unanticipated Money Growth on Real Output: Some Cross-Country Estimates." *Journal of Money, Credit, and Banking* 15 (November): 442–454.

Azariadas, Costas. 1975. "Implicit Contracts and Underemployment Equilibria." *Journal of Political Economy* 83 (December): 1183–1202.

Baily, Martin N. 1974. "Wages and Employment under Uncertain Demand." *Review of Economic Studies* 33 (January): 37–50.

Balassa, Bela. 1964. "The Purchasing Power Parity Doctrine: A Reappraisal." *Journal of Political Economy*, 72 (December): 584–596.

Barro, Robert J. 1974. "Are Government Bonds Net Wealth?" *Journal of Political Economy* 82 (November/December): 1095–1118.

Barro, Robert J. 1978. "Comment from an Unreconstructed Ricardian." *Journal of Monetary Economics* 4 (August): 569–581.

Barro, Robert J. 1981. "Unanticipated Money Growth and Economic Activity in the United States." In *Money, Expectations, and Business Cycles,* edited by R. Barro. New York: Academic Press.

Barro, Robert J. 1987. "Government Spending, Interest Rates, Prices and Budget Deficits in the United Kingdom, 1730–1918." *Journal of Monetary Economics* 20 (September): 221–247.

Barro, Robert J. 1989. "The Ricardian Approach to Budget Deficits." *Journal of Economic Perspectives* 3 (Spring): 37–54.

Barro, Robert J., and David B. Gordon. 1983a. "A Positive Theory of Monetary Policy in a Natural Rate Model." *Journal of Political Economy* 91 (August): 589–610.

Barro, Robert J., and David B. Gordon. 1983b. "Rules, Discretion and Reputation in a Model of Monetary Policy." *Journal of Monetary Economics* 91 (August): 101–121.

Barro, Robert J., and Chaipat Sahasakul. 1983. "Measuring the Average Marginal Tax Rate from the Individual Income Tax." *Journal of Business* 56 (October): 419–452.

Barro, Robert J., and Chaipat Sahasakul. 1986. "Average Marginal Tax Rates from Social Security and the Individual Income Tax." *Journal of Business* 59 (October): 555–566.

Barro, Robert J., and Xavier Sala-i-Martin. 1990. "World Real Interest Rates." In *NBER Macroeconomics Annual 1990*. Cambridge, MA: MIT Press.

Barsky, Robert B., and Jeffrey A. Miron. 1989. "The Seasonal Cycle and the Business Cycle." *Journal of Political Economy* 97 (June): 503–534.

Beaulieu, Joseph J., and Jeffrey A. Miron. 1992. "A Cross-Country Comparison of Seasonal Cycles and Business Cycles." *Economic Journal* 102 (July): 772–788.

Bernanke, Ben S. 1983. "Nonmonetary Effects of the Financial Crisis in the Propagation of the Great Depression." *American Economic Review* 73 (June): 257–276.

Bernheim, B. Douglas, Andrei Shleifer, and Lawrence H. Summers. 1985. "The Strategic Bequest Motive." *Journal of Political Economy* 93 (December): 1045–1076.

Bils, Mark. 1989. "Testing for Contracting Effects on Employment." Working paper no. 174, Rochester Center for Economic Research, January.

Bils, Mark, and Peter Klenow. 2004. "Some Evidence on the Importance of Sticky Prices." *Journal of Political Economy* 112 (October): 947–985.

Bird, Roger C., and Ronald G. Bodkin. 1965. "The National Service Life Insurance Dividend of 1950 and Consumption: A Further Test of the 'Strict' Permanent Income Hypothesis." *Journal of Political Economy* 73 (October): 499–515.

Blinder, Alan S., Elie R. D. Canetti, David E. Lebow, and Jeremy B. Rudd. 1998. *Asking About Prices: A New Approach to Understanding Price Stickiness*. New York: Russell Sage Foundation.

Bloom, Murray T. 1966. *The Man Who Stole Portugal*. New York: Charles Scribner's Sons.

Board of Governors of the Federal Reserve System. 2003. *The Use and Counterfeiting of United States Currency Abroad,* part II. Washington, DC: U.S. Government Printing Office.

Bomberger, William A., and Gail E. Makinen. 1983. "The Hungarian Hyperinflation and Stabilization of 1945–1946." *Journal of Political Economy* 91 (October): 801–824.

Boskin, Michael J., with Ellen R. Dulberger, Zvi Griliches, Robert J. Gordon, and Dale Jorgenson. 1996. *Toward a More Accurate Measure of the Cost of Living,* Advisory Commission to Study the Consumer Price Index. Washington, DC: U.S. Government Printing Office.

Bresciani-Turroni, Costantino. 1937. *The Economics of Inflation*. London: Allen & Unwin.

Broadbent, Ben. 1996. "Monetary Policy Regimes and the Costs of Discretion." Unpublished Ph.D. dissertation, Harvard University.

Brown, E. Cary. 1956. "Fiscal Policy in the Thirties: A Reappraisal." *American Economic Review* 46 (December): 857–879.

Buchanan, James M. 1958. *Public Principles of Public Debt*. Homewood, IL: Irwin.

Cagan, Phillip D. 1956. "The Monetary Dynamics of Hyperinflation." In *Studies in the Quantity Theory of Money,* edited by Milton Friedman. Chicago: University of Chicago Press.

Carare, Alina, and Mark R. Stone. 2003. "Inflation Targeting Regimes." Working paper, International Monetary Fund, January.

Card, David. 1980. "Determinants of the Form of Long-Term Contracts." Working paper no. 135, Princeton University, June.

Carlson, John A. 1977. "A Study of Price Forecasts." *Annals of Economic and Social Measurement* 6 (Winter): 27–56.

Carlton, Dennis. 1986. "The Rigidity of Prices." *American Economic Review* 76 (September): 637–658.

Carroll, Chris, and Lawrence H. Summers. 1987. "Why Have Private Savings Rates in the United States and Canada Diverged?" *Journal of Monetary Economics* 20 (September): 249–279.

Caselli, Francesco, and Wilbur John Coleman. 2001. "Cross-Country Technology Diffusion: The Case of Computers." *American Economic Review* 91 (May): 328–335.

Cass, David. 1965. "Optimum Growth in an Aggregative Model of Capital Accumulation." *Review of Economic Studies* 32 (July): 233–240.

Cecchetti, Stephen G. (1986). "The Frequency of Price Adjustment: A Study of the Newsstand Prices of Magazines." *Journal of Econometrics* 31 (April): 255–274.

Central Statistical Office. *Annual Abstract of Statistics*. London, various issues.

Clark, Truman A. 1986. "Interest Rate Seasonals and the Federal Reserve." *Journal of Political Economy* 94 (February): 76–125.

Coe, David T., and Elhanan Helpman. 1995. "International R&D Spillovers." *European Economic Review* 39: 859–887.

Cole, Harold L., and Lee E. Ohanian. 2004. "New Deal Policies and the Persistence of the Great Depression: A General Equilibrium Analysis." *Journal of Political Economy* 112 (August): 779–816.

Cumby, Robert, and Maurice Obstfeld. 1984. "International Interest Rate and Price Level Linkages Under Flexible Exchange Rates: A Review of Recent Evidence." In *Exchange Rate Theory and Practice,* edited by John F. O. Bilson and Richard C. Marston. Chicago: University of Chicago Press.

Darby, Michael R. 1976. "Three-and-a-Half Million U.S. Employees Have Been Mislaid: Or an Explanation of Unemployment, 1934–1941." *Journal of Political Economy* 84 (February): 1–16.

Darby, Michael R., John C. Haltiwanger, Jr., and Mark W. Plant. 1985. "Unemployment Rate Dynamics and Persistent Unemployment under Rational Expectations." *American Economic Review* 75 (September): 614–637.

Deane, Phyllis, and W. A. Cole. 1969. *British Economic Growth, 1688–1959*. 2nd ed. Cambridge: Cambridge University Press.

Dotsey, Michael. 1985. "The Use of Electronic Funds Transfers to Capture the Effect of Cash Management Practices on the Demand for Demand Deposits." *Journal of Finance* 40 (December): 1493–1503.

Easterly, William M. 2001. *The Elusive Quest for Growth: Economists' Adventures and Misadventures in the Tropics*. Cambridge, MA: MIT Press.

Esposito, Louis. 1978. "Effect of Social Security on Saving: Review of Studies Using U.S. Time Series Data." *Social Security Bulletin* 41 (May): 9–17.

Evans, Paul. 1987a. "Interest Rates and Expected Future Budget Deficits in the United States." *Journal of Political Economy* 95 (February): 34–58.

Evans, Paul. 1987b. "Do Budget Deficits Raise Nominal Interest Rates? Evidence from Six Industrial Countries." *Journal of Monetary Economics* 20 (September): 281–300.

Fair, Ray C. 1979. "An Analysis of the Accuracy of Four Macroeconometric Models." *Journal of Political Economy* 87 (August): 701–718.

Fair, Ray C. 1987. "International Evidence on the Demand for Money." *Review of Economics and Statistics* 69 (August): 473–480.

Fay, Jon A., and James L. Medoff. 1985. "Labor and Output over the Business Cycle: Some Direct Evidence." *American Economic Review* 75 (September): 638–655.

Feinstein, C. H. 1972. *National Income, Expenditures, and Output of the United Kingdom, 1855–1965*. Cambridge: Cambridge University Press.

Feldstein, Martin S. 1974. "Social Security, Induced Retirement, and Aggregate Capital Accumulation." *Journal of Political Economy* 82 (September/October): 905–928.

Ferguson, James M., ed. 1964. *Public Debt and Future Generations*. Chapel Hill: University of North Carolina Press.

Fischer, Stanley. 1977. "Long-Term Contracts, Rational Expectations, and the Optimal Money Supply Rule." *Journal of Political Economy* 85 (February): 191–206.

Fisher, Irving. 1926. *The Purchasing Power of Money*. 2nd ed. New York: Macmillan.

Fleisher, Belton M., and Thomas J. Kniesner. 1984. *Labor Economics: Theory, Evidence, and Policy*. 3rd ed. Englewood Cliffs, NJ: Prentice-Hall.

Flood, Robert P., and Peter M. Garber. 1980. "An Economic Theory of Monetary Reform." *Journal of Political Economy* 88 (February): 24–58.

Friedman, Milton. 1956. "The Quantity of Money—A Restatement." In *Studies in the Quantity Theory of Money*, edited by Milton Friedman. Chicago: University of Chicago Press.

Friedman, Milton. 1957. *A Theory of the Consumption Function*. Princeton, NJ: Princeton University Press.

Friedman, Milton. 1960. *A Program for Monetary Stability*. New York: Fordham University Press.

Friedman, Milton. 1968a. "Free Exchange Rates." In *Dollars and Deficits*. Englewood Cliffs, NJ: Prentice-Hall.

Friedman, Milton. 1968b. "Inflation: Causes and Consequences." In *Dollars and Deficits*. Englewood Cliffs, NJ: Prentice-Hall.

Friedman, Milton. 1968c. "The Role of Monetary Policy." *American Economic Review* 58 (March): 1–17.

Friedman, Milton. 1969. *The Optimum Quantity of Money and Other Essays*. Chicago: Aldine.

Friedman, Milton, and Anna J. Schwartz. 1963. *A Monetary History of the United States, 1867–1960*. Princeton, NJ: Princeton University Press.

Fullerton, Don. 1982. "On the Possibility of an Inverse Relationship Between Tax Rates and Government Revenues." *Journal of Public Economics* 19 (October): 3–22.

Garber, Peter M. 1982. "Transition from Inflation to Price Stability." *Carnegie-Rochester Conference Series on Public Policy* 16 (Spring): 11–42.

Goldfeld, Steven M. 1973. "The Demand for Money Revisited." Brookings Papers on Economic Activity, no. 3, 577–638.

Goldfeld, Steven M. 1976. "The Case of the Missing Money." Brookings Papers on Economic Activity, no. 3, 683–730.

Goldfeld, Steven M., and Daniel E. Sichel. 1990. "The Demand for Money." In *Handbook of Monetary Economics*, vol. 1, edited by Benjamin M. Friedman and Frank H. Hahn. Amsterdam: North Holland.

Golosov, Mikhail, and Robert E. Lucas, Jr. 2006. "Menu Costs and Phillips Curves." unpublished, MIT, March, National Bureau of Economic Research, December.

Gordon, Donald F. 1974. "A Neo-Classical Theory of Keynesian Unemployment." *Economic Inquiry* 12 (December): 431–459.

Gort, Michael, and Steven Klepper (1982). "Time Paths in the Diffusion of Product Innovations." *Economic Journal* 92 (September): 630–653.

Gray, Jo Anna. 1976. "Wage Indexation: A Macroeconomic Approach." *Journal of Monetary Economics* 2 (April): 221–236.

Greenwood, Jeremy, Zvi Hercowitz, and Gregory Huffman. 1988. "Investment, Capacity Utilization, and the Real Business Cycle." *American Economic Review* 78 (June): 402–417.

Griliches, Zvi. 1957. "Hybrid Corn—An Exploration in the Economics of Technological Change." *Econometrica* 25 (October): 501–522.

Griliches, Zvi. 1998. *R&D and Productivity: The Econometric Evidence*. Chicago: University of Chicago Press.

Hahm, Joon-Ho. 1998. "Consumption Adjustments to Real Interest Rates: Intertemporal Substitution Revisited." *Journal of Economic Dynamics & Control* 22 (February): 293–320.

Hall, Robert E. 1979. "A Theory of the Natural Unemployment Rate and the Duration of Unemployment." *Journal of Monetary Economics* 5 (April): 153–170.

Hall, Robert E. 1989. "Consumption." In *Modern Business Cycle Theory,* edited by Robert J. Barro. Cambridge, MA: Harvard University Press.

Hall, Robert E. 2005. "Employment Efficiency and Sticky Wages: Evidence from Flows in Labor Market." Working paper no. 11183, National Bureau of Economic Research, March.

Hawtrey, Ralph G. 1932. "The Portuguese Bank Notes Case." *Economic Journal* 42 (September): 391–398.

Heckscher, Eli. 1919. "The Effect of Foreign Trade on the Distribution of Income." *Ekonomisk Tidskrift*.

Helpman, Elhanan, and Paul R. Krugman. 1985. *Market Structure and Foreign Trade*. Cambridge MA: MIT Press.

Hercowitz, Zvi. 1981. "Money and the Dispersion of Relative Prices." *Journal of Political Economy* 89 (April): 328–356.

Heston, Alan, Robert Summers, and Bettina Aten. 2002. *Penn World Table Version 6.1*. Center for International Comparisons at the University of Pennsylvania (CICUP), October.

Hsieh, Chang-Tai. 2003. "Do Consumers React to Anticipated Income Changes? Evidence from the Alaska Permanent Fund." *American Economic Review* 93 (March): 397–405.

Hubbard, R. Glenn. 2002. "Tax Notes 30th Anniversary." Unpublished working paper, Columbia University, December.

International Monetary Fund. *International Financial Statistics,* various issues.

Jaumotte, Florence. 2000. "Technological Catch-up and the Growth Process." Unpublished Ph.D. dissertation. Harvard University, November.

Jones, Charles I. 2005. "Growth and Ideas." In *Handbook of Economic Growth,* edited by Philippe Aghion and Steven Durlauf. Amsterdam: Elsevier.

Jovanovic, Boyan, and Saul Lach (1997). "Product Innovation and the Business Cycle." *International Economic Review* 38 (February): 3–22.

Kashyap, Anil K. 1995. "Sticky Prices: New Evidence from Retail Catalogs." *Quarterly Journal of Economics,* 110, 245–274.

Kendrick, John W. 1961. *Productivity Trends in the United States*. Princeton, NJ: Princeton University Press.

Kenny, Lawrence W. 1991. "Cross-Country Estimates of the Demand for Money and Its Components." *Economic Inquiry* 29 (October), 696–705.

Keynes, John Maynard. 1923. *A Tract on Monetary Reform*. Macmillan: London.

Keynes, John Maynard. 1936. The *General Theory of Employment, Interest, and Money*. New York: Harcourt Brace.

Koopmans, Tjalling C. 1965. "On the Concept of Optimal Growth." In *The Economic Approach to Development Planning*. Amsterdam: North Holland.

Kormendi, Roger C., and Phillip G. Meguire. 1984. "Cross-Regime Evidence of Macroeconomic Rationality." *Journal of Political Economy* 92 (October): 875–908.

Kreinin, Mordechai E. 1961. "Windfall Income and Consumption—Additional Evidence." *American Economic Review* 51 (June): 388–390.

Kuznets, Simon. 1948. "Discussion of the New Department of Commerce Income Series." *Review of Economics and Statistics* 30 (August): 151–179.

Kydland, Finn E., and Edward C. Prescott. 1977. "Rules Rather than Discretion: The Inconsistency of Optimal Plans." *Journal of Political Economy* 85 (June): 473–491.

Kydland, Finn E., and Edward C. Prescott. 1982. "Time to Build and Aggregate Fluctuations." *Econometrica* 51 (November): 1345–1370.

Kydland, Finn E., and Edward C. Prescott. 1990. "Business Cycles: Real Facts and a Monetary Myth." *Federal Reserve Bank of Minneapolis, Quarterly Review* (Spring): 3–18.

Lahaye, Laura. 1985. "Inflation and Currency Reform." *Journal of Political Economy* 93 (June): 537–560.

Landsberger, Michael. 1970. "Restitution Receipts, Household Savings, and Consumption Behavior in Israel." Unpublished working paper, Research Department, Bank of Israel.

Leimer, Dean, and Selig Lesnoy. 1982. "Social Security and Private Saving: New Time Series Evidence." *Journal of Political Economy* 90 (June): 606–629.

Lindsey, Lawrence B. 1987. "Individual Taxpayer Response to Tax Cuts, 1982–1984." *Journal of Public Economics* 33 (July): 173–206.

Lucas, Robert E., Jr. 1973. "Some International Evidence on Output-Inflation Trade-offs." *American Economic Review* 63 (June): 326–334.

Lucas, Robert E., Jr. 1977. "Understanding Business Cycles." *Carnegie-Rochester Conference on Public Policy* 5: 7–29.

Lucas, Robert E., Jr. 1981. *Studies in Business-Cycle Theory*. Cambridge, MA: MIT Press.

Lucas, Robert E., Jr. 1988. "On the Mechanics of Economic Development." *Journal of Monetary Economics* 22 (July): 3–42.

Maddison, Angus. 2003. *The World Economy: Historical Statistics*. Paris: OECD.

Malthus, Thomas R. 1798. *An Essay on the Principal of Population*. London: W. Pickering, 1986.

McCallum, Ben T. 1979. "The Current State of the Policy Ineffectiveness Debate." *American Economic Review* 69 (proceedings, May): 240–245.

McClure, Alexander K. 1901. *Abe Lincoln's Yarns and Stories*. New York: W. W. Wilson.

Miron, Jeffrey A. 1986. "Financial Panics, the Seasonality of the Nominal Interest Rate, and the Founding of the Fed." *American Economic Review* 76 (March): 125–140.

Mishkin, Frederic S. 1984. "Are Real Interest Rates Equal Across Countries? An Empirical Investigation of International Parity Conditions." *Journal of Finance* 39 (December): 1345–1357.

Mishkin, Frederic S., and Klaus Schmidt-Hebbel. 2001. "One Decade of Inflation Targeting in the World: What Do We Know and What Do We Need to Know?" Working paper no. 8397, National Bureau of Economic Research, July.

Mitchell, B. R., and Phyllis Deane. 1962. *Abstract of British Historical Statistics*. Cambridge: Cambridge University Press.

Mitchell, B. R., and H. G. Jones. 1971. *Second Abstract of British Historical Statistics*. Cambridge: Cambridge University Press.

Modigliani, Franco, and Richard Brumberg. 1954. "Utility Analysis and the Consumption Function: An Interpretation of Cross-Section Data." In *Post-Keynesian Economics*, edited by Kenneth Kurihara. New Brunswick, NJ: Rutgers University Press.

Morgan Guaranty Trust. 1983. *World Financial Markets*. New York, February.

Mulligan, Casey B. 1995. "The Intertemporal Substitution of Work—What Does the Evidence Say?" Population Research Center Discussion Paper Series #95-11, July.

Mulligan, Casey B. 1998. "Pecuniary and Nonpecuniary Incentives to Work in the United States during World War II." *Journal of Political Economy* 106 (October): 1033–1077.

Mulligan, Casey B. 2001. "Capital, Interest, and Aggregate Intertemporal Substitution." Unpublished working paper, University of Chicago.

Mulligan, Casey B., and Xavier Sala-i-Martin. 2000. "Extensive Margins and the Demand for Money at Low Interest Rates." *Journal of Political Economy* 108 (October): 961–991.

Mundell, Robert A. 1968. *International Economics*. New York: Macmillan.

Mundell, Robert A. 1971. *Monetary Theory*. Pacific Palisades, CA: Goodyear.

Musgrave, Richard. 1959. *Theory of Public Finance*. New York: McGraw-Hill.

Muth, John F. 1961. "Rational Expectations and the Theory of Price Movements." *Econometrica* 29 (July): 315–335.

Nakamura, Emi and Jon Steinsson. 2006. "Five Facts about Prices: A Reevaluation of Menu Cost Models." Unpublished, Harvard University, August.

North, Douglas, and Barry Weingast. 1989. "Constitutions and Commitment: The Evolution of Institutions Governing Public Choice in Seventeenth Century England." *Journal of Economic History* (December): 803–832.

Obstfeld, Maurice, and Kenneth Rogoff. 2004. "The Unsustainable U.S. Current Account Position Revisited." Unpublished working paper, Harvard University, October.

Ochs, Jack, and Mark Rush. 1983. "The Persistence of Interest Rate Effects on the Demand for Currency." *Journal of Money, Credit, and Banking* 15 (November): 499–505.

O'Driscoll, Gerald P., Jr. 1977. "The Ricardian Nonequivalence Theorem." *Journal of Political Economy* 85 (February): 207–210.

Ohlin, Bertil. 1933. *Interregional and International Trade*. Cambridge MA: Harvard University Press.

Olivei, Giovanni, and Silvana Tenreyro. 2007. "The Timing of Monetary Policy Shocks." *American Economic Review* (forthcoming).

Organization of American States. *Statistical Bulletin of the OAS*, various issues.

Parker, Jonathan A. 1999. "The Reaction of Household Consumption to Predictable Changes in Social Security Taxes." *American Economic Review* 89 (September): 959–973.

Persson, Torsten, and Lars E. O. Svensson. 1989. "Why a Stubborn Conservative Would Run a Deficit: Policy with Time-Inconsistent Preferences." *Quarterly Journal of Economics* 104 (May): 325–345.

Phelps, Edmund S. 1970. "The New Microeconomics in Employment and Inflation Theory." In *Microeconomic Foundations of Employment and Inflation Theory*, edited by Edmund S. Phelps. New York: Norton.

Pinera, Jose. 1996. *Empowering Workers: The Privatization of Social Security in Chile*. Washington, DC: Cato Institute.

Plosser, Charles I. 1982. "The Effects of Government Financing Decisions on Asset Returns." *Journal of Monetary Economics* 9 (May): 325–352.

Plosser, Charles I. 1987. "Fiscal Policy and the Term Structure." *Journal of Monetary Economics* 20 (September): 343–367.

Porter, Richard D., and Ruth A. Judson. 2001. "Overseas Dollar Holdings: What Do We Know?" *Wirtschaftspolitische Blatter* 48: 431–440.

Radford, R.A. 1945. "The Economic Organisation of a P.O.W. Camp." *Economica* 12 (November): 189–201.

Ramaswami, Chitra. 1983. "Equilibrium Unemployment and the Efficient Job-Finding Rate." *Journal of Labor Economics* 1 (April): 171–196.

Ricardo, David. 1819. *Principles of Political Economy and Taxation*. 2nd ed. London: John Murray.

Ricardo, David. 1846. "Funding System." In *The Works of David Ricardo*, edited by J. Ramsey McCulloch. London: John Murray.

Rogoff, Kenneth S. 1989. "Reputation, Coordination, and Monetary Policy." In *Modern Business Cycle Theory*, edited by Robert J. Barro. Cambridge, MA: Harvard University Press.

Romer, Christina D. 1986. "Spurious Volatility in Historical Unemployment Data." *Journal of Political Economy* 94 (February): 1–37.

Romer, Christina D. 1988. "World War I and the Postwar Depression: A Reinterpretation Based on Alternative Estimates of GNP." Journal of Monetary Economics 22 (July): 91–115.

Romer, Christina D. 1989. "The Prewar Business Cycle Reconsidered: New Estimates of Gross National Product, 1869–1908." *Journal of Political Economy* 97 (February): 1–37.

Romer, Christina D., and David H. Romer. 2003. "A New Measure of Monetary Shocks: Derivation and Implications." Working paper no. 9866, National Bureau of Economic Research, July.

Romer, Paul M. 1990. "Endogenous Technological Change." *Journal of Political Economy* 98 (October): S71–S102.

Rotwein, Eugene, ed. 1970. *David Hume—Writings on Economics*. Madison: University of Wisconsin Press.

Runkle, David E. 1991. "Liquidity Constraints and the Permanent Income Hypothesis: Evidence from Panel Data." *Journal of Monetary Economics* 27: 73–98.

Sala-i-Martin, Xavier. 2006. "The World Distribution of Income: Falling Poverty and . . . Convergence, Period." *Quarterly Journal of Economics* 121 (May): 351–397.

Samuelson, Paul A. 1964. "Theoretical Notes on Trade Problems." *Review of Economics and Statistics* 46 (May): 145–154.

Samuelson, Paul A., and Wolfgang F. Stolper. 1941. "Protection and Real Wages." *Review of Economic Studies* 9 (November): 58–73.

Sargent, Thomas J. 1982. "The Ends of Four Big Inflations." In *Inflation: Causes and Effects*, edited by Robert E. Hall. Chicago: University of Chicago Press.

Sargent, Thomas J., and Francois R. Velde. 1995. "Macroeconomic Features of the French Revolution." *Journal of Political Economy* 103, no. 3 (June): 474–518.

Sargent, Thomas J., and Neil Wallace. 1975. "Rational Expectations, the Optimal Monetary Instrument, and the Optimal Money Supply Rule." *Journal of Political Economy* 83 (April): 241–254.

Sargent, Thomas J., and Neil Wallace. 1981. "Some Unpleasant Monetarist Arithmetic." *Federal Reserve Bank of Minneapolis, Quarterly Review* (Fall): 1–17.

Scoggins, John F. 1990. "Supply Shocks and Net Exports." Unpublished working paper, University of Alabama at Birmingham.

Shimer, Robert. 2003. "The Cyclical Behavior of Equilibrium Unemployment and Vacancies: Evidence and Theory." Working paper no. 9536, National Bureau of Economic Research, February.

Solow, Robert M. 1956. "A Contribution to the Theory of Economic Growth." *Quarterly Journal of Economics* 70 (February): 65–94.

Solow, Robert M. 1957. "Technical Change and the Aggregate Production Function." *Review of Economics and Statistics* 39 (August): 312–320.

Sonderhefte zur Wirtschaft und Statistik. 1929. Berlin: R. Hobbing.

Souleles, Nicholas S. 1999. "The Response of Household Consumption to Income Tax Refunds." *American Economic Review* 89 (September): 947–958.

Stuart, Charles E. 1981. "Swedish Tax Rates, Labor Supply, and Tax Revenues." *Journal of Political Economy* 89 (October): 1020–1038.

Taylor, Alan M., and Mark P. Taylor. 2004. "The Purchasing Power Parity Debate." *Journal of Economic Perspectives* 18 (Fall): 135–158.

Taylor, John B. 1980. "Aggregate Dynamics and Staggered Contracts." *Journal of Political Economy* 88 (February): 1–23.

Thornton, Henry. 1802. *An Enquiry into the Nature and Effects of the Paper Credit of Great Britain*. London: J. Hatchard.

U.S. Department of Commerce. 1975. *Historical Statistics of the U.S., Colonial Times to 1970*. Washington, DC: U.S. Government Printing Office.

U.S. President. 1962. *Economic Report of the President*. Washington, DC: U.S. Government Printing Office.

Van Ravestein, A., and H. Vijlbrief. 1988. "Welfare Cost of Higher Tax Rates: An Empirical Laffer Curve for the Netherlands." *De Economist* 136: 205–219.

Walre de Bordes, J. van. 1927. *The Austrian Crown*. London: King.

Warren, George F., and Frank A. Pearson. 1933. *Prices*. New York: Wiley.

World Bank. 1994. *Averting the Old Age Crisis*. Oxford: Oxford University Press.

World Bank. 2006. *World Development Indicators*. Washington, DC: IBRD, World Bank.

术 语 表

absolute convergence 绝对趋同　贫穷国家的人均实际国内生产总值的增长快于富裕国家的趋势，这样，贫穷国家就能在一段时间内赶上富裕国家。“绝对”这个词意指趋同是不受其他经济变量制约的。

absolute form of PPP 绝对形式的购买力平价　涉及汇率和物价水平的购买力平价的说法。

acyclical 非周期性的　与经济周期没有规则的联系的，即与实际国内生产总值的变化趋势相反的。

adjusted gross income 调整后的总收入　减去因税收目的调整后的总收入，例如企业的经营费用和流动费用，以及通过养老金计划的延期偿付。

adjustment costs for investment 投资的调整成本　为改变生产中使用的资本数量（工厂和设备）而必须支付的成本。

after-tax real interest rate 税后实际利率　在减去利息收入的实际所得税后计算而得的实际利率。

after-tax real wage rate 税后实际工资　在减去工资收入的实际所得税后计算而得的实际工资。

aggregate demand 总需求　以消费、总投资和政府采购为形式的商品和服务的总的需求。

AK model AK 模型　一种经济增长模型，在此模型中，资本的生产函数是线性的；即 $Y = AK$，这里 Y 是每个工人的产出，而 K 是每个工人使用的资本。

average product of capital 资本的平均产品　产出（实际 GDP）与资本存量的比率。

average tax rate 平均税率　税收占收入的比率。

balance of international payments 国际收支差额，国际收支平衡表　一个国家的商品、证券和国际储备的国际贸易的汇总表。

balance on current account 经常项目（账户）的平衡　指经常项目的差额为零。

balanced budget 平衡的预算　政府的采购、转移支付和利息支付与政府的税收收入相等。

Balassa-Samuelson hypothesis 巴拉萨-萨缪尔森假设　认为在贫穷国家非贸易商品和服务的价格低于贸易商品的价格的理论。因此，贫穷国家的商品和服务的篮子往往要比富裕国家的商品和服务的篮子便宜。

barter 以货易货，实物交易　一种货物与另一种货物直接交换，而不使用货币。

bond 债券　给予持券者（出借人）有权从发行者（借款人）那里取得规定支付流的合同。

bond market 债券市场　买卖债券的市场。

Boom 景气，繁荣　实际国内生产总值较高和上升的时期。

Bretton Woods System 布雷顿森林体系　第二次世界大战后建立的国际支付体系，在此体系下，每个国家将其本国货币钉住在与美元的一定的汇率上。美国又将其美元与黄金的兑换价格固定在每盎司 35 美元。从而使每个国家的货币价值与黄金挂上钩。

budget constraint 预算约束　一种将一个时期内的资金来源，例如工资和资产收入以及初始资产，与该时期内资金的使用，例如将消费和期末的资产联系起来的方程。

budget deficit 预算赤字 政府的购买、转移支付和利息支付超过政府税收收入的部分。

budget line 预算线 满足家庭的两时期预算约束的，描述两个时期以上消费组合的图像。

budget surplus 预算盈余 政府的税收收入超过政府的购买、转移支付和利息支付的部分。

burden of the public debt 公债负担 公债对储蓄和投资可能产生的负效应，从而对以后可获得的资本存量产生负效应。

business cycle 经济周期，商业周期 实际 GDP 在经济繁荣时上升，在衰退时下降的格局。

capital levy 资本税 对投资后的资本征收的税率。

capital stock 资本存量 以工厂和设备为形式的商品的储存，用于对生产的投入。

capital utilization rate 资本利用率 资本存量在生产中利用的程度。

chain-weighted real GDP 链式加权的实际国内生产总值 构建实际国内生产总值的一种方法。按此方法，相对价格的权数不断地对变化中的生产构成作出调整。

checkable deposits 支票存款 金融机构发行的存款单，账户持有人可据此开立支票。

closed economy 封闭经济 孤立于世界其他地区的经济。

commodity money 商品货币 具有物质形态的货币，如金币和银币。

common currency 共同货币，通用货币 所有国家使用同一种货币，并且用这一货币单元定价的地区。

conditional convergence 有条件趋同 贫穷国家的人均实际 GDP 的增长快于富裕国家的增长的思想。这是考虑到政府政策的价值、人们储蓄货币和拥有孩子的倾向，以及其他变量。

constant-growth-rate rule 增长率不变规则 特定的货币总量按固定的比率增长的货币政策规则。

constant returns to scale 规模报酬不变 生产函数的特征，即所有投入按比例地增长导致产出等比例地增长。

consumer durables 耐用消费品 家庭购买的、持续使用时间较长的消费品。例如汽车、家具和家用电器。

consumer nondurables and services 非耐用消费品和服务 家庭购买的持续时间较短的消费性商品。

consumer price index(CPI) 消费者价格指数 根据基年衡量的消费品价格的加权平均数。

convergence 趋同 贫穷国家的人均实际 GDP 的增长快于富裕国家的趋势。因此，贫穷国家的人均实际 GDP 会在一段时间后赶上富裕国家。

copyright 版权 使用一本著作、一个商标或类似物品的财产权。

countercyclical 逆周期的，反周期性的 朝着与经济周期相反的方向移动的，即朝着与实际 GDP 的相反趋势移动的。

CPI 消费者价格指数

currency 通货，货币 政府发行的不带利息的纸币。

currency union 货币联盟 使用一种共同货币的一群国家。

current-account balance 经常项目账户余额(差额) 国内居民生产的商品和服务的价值(包括来自国外的要素收入)，加上来自国外的净转移支付，减去国内居民用于商品和服务的支出。如果经常项目余额是正(负)的，那么经常项目账户就是盈余(赤字)。

current-account deficit 经常项目(账户)赤字 经常项目账户余额是负数。

current-account surplus 经常项目(账户)盈余 经常项目账户余额为正数。

cyclical part of real GDP 实际 GDP 的周期性部分 实际 GDP 与其发展趋势之间的差别。

deflation 通货紧缩　一段时间内一般物价水平持续地下降。

demand curve 需求曲线　表示商品或服务的需求量与价格之间关系的曲线。

demand for money 货币的需求　家庭希望持有的货币量，用实际 GDP、名义利率、交易成本和其他变量的一个函数表示。

depreciation 折旧　资本货物在一段时间后的磨损。

devaluation (通货)贬值　中央银行采取的一种行动，即增加用以兑换其他国家货币的本国货币的单位数量。

diffusion of technology 技术的扩散　技术从一个国家或地区向另一个国家的传播。

diminishing average product of capital 资本的平均产品递减(递减的资本平均产品)　随着每个工人使用的资本增加，资本的平均产品下降的趋势。

diminishing marginal product of capital 资本的边际产品递减(递减的资本边际产品)　随着每个工人使用的资本增加，资本的边际产品下降的趋势。

diminishing marginal product of labor 劳动的边际产品递减　在给定的资本投入下，随着劳动力数量的增加，劳动的边际产品下降的趋势。

discount factor 贴现因子，贴现率　不同时期时间内 1 美元的相对价值；例如，本年与下一年之间的相对价值。名义贴现率是 1 加上名义利率。

discounted 贴现的　采用与当前收入或支出可比较的单位，利用贴现率表示未来的收入或支出。

discouraged workers 灰心的工人　失业了一段时间后离开劳动力队伍的工人。

discretionary policy 相机抉择的政策　政府政策不受以前的承诺的制约的做法。

disequilibrium 非均衡　指市场的不平衡；市场未出清的情况。

disposable personal income 可支配的个人收入　减去税收后的个人收入。

double taxation 双重征税，重复征税　对某项钱款两次征税。例如，公司利润在公司层面要征收利润税，然后，当其余额作为红利支付给股东时，在家庭层面又要征收个人所得税。

duration of unemployment 失业的持续时间　预期失业要持续的时间长度。失业的持续时间与找到工作的比率负相关。

economic fluctuation 经济波动　经济周期内实际 GDP 的变化。

economies of scale in cash management 现金管理的规模经济　货币需求的一个特征，即期望的平均实际货币持有量的增加，在比例上要小于实际 GDP 的增加。

employment 就业　在市场部门中工作的人数。

employment rate 就业率　就业人数占整个劳动力人数的比率。

endogenous growth theory 内生增长理论　通过一个模型内的相互作用来解释长期经济增长原因的理论。

endogenous money 内生货币　货币数量对经济变化自动做出的反应。在金本位制下，和在货币当局规定名义利率或价格水平目标的制度下，货币是内生的。

endogenous variables 内生变量　由模型决定的变量。

equilibrium 均衡　决定市场中数量和价格的条件。“供给量等于需求量”就是均衡条件的一个例子。

equilibrium business-cycle model 均衡的经济周期模型　利用均衡条件确定经济冲击如何影响实际 GDP 和其他宏观经济变量的经济波动模型。在我们的模型中，供给和需求函数与微观经济基础相协调。根据这些函数，关键的均衡条件是市场必须出清。

exchange market 外汇市场 一国货币与另一国货币进行交易的市场。

exchange rate 汇率 一国货币与另一国货币的一个单位，比方说一美元，交换得到的单位数量。

exogenous technological progress 外生技术进步 无法在模型内解释的技术改进。

exogenous variable 外生变量 无法在模型内解释的变量。

expectation of inflation 通货膨胀预期 通货膨胀率的预测。

expected real interest rate 预期的实际利率 在根据通货膨胀预期对名义利率做出调整后，预期可获得的实际利率。

exports 出口 本国居民生产的并且出售给外国人的商品和服务。

Federal Fund market 联邦资金市场 各金融机构（例如商业银行）之间非常短期的资金借贷市场。

Federal Fund rate 联邦资金利率 联邦资金市场上的贷款利率。

Federal Open-Market Committee(FOMC) 联邦公开市场委员会 负责公开市场业务的联邦储备局的一个委员会。

fiat money 法定货币 其价值是由政府颁布授予的，而不是像黄金那样由于其内在价值决定的货币。

finite horizon 有限时域 家庭在决定其消费、储蓄以及劳动供给时所使用的有限的计划时间。

fiscal policy 财政政策 为影响整个经济活动的水平，政府在支出、税收和借贷方面的抉择。

fixed exchange rate 固定汇率 一些国家将它们的货币钉住在其货币与其他国家货币（例如美元）之间的汇率上的制度。固定汇率制度的例子有金本位制，布雷顿森林体系和货币联盟。

flat-rate tax 统一税率的税收 所得税的一种，按此税率，税收额占应税收入的比例是不变的。

flexible exchange rates 浮动汇率 20世纪70年代以来流行的国际支付制度，按此制度，各国允许它们的货币的汇率自由波动，以便出清外汇市场。

flow variable 流量 用时间单位（比如1年）表示的一种变量，例如实际GDP或消费额。

foreign direct investment 外国直接投资 外国居民购买本国的资本货物。

fully funded system(for social security)（社会保障的）全额基金支付制度 每个人支付的基金被积累在一个信托基金中，而退休金由这笔积累的基金支付。

GDP 国内生产总值。

GDP in constant dollars 不变美元的GDP 用基年的美元表示的国内生产总值。

GDP in current dollars 现值美元的GDP 用当年的美元表示的国内生产总值。

general equilibrium 一般均衡 所有市场同时出清的状况。

general price level 一般物价水平，总的物价水平 每单位商品和服务的美元价格。所有商品和服务的平均价格。

Globalization 全球化 生产和其他经济活动在全世界范围开展的趋势。

GNP 国民生产总值

gold standard 金本位 各国同意按它们的货币的固定金额购买和出售黄金的一种国际支付制度。金本位制的顶峰时期是1890年到1914年。

goods market 商品市场 用商品和服务换取货币的市场。

governmental budget constraint 政府的预算约束 表示政府的资金来源与资金使用之间平

衡的方程。

graduate-rate tax 分级税率税，累进税率税 一种边际税率随应税收入增加而上升的所得税。

Great Depression 大萧条 1929—1933 年美国和其他许多国家的总的经济活动出现全世界范围衰退的状况。

gross domestic product(GDP) 国内生产总值，国内总产值 在一段特定的时间内，一个经济体（国家）国内生产的商品和服务的市场价值。

gross investment 总投资 尚未对现有的资本货物的折旧作出调整的资本货物的购买。

gross national product(GNP) 国民生产总值，国民总产值 一国的居民在一段特定的时间内生产的商品和服务的总的市场价值。国民生产总值等于国内生产总值加上来自国外的净要素收入。

gross private domestic investment 国内私人总投资 私人在资本货物上的总支出，包括企业在工厂和设备上的支出，企业存货的净变化以及住宅建设。这一总量尚未包括根据折旧作出的调整。

gross state product(GSP) 州生产总值 一个州的国内生产总值。

growth accounting （经济）增长核算 将实际国内生产总值的增长与各种投入、资本和劳动的增长以及同技术进步联系起来的一种计算公式。

GSP 州生产总值

help-wanted advertising 招聘广告 公布职位空缺的媒体广告；被用作空缺职位广告的替代。

high-powered money 高能货币，功能完备的货币 美国联邦储备委员会的纸币（通货）和各储蓄机构在美联储持有的不带利息的存款金额的总和；即基础货币。

household budget constraint in nominal terms 名义家庭预算约束 表示家庭的资金来源与资金使用平衡的方程式。在此情况中，方程是用名义项表示的。

household budget constraint in real terms 实际家庭预算约束 表示家庭的资金来源与资金使用平衡的方程式。在此情况中，方程是用实际项表示的。

human capital 人力资本 体现在工人身上并增加劳动生产率的技能和培训。

hyperinflation 恶性通货膨胀 持续了一段时间的通货膨胀率极高的时期，例如在第一次世界大战后的德国。

imperfect competition 不完全竞争 每个企业在其中都有某种竞争力量的竞争环境。

implicit GDP deflator 隐含的 GDP 平减指数 将名义国内生产总值与实际国内生产总值联系起来的价格指数。

imports 进口 本国居民购买的在外国生产的商品和服务。

imputed rental income 估算的租金收入 不是明显地付出和收入的资本的租金收入，例如房东居住自己的住房。

income effect 收入效应 指提高收入对诸如消费和劳动供给的选择产生的影响。

indexation 指数化 一种关于报酬的契约制度，按此契约，报酬（例如工人工资）随着一般物价水平的上升或下降而自动向上或向下调整，从而使报酬的实际价值不受通货膨胀的影响。

indexed bonds 指数化债券 该债券的利息和本金的名义支付额根据通货膨胀自动地调整，以保证实际利率符合契约。

Inequality 不平等 指一国之中或跨国之间个人的实际收入水平存在差别。

infinite horizon 无限时域 家庭在决定消费、储蓄和劳动供给时所采用的长度不确定的计划时间。见 *finite horizon*。

infinite-horizon budget constraint 无限时域预算约束 家庭在一个不确定的时段内的预算约束。

inflation rate 通货膨胀率 两个时期之间(例如这一年与下一年之间)价格指数的百分比变化。

inflation targeting 通货膨胀目标 货币政策的一种法则,中央银行按此法则调整名义利率,以实现其目标通胀率。

infrastructure capital 基础设施资本 以交通、通信、能源和供水等为形式的资本,通常为政府所拥有。

intellectual property rights 知识产权 发明、发现等的所有权。

interest rate 利率 支付的利息与所借金额的比率。贷款的收益或借钱的成本。

interest-bearing assets 生息资产 支付利息的资产,例如债券。

interest-rate parity 利率平价 指根据汇率的预期变化对利率作出调整,使跨国之间利率均等化。

international reserves 国际储备 通常被用于国际交易并且被中央银行和其他金融机构作为价值储藏的资产,例如美元和黄金。

intertemporal-substitution effect 跨时期替代效应 当未来的消费(休闲)的成本相对于当前消费(休闲)的成本有所变化时,对当前消费(休闲)产生的影响。

inventories 存货 企业持有的,或者用于出售,或者用于生产的商品的库存。

involuntary unemployment 非自愿性失业 指按现行的市场工资工人无法获得就业的情况;凯恩斯模型的一个特征。

irrelevance result for systematic monetary policy 与系统的货币政策不相关结果 由于对经济状况作出反应而变动货币数量的系统政策的理论结果是可以预测的,因而对影响实际变量是无能为力的。

job-finding rate 就职率 从失业状态或从劳动力队伍外部走向就业的工人的比率。

job-separation rate 离职率 从就业转为失业或离开劳动力队伍的工人的比率。

labor force 劳动力 就业的工人和失业者加起来的总人数。

labor hoarding 劳动力贮藏 企业在衰退时期倾向于保留他们的工人。劳动力贮藏也许可以解释在衰退期间衡量的劳动生产率下降和在繁荣期间上升的趋势。

labor market 劳动市场 工人出卖劳动力,生产商购买劳动力服务的市场。

labor-force participation rate 劳动力参与率 参与劳动市场人口的比例(有时候指非机构性人口)。

Laffer curve 拉弗曲线 显示当所得税的边际税率最初上升时,税收收入也随着上升,但是最终达到一个最高点,然后随着边际税率的进一步上升,税收收入下降的图像。

law of one price 单一定价法则 同一种商品在不同地区必须按相同的美元价格出售的情况。

legal tender 法币 货币的一个特点,它作为交换中介的作用因政府的法令而得到加强。

life-cycle model 生命周期模型 当计划的时间范围等于一个人的预期的剩余寿命时,对消费与休闲作出选择的理论。理论预测个人将在工作年份内积累他的储蓄并在退休岁月里消耗这些积蓄。

Lucas hypothesis on monetary shocks 货币冲击的卢卡斯假说 该假说认为,从历史上看,既

定规模的货币冲击对实际 GDP 的影响越大,货币增长的变化无常越小。

lump-sum tax 一次性税收 一个人向政府支付的一种税收,支付的金额并不取决于一个人的任何特点,例如收入和财富。

lump-sum transfer 一次性转移支付 政府向单个人的转移支付,支付的金额并不取决于接受者的任何特点,例如收入和财富。

M1 由公众持有的通货、支票存款和旅行支票组成的货币总量。M1 由经常用作交换中介的资产组成。

M2 M1 加上家庭持有的储蓄存款、临时存款以及零售货币市场的共同基金。

marginal cost of production 生产的边际成本 生产商每增加一个单位产出所增加的名义成本。

marginal product of capital(MPK) 资本的边际产品 在技术和劳动的数量保持不变的情况下,生产商每增加一个单位的资本服务所增加的产出。

marginal product of labor(MPL) 劳动的边际产品 在技术和资本服务的数量保持不变的情况下,生产商每增加一个单位的劳动所增加的产出。

marginal tax rate 边际税率 每增加一美元的收入中必须支付税收的部分。在分级税率制中,这一税率随收入水平的提高而上升。

market-clearing approach 市场出清的研究方法 认为价格,诸如工资率、租金价格和一般物价水平是为了出清市场而决定的观点。

market-clearing condition 市场出清条件 市场上供给的数量与需求的数量相等的条件。

markup ratio 加价比率 在不完全竞争中,索要的价格与生产的边际成本的比率。

maturity 到期日 债券到期并且偿还本金的日子。

medium of exchange 交换中介 用作支付手段的商品或其他物品;指货币。

menu cost 菜单成本 为调整名义价格或工资必须支付的成本。新凯恩斯模型根据这些成本使价格的缓慢调整合理化。

microeconomic foundations 微观经济基础 指对个人选择的微观经济分析,它构成一个经济体的宏观经济模型的基础。

monetary aggregate 货币总量 某种概念货币的总的名义数量;例如基础货币、M1 或 M2。

monetary approach to the balance of payments 国际收支平衡的货币方法 对国际收支平衡和汇率的分析,这些分析强调每个国家的货币的名义数量和货币需求。

monetary base 基础货币 高能货币的另一个名称。

monetary rule 货币规则 改变货币的名义数量以应对宏观经济的发展的一种正常程序。

monetary shocks 货币冲击 货币的名义数量意料之外的变化。

money 货币 经济中常用的支付手段和交换中介。货币也被用做价值的储藏。货币可以采用纸币、商品或金融机构中的存款的形式存在。

money growth rate 货币增长率 货币的名义数量每年成比例变化的速度。

MPK 资本的边际产品

MPL 劳动的边际产品

multiplier 乘数 实际总需求每增加一个单位引起的总产出的变化。在凯恩斯模型中,乘数可以大于 1。

multi-year budget constraint 多期预算约束 对一个家庭一年以上的预算约束。

national income 国民收入 一国从生产总值中获得的收入。国民收入等于国内生产总值减去折旧，它等于国内生产净值。

national-income accounting 国民收入会计，国民收入核算 一年中国内生产总值及其组成部分的汇总表。

national saving 国民储蓄 一国居民进行的储蓄总量；是私人和公共部门储蓄的总和。

natural unemployment rate 自然失业率 一个经济体（国家）在长期内普遍存在的平均失业率。这种失业率在一段时间内往往朝着自然失业率调整。

NDP 国内生产净值

neoclassical growth model 新古典增长模型 一种经济增长模型，该模型将索洛的增长模型扩大到家庭对储蓄率的选择。

net domestic product（NDP）国内生产净值 国内生产总值减去折旧。

net exports 净出口 进口品的价值与出口品价值之间的差额。

net factor income from abroad 来自国外的净要素收入 一国居民从国外资产的权利和向外国提供的劳务中获得的收益。

net foreign investment 对外净投资 一个国家对外国资产净持有量的变化。

net international investment position 国际投资净头寸 本国居民（包括本国政府）持有的外国资产的股份减去外国居民（包括外国政府）持有的本国资产的股份。

net investment 净投资 资本存量的变化；总投资减去折旧。

net private domestic investment 国内私人净投资 国内私人总投资减去折旧。

neutrality of money 货币中性 货币的名义数量的一次性变化会影响诸如一般物价水平等名义变量，但不影响诸如实际 GDP 等实际变量的理论结果。

new Keynesian model 新凯恩斯模型 试图解释凯恩斯理论框架中的粘性价格和总需求的作用的模型。这些模型结合了不完全竞争的情况，并考虑到不断变化的价格的菜单成本。

nominal 名义的 以当前的美元衡量的；按现值美元的价格定价的；未对一般物价水平的变化作出调整的。

nominal exchange rate 名义汇率 一种货币与另一种货币之间的汇率。

nominal GDP 名义 GDP 以现值美元表示的国内生产总值。

nominal interest rate 名义利率 为每个时段借入每美元支付的利息额；作为债券持有的名义资产在一段时间里的利率。

nominal rental rate 名义租赁价格 为在生产中使用的每单位资本每年支付的名义数量的金额。

nominal saving 名义储蓄 实际储蓄的当前美元的价值，通过将实际储蓄与价格指数相乘计算而得。

nominal wage rate 名义工资率 为在生产中使用的每单位劳动每年支付的名义数量的工资额。

non-rival good 非竞争商品 被一个家庭所使用，但不会减少其他家庭对它的获得的商品。一种思想或创意就是非竞争产品的一个例子。

non-tradable goods 非贸易商品 不能够随意进入国际贸易的商品和服务，例如劳动服务和不动产。

open economy 开放经济 一个与世界其他地区进行贸易的经济体。

open-market operations 公开市场业务，公开市场操作 中央银行买卖政府债券以换取高能货币的活动。

patent 专利　使用一项发明的财产权。

pay-as-you-go system(for Social Security)（社会保险的）现收现支制度　一种社会保险制度，按此制度，退休人员的收入是由目前工作的一代人的税收提供的。

perceived real wage rate 察觉到的实际工资率　工人们看得到的实际工资率。在价格—错觉模型中，察觉到的实际工资率是名义工资率对预期的价格水平的比率。

perfect competition 完全竞争　一种市场环境，在其中每个竞争参与者足够地小，从而可以忽略其对市场价格的任何影响。完全竞争假设他（或）她可以按市场价格购入或出售任何合意数量的商品。

perfect foresight 精确的预见　一种对通货膨胀或其他变量的预测是比较准确的情况，所以就没有预测方面的错误。

permanent income 持久性收入　长期的平均实际收入。一种假设的实际收入金额，即指一个家庭在整个计划的时间内源源不断地收到的实际收入流具有相同的实际现值。

personal consumption expenditure 个人消费支出　家庭用于消费而购买的商品和服务。

personal income 个人收入　个人直接得到的收入；又指在对未分配的公司利润、社会保障负担额，转移支付以及某些其他项目作了调整后的国民收入。

planning horizon 计划时域　一个家庭为对消费、储蓄和劳动供给的选择制定计划而考虑的年份数。

policy rule 政策规则　政府对货币或其他变量采取行动的规则或承诺。

population growth 人口增长　一段时间内人口的增加。

poverty 贫困　需要为基本的生活必需品支付的估计的实际收入水平。

PPI　生产者价格指数

PPP　购买力平价

present value 现值　用现值美元表示的未来的美元支出或收入的价值。

price level 物价水平，价格水平　商品和服务的市场篮子的美元价格。

price stability 物价稳定　一段时间内物价水平大致保持不变。

price taker 价格接受者　将市场价格看成是既定的那些市场参与者。

price-level targeting 物价水平目标　货币政策的一项规则，它规定价格要维持稳定。

price-misperceptions model 价格—错觉模型　关于经济波动的一个模型，其中有些市场参与者错误地认识一般物价水平。在此模型中货币不是中性的。

principal of bond 债券本金　须在到期日偿还的、所借的美元金额。

procyclical 顺周期性的　朝着与经济周期相同的方向变动的；即与实际 GDP 的变化趋势相反。

producer price index(PPI) 生产者价格指数　以相对于基年价格衡量的、原材料和半成品价格的加权平均数。

production function 生产函数　产出的数量与投入生产的投入品（例如劳动和资本）数量之间的关系。

productivity（劳动）生产率　以相对于投入（例如劳动）的数量衡量的产出。

productivity slowdown 生产率下降　每个工人产出的增长率下降，有人认为，20 世纪 70 年代早期之后经济合作与发展组织（OECD）国家出现过这种情况。

profit 利润　一个厂商的收入与成本之间的差额。

propensity to consume 消费倾向　实际消费支出对实际收入增加作出的反应。

propensity to save 储蓄倾向　实际储蓄对实际收入增加作出的反应。

public debt 公债　由付息的政府债券组成的美元证券。

public investment 公共投资　政府在工厂和设备或在公共基础设施方面的投资。

purchasing-power parity(PPP) 购买力平价　外国货币与本国货币之间的汇率等于外国商品的价格与本国商品的价格之间的比率的情况。

quantity theory of money 货币的数量理论　认为货币的名义数量的变化要对一般物价水平的长期波动负有大部分责任的理论。该理论假设货币在长期内是中性的。

quota 配额　对可以进口或出口的商品数量的一种限制。

Ramsey model 拉姆齐模型　新古典增长模型的一种形式，由经济学家弗兰克·拉姆齐提出。

rate of economic growth 经济增长率　实际 GDP 每年变化的百分比。

rational expectations 理性预期　个人会利用所有目前可获得的信息，尽最大的可能，对一些未知的变量，例如一般物价水平，作出预测或估计的观点。

real business-cycle(RBC) model 实际经济周期模型　依赖于实际扰动而不是货币冲击的经济波动理论。实际经济周期模型是均衡经济模型的一个类型。

real demand for money 实际货币需求　决定实际货币需求量的一个函数。

real disposable income 实际可支配收入　以实际金额表示的税后收入。

real exchange rate 实际汇率　外国与本国货币之间的汇率除以外国的价格水平对本国价格水平的比率。

real GDP　实际国内生产总值

real GNP　实际国民生产总值

real gross domestic product 实际国内生产总值　名义国内生产总值的实际价值。

real gross national product 实际国民生产总值　名义国民生产总值的实际价值。

real interest rate 实际利率　债券的名义利率减去通货膨胀率。

real rental price 实际租赁价格　名义租赁价格的实际价值。

real saving 实际储蓄　家庭或整个经济体持有的资产的实际价值的变化。名义储蓄的实际价值。

real terms 实际项　以商品单位衡量的；按基年价格定值的；利用价格指数消除通货膨胀因子对通货膨胀调整的美元数。

real wage rate 实际工资率　名义工资率的实际价值。

recession 衰退　实际 GDP 下降的时期；实际 GDP 低于其趋势的情况。

relative form of PPP 相对形式的购买力平价　涉及汇率的变化和外国价格对本国价格比率的变化的购买力平价的形式。

rental market 租赁市场　在其中按租赁价格买卖资本服务的市场。

rental price 租赁价格　对利用一个单位的资本每年索取的价格。

research and development(R&D) 研究与开发　专门用于新产品的发明和生产方法的改进的开支。

reservation real wage 保留的实际工资　正好高到足以诱使有人愿意接受一项工作的实际工资率。

revaluation 价值重估，升值　以另一国货币（例如美元）表示的一国货币价值的上升。

revenue from printing money 印制货币的收入　政府通过印发纸币而获得的收入。

Ricardian equivalence theorem 李嘉图等价定理 一种理论结论，对既定的政府采购而言，当前税收的增加，同政府预算赤字的增加一样对经济具有同样的效应。

risk premium 风险报酬，风险贴水 与安全的资产相比，风险资产（例如公司股票）需要有较高的回报率。

rival good 竞争商品 一种如果被一个人使用了就不可能被其他人使用的商品。

saving 储蓄 在一年之内一个家庭资产的变化。总收入与消费之间的差额。

seasonally adjusted data 经季节性调整的数据 根据正常的季节性变化调整的经济变量，例如实际GDP。

shocks 冲击 影响宏观经济的外生扰动。技术水平的变化就是冲击的一个例子。

Social Security 社会保险，社会保障 政府向家庭作出的转移支付，以补贴老年养老金、（灾难）幸存者的救济金和残疾人的保险。

Solow growth model 索洛增长模型 一种经济增长模型。主要组成部分包括资本和劳动投入的生产函数、储蓄率、人口增长率和技术进步率。

sources of funds 资金来源 在家庭和政府的预算约束中，资金来源是初始资产和各种类型的收入。

standard deviation 标准差 对一个变量的变异性的衡量。标准差 是方差的平方根。方差是偏离均值的平均平方差。

standard of life 生活水准 根据一个家庭的长期收入，可以持续的消费水平。

steady state 稳定状态 诸如每个工人的资本量和每个工人的实际GDP等变量并不改变的一种长期的状况。

steady-state growth 稳态增长 诸如每个工人的资本量和每个工人的实际GDP等变量按固定不变的速率增长的一种长期的状况。

sterilization 冲销 中央银行采取的一种行动，以防止因国内货币的名义数量增加（减少）而引起的国际储备金额的增加（减少）。

sticky nominal wage rates 粘性名义工资率 对劳动市场已经变化的条件，名义工资率的调整非常缓慢。这是凯恩斯模型的一个特征。

sticky prices 粘性价格 对商品市场已经变化的条件，商品价格非常缓慢的调整。这是新凯恩斯模型的一个特征。

stock market 股票市场 家庭在其中买卖企业所有权的股票的市场。股票的所有者获得厂商分派的红利。

stock variable 存量 用商品单位或美元价值表示的一种变量，例如资本或货币。存量并不具有时间单位的量度。

stores of value 价值的储藏 持有资产的形式，例如债券、货币和资本的所有权。

strategic budget deficits 策略性预算赤字 对预算赤字的操纵，以影响未来政府的政策选择。

subsistence level 维持生存的水平 维持生命所需要的最起码的生活水平。

supply curve 供给曲线 表示供给的数量和商品或服务之间的关系的一种曲线。

surplus(deficit) on current account 经常项目账户盈余（赤字） 经常项目账户的余额为正数（负数）。

tariff 关税 对国际贸易，通常是进口品征收的税。

tax-rate smoothing 税率平稳化 旨在维持一段时间里税率稳定的财政政策。

technological progress 技术进步 使生产函数持续向上移动的创造发明和生产方法改进的

知识。

technology level 技术水平 较高的技术水平意味着，在给定的资本和劳动的投入下，较高的实际国内生产总值。

term structure of real interest rates 实际利率的期限结构 实际利率与债券到期日之间的关系。

terms of trade 贸易条件 一国生产的可贸易商品的价格相对于世界生产的可贸易商品的价格。

total hours worked 总工作小时 工人一年的总工作小时；就业量与每个工人每年的平均工作小时的乘积。

trade balance 贸易收支，贸易差额 商品和服务出口的价值与商品和服务进口的价值之间的差额。

transaction costs 交易成本 销售或购买的过程中产生的成本，例如经纪手续费或所需时间的价值

transfer payment 转移支付 资金从政府向个人的转移，例如福利支付。

transition path 过渡路径 在经济增长模型中，例如索洛模型中，从初始状态转向稳定状态的路径

trend real GDP 趋势性实际 GDP 实际 GDP 的时间序列中平稳的部分。我们把这一趋势看作反映了长期经济增长而不是经济波动。

twin deficits 双重赤字 预算赤字和经常项目赤字同时出现。

two-year budget constraint 两时期预算约束 一个家庭两年的预算约束。

unanticipated money growth 未预期的货币增长 实际货币增长与预计的货币增长之间的差额。

unemployment 失业 劳动力队伍中没有工作的（也被划分为正在寻找工作的）人的人数。

unemployment insurance 失业保险 对那些失去工作和目前正在失业的工人提供临时性补助的政府计划。

unemployment rate 失业率 失业者占劳动力人数的比率。

unexpected inflation 未预期的通货膨胀 实际通货膨胀率和预期的通货膨胀率之间的差额；预测通货膨胀中所犯的预报错误。

user costs 使用者成本 使用资本货物时产生的额外成本；例如，使用电力、保险服务等的成本费用。

uses of funds 资金的利用 在家庭或政府的预算约束中，资金的使用就是花在商品和服务上的费用和资产的最终价值。

utility 效用 用来衡量的一个家庭的幸福水平。效用随着消费或休闲的增加而增加。

utility function 效用函数 一个家庭选择的消费和劳动的数量与所获得的效用的数量之间的关系。

vacancies (职位)空缺 企业提供的职位数与就业水平之间的差额。

vacancy rate 空缺率 职位空缺数与企业需要雇用的职位总数的比率

value added 增加值 一件产品在生产的各个阶段增加的价值。

voluntary exchange 自愿交换 按现行价格自愿销售和购买。

wage rate 工资率 劳动市场上每小时劳动服务支付和获得的美元金额。

wholesale price index 批发价格指数 生产者价格指数的另一种名称。

译后记

本书是美国当代著名经济学家，哈佛大学教授罗伯特·巴罗最新版的宏观经济学教科书。关于他的经历在本书的“作者自述”中已有介绍，我就不多说了。他不仅是高产作家，迄今已有20多部经济学著作出版，而且他的著作思想深刻、见解独特、引人深思，是从事经济学研究的学者、攻读经济学专业的学生不可不读的书。

笔者与巴罗教授的文字缘可谓久矣，20世纪80年代末笔者供职的上海译文出版社曾想将巴罗教授的享有盛名的教科书《宏观经济学》翻译出版。笔者曾与巴罗先生联系，先生热情地回了信，并寄来了新出版的《宏观经济学》。后此书的中文版权被其他出版社购得，由我们担任译者，终于在2001年完成翻译并出版。这也是巴罗的第一本在中国内地出版的经济学教科书。现在呈献给大家的《宏观经济学：现代观点》是作者对前5版的《宏观经济学》的修正、总结和更新。由于读者反映前5版《宏观经济学》写得较艰涩难懂，巴罗在本书的编写中不仅重新安排了章节顺序，而且采用了通俗易通的手法，可谓修正、更新幅度很大。同时，巴罗在本教材中还提供给读者大多数宏观经济学教材所缺的一种统一的方法——宏观经济学的微观分析方法。除此之外，对开放经济的均衡周期模型的描述和分析，也为本教材增色不少。

由于曾经担任过巴罗的著作的译者，这次，上海世纪出版集团格致出版社仍请我和上海财经大学的陈利贤合作翻译巴罗教授的新著，我们欣然从命。因为我们觉得这是一件非常有意义的工作，通过翻译《宏观经济学：现代观点》不仅可以将西方当代最新的经济学思想、研究成果以及授课方法和思路介绍给中国的学界，而且我们自己也从中汲取了不少新的学术营养。由于是“新”的东西，我们的译文难免有不成熟之处，敬请各位读者谅解指正。

同时，我们在此也要感谢上海交通大学的朱保华教授在本书翻译过程中给予的帮助，以及格致出版社的编辑钱敏女士在翻译与出版过程中的支持。

译者

2008年9月

图书在版编目(CIP)数据

宏观经济学:现代观点/(美)巴罗著;沈志彦等译.
上海:格致出版社:上海人民出版社,2008(2018.1重印)
(当代经济学系列丛书.当代经济学教学参考书系/陈昕主编)
书名原文:Macroeconomics: A Modern Approach
ISBN 978-7-5432-1513-9

Ⅰ.宏… Ⅱ.①巴… ②沈… Ⅲ.宏观经济学-高等学校-教材 Ⅳ.F015

中国版本图书馆CIP数据核字(2008)第125845号

责任编辑 钱 敏
装帧设计 敬人设计工作室
吕敬人

宏观经济学:现代观点

[美]罗伯特·J.巴罗 著 沈志彦 陈利贤 译

出 版 格致出版社·上海三联书店·上海人民出版社	**印 刷** 浙江临安曙光印务有限公司
(200001 上海福建中路193号 www.ewen.co)	**开 本** 787×1092 1/16
 编辑部热线 021-63914988	**印 张** 31.75
市场部热线 021-63914081	**插 页** 3
www.hibooks.cn	**字 数** 631,000
	版 次 2008年10月第1版
发 行 上海世纪出版股份有限公司发行中心	**印 次** 2018年1月第9次印刷

ISBN 978-7-5432-1513-9/F·96 定价:65.00元

Macroeconomics：A Modern Approach
Robert J. Barro

上海市版权局著作权合同登记号　图字 09-2007-387 号

当代经济学教学参考书系

宏观经济学:现代观点/罗伯特·J.巴罗著
经济增长导论(第三版)/查尔斯·I.琼斯等著
衍生证券、金融市场和风险管理/罗伯特·A.加罗等著
劳动和人力资源经济学——经济体制与公共政策(第二版)/陆铭等著
国际贸易理论与政策讲义/理查德·庞弗雷特著
高级微观经济学教程/戴维·克雷普斯著
金融基础:投资组合决策和证券价格/尤金·法玛著
环境与自然资源经济学(第三版)/张帆等著
集聚经济学:城市、产业区位与全球化(第二版)/藤田昌久等著
经济数学引论/迪安·科尔贝等著
博弈论:经济管理互动策略/阿维亚德·海菲兹著
新制度经济学——一个交易费用分析范式/埃里克·弗鲁博顿等著
产业组织:市场和策略/保罗·贝拉弗雷姆等著
数量金融导论:数学工具箱/罗伯特·R.雷伊塔诺著
微观经济学:现代观点(第九版)/H.范里安著
《微观经济学:现代观点》练习册(第九版)/H.范里安等著
现代宏观经济学高级教程:分析与应用/马克斯·吉尔曼著
政府采购与规制中的激励理论/让·梯若尔等著
集体选择经济学/乔·B.史蒂文斯著
市场、博弈和策略行为/查尔斯·A.霍尔特著
公共政策导论/查尔斯·韦兰著
宏观经济学:现代原理/泰勒·考恩等著
微观经济学:现代原理/泰勒·考恩等著
微观经济理论与应用:数理分析(第二版)/杰弗里·M.佩洛夫著
国际经济学(第七版)/西奥·S.艾彻等著
金融学原理(第五版)/彭兴韵著
新动态财政学/纳拉亚纳·R.科彻拉科塔著
货币理论与政策(第三版)/卡尔·瓦什著
全球视角的宏观经济学/杰弗里·萨克斯著
《微观经济学》学习指南(第三版)/周惠中著
《宏观经济学》学习指南/大卫·吉立特著
法和经济学(第六版)/罗伯特·考特等著
宏观经济理论/让-帕斯卡·贝纳西著
国际经济学(第五版)/詹姆斯·吉尔伯著
博弈论与信息经济学/张维迎著
计量经济学(第三版)/詹姆斯·H.斯托克等著
微观经济学(第三版)/周惠中著
基本无害的计量经济学:实证研究者指南/乔舒亚·安格里斯特等著
中级公共经济学/吉恩·希瑞克斯等著
应用微观经济学读本/克莱格·M.纽马克编
理性的边界/赫伯特·金迪斯著
合作的微观经济学/何维·莫林著
宏观经济学数理模型基础/王弟海著
策略:博弈论导论/乔尔·沃森著
博弈论教程/肯·宾默尔著
经济增长(第二版)/罗伯特·J.巴罗著
宏观经济学/查尔斯·琼斯著
经济社会的起源(第十三版)/罗伯特·L.海尔布罗纳著
信息与激励经济学(第二版)/陈钊编著
政治博弈论/诺兰·麦卡蒂等著
发展经济学/斯图亚特·R.林恩著
合同理论/帕特里克·博尔顿等著
高级微观经济学/黄有光等著
货币、银行与经济(第六版)/托马斯·梅耶等著
鲁宾斯坦微观经济学讲义/阿里尔·鲁宾斯坦著
全球市场中的企业与政府(第六版)/默里·L.韦登鲍姆著
经济理论中的最优化方法(第二版)/阿维纳什·K.迪克西特著

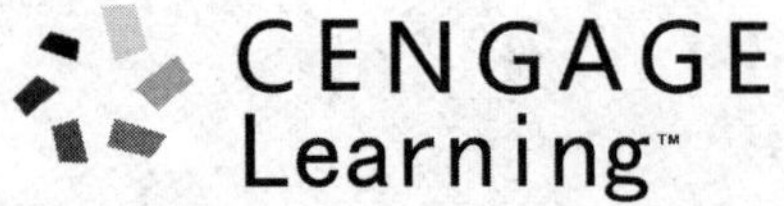

Supplements Request Form（教辅材料申请表）

<table>
<tr><td colspan="4"><u>Lecturer's Details（教师信息）</u></td></tr>
<tr><td>Name：
（姓名）</td><td></td><td>Title：
（职务）</td><td></td></tr>
<tr><td>Department：
（系科）</td><td></td><td>School/University：
（学院/大学）</td><td></td></tr>
<tr><td>Official E-mail：
（学校邮箱）</td><td></td><td rowspan="3">Lecturer's Address /Post Code：
（教师通讯地址/邮编）</td><td rowspan="3"></td></tr>
<tr><td>Tel：
（电话）</td><td></td></tr>
<tr><td>Mobile：
（手机）</td><td></td></tr>
<tr><td colspan="4"><u>Adoption Details（教材信息）</u>　原版 □　翻译版 □　影印版 □</td></tr>
<tr><td>Title：（英文书名）
Edition：（版次）
Author：（作者）</td><td colspan="3"></td></tr>
<tr><td>Local Puber：
（中国出版社）</td><td colspan="3"></td></tr>
<tr><td>Enrolment：
（学生人数）</td><td></td><td>Semester：
（学期起止日期时间）</td><td></td></tr>
<tr><td colspan="4">Contact Person & Phone/E-Mail/Subject：
（系科/学院教学负责人电话/邮件/研究方向）
（我公司要求在此处标明系科/学院教学负责人电话/传真及电话和传真号码并在此加盖公章.）

教材购买由 我□　我作为委员会的一部份□　其他人□［姓名：　　　　］决定。</td></tr>
</table>

Please fax or post the complete form to（请将此表格传真至）：

CENGAGE LEARNING BEIJING
ATTN：Higher Education Division
TEL：(86)10－82862096 / 95 / 97
FAX：(86)10－82862089
ADD：北京市海淀区科学院南路2号
融科资讯中心C座南楼12层1201室　100190

Note：Thomson Learning has changed its name to CENGAGE Learning